供应链管理 (第二版)

SUPPLY CHAIN MANAGEMENT

主　编 ◎ 刘助忠　李　明

副主编 ◎ 骆金鸿　刘长石　龚萃萃　黄　柳
　　　　 曾婷婷　杨慧芳　龚荷英

SCM

中南大学出版社

www.csupress.com.cn

·长沙·

内容简介

　　本书首先介绍了供应链管理思想的起源与发展、供应链的基本概念、供应链管理的基本概念与原理、供应链管理的相关理论及方法，然后分析了供应链与产品的协调设计及管理、分销渠道设计与管理、供应链网络设计，最后讨论了供应链战略、供应链管理环境下的物流管理、供应链信息管理、供应链金融、供应链合作伙伴关系管理、供应链业务流程重组、供应链风险管理、供应链企业运作的绩效评价等内容。

　　本书可作为应用型高等学校物流管理及相关专业学生教材，同时也适用于物流管理从业人员、研究人员使用或参考。建议课时为 48 学时。

前 言
PREFACE

在经济全球化和一体化的发展趋势下，企业面临着前所未有的机遇和挑战。如何抓住市场机遇，整合内外部资源，快速、有效地满足市场需求，提高客户的满意度，是企业面临的一大挑战。以生产和产品为中心的管理模式已经不能适应现代市场竞争的需要，取而代之的是以客户为中心的供应链管理，企业之间的竞争也已转变为供应链之间的竞争。正如美国著名的供应链管理专家克里斯托弗（Christopher）所言，"市场中只有供应链而没有企业"，"21 世纪的竞争不再是企业与企业之间的竞争，而是供应链与供应链之间的竞争"。谁的供应链能够对顾客的需求做出快速反应，谁能提供高质量、个性化的产品及优质的服务，谁就能在竞争中获取更大的竞争优势。供应链中存在许多降低成本、提高竞争力的机会，因此，供应链管理也就成为现代企业的热门话题之一。根据《供应链管理世界》发布的报告，在被调查的企业中，有 41.7% 的企业将企业供应链管理的首要功能定位在提升企业的竞争力上。近年来，供应链管理得到了国内外学术界和企业界人士的极大关注。国际上许多著名企业如苹果公司、戴尔公司、Zara、宝洁、沃尔玛等均在供应链管理实践中取得了巨大的成效，也通过供应链管理创新实现了竞争力的提升。

本书系统地阐述了供应链管理的基本概念、理论、方法和技术，全书共分三篇十三章，涵盖了供应链管理基础、供应链设计与管理、供应链运作三大模块。在供应链管理基础模块中，具体介绍了供应链管理思想的起源与发展、供应链的基本概念、供应链管理的基本概念与原理、供应链管理的相关理论及方法。在供应链设计与管理模块中，具体介绍了供应链与产品的协调设计及管理、分销渠道设计与管理、供应链网络设计。在供应链运作模块中，具体介绍了供应链战略、供应链管理环境下的物流管理、供应链信息管理、供应链金融、供应链合作伙伴关系管理、供应链业务流程重组、供应链风险管理、供应链企业运作的绩效评价。

本书主要有以下特点：

第一，本书内容体系结构针对我国市场经济条件下供应链管理发展的需要进行设计，注重基础性、新颖性、针对性和应用性。

第二，紧扣高等学校物流专业教学大纲的要求，贯彻"管用、实用"的要求，在内容选取上具有很强的应用性和针对性，通过把现代供应链管理的理念与案例结合起来，着力培养学生分析问题、解决企业实际供应链管理问题的能力。

第三，强调精讲细练，各章末设有复习思考习题，有单项选择题、多项选择题、判断题、填空题、名词解析、简答题、论述题、案例分析题，且题型多样，可以帮助学生巩固所学知识（有老师教学需要的习题参考答案、教学用 PPT。需要者可以联系中南大学出版社微信公众号）。

在本书的撰写过程中，我们得到了作者所在单位院系领导的大力支持，以及中南大学出版社陈应征主任、杨贝编辑等同志的鼎力相助。他们为本书的策划与编写安排提出了许多有益的建议，在此对他们表示特别的感谢！

本书可作为应用型高等学校物流管理及相关专业学生教材，同时也适用于物流管理从业人员、研究人员使用或参考。建议课时为 48 学时。

本书由刘助忠（湖南女子学院农产品供应链研究所所长，教授）编撰第一、六、七、八、九、十、十一、十二、十三章，李明（湖南科技职业学院，副教授）编撰第四、五章，骆金鸿（湖南环境生物职业技术学院，副教授）编撰第二章，刘长石（湖南工商大学，副教授）编撰第三章，龚萃萃（岳阳职业技术学院，讲师）、黄柳（岳阳职业技术学院，讲师）、曾婷婷（浙江东宇物流有限公司，销售总监）、杨慧芳（湖南信息学院，副教授）、龚荷英（湖南涉外经济学院，副教授）负责本书的市场调查、最新数据获取、资料查找、对策建议等工作。全书由刘助忠负责框架构建和统稿工作。

在本书编写过程中，我们参考了大量相关文献，在此谨向这些作者、译者表示由衷的感谢！由于我们的水平和经验有限，书中存在错误和不妥之处在所难免，恳请有关专家、学者和广大的读者朋友批评指正。

刘助忠
2021 年 6 月

目　录
CONTENTS

第三篇　供应链运作

第一篇

供应链管理基础

第一章　供应链管理导论

本章学习导引

　　本章是全书的基础。首先从供应链的起源入手，分析现代企业竞争环境的特点及演化趋势；然后引导读者学习供应链的一些基本知识，如供应链的定义、结构、特征、类型、流程分析等内容；紧接着介绍供应链管理的定义、内涵、特点及其管理上的难题等知识，目的就是让读者对供应链管理有一个基本的理解。

第一节　供应链管理思想的起源与发展

一、供应链管理思想起源于物流管理

　　"物流"起源于法语的一个词，来源于动词"loger"（居留），首先被用在军事方面。早在16世纪，法国军队就设置了后勤部门，在战场上大量运输和安置战士、马匹和其他装备。在第二次世界大战中，物流（logistics）获得了高度重视，得到了广泛研究并且在军需物资采购和运输等方面得到了应用。第二次世界大战之后，物流理论逐步被用于经济和商业领域，作为企业市场竞争的策略，也被称为"商业物流"或"企业物流"。

　　经过多年的发展，各界对物流的定义有几十种，但系统管理、资源整合和客户服务的基本思想却没有变。在此，介绍几种有代表性的关于物流的定义，从中可以大致看出物流的发展路径。为了便于比较，将物流的这些定义分为有关军事物流和有关商业物流两类。

　　第一类，有关军事物流（military logistics）的定义：

　　(1)《朗曼现代英语词典》对其的定义是："有关军队运动和补给的军事科学的一个分支。"(1976年版)

　　(2)《新华词典》对其的定义是："后方勤务的简称。从物资、财务、卫生、技术、运输等方面保障军队需要的勤务。也泛指一般工作中负责财务、物资、生活管理方面的工作。"(商务印书馆，2001年修订版)

　　(3)《韦伯斯特大词典》对其的定义是："①涉及军事物资、设施和人员的获得、维持和运输的军事科学的一个分支。②在运作中控制军事行动的细节。"(2003年第11版)

（4）美国国防部对其的定义是："关于军队运动和维持的计划和执行的科学。从最广泛的意义上来讲，物流涉及军事行动的这几个方面：①装备的设计、开发、获得、存储、移动、分配、维持、撤离和处置。②人员的移动、撤离和住院治疗。③设施的获取或构筑、维护、运转和处置。④服务的获得或供应。"（DOD，2003）。

（5）《美国传统英语词典》对其的定义是："①军事行动中有关装备和人员的获得、分配、维持和补充方面的工作。②对军事行动细节的管理。"（2004年第4版）

第二类，有关商业物流（business logistics）的定义：

（1）美国物流管理协会（The Council of Logistics Management，CLM）（现已更名为美国供应链管理专业协会）于1985年对物流管理（logistics management）下的定义是："物流管理是以满足客户需求为目的，以高效和经济的手段来组织原材料、在制品、制成品以及相关信息从供应地到消费地的运动和储存之计划、执行和控制的过程。相应的物流管理活动包括客户服务、需求预测、交通和运输、仓储和保管、物料搬运、包装、存货控制、工厂和仓库选址、订单处理、分销联络、物料采购、零配件和技术服务支持、退货处理、废弃物和报废产品的回收处理。"

（2）美国斯克兰登大学电子商务资源中心（ECRC University of Scranton）和美国国防物流局（Defense Logistics Agency）于1993年对物流管理下的定义是："物流是获得和使用必要资源来维持系统运营的计划和执行的科学。"

（3）美国物流管理协会（CLM）于2001年给出了新的物流管理的推荐性定义："物流管理是供应链管理的一部分，是以满足客户要求为目的，对货物、服务和相关信息在产出地和消费地之间，实现高效率低成本的正向和反向的流动和储存实施计划、执行和控制的过程。"

（4）国际物流协会（The International Society of Logistics，ISOL）于2004年对物流管理下的定义是："为了支持既定的目标、计划和行动，对所需资源的需求、设计、供应和维持工作实施管理，并展开工程和技术活动的艺术和科学。常规的物流功能是：计划、获得、运输、供应、维修和处置。常规的物流流程是：确定需求、获得、分配、保存和处置。"

（5）欧盟一家有关区域运输研究的教育网站"PORTAL"于2006年对物流管理下的定义是："一门有关原料、能源和货物在经济实体内部，或者经济实体与其所处环境之间流动的学问。"

（6）英国WSP咨询集团公司（WSP Group）于2006年对物流管理下的定义是："物流管理指的是在技术的、国际的和网络的环境中对物料、信息和资金流动的组织和管理。高效和经济的物流提高了公司和地区的竞争性。"

从上述商业物流的定义中可以看到，有关"物流管理是供应链管理的一部分"理念的引入，使得企业的物流管理从组织到执行、从思路到设计、从功能到绩效，冲出了原来单个企业的思维边界。企业必须在更广泛、更复杂的全球供应链管理过程中，通过建立更广泛、更深刻、更长远的协作伙伴关系来整合资源，必须通过建立能够高效分享信息和知识的信息系统来加强系统协调，必须通过提升整个供应链系统的竞争力来维护自己的市场地位，而且比单纯提高个别企业的竞争优势更为重要。物流管理理念的发展，引导了企业的竞争战略和价值观的变化。这对每一个组织机构来说，无论是生产制造企业、批发零售企业，还是物流服务提供商、医院、学校、政府部门，或者是其他物流管理利益相关人，都是一场从理念到实践、从资源配置到客户服务的深刻转变。这种转变体现了供应链管理的思维方式，或企业市场大系统的思维方式。

二、供应链管理理论的发展

(一) 现代企业所面临的不确定性催生了供应链管理理论的发展

一般而言，确定的含义不仅是指事物或过程本身的客观性，而且还意味着主体对客体的了解、认识和理解程度。不确定性是指事物或过程不具有确定的性质，或是确定性的缺乏，即事物或过程具有一定的规律性、真理性或完备性，但又同时具有一种不肯定性。现代企业在发展过程中遇到的不确定性大致可被分成三种类型：

第一，供应的不确定性。主要指由于供应商自身原因或不可抗力而造成的无法向生产商在事前约定的时间、地点提供指定数量和质量的商品和服务，进而造成生产商无法正常满足客户需求的情况。具体包括供应货物以及价格数据的不确定、供应数量的不确定(数量没有被检验或部分被检验)、供应质量的不确定 (质量没有被检验) 以及供应提前期的不确定等。供应的不确定性直接影响到供应链的性能。例如，2000 年，美国新墨西哥州的飞利浦公司的第 22 号芯片厂发生火灾，这家工厂当时为爱立信提供多种重要的零件芯片，当几个星期后工厂恢复生产时，爱立信已经损失了 4 亿美元的销售额，市场份额则从 12%降至了 9%。

第二，生产的不确定性。这部分的不确定性主要来自生产制造过程本身，主要是指由于生产商自身的机器故障或其他不可抗拒的外界环境变化而导致的整个生产过程的延误和中断，同时还会严重影响到上游的供应环节和下游的销售环节。例如，偶然发生的事件会影响一些主要的工作人员的工作，甚至会使电脑管理发生故障，以致将物料发往错误的地方。这些偶然的问题都可能使物料的配送在生产线正常结束前停止。

第三，需求的不确定性。主要是指客户对订单的频繁修改和不规则购买造成的需求不稳定，而这些不确定性又会引发生产计划、调度、控制方面的问题，最终影响到供应链的性能。例如，公众爱好的易变性会引起不规则的购买倾向。顾客的需求总是难以预测的，其原因主要有：产品生命周期的不断缩短，这意味着可能无法获得或者非常有限地获得顾客需求的历史数据；市场上不断出现新的竞争性产品，产品的增多对于企业来说意味着预测某个具体产品的需求变得越来越困难。实际上，预测产品组的需求量(即预测同一市场上相互竞争的所有产品的需求量)相对比较容易，但预测单个产品的需求量就困难得多了。

在这些不确定性的影响下，现代企业会变得更加难以管理。Forrester 教授在 20 世纪五六十年代首先发现了一种现象，即微小的市场波动会造成制造商在进行生产计划时遇到巨大的不确定性，并在其 1961 年出版的《工业动力学》一书中列举了一系列出现这种现象的例子。现代管理科学家将这种现象称之为"牛鞭效应"，即向供应商订货量的波动程度(方差)会大于向其顾客销售量的波动程度(方差)，而且这种波动程度沿着供应链向上游不断扩大。牛鞭效应是供应链中的一类典型的由不确定性因素所导致的复杂现象，对供应链的运作效率有着很大的负面影响。许多实证研究与企业调查发现，牛鞭效应普遍存在于汽车制造、计算机制造、日用品制造等行业的供应链中，而且会给企业造成严重的后果，例如产品库存积压严重、供货周期偏长、服务水平不高、产品成本过高及质量低劣等。因此，面对这种现象，企业必须从战略层次上通过供应链管理获得竞争优势，这也催生了供应链管理理论的发展。

(二) 现代管理理论促进了供应链管理理论的发展

在 20 世纪 80 年代以前，管理理论一直建立在亚当·斯密的分工理论的基础之上。传统管理模式主要强调分工，企业处于独立经营时代。迈克·波特著名的"五力"模型描绘的就是这一时期的竞争格局,企业和它的供应商、竞争者以及顾客的关系都表现为对立和竞争。为了在竞争中赢得主动,核心企业通过对为其提供原材料、半成品或零部件的其他企业采取自建、投资控股或兼并的方式来加强对原材料、产品制造、分销和销售全过程的控制,从而出现了纵向一体化管理模式。这种模式的核心企业与上下游配套企业的关系是所有权的联合,但联合体与外界竞争者以及顾客之间的关系仍然是对立和竞争。

在市场环境相对稳定、以生产产品为中心的前提下,纵向一体化模式非常有效。但 20 世纪 80 年代以后,市场环境发生了巨大变化,科学技术迅速发展,市场竞争日益激烈,顾客需求趋于多样化、个性化,并且不确定性增加,企业面临的是一个变化迅速且难以预测的买方市场。在这种情况下,采用纵向一体化管理模式的企业对复杂多变的市场需求无法做出敏捷响应,对于巨大投资和过长建设周期带来的风险也无法承受,为此企业采取了许多先进的单项制造技术和管理方法,如 MRP、MRP Ⅱ、JIT、LP、AM、CE、ERP、CIMS 等。虽然这些技术和方法取得了一定成效,但没有从根本上解决问题,企业仍需要从管理模式上进行创新。

随着全球经济一体化的发展,人们开始将目光从企业内部的生产过程转向整个生命周期不同过程的结合,以挖掘新的利润增长点。同时,人们开始关注核心能力,抛弃那种从设计、制造直到销售都自己负责的经营模式,以把有限的资源放在最擅长的业务上,在全球范围内与供应商和销售商建立合作伙伴关系,实现优势互补,并且在一种跨企业的集成管理模式下,使各个企业能够统一协调起来。供应链管理思想就是在这样的背景下产生和发展起来的。这一管理思想能快速对市场需求做出反应,具有高度柔性,比纵向一体化更能符合当前复杂多变的竞争环境,所以逐渐由一种管理技术上升为新的管理模式。供应链管理思想的出现,使市场竞争由单个企业之间的竞争转向供应链之间的竞争。

根据交易成本理论,交易成本的变动是企业组织模式变动的原因,即"一种契约形式取代另一种契约形式"。从手工作坊到企业,再到纵向一体化模式,进而出现横向一体化模式,都是交易成本变化的结果,供应链的产生同样印证了这一理论。利用外部资源将带来大量的交易成本,这就需要供应链这样一种围绕核心企业,通过信息流、物流、资金流的控制,从采购原材料开始,制成中间产品以及最终产品,最后由销售网络把产品送到消费者手中,并将供应商、分销商、零售商,直到最终用户连成一个整体的功能性网链结构模式。

横向一体化形成了一条从供应商到制造商再到分销商的贯穿所有相关企业的"链"。由于相邻节点企业表现出一种需求与供应的关系,当把所有相邻企业依次连接起来时,便形成了供应链(supply chain)。这条链上的各个节点企业借助于现代电子信息技术能很好地做到同步、协调运行,使链上的所有企业都能受益,于是便产生了供应链管理(supply chain management,SCM)这一新的经营与管理模式。

第二节 供应链的基本概念

一、供应链的定义

2006 年,中国发布实施的国家标准《物流术语》(GB/T 18354—2006)对供应链的定义是:

"在生产及流通过程中,涉及将产品或服务提供给最终用户所形成的网链结构。"

华中科技大学的马士华教授在其编著的《供应链管理》一书中这样写道:"供应链是围绕核心企业,通过对信息流、物流、资金流的控制,从采购原材料开始,制成中间产品以及最终产品,最后由销售网络把产品送到消费者手中的将供应商、制造商、分销商、零售商,直到最终用户连成一个整体的功能网链结构模式。"

通过比较以上两种供应链的定义可以看出,若把供应链比喻为一棵枝繁叶茂的大树,生产企业就是树根,独家代理商则是主干,分销商是树枝和树梢,满树的绿叶红花是最终用户。在根与主干或主干与枝的一个个节点上,都蕴藏着一次次的流通,遍体相通的脉络便是管理信息系统。供应链是社会化大生产的产物,是重要的流通组织形式,它以市场组织化程度高、规模化经营的优势,有机地连接生产和消费,对产品的生产和流通有着直接的导向作用。

二、供应链的结构

一般来说,供应链由所有加盟的节点企业组成,一般有一个核心节点企业(可以是产品制造企业,也可以是大型零售企业),节点企业在需求信息的驱动下,通过供应链的职能分工与合作(生产、分销、零售等),以资金流、物流、信息流和商流为媒介实现整个供应链的不断增值。供应链的基本模型如图1-1所示。

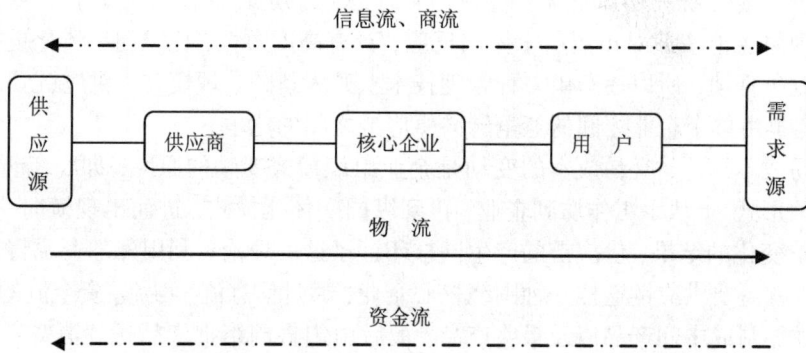

图1-1　供应链的基本模型

从系统集成的角度看,供应链的结构就是供应链实体之间的相互作用和相互依赖关系。供应链结构一般由三个子系统构成:供应(采购)子系统、生产子系统和分销子系统。它们之间并没有很明晰的边界,而是相互交融、相互关联的。因为供应链管理强调需求驱动、企业核心竞争能力及供应链合作伙伴关系,整个供应链致力于从供应商到最终顾客的整个流程的优化,所以第三方物流和电子信息技术被认为是实现供应链管理的重要途径。供应链结构图也可以如图1-2那样描绘。

许多学者从不同的角度对供应链的结构问题进行了研究,综合起来,主要可以从以下几个角度进行结构分类:

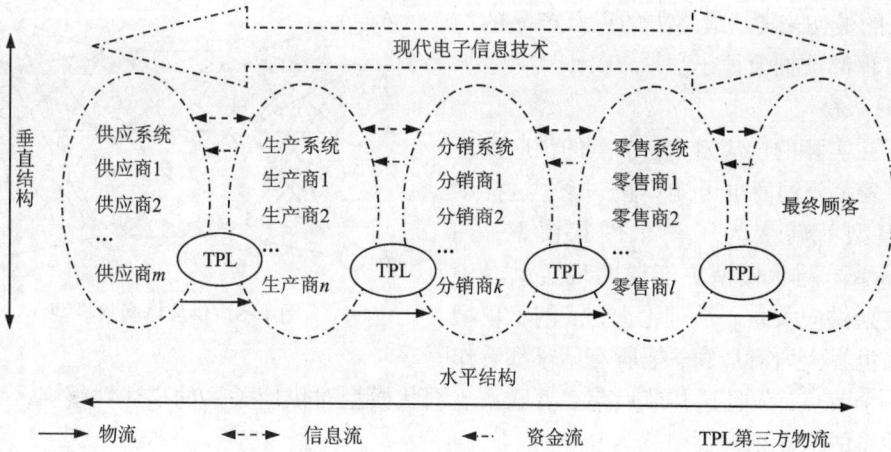

图 1-2　供应链的系统集成结构

(一) 从企业与企业之间关系的角度分类

马士华等人从企业与企业之间关系的角度将供应链的结构分为链状模型与网状模型。

1. 链状模型

链状模型又可分为静态链状模型和动态链状模型，分别如图 1-3 和图 1-4 所示。

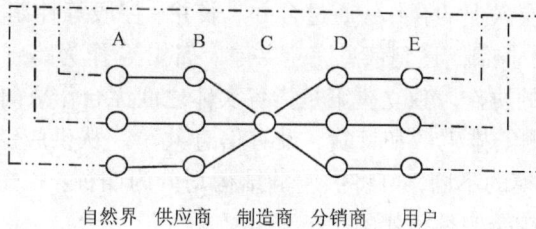

图 1-3　静态链状模型

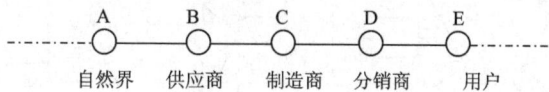

图 1-4　动态链状模型

静态链状模型表明了供应链的基本组成和轮廓概貌：产品的最初来源是自然界，如矿山、油田等，最终去向是用户。产品因用户需求而产生，最终被用户所消费。产品从自然界到用户经历了供应商、制造商和分销商三级传递，并在传递的过程中完成了产品加工、产品装配形成等转换过程。被用户消费掉的最终产品仍回到自然界，完成物质循环，在图中以虚线表示。

动态链状模型是对供应链静态链状模型的进一步抽象表示，致力于供应链中间过程的研究。它把商家都抽象成一个个节点，并用数字或字母表示。节点以一定的方式和顺序连接成一串，构成一条图形学上的供应链。在此模型中，产品的最初来源、最终去向以及产品的物质循环过程都被抽象掉了。

2. 网状模型

由于在实际的供应链中，节点的供应商可能不止一家，分销商也可能不止一家，这样动态链状模型就转变为了一个网状模型，如图 1-5 所示。网状模型更能说明现实世界中产品的复杂供应关系。从理论上讲，网状模型可以涵盖世界上所有厂家，把所有厂家都看作

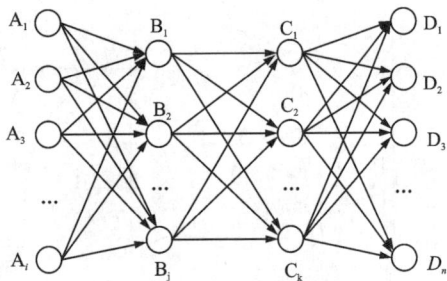

图 1-5　供应链网状模型

其上的一个节点，而且这些节点存在着联系。网状模型对供应关系的描述性很强，适合用于对供应关系的宏观把握。

(二) 从模块化和延迟的角度分类

Ricardo 和 Bardia 通过对企业内部供应链的运作模式进行分析，按模块化和延迟的不同结合程度，提出了四种不同的供应链结构：刚性结构 (rigid)、柔性结构 (flexible)、模块化结构 (modularized)、延迟结构 (postponed)。模块化与组合成联合体的内部物流有关，延迟与外部物流相一致。

(三) 从供应链实体之间的相互关系的角度分类

考察供应链实体之间的相互关系，可将供应链结构分为完全合作、部分合作和独立决策三种。完全合作为战略层次上的合作，通过合并、兼并、控股等控制方式实现组织结构的纵向一体化，实行中心集中控制，达到信息完全共享。部分合作为跨越企业之间的、在某些流程中进行的操作层次上的协作。独立决策是指各实体之间无合作意向，以达到自身利益最大化为目的，各自根据预测安排生产和订货，没有信息共享。从供应链成员的要素组成角度，根据水平层次和垂直规模的不同，可将供应链结构划分为四种：粗短结构、整树结构、链状结构和细长结构。供应链结构类型如图 1-6 所示。

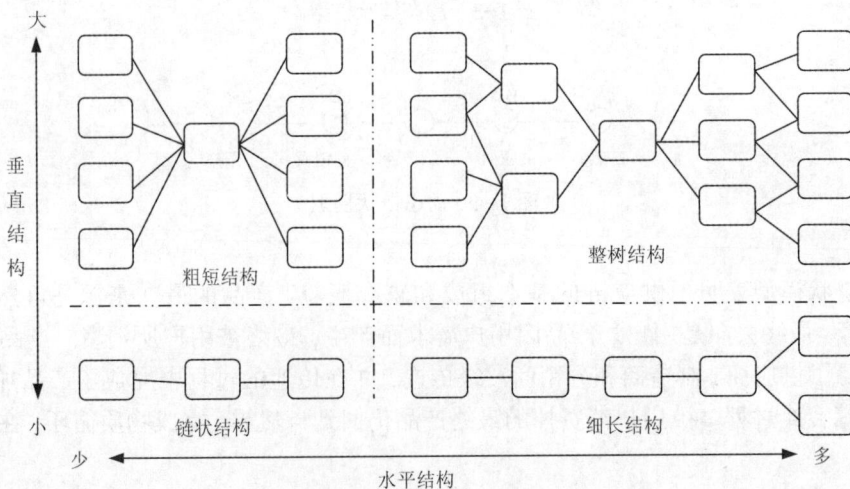

图 1-6　供应链结构类型

三、供应链的特征

供应链是一个网链结构，由围绕核心企业的供应商和用户组成。一个企业是一个节点，节点企业和节点企业之间是一种需求与供应关系。供应链主要具有以下特征：

(1)复杂性。因为供应链节点企业的跨度(层次)不同，供应链往往由多个、多类型甚至多国企业构成，所以供应链的结构模式比一般单个企业的结构模式更为复杂。

(2)多级性。随着供应、生产和销售关系的复杂化，供应链的成员越来越多。如果把供应链中相邻两个业务实体的关系看作是供应—购买关系，那么这种关系是多级的，而且涉及的供应商和购买商也是多个的。

(3)动态性。因企业战略和适应市场需求变化的需要，供应链的成员通过物流和信息流而联结起来，它们之间的关系是不确定的，其中节点企业需要动态更新，这就使得供应链具有明显的动态性。

(4)面向用户性。供应链的形成、存在、重构，都是基于一定的市场需求而发生的，并且在供应链的运作过程中，用户的需求拉动是供应链中信息流、产品/服务流、资金流运作的驱动源。

(5)交叉性。节点企业可以是这个供应链的成员，也可以是另一个供应链的成员，众多的供应链形成交叉结构，增加了协调管理的难度。

(6)增值性。增值性是指产品从供应链的上游到下游的过程中获得了价值，它有赖于每个环节中不同企业的贡献。

(7)跨地域性。供应链网络中的业务实体超越了空间的限制，其在业务上紧密合作，共同加速物流和信息流，创造了更多的供应链效益。最终，世界各地的供应商、制造商和分销商被联结成一体，形成全球供应链。

(8)利益的对立统一性。供应链中所有成员企业在共同利益的前提下有各自不同的主体利益，这些利益在很大程度上相互冲突，所以协商和利益分配是供应链永恒的话题。

(9)协调整合性。供应链本身就是一个群体合作、协调一致的整体，每个节点企业都是供应链中的一个节点，都要与整条供应链的动作协调一致，不能只强调自我，而要服从于全局。

(10)虚拟性。供应链的虚拟性主要表现在它是一个协作组织，而并不一定是一个现实存在的集团企业或托拉斯企业。这种协作组织以协作的方式组合在一起，依靠信息网络的支撑和相互信任的关系，为了共同的利益而优势互补、强强联合、协调运转。

四、供应链的类型

根据不同的划分标准，可以将供应链进行以下划分：

(一)稳定的供应链和动态的供应链

根据供应链存在的稳定性不同，可以将供应链划分为稳定的供应链和动态的供应链。基于相对稳定、单一的市场需求而组成的供应链的稳定性较强，而基于相对频繁的变化、复杂的需求而组成的供应链则动态性较强。在实际的管理运作中，需要根据不断变化的需求，相应地改变供应链的组成。

(二)平衡的供应链和倾斜的供应链

根据供应链综合能力与用户需求的关系,可以将供应链划分为平衡的供应链和倾斜的供应链。一个供应链具有一定的、相对稳定的设备容量和生产能力(为所有节点企业能力的综合,包括供应商、制造商、分销商、零售商等),但用户需求处于不断变化的过程中,当供应链的综合能力和用户需求平衡时,供应链处于平衡状态;而当市场变化加剧,出现供应链成本增加、库存增加、浪费增加等现象时,企业不是在最优状态下运作,这时供应链则处于倾斜状态。平衡的供应链可以实现各主要职能(低采购成本、规模效益、低储运成本、产品多样化和资金运转快)之间的均衡。两种供应链类型如图1-7所示。

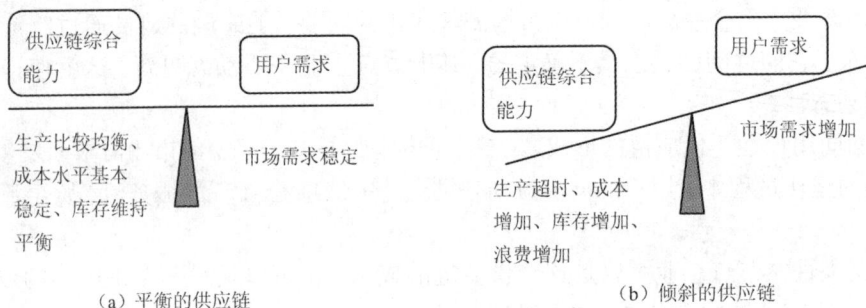

图1-7 平衡的供应链和倾斜的供应链示意图

(三)有效性供应链和反应性供应链

根据供应链的功能模式(物理功能和市场中介功能),可以把供应链划分为有效性供应链和反应性供应链。有效性供应链主要体现供应链的物理功能,即以最低的成本将原材料转化成零部件、半成品、产品,以及在供应链中的运输等;反应性供应链主要体现供应链的市场中介的功能,即把产品分配到满足用户需求的市场,对未预知的需求做出快速反应等。

(四)推动式供应链、拉动式供应链和推、拉混合式供应链

根据驱动力来源的不同,可将供应链划分为推动式供应链、拉动式供应链和推、拉混合式供应链。推动式供应链是传统的供应链模式,指根据商品的库存情况,有计划地将商品推销给客户。而拉动式供应链源于客户需求,客户是供应链一切业务的原动力。在拉动式供应链中,零售商通过POS系统采集客户所购商品的准确信息,数据经过汇总分析后传给制造商。这样制造商就可以为下一次向分销仓库补货提前做好准备,同时调整交货计划和采购计划,更新生产计划。

推、拉混合式供应链对通用零部件生产的供应链环节采用推式供应链的驱动模式,而对供应链下游环节(包括定制、组装环节)采用拉式供应链的驱动模式,在接到确切的订单后再进行最终产品的组装或生产。推、拉混合式供应链结合了推动模式和拉动模式的优点,同时规避了两种模式可能面临的风险。推、拉区分边界将整个供应链划分成两个部分,上游环节与下游环节。上游环节往往根据需求预测生产标准化、通用化程度高的模块化产品或者组件。下游环节往往根据最终客户的订单需求选择不同的模块进行组装生产,所以此类供应链的驱动力是来自供应链核心企业和顾客的双重推力,推、拉混合式供应链如图1-8所示(以定制点在下游为例)。

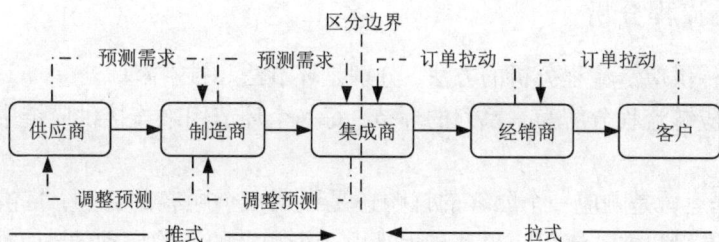

图 1-8 推、拉混合式供应链示意图

这个区分边界点往往就是战略库存点，可以把供应链分为按订单设计（engineer to order, ETO）、按订单制造（make to order, MTO）、按订单组装（assemble to order, ATO）和按库存生产（make to stock, MTS）等几种形式。如图 1-9 所示，区分边界点上游是由预测驱动的，而下游是由顾客需求驱动的。为了使供应链在区分边界点处很好地连接，减少由于预测需求和实际需求的差异所带来的供应链效率的降低，通常要设置库存来避免因需求的不确定性所带来的波动。

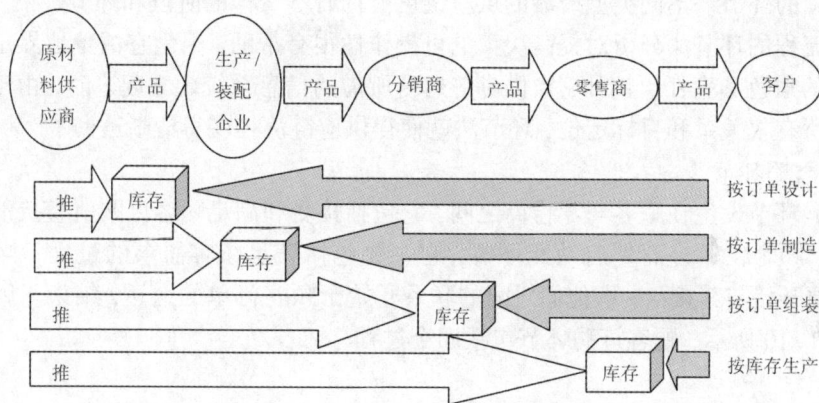

图 1-9 各种供应链环境所对应的战略库存的位置

由于供应链的推动环节的不确定性相对较小、服务水平不是主要问题，因此应当把重点放在成本最小化上。另外，由于供应链的拉动环节具有较高的不确定性，因此，管理的重点是提高订单的响应速度。表 1-1 总结了供应链的推、拉环节的一些特点。

表 1-1 供应链推、拉环节的特点

内容	推动环节	拉动环节
目标	成本最小化	订单响应速度最快化
复杂程度	高	低
重点	资源配置	快速响应
提前期	长	短
关键流程	供应链计划	订单履行

五、供应链流程分析

下面列举两种供应链流程分析的方法，分别是环节法和推/拉法。

环节法将供应链流程分解为一系列的环节，每一个环节用来连接供应链中两个相继出现的阶段。

推/拉法根据运营是响应一个顾客的订购还是预期多个顾客的订购，将供应链流程分为两个大类：拉动流程和推动流程。拉动流程是由一个顾客的订购启动的，而推动流程则是由对多个顾客订购的预期引发并运行的。

(一) 供应链流程的环节法分析

假定供应链由 5 个阶段(节点企业)组成，那么，所有的供应链流程都可以分解成 4 个环节。

每个环节出现在供应链中两个相继阶段的交界处。供应链有 5 个阶段，因此便有 4 个供应链流程环节。并不是每一个供应链都拥有界限清晰的所有 4 个环节。例如，在一个食品供应链中，零售商既有成品库存清单，又有向制造商或批发商递交的补充订单，它很可能拥有所有 4 个单独的环节。不同类型产品的供应链可能拥有不一样的阶段和环节。

供应链流程的环节法分析对提高决策的可操作性很有帮助，因为它清楚地界定了供应链中每个成员的角色和责任。例如，当供应链运营所需的信息系统建立起来时，由于清晰地确定了流程的所有权关系和目标定位，环节法就使得供应链流程变得清晰透彻了。

1. 顾客订购环节

顾客订购环节发生在顾客与零售商之间，它包括接受和满足顾客订购所直接涉及的所有过程。例如，顾客在零售商处启动此环节，它主要包括满足顾客需求的过程。当顾客抵达时，零售商便开始与其接洽，即他们之间的联系开始于顾客订单的送达，结束于顾客订单的完成。如图 1-10 所示，顾客订购环节包括四个过程。

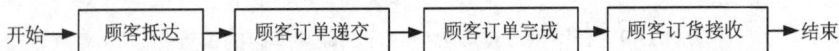

开始 → 顾客抵达 → 顾客订单递交 → 顾客订单完成 → 顾客订货接收 → 结束

图 1-10　顾客订购环节

(1)顾客抵达。顾客抵达是指顾客到达一个他(她)便于选择并做出购买决定的特定地点。任何供应链的起始点都是顾客抵达。顾客抵达出现有以下几种情况：顾客进入商店购物，顾客打电话给电话营销中心进行订购，顾客通过网络或电子方式联系网商发出订单。

从供应链的角度看，其主要目标是如何使顾客更方便地接触到合适的产品，从而使顾客抵达转化为顾客购买。商店促销可以包括顾客流组织和产品展示。电话销售中心促销应确保顾客不会等候太久，这也许意味着应建立一个合适的电话网络系统，方便销售代表回答顾客的询问，从而使咨询转化为购买。对于网上促销，关键是建立一个拥有个性化查询功能的网络系统，这样可以使顾客很快看到并选定可能令他们感兴趣的产品。

(2)顾客订单递交。顾客订单递交是顾客将他们想要的产品告知零售商，随后零售商将产品送达顾客手中的过程。在超市，订单递交可能采取将顾客所有想要购买的物品放入手推车中的形式。在电话销售中心或网上购物点，订单递交是指顾客告知零售商(或将网上商店中的产品放入"购物车")他们所选择产品的种类和数量，零售商按照顾客的订单配送产品，并与顾客约定交货时间。顾客订单递交的目标是确保顾客订单能快速与准确地抵达。

（3）顾客订单完成。在顾客订货接收过程中，顾客接收所订购的产品并成为物主，商家更新收据记录，进行资金结算。

（4）顾客订货接收。顾客订货接收是顾客订单完成过程的终点，是指顾客的订购需求得到满足，货物被送至顾客处。在电子商务中，这一过程一般包括从库存商品中找出所订产品、包装寄给顾客和更新库存清单几个环节。库存清单的更新会引发补充物品的开始。一般来讲，顾客订单完成环节始于零售商库存清单。相反，对于生产—购买的情况来说，订单完成直接始于制造商的生产线。顾客订单完成流程的目标是以承诺的送货期限和最低成本，向顾客提供正确的、全部的订购产品。

2. 补充库存环节

补充库存环节发生在零售商与分销商之间，包括补充零售商品库存清单所涉及的所有过程。当一家超市的洗涤剂的库存量或配送中心的某个品牌的衬衫的库存量很少时，补充库存环节就显得极为重要了。在一些情况下，拥有最终产品库存清单的分销商启动补充库存环节；在另一些情况下，由制造商的生产线直接启动补充库存环节。补充库存环节类似于顾客订购环节，只是此时的顾客是零售商。

补充库存环节的目的是以最低成本为零售商补充库存商品，及时为顾客提供所需的产品。如图 1-11 所示，补充库存环节包括四个过程。

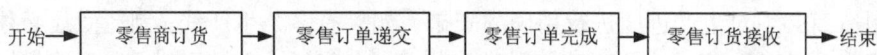

开始 → | 零售商订货 | → | 零售订单递交 | → | 零售订单完成 | → | 零售订货接收 | → 结束

图 1-11 补充库存环节

（1）零售商订货。当零售商满足顾客需求时，他们将清空库存并补充新的货品以满足未来需求。在这一更新过程中，零售商要做的一件重要的事情就是设计一项补充货物的策略，以便向上一级代理商（可能是分销商或制造商）订货。设计补充库存订货机制的目的在于通过权衡产品供给水平和成本来实现利润最大化。零售订货发起过程的结果是补充库存订单的产生。

（2）零售订单递交。零售订单的递交与顾客在零售商处订货非常相似，唯一的区别在于零售商现在变成向分销商或者制造商订货的客户。零售订单递交过程的目的在于准确地递交订单，快速地将订单传递到所有与之相关的供应链环节。

（3）零售订单完成。零售订单的完成过程与顾客订单完成的过程非常相似，区别之一在于这一过程发生在分销商或制造商那里，另外一个很重要的区别就是两种订单的订货额相差悬殊，顾客的订单要比零售商的补充库存订单小得多。零售订单完成的目的是在降低成本的同时使所订货品尽快到达零售商处。

（4）零售订货接收。一旦补充订货到达，零售商必须接收，同时更新库存记录，结清应付款项。这一过程包括分销商传递给零售商的信息流、资金流和商品流。零售订货接收的目的是以尽可能低的成本更新库存并迅速准确地将商品摆上货架（也包括网商的"货架"）。

3. 生产环节

典型的生产环节发生在分销商与制造商之间或者零售商与制造商之间，包括与更新分销商（或零售商）库存有关的所有过程。生产环节由顾客订单、零售商或分销商补充库存订单引发，或者由顾客需求预测与厂家成品仓库中既有产品数量之间的差额启动。

一般来说，制造商会生产数种产品并满足不同顾客群的需求。生产环节的一端是分销商或零售商，它收集的订单十分相似，以便制造商大批量生产。生产环节是对顾客需求的反应。另一端是多种消费品的制造商，这些厂商必须通过需求预测来进行生产。如图1-12所示，生产环节包括四个过程。

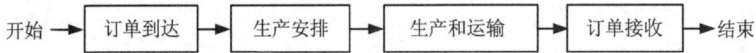

开始 → 订单到达 → 生产安排 → 生产和运输 → 订单接收 → 结束

图 1-12　生产环节

（1）订单到达。在订单到达过程中，分销商依据对未来需求预测与目前库存之间的比较，设计库存补充订货机制，然后将订单递交给制造商。在一些情况下，顾客或零售商可能直接向制造商订货。在另一些情况下，制造商可以生产出产品，并将其保存在成品仓库中。此时，订单启动是在权衡产品供应水平与未来需求的基础上进行的。

（2）生产安排。在补充库存环节的订单递交过程的目的是将库存清单分配给每一张订单。生产安排与此相似，将全部订单列在一份生产计划或生产进度表上。在预期产量已定的情况下，制造商必须对生产进度进行精确的安排。如果有多条生产线，制造商还必须决定哪些产品由哪条生产线生产。生产进度安排的目的是：在降低成本的同时，尽可能使按时完成的订单比例最大化。

（3）生产和运输。在这一过程的生产阶段，制造商依据生产进度表生产符合要求的产品。在这一过程的运输阶段，产品将被送达顾客、零售商或成品仓库。生产和运输过程的目的是在符合质量要求、降低成本的同时，确保商品在承诺日前送达。

（4）订货接收。在订货接收过程中，分销商、成品仓库、零售商或者顾客接收所订的产品，更新库存记录。与货物保存和资金转移相关的其他过程也同时发生。

4. 原料获取环节

原料获取环节发生在制造商与供应商之间，包括与确保原料获取相关的所有过程。在原料获取环节中，制造商从供应商那里订购原料用以补充原料库存。这一关系和分销商与制造商之间的关系十分相似，但有一个重要区别，即零售商向分销商订货由不确定的顾客需求引发，而制造商在生产安排方面一旦做出决定，原料需求量就可以精确地计算出来。原料订单取决于生产安排，因此，将供应商与制造商的生产计划联系起来至关重要。当然，如果供应商的原料生产必须比制造商的货物生产提前很多，那么他就只能依据预测进行生产。

实践中可能存在一系列的供应商，每一级供应商为上一级供应商提供生产原料。于是，类似的循环会在不同阶段之间进行。图1-13给出了原料获取环节所涉及的各种过程。

（二）供应链流程的推/拉法分析

依据相对于顾客需求的执行顺序，供应链上的所有流程可以分为两类：推动流程和拉动流程（图1-14）。

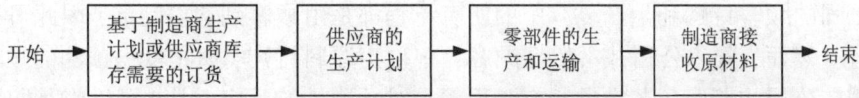

图 1-13 原料获取环节

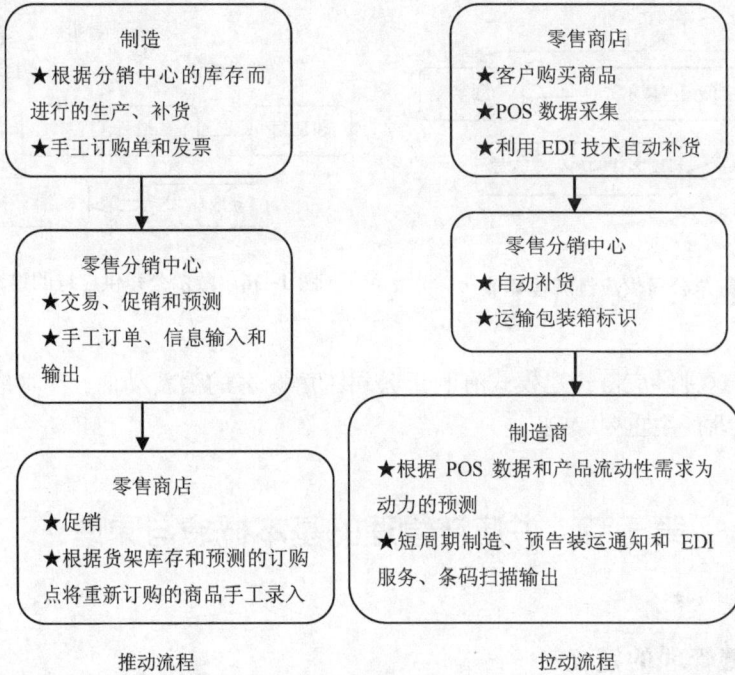

图 1-14 推动流程和拉动流程的比较

对顾客订单的反应启动拉动流程，对顾客订购预期的反应启动推动流程。在拉动流程执行过程中，需求是已知的、确定的；而在推动流程执行过程中，需求是未知的，因此必须进行预测。由于拉动流程是对顾客需求的反应，因而也可以被视为反应性流程；相应地，推动流程可以被视为推测性流程，供应链上的推/拉边界将推动流程和拉动流程区别开来。例如，在戴尔公司，个人计算机组装线的起点就是推/拉边界。个人计算机组装前的所有流程是推动流程，而所有组装过程和此后的所有流程均是对顾客需求的反应，因而是拉动流程。

在进行与供应链设计相关的战略决策时，供应链的推/拉法分析非常有用。由于供应链流程与顾客订购有关，推/拉法分析要求进一步从全球化角度考虑问题。例如，如果能使推动流程变为拉动流程的话，那么，推/拉观点可能会导致某些流程被传递到供应链的不同阶段去完成。

下面采用推/拉法和环节法来考察分析一条清晰的供应链，即戴尔公司依据订单进行生产的供应链。

戴尔公司不通过中间商或分销商来销售产品，它直接面向顾客，通过生产而不是成品库来满足顾客需求。因此，其生产环节便成为顾客订购循环中顾客订单完成过程的组成部分。

15

如图 1-15 所示，戴尔公司的供应链包括两个有效环节：顾客订购和生产环节、获取环节。

戴尔公司的顾客订购和生产环节中的所有流程都是由顾客到达启动的，因此可以将其归为拉动流程。然而，戴尔公司并不依据顾客订单确定原料订购，而是依据预测的顾客需求补充库存。戴尔公司的获取环节中的所有流程都是对预测量的反应，因此可以将其归为推动流程。如图 1-16 所示，戴尔公司的供应链流程可以分为推动流程和拉动流程两类。

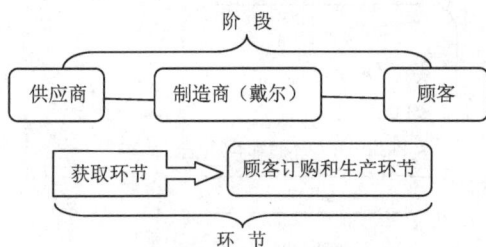

图 1-15　戴尔公司供应链流程环节

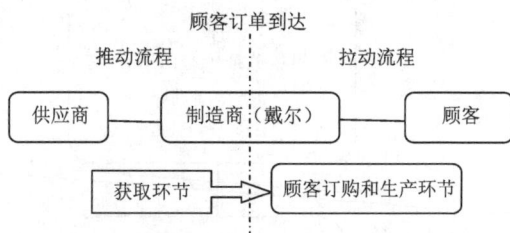

图 1-16　戴尔公司供应链的推动/拉动流程

戴尔公司的这种供应链构建模式有利于公司了解顾客的消费动向，及时把握市场动态，也将对供应链运营产生重要影响。

第三节　供应链管理的基本概念与原理

一、供应链管理的定义

供应链管理作为管理学的一个新概念，已经成为管理哲学中的一个新元素。以下是几个对供应链管理的经典描述：

哈兰德(Harland)将供应链管理描述成对商业活动和组织内部关系、与直接采购者的关系、与第一级或第二级供应商的关系及与客户的关系等整个供应链关系的管理。斯科特(Scott)与韦斯特布鲁科(Westbrook)将供应链管理描述成一条连接制造与供应过程中每一个元素的链，包含了从原材料到最终消费者的所有环节的管理。

供应链管理的广义定义，包含了整个价值链，即从原材料开采到使用结束的整个过程中的采购与供应流程管理。巴茨(Bartz)进一步将供应链管理扩展到物资的再生或再利用过程。他指出，供应链管理主要集中在如何使企业利用供应商的工艺流程、技术和能力来提高他们的竞争力，在组织内实现产品设计、生产制造、物流和采购管理功能的协作。当价值链中的所有战略组织集成为一个统一的知识实体，并贯穿于整个供应链网络时，企业运作的效率将会进一步提高。

由于广义供应链管理描述的价值链非常复杂，企业无法获得供应链管理提供的全部利益，因此产生了第二种较狭义的供应链管理定义：在一个组织内集成不同功能领域的物流，加强直接战略供应商、生产制造商、分销商和最终消费者的联系。利用直接战略供应商的能力与技术，尤其是供应商在产品设计阶段的早期参与，已经成为提高生产制造商效率和竞争力的有效手段。

第三种供应链管理的定义出现在研究批发商和零售商的运输及物流的文献中，它强调地理分布与物流集成的重要性。毫无疑问，物流是商业活动中一个重要的功能，而且它已经发展成为供应链管理的一部分。产品的运输和库存是供应链管理最原始的应用场所，但不是供应链管理定义中至关重要的组成部分。

2006 年，我国发布实施的国家标准《物流术语》（GB/T 18354—2006）对供应链管理的定义是：“对供应链涉及的全部活动进行计划、组织、协调与控制。”

总部设于美国俄亥俄州立大学的全球供应链论坛将供应链管理定义为：为消费者带来有价值的产品、服务以及信息的、从源头供应商到最终消费者的集成业务流程。

二、供应链管理的内涵

作为流通中各种组织协调活动的平台，以将产品或服务用最低的价格迅速向顾客传递为特征的供应链管理，已经成为竞争战略的中心概念。供应链管理的思想可以从以下五个方面去理解：

1. 信息管理

知识经济时代的到来使信息取代劳动和资本，成了劳动生产率的主要因素。在供应链管理中，信息是供应链各方的沟通载体，供应链中各个阶段的企业就是通过信息这条纽带集成起来的。可靠、准确的信息是企业决策的有力支持和依据，能有效降低企业运作中的不确定性，提高供应链的反应速度。因此，供应链管理的主线是信息管理，信息管理的基础是构建信息平台，实现信息共享，如企业资源管理计划（enterprise resource planning，ERP）、Windows 管理规范（Windows management instrumentation，WMI）等系统的应用，将供求信息及时、准确地传达给供应链上的各个企业，在此基础上进一步实现供应链的管理。当今世界，通过使用电子信息技术，供应链已结成一张覆盖全区域乃至全球的网络，使部分企业摆脱“信息孤岛”的处境，从技术上实现了与供应链其他成员的集成化和一体化。

2. 客户管理

在传统的卖方市场中，企业的生产和经营活动是以产品为中心的，企业生产和销售什么产品，客户就只能接受什么商品，没有多少挑选余地。而在经济全球化的背景下，买方市场占据了主导地位，客户主导了企业的生产和经营活动，因此客户是核心，也是市场的主要驱动力。客户的需求、消费偏好、购买习惯及意见等是企业谋求竞争优势所必须争取的重要资源。

在供应链管理中，客户管理是供应链管理的起点，供应链源于客户需求，同时也终于客户需求，因此供应链管理是以满足客户需求为核心运作的。然而，客户需求千变万化，而且存在个性差异，企业对客户需求的预测往往不准确，一旦预测需求与实际需求差别较大，就很有可能造成企业库存的积压，引起经营成本的大幅增加，甚至造成巨大的经济损失。因此，真实、准确的客户管理是企业供应链管理的重中之重。

3. 库存管理

库存管理是企业管理中一件令人头疼的事情，因为库存量过多或过少都会带来损失。一方面，为了避免缺货给营销带来的损失，企业不得不持有一定量的库存，以备不时之需。另一方面，库存占用了大量资金，既影响了企业的扩大再生产，又增加了成本，在库存出现积压时还会造成巨大的浪费。因此，一直以来，企业都在为确定适当的库存量而苦恼。传统的

17

方法是通过需求预测来解决这个问题,然而需求预测与实际情况往往并不一致,因而直接影响了库存决策的制订。如果能够实时地掌握客户需求变化的信息,做到在客户需要时再组织生产,那就不需要持有库存了,即以信息代替库存,实现库存的"虚拟化"。因此,供应链管理的一个重要使命就是利用先进的信息技术,收集供应链各方以及市场需求方面的信息,用实时、准确的信息取代实物库存,减小需求预测的误差,从而降低库存的持有风险。

4. 关系管理

传统的供应链成员之间的关系是纯粹的交易关系,各方遵循的都是"单向有利"的原则,所考虑的主要问题是眼前的既得利益,并不考虑其他成员的利益。这是因为每个企业都有自己相对独立的目标,这些目标与其上下游企业往往存在着一些冲突。例如,制造商要求供应商能够根据自己的生产需求灵活并且充分地保证它的物料需求;供应商则希望制造商能够以相对固定的周期大批订购,即有稳定的大量需求,这样两者之间就产生了目标的冲突。这种目标的冲突无疑会大大增加交易成本。同时,社会分工的日益深化使得企业之间的相互依赖关系不断加深,交易关系也日益紧密。因此,降低交易成本对于企业来说就成为一项具有决定意义的工作。而现代供应链管理理论恰恰提供了提高竞争优势、降低交易成本的有效途径,这种途径就是通过协调供应链各成员之间的关系,加强与合作伙伴的联系,在协调的合作关系的基础上进行交易,为供应链的全局优化而努力,从而有效地降低供应链整体的交易成本,使供应链各方的利益获得同步的增加。

5. 风险管理

国内外供应链管理的实践证明,能否加强对供应链运行中风险的认识和防范,关系到企业能否最终取得预期效果。如果企业认为实施了供应链管理模式就能取得预期效果,那么就把供应链管理看得太简单了。

供应链上企业之间的合作,会因为信息不对称、信息扭曲、市场的不确定性以及其他政治、经济、法律等因素的变化而存在各种风险。为了使供应链上的企业都能从合作中获得满意的结果,必须采取一定的措施规避供应链运行的风险,如提高信息透明度和共享性、优化合同模式、建立监督控制机制等,尤其是必须在企业合作的各个阶段通过激励机制的运行采用各种手段实施激励,以使供应链企业之间的合作更加有效。

三、供应链管理的特点

供应链管理是一种新型的管理模式,其具有以下特点:

(1)强调以客户为中心。供应链管理追求的目标是满足客户的要求,检验供应链管理绩效的最终指标是客户满意度。供应链管理的本质是在满足客户需求的前提下,协调上下游各环节,达到降低供应链总成本的目标。

(2)强调企业之间的合作。供应链管理要求打破传统的经营意识,通过企业之间建立起新型的合作伙伴关系,来提高整个供应链的运行效率,降低整个供应链的运行成本,实现对客户需求的快速反应。供应链管理关注企业之间如何建立有效的协调机制和合作方式,实现利益共享、风险共担。

(3)强调企业之间的集成化管理。供应链管理强调上下游之间的信息共享,要求企业充分利用现代信息技术,对传统的业务流程进行重组,实现企业之间的集成化管理。在现代供应链管理中,信息是一个核心要素。离开了信息的支持,供应链管理的目的就无法有效地实现。现代信息技术，如 RFID、EDI、ERP、SCM 系统等，是供应链管理中常用的技术。信息技术的应用可以简化作业环节，同时提高工作效率和准确性。

四、供应链管理的难题

供应链管理强调供应链中不同组成部分之间的集成。实际上，只有通过供应链一体化，企业才能显著地降低成本和提高服务水平。但是供应链的集成管理很困难，主要原因在于以下几点：

(一) 供应链由不同的成员企业构成

供应链中不同成员存在着不同的、相互冲突的目标。例如，供应商一般希望制造商进行大量采购，并且采购量能够保持稳定，而与供应商的愿望相反，尽管大多数制造商希望进行连续生产运转，但他们必须对顾客的需求变化做出灵活反应。因此，供应商的目标与制造商追求柔性的目标发生直接冲突。实际上，因为制造商一般是在缺乏准确的顾客需求信息的条件下制订生产决策的，因此制造商在使供应与需求相匹配方面的能力很大程度上依赖其随需求信息而调整供应量的能力。同样，制造商进行大批量生产的目标与仓库和配送中心降低库存的目标相冲突。此外，仓库和配送中心降低库存水平通常意味着运输成本的增加。

(二) 供应链是一个动态系统，随时间而变化

由于市场需求存在很大的不确定性，需求预测存在着很大的困难。在高新技术行业中，产品的寿命周期变得越来越短，某些电子产品仅仅只有几个月的寿命周期，而制造商可能只有一个订单或一次生产机会。因此整个供应链无法获取可供企业进行预测的历史需求数据。产品品种的快速增加也使产品的需求预测工作变得越来越难，供应与需求的匹配问题是供应链管理者面临的一个主要的挑战。此外，不仅客户需求难以预测，供应链成员之间的关系也会随时间而变化。例如，随着客户的采购地位、谈判权力的提高，制造商和供应商将承担更多的库存管理责任和面临更大的产品交付压力。

(三) 企业内部管理方面存在制约因素

1. 对供应链管理的认识不足

供应链管理还是一个相对较新的概念，因此许多管理者对供应链管理的理解是片面的。有些管理者把供应链管理与物流管理混淆起来，也有一些管理者把供应链管理理解为供应管理。供应链管理涵盖的范围很广，供应管理仅仅是其中一个环节而已。

2. 管理基础差，企业内部集成化管理还未实现

供应链管理是指对供应链各环节上的企业进行集成管理，这是一种战略联盟式的管理。在一些企业，特别是一些大中型国有企业中，内部各部门之间各自为政、本位主义的现象还很严重，企业内部落后的集成化管理水平阻碍了企业之间的集成。

3. 重硬件投资，轻软件建设

现代供应链管理需要借助先进的信息技术、制造技术，但并不是说先进的技术就能保证供应链管理的成功实施，人员的素质、企业间关系的培养对于实施供应链管理有着至关重要的作用。有些企业比较重视硬件设施的投资，比如引进先进的制造技术和信息系统，但往往忽视了软件方面的投资，没有进行相应的员工培训和企业文化建设。这也是为什么许多企业巨额投资于 MRP Ⅱ 和 ERP，而成功的企业却寥寥无几的重要原因之一。

4. 重客户关系，轻供应商关系

客户是"上帝"，企业的生存要依赖于客户的需求。企业重视与客户建立起良好的关系，但普遍还没有与供应商建立起紧密的合作关系。许多企业在选择供应商时，考虑的因素主要还是价格和质量，对交货速度和可靠性等因素的重视程度不高，企业在谈判时，会尽量压低价格。因此，企业与供应商之间仍停留在"你赢我输，你输我赢"的零和关系上，还没有上升到供应链管理所追求的"双赢"关系。

5. 缺乏公平、合理的绩效评价系统和利益分配机制

要使企业内部各部门之间以及企业之间相互合作，就必须建立起促使各方合作的考核系统，以及利益分配机制。某些企业内部的考核系统不但不能促进部门之间的合作，反而促使部门之间的非合作，如对销售部门的考核指标一般为销售额、销售费用和市场份额，对生产部门的考核指标一般为质量、生产成本，因此为了降低成本、保证质量，生产部门倾向于平稳生产，而销售部门为了完成销售会不顾生产部门的生产能力，这种考核系统导致企业内部各部门为了自身利益而发生矛盾的现象时有发生。另外，如果企业之间缺乏合作的利益分配机制，企业之间的合作就不会稳固和长久，合作企业会存在着较大的机会主义倾向。

6. 缺乏供应链管理高级人才

供应链管理需要那些对企业整个业务过程进行整体管理的高级人才，而传统的分工方式使企业中大多数管理人员只局限于某一方面的工作。这也是企业实施供应链管理的一个制约因素。

五、供应链管理的目标

供应链管理的目标是通过调和总成本最低化、客户服务最优化、总库存成本最小化、总周期时间最短化以及物流质量最优化等目标之间的冲突，以实现供应链绩效最大化。

(一)总成本最低化

众所周知，采购成本、运输成本、库存成本、制造成本以及供应链物流的其他成本费用都是相互联系的。因此，为了实现有效的供应链管理，必须将供应链各成员企业作为一个有机整体来考虑，并使实体供应物流、制造装配物流与实体分销物流之间达到高度均衡。从这一意义出发，总成本最低化的目标并不是指运输费用或库存成本，或其他任何单项活动的成本最小，而是指整个供应链运作与管理的所有成本的总和最低。

(二)客户服务最优化

在激烈的市场竞争时代，当许多企业都能在价格、特色和质量等方面提供相类似的产品时，差异化的客户服务能带给企业以独特的竞争优势。纵观当前的每一个行业领域，从计算机、服装到汽车，消费者都有广泛而多样化的选择余地。企业提供的客户服务水平，直接影响到它的市场份额、物流总成本，并且最终影响其整体利润。供应链管理的实施目标之一，就是通过上下游企业协调一致的运作，保证达到客户满意的服务水平，吸引并留住客户，以便最终实现企业的价值最大化。

(三)总库存成本最小化

传统的管理思想认为，库存是维系生产与销售的必要措施，因而企业与其上下游企业之间的活动只是实现了库存的转移，整个社会库存总量并未减少。按照即时制(just in time, JIT)管理思想，库存是不确定性的产物，任何库存都是浪费。因此，在实现供应链管理目标的同时，要使整个供应链的库存控制在最低的程度，"零库存"反映的即是这一目标的理想状

态。所以，总库存成本最小化目标的达成，有赖于实现对整个供应链的库存水平与库存变化的最优控制，而不只是单个成员企业库存水平的最低。

(四)总周期时间最短化

在当今的市场竞争中，时间已成为竞争成功最重要的要素之一。当今的市场竞争不再是单个企业之间的竞争，而是供应链与供应链之间的竞争。从某种意义上说，供应链之间的竞争实质上是时间竞争，即必须实现快速有效的反应，最大限度地缩短从客户发出订单到获取满意交货的总周期。

(五)物流质量最优化

企业产品或服务质量的好坏直接关系到企业的成败。同样，供应链的企业间的服务质量的好坏直接关系到供应链的存亡。如果在所有业务过程完成以后，发现提供给最终客户的产品或服务存在质量缺陷，就意味着所有成本的付出将不会得到任何价值补偿，供应链物流的所有业务活动都会变为非增值活动，从而导致整个供应链的价值无法实现。因此，达到与保持服务质量的水平，也是供应链管理的重要目标。而这一目标的实现，必须从原材料、零部件供应的零缺陷开始，直至供应链管理全过程、全方位质量的最优化。

相对于传统的管理思想而言，上述目标之间呈现出互斥性：客户服务水平的提高、总周期的缩短、交货品质的改善必然以库存成本的增加为前提，因而无法同时达到物流质量最优化。而运用集成化管理思想，从系统的观点出发，改进服务、缩短时间、提高品质、减少库存与降低成本是可以兼得的。因为只要供应链的基本工作流程得到改进，就能够提高工件效率、消除重复与浪费、缩减员工数量、减少客户抱怨、提高客户忠诚度、降低库存总水平、减少总成本支出。

六、供应链管理原理

(一)资源横向集成原理

资源横向集成原理认为，在经济全球化迅速发展的今天，企业仅靠原有管理模式和自己有限的资源，已经不能满足快速变化的市场对企业所提出的要求。企业必须放弃传统的基于纵向思维的管理模式，朝着新型的基于横向思维的管理模式转变。企业必须横向集成外部相关企业的资源，形成"强强联合、优势互补"的战略联盟，结成利益共同体去参与市场竞争，以实现在提高商品或服务质量的同时降低成本、快速响应顾客需求的同时给予顾客更多选择的目的。

(二)系统原理

系统原理认为，供应链是一个系统，是由相互作用、相互依赖的若干组成部分结合而成的具有特定功能的有机整体。供应链是围绕核心企业，通过对信息流、物流、资金流的控制，把供应商、制造商、分销商、零售商直到最终用户连成一个整体的功能网络结构模式。

(三)多赢互惠原理

多赢互惠原理认为，供应链式相关企业是为了适应新的竞争环境而组成的一个利益共同体，其密切合作是建立在共同利益的基础上，供应链各成员企业之间是通过一种协商机制，来谋求一种多赢互惠的目标。供应链管理改变了企业的竞争方式，将企业之间的竞争转变为供应链之间的竞争，核心企业通过与供应链中的上下游企业之间建立战略伙伴关系，以"强强联合"的方式，使每个企业都发挥各自的优势，在价值增值链上达到多赢互惠的效果。

（四）合作共享原理

合作共享原理具有两层含义：一是合作，二是共享。合作原理认为，由于任何企业所拥有的资源都是有限的，它不可能在所有的业务领域都获得竞争优势，因而企业要想在竞争中获胜，就必须将有限的资源集中在核心业务上。与此同时，企业必须与全球范围内的在某一方面具有竞争优势的相关企业建立紧密的战略合作关系，将本企业中的非核心业务交由合作企业来完成，充分发挥各自独特的竞争优势，从而提高供应链系统整体的竞争能力。合作共享原理认为，实施供应链合作关系意味着管理思想与方法的共享、资源的共享、市场机会的共享、信息的共享、先进技术的共享以及风险的共担。

（五）需求驱动原理

需求驱动原理认为，供应链的形成、存在、重构都是在一定的市场需求的基础上而发生的，并且在供应链的运作过程中，用户的需求是供应链中信息流、产品/服务流、资金流运作的驱动源。在供应链管理模式下，供应链的运作是以订单驱动方式进行的，商品采购订单是在用户需求订单的驱动下产生的，然后商品采购订单驱动产品制造订单，产品制造订单又驱动供应商。这种逐级驱动的订单驱动模式，使供应链系统得以准时响应用户的需求，从而降低了库存成本，提高了物流的速度和库存周转率。

（六）快速响应原理

快速响应原理认为，在全球经济一体化的大背景下，随着市场竞争的不断加剧，经济活动的节奏越来越快，用户在时间方面的要求也越来越高。用户不但要求企业要按时交货，而且要求的交货期越来越短。因此，企业必须能对不断变化的市场做出快速反应，必须要有很强的产品开发能力和快速组织产品生产的能力，以赢得竞争。

（七）同步运作原理

同步运作原理认为，供应链是由不同企业组成的功能网络，其成员企业之间的合作关系存在着多种类型，供应链系统运行业绩的好坏取决于供应链合作伙伴关系是否和谐，只有和谐而协调的关系才能发挥最佳的效能。供应链管理的关键就在于供应链上各节点企业之间的联合与合作以及相互之间在各方面很好地协调。

（八）动态重构原理

动态重构原理认为，供应链是动态的、可重构的。供应链是在一定的时期内，针对某一市场机会、适应某一市场需求而形成的，具有一定的生命周期。当市场环境和用户需求发生较大的变化时，围绕着核心企业的供应链必须能够快速响应，能够进行动态的快速重构。

市场机遇、合作伙伴选择、核心资源集成、业务流程重组以及敏捷性等是供应链动态重构的主要因素。从发展趋势来看，组建基于供应链的虚拟企业将是供应链动态快速重构的核心内容。

【复习思考习题】

一、单项选择题

1.（　　）是指由于供应商自身原因或不可抗力而造成的无法向生产商在事前约定的时间、地点提供指定数量和质量的商品和服务，进而造成生产商无法正常满足客户需求。

A. 供应的不确定性　　　　　　　　B. 生产的不确定性

C. 需求的不确定性　　　　　　　　D. 销售的不确定性

2. ( )这一理念的引入，使得企业的物流管理从组织到执行、从思路到设计、从功能到绩效，一下子就冲出了原先单个企业的思维边界。

A. 物流管理是以满足客户需求为目的

B. 物流管理以高效和经济的手段来组织原材料、在制品、制成品以及相关信息

C. 物流管理是获得和使用必要资源来维持系统运营的计划和执行的科学

D. 物流管理是供应链管理的一部分

3. 在市场环境相对稳定、以生产产品为中心的前提下，( )非常有效。

A. 横向一体化模式

B. 纵向一体化模式

C. 即时制造生产模式

D. 敏捷生产模式

4. 从企业与企业之间关系的角度将供应链的结构分为( )。

A. 刚性结构和软性结构

B. 延迟结构和模块化结构

C. 链状模型与网状模型

D. 完全合作、部分合作和独立决策

5. 根据供应链的功能模式(物理功能和市场中介功能)，可以把供应链划分为( )。

A. 推动式供应链和拉动式供应链

B. 有效性供应链和反应性供应链

C. 平衡的供应链和倾斜的供应链

D. 稳定的供应链和动态的供应链

6. ( )认为，在经济全球化迅速发展的今天，企业仅靠原有管理模式和自己有限的资源，已经不能满足快速变化的市场对企业所提出的要求。企业必须放弃传统的基于纵向思维的管理模式，朝着新型的基于横向思维的管理模式转变。

A. 资源横向集成原理

B. 动态重构原理

C. 同步运作原理

D. 合作共享原理

7. ( )认为，供应链是相关企业为了适应新的竞争环境而组成的一个利益共同体，其密切合作建立在共同利益的基础上，供应链各成员企业之间是通过一种协商机制，来谋求一种多赢互惠的目标。

A. 资源横向集成原理

B. 多赢互惠原理

C. 系统原理

D. 需求驱动原理

二、多项选择题

1. 供应链主要具有的特征是( )。

A. 复杂性

B. 面向用户性

C. 交叉性

D. 利益的对立统一性

E. 协调整合性

2. 从系统集成的角度看，供应链的结构就是供应链实体之间的相互作用和相互依赖关系。一般由三个子系统构成:( )和分销子系统，它们之间并没有很明晰的边界，而是相互交融、相互关联的。

A. 运输子系统

B. 仓储子系统

C. 生产子系统

D. 配送子系统

E. 供应(采购)子系统

3. 供应链流程分析方法主要有( )。

A. 层次法

B. 推/拉法

C. 关键因数法

D. ABC 分析法

E. 环节法

4. 按照不同的市场需求,可以把供应链分为( )等几种形式。

A. 按订单设计   B. 按订单制造

C. 按订单组装   D. 按库存生产

E. 按预测生产

三、判断题(正确的打"√",错误的打"×")

1. 推拉区分边界将整个供应链划分成两个部分,上游环节和下游环节。下游环节往往根据需求预测生产标准化、通用化程度高的模块化产品或者组件。上游环节往往根据最终客户的订单需求选择不同的模块进行组装生产,所以此类供应链的驱动力来自供应链核心企业和顾客的双重推力。( )

2. 由于市场需求存在很大的不确定性,需求预测存在着很大的困难。在高新技术行业中,产品的寿命周期变得越来越短,某些电子产品仅仅只有几个月的寿命周期,制造商可能只有一个订单或一次生产机会。因此整个供应链无法获取可供企业进行预测的历史需求数据。产品品种的快速增加也使产品的需求预测工作变得越来越难,供应与需求的匹配问题是供应链管理者面临的一个主要的挑战。( )

3. 在供应链管理运行中,总存在总成本最低化、客户服务最优化、总库存成本最小化、总周期时间最短化以及物流质量最优化等目标之间的冲突,这些冲突很难调和,无法实现供应链一体化。( )

四、填空题

1. _____发生在顾客与零售商之间,它包括接受和满足顾客订购所直接涉及的所有过程。

2. 供应链上企业之间的合作,会因为信息不对称、_____、_____以及其他政治、经济、法律等因素的变化而存在各种风险。

3. 根据驱动力来源的不同,将供应链划分为推动式供应链、_____和_____。

五、名词解析

供应链   供应链管理   不确定性

六、简答题

1. 请比较平衡的供应链和倾斜的供应链的主要差别。

2. 请比较供应链推/拉流程。

3. 请陈述供应链管理的内涵、特点。

4. 请陈述供应链管理的目标及困难。

七、论述题

如何使用推/拉法分析供应链的流程?

八、案例分析题

良品铺子的供应链管理模式

• 良品铺子概况

湖北良品铺子食品有限公司是一家致力于休闲食品研发与零售服务的专业品牌连锁运营公司。2006 年 8 月 28 日在湖北省武汉市武汉广场对面开设第一家门店,现已拥有门店1000 多家,遍布湖北、湖南、江西、四川四省。良品铺子作为时尚休闲食品的品牌企业,在行业内享有良好的商誉,得到了广大消费者的认同。

公司目前销售的产品主要有炒货类、糖果类、坚果类、果干类、蜜饯类、鱼肉类、素食类、糕点类等8大类食品，单品种类达400多种，产品供应商有200多家，所销售的产品大部分是在国内生产的，也有部分产品直接从海外进口。

- **企业理念与企业愿景**

品质第一是良品铺子经营管理中一直遵从的首要理念，也是良品铺子核心价值观的体现。针对消费者，良品铺子品质第一的理念主要体现在"粒粒皆珍品"的产品战略的最高追求，以及对消费者"六层品质把关，好吃安全放心"的承诺，每一种产品都严格按照"六层品质把关"的产品质量体系进行生产制作、物流配送和上柜。公司在坚持品质把控的同时，信奉"顾客至上，诚信为本"的经营理念，永远将顾客需求放在第一位，以诚信、真诚的原则为顾客服务，为顾客提供公开透明的交流渠道。良品铺子将支持顾客公开透明的交流平台建设放在首要位置，进而实现完全的透明化，这成为良品铺子打造优势零售品牌的核心竞争力。

良品铺子的愿景，是重点围绕客户需求，深入了解顾客的思维模式，研究顾客的行为方式，从本质上洞悉市场需求，进而设计出满足客户需求的产品并提供让客户满意的服务，并力争不断创造新的需求，掀起休闲食品（Snack）时尚旋风。

基于"传递真诚予顾客，友好合作予供应商"的发展理念，良品铺子从对顾客需求出发到顾客获得产品的过程中所涉及的研发、采购、生产、销售、信息反馈等各个环节进行严格把关，期望通过自身的努力，使自己成为食品行业的标杆。它以别具一格的经营理念，携手优秀的供应商，以及全方位的专家团队开启休闲食品行业透明、真实，顾客与企业零距离交流的先河，带领良品铺子入驻中国知名品牌行列。

- **良品铺子的供应链结构**

在当今市场环境下，企业与企业的竞争已经转为供应链与供应链之间的竞争，每个企业的运作都隶属于某一个供应链运作的环节。因此，良品铺子也十分清楚，它的快速发展得益于供应链管理上的努力，它的未来成长也取决于其对供应链的深入掌控和优化。这里，我们可以深入分析良品铺子的整个供应链运作特点，从而发现其内在价值。

图1-17是良品铺子的整体供应链结构图。从图中可以看出，良品铺子的日常运作所处的供应链共有四层。从下游至上游，依次为零售层、核心企业层、产品供应层以及原材料供应层。

零售层主要体现了良品铺子的销售渠道，包括电子商务中心负责的线上客户、团购部负责的酒店等大批量订单客户，以及营运部负责的直营门店和加盟门店。

核心企业层即良品铺子有限公司所在层，该层对整个供应链的运作起到有效连接上下游的枢纽作用，该层不仅包括了汉口总部的商品中心这个信息枢纽，还包括了位于武汉东西湖区的总仓物流枢纽。

产品供应层决定了整个供应链能够提供给消费者的产品的种类以及数量，该层由大量的食品加工工厂组成，也包括国内和国外的生产厂家。

原材料供应层决定了供应链提供给消费者的产品品质的优劣，主要包括了产品加工的原料和产成品封装需要的包装材料的供应商，其中包装材料的生产商限于国内，而原材料的供应商则涉及国内和国外的不同厂商。

整个供应链结构层次特点也存在特殊的情况，如国外成品零食的供应商同时存在于上游的两个层面，这是由国内国外贸易的复杂性造成的，有时需要第三方经销商的介入，因此增

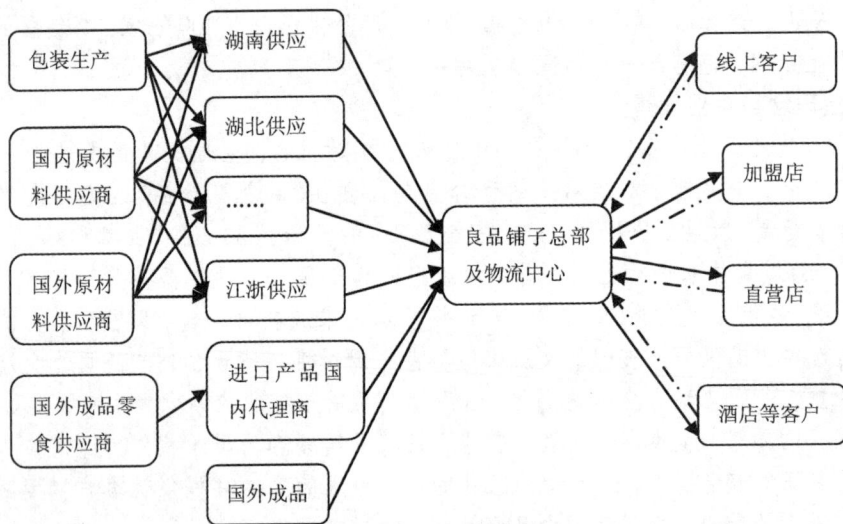

图1-17 良品铺子供应链结构图

加了供应链的结构的复杂性。

从层与层之间的正向物流传递方式看，整个供应链从上游层次之间再到下游各层之间，主要经历了"多对多""多对一"和"一对多"三种合作形式。实体在各层之间的正向流动主要依赖于第三方物流公司。

原材料供应层和产品供应层之间呈现了多对多的网状供应关系，这种网状供应关系最为复杂，而且这种跨省跨国境的空间交流以及海运陆运等不同方式的运输更增加了多对多供应方式的管理难度。

产品供应层和核心企业层之间呈现了多对一的供应关系，这种供应结构看上去似乎比多对多的供应结构简单很多，但是负责物流运输的公司成员的数量并没有减少很多，相对于多对多的供应关系，它主要减轻了交叉关系的处理以及运输规划的错综复杂性。

核心企业层与零售层之间呈现了"一对多"的供应关系，并且这种供需关系是在企业内部发生的，信息透明度高，分销层次也大大减少，这种供应结构是最为简单的，因为不仅运输路线数量减少了，而且参与物流运输服务的第三方物流公司的数量可以大幅度减少，甚至可以独家负责，这样一方面更容易管理，另一方面可以实现规模效应，降低整个供应链的运营成本。

从下游往上游看整条链，可以发现供应链结构的另一个特点，即下游涉及逆向物流，而上游涉及得很少。这是连锁行业的普遍特点，在这一特点下，核心企业层需要拥有比上游更强大的物流能力，从实际运营情况看，良品铺子的物流能力的发展的确走在供应链上各个个体成员的前列。

最后，从集中与分散的程度看，可以看出整个供应链结构下游的集中化程度高，而上游的分散程度高，因此下游更易于实现集中化管理，这主要是因为良品铺子整个核心企业位于下游。而上游较高的分散程度无疑给整个供应链的协同管理带来困难，因此作为核心企业，应该考虑如何逐步加强上游的集中程度，以促进整个供应链的协同化。

- **良品铺子供应链的产业覆盖面**

从良品铺子供应链的覆盖产业范围来看，它涉及了多条子链、多个地域和多种行业。根据产品是完全进口、部分进口，还是完全国产，良品铺子的供应链可分为三条子链。完全进口产品的供应链有两种合作方式，一种方式是从国外食品供应商直接到良品铺子物流中心，再运至各门店或者通过电子商务部进行线上销售，另一种则是从进口产品国内代理商到物流中心，再配送到良品铺子终端门店进行销售。部分进口产品主要指原材料需要从国外进口的产品，该产品的供应链结构是最长的，涉及的成员也最多，主要包括了国外供应商提供原材料，国内包装生产商提供包装，供应商生产、运送至良品铺子物流中心、配送至门店和电子商务部进行销售等环节。完全国产产品的子供应链与进口产品的主要区别在于原材料的采购来自国内。从地域特点来看，良品铺子供应链的业务范围很广，一直扩展到了全球范围的采购，这就造成了各个环节完成时间和不确定性程度的差异。比如说，从良品铺子物流中心到门店的配送过程经历的时间最短，而海外原材料的采购所需时间最长，且不确定性程度也最高。国内供应商的采购和国内供应商产品的生产和配送所需时间长度和不确定性水平也不一致，不同供应商的管理水平相差很大。作为链上的核心企业，良品铺子对供应链上游所有企业成员的管控很重要，这也是公司管理的重点，它为保证企业快速成长奠定了良好的基础。从行业种类看，良品铺子的供应链涉及了零售业、物流服务业、食品加工业、塑料制品业、纸制品业、养殖业等多个行业，每个行业都处于该供应链上的不同层面上，这就导致了其供应链具有明显的多层结构特征。一般来说，多层结构供应链都会存在需求放大效应（牛鞭效应），即由于供应链各节点企业都只根据相邻的下游企业的需求信息进行生产或供应决策，各企业之间缺少有效的信息沟通，从而造成需求信息的失真，导致越往供应链的上游走，需求信息的不真实性程度越高，各层所需维持的库存水平也越高。因此，良品铺子作为供应链的核心企业采取各种措施加强各节点企业间的信息共享，从每个子链出发，有效缓解了牛鞭效应，进而促进整个供应链的协同管理。

- **良品铺子供应链合作伙伴的管理**

从良品铺子供应链的各个层面涉及的合作伙伴企业来看，除了良品铺子所在层，其余各层均涉及很多个体成员，且种类繁多。

销售端包括了线上客户、加盟店、直营店和团购客户。除了线上销售的客户外，这一层的合作伙伴主要是各类终端门店，以连锁零售的模式占据市场，通过扩展门店的销售能力以提高市场份额，满足消费者的各种需求，这样才能扩大公司规模和提高知名度。直营店和加盟店是良品铺子的主要销售渠道，其客户群体所占比例也是最大的，是体验良品铺子商品品质、服务水平最直接的客户群体，是和良品铺子的销售和品牌形象塑造有着最密切联系的客户群体。在这一层面出现不同种类的销售模式的另一个原因在于零售行业也要不断开拓新的销售渠道，实现多元化，满足更多客户的需求。

线上客户的发展迎合了电子商务、网上购物的热潮。相比线下客户，网上销售不受时间、空间限制，同时也节省了门店租金、员工管理等费用，受益消费者更广。另外，发展线上客户也有助于扩大良品铺子的知名度，由于良品铺子的主要销售区域是武汉以及周边城市，开辟电商销售渠道有益于其扩大连锁门店辐射影响力之外的市场份额，为良品铺子的扩张打下很好的基础。

团购客户主要是指企事业单位、酒店等购买批量较大，但频次较低的客户群体，这部分客户是对电商和线下实体店销售客户的一个补充，有利于良品铺子的口碑宣传和塑造其高品质的品牌形象。

由于良品铺子的核心竞争力在于提供多品种的休闲零食，因此注定了其上游涉及多种多样的供应商，这也增加了其对供应端的管控难度。在以良品铺子为核心企业的供应链的上游有各种类型的供应商，大部分的供应商都是产品生产企业，只有部分进口产品的供应商是代理商。按照地域的不同，供应商几乎遍布全国各地，每个供应商提供的产品也互不相同。以良品铺子为客户来看，由于产品无交叉，供应商间没有同质化的竞争关系。在供应商管理方面，良品铺子允许供应商与其他客户合作，以促进供应商自身的发展。在采购计划上，良品铺子利用先进的信息化系统以电子商务平台的形式与供应商共享销售和库存信息，并提前向供应商下达每月的预估采购量，在双方提前约定的固定的采购周期和到货天数下，保证有效的采购合作。良品铺子视优秀的产品品质为其核心竞争力之一，因此特别注重培养供应商的质量控制意识，并主动给予指导和相关培训。依靠良品铺子的凝聚力，可以为供应商提供互相交流的平台，如定期的供应商大会，帮助供应商共同成长、共同进步，同时也有利于良品铺子宣传自身的发展目标和经营理念。同区域的供应商在今后的发展过程中可以采用共同配送的模式节约物流成本，这种方式有助于加强供应商间的沟通与协作。

供应商的上一层即供应商的供应商，主要涉及各种产品原材料和包装材料的采购，以及部分海外成品的采购，这一类供应商的客户主要是进口产品的国内代理商。其中包装材料供应商与良品铺子的联系最为紧密。由于良品铺子销售的最终产品都贴有良品铺子自己的商标，直接影响其品牌形象和品质保证，所以良品铺子对包装材料的要求非常严格。由于地域原因，目前的包装材料供应商并没有统一，一部分是由良品铺子指定的，另一部分则是供应商自己联系的，但这部分包装材料供应商必须通过良品铺子审核后才可以供应包装。原材料的供应商并未直接与良品铺子间形成贸易关系，良品铺子主要是通过对上游的产品供应商提出对原材料的质量要求，由产品供应商对原材料品质进行实质的把关。原材料供应商有国内供应商和国外供应商两大类。

如何很好地整合各个层面上的合作伙伴，进而促进整个供应链的协同发展，是良品铺子公司应该重点关注的问题。

案例思考题：
你认为良品铺子公司的供应链结构还有改进的余地吗？

【本章参考文献】

[1]施先亮，王耀球.供应链管理[M].2版.北京：机械工业出版社，2013.
[2]黄丽华，唐振龙，袁媛.供应链管理[M].长沙：湖南师范大学出版社，2013.
[3]邵晓峰，张存禄，李娟.供应链管理[M].北京：高等教育出版社，2013.
[4]马士华，林勇.供应链管理[M].4版.北京：高等教育出版社，2015.
[5]张小兵，徐叶香.论企业的供应链管理[J].商业研究，2002(8)：39-41.
[6]刘助忠.物流学概论[M].北京：高等教育出版社，2015.
[7]黄吉乔，张冬.论新经济时代的业务外包[J].物流技术，2002(1)：29-30.

第二章 供应链管理的相关理论及方法

本章学习导引

　　读者通过学习本章，首先将了解价值链理论的基本内容、含义及特征，价值链分析的意义和分析的内容。在此基础上，可以了解核心竞争力的发展过程和构成、特性等相关概念，分析核心竞争力的形成。接着，读者将了解集成化供应链管理的概念、理论模型和发展阶段。最后，读者将了解供应链管理常用的方法：快速响应、有效顾客响应、企业资源计划。本书对此三种方法作了重点介绍。

第一节 价值链

一、价值链的概念

　　美国学者迈克尔·波特（Michael E. Porter, 1985）第一个提出了企业价值链思想，他认为价值链描述了顾客价值是如何通过一系列可以创造出最终产品或服务的活动而形成的过程，并将价值链描述成"一个企业用来进行设计、生产、营销、交货及维护其产品的各种活动的集合"。

（一）价值链的基本内容

　　在《竞争优势》一书中，波特对价值链理论进行了详细的阐述：每一个企业的价值链都是由以独特方式连接在一起的 9 种基本活动构成的，并且价值链列示了总价值，包括价值活动和利润，其中利润是总价值与从事各种价值活动的总成本之差，如图 2-1 所示。

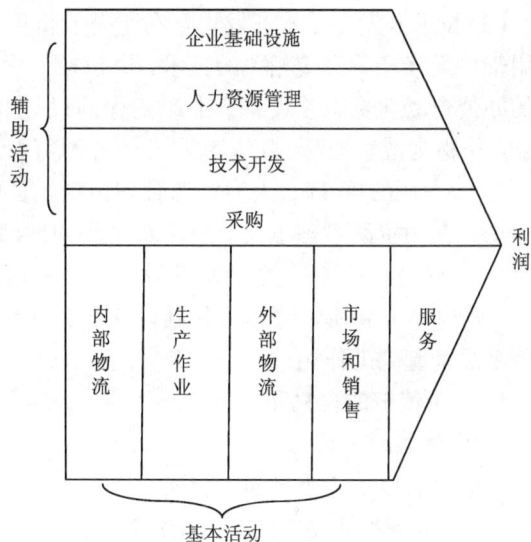

图 2-1　基本价值链

价值活动可分为两大类：基本活动和辅助活动。基本活动是涉及产品的物质创造及其销售、转移给买方和售后服务的各种活动。在任何企业中，基本活动都可以划分为图2-1所示的五种基本类别。辅助活动是辅助基本活动并通过提供外购投入、技术、人力资源管理以及各种公司范围的职能以相互支持。在辅助活动中，采购、技术开发和人力资源管理与各种具体的基本活动相联系并支持整个价值链。企业的基础设施虽并不与每种基本活动直接相关，但也支持整个价值链。

1. 基本活动

(1)内部物流。内部物流是指与收货、存储和分配相关联的各种活动，如原材料搬运、仓储、库存控制、车辆调度和向供应商退货。

(2)生产作业。生产作业是指与把投入转化为最终产品相关的各种活动，如机械加工、包装、组装、设备维护、检测、印刷和各种设施管理。

(3)外部物流。外部物流是指与集中、存储和交货给买方有关的各种活动，如产成品库存管理、交运、送货车辆调度、订单处理和生产进度安排。

(4)市场和销售。市场和销售是指与提供买方购买产品的方式和引导他们进行购买有关的各种活动，如广告、促销、销售队伍、报价、渠道选择、渠道关系和定价。

(5)服务。服务是指与提供服务以增加或保持产品价值有关的各种活动，如安装调试、维修、培训和零部件供应。

2. 辅助活动

(1)采购。采购在这里是一个广义的概念，区别于传统意义的狭义的购买。狭义的购买通常是指购买与企业各种价值活动相关的有形的投入品。在广义的采购概念中，一是购买物的范围扩大了，包括对于与企业整个价值链有关的所有投入的购买，如部门经理雇用临时人员的投入、销售人员与销售活动相关的食宿投入、企业总裁在战略咨询上的投入；二是活动内容也更广泛，包括采购流程、供应商资格审定和信息系统等，采购存在于价值链的所有活动中，包括基本活动和辅助活动。

(2)技术开发。技术开发也存在于企业价值链的各个价值活动之中。这里的技术不仅仅适用于与最终产品直接相关的技术，也包括订货登记系统中所应用的电子通信技术，会计部门的办公自动化及工艺设备、生产流程的设计和服务程序。开发则不单是传统意义上的研发，它还指为改善产品、工艺和服务的各种努力。

(3)人力资源管理。人力资源管理包括人员的招聘、雇用、培训、开发和考核、计酬等各种活动。人力资源管理不仅对单个基本和辅助活动起到辅助作用，而且支持着整个价值链。

(4)企业基础设施。企业基础设施由大量活动组成，包括总体管理、计划、财务、会计、法律、政府事务和质量管理。基础设施与其他辅助活动不同，它是通过整个价值链而不是通过单个活动起辅助作用。

(二)价值链的含义和特征

1. 价值链的含义

价值链有以下三个方面的含义：

(1)企业各项活动之间都有密切联系，如原料供应的计划性、及时性和协调一致性与企业的生产制造有密切联系。

(2)每项活动都能够给企业带来有形或无形的价值，如服务这条价值链，如果密切注意顾客所需或做好售后服务，就可以提高企业信誉，从而带来无形价值。

(3)价值链不仅包括企业内部各种链接活动，更重要的是，它还包括企业外部各种链接的活动，如与供应商之间的关系或与顾客之间的联系等。

参照波特价值链学说，价值链管理将企业的业务过程描绘成一个价值链，将企业的生产、营销、财务、人力资源等各方面有机地整合起来，做好计划、协调、监督和控制等各个环节的工作，使它们形成相互关联的整体，真正按照"链"的特征实施企业的业务流程，使企业的供、产、销系统形成一条有机衔接的链条。

价值链管理强调打破传统的职能部门界限，它是使企业组织结构由职能型向流程型转化，以价值增值流程(最终使顾客满意)的再设计为中心，建立合理的业务流程，以达到提高企业动态适应性的目的的一系列管理活动。

2. 价值链的特征

(1)价值链是增值链。在价值链上，除资金流、物流、信息流外，最根本的是要有增值流。客户实质上是在购买商品或服务所带来的价值。各种物料从采购到制造再到分销，也是一个不断增加其市场价值或附加值的增值过程。因此价值链的本质是增值链。价值链上每一环节增值与否、增值的大小，都会成为影响企业竞争力的关键。所以，要提高企业竞争力，就要求消除一切无效劳动，在价值链上的每一环节都做到价值增值。传统的供应链只实现了本企业的增值，而价值链将上下游企业整合成一个产业链，组成了一个动态的、虚拟的网络，真正做到了降低企业的采购成本和物流成本，在整个网络的每一个过程实现最合理的增值。

(2)价值链是电子链(E-CHAIN)。最终客户信息、需求信息、库存状况、订单确认等集成的信息流影响供应链中每一实体，实时的信息交换还可以大量地减少因手工单据处理而导致的成本费用、时间延迟和管理失误，员工将从不增值的手工处理中脱离出来，专注于在更低成本下创造更高的效益，因此，信息技术不仅仅是价值链构建的工具，更是价值链的基础和重要构件。不能深入和充分地应用信息技术，就无法真正地实现价值链。

(3)价值链是协作链。价值链上任何一个节点的生产和库存决策都会影响链上其他企业的决策。一个企业的生产计划与库存优化控制不但要考虑其内部的业务流程和资源，更要从价值链的整体出发，进行全面的优化与控制。因此，价值链联盟要求所有成员能够消除企业界限，实现协同工作。在传统供应链中，双赢原则在众多企业中仅停留在口号上，企业和渠道伙伴之间以及与供应商伙伴之间真正实行的是赢—输观念；双方都想从对方那里索取更多的利益，价值链要求企业重新审视渠道机制和客户关系，从交易型向伙伴型转变，经营目标从双赢走向多赢。

(4)价值链是虚拟链。价值链的实质是虚拟公司的扩展供应链。价值链在市场、生产环节与流通环节之间，建立一个业务相关的动态企业联盟(或虚拟公司)。这不仅使每个企业保持了自己的个体优势，也扩大了其资源利用的范围，使每个企业可以享用联盟中的其他资源。例如，配送环节是连接生产制造与流通领域的桥梁，起到了重要的纽带作用，以它为核心可使供需连接更为紧密，可实现货物及时生产、及时配送，及时地交付到最终消费者手中，快速实现资本循环和价值链增值。

(三)价值链与供应链的关系

由前面对价值链和供应链的描述可以看出，尽管价值链也涵盖了供应链包含的企业实体，但价值链是针对企业经营状况开展的价值分析，主要是相对于一个企业而言的，其目的是弄清楚企业的价值生成机制，剖析企业的价值链条的构成并尽可能加以优化，从而促进企业竞争优势的形成。企业不同，其价值生成机制也不同，在这些企业的价值链条构成中各有其价值生成的重要节点，有的是在生产上，有的是在研发上，有的则是在营销或管理上。如果企业某一节点上的价值创造能力在同行业中处于遥遥领先的地位，则我们可以说这个企业在这方面具有核心竞争力。

供应链往往是相对于多个企业而言的，除非是大型的企业集团，否则很难构建其自身的供应链，即便如此，有时也难免向集团外部延伸。因此，供应链可以说是企业之间的链条连接。最初，供应链的管理一般是指对跨企业的物流管理，但是，随着现代电子商务的发展，供应链的管理已经不仅仅局限在物流管理层面上，许多企业在完成其自身流程的变革后同时又实现了同其他企业的连接，这使得供应链管理的内涵又增加了商流管理的内容。供应链管理的发展是由计算机网络技术发展推动的，同时也是企业实施战略联盟和虚拟经营的结果。企业实施供应链管理的目的，一方面是为了降低成本，另一方面是为了提高反应速度，其本质目的是构筑企业的核心能力。

价值链理论的应用有助于人们了解企业的价值生成机制，其既是一个分析竞争优势的工具，同时也是建立和增强竞争优势的系统方法。正如前面提到的那样，价值链并不是孤立地存在于一个企业内部，而是可以进行外向延伸或连接。如果几个企业之间形成了供应链连接并实现了同步流程管理，那么我们可以认为这些企业的价值链已经实现了一体化连接，只不过这时的价值链已经不再是价值链条，而是变成了价值网络。因此可以说，企业能够辨清自身的价值链是实施供应链管理的前提。

二、价值链分析的意义及内容

价值链分析就是通过分析和利用企业内部与外部之间的相关活动来达成整个企业的策略目的，能够为企业在价值链上获取更多的价值，是企业获取竞争优势的重要手段。由于价值链是由一系列创造价值的活动组成的，每项活动都必须能给企业创造有形或无形的价值，所以通过价值链分析，要将其中无价值的活动和环节去掉。同时还要把影响企业竞争的每一个环节，从项目调研、产品设计、材料供应、生产制造、产品销售、运输到售后服务逐一进行绩效分析，使管理人员对价值链的每一个活动都有充分的了解，确立企业的核心活动，从而更好地获得企业的竞争优势。成本控制过程中，通过对企业的价值链分析，可以确定价值链由哪些具体的价值活动构成，并找出各价值活动所占总成本的比例和增长趋势，识别成本的主要成分中那些占有较小比例但增长速度较快，最终可能改变成本结构的价值活动，列出各价值活动的成本驱动因素及相互关系，再通过具体的实施方案来实现对成本的控制。

价值链是企业在供产销过程中所进行的一系列有密切联系的且能够创造出有形和无形价值的链式活动。因此价值链分析包括下列四方面内容的分析：①在供应过程中，企业与供应商之间在其供应链中创造价值的过程。②在产品生产制造过程中，各环节、各单位创造价值的过程。③在产品销售过程中，在企业与顾客的链式关系中创造价值的过程。④在市场的调查、研究、开发以及产品的促销与分销等活动中创造价值的过程。

由于企业参与的各个商业过程都是由一系列活动构成的，具体来说，价值链的分析主要还可分为以下两方面内容：

(1)识别价值活动。识别价值活动要求在技术上和战略上识别有显著差别的多种活动，这些活动即前面所介绍的两类活动：基本活动和辅助活动，细分为企业的九种活动。

（2）确立活动类型。在每类基本和辅助活动中，都有三种不同类型：①直接活动，涉及直接为买方创造价值的各种活动，如零部件加工、安装、产品设计、销售、人员招聘等。②间接活动，指那些能使直接活动持续进行成为可能的各种活动，如设备维修与管理、工具制造、原材料供应与储存、新产品开发等。③质量保证，确认其他活动质量的各种活动，例如监督、视察、检测、核对、调整和返工等。

这些活动有着完全不同的经济效果，对竞争优势的确立起着不同的作用，应该加以区分，权衡取舍，以此来确定企业的核心活动和非核心活动。

三、价值链理论对企业经营模式的启示

（一）企业作为一个整体来看时，很难认清其竞争优势

竞争优势来源于企业在设计、生产、营销、渠道等过程及辅助过程中所进行的许多相互分离的活动。这些活动中的每一种都对企业的相对成本地位（成本战略）有所贡献，并且是企业差异化战略的基础。因而在分析企业的集中优势，即找出企业的核心竞争力时，必须通过对企业的价值链的每一个环节进行分析，以了解企业在大环境和产业中的地位及优势。只有这样，在制订企业重大的战略决策时才能有明确的方向。

（二）价值链的各个环节的集成程度对企业的竞争优势起着关键作用

协调一致的价值链，将支持企业在相关行业的竞争中获取竞争优势。企业可以利于内部扩展的方式来加强价值链的每一个环节，也可通过与其他企业形成联盟来做到这一点。联盟是与其他企业形成的长期联合，而不是彻底的兼并。联盟包括与结盟伙伴相互协调或共同分享价值链，这有利于拓展企业价值链的有效性。因而企业在选择其结盟伙伴时应从价值链的各个环节予以分析，以找出最有利于自身发展的联盟。价值链的这一特点启发企业的管理者强化供应链管理这一企业管理新模式。

（三）企业的价值链体现在一个更广泛的价值系统中

供应商的价值链创造并支持了企业价值链的外部输入，形成企业的上游价值，供应商不仅仅是向企业提供它的一种或多种产品，还会影响到企业价值链的许多方面。同时，企业的产品通过一些价值链（渠道价值）的渠道到达买方手中，渠道的附加活动既影响买方，也影响企业自身的活动，而构建供应链以及实施供应链管理其实正是对企业与其供应商、渠道及用户的价值链的各个环节进行重新定位，并使其相互融合的过程。如今供应链的构建及管理是全球企业尤其是跨国性企业的发展趋势。只有通过对企业的价值链进行分析，才能准确地把握客户的需求和自身的位置，才能合理地构建供应链，实施高效的供应链管理。

第二节 核心竞争力

核心竞争力是企业赢得竞争的基础和关键，是企业的立足之本，尤其对于供应链管理来说，核心竞争力更是必不可少的，因此，加强企业核心竞争力的培养是企业实施供应链管理最为重要的支撑条件。

一、企业核心竞争力理论的起源与发展

企业核心竞争力理论首先源于现代企业理论。现代企业理论认为，企业作为一种行政协调机制，或是一种契约组织，强调的都是交易过程中的各种规则，它忽视了企业作为社会经济组织所具有的独特的"生产"特性。在这种理论的指导下，有些西方经济学家在对企业决策机制、供应机制、生产机制、销售机制等问题进行研究时都不再考虑生产成本，而仅仅关注交易成本，进而背离了现实，无法有效地解释企业实践中的一些重要现象。

企业核心竞争力理论的迅速兴起与战略理论的发展也密切相关。在管理科学的发展历程中，18世纪中后期到19世纪末期奉行经验管理，20世纪初至20世纪40年代信奉科学管理，20世纪40年代到20世纪60年代风行行为科学，20世纪70年代崇尚战略管理，到20世纪80年代初，迈克尔·波特的竞争战略理论成为战略管理理论的主流。这一理论的核心是波特提出的"五种竞争力（进入威胁、替代威胁、买方议价能力、供方议价能力以及和现有竞争对手的竞争）"，"三种基本战略（成本领先、标新立异和目标集成）"以及价值链分析等。波特的竞争战略理论通过对产业演进的说明和各种基本产业环境的分析，得出不同的战略决策，这一理论在全球范围内产生了深远的影响。但是波特的理论没能突破把企业视为"黑箱"的局限，它实际上只是把产业作为研究对象，并没有很好地站在企业的角度分析企业竞争战略的制定和实施，不能有效地指导企业的实践。

20世纪80年代后期，风行一时的业务流程再造曾一度使人们淡漠了对战略理论的关注，有些人甚至开始怀疑战略计划的作用。到了20世纪90年代，加里·哈默尔和C. K.普拉哈拉德的战略理论标志着管理战略的复兴。他们认为，战略是学习和发现的过程，是一个多面体。他们提议企业少说"战略"或"计划"，多谈"战略化"，关注自身的"核心竞争力"。他们给核心竞争力下的定义是"一门博采众长的学问，尤其是如何协调各种生产技巧，如何汇合各条技术分流"。他们号召企业把企业视为核心能力的组合，而不是经营单位的组合。加里哈默尔和C. K.普拉哈拉德提出的核心竞争力为20世纪90年代战略理论的发展做出了重大的贡献。

进入20世纪90年代以来，对企业竞争力的研究开始逐渐转移到企业核心竞争力领域。因为从长远考虑，企业竞争优势在于比竞争对手以更低的成本、更快的速度去发展自身的能力，在于能够产生更高的、具有强大竞争力的核心能力。由于任何企业所拥有的资源都是有限的，它不可能在所有的业务领域都获得竞争优势，因而必须将有限的资源集中在核心的业务上。

鉴于以上原因，有些人把影响企业竞争的核心要素归结为它所拥有的特殊能力，并从企业内在成长的角度分析企业，由此提出了企业核心竞争力理论。

二、核心竞争力的相关概念

核心竞争力，我们可以定义为企业借以在市场竞争中取得并扩大优势的决定性的力量。例如，联邦航空公司因为拥有追踪及控制全世界包裹运送的能力，从而使它在本行业及相关行业的竞争中立于不败之地。一家具有核心竞争力的公司，即使制造的产品看起来不怎么样，但它却能利用核心竞争力使公司整体蓬勃发展。

（一）核心竞争力的构成

构成核心竞争力的要素，包括企业员工拥有的技能、企业的技术体系、企业的管理体系和在企业中占主导地位的价值观念，企业的核心竞争力是上述四种要素构成的一个有机整体，它反映了企业的基本素质与发展潜力。如果说企业在市场上的竞争，短期内主要体现为产品价格与性能的竞争，那么从长期看，这种竞争实际上是核心能力的竞争。在构成企业核心能力的要素中，企业员工拥有的知识技能及融合在企业技术体系的知识积累与物质条件，是企业进行技术创新的基本资源，而创新活动的各个环节都要相应的管理体系进行有效的计划、组织、激励与控制。在企业中，占主导地位的价值观念是构成企业核心能力的一种无形因素。它强烈地影响企业领导和职工的行为方式的偏好，并通过经营决策过程和行为习惯体现在企业的技术实践和管理实践中。在技术创新活动中，价值观念往往融合于构成核心能力的其他三种要素之中，对创新决策与实践产生影响。

（二）核心竞争力的特性

（1）能很好地实现顾客所看重的价值。例如，增强核心竞争力能显著地降低成本、提高产品质量、提高服务效率、增加顾客的效用，从而给企业带来竞争优势。比如，索尼公司的核心能力是"迷你化"，它带给顾客的核心利益是便于携带。

（2）能力特性在竞争中的独特性。每一个成功的企业的核心竞争力都具有自己的特点，不容易被潜在的竞争对手模仿，而任何一个企业也都不能靠简单地模仿其他企业来建立和发展自己的核心竞争力。企业一旦形成了自己的核心竞争力，就可能在某一领域中建立竞争优势，不断地推出创新成果，从而极大地促进自身的发展。

（3）核心竞争力具有延展性。核心竞争力能够同时应用于多个不同的任务中，以使企业能在较大范围内满足顾客的需要。例如，佳能公司利用其光学镜片成像技术和微处理技术方面的核心竞争力，成功地进入了复印机、激光打印机、照相机、扫描仪以及传真机等二十多个产品领域；本田公司的核心专长是设计和制造发动机，这一专长支撑了小汽车、摩托车、割草机和方程式赛车的制造。

（4）核心竞争力的二重性。一方面，核心竞争力作为供应链管理的资源基础和支持系统，当它适应竞争环境和企业发展战略的要求时，能有效地促进创新和企业发展；另一方面，作为竞争优势基础的企业核心能力必须适应企业外部环境（技术、市场和社会条件）的变化。如果企业核心竞争力不能适应外部环境的变化，原来对企业创新与发展起积极作用的核心竞争力就可能会成为阻碍企业创新与发展的消极因素。核心竞争力的这种消极作用来源于核心能力的刚性。核心竞争力是企业在发展过程中基于长期的经验积累所形成的一种制度化的体系，具有相对的稳定性。当外部环境发生变化时，稳定性很容易表现为某种抗拒变化的惰性，这种惰性就是核心能力的刚性。供应链管理活动会对原有的系统带来某些变革，因此，必须对此予以关注。由于企业核心竞争力正是企业在其发展历史上所做的一系列创新决策和长期创新实践的衍生物，因此，不断进行技术上和组织上的创新，是消除核心竞争力刚性的最有效的办法。

（三）有关核心竞争力的进一步说明

为了更好地理解核心竞争力，这里首先通过几个相关概念的比较来对其做出进一步说明：

（1）竞争力不等于核心竞争力。企业要在市场中领先，当然在市场、财务、技术开发等各功能领域都要有一定的竞争力，但这并不等于核心竞争力。核心竞争力必须具有独特性，是其他竞争对手很难复制的。

（2）核心业务不等于核心竞争力。回归核心业务并不等同于就有了核心竞争力。企业集中资源从事某一领域的专业化经营，在此过程中逐步形成自己在管理、技术、产品、销售和服务等多方面与同行的差异。在发展这些差异时，企业能逐步形成自己独特的可提高消费者特殊效用的技术、方式和方法，这些有可能会成为今后企业核心竞争力的构成要素。

（3）没有核心技术，并不意味着没有核心竞争力。例如，戴尔公司没有个人计算机的核心技术，但这并不妨碍它成为行业翘楚，因为戴尔公司的核心竞争力在于高效的供应链管理。

为了对核心竞争力有更准确的认识，我们还需要注意以下几个方面：

（1）企业核心竞争力是长期经验积累和整体素质的体现。企业可持续的竞争优势是将企业长期运行中具有战略价值的资源和能力进行综合、升华而形成的一种制度化的体系。这样一个整合过程正是企业素质的提升过程，当企业的竞争对手试图模仿企业竞争优势却无法成功或者失去模仿的信心时，企业的竞争优势才是一种可持续性的竞争优势。

（2）核心竞争力是有生命周期的。企业核心竞争力的生命周期可划分为如下几个阶段：无竞争力阶段、一般竞争力阶段、初级核心竞争力阶段、成熟核心竞争力阶段、核心竞争力弱化阶段以及核心竞争力新生阶段。不同企业的核心竞争力所处的生命周期的阶段也不同。职工个人和企业原有的知识都会在不断变化的环境中落伍，必须根据变化的环境不断地更新、重组知识技能要素与结构，只有这样才能维持和增强企业的核心竞争力。

（3）企业核心竞争力是分不同层面的。一个企业往往只处于一条供应链中的某个环节上，在生产领域，产品所包含的知识表现形式不同，有的企业生产标准，有的企业生产技术，有的企业生产产品，甚至有的企业生产概念。竞争力的外部表现可以是可口可乐的饮料配方，可以是耐克的生产技术，可以是戴尔的销售渠道，也可以是海尔的管理模式。在不同的层面上都会产生许多具有核心竞争力的企业，一个企业只要能有自己独特的核心产品，就有可能在业界中取得主导的地位。

三、核心竞争力的形成

培养企业核心竞争力，是在全局统筹的基础上，力行"善战者，胜于易胜之地"，以达到纲举目张的运作过程，应着重从以下三方面入手。

1. 锁定目标

要想培育独特的核心竞争力，企业必须明确自身努力的方向和目标，只有目标、方向明确了，企业的资源配置、使用才能做到有的放矢，从而加速核心竞争优势的培养壮大。企业核心竞争力是一种独特的竞争优势。每一个企业都有不同的条件、情况，因此它所设置的目标方向也是不同的。一般来讲，选择核心竞争力的目标定位，主要应考虑以下这些因素：①自身资源状况和以往的知识储备。②行业现状及特点。③竞争对手的实力状态及对比情况。④关联领域的影响。⑤潜在竞争者及替代者的演变前景。由于核心竞争力的形成所耗费的代价较大，且具有一定的刚性，这样会在较长的时期内影响企业的经营运作。因此，企业在选择核心竞争力培养方向时都比较慎重，常常将目标锁定在最能影响行业发展前景的领域上，以使企业能够掌握更大的竞争主动权。

2. 集中资源

集中资源就是将资源集中于企业选定的一项或某几项目标业务领域内，以使在最大程度上发挥资源效用，增强特定的竞争优势，形成核心竞争力。当今时代市场竞争日益激烈，创新成本与风险越来越大，任何一个企业都很难在所有业务活动中都成为世界上最杰出的企业。事实上，相对于复杂多变的外部环境而言，任何企业的资源都是有限的，只有将资源集中起来，形成合力，才有可能在目标领域取得突破，建立核心竞争力。即使是当今世界著名的许多大企业，它们也大都将资源重点集中于某些关键性业务工作上，以求在特定领域达到领先对手的目的。例如，美国的微软公司，日本的本田公司、索尼公司等著名企业，就分别将资源集中起来致力于软件的开发、复杂的芯片设计、小型发动机设计和微型电机系统开发工作，从而在各自的行业里取得了明显的竞争优势。

对于我国的大部分企业来说，由于自身实力与发达国家企业有差距，且可利用资源也有限，因此，更应该将有限的财力资源集中于适合自身条件的关键领域，建立独特的竞争优势。

3. 动态学习

坚持动态持续地学习、增加知识技能的积累和储备，是培养和增强核心竞争力的关键。企业员工及组织所拥有的知识技能是重要的无形资产，是核心竞争力中的主要因素。这种知识与技能包含两个层次：①员工个人的知识技能水平与结构。②企业员工的整体素质与知识技能结构。

知识技能既包括现代科学技术知识与管理知识，也包括操作技能与实践经验。企业要建立与发展知识技能优势，必须在人力资源开发与管理中将知识技能的学习、扩散、积累与更新放在重要位置上。体现竞争能力的知识技能要具有领先水平，往往需要本企业的员工通过创新实践去发现与创造。因此，在实践中创造性地"干中学"，是全面提高职工素质、建立本企业的知识技能优势的一种不可替代的学习方式。在科技飞速发展、知识更新周期大大缩短、企业外部环境不断变化的情况下，职工个人和企业原有的知识都会在不断变化中落伍，必须进行持续动态的学习，不断地更新、重组知识技能要素与结构，才能维持和增强企业的核心竞争力。动态持续的学习进程不仅有利于增强组织"学习如何学习"的能力，而且可以获得更大的学习曲线效益。

四、价值分析在构建核心竞争力中的作用

在企业参与的价值活动中，并不是每个环节都创造价值，实际上只有某些特定的价值活动才能真正创造价值。这些真正创造价值的经营活动，就是价值链上的"战略环节"。企业要保持的竞争优势，实际上就是企业在价值链某些特定的战略环节上的优势。

运用价值链的分析方法来确定核心竞争力，就是要求企业密切关注组织的资源状态，要求企业特别关注和培养在价值链的关键环节上获得重要的核心竞争力的能力，以形成和巩固企业在行业内的竞争优势。以往，企业战略重心主要放在基本活动上，但随着供求关系的转变，辅助活动的重要性愈来愈突出，越来越多的企业注重在自己的辅助活动上对2~3个职能领域建立核心竞争优势。例如，Nike 公司只从事营销研究与开发活动，其他活动都依靠外购；IBM 公司在世界计算机市场上的竞争优势，很大程度上取决于覆盖全球的强大的组织体系，这种组织体系涉及组织结构、销售网络和维修服务网络。

通过对自身价值链的分析，企业可以更好地锁定目标，集中内外资源构建自己的核心竞争力，并通过不断的动态学习过程，将核心竞争力的刚性转化为柔性，保持企业的核心竞争力。

第三节　集成化供应链管理

一、集成化供应链管理的概念及意义

传统的管理以职能部门为基础，往往由于职能矛盾、利益目标冲突和信息分散等原因，各职能部门无法完全发挥其潜在的效能，因而很难实现整体目标的最优。供应链管理是一种基于流程的集成化管理模式，它以流程为基础，物流、信息流、资金流贯穿于供应链的全过程。供应链管理应通过业务流程重构，实现供应链组织的集成与优化；通过核心企业及其他成员企业先进管理思想的交流融合、移植和扩散，实现管理思想的集成与优化；通过即时制管理、企业资源计划、物流资源计划、快速反应、有效客户反应、客户关系管理、电子商务、全面质量管理等管理技术和方法的综合应用，实现供应链管理技术和方法的集成与优化；通过现代信息技术手段与 Internet、Intranet 的运用和信息共享，实现供应链管理手段的集成与优化。

集成化供应链管理，是指供应链上的节点企业摒弃传统的管理思想和观念，通过信息技术把所有供应链成员的采购、生产、销售、财务等业务进行整合，并看作一个整体的功能过程而开发的供应链管理功能。

供应链集成化管理的意义在于通过合作伙伴之间的有效合作与支持，提高整个供应链中物流、信息流和资金流的通畅性和快速响应性，提高价值流的增值性，使所有与企业经营活动相关的人、技术、组织、信息以及其他资源有效地集成，形成整体竞争优势。在市场竞争中，各成员企业要把主要精力用在凝聚自身的核心竞争能力上，从而达到强强联合的效果。从这方面看，供应链管理是一种基于核心能力集成的竞争手段。在竞争中，各成员企业都可以从整体的竞争优势中获得风险分担、利益共享的好处。

二、集成化供应链管理的理论模型

集成化供应链管理的核心包括：由顾客化需求→集成化计划→业务流程重组→面向对象过程控制组成第一个控制回路(作业回路)；由顾客化策略→信息共享→调整适应性→创造性团队组成第二个回路(策略回路)；每个作业的作业性能评价与提高回路(性能评价回路)。供应链管理正是围绕这三个回路展开的，形成相互协调的一个整体。根据集成化思想，构建集成化供应链管理的理论模型如图 2-2 所示。

顾客化需求→顾客化策略回路主要涉及的内容包括：满意策略与用户满意评价理论，面向顾客化的产品决策理论研究，供应链的柔性敏捷化策略等。集成化计划→信息共享回路主要涉及的内容包括：JIT 供销一体化策略，供应链的信息组织与集成，并行化经营策略等。业务流程重组→调整适应性回路中主要涉及供需合作关系、战略伙伴关系、供应链(重建)精细化策略等问题。面向对象的过程控制→创造性团队回路中主要涉及面向对象的集成化生产计划与控制策略，基于价值增值的多级库存控制理论、资源约束理论在供应链中的应用、质量保证体系、群体决策理论等。

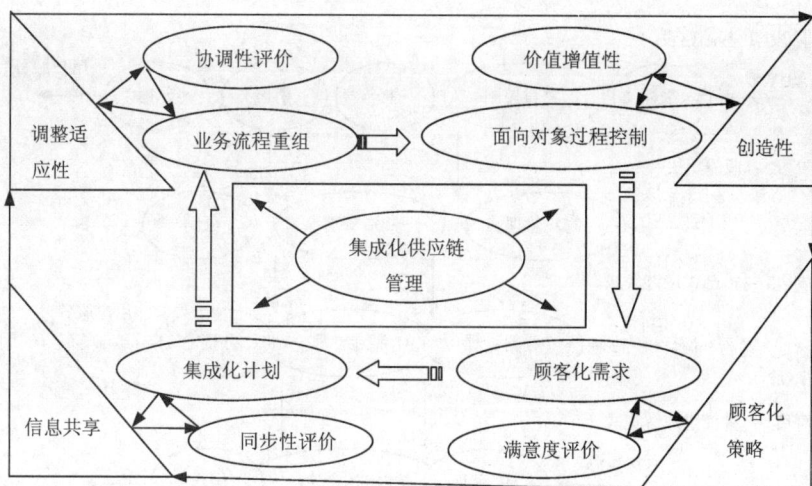

图 2-2　集成化供应链管理的理论模型

三、集成化供应链管理的发展阶段

(一) 集成化供应链管理的发展阶段与信息技术的关系

高效的集成化供应链是建立在信息技术有力的支撑基础之上的，不同阶段信息技术上的供应链表现出不同的集成模式和效率。信息技术在企业内部最早得到广泛应用是早期的管理信息系统(management information system, MIS)，这个时期的集成化供应链管理处于一种比较初级的形式。真正意义上的集成化管理思想是随着电子数据交换(electronic data interchange, EDI)技术的应用才实现的。20 世纪 90 年代开始普及的 Internet/Intranet 显示了更为广阔的电子商务应用前景，将把集成化供应链管理推向一个更高的层面。

(二) 集成化供应链管理发展的五个阶段

企业从传统的管理模式向集成化供应链管理模式转化，一般要经过五个阶段，包括从最低层次的基础建设到最高层次的集成化供应链动态联盟。各个阶段的不同之处主要体现在组织结构、管理核心、计划与控制系统、应用的信息技术等方面，其实施步骤如图 2-3 所示。

1. 基础建设阶段

这一阶段是在原有企业供应链的基础上进行分析、总结企业现状，分析企业内部影响供应链管理的阻力和有利之处，同时分析外部市场环境，对市场的特征和不确定性做出分析和评价，最后相应地完善企业的供应链。

在传统型的供应链中，企业职能部门分散、独立地控制供应链中的不同业务。这时的供应链管理主要具有以下特征：

(1)企业注重的核心是产品质量。由于过于注重生产、包装、交货等方面的质量，可能导致成本过高，所以企业的目标在于以尽可能低的成本生产高质量的产品，以解决成本与效益的矛盾。

(2)关于销售、制造、计划、物料、采购等方面的控制系统与业务过程相互独立、不相互匹配，因部门合作和集成业务失败导致多级库存等问题。

阶段1：基础建设

物料流 → 采购 物料控制 生产 销售 分销 → 用户服务

阶段2：职能集成

物料流 → 物料管理 制造管理 分销 → 用户服务

阶段3：内部供应链集成

物料流 → 物料管理 制造管理 分销 → 用户服务

阶段4：外部供应链集成

物料流 → 供应商 内部供应链 用户 → 用户服务

阶段5：集成化供应链动态联盟

源 → 供应链联盟 → 汇

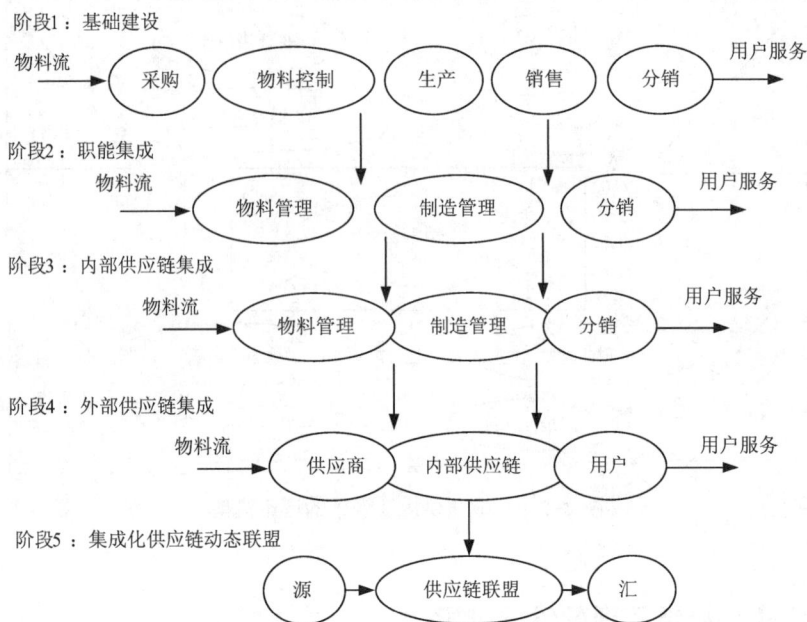

图 2-3　集成化供应链管理实施步骤模型图

(3)组织部门界限分明，单独操作，往往导致相互之间的冲突。采购部门可能只控制物料来源和原材料库存；制造和生产部门通过各种工艺过程实现原材料到成品的转换；销售和分销部门可能处理外部的供应链和库存，而部门之间的关联业务往往就会因各自为政而发生冲突。

处于这一阶段的企业主要采用短期计划，出现困难时需要一个一个地解决。虽然企业强调办公自动化，但这样一种环境往往导致整个供应链的效率低下，同时也增加了企业对供应和需求变化影响的敏感度。

2. 职能集成阶段

职能集成阶段，企业围绕核心职能对物流实施集成化管理，对组织实行业务流程重构，实现职能部门的优化集成，通常可以建立交叉职能小组，参与计划和执行项目，以加强职能部门之间的合作，克服这一阶段可能存在的不能很好地满足用户订单的问题。

职能集成强调满足用户的需求。事实上，用户需求在今天已经成为驱动企业生产的主要动力，而成本则在其次，但这样往往导致第二阶段的生产、运输、库存等成本的增加。此时供应链管理主要有以下特征：

(1)将分销和运输等职能集成到物流管理中来，将制造和采购职能集成到生产职能中来。

(2)强调降低成本而不注重操作水平的提高。

(3)积极为用户提供各种服务，满足用户需求。

(4)职能部门结构严谨，均有缓冲库存。

(5)具有较完善的内部协定，如采购折扣、库存投资水平和批量等。

(6)主要以订单完成情况及其准确性作为评价指标。

在集成化供应链管理的第二阶段一般采用物料需求计划（material requirement planning，MRP）系统进行计划和控制。对于分销网，需求得不到准确的预测和控制，分销的基础设施也与制造没有有效地连接。由于用户的需求得不到确切的理解，从而导致计划不准确和业务的失误。所以，在第二阶段，要采用有效的预测技术和工具对用户的需求做出较为准确的预测、计划和控制。

但是，以上采用的各项技术之间、各项业务流程之间、技术与业务流程之间都缺乏集成，库存和浪费等问题仍可能困扰企业。

3. 内部供应链集成阶段

这一阶段要实现企业直接控制的领域的集成，要实现企业内部供应链与外部供应链中供应商和用户管理部分的集成，形成内部集成化供应链。

为了支持企业内部集成化供应链管理，主要采用供应链计划（supply chain planning，SCP）和 ERP 系统来实施集成化计划和控制。这两种信息技术都是基于客户/服务（Client/Server）体系在企业内部集成中的应用。有效的 SCP 集成了企业所有的主要计划和决策业务，包括需求预测、库存计划、资源配置、设备管理、优化路径、基于能力约束的生产计划和作业计划、物料和能力计划、采购计划等。ERP 系统集成了企业业务流程中主要的执行职能，包括订单管理、财务管理、库存管理、生产制造管理、采购等职能。SCP 和 ERP 通过基于事件的集成技术连接在一起。

本阶段企业管理的核心是内部集成化供应链管理的效率问题，主要考虑在优化资源、能力的基础上，以最低的成本和最快的速度生产最好的产品，快速地满足用户的需求，以提高企业反应能力和效率。

这一阶段可以采用配送需求计划（distribution requirement planning，DRP）系统、MRPⅡ系统管理物料，运用 JIT 等技术支持物料计划的执行。JIT 的应用可以使企业缩短市场反应时间、降低库存水平和减少浪费。

在这个阶段，企业可以考虑同步化的需求管理，将用户的需求与制造计划和供应商的物流同步化，减少不增值的业务。同时企业可以通过广泛的信息网络（而不是大量的库存）来获得巨大的利润。

此阶段的供应链管理具有以下特征：

（1）强调战术问题而非战略问题。

（2）制订中期计划，实施集成化的计划和控制体系。

（3）强调效率而非有效性，即保证要做的事情尽可能好、尽可能快地完成。

（4）从采购到分销的完整系统具有可见性。

（5）信息技术（information technology，IT）的应用。广泛运用 EDI 和 Internet 等信息技术支持与供应商及用户的联系，获得快速的反应能力。

（6）与用户建立良好的关系，而不是"管理"用户。

4. 外部供应链集成阶段

实现集成化供应链管理的关键在于第四阶段，将企业内部供应链与外部的供应商和用户集成起来，形成一个集成化供应网络。而与主要供应商和用户建立良好的合作伙伴关系，即所谓的供应链合作关系（supply chain partnership，SCP），是集成化供应链管理的关键之关键。

此阶段企业要特别注重战略伙伴关系管理。管理的焦点是要以面向供应商和用户来取代面向产品，增加与主要供应商和用户的联系，增进相互之间的了解(产品、工艺、组织、企业文化等)，实现信息共享等。企业通过为用户提供与竞争者不同的产品/服务或增值的信息而获利。供应商管理库存(vendor management inventory，VMI)和协同规划、预测和连续补货(collaborative planning forecasting and replenishment，CPFR)的应用就是企业转向改善、建立良好的合作伙伴关系的典型表现。通过建立良好的合作伙伴关系，企业就可以很好地与用户、供应商和服务提供商实现集成和合作，共同在预测、产品设计、生产、运输计划和竞争策略等方面设计和控制整个供应链的运作。

处于这个阶段的企业，生产系统必须具备更高的柔性，以提高对用户需求的反应能力和速度。企业必须能根据不同用户的需求，既能按订单生产，按订单组装、包装生产，又能按备货方式生产。这样一种根据用户的不同需求对资源进行不同的优化配置的策略称为动态用户约束点策略。延迟(postponement)技术可以很好地实现以上策略。延迟技术强调企业产品生产加工到一定阶段后，等待收到用户订单以后根据用户的不同要求完成产品的最后加工、组装，这样企业供应链的生产就具有了很高的柔性。

为了达到与外部供应链的集成，企业必须采用适当的信息技术为企业内部的信息系统提供与外部连接的接口，达到信息共享和信息交互，达到相互操作的一致性。这些都需要应用Internet信息技术。

本阶段企业采用销售点驱动的同步化、集成化的计划和控制系统。它集成了用户订购数据、合作开发计划、基于约束的动态供应计划和生产计划等功能，以保证整个供应链中的成员同步地进行供应链管理。

5. 集成化供应链动态联盟(供应链管理的发展趋势)阶段

在完成以上四个阶段的集成以后，一个网链化的企业结构已经形成，我们称之为供应链共同体，它的战略核心及发展目标是占据市场的领导地位。为了达到这一目标，随着市场竞争的加剧，供应链共同体必将成为一个动态的网链结构，以适应市场变化对柔性、速度、革新、知识等方面的需要，不能适应供应链需求的企业将被供应链联盟淘汰。供应链从而成为一个能快速重构的动态组织结构，即集成化供应链动态联盟。企业通过Internet网络商务软件等技术集成在一起以满足用户的需求，一旦用户的需求消失，它也将随之解体。而当另一需求出现时，这样的一个组织结构又由新的企业动态地重新组成。在这样一种环境中，企业生存、发展的关键是如何成为一个能及时、快速满足用户需求的供应商。

集成化供应链动态联盟是基于一定的市场需求、根据共同的目标而组成，通过实时信息的共享来实现集成，主要应用的信息技术是Internet/Intranet的集成，同步化的、扩展的供应链计划和控制系统是主要的工具，基于Internet/Intranet的电子商务成为主要的商务手段。这是供应链管理发展的必然趋势。

四、实施集成化供应链管理需要注意的几个问题

企业要实施集成化供应链管理，就必须面对和解决许多有关供应链的问题，主要包括：

(1)供应链的高成本(占净销售值的5%~20%)；

(2)库存水平过高(库存水平经常保持在3~5个月)；

(3)适应性、创造性；

(4)顾客化需求集成化计划；

(5)满意度评价顾客化；

(6)策略；

(7)部门之间的冲突；

(8)目标重构；

(9)产品寿命周期变短；

(10)外部竞争加剧；

(11)经济发展的不确定性增加；

(12)价格和汇率的影响；

(13)用户多样化需求。

要解决这些问题，真正实现集成化供应链管理，企业要进行以下几个方面的转变：

(1)企业要从供应链的整体出发，考虑企业内部的结构优化问题。

(2)企业要转变思维模式，从"纵向一维空间"思维向"纵横一体"的多维空间思维方式转变。

(3)企业要放弃"小而全，大而全"的封闭的经营思想，向与供应链中的相关企业建立以战略伙伴关系为纽带的优势互补、合作关系转变。

(4)企业要建立分布的、透明的信息集成系统，保持信息沟通渠道的畅通和透明度。

(5)所有的人和部门都应对共同任务有共同的认识和了解，去除部门障碍，实行协调工作和并行化经营。

(6)风险分担与利益共享。

第四节 供应链管理方法

一、快速响应

(一)快速响应的产生背景及其发展

20世纪80年代早期，国外进口服装占据美国纺织服装市场的50%左右。面对国外商品的激烈竞争，美国纺织服装业此时采取的主要措施是：在寻求法律保护的同时，加大现代化设备的投资。20世纪80年代中期，美国纺织服装业是进口配额限制保护最重的行业之一，也是美国制造业生产率增长最快的行业。尽管上述措施取得了巨大成功，但是纺织服装业的进口商品渗透仍在增加。纺织服装业的先驱们认识到，保护主义措施无法保护美国纺织服装业的领先地位，所以必须寻找新的提高纺织服装业竞争力的方法。

1985—1986年，库特·塞尔曼协会（Kurt Salmon Ass，KSA）对美国纺织服装业的供应链进行了分析，研究结果表明，纺织品产业供应链各环节十分注重提高各自经营效率，但供应链的运作效率并不高。纺织服装业的供应链周期约为66周：11周在制造，40周在仓库或运转，15周在商店。在周期如此长的供应链上，各种费用耗费巨大，更重要的是，建立在不精确需求预测基础上的生产和分销因数量过多或过少而造成的损失也非常大。整个纺织服装业的供应链系统的总损失每年可达25亿美元，其中2/3的损失来自零售商或制造商的降价处理以及零售时的缺货。为此，库特·塞尔曼协会建议零售业者和纺织服装生产厂家合作，共享信息资源，建立一个快速响应系统(quick response system，QRS)来实现销售额增长。

在这项研究中提出了快速响应(quick response，QR)的战略，并推动了快速响应的应用和发展。快速响应是供应商、制造商以及零售商密切合作的战略，目的是减少原材料到销售点的时间和整个供应链上的库存，最大限度地提高供应链整体反应速度。实施快速响应，供应商、制造商以及零售商可以通过POS (point of sale)系统信息，联合预测未来需求变化，共同开发新产品和分析新产品营销机会，对消费者的需求做出快速响应。从运作的角度看，供应链上的贸易伙伴需要通过EDI加快信息的流动，并共同重组他们的业务流程，以便使订货期提前和成本最小。纺织服装业快速响应的应用使其供应链周期从66周下降到45周；补货中快速响应的应用使交货提前期从62天下降到15天，降低了75%。

20世纪80年代末到20世纪90年代初，面对强大的市场竞争压力，一些企业开始考虑评估和重构他们做生意的基本方式，从而导致对供应链物流和信息流的重组活动。20世纪80年代，供应链优化的焦点集中在技术解决方案，现在已经转变为重组其业务流程以及加强与供应链伙伴的密切合作方面。目前在欧美地区，快速响应的发展已经跨入第三阶段，即联合计划、预测与补货(collaborative planning, forecasting and replenishment，CPFR)阶段。CPFR是一种建立在供应链伙伴之间密切合作和标准业务流程基础上的经营理念，其研究重点是供应商、制造商以及分销商之间协调一致的伙伴关系，以保证供应链整体计划、目标和策略的先进性。然而，值得重视的是，即使是在快速响应的发源地——美国，如今也有50%以上的零售商不允许别人访问他们的POS扫描数据，而这些数据对于供应商而言则是至关重要的。若供应商得不到POS扫描数据，他们不得不用高库存来应对刚缺货造成的损失，这大大提高了存货成本，不利于供应链效益的提高。要真正实现CPFR，零售商必须向其供应链上的贸易伙伴开放自己的POS扫描数据。

快速响应战略经过近30年的发展，初期的目标和哲理没有改变。随着市场竞争的加剧和技术的创新，快速响应不断吸收其他战略的长处，并融入先进的生产管理理论和技术，如日本丰田汽车公司的准时化生产、供应链管理理论、互联网技术、客户服务器技术以及卫星通信技术，如今快速响应已是今非昔比。最初，供应链上的每一个实体，如制造商、供应商和分销商都单独发挥作用。因此，如果每个企业都对其贸易伙伴的业务不感兴趣，根本谈不上同其贸易伙伴进行信息共享。随着市场竞争的加剧，企业经营者逐渐认识到应该改进自己的业务系统，提高产品质量，以便为客户提供最好的服务。

快速响应战略提出后，除在纺织服装行业应用外，更被广泛应用到家电类制造企业以及其他行业中。快速响应在过去的发展历程中取得了巨大成功，产品的制造商及其供应链伙伴、供应商和分销商通过这一战略为他们的客户提供了更好的服务，同时也减少了整个供应链上的非增值活动，并降低了成本。作为一种战略，快速响应仍然需要不断吸收新思想、新方法以及新技术，这将为供应链上的贸易伙伴——制造商、供应商、分销商和最终客户带来更大的价值。

(二)快速响应的概念

中华人民共和国国家标准《物流术语》(GB/T 18354—2006)中对快速响应的定义是："供应链成员企业之间建立战略合作伙伴关系，利用电子数据交换(EDI)等信息技术进行信息交换与信息共享，用高频率小批量配送方式补货，以实现缩短交货周期，减少库存，提高顾客服务水平和企业竞争力为目的的一种供应链管理策略。"

要准确理解快速响应的内涵，必须把握以下五方面的内容：

（1）快速响应是一种战略，要求企业以快速满足动态的市场和客户需求为目的，以追求企业运作所有方面提前期的减少为核心。

（2）快速响应强调的不仅仅是供应链上各环节——供应商、制造商以及分销商反应速度的提高，更重要的是供应链整体反应速度的提高。

（3）快速响应不仅关注时间的减少，同时也注重产品质量的改进、库存成本和运作成本的降低以及快速和高质量的业务流程。

（4）快速响应强调生产系统的响应速度和柔性，通过快速设计和制造产品，满足不同客户在产品种类和数量方面的要求。

（5）快速响应可以通过管理变革和先进技术的应用，并依托快速的信息传递以及信息和利益的共享集成企业及其供应链伙伴为互动网络来实现。

（三）快速响应机制理论

1. 先发优势理论

由于技术的快速模仿和迅速扩散，使得产品"同质化"速度加快，因而进入市场的速度便几乎成为唯一的竞争优势来源。先发者可以实现规模经济与范围经济，在顾客中建立领导者声誉，获取较好的感性认知和分销渠道。先发者经济优势的来源分为以下三个方面：

（1）资源先取优势。先发者资源先取表现在三个空间定位优先：一是地理空间；二是技术空间；三是顾客感性空间。领先者可以通过拓宽产品线的方式阻塞产品空间来延伸或保护其优先地位。

（2）经营成本优势。先发者优势的第二个方面是通过进入市场的"时间"赢得市场的"空间"，也就是说，先发者通过快速进入市场来触发企业的规模经济、范围经济。而规模经济和范围经济又会导致快速进入市场者在经营成本方面的优势。

（3）顾客锁定优势。先发者可以通过顾客锁定保持现有顾客的相对稳定性。先发者不仅可以通过规模或范围经济降低自身的经营成本，而且还能够通过提供可感知的高品质产品和服务，建立良好的声誉或品牌形象，把顾客牢牢地捆绑在他们所提供的产品和服务上，创造出顾客转换成本。

20世纪90年代以来，人类社会步入新经济时代，新经济本质是一种"速度经济"。在这种经济下，"路径依赖""网络外部化""标准市场"成为最普遍的经济现象。在新经济下，企业竞争的逻辑顺序是"抢先—规模"，即以时间赢得空间。企业竞争的焦点不首先在于市场规模和市场结构，而在于其快速的市场反应能力，高市场占有率和有利的市场结构是市场先发的一种结果。

2. 短周期市场理论

市场从其经营周期的长短来看可以分为三类：一类是市场内虽然存在较强的竞争，被模仿的可能性也在增加，但它们尚处于阻碍竞争的保护状态，这种市场被称为长周期市场；另一类市场的产品被模仿的速度适中，被看成是标准周期市场；最后一类市场，市场环境时时变化，厂商竞争十分激烈，这种市场称为短周期市场。短周期市场和标准周期市场的比较如图2-4所示。短周期市场中，持久竞争优势几乎不能获得，公司试图通过扰乱市场来获得暂时的竞争优势；在标准周期市场中，产品一般分为四个主要经营阶段：引入期、成长期、成熟期和衰退期。而在短周期市场中，产品迅速成长、迅速衰退，在产品进入衰退期之前，企业就着手进行创新，通过频繁的创新取得长期竞争优势。

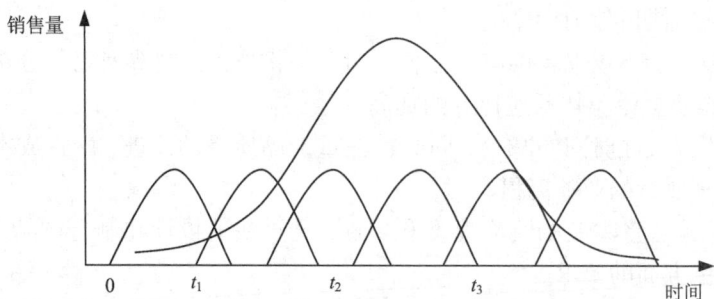

图2-4　短周期市场和标准周期市场的比较

当今企业经营环境最主要的特征就是动态复杂性，技术更新速度不断加快，竞争日趋激烈，消费者的需求日新月异。全球市场环境的这些特征使得产品的市场生命周期日益缩短，这种短周期市场特征主要表现在以下几个方面：

（1）产品生命周期日益缩短。由于技术的飞速发展，竞争者的快速仿制和需求的不断变化使产品的生命周期越来越短。

（2）新产品引入快且成长迅速。在新的市场环境下，产品的引入期极短，甚至可以忽略不计。成功的新产品一旦推出，其很快会进入高速成长期。如果不能很快进入高速成长期，很可能就此夭折。

（3）产品成熟期日趋缩短。由于竞争对手的模仿加快，新产品经过快速成长后，很快进入成熟期和衰退期，逐渐被二手市场所替代。在传统的产品生命周期理论中，强调经营的主要手段是不断延长其成熟期（成熟期是利润的主要来源期）。在新的市场环境下，由于技术、竞争和需求的缘故，不断延长成熟期的想法已不太现实。

（4）价格时间弹性越来越大。价格的时间弹性是指产品的价格对时间的敏感性，即单位时间内价格的变化幅度。相对于以前的价格曲线，在动态复杂的全球市场环境下，价格的时间弹性越来越大。在产品的引入期价格非常高，成长期价格开始下降，到成熟期价格会加速下滑。也就是说，随着时间的推移，产品定价的空间会越来越小。

（5）利润主要来源于引入期和成长期。在动态复杂的环境下，产品利润主要来源于引入期和成长期。因为最先使用者往往是高收入者，他们的价格敏感度低。早期消费者的这种特征为新产品的开发者即最早进入市场的企业采取"撇脂定价"提供了条件。由于企业是成熟企业，品牌是成熟品牌，渠道又是成熟渠道，使企业新产品的引入成本相对较低。价格高而成本又低，为企业获取超额利润提供了条件。

和传统的产品生命周期不同，动态复杂市场环境下的产品生命周期理论要求企业通过快速频繁地投放新产品来获得和维持在全球市场上的竞争优势。比如以经营创新打破市场现状、以反应时间赢得市场空间、以运营速度获取企业利润。

经济学家里托的研究表明，一种新产品推向市场晚6个月，将导致其整个生命周期内利润降低15%~35%，而且随着产品生命周期缩短，相对损失就会越多。公司进入市场的先后与其收益有显著的关系，进入市场时间越晚，潜在总收入的减少就会越多，进入市场的时间和收益关系如表 2-1 所示。因此，以快速进入市场获取利润的经营机制将成为企业经营的主要机制。

表 2-1　公司进入市场的时间和收益关系

如果公司进入市场晚	6 个月	5 个月	4 个月	3 个月	2 个月	1 个月
在产品生命周期内潜在总收入减少/%	33	25	18	12	7	3
提前进入市场则收入提高/%	11.9	9.3	7.3	5.3	4.3	3.1

3. 时基竞争理论

时基竞争理论的实质是对从新产品的研发到新产品的投放这一周期中的每一个阶段进行时间压缩，这种时间压缩将会形成企业竞争优势的重要来源。由于消费者的日益成熟，他们对产品的多样性和服务的及时性提出了更高的要求，只有时基型企业才能满足顾客的多样性需求并对其做出快速响应。

时基竞争理论认为企业是一个综合系统，时间是联结各个环节的纽带。传统的制造过程要求有较长的准备期，以解决各工种之间或各项任务之间的矛盾。较长的准备期又转过来要求通过销售预测来指导企业经营，但销售预测难免会出差错。当准备期延长，销售预测的精确性就会下降。由于预测误差增多，存货则会激增，而且对各种水平的安全存货量的需求也会增加。这会导致计划循环圈扩展，增加成本，并产生系统的无效率运作。陷入计划循环圈的管理人员，通常的反应是要求提供更准确的预测和更长的准备期。换言之，计划循环圈只是治标而不治本，它会使问题变得更糟。解开计划循环圈的唯一方法就是缩减整个系统的时间消耗，再转过来削减对准备期、销售预测、安全存货的依赖。假使企业真能将准备期从头到尾缩减至零，那么它就只需预测第二天的销售。尽管这种想法是不现实的，但日本和西方的一些国家中成功的基于时间的竞争者已经能保证准备期不再延长，某些公司甚至能缩减准备期，并由此减少对计划循环圈的依赖。时基竞争具有以下优势：

(1)时间可促进质量的改进。质量是企业快速响应的前提，同时实施快速响应机制反过来也会促进产品质量的改进。即时生产系统能够迅速满足客户的需要，但即时生产系统要求的是百分之百的质量。从某种程度上讲，即时生产系统也是质量计划（在客户的生产处于连续不间断的情况下，只有质量完美的产品才能符合其需求）与快速响应的物流保障这两者的紧密结合机制。

(2)时间是减少库存成本的捷径。即时生产的主要目的是追求零库存，尤其是在库存风险日渐高涨的 IT 行业。对于年销售额几百亿美元的戴尔（Dell）公司而言，零库存可以保证公司在第一时间推出最新的产品，而立即淘汰旧产品。更为关键的是，零库存杜绝了产品更新换代时所造成的存货损失。

(3)时间可以降低新产品的开发风险。由于很难准确预测市场未来需求和竞争者即将推出何种产品，所以市场会产生不确定性。在新产品开发的开始阶段，不确定性是最高的，从订货到交货时间很长的行业和企业更是如此，因为他们在产品推向市场多年以前就必须确定产品的特征定位和设计。产品推向市场的日子越近，不确定性减少得就越快。

经营约束是企业改变已确定了的新产品开发决策的能力，在新产品开发的初期即确定概念和思路的阶段，这项能力是最强的。其后，当技术、设计、方法和生产决策都制订好以后，这项能力就迅速减弱。减少不确定性和增加灵活性最有效的办法是缩短新产品开发时间。产品推广的日期确定之后，企业研发项目启动的时间越晚，对市场预测错误的风险越小。

4. 动态能力理论

企业传统的核心技术、核心资源由于其"相对黏性"，而往往成为创新过程中的绊脚石，在外部市场环境发生较大的变化时，企业往往难以发展适应新市场环境的能力，而陷入"惯性陷阱"或"核心刚性"。核心刚性理论认为，在解决问题时墨守成规，机构的僵化阻碍创新，技术人员的兴趣和能力限制实验的范围，由于对新技术的偏见和过于迁就客户而筛选外部知识这四点使得企业的能力更新过程受到抑制，导致出现核心刚性。核心刚性与企业能力的关系如图 2-5 所示。

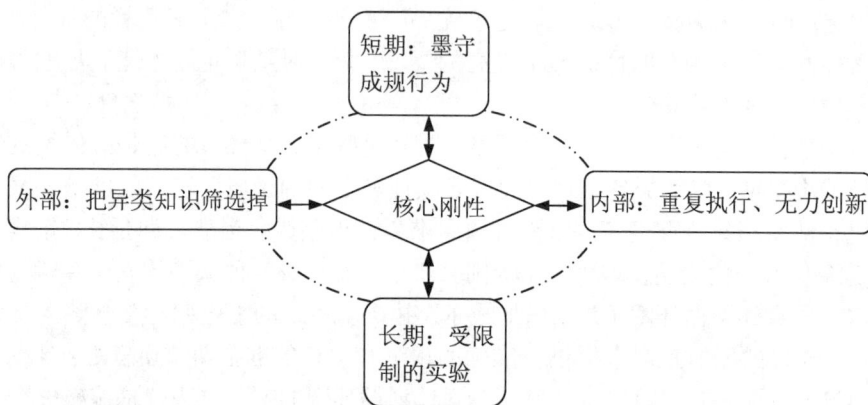

图 2-5　核心刚性与企业能力的关系

核心能力是一个相对的概念，随着时间的流逝，彼一时的核心能力可能已经无法构成此一时的竞争优势，所以企业必须不断使自己的核心能力得到发展。快速响应是在动态复杂的全球市场环境下不断捕捉市场机会的过程。技术创新速度加快市场的全球化、顾客需求的多样化，所以竞争优势的可保持性越来越低，企业只有快速不断地创新，才能持续成功。而快速不断创新的基础就是企业要具有动态能力。动态能力是指企业保持或改变其作为竞争优势基础能力的能力。动态能力的观点认为，企业能否获得竞争优势在很大程度上会受到企业能发展何种新能力以及企业能以什么速度创建新能力的双重影响。从企业演进的观点来看，核心能力对应的是相对较为稳定的企业惯例，包括对既有资源的开发和利用。这些企业资源可以重复再生，并自然增值。在外部竞争环境相对较为稳定的情况下，企业可以凭借核心能力来维持其竞争优势。但是，当外部竞争环境更加动态更加复杂的时候，企业便需要具有发展和提高其核心能力的能力。变革时代的胜者将是那些对变革能及时、迅速做出反应，能快速、灵活地进行产品技术创新，并有相应的管理能力进行有效协调、整合其内外部能力的企业。因此，与核心能力理论相比，动态能力的观点更强调能力的动态发展过程。

动态能力理论和核心能力理论有很大不同，其理论框架可以表述如下：

（1）动态能力的逻辑。在外部市场环境分析的基础上，发现和定义新的市场机遇，并制定出相应的经营战略，选择经营伙伴来实现特定的市场机遇。在完成预定的经营战略后回到起点去寻找新的市场机遇。通过不断创新来保持企业在动态复杂环境下的持续发展。

（2）动态能力的目标不断创造新优势。在瞬息万变、难以预测的市场环境下，所有的竞争优势都是短暂的，若固守在原有的优势上将导致更大的灾难。只有不断地、出其不意地打破现有平衡快速响应市场机会，形成一系列暂时的新优势，才能保证企业持续的竞争优势。因此，动态能力理论实质是竞争优势的快速转换。

（3）动态能力的实质是竞争对手之间的互动。在动态复杂市场环境下，竞争对手之间的动态互动明显加快。竞争互动成为制定经营战略的决定因素，只有及时正确地判断竞争对手的经营状况，才能正确地把握时机，放弃原有优势以创造新的优势。

（4）动态能力的手段是企业动态能力的构建。动态能力的构建使企业在动态复杂市场环境下，按照灵活性、敏捷性的原则来设计企业的组织结构和系统结构，以便快速实现企业内外部资源的动态性重构，抓住稍纵即逝的市场机会。

（5）动态能力的途径是与其他组织的合作。这种合作是基于时间和任务的合作，与其他组织建立的是一种暂时的、不连续的合作关系，只要任务一完成就解除现有的合作关系，然后重新发现新的市场机遇，重新寻找新的合作伙伴，开始新的战略实施。

（四）影响快速响应的主要因素

快速响应是建立在企业联合体这样一个相对较大的环境中的，影响快速响应的因素相对较多，这里主要讨论几个影响较大的因素。

1. 供应链的组织形式

供应链是多个企业相互联合的产物，由于不同供应链产品的特性、销售方式以及服务的市场的差异性，导致供应链具有不同的组织形式，按照产品以及服务对象的不同可以分为以下几种：

（1）为其他企业提供产品或服务。

这种供应链的产品被提供给其他企业作为产品的原材料，如化工、纺织行业等。这种供应链中客户一般多于供应商，所以该供应链呈发散状。发散型供应链模型如图 2-6 所示。

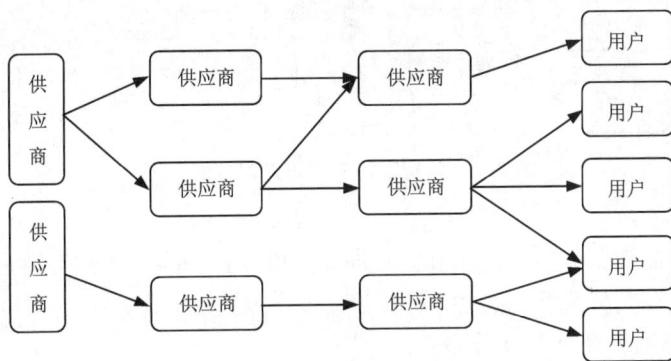

图 2-6　发散型供应链模型

由于这类供应链中业务关系相对复杂，面对客户需求的多样性，企业需要一定的库存以保证有能力满足客户需求的变化，这种供应链形态运用快速响应策略需要解决的问题较为复杂，需要供应链成员间建立统一详细的高层计划。

（2）为最终用户提供产品或服务。

这种供应链的产品或服务直接提供给最终用户或销售商，如食品、医药等。供应链中的企业从其他供应商那里获得物料，给大量的最终用户提供产品或服务。为最终用户提供产品或服务型如图2-7所示。

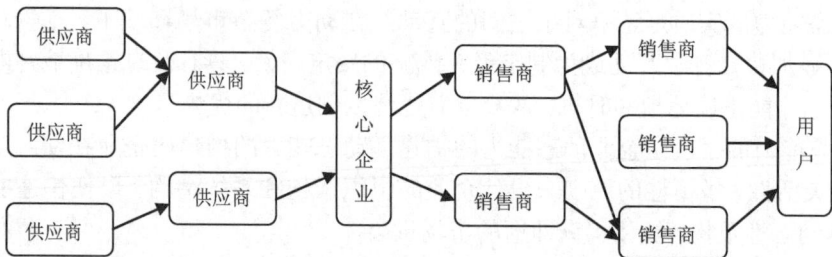

图2-7　为最终用户提供产品或服务型

这种供应链是现在的供应链管理中最为复杂的，市场需求的变化对于供应链的影响相对直接，供应链管理需要对市场需求进行预测，并尽可能地限制提前期，以保证库存处于合适的状态。

（3）为特定用户提供产品或服务。

这种供应链并不如以上两种供应链那样普遍，该供应链的产品或服务是为了满足相对较少的客户需求，如飞机制造工业、重工业等。为特定用户提供产品或服务型如图2-8所示。

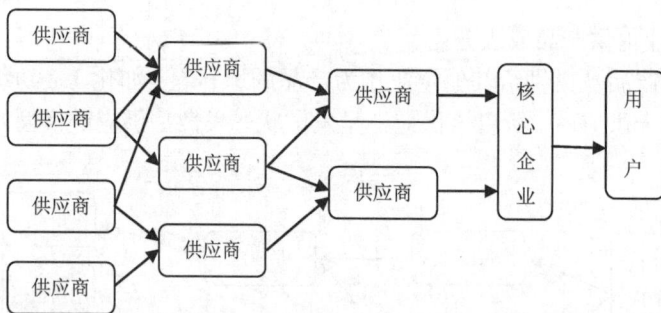

图2-8　为特定用户提供产品或服务型

由于供应链产品和服务多由订单和客户驱动，所以这种类型的供应链是三种供应链形式中最适用于应用快速响应策略的类型。

2. 供应链企业间的合作伙伴关系

供应链合作关系，也就是供应商—制造商（supplier-manufacturer）关系，或者称为卖主/供应商—买主（vendor/supplier-buyer）关系、供应商关系（supplier-partnership）。供应链合作关系可以定义为供应商与制造商之间，在一定时期内共享信息、共担风险、共同获利的协议关系。企业间联合的动力是追求利益以及市场竞争的压力，合作关系意味着企业间的信息共享以及决策的统一性。信息共享的深度、决策的执行程度将直接影响到供应链快速响应的能力。

3. 供应链信息系统

信息系统是供应链管理成功的关键因素之一，供应链管理需要大量准确、及时的信息和用以协调供应链中环节的反馈信息。任何信息的延迟和错误传递都会直接影响到整个供应链的运作。快速响应作为面向需求的供应链管理策略，信息系统更是其实施的关键影响因素之一。供应链中各节点间的信息共享，能够有效缩短订货提前期、提高物料在各节点间移动的效率，减少等待时间。现代信息技术为快速响应提供了保障。如 EDI、MIS、POS 等技术都被广泛应用于供应链系统中。正是现代信息技术的飞速发展，才使供应链快速响应策略得以实现。

4. 供应链的资源状况

供应链中各节点企业的资源配置情况、资源饱和程度以及资源质量直接影响到各节点企业运作周期的长短。经常出现资源缺乏现象，则供应链管理必然存在问题，此时的供应链是不适合运用快速响应策略的。供应链中任何一个环节运作周期的延长都会造成下一环节运作周期的延长，最终使整条供应链响应市场需求的时间成倍增长。

5. 产品

供应链中各节点的产品相互之间都存在着联系，具体表现为：如果供应链上节点有高质量的产品输出，则可以加速后续节点的生产制造过程，否则就会导致高返工率而延长该节点对下一节点的响应周期。产品特定的设计特点同样会对供应链快速响应造成影响。

6. 供应链系统的柔性

供应链系统与内外环境是相互影响的。整个供应链系统与环境的关系就是沿着控制—被控制—控制这样一条无限循环的道路发展下去的。两者是既相互依存又相互矛盾的。

所以环境与系统之间相互作用的目的在于支配对方或者控制对方，同时被支配的一方对另一方仍有反作用，这是支配与被支配转换的内在原因。同时我们又必须看到供应链所具有的一些特殊性，首先供应链是一个以客户需求为外部导向的复杂网络组织，在这个网络中各成员的活动具有分布性，要想使得供应链具有柔性，则供应链上所有伙伴的合作与协调必须具有即时性的能力。其次，供应链中由于各成员之间的接触具有作用与反作用力，所以彼此之间的相互学习、相互融合是至关重要的，这样才能保证协调与合作的即时性。最后，供应链各成员对内外环境不确定性所导致的计划偏差必须具有即时的感应性与调整性。所以从供应链的特性中我们总结出广义的供应链柔性定义，即以客户为中心的多个企业在共同分享知识、资源的同时，所共同构建的能对变化的内外市场情况做出快速调整的一种供应链系统。从其定义中我们不难发现，一条具有柔性的供应链有如下特点：

(1)对市场的敏感性。对市场的敏感性意味着供应链能对真实的需求做出适当的反应。

(2)管理系统的柔性。管理系统的柔性即计划的弹性和制度的可改变性，供应链系统整个商业运营目标要不断对链上所需资源进行计划与再计划，同时面对不同需求状况要有能力改变管理制度。

(3)快速的反应性。通过网络本身所具有的扩展性或收缩性对内外情况不确定性做出有效的反应。

(4)快速的感应性。即对由内外事件不确定性所导致的计划偏差能做出即时的感应与调整。

（5）可操作性或是可执行性。即基于各成员通过适当的供应链网络资源形式寻找最佳的配置来执行现有的计划。

（6）学习性。即要想使供应链在不断变化的内外环境下处于快速的反应状态，就要求链上各成员经常从异常情况中进行学习并将所学到的知识融入整个商业流程中去。

供应链系统的柔性在一定程度上影响着供应链快速响应的生命周期，供应链系统具有的柔性特征越明显则供应链实施快速响应的生命周期就会越长；反之，如果供应链系统缺乏柔性则供应链快速响应市场需求的能力将会比较弱，生命周期也越短。

二、有效客户响应

（一）有效客户响应的产生背景和理念

在20世纪六七十年代，美国食品杂货百货业的竞争主要在制造商之间展开。竞争的重心是品牌、食品、经销渠道、大量的广告和促销，在零售商和制造商的交易关系中制造商占支配地位。进入20世纪80年代特别是80年代以后，在零售商和制造商的交易关系中，零售商开始占据主导地位，竞争的重心转向流通中心、商家的自有品牌（private brand，PB）、供应链效率和POS系统。在供应链内部，零售商和制造商之间为取得供应链主导权的控制，同时为商家品牌和厂家品牌（name brand，NB）占据零售商商店货架空间的份额展开着激烈的竞争。这种竞争使得在供应链的各个环节间的成本不断转移，导致供应链整体的成本上升，而且使力量较弱一方的利益受到损害。

在这期间，从零售角度来看，随着新的零售方式如仓储商店、折扣店的大量涌现，使得他们要以相当低的价格销售商品，从而加剧了食品杂货百货业的竞争。在这种状态下，许多传统超市营业者开始寻找对应这种竞争方式的新管理方法。从制造商（生产厂家）的角度来看，由于食品杂货百货业的技术含量不高，大量同质化（无实质性差异）的新商品投入市场，使制造商之间的竞争趋同化。制造商为了获得销售渠道，通常采用直接或间接的降价方式作为向零售商促销的主要手段。这种方式往往会以大量牺牲厂家自身的利益而最终牺牲消费者的利益为代价。从消费者的角度来看，过度竞争往往会使企业在竞争时忽视消费者的利益。通常消费者需要的是商品的高品质、新鲜度、服务和在合理价格基础上的多种选择。然而，在过度竞争环境中，企业往往会不通过提高商品质量、服务和在合理价格基础上的多种选择来满足消费者，而是通过大量的诱导性广告和广泛的促销活动来吸引消费者转换品牌，同时通过提供大量非实质性变化的商品供消费者选择，这样消费者就不能得到他们需要的商品和服务，而得到的往往是高价、眼花缭乱和不甚满意的商品。

在上述背景下，美国食品市场营销协会联合包括COCA-COLA，P&G，Safeway Store在内的16家企业与流通咨询企业库特·塞尔曼协会一起组成研究小组，对食品业的供应链进行调查、分析、总结，于1993年1月提出了改进该行业供应链管理的详细报告。在该报告中系统地提出有效客户响应（efficient consumer response，ECR）的概念和体系。经过美国食品市场销售协会的大力宣传，ECR概念被零售商和制造商所接纳，并被广泛地应用于实践当中。几乎同时，欧洲食品杂货百货业为解决类似问题也采用ECR的管理思想、概念与体系，建立了欧洲ECR委员会，以协调各国在实施ECR过程中的技术、标准等问题。

有效客户响应是一种在食品杂货分销系统中，为降低、消除分销商与制造商体系中不必要的成本和费用，为客户带来更大利益而进行密切合作的一种供应链管理策略。ECR构建的是一个由消费者所驱动的运作体系,以反向的信息流为驱动源,来实现正向的物流运作。ECR 流通模式如图 2-9 所示。

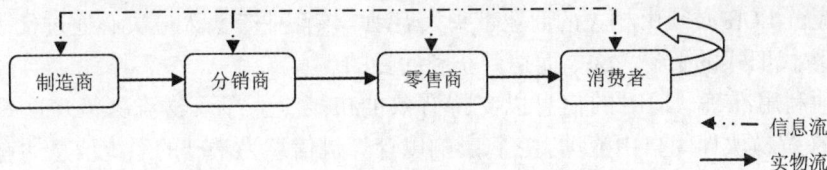

图 2-9 ECR 流通模式

ECR 的最终目标是建立一个具有高效反应能力和以客户需求为基础的体系,使零售商和制造商以业务伙伴方式合作,提高整个食品杂货供应链的效率(而不是单个环节的效率),以达到降低整个供应链体系的运作成本、库存储备,为客户提供更好的服务。

我国国家标准《物流术语》(GB/T 18354—2006)中对有效客户响应的定义是:"以满足顾客要求和最大限度降低物流过程费用为原则,能及时做出准确反应,使提供的物品供应或服务流程最佳化的一种供应链管理策略。"

(二)有效客户响应的实施原则和方法

1. 有效客户响应的实施原则

实施供应链 ECR 需要将条码、扫描技术、POS 系统和 EDI 集成起来,在供应链(由生产线至付款柜台)节点之间建立一个无纸系统,以确保产品能不间断地由供应商流向最终客户。组成 ECR 系统的技术要素主要有信息技术、物流技术、营销技术和组织革新技术,ECR 系统技术构成如图 2-10 所示。同时,信息流能够在开放的供应链中循环流动。

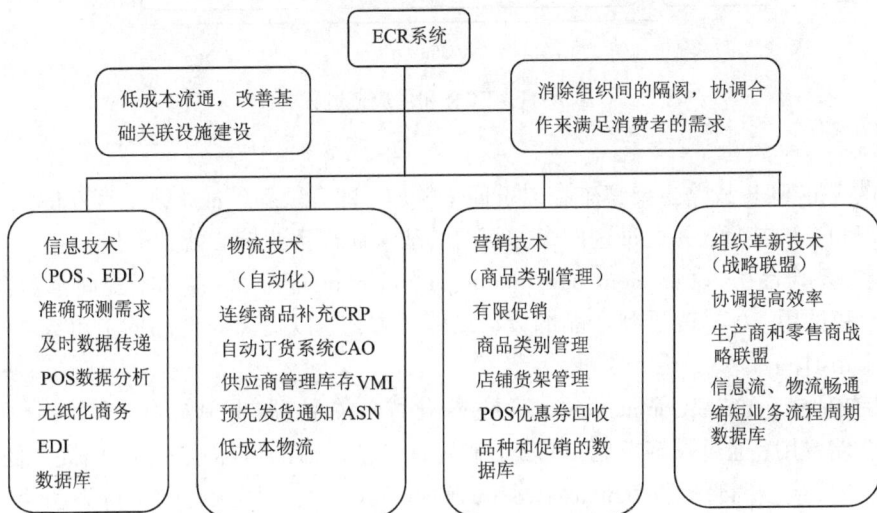

图 2-10 ECR 系统技术构成

实施供应链 ECR 的原则有以下几个方面：

（1）以较少的成本，不断致力于向供应链客户提供更优的产品、更高的质量、更好的分类、更好的库存服务以及更多的便利服务。

（2）供应链 ECR 必须由相关的商业带头人启动，该商业带头人应决心通过代表共同利益的商业联盟取代旧式的贸易关系，而达到获利的目的。

（3）必须利用准确、适时的信息以支持有效的市场、生产及物流决策。这些信息将以 EDI 的方式在贸易伙伴间自由流动，它将影响以计算机信息为基础的系统信息的有效利用。

（4）产品必须随其不断增值的过程，即从生产至包装，直至流动到最终客户的购物篮中，以确保客户能随时获得所需要的产品。

（5）必须采用通用一致的工作措施和收益系统。该系统注重整个系统的有效性（即通过降低成本与库存以及更好的资产利用，实现更优价值），清楚地标志出潜在的收益（即增加的总值和利润），促进对收益的公平分享。

ECR 活动是一个过程，这个过程主要由贯穿供应链各方的四个核心过程组成，ECR 和供应链过程如图 2-11 所示。

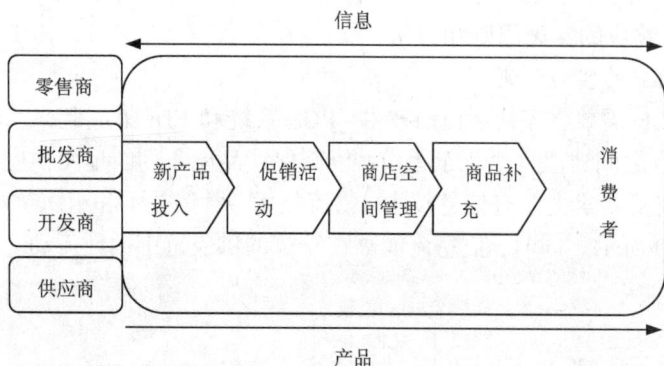

图 2-11　ECR 和供应链过程

实施供应链 ECR 战略主要集中在以下四个领域，即有效新产品引入、有效促销、有效商店空间管理和有效补货，并通过这四个方面的活动来促进企业核心能力的提升：

（1）有效新产品引入（efficient new product introduction）。让顾客和零售商参与新产品的设计、试销和试用，尽早改进新产品的设计或营销方式，以提高新产品的上市成功率，缩短新产品的上市时间。

（2）有效促销（efficient promotions）。通过简化贸易关系，减少预先购买和转移购买、供应商库存及仓储费用；通过顾客数据库营销，确定促销活动时的目标顾客，从而提高促销效率。

（3）有效商店空间管理（efficient store assortment）。通过了解顾客购买行为和偏好将商品范围限制在高销售率的产品上，定期适当调整商品的分配空间，有效地利用店铺空间和店内布局来最大限度地提高商品获利能力。

（4）有效补货（efficient replenishment）。通过 POS 数据共享、电子数据交换、持续补充和计算机辅助订货（CAO），将正确的商品在正确的时间，以正确的价格、正确的数量和最有效的配送方式送给消费者，努力缩短交货时间和减少系统成本，从而降低商店售价。

2. 有效客户响应的实施方法

（1）为变革创造氛围。

对大多数组织来说，改变对供应商或客户的内部认知过程，即从敌对态度转变为将其视为同盟的过程，将比实施供应链 ECR 的其他相关步骤更困难，时间花费更长。创造供应链 ECR 的最佳氛围首先需要进行内部教育以及通信技术和设施的改善，同时也需要采取新的工作措施和收益系统。但公司或组织必须首先具备言行一致的强有力的高层组织领导。

（2）选择初期供应链 ECR 同盟伙伴。

对于大多数刚刚实施供应链 ECR 的公司来说，建议成立 2~4 个初期同盟。每个同盟都应首先召开一次会议，来自各个职能领域的高级同盟代表将对供应链 ECR 及怎样启动供应链 ECR 进行讨论。然后成立 2~3 个联合任务组，专门致力于已证明可取得巨大效益的项目，如提高货车的装卸效率、减少损坏、由卖方控制的连续补库等。

（3）开发信息技术投资项目，支持供应链 ECR。

虽然在信息技术投资不大的情况下就可获得供应链 ECR 的许多利益，但是具有很强的信息技术能力的公司要比其他公司更具竞争优势。

那些作为供应链 ECR 先导的公司预测：在五年内，连接它们及其业务伙伴之间的将是一个无纸的、完全整合的商业信息系统。该系统将具有许多补充功能，既可降低成本，又可使人们专注于其他管理以及产品、服务和系统的创造性开发。

（三）快速响应与有效客户响应的比较

1. 快速响应与有效客户响应的共同点

ECR 主要以食品行业为对象，其主要目标是降低供应链各环节的成本，提高效率。而 QR 主要集中在一般商品和纺织行业上，其主要目标是对客户的需求做出快速响应，并快速补货。这是因为食品杂货业与纺织服装行业经营产品的特点不同：杂货业经营的产品多数是一些功能型产品，每一种产品的生命相对较长（生鲜食品除外），因此，订购数量的过多（或过少）的损失相对较少；纺织服装业经营的产品多属创新型产品，每一种产品的生命相对较短，因此，订购数量过多（或过少）造成的损失相对较大。

二者的共同特征表现为都是超越企业之间的界限，通过合作追求物流效率化。具体表现在以下几个方面：

（1）共同的外部环境变化。

这两个行业都受到了两个重要的外部环境变化的影响。一是经济增长速度的放慢加剧了竞争，而零售商必须生存并保持对顾客的忠诚度。二是零售商和供应商之间交易平衡发生了变化。由于信息技术的发展及向传统领域之外扩张的欲望，零售商变得越来越向全国化甚至是国际化方向发展，交易平衡的重心已偏向零售商。

（2）共同面临贸易伙伴之间的不协调关系而需要加强密切合作。

在引入 QR 和 ECR 之前，两个行业都陷入了同样的困境：供应商和零售商或批发商之间的关系非常恶劣，已到了相互不信任的地步，两方面都各自追求自己的目标，而忽视了企业经营的真正原因——满足顾客的需要。

对于普通商品来说，问题主要集中在前置时间而不是促销问题上。由于服装业的购销风险非常大，零售商希望订购时间尽可能地接近销售季节，而供应商希望订购前置时间更长一些，以使他们的生产成本最低。在超市行业中，按照购销双方各自的业绩衡量标准，他们的业务都得到了改进，但实际上系统的总成本大大地增加了。供应商采用了促销策略，即为了应付促销事件或方便运输，对价目表上的高报价打折。零售商为了增加毛利会在低价时购买额外的存货，这样就带来了额外的库存、运输、管理和财务成本。

（3）共同的目标。

供应商和零售商都受到了新的贸易方式的威胁。对于零售商来说，威胁主要来自大型综合超市、廉价店、仓储俱乐部以及折扣店等新的零售形式，他们采用新的低成本进货渠道。这些新的竞争者把精力集中在每日低价、绝对的净价采购及快速的库存周转等策略上。对于供应商来说，压力来自自有品牌商品的快速增长，这些商品威胁了他们的市场份额。

上述的威胁迫使这两个行业必须采取行动。尽管各环节按这两个行业自身的业绩测量标准认为其是有效率的，但是从整个供应链来说，他们的效率却非常低。

QR 和 ECR 的起源是一样的。两个系统的低效都是由于各个业务部门追求各自的、常常是相互矛盾的目标。只有大家都能够集中于一个共同的目标，以最低的总成本向消费者提供他们真正想要的商品，整个系统的高效率才能实现。

（4）共同的信息技术支持。

QR 和 ECR 都必须有信息技术支持，这是它们取得成功的前提条件。

（5）共同的措施。

QR 和 ECR 都重视供应链的核心业务，对业务进行重新设计，以消除资源的浪费。这些业务包括：

①补货。这项业务是指对于那些可补货的商品和普通商品，以尽可能低的存货水平和成本来保持较高的顾客服务水平。

②品种管理。这项业务决定每家商店应该销售什么商品，以什么方式展示和销售。

③产品开发。这项业务是指开发和导入更能满足顾客需要的产品。

④促销。这项业务向顾客沟通商品的现货情况和价值。ECR 和 QR 大致是一样的，都是针对总战略的各个具体部分，侧重点可能会有所差异。如 QR 首先解决的是补货问题，而 ECR 注重的是过量库存问题。

QR 的成功引起了其他行业零售商的注意。1993 年，食品和超市行业的零售商也提出了类似的战略，即有效客户反应。由于很多供应商既为普通商店服务又为超市服务，因此 ECR 的采用会比 QR 快。

2. 快速响应与有效客户响应的差异

普通商品和食品之间的重要差别之一在于商品的特性，不是商品表面的物理差异，而是指商品在价值、周转率和品种上的本质差异。普通商品的单品数量多、产品生命周期短、季节性强、库存周转慢、存货削价幅度大、毛利高；而食品的单品数量少、商品单价低、周转快。所以超市可以低毛利有效地经营。

在这两种不同的零售业中，如果某种单品缺货，带来的成本也不一样。对普通商品来说，如果消费者不能发现所期望的颜色或规格，就可能换厂家商店，商店就会损失这件商品的销售额，同时会损失潜在的其他购买和未来购买。对食品来说，如果消费者不能发现一种特定的商品，他会买另一种规格或一种替代品，采购也可能延期到下一次。除非这种情况频繁地发生，否则消费者不会换商店。

由于所处的环境不同，供应链管理的重点也是为了应对不同的挑战。对于食品行业实施 ECR 来说，改革的重点是效率和成本，目的是通过降低供应链各个环节的成本来降低整个供应链的成本；而对于普通商店实施 QR 来说，主要对客户的需求进行快速响应，于是重点是补货和订货的速度，目的是既要最大限度地消除缺货，同时又要减少库存，即只在有商品需求时才去采购。这是两者之间的实质差别。

三、企业资源计划

(一)企业资源计划理论的发展历史

1990 年 4 月 12 日，美国 Gartner 公司发表了由 L. Wylie 署名的研究报告《ERP：下一代 MRP Ⅱ 的远景设想》(*ERP：A Vision of the Next-Generation MRP Ⅱ*)，首次提出了企业资源计划 (enterprise resource planning，ERP)的概念。之后，Gartner 公司又陆续发表了一系列的分析和研究报告，例如 J. Borelli 署名的《ERP 的功能性》(*ERP Functionality*)、E. Keller 署名的《实现 MRP Ⅱ 到 ERP 的跨越》(*Making the Jump from MRP Ⅱ to ERP*) 以及多次对各软件商 ERP 产品的技术与功能的分析评价报告等。值得注意的一点是：所有这些研究报告都是归类于"计算机集成制造(CIM)"类别中，说明 ERP 本来是一种用于制造业的信息化管理系统。

1993 年，ERP 的概念已经比较成熟并变得更为现实，Gartner 公司以《EPR：远景设想的定量化》(*ERP：Quantifying the Vision*)为题发表的会议报告中详细阐述了 ERP 的理念和实质，综合以上一些早期文献的精神，Gartner 公司最初对 ERP 的定义可简明表述如下：

(1)ERP 是 MRP Ⅱ (manufacturing resources planning，制造资源计划)的下一代，它的内涵主要是"打破企业的四壁，把信息集成的范围扩大到企业的上下游，管理整个供需链，实现供应链制造"。

(2)功能方面，Gartner 公司除了提出 ERP 要能适应离散、流程和分销配送等不同生产条件，并采用图解方法处理和分析各种经营生产问题外，在信息集成方面，Gartner 公司提出了两个集成：①内部集成：(internal integration，实现产品研发、核心业务和数据采集的集成)；②外部集成 (external integration，实现企业与供需链上所有合作伙伴的集成)。而内外信息集成的目的是实现以下目标：设计、管理、监控、优化整个供需链；合作竞争、同步工程、协同商务。

从管理信息系统方面来理解的 ERP 则是整合了企业管理理念、业务流程、基础数据、人力物力、计算机硬件和软件于一体的企业资源管理系统。ERP 概念的层次关系如图 2-12 所示。

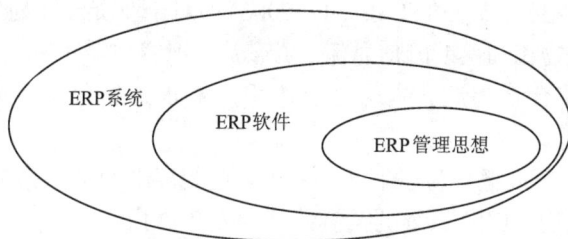

图 2-12　ERP 概念的层次关系

作为一种先进的现代化企业管理方法，ERP 系统的发展大致经历了五个大的阶段：订货点法（图 2-13）、MRP、闭环 MRP、MRP Ⅱ和 ERP 系统。这些阶段是伴随生产发展和管理水平的不断提高而产生的科学的管理思想、模式与方法。

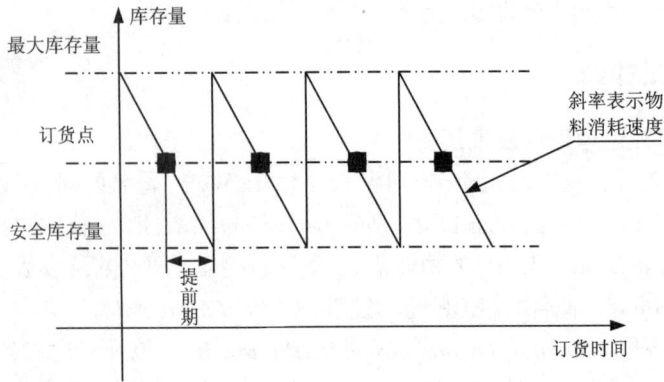

图 2-13　订货点法

(二)企业资源计划系统的内涵及特征

随着市场竞争的日趋激烈、客户要求的逐级提高以及企业所处内外部环境的变化，MRP Ⅱ的思想显示出了局限性，主要表现在：①企业竞争范围扩大要求更高程度的信息集成，要求对企业整体资源进行集成管理；②企业规模的扩大要求多集团、多工厂协同作战，统一部署；③信息全球化趋势的发展要求企业之间加强信息交流与共享，处于同一供应链上的企业将不再是竞争关系而是合作伙伴关系。

同时，一些先进管理思想的成熟与发展，如 JIT（just in time，准时生产）、TQC（total quality control，全面质量管理）、OPT（optimized production technology，优化生产技术）、DRP（distribution resource planning，分销资源计划）、MES（manufacturing execute system，制造执行系统）、AM（agile manufacturing，敏捷制造），以及互联网的普及使得 MRP Ⅱ在 20 世纪 90 年代发展到了一个新的阶段——ERP。

ERP 除继承了 MRP Ⅱ的基本思想外，还大大扩展了管理的模块，如多工厂管理、质量管理、设备管理、运输管理、分销资源管理、过程控制接口、数据采集接口、电子通信等模块。ERP 融合了离散型和流程型生产的特点，扩大了管理的范围，更加灵活地开展业务活动，实时地响应市场需求，其管理范围涉及企业的所有供需过程，是对供应链的全面管理。

我国国家标准《物流术语》（GB/T 18354—2006）中对企业资源计划的定义是："在 MRP Ⅱ的基础上，通过前馈的物流和反馈的信息流、资金流，把客户需求和企业内部的生产经营活动以及供应商的资源整合在一起，体现完全按用户需求进行经营管理的一种全新的管理模式。"

ERP 系统关键特征可以概括为以下几个方面：企业范围的信息集成、商业软件包、内嵌行业最佳实践、不断演进。ERP 系统的关键特征如表 2-2 所示。

表 2-2 ERP 系统的关键特征

关键特征	说明
信息集成	ERP 系统无缝集成企业信息，包括财务信息、人力资源信息、供应链信息与客户信息
商业软件包	ERP 系统是一个商业软件包，原则上不需要二次开发
内嵌行业最佳实践	ERP 软件供应商在设计 ERP 系统时内嵌了行业最佳实践
不断演化	ERP 系统是不断发展的

(三) ERP 与供应链管理的相关性分析

供应链管理从管理级别来讲，有以下三个层次：企业内部供应链管理、产业供应链或动态联盟供应链管理和全球网络供应链管理。MRP Ⅱ 和传统 ERP 的实现是建立在企业内部供应链管理的基础上的，而基于供应链管理的 ERP 系统的实现基础不光包括企业内部供应链，更重要的是产业供应链或动态联盟供应链管理与全球网络供应链管理。

1. 企业内部供应链管理

早期的观点认为供应链管理是制造企业中的一个内部过程，它是指将采购到的原材料和收到的零部件，通过生产的转换和销售等过程传递到制造企业的某个用户的管理过程。企业供应链管理是将企业内部经营所有的业务单元如订单、采购、库存、计划、生产、质量、运输、市场、销售、服务等以及相应的财务活动和人事管理均纳入一条供应链内进行统筹管理。企业内部的供应链如图 2-14 所示。

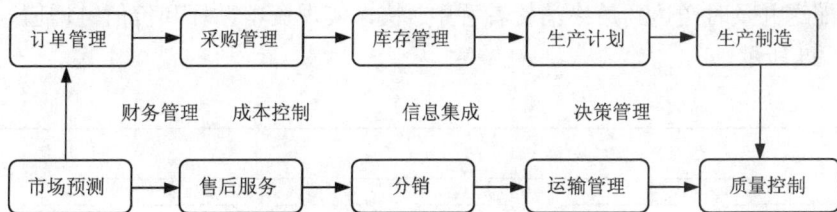

图 2-14 企业内部的供应链

此时企业重视的是物流和企业内部资源的管理，即如何更快更好地生产出产品并把其推向市场，这是一种"推式"的供应链管理，管理的出发点是从原材料推到产成品、市场，再推至客户端。随着市场竞争的加剧，生产出的产品必须要转化成利润，企业才能得以生存和发展。为了赢得客户、赢得市场，企业管理进入了以客户及客户满意度为中心的管理，因而企业的供应链运营规则随即由"推式"转变为以客户需求为原动力的"拉式"供应链管理。这种供应链管理将企业各个业务环节的信息化孤岛连接在一起，使得各种业务和信息能够实现集成和共享。

2. 产业供应链或动态联盟供应链管理

随着全球经济的一体化，人们发现在全球化大市场竞争环境下，任何一个企业都不可能在所有业务上成为最杰出者，必须联合行业中其他企业，建立一条经济利益相连、业务关系紧密的行业供应链来实现优势互补，充分利用一切可以利用的资源以适应社会化大生产的竞争环境，共同增强市场竞争实力。因此，企业内部供应链管理的延伸和发展为面向全行业的产业链管理，管理的资源从企业内部扩展到了外部。

在这种供应链的管理过程中，首先在整个行业中建立一个环环相扣的供应链，使多个企业能在一个整体的管理下实现快速经营和协调运作。把这些企业的分散计划纳入整个供应链的计划中，实现资源和信息共享，从而大大增强了供应链在大市场环境中的整体优势，使每个企业均可实现以最小的个别成本和转换成本来获得成本优势。例如，在供应链统一的计划下，上下游企业可最大限度地减少库存，使所有上游企业的产品能够准确、及时地到达下游企业，这样既加快了供应链上的物流速度，又减少了各企业的库存量和资金占用，还可及时地获得最终消费市场的需求信息，使整个供应链能够紧跟市场的变化。市场竞争也将会演变成为这种供应链之间的竞争。

其次，在市场加工、组装、制造环节与流通环节之间，建立一个业务相关的动态企业联盟（或虚拟公司）。它是指为完成向市场提供商品或服务等任务而由多个企业相互联合所形成的一种组织合作形式，通过信息技术把这些企业连成一个网络，以便更有效地向市场提供商品和服务来完成单个企业不能承担的市场功能。这不仅使每一个企业保持了自己的个体优势，也扩大了其资源利用的范围，使每个企业可以享用联盟中的其他资源。例如，配送环节是连接生产制造与流通领域的桥梁，起到重要的纽带作用，以它为核心可以使供需链接更为紧密。在市场经济发达的国家中，为了加速产品流通，往往是以一个配送中心为核心，上与生产加工领域相连，下与批发商、零售商、连锁超市相接，建立一个企业联盟，把它们均纳入同一供应链中进行管理。企业联盟起到一个承上启下的作用，有效地规划和调用整体资源，以此实现其业务跨行业、跨区域的经营。在它的作用下，供应链上的产品可及时生产、及时交付、及时配送并及时送达到最终消费者手中，快速实现资本循环和价值链增值。广义的供应链如图 2-15 所示。

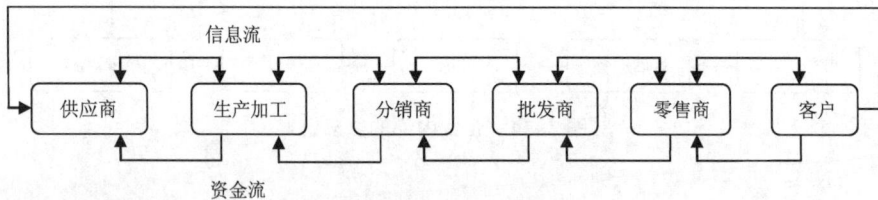

图 2-15　广义的供应链

这种广义供应链管理拆除了企业的围墙，将各个企业独立的信息化孤岛连接在一起，建立起一种跨企业的协作，以此来追求和分享市场机会。通过 Internet，电子商务把过去分离的业务过程集成起来，覆盖了从供应商到客户的全部过程，包括原材料供应商、外协加工和组装、生产制造、销售分销与运输、批发商、零售商、仓储和客户服务等，实现了从生产领域到流通领域一步到位的全业务过程。

3. 全球网络供应链管理

Internet、交互式 Web 应用，以及电子商务的出现，将彻底改变我们的商业方式，也将改变现有供应链的结构。传统意义的经销商将消失，其功能将被全球网络电子商务所取代，传

统多层次的供应链将转变为基于 Internet 的开放式的全球网络供应链，其结构对比如图
2-16、图 2-17 所示。

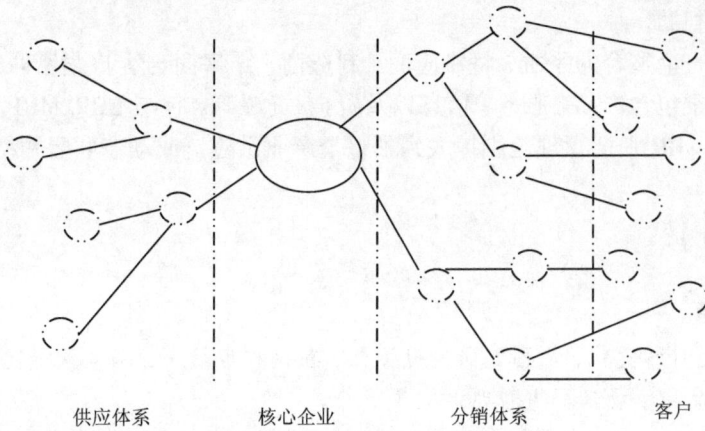

图 2-16 传统多层次供应链

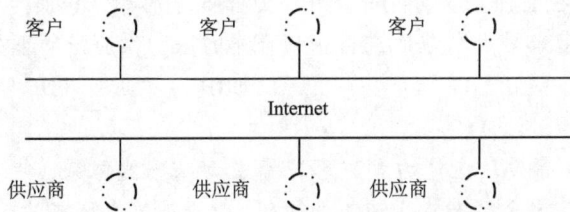

图 2-17 基于 Internet 的全球网络供应链

在网络上的企业都具有双重身份，既是客户又是供应商，企业不仅要上网交易，更重要
的是它构成该供应链的一个元素。在这种新的商业环境下，所有的企业都将面临更为严峻的
挑战，它们必须在提高客户服务水平的同时努力降低运营成本；必须在提高市场反应速度的
同时给客户以更多的选择。同时，Internet 和电子商务也将使供应商与客户的关系不再仅仅
局限于产品的销售，更多的将是以服务的方式满足客户的需求，来替代将产品卖给客户。越
来越多的客户不仅以购买产品的方式来实现其需求，而是更看重未来应用的规划与实施、系
统的运行维护等，本质上讲他们需要的是某种效用或能力，而不是产品本身，这将极大地改
变供应商与客户的关系。企业必须更加细致、深入地了解每一个客户的特殊要求，才能巩固
其与客户的关系，这是一种长期的有偿服务，而不是产品时代的一次或多次性的购买。

在全球网络供应链中，企业的形态和边界将产生根本性改变，整个供应链的协同运作将
取代传统的电子订单，供应商与客户间信息交流层次的沟通与协调将是一种交互式、透明的
协调工作。

一些新型的、有益于供应链运作的代理服务商将替代传统的经销商，并形成新业务，如
交易代理、信息检索服务等。这种全球网络供应链将广泛和彻底地影响并改变所有企业的经
营运作方式。全球网络供应链管理的核心思想是：充分利用各种先进的科学技术（例如计算

机集成制造、并行工程、敏捷制造和准时生产等），设置多个生产基地和销售网点，联合众多企业组成供应链，并实现供应链企业的优势互补和集成，以降低运输成本、企业运营成本、生产成本以及避免关税壁垒（在国内表现为地方保护主义），联手面对竞争，合理利用资源，尽可能获得更多的利润。

供应链管理是一个整合的系统，将供应商、制造商、零售商与客户紧密联系在一起。而在这其中贯穿的线索包含产品、服务、信息以及资金/资源等；它与 ERP/MRP Ⅱ 是不可分割的。基于供应链的 ERP 则把管理范围扩大到了整个产业供应链或动态联盟网络供应链。

【复习思考习题】

一、单项选择题

1. （   ）环境时时变化，厂商竞争十分激烈，在这种市场中，持久竞争优势几乎不能获得，公司试图通过扰乱市场来获得暂时的竞争优势。

A. 长周期市场　　　B. 中周期市场　　　C. 短周期市场　　　D. 标准周期市场

2. 时基竞争理论认为企业是一个综合系统，（   ）是联结各个环节的纽带。

A. 信息　　　　　　B. 时间　　　　　　C. 预测　　　　　　D. 客户

3. （   ）是一种在食品杂货分销系统中，为降低与消除分销商与制造商体系中不必要的成本和费用，为客户带来更大利益而进行密切合作的一种供应链管理策略。

A. QR　　　　　　B. JIT　　　　　　C. ERP　　　　　　D. ECR

4. ECR 的目标是（   ）。

A. 建立一个具有高效反应能力和以客户需求为基础的体系，使零售商和制造商以业务伙伴方式合作，提高整个食品杂货供应链的效率（而不是单个环节的效率），以达到降低整个供应链体系的运作成本、库存储备的目的，为客户提供更好的服务

B. 对企业制造所涉及的各种资源进行统一计划和控制的系统，一定程度上实现了物流、信息流与资金流在企业管理方面的集成

C. 围绕所要生产的产品，在正确的时间按规定的数量得到需要的物料，按照物料真正需要的时间来确定订货与生产日期，以避免造成库存积压

D. 强调信息处理与作业流程的整合，任何一个处理程序都是一个单一作业，任何一笔交易产生会自动修改所有相关纪录，从而使整个内部流程实现协同

5. 1985—1986 年，库特·塞尔曼协会对美国纺织服装业的供应链进行了分析，研究结果表明，纺织品产业供应链各环节十分注重提高各自的经营效率，但供应链的运作效率并不高。在这项研究中提出了（   ）的战略。

A. POS　　　　　　B. ERP　　　　　　C. MRP　　　　　　D. QR

6. 20 世纪 60 年代和 70 年代，美国食品杂货百货业的竞争主要在制造商之间展开。在此背景下，美国食品市场营销协会联合包括 COCA-COLA、P&G、Safeway Store 在内的 16 家企业与库特·塞尔曼协会一起组成研究小组，对食品业的供应链进行调查总结分析，于 1993 年 1 月提出了（   ）的概念和体系。

A. MRP　　　　　　B. ERP　　　　　　C. ECR　　　　　　D. QR

7. （   ）除继承了 MRP Ⅱ 的基本思想外，还大大扩展了管理的模块，如多工厂管理、

分销资源管理、过程控制接口、数据采集接口、电子通信等模块。该系统融合了离散型和流程型生产的特点，扩大了管理的范围，能更加灵活地开展业务活动，实时地响应市场需求，其管理范围涉及企业的所有供需过程，是对供应链的全面管理。

A. QR　　　　　　　　B. 闭环 MRP　　　　C. ECR　　　　　　　D. ERP

二、多项选择题

1. 价值链的特征主要表现在(　　　)。

A. 价值链是增值链　　　　　　　　B. 价值链是供应链

C. 价值链是电子链　　　　　　　　D. 价值链是虚拟链

E. 价值链是协作链

2. 先发者经济优势的来源包括(　　　)。

A. 资源先取优势　　　　　　　　　B. 经营成本优势

C. 信息集成优势　　　　　　　　　D. 组织关系优势

E. 顾客锁定优势

3. 在短周期市场中企业所采取的经营策略包括(　　　)。

A. 以经营创新打破市场现状　　　　B. 以反应时间赢得市场空间

C. 以运营速度获取企业利润　　　　D. 以延长产品成熟期获取企业利润

E. 以延长产品的成熟期来保持高的市场占有率

4. 动态能力理论和核心能力理论有很大不同，动态能力理论框架可以表述为(　　　)。

A. 动态能力的逻辑

B. 动态能力的目标不断创造新优势

C. 动态能力的实质是竞争对手之间的互动

D. 动态能力的手段是企业动态能力的构建

E. 动态能力的途径是与其他组织的合作

5. 关于快速响应的内涵，以下说法正确的是(　　　)。

A. 快速响应是一种战略，要求企业以快速满足动态市场和客户的需求为目的，以追求企业运作所有方面提前期的减少为核心

B. 快速响应仅仅强调供应链上各环节——供应商、制造商以及分销商反应速度的提高

C. 快速响应不仅关注时间的减少，同时也注重产品质量的改进、库存成本和运作成本的降低以及快速和高质量的业务流程

D. 快速响应强调生产系统的响应速度和柔性，通过快速设计和制造产品，满足不同客户在产品种类和数量方面的要求

E. 快速响应可以通过管理变革和先进技术的应用，并依托快速的信息传递以及信息和利益的共享集成企业及其供应链伙伴为互动网络来实现

6. 供应链系统的柔性在一定程度上影响着供应链快速响应的生命周期，其影响结果的说法正确的是(　　　)。

A. 供应链系统具有的柔性特征越明显，则供应链实施快速响应的生命周期就会越长

B. 供应链系统具有的柔性特征越明显，则供应链实施快速响应的生命周期就会越短

C. 供应链系统缺乏柔性，则供应链快速响应市场需求的能力将会比较弱

D. 供应链系统缺乏柔性，则供应链快速响应市场需求的能力将会比较强

E. 供应链系统缺乏柔性,则供应链快速响应生命周期也越短

三、判断题(正确的打"√",错误的打"×")

1. 核心竞争力是企业赢得竞争的基础和关键,是企业的立足之本,尤其对于供应链管理来说,核心竞争力更是必不可少的,因此,加强企业核心竞争力的培养是企业实施供应链管理最为重要的支撑条件。(　　)

2. 供应链管理的发展是由计算机网络技术发展推动的,同时也是企业实施战略联盟和虚拟经营的结果。企业实施供应链管理的目的,一方面是为了降低成本,另一方面是为了提高反应速度,但并不一定就是为了构筑企业的核心能力。(　　)

3. 企业要在市场中领先,当然在市场、财务、技术开发等各功能领域都要有一定的竞争力,这种力量就等于企业的核心竞争力。核心竞争力是其他竞争对手很难复制的。(　　)

四、填空题

1. 在价值链上,除资金流、物流、信息流外,最根本的是要有_____。客户实质上是在购买商品或服务所带来的价值。各种物料从采购到制造再到分销,也是一个不断增加其市场价值或_____的增值过程。因此价值链的本质是增值链。

2. 构成核心竞争力的要素,包括企业员工拥有的技能、企业的_____、企业的管理体系和在企业中占主导地位的_____,企业的核心竞争力是上述四种要素构成的一个有机整体,它反映了企业的基本素质与发展潜力。

3. 集成化供应链管理的核心包括:由顾客化需求→集成化计划→业务流程重组→面向对象过程控制组成第一个控制回路(_____);由顾客化策略→信息共享→调整适应性→创造性团队组成第二个回路(_____);每个作业的作业性能评价与提高回路(_____)。供应链管理正是围绕这三个回路展开的,形成相互协调的一个整体。

五、名词解析

价值链　核心竞争力　集成化供应链管理　快速响应　有效客户响应　企业资源计划

六、简答题

1. 价值链的九种价值活动分为哪两类?分别包含哪些内容?
2. 价值链分析的主要内容是什么?
3. 简要介绍核心竞争力的形成过程。
4. 简述时基竞争优势。
5. 简述影响快速响应的主要因素。
6. 简述有效客户响应的实施原则。
7. 简述企业资源计划系统的关键特征。

七、论述题

试论述价值链分析在构建核心竞争力中的作用。

八、案例分析题

海尔供应链整合案例分析

一个传统的民族工业制造企业正成长为一个业务遍及全球的国际化集团,其管理模式被欧盟商学院的管理案例库收录,其企业领导被英国《金融时报》评为"全球30位最受欢迎的企业家之一",这家企业就是海尔集团。

海尔集团取得今天的业绩,和企业实行全面的信息化管理是分不开的。借助先进的信息

技术，海尔集团(以下简称海尔)发动了一场管理革命：以市场链为纽带，以订单信息流为中心，带动物流和资金流的运动。通过整合全球供应链资源和用户资源，逐步向"零库存、零营运资本和(与用户)零距扩"的终极目标迈进。

- **以市场链为纽带重构业务流程**

从生产规模来看，海尔现有10800多种产品，平均每天开发1.3个新产品，每天有5万台产品出库。海尔一年的资金运作进出达996亿元，平均每天需做2.76亿元结算、1800多笔账。随着业务的全球化扩展，海尔集团在全球有近1000家分供方(其中世界500强企业44家)，营销网点达53000多个，海尔还拥有15个设计中心和3000多名海外经理人。如此庞大的业务体系，仅依靠传统的金字塔式管理架构或者矩阵式模式，很难维持正常运转，业务流程重组势在必行。

通过总结多年的管理经验，海尔探索出一套市场链管理模式。海尔认为在新经济条件下，企业不能再把利润最大化当作目标，而应该以用户满意度的最大化、获取用户的忠诚度为目标。这就要求企业更多地贴近市场和用户，市场链简单地说就是把外部市场效益内部化。过去，企业和市场之间有条鸿沟，企业内部人员相互之间的关系也只是上下级或是同事。海尔把市场机制成功地导入企业的内部管理中，把员工相互之间的同事和上下级关系转变为市场关系，形成内部的市场链机制。员工之间实施SST，即索赔、索酬、跳闸。如果你的产品和服务好，下道工序给你报酬，否则会向你索赔或者"亮红牌"。

结合市场链模式，海尔集团对组织机构和业务流程进行了调整，把原来各事业部的财务、采购、销售业务全部分离出来，整合成商流推进本部、物流推进本部、资金流推进本部，实行全集团统一营销、采购、结算；把原来的职能管理资源整合成创新订单支持流程3R（研发、人力资源、客户管理）和基础支持流程3T(全面预算、全面设备管理、全面质量管理)，3R和3T流程相应成立独立经营的服务公司。

整合后，海尔集团商流本部和海外推进本部负责搭建全球的营销网络，从全球的用户资源中获取订单。产品本部在3R支持流程的支持下不断创造新的产品满足用户需求，产品事业部将商流获取的订单和产品本部创造的订单执行实施，物流本部利用全球供应链资源搭建全球采购配送网络，实现JIT订单加速流，资金流搭建全面预算系统，这样就形成了直接面对市场的、完整的核心流程体系和3R、3T等支持体系。

商流本部、海外推进本部从全球营销网络获得的订单形成订单信息流，传递到产品本部、事业部和物流本部，物流本部按照订单安排采购配送，产品事业部组织安排生产；生产的产品通过物流的配送系统送到用户手中，而用户的货款也通过资金流依次传递到商流、产品本部、物流和分供方手中。这样就形成了横向网络化的同步的业务流程。

- **快速响应客户需求**

在业务流程再造的基础上，海尔形成了"前台一张网，后台一条链（海尔的市场链）"的闭环系统，构筑了企业内部供应链系统、ERP系统、物流配送系统、资金流管理结算系统和遍布全国的分销管理系统及客户服务响应系统，并形成了以订单信息流为核心的各子系统之间无缝连接的系统集成。

海尔ERP系统与CRM系统的目的是一致的，都是为了快速响应市场和客户的需求。前台的CRM网站作为与客户快速沟通的桥梁，将客户的需求快速收集、反馈，实现与客户的零距离接触；后台的ERP系统可以将客户需求快速发送到供应链系统、物流配送系统、财务结算系统、客户服务系统等流程系统，实现对客户需求的协同服务，大大缩短了对客户需求的响应时间。

海尔于 2000 年 3 月 10 日投资成立海尔电子商务有限公司，在家电行业率先建立企业电子商务网站，全面开展面对供应商的 B2B 业务和针对消费者个性化需求的 B2C 业务。通过电子商务采购平台和定制平台与供应商和销售终端建立紧密的互联网关系，建立起动态企业联盟，达到双赢的目标，提高双方的市场竞争力。在海尔搭建的电子商务平台上，企业和供应商、消费者实现互动沟通，使信息增值。

面对个人消费者，海尔可以实现全国范围内的网上销售业务。消费者可以轻点鼠标，在海尔的网站上浏览、选购、支付，然后在家里静候海尔的快捷配送及安装服务。海尔首先推出 23 种 800 多个产品在网上直接销售，各大城市网上订购的用户可以在两天内收到自己需要的称心如意的产品和得到零距离的全天候星级服务。

- 海尔 E 制造

过去企业按照生产计划制造产品，是大批量生产。海尔的 E 制造是根据订单进行的大批量定制。海尔 ERP 系统每天准确自动地生成向生产线配送物料的 BCM，其通过无线扫描、红外传输等现代物流技术的支持，实现定时、定量、定点的三定配送。海尔独创的一站式物流，实现了从大批量生产到大批量定制的转化。

实现 E 制造还需要柔性制造系统。在满足用户个性化需求的过程中，海尔采用计算机辅助设计与制造（CAD/CAM），建立计算机集成制造系统（CIMS）。在开发决策支持系统（DSS）的基础上，通过人机对话实施计划与控制，从物料资源规划（MRP）发展到制造资源规划（MRPⅡ）和企业资源规划（ERP）。除此之外，还有集开发、生产和实物分销于一体的适时生产（JIT），供应链管理中的快速响应和柔性制造，以及通过网络协调设计与生产的并行工程等。这些新的生产方式把信息技术革命和管理进一步融为一体。

现在海尔在全集团范围内已经实现 CIMS，生产线可以实现不同型号产品的混流生产。如海尔电脑建成国内首条 FIMS（Factory Information Management System，生产过程信息管理系统）柔性电脑生产线。海尔电脑从接到订单到出厂，中间的每一道工序都是在电脑系统的集成管理和严格监控之下完成的。为了使生产线的生产模式更加灵活，海尔有针对性地开发了 EOS 商务系统、ERP 系统、JIT 配送系统等辅助系统，正是因为采用了这种 FIMS 柔性制造系统，海尔不但能实现单台电脑客户定制，还能同时生产千余种配置的电脑，而且还可以实现 36 小时内快速交货。

- "零距离、零库存、零运营资本"

海尔认为，企业之间的竞争已经从过去直接的市场竞争转向客户的竞争。海尔 CRM 联网系统就是为实现端对端的零距离销售而建立的。海尔已经实施的 ERP 系统和正在实施的 CRM 系统，都是要拆除影响信息同步沟通和准确传递的阻隔。ERP 是拆除企业内部各部门的"墙"，从而达到快速获取客户订单、快速满足用户需求的目的。

传统管理下的企业根据生产计划进行采购，由于不知道市场在哪里，所以是为库存采购，企业里有许许多多"水库"。海尔现在实施信息化管理，通过三个 JIT 打通这些水库，把它变成一条流动的河，不断地流动。JIT 采购就是按照计算机系统的采购计划，需要多少采购多少。JIT 送料指各种零部件暂时存放在海尔立体库中，然后由计算机进行配套，把配置好的零配件直接送到生产线。海尔在全国建有物流中心系统，无论在全国什么地方，海尔都可以快速送货，实现 JIT 配送。

库存不仅仅是资金占用的问题，最主要的是会形成很多的呆坏账。现在电子产品更新很快，一旦产品换代，原材料和产成品价格跌幅均较大，产成品积压的最后出路就只有降价，所以会形成现在市场上的价格战。海尔用及时配送的时间来满足用户的要求，最终消灭库存的空间。

案例思考题：

海尔集团是我国供应链管理应用方面的典范，其高效运作的供应链和物流体系更符合我国国情，对我国企业更有借鉴意义。请分析海尔集团有哪些成功经验值得我们学习和借鉴。

【本章参考文献】

[1]刘助忠，冯国苓.现代物流管理概论[M].北京：对外经济贸易大学出版社，2009.

[2]宋华.物流供应链管理机制与发展[M].北京：经济管理出版社，2002.

[3]张成海.供应链管理技术与方法[M].北京：清华大学出版社，2002.

[4]马士华，林勇，陈永祥.供应链管理[M].北京：机械工业出版社，2000.

[5]黄吉乔，张冬.论新经济时代的业务外包[J].物流技术，2002(1)：29-30.

[6]黄丽华，唐振龙，袁嫣.供应链管理[M].长沙：湖南师范大学出版社，2013.

第二篇

供应链设计与管理

第三章 供应链与产品的协调设计及管理

本章学习导引

读者通过学习本章,首先会了解企业在设计供应链时必须综合考虑哪些方面的因素。然后读者会领悟功能型产品应采用效率型供应链,创新型产品应采用反应型供应链的原因。大规模定制是一种区别于大规模生产的生产模式。本章在介绍设计面向大规模定制的供应链时,告诉读者应针对大规模定制的具体特点进行设计。然后讲述了便于包装和运输的产品设计、并行和平行工艺、模块化与标准化设计以及延迟策略等面向供应链管理的产品和工艺设计方法。最后引出供应链运作的协调管理。

供应链设计是供应链管理中的一项战略决策问题,供应链设计直接影响到供应链的运行效果。供应链与产品之间的协调设计很关键。不同类型的产品对供应链管理有不同的要求。在供应链设计时,考虑不同产品的需求特点,可以改善供应链的服务水平、降低系统成本、提高竞争力,避免供应链的不当设计所带来的浪费和无效活动。同样,在产品和流程设计阶段考虑供应链管理问题,将有利于供应链的高效运行。

第一节 供应链设计因素

企业在设计供应链时必须综合考虑多方面的因素,包括市场覆盖范围、产品特性、供应链服务目标,如图 3-1 所示。

一、市场覆盖范围

为了确定市场覆盖范围,企业需要综合考虑客户的购买行为、市场集中度、分销类型、供应链成员以及企业需要达到的控制程度等因素。

(1)客户购买行为。为了设计一个高效运转的供应链,首先需要准确识别出潜在的用户,确定目标细分市场,分析潜在客户细分市场的购买动机,了解这些客户如何制定相关的采购决策。

(2)市场集中度。在市场主要集中在某些地理区域的情况下,供应链的中间环节越少,管理相对更有效。而在市场分布比较广且分散的情况下,采用中间商相对更有效。例如在快

```
                                    ┌──────┐ 市场覆盖范围
                                    └──────┘
                                      ├──── ✦  客户购买行为
                                      ├──── ✦  市场集中度
                                      ├──── ✦  分销类型
                                      ├──── ✦  供应链成员
                                      └──── ✦  控制要求
                                    ┌──────┐ 产品特性
┌──────────┐                        └──────┘
│ 设计考虑因素 │───────────▶            ├──── ✦  产品价值
└──────────┘                          ├──── ✦  技术性
                                      ├──── ✦  市场接受程度
                                      ├──── ✦  替代性
                                      ├──── ✦  产品尺寸大小
                                      ├──── ✦  易变质性
                                      └──── ✦  季节性
                                    ┌──────┐ 供应链服务目标
                                    └──────┘
                                      ├──── ✦  可供性
                                      ├──── ✦  订货提前期
                                      └──── ✦  信息沟通
```

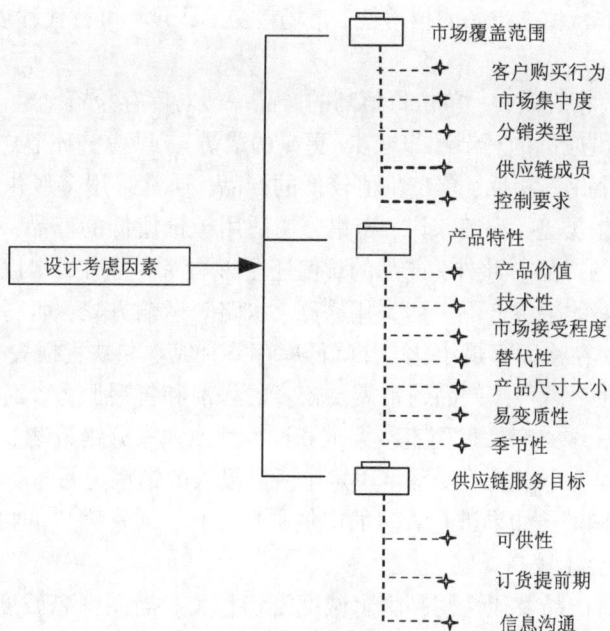

图 3-1　供应链设计考虑因素

速消费品行业，由于市场覆盖范围广，一般在快速消费品的供应链中会涉及批发商、零售商等多级中间商来销售产品。

（3）分销类型。分销方式基本上有三种类型：密集分销、选择性分销、独家分销。在密集分销方式下，企业通过尽可能多的零售商或批发商销售产品。密集分销适用于如饮料、面包、方便面、洗发水和烟草等快速消费品，对这些产品而言，影响采购决策的首要因素是方便性。在选择性分销方式下，销售某种产品的经销商数量通常是有限的，但还没有达到独家经销的程度。通过选择合适的批发商和零售商，制造商可以将有限的管理资源集中在少数有市场开拓潜力的经销商那里，并与之建立起稳定的合作关系以确保产品的市场销售。选择性分销适用于如服装、电器、家具和体育用品等产品。当单个经销商被授予在某个地理区域销售产品的独家特许权时，这种分销类型被称作独家分销。独家分销的方式适用于品牌知名度高、客户忠诚度高的高档产品，如豪华汽车、高档电器、品牌家具以及其他奢侈品。

（4）供应链成员。确定了目标市场和分销类型之后，供应链设计需要考虑的问题是如何选择供应链渠道成员。选择供应链渠道成员时所考虑的因素包括：①财务实力；②规模和能力；③业务发展的潜力；④供应链的竞争力等。

（5）控制要求。在许多情况下，为了实现长期经营目标和维护对渠道的管控能力，企业在供应链设计时，需要考虑不同的供应链设计方案对供应链渠道成员的控制能力，供应链设计方案是否能确保产品在正确的时间、在正确的地点满足企业的目标客户，以及是否能为目标市场提供良好的交易前、交易中和交易后服务。

二、产品特性

产品特性是供应链设计时需要考虑的主要因素之一。在分析产品的特性时，应考虑以下几方面的因素：产品的价值、产品的技术性、市场接受的程度、可替代程度、产品尺寸、产品的易变质性、季节性。

（1）产品的价值。相对而言，单位价值高的产品一般对库存投资金额的要求较高。因此，高价值产品往往要求供应链的环节尽量减少（更少的成员）、供应链环节之间的合作关系更加紧密，使库存投资最小化。相反，单位价值较低的产品，通常采用多级供应链。产品价值也会影响渠道采取的分销类型，一般来讲，密集分销适用于价值低的产品，而选择性分销和独家分销适用于价值高的产品。此外，产品的价值还会影响库存持有成本以及对运输所提出的要求。低价值、低利润的杂货产品一般采用铁路、水路等运输方式，而高价值的零部件和产品，一般适合空运，使在途库存最小化，并降低库存持有成本和缺货损失。

（2）产品的技术性。高科技产品通常需要较多的售前和售后服务，通常需要储备适当的维修备件。一般来讲，这类产品采用直接渠道和选择性或独家分销策略。

（3）市场接受的程度。市场接受程度决定了所需投入的销售力量。具有市场影响力的制造商在推出新产品的同时，如果进行大量的市场推广工作，通常客户的接受度会比较高，中间商的销售积极性也会比较高。

（4）可替代程度。产品替代性与品牌忠诚度密切相关。当品牌忠诚度很低时，产品替代比较容易发生。一般来说，替代性较高的产品适合采用密集分销方式，为了获得批发商或零售商的支持，制造商通常会提供更多的优惠。

（5）产品尺寸。通常，考虑到运输费用的因素，价值低、重量重的产品的销售市场相对比较局限。相反，对于重量轻、体积小的产品，由于单位产品分摊的运输成本相对较低，因此，产品的销售市场可以相对比较广。

（6）产品的易变质性。易变质性是指产品的变质，或者指由于客户需求或技术的变化而造成的产品过期。易变质的产品通常采用直接的方式销售，要求供应链具有比较快的反应速度，减少潜在的库存损失。

（7）季节性。对有些产品来说（如圣诞节的玩具），销售量在一年中的某段时期会达到高峰；另外，有些产品只有在特定的时期才能生产，如新鲜水果和蔬菜等原材料。这两种情况都可能导致季节性的库存。针对季节性产品，生产商需要投资库存，或通过向提前进货的批发商或零售商提供季节性折扣等方式让中间商持有库存。

三、供应链服务目标

通常可从以下三方面来评价供应链服务水平：可供性、订货提前期、信息沟通。在设计供应链时，应在了解客户需求的基础上确定合适的客户服务水平。

（1）可供性。在给定时期内的库存可供性指标是衡量供应链服务水平的重要指标之一。库存可供性指标的常用计算方法是，在某段特定时期内完整发货的订单数量占收到的总订单数的百分比。

（2）订货提前期。订货提前期是指在客户订单下达和收到产品之间所需的时间长度。订货提前期的长度和稳定性是影响供应链库存持有量的主要因素。因此，订货提前期的长度和一致性是供应链设计时需要考虑的重要因素。对于供应链下游的多数客户来说，提前期的稳定比提前期的长度更重要。

（3）信息沟通。信息沟通是指企业向客户提供及时信息的能力，包括订单状态、订单跟踪、延期订单状态、订单确认、产品替换、产品短缺等。供应链成员是否具有良好的信息系统是供应链设计时需要考虑的一个重要因素。在供应链中，合理利用信息系统，可以在一定程度上提高供应链的效率，同时减少发货、拣货、包装、贴标和文件等方面可能出现的差错。

四、三星供应链的革新

面对全球手机市场的激烈竞争，从 2004 年上半年开始，诺基亚发动了大规模的价格攻势，使得其他厂商都明显感受到了压力，一向坚持高端的三星也迅速进行了大规模的降价，及时保住了市场份额，并且利润没有明显的下降。业内人士认为，这一切无不与其出色的供应链系统息息相关。

1. "三星模式"工业园

三星对供应链管理的重视可以追溯到其手机部成立伊始，当时，由于一些部件紧缺，三星无法及时供货，令网络运营商和其他客户大失所望，并且还错过了圣诞节促销的大好机会，损失惨重。这件事刺痛了三星的掌权者，在此后相当长一段时间里，三星都把供应链管理作为重中之重，确保供应链的顺畅和强健。现在，三星拥有强大的供应链管理能力，形成其独特的"三星模式"而广为人知。

"三星模式"的思路成型于 2003 年，当时，正是全球电信市场的黄金时节。三星的每一款手机都在市场上畅销，最发愁的是生产供不应求，尤其是手机元器件的供应，配套供应商们总是不能满足三星的要求。

一部手机，用到的零配件有几千个，模块则有数百个，对于三星这样实行大规模批量生产的企业，一年要生产数千万部手机，所需零配件量之大可以想象。虽然当时的三星已经拥有众多全球优秀的原材料、零部件供应商，但在世界许多国家，却缺乏一家成规模的供应商，时常不得不从国外直接进口相关零部件。于是，三星产生了成立一个工业园，把遍布全球、相对分散的供应商聚集在这个园区周边的想法。

随后的一年中，三星模式的工业园分别在世界 7 个国家建立了起来，其中包括中国的北京。三星主动召集供应商和自己毗邻而居，把原来需要空运、海运等方式才能实现的原料和零部件的采购变得简易，节省了以前耗费很多的高端运输成本，库存成本几乎降至为零，从而能最高效地保证生产，提高自己的产能。一位三星的高层表示："将你的库存转移到供应商那里并没有什么意义，因为你会发现他们库存的费用将体现在上涨的零部件价格上，但如果你能把整个产品链上的库存都减少，那就会非常有竞争力。"

2. 最优秀的合作

继"三星模式"工业园大规模建立后，2004 年 7 月，三星又在中国东莞建立了自己的物流中心，并于 3 个月后正式投入运营，成为三星在中国一个极为重要的物流中心。

这个物流中心的运营管理，同样是由为"三星模式"工业园提供服务的跨国物流公司 Rugel 来实施的。Rugel 和三星已合作多年，而且一直是三星在全球的物流服务提供商，Rugel 为三星提供全程服务，三星从物料采购、仓库管理到制成品分拨，全部由其一手操办，Rugel 的核心能力在于库存控制、分销及供应链管理。

"三星模式"园区的最大特色在于超强的供应链快速反应能力。三星在接到订单后，立即组织生产，24 小时内就要由物流中心发出成品。目前，在"三星模式"工业园已有超过 26 家三星配套供应厂商，围绕三星提供其所需的零配件，以保证及时生产、供货。为配合生产企业的需要，三星物流中心也实行 7 天 24 小时运作。

Rugel 使用目前世界最先进的物流配送模式，由在园区内循环运转的电瓶拖车完成对所有园区企业的送货和收货手续，园区内货物的流转也将通过可循环使用的包装进行运送，这样可以减少车辆闲置费用、包装费用。为了实现全园"零"库存的目标，园内各相关企业之间都设有网络连线，以保证物流和信息流的即时连接和直接沟通，有的配套厂商甚至准备专门建造直接通向三星组装厂厂房的超大型传送带。

3. 先进的信息系统与监控

其实，"三星模式"工业园成功运作的关键在于有先进的信息系统作支撑。中央物流管理系统 CSMS(The Central Services Management System)既是工业园的物流监管系统，也是中央管理平台，是支配园区内各项活动的"神经中枢"，把工业园中的生产企业、物流中心等成员，通过先进的计算机网络有机地结合在一起，从而大大简化相关环节的交流程序，同时也带给园区企业更强的竞争力。

一方面，对当地政府部门而言，通过 CSMS 平台，可以随时登录到这个系统中，对工业园进行实时监督管理，实现了政府对企业的网络化管理，减少了政府对企业行为的介入，提高了政府的办事效率。对园区内企业来说，借助 CSMS，进出口业务从纸面报关变为网上报关，无须申请进出口手册，而生产计划登记、报关、清关等工作都可以在网上完成，办事流程从原来的 11 个减少到 6 个，大大提高了办事效率，降低了成本，而且，园区内企业实现了信息共享，整条供应链的可视性大大增强，总库存下降，供应链总体成本降低，竞争力提高。

另外，在信息系统的支持下，把所有的供应商经过供应链整合系统进行整合之后，全部都集成在一起。在统一品牌的领导下，采用自动补货系统，供应商可以直接地了解到他的货品目前在生产企业的库存，可随时根据生产的情况进行补货，整个流程变得更加透明。

4. 直供模式

三星最早开始的直供试验是在 2003 年，当时三星在韩国本土开始了直供试验，在得到了良好的效果反馈之后，从 2003 年底开始，三星就开始在世界范围内大规模寻找地区级(region-level)代理商。此后，三星许多零售商签订了国家或地区性的直供协议，许多没有签订协议的零售商还主动找三星谈判，希望能够引入它的产品直供。

第二节　面向产品的供应链设计

在供应链设计时，首先要了解清楚客户对企业产品的需求特征是什么，是满足其基本需求呢？还是满足其个性化需求或时尚需求？产品的生命周期、需求预测、产品多样性、提前期等都是供应链设计所需要考虑的重要问题。供应链设计的最终目的在于使产品与供应链相匹配。费歇尔(Fisher)认为供应链设计要以产品需求为中心，要充分考虑产品类型与供应链结构之间的匹配性，提出了供应链结构与产品类型匹配矩阵。

一、产品类型

不同的产品类型对供应链设计有不同的要求。按照产品的需求特征可将产品分为功能型产品和创新型产品。一般来说，功能型产品是指那些满足客户基本需要的产品，这些产品的边际利润比较低、需求比较稳定，如牙膏、方便面、大米等产品；创新型产品是指那些满足客户个性化需求或时尚需求的产品，这些产品的边际利润相对较高，但需求极不稳定，如流行服饰产品。创新型产品的供应链设计不同于功能型产品。表 3-1 比较了两种不同类型的产品之间的主要区别。

表 3-1　两种不同类型产品在需求上的比较

产品特征	功能型产品	创新型产品
产品生命周期	长于 2 年	1~2 年
产品的多样化程度	较低	很高
边际贡献	5%~20%	20%~60%
预测的误差率	10%	40%~80%
平均缺货率	1%~2%	10%~40%
季末降价率	0	10%~25%
按订单生产所需的提前期	较长，6 个月至 1 年	较快，1 天至 2 周

由表 3-1 可以看出，功能型产品一般用于满足用户的基本需求，变化很少，具有稳定的、可预测的需求和较长的生命周期，但它们的边际利润较低。为了避免过低的边际利润，许多企业在产品的外形或技术上革新以刺激消费者的购买，从而获得较高的边际利润，这种革新型产品的需求一般难以预测，生命周期也较短。这两类产品的特点不同，需要采用不同类型的供应链加以管理。

二、供应链类型

从供应链角度来分析，主要存在两种不同类型的供应链结构：效率型供应链（efficient supply chain）和反应型供应链（responsive supply chain）。效率型供应链主要体现供应链的物理功能，即以最低的成本将原材料转化成零部件、半成品、产品以及产品在供应链中的物流运输等；而反应型供应链主要体现供应链的市场调节功能，即把产品分配到满足用户需求的市场，对未预知的需求做出快速反应等。两种类型的供应链的比较如表 3-2 所示。

表 3-2　两种类型供应链的比较

比较项	反应型供应链	效率型供应链
追求的目标	迅速地对不可预测的需求做出有效反应，使缺货、降价、废弃库存达到最小化	以最低的成本供应可预测的需求
管理核心	配置多余的缓冲库存	保持高的平均利用率
库存策略	部署好零部件和成品的缓冲库存，应付不稳定的需求	降低整个供应链的库存
提前期	大量投资，用于缩短提前期	在保持稳定的条件下尽可能缩短提前期（在不增加成本的前提下）
供应商的选择	以速度、柔性、质量为核心	以成本和质量为核心
产品设计策略	采用模块化设计，在模块的基础上进行变形设计	采用标准化产品设计

三、基于产品类型的供应链设计策略

产品与供应链的匹配矩阵,如图 3-2 所示。对于功能型产品,假设边际贡献率为 10%,平均缺货率为 1%,由于缺货所导致的边际利润损失仅为 0.1%。因此,为了避免缺货而投入大量资金提升供应链的反应能力是不经济的。生产功能型产品的企业的主要管理目标是尽量降低成本。企业通常通过制订合理的产出计划,协调销售、生产与采购等环节,提高生产效率、缩短提前期、降低成本,最终提高竞争力。对于创新型产品,假设边际贡献率为 40%,平均缺货率为 25%,由于缺货所导致的边际利润损失可达 10%。因此,通过投资,改善供应链对市场的反应能力是经济可行的,可以带来较高的回报。

图 3-2 的匹配矩阵中的四个象限分别代表四种不同的产品和供应链组合。在这四种组合中,只有当针对功能型产品设计效率型供应链和针对创新型产品设计反应型供应链时,产品与供应链才是相匹配的,而当功能型产品采用反应型供应链或者创新型产品采用效率型供应链时,产品与供应链是不匹配的,结果将不能很好地满足市场需求或者导致较高的供应链成本,使供应链缺乏市场竞争力。

	功能型产品	创新型产品
效率型供应链	匹配	不匹配
反应型供应链	不匹配	匹配

图 3-2 供应链结构与产品类型匹配矩阵

根据供应链结构与产品类型的匹配矩阵,可以判断企业的供应链结构设计是否与提供的产品类型一致。对于右上方不匹配的情况可以用两种方法来改进:一种方法是向左平移,将创新型产品转变为功能型产品;另一种方法是向下垂直移动,实现从效率型供应链向反应型供应链的转变。对于左下方不匹配的情况,也可以采用两种改进方法:一种方法是向右平移,将功能型产品转变为创新型产品;另一种方法是向上垂直移动,实现从反应型供应链向效率型供应链的转变。正确的决策取决于创新型产品所产生的边际利润是否足以弥补采用反应型供应链所增加的成本。

对于功能型产品来说,关键在于如何以最低的成本满足市场的需要,通常可采取以下基本措施:

(1)加强企业与供应商、分销商之间在计划、预测、库存管理等方面的合作,有效降低整个供应链的成本;

(2)维持价格的稳定,避免频繁的价格促销活动所导致供应链中需求的过度波动问题。

对于创新型产品来说,由于产品需求的不确定性,关键在于如何快速地满足市场的需求,通常可采取以下措施:

①通过共享零部件提高零部件需求的预测准确性,从而减少需求的不确定性;

②通过缩短提前期和增加供应链的柔性,实现按订单生产,从而避免需求的不确定性;

③通过设置库存缓冲和能力缓冲,从而防范需求的不确定性。

四、Zara 供应链的快速响应和柔性

西班牙印第(Inditex)纺织公司在 50 个国家拥有超过 650 家 Zara 服装商店,是世界上最

成功的服装零售商之一。在全球服装行业竞争极度激烈的环境中，在 10 年多时间内，印第纺织公司的销售量从 36700 万欧元增加到了 46 亿欧元，Zara 的年销售增长率超过 20%。Zara 的供应链战略很独特，与传统的战略不同，Zara 的战略是在产品被顾客买走前都一直保持对产品的直接控制，并快速地将新产品推向市场。Zara 的竞争者往往需要花数月的时间来设计下一季度的新品，而印第纺织公司超级快速的供应链只需要 15 天的时间就能实现设计、生产、把新衣服配送到 Zara 的全球门店。Zara 售后纯利润率高达 10.5%，而 H&M 只有 9.5%，Benetton 是 7%，Gap 只有不到 1%。当大部分竞争者依赖外包时，印第纺织公司保持自己生产一半以上的产品，并刻意保有额外的生产能力，小批量生产和分销产品，自己管理设计、仓储、分销以及物流功能，鼓励缺货并让 Zara 零售门店留出大面积的空余空间。

印第纺织公司和 Zara 的供应链系统取得成功有几个关键因素。第一，公司的 IT 系统能快速将信息从顾客传递到设计者和制造人员。公司的战略就是让其顾客认为在 Zara 总是能买到最新且独特的产品，这可以通过宽敞的店面以及陈列较少数量的单品来实现。Zara 的零售策略依赖于新品的小批量的快速补货，Zara 的设计师每年能设计大约 4 万件新品。Zara 一般与高级时装的竞争对手生产同样的产品，但是成本要低很多，因为 Zara 使用的是较廉价的面料。这个快速响应系统主要得益于信息在 Zara 的供应链上快速的传递。Zara 的组织结构很高效，过于官僚化的组织会阻碍信息在供应链成员间的快速传递。在 Zara 的一切，包括运作流程、绩效指标、工厂和办公室的布局都适应信息的快速传递。公司广泛使用 PDA 来加强门店经理和市场专员之间的交流。Zara 供应链中快速持续的信息流以及小批量的生产能减少库存以及减小"牛鞭效应"。同时 Zara 通过鼓励缺货来保持非常低的库存，既然总有新产品可以供顾客选择，那么缺货并不会赶走顾客，因为可以引导顾客去购买其他产品。另外，有限的库存以及购买机会更能刺激顾客经常光顾 Zara。例如，Zara 伦敦的顾客平均每年会光顾 17 次 Zara 的门店，行业内其他服装零售店只有平均 4 次的频率。如此高的顾客回头率使得 Zara 在广告上的支出远远低于其竞争对手。为了保持响应速度，与竞争对手相比，Zara 具有更高的供应链控制权，Zara 自己设计和分销全部产品，门店也都是直营的，仅仅外包少量的生产制造过程。与竞争对手相比，Zara 的垂直一体化程度较高，Zara 使用自己的工厂生产超过半数的产品，自己生产复杂的产品，比如女士的套装，而把一些简单的产品（比如毛衣）外包出去，40% 的布料和染料都是向印第纺织集团内部的其他公司采购的，而竞争对手 Gap 和 H&M 则没有自己的制造工厂。Zara 的工厂高度自动化并使用精细的 JIT 系统。Zara 在西班牙有 2 个配送中心，一个占地 50 万 m^2，一个占地 12 万 m^2，为公司提供了充足的仓储能力，但是却能让 Zara 比竞争对手对突发的需求增长做出更为及时的响应。虽然 Zara 的生产和分销系统需要很大的资金投入，但是公司能快速获得所需的产品并及时配送到门店，这样就减少了对流动资金的需求。

第三节　面向大规模定制的供应链设计

大规模定制结合了大规模生产和定制生产两种模式的优势，在不牺牲企业经济效益的前提下，以大规模生产的成本提供定制化的产品，满足客户个性化的需求。因此，大规模定制是在高效率的大规模生产的基础上，通过产品结构和制造过程的重组，运用现代信息技术、新材料技术、柔性技术、供应链管理技术等一系列技术，以接近于大规模生产的成本和速度，为单个顾客或小批量多品种市场定制任意数量的产品的一种生产模式。

一、大规模定制的供应链特点

大规模生产与大规模定制生产之间存在着很大的差别，因此，面向大规模生产的集成化供应链管理的模式并不适用于大规模定制生产。国外许多企业在从大规模生产转变为大规模定制模式的过程中，由于没有建立起适合大规模定制的供应链管理模式而导致成本的大幅度增加和效率的大幅度下降，最后以失败告终。因此，实施大规模定制模式必须有相应的供应链管理模式的支持。区别于面向大规模生产的供应链，面向大规模定制的供应链具有以下主要特点：

(一) 供应链结构不稳定，随客户需求而经常变动，实际上是一种虚拟供应链

在大规模生产中，由于企业产品品种单一且长期保持不变，因而供应链上下游之间可维持较长期的合作关系，企业变更供应商的原因在于原有供应商成本过高、质量差或交货不及时，而潜在的供应商存在着绝对优势，企业变更供应商的决策依赖于转换成本与潜在收益之间的权衡。一般来说，当供应商的绩效达到一定满意度水平时，供应链的结构趋向于稳定。而在大规模定制中，由于市场需求呈现出个性化、易变性等特点，企业为了抓住市场机遇，会根据自身的核心能力，选择与之有着资源和能力方面互补的供应商结成联盟，来共同满足客户的需求，而当市场上客户的需求发生变化、原来的供应商无法满足需求时，企业会寻找新的供应商，结成新的联盟。供应链结构的稳定程度与市场需求的稳定程度有着直接的关系，在面向大规模生产的供应链结构中，稳定是长期的，变化是暂时的；而在面向大规模定制的供应链结构中，稳定是暂时的，而变化则是长期的。

(二) 基于客户需求的以拉动为主的供应链

在大规模定制生产中，最终产品的生产与销售完全是根据最终客户的订单来安排的，因此在大规模定制供应链的下游环节，供应链是市场需求拉动型的，而非生产推动型的，从而减少了供应链中由于需求预测所引起的牛鞭效应。大规模生产的供应链是推动型供应链，定制生产的供应链是拉动型供应链，而大规模定制供应链则是以需求拉动为主、推拉相结合的供应链。

(三) 以提高对客户需求的反应速度为主要目标，是一种敏捷供应链

在大规模生产中，供应链根据预测数据安排生产，生产在需求之前，供应链追求的目标在于如何提高供应链的效率和降低供应链的成本。而在大规模定制生产中，供应链以客户订单为依据来安排定制产品的生产，与大规模生产相比，大规模定制存在着时间上的劣势。因此，如何快速而又低成本地向客户提供定制化的产品，是面向大规模定制的供应链管理需要解决的问题。如果说大规模生产的供应链是精益供应链的话，那么面向大规模定制的供应链则是一种以敏捷为主的、敏捷与精益相结合的精敏供应链。

(四) 一种基于 Internet 的信息技术密集型的供应链

大规模定制生产模式的实施需要依赖于以 Internet 为代表的现代信息技术，也只有当 Internet 等信息技术充分发展、电子商务得到普及时，大规模定制生产模式才会充分发挥其优势。大规模定制与电子商务有着紧密的关系，电子商务为客户提出定制要求提供了方便、快速的途径，是定制企业与客户进行"一对一"对话的有效手段。面向大规模定制的供应链是基

于 Internet 的供应链,供应链中的各节点(包括各层次的供应商、制造商、第三方物流企业、销售商等)通过 Internet 技术相互连接,加速信息在各节点之间的相互传递和共享,使从客户订单的获取到定制生产的分配能够在瞬间完成,从而提高供应链的敏捷性。

二、面向大规模定制的供应链的驱动模式

在第一章中,我们分析了供应链的三种驱动模式。生产推动型供应链是指供应链中的产品生产是根据市场预测和企业计划来进行的,表现为按库存生产(make-to-stock)。这种供应链驱动模式适用于大批量生产的功能型商品,产品的品种、规格比较单一,产品的生命周期较长。需求拉动型供应链是指供应链中的产品的生产是根据客户订单来进行的,表现为按订单生产(make-to-order)。这种供应链驱动模式适用于价值昂贵的定制商品,例如在造船业中,船厂一般是根据船东的要求进行船只的设计、物料采购和生产等活动的。

生产推动型供应链管理的主要任务在于协调供应链各成员、加强供应链各成员之间的合作,使供应链能够作为一个有机整体统一运作,从而降低供应链中的浪费(这里的浪费包括库存、等待时间和不增值的环节),提高整个供应链的效率,即追求供应链的精益。需求拉动型供应链管理的主要任务在于缩短客户提出定制需求到得到定制化产品之间的时间,加速供应链对客户定制需求的反应速度,即追求供应链的敏捷性。大规模定制生产以低成本为客户提供定制化的产品,其供应链管理既要追求供应链的精益,又要追求供应链的敏捷。因此,大规模定制生产的供应链驱动模式为推拉相结合的模式,如图 3-3 所示。

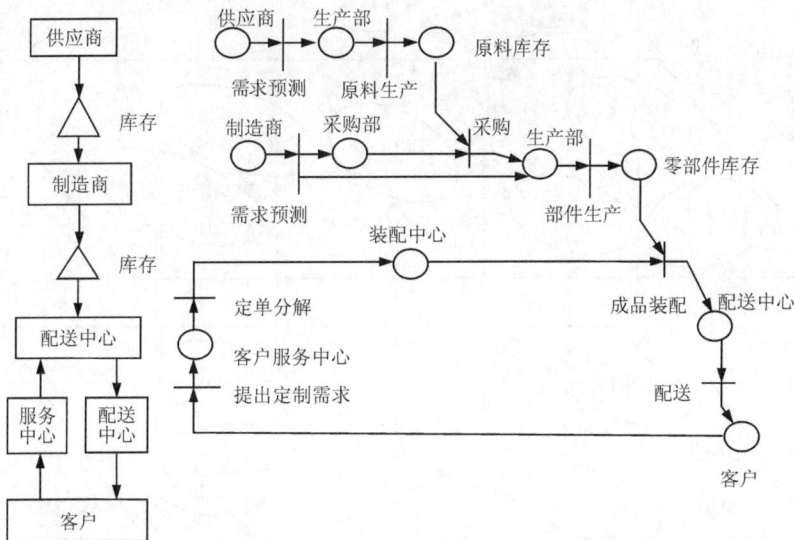

图 3-3 以装配为分离点的供应链模型

在大规模定制供应链中存在着客户订单分离点(decoupling point)。在该分离点之前,供应链的驱动模式为生产推动型的,而在该分离点之后,供应链的驱动模式变为订单拉动型。大规模定制供应链中存在客户订单分离点的理论依据在于:虽然最终客户的需求千差万别,但所有需求中存在着一些共性的成分,通过产品结构和制造过程的重组,可以使定制产品中

的共性成分通过大规模生产方式生产出来，而个性化成分则可通过定制方式生产出来。

对于不同的行业、不同的产品以及不同程度的客户个性化要求，客户订单分离点在大规模定制供应链中的位置各不相同。一般来说，客户订单分离点越接近于供应链下游节点，大规模定制供应链就可更充分地利用大规模生产的优势，同时又可以对客户的个性需求做出快速反应，从而可以降低大规模定制的成本和提高大规模定制的速度。图 3-3 表示的是以装配为分离点的供应链模型，在装配之前，原材料供应商和零部件制造商都是根据需求的历史数据采用按库存生产的大规模生产方式，而在装配中心，成品的装配完全是由客户订单驱动的。

三、基于 Internet 的大规模定制的供应链模型

面向大规模定制的供应链的推拉性和精益敏捷性这两个特点是从供应链运作的驱动模式角度来加以分析的，而虚拟性和信息技术密集性这两个特点则是从供应链的结构角度来描述的。图 3-4 从供应链结构角度列举了基于 Internet 的大规模定制供应链的简化模型。

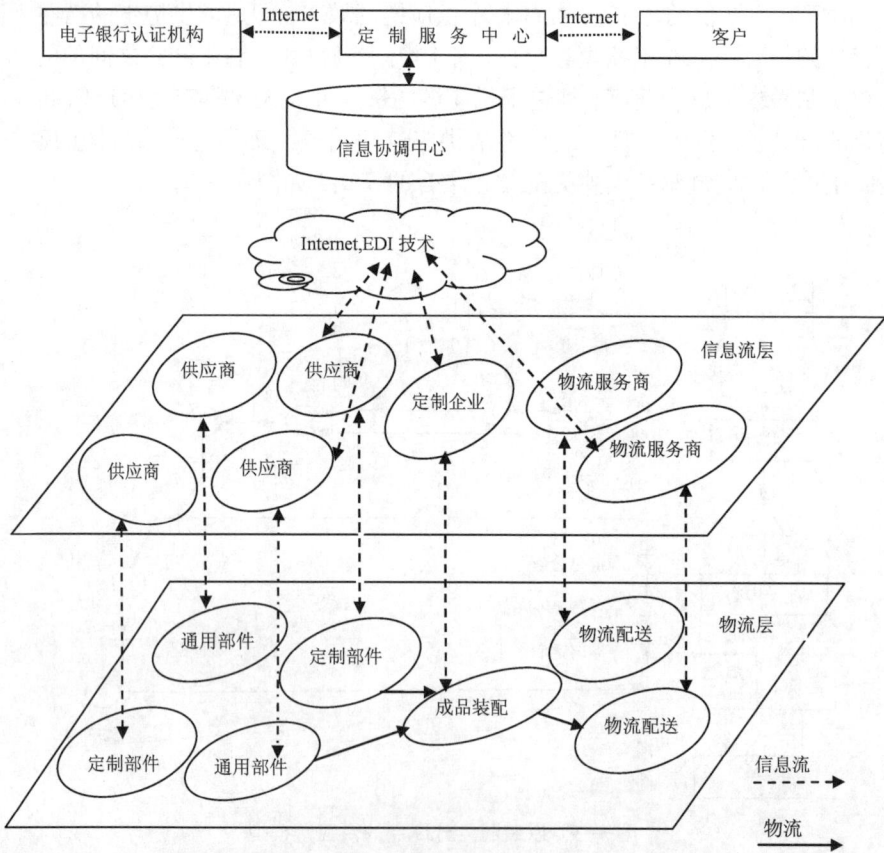

图 3-4　基于 Internet 的大规模定制的供应链模型

这种供应链是一种基于信息的虚拟供应链。定制服务中心作为大规模定制供应链与客户之间进行对话的窗口，起着电子商务中介的作用。客户可以通过定制服务中心提出具体的定制需求，定制服务中心在验证客户订单的有效性之后，将客户的定制信息传输到信息协调中心。

信息协调中心是整个基于 Internet 的大规模定制供应链中的神经枢纽，起着指挥、协调整个供应链的作用。Internet 技术、数据库技术、决策支持技术、供应链优化技术、供应商选择技术是大规模定制供应链中信息协调中心发挥其功能的基本技术支持。信息协调中心在接到客户定制信息后，分解定制产品的物料清单(BOM)，根据数据库提供的各种信息，并利用供应商选择技术和供应链优化技术，确定通用零部件和定制零部件的供应商和为供应链提供物流服务的物流服务提供商(LSP)以及需要各供应商提供的产品的数量、规格和交货时间等参数。

四、惠普的供应链创新——基于产品设计供应链模式

2007 年第一财季，惠普全球 PC 业务利润从一年前的 3.9% 增长至 4.7%。作为拥有 30 多家制造商、90 多家分支中心、700 多家供应商和 120 多家物流合作伙伴的巨型企业，惠普针对如何有效管理供应商关系、战略部件、原材料供应链、突发风险等问题，构建了一系列供应链管理的"利器"。

惠普产品种类繁多，因此不存在一种适用所有产品生产和配送的万能供应链。合并康柏之后，基于所提供的产品和服务，惠普整合出 5 大类供应链运作模式。

(1)"无接触"或"低接触"供应链运作模式。一是不接触，惠普为供应商提出设计目标，然后供应商根据设计要求自行采购、制造和完成生产；二是低度接触，为以较低成本介入某些制造业务，惠普从分销中心拿出未完全装配的产品，迅速对其客户定锚，然后快速交给客户。

(2)纵向整合高速供应链模式。伴随着 2006 年惠普"掌控个性生活"战略，惠普史无前例地加大了进入定制化产品市场的力度。例如，从设计、制造到销售全部由惠普来完成的打印机供应链，其生产、研发、销售地点分散，并且不同地区对电源、语言等有不同要求。以前采用备货生产模式，占用了大量流动资金，推行纵向整合模式后，惠普采用标准组件法设计打印机，并将产品个性化的程序从生产车间推进到地区分销中心进行。重新设计的结果是，为了达到 98% 的订货服务目标，原来需要 7 周的成品库存量现只需要 5 周；制造成本比在生产车间进行个性化时稍高，但总制造、运输和存货成本降低了 25%。

(3)增值系统解决方案的供应链模式。完全根据客户需求，把服务器、工作站、网络设备等进行搭建并测试，从而为顾客提供高附加值服务。例如，惠普提出"瀑布计划"，为中小企业提供基于开放平台、符合行业专业化要求、适合其自身特点、软硬件一体、经过优化并预先测试过的整体解决方案，以减少风险。

(4)服务后勤供应链模式。为迎接分销网络分散、退货缓慢、现场备件缺乏可见度和按时交付等诸多挑战，惠普在 TNT 的帮助下，在全球范围内共同实现高效的备件管理和售后服务支持。

(5)直销供应链运作模式。惠普与伙伴公司合作，根据订单配置产品。这种模式允许公司将产品的实体管理和组装作业外包给其他公司，供应商可直接向合同生产商或合作伙伴提供零部件，并使惠普公司避免参与原料管理作业，同时又不会失去资金流的控制权力；并且，惠普产品设计采购的合作伙伴也由原来的合同制造商(CMs)逐渐转变为原始设计制造商(ODMs)。

第四节　面向供应链管理的产品与过程设计

产品与过程设计阶段通常会决定产品 60%~80% 的成本，因此，在进行产品与过程设计时，应考虑供应链管理的相关问题。

一、便于包装和运输的产品设计

便于包装和运输的产品设计，就是要确定如何对产品进行设计，使其可以有效包装和储存。产品结构与产品包装设计，会直接影响物流成本。产品包装紧凑、尺寸规范，有利于运输车辆的配载，提高车辆的装载利用率，减少存储所需占用的空间，从而降低物流费用。世界上最大的家具零售商——宜家(Ikea)通过"重组家具业务"，得到了快速成长。传统的家具业务主要在百货店和小的私人店销售。通常顾客发出订单，商店在收到订单后，将家具运送至顾客家中。宜家改变了这种模式，而是在仓储式门店中陈列其全部的产品，并在仓库里存放所有的产品库存。宜家采用模块化的家具设计思想，这些模块可以紧凑包装，便于运输和仓储。顾客购买后，自己将产品运回家，并在家里自己装配。宜家的产品设计，提高了运输的效率，降低了仓库储存的空间，从而降低了供应链管理的成本。此外，采用这种设计思路的产品可以集中在少数工厂高效地制造，然后以较低的运输成本运往世界各地的商店。由于宜家拥有很多家商店，并且每家的规模都很大，因此公司可以从中获得规模经济优势，从而使公司能以比竞争对手低的价格销售同样质量的家具。

另外，在设计产品的包装时，需要考虑包装与散装对运输费用的影响。为了节约运输费用和相应的装卸费用，在供应链设计时，还可以考虑把最终的包装工作放到靠近市场的物流中心或零售商处，从生产工厂到物流中心或零售商等环节采用散装运输。这样一种设计思路也可以提高运输的效率、降低运输费用。例如，面粉、谷物等产品适合采用这种设计方法，在销售市场根据需求进行包装。

此外，随着多式联运的发展，为了提高各运输方式之间的装卸效率，在产品包装设计时要考虑与集装箱、托盘、运输车辆尺寸相匹配。这涉及尺寸标准化的问题。目前，我国物流环节的标准化还没有统一，各行业、各环节有不同的标准，这给多式联运带来不少相关的问题。

二、并行工艺

在供应链运营过程中面临的许多问题主要是由于供应链提前期长所导致的，例如，生产提前期长导致预测不准确、库存高、对市场需求的反应速度慢等问题。生产提前期长的原因之一，是因为许多生产工艺由一些按顺序进行的生产步骤组成。并行工艺通过充分利用现有的设备或专有技术，将原来串联的工作并行处理，将一些顺序执行的生产步骤安排在不同的地点同时进行，从而缩短产品的生产周期。

实现生产工艺并行的关键是产品的分解。如果产品的许多部件在生产过程中可以分解或实体上可分开，那么并行制造这些部件是可行的。如果构成整体产品的各个独立部件的生产制造要花比较长的时间，那么在并行设计后，由于生产制造步骤同步进行，可以显著缩短生产提前期。例如，某欧洲制造商和一家远东制造商建立了战略联盟，向欧洲市场生产网络打印机。打印机打印线路板在欧洲设计和装配，然后运往亚洲，在亚洲和打印机机架通过工艺合成一体。此工艺包括围绕电路板把打印机装配起来，包括电动机、打印头、机架等。制成品最后运往欧洲市场销售。由于整个供应链中生产和运输的提前期非常长，为了维持必要的供货水平，欧洲必须持有很高的安全库存。在该案例中，供应链中提前期长的主要原因是由于整个生产流程是按顺序安排的。为了缩短提前期，公司对整个打印机供应链进行了研究，考虑了供应链管理的问题，对打印机生产工艺和产品重新设计，将打印机电路板和打印机的其他部分安排在欧洲和远东地区平行生产，把总装工艺移到欧洲，这样既缩短了提前期，又提高了供应链的反应速度，如图 3-5 所示。

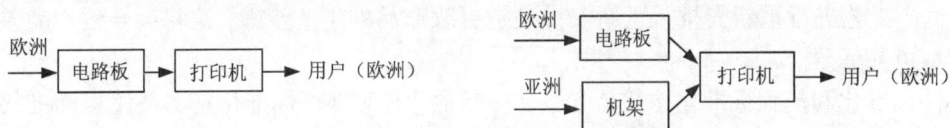

图 3-5　顺序与并行工艺比较

三、模块化与标准化

利用并行工艺，可以通过缩短提前期，来达到降低库存水平、提高预测准确性的目的。除了并行工艺外，标准化也可以达到同样的目的。一般来说，与各规格产品的单个需求预测值相比，系列产品的总体需求预测值相对更精确一些。因此，通过有效的模块化、标准化设计，使系列产品采用更多相同的模块或标准化零部件，可以提高零部件需求的准确性，从而降低相应的零部件库存。例如，通用电气公司通过重新设计其断路开关箱，用 1275 个模块代替了原来 28000 个独立零件，形成 40000 种不同的配置，从而大大降低了库存成本并缩短了交货周期。

对产品系列采用模块化和标准化设计，即使品种数量增加，也不会大幅度增加相应的成本。例如，重型设备制造商小松（Komatsu）在 20 世纪 70 年代开始向全世界不同的市场出口产品时，其成本随着产品品种的增加而增加。为了在满足当地市场多样化需求的同时降低成本，小松对其所有主要产品能共享的核心部分进行了标准化，形成了一系列通用的模块产品，这些模块可以用于针对不同市场生产的不同型号的产品中，从而使公司可以以较低的成本进入新的市场。

产品的模块化和标准化设计是实现降低库存成本、提高预测精确度的有效途径。模块化设计是指把产品的结构设计成许多相互独立的模块，各模块可以比较容易地装配成不同形式的产品。因此，模块化设计把产品的多变性与零部件的标准化有效地结合了起来，充分利用了规模经济和范围经济效应。模块化产品是指由一系列具有一定功能的产品模块组装成的产品。模块化产品最典型的例子是个人计算机，它能够通过将显卡、硬盘、内存条等组件组成个性化的产品。

进行标准化主要有四种方法：

1. 部件标准化

部件标准化是指在许多产品中使用通用部件。使用通用部件能通过风险分担降低安全库存，并通过规模效益降低部件成本。当然，过分的部件标准化会降低产品差异程度，从而降低个性化功能所能获得的高额利润。有时候，为了实现标准化还需要对产品线或产品族进行重新设计。

2. 流程标准化

流程标准化是指尽可能地将不同产品的生产流程进行标准化，这样产品的差异化就可以尽可能后延。在这种情况下，产品和流程的设计原则是，产品差异化可以在生产过程开始以后再进行。生产流程由制造一个通用部件或族部件开始，并且在不同的终端可以生产出不同的产品，这种方法被称为产品延迟差异或推迟差异。通过延迟差异，可以在总体预测的基础上开始生产，这样，在预测精确性不能再提高的情况下，就能够有效地应对最终需求的波动。通常而言，实现延迟策略都要对产品进行重新设计。例如，为了充分利用流程标准化的优势，对生产工艺进行重新安排。重新安排是指更改产品的生产步骤，这将会导致产品差异化的操作尽可能后延。

部件标准化和流程标准化往往是联系在一起的，有时部件标准化是实现流程标准化的重要因素之一。

在有些情况下，重新排序和通用化允许一些最后的生产步骤在配送中心或仓库中完成，而不是在工厂中完成。这种方法的优势之一是配送中心比工厂更靠近需求，产品可以以一种更靠近需求的方式来进行差异化，从而增加了企业对市场变化做出快速反应的能力。

有时候，流程中需要进行差异化的步骤甚至可以不用在工厂或配送中心进行，而是延迟到零售商将商品售出之后。这种类型的产品通常必须在设计阶段就要将各种功能模块设计得可以很容易地添加到产品上。例如，对一些激光打印机/复印机而言，打包出售的仅仅是最普通的版本，同时各个零售店分别储存了一些包装好的模块。这些模块可以把其他特性（比如更高级的纸张处理、装订等）添加到打印机或者复印机上。显然，由于添加特征只需要以模块的形式而不是整机加以储存，所需库存大大降低。

3. 产品标准化

产品标准化时，可以向客户提供大量产品，但只维持较低的库存量，当被订购的产品缺货时，可以用现有的多于客户所需要的功能的产品来满足需求，这种方法被称为"向下替代"，在许多行业中都有应用。例如，在半导体行业，当低端芯片缺货时，用高端芯片来替代销售的情况很常见。同样，在汽车租赁公司和酒店中，如果客户预订的低端车辆或房间缺货，可以用较高级的车辆或房间来代替。有时，也可以对产品进行重新设计，使其便于调整，以满足不同终端客户的需求。

4. 生产标准化

生产标准化是指当产品本身不是标准化时，将生产设备和方法进行标准化。这种策略一般在生产设备相当昂贵时采用。例如，在生产专用集成电路时，需要用到昂贵的设备，虽然用户对最终产品的个性化要求很高并且难以预测，但用于生产该集成电路的设备是相同的，这样就需要对生产设备进行独立于最终需求的管理。

为了帮助决策者选择合适的标准化策略，企业进行的标准化策略选择与企业对其产品和流程实现模块化的能力密切相关，图3-6所

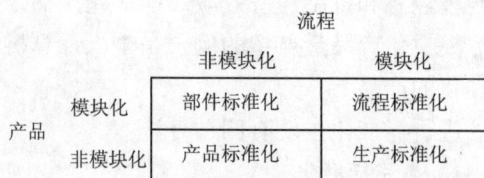

产品	流程	
	非模块化	模块化
模块化	部件标准化	流程标准化
非模块化	产品标准化	生产标准化

图3-6　标准化的实施策略

说明的就是在不同条件下可以进行的策略选择：

第一，如果流程和产品都是模块化的，流程标准化可以使预测的有效性最大化，并使库存成本最小化。

第二，如果产品是模块化的而流程不是，就不能实现延迟制造。然而，部件标准化仍是一个可供选择的方案。

第三，如果流程是模块化的而产品不是，生产标准化策略能够降低设备损耗。

第四，如果产品和流程都没有模块化，企业仍然可以在产品标准化上做文章。

四、延迟策略

延迟策略是指把产品生产过程中的订单拉动环节推移到供应链的下游进行，生产过程中按订单生产开始的点称为客户订单分离点（CODP）。所谓 CODP 是指企业生产活动中由基于预测的库存生产，转向响应客户需求的按订单生产的转换点；通过延迟 CODP，可以降低制造过程的复杂程度，减少供应链的不确定性，缩短定制时间。

通过延迟差异化，可以在总体需求预测的基础上进行生产计划和库存管理，从而可以有效地应对最终需求的波动。实现延迟策略，一般需要对产品结构和过程进行重新设计。生产过程重组是指更改产品的生产步骤，将实现产品差异化的操作步骤尽可能后延。例如，贝纳通公司（Benetton Corporation）就是一个通过重新安排工艺方法提高供应链运作水平的典型案例。贝纳通是一家大型针织品供应商，在 1982 年成为世界最大的羊毛消费商。服装行业的特点是顾客偏好变化快。羊毛衫的生产工艺通常包括采购毛纱、染印毛纱、毛纱线完工、加工外衣的各部件、成衣加工。由于生产提前期长，零售商常常不得不提前七个月订购羊毛衫，整个供应链对快速变化的顾客偏好的反应能力很有限。为了解决这个问题，贝纳通重整了制造工艺，把外衣印染延迟到成衣加工之后。因此，挑选印染的颜色被延迟到收到更多的预测和销售信息后。由于推迟了印染工艺，毛纱线的采购和生产计划可根据产品系列的总体预测制订，而不是根据具体颜色的预测来确定。改革后的工艺使毛衣生产成本增加了 10%，要求采购新设备，重新培训员工。但是，由于预测得到了改善，降低了额外库存，提高了销售，贝纳通获得了更多的收益。

在某些情况下，通过重新设计生产过程，可以将最后的生产步骤推送到配送中心或仓库中完成。由于配送中心比工厂更靠近需求，可以在更短的时间内完成差异化的产品生产和交付，从而增强了企业对市场变化做出快速反应的能力。例如，惠普公司原来由温哥华制造厂完成台式喷墨打印机的最后包装，后来经过供应链重组，改为由温哥华生产通用打印机，然后把通用打印机运输到欧洲和亚洲，再由当地分销中心或代理商加上与当地需求一致的变压器、电源插头和用当地语言书写的说明书，完成整机包装后由当地经销商送到客户手中，从而实现了根据不同用户需求生产不同型号产品的目的，库存总投资减少 18%，每年节省 3000 万美元的存储费用，同时降低了供应链生产的波动性和提高了服务水平。

延迟策略是面向过程的重组思想。产品差异化延迟策略，也是推—拉模式的一个典型例子。在延迟策略中，企业在设计产品和制造过程时，将区分产品的步骤尽可能地向后推迟。制造流程从生产通用产品开始，当需求确定后再将产品根据客户需要生产成不同的最终产品。在产品差异化以前的供应链环节采用推动模式，产品差异化开始的供应链环节采用拉动模式。

第五节　供应链运作的协调管理

一、供应链协调问题的提出

传统上，处于自发运行的供应链往往会由于多方面原因而处于失调状态。首先，成员之间的目标不一致会造成供应链失调；其次，由于供应链与外部环境之间、供应链内部成员之间的信息往往是不对称的，因此，它会由于缺乏系统外部信息或系统内部信息而产生外生风险，同时也会由于成员隐藏行动或隐藏信息而产生内生风险；最后，各成员为了实现自己的利润最大化目标，它们采取的决策往往与整个供应链利益最大化不一致。凡此种种，都会使供应链的运行不能同步进行，并由此产生了不协调现象。下面对供应链运行不协调的几种常见现象及产生的原因作一简要介绍。

(一)供应链中的需求变异放大现象

需求变异放大现象，或简称需求放大效应，也被很多人称为牛鞭效应，它源于英文单词bullwhip。需求变异放大现象是对需求信息在供应链传递中被扭曲的现象的一种形象描述。其基本含义是：当供应链的各节点企业只根据来自其相邻的下级企业的需求信息做出生产或供给决策时，需求信息的不真实性会沿着供应链逆流而上，使订货量逐级放大，到达源头供应商时，其获得的需求信息和实际消费市场中的顾客需求信息发生了很大的偏差，需求变异将实际需求量放大了。由于这种需求放大效应的影响，上游供应商往往维持比下游供应商更高的库存水平。这种现象反映出供应链上需求的不同步现象，它说明了供应链库存管理中的一个普遍现象——看到的非实际的。图3-7显示了需求放大效应的原理和需求变异放大的过程。由于这种图形很像美国西部牛仔使用的赶牛的长鞭，所以被形象地称为bullwhip effect，国内大部分人称其为牛鞭效应。

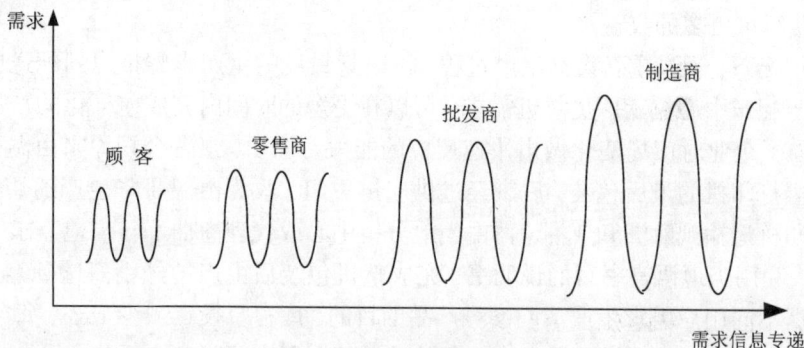

图3-7　需求变异放大

需求放大效应引起广泛关注源于宝洁公司(P&G)在实践中的发现。宝洁公司在一次考察该公司最畅销的产品一次性尿布的订货规律时，发现零售商销售的波动性并不大，但当他们考察分销中心向宝洁公司的订货计划时，吃惊地发现波动性明显增大了。有趣的是，他们进一步考察宝洁公司向其供应商，如 3M 公司的订货时，发现其订货的变化更大。除了宝洁公司，其他公司如惠普公司（HP）在考察其打印机的销售状况时也曾发现这一现象。

实际上，早在 1958 年，弗雷斯特（Forrester）就通过对一个具有四个环节的渠道的研究，揭示了这种工业组织的动态学特性和时间变化行为，发现各自的决策行为导致需求信息被扭曲和放大了。在库存管理的研究中，斯特曼（Sterman）在 1989 年通过一个"啤酒分销游戏"验证了这种现象。在实验中，有四个参与者形成一个供应链，各自独立进行库存决策而不与其他的成员进行协商，决策仅依赖其毗邻的成员的订货信息。斯特曼把这种现象解释为供应链成员的系统性非理性行为的结果，或称为"反馈误解"。

美国斯坦福大学教授 Hau L. Lee 对需求放大现象进行了深入的研究，把其产生的原因归纳为四个方面：需求预测修正；订货批量决策；价格波动；短缺博弈。在 Hau L. Le 研究的基础上，人们归纳总结出导致需求放大现象的原因主要有如下几个方面。

1. 需求预测修正

需求预测修正是指当供应链的成员采用其直接的下游订货数据作为市场需求信号时，即会产生需求变异加速放大现象。举一个简单的例子，当库存管理人员需要决定向供应商的订货量时，可以用一些简单的需求预测方法，如指数平滑法。在指数平滑法中，未来的需求被连续修正，这样，送到供应商的需求订单反映的是经过修正的未来库存补给量，为保险起见，经过修正的订货量都是比较大的。

2. 产品定价策略导致订单规模的变动性

产品的定价策略可以分为两种情况：一种是批量折扣。批量折扣极有可能扩大供应链内订单的批量规模，进而引起供应链上各阶段库存尤其是安全库存的增加。另一种则是由于批发、预购、促销等因素引起的价格波动。如果库存成本小于由于价格折扣所获得的利益，销售人员当然愿意预先多买，这样订货就不能真实反映需求的变化，从而产生需求变异加速放大现象。

3. 分摊订货成本

由于订货成本及运输的固定成本很高，同时供应商提供批量折扣的优惠，下游企业可能大批量订购产品以分摊订货成本；当大批量订购的产品大大超出需求扩张量时，订单的变动性就会在供应链内放大，使订单量的变动比需求量的变动更加不稳定。

4. 补货供给期延长

因为补货企业发出订单时，会将两次供货期间的需求计算在内，如果需求的偶然性变动被误认为是一种增长（减少）趋势，订单的变动性将更大。补货供给期越长，计算在内的预测的需求将越多，变动也将更大，牛鞭效应就越强。

5. 短缺博弈

高需求产品在供应链内往往处于短缺供应状态。这样，制造商就会在各分销商或零售商之间调配这些产品的供给。通用的做法是：当需求大于供应量时，理性的决策是按照用户的订货量比例分配现有的库存供应量，比如，当总的供应量只有订货量的 50% 时，合理的配给办法就是所有的用户获得其订货的 50%。此时，用户就会为了获得更大份额的配给量，故意夸大其订货需求。当需求下降时，订货又突然消失。这种由于个体参与的组织的完全理性经济决策导致的需求信息的扭曲最终使需求变异加速放大。

总之，由于缺少信息交流和共享，企业无法掌握下游的真正需求和上游的供货能力，只好自行多储存货物。同时，供应链上无法实现存货互通有无和转运调拨，只能各自持有高额库存，从而导致牛鞭效应。

造成牛鞭效应的系统原因主要有订货周期和供应链的层次结构。这些系统原因是现有供应链自身无法克服的。

造成牛鞭效应的非系统原因有很多。非系统原因主要是指经营中供应链各成员的有限理性或非理性行为。一般认为，由于各成员之间信息不能有效共享，所以体现为各成员的个体优化的行为。然而对于整条供应链来说，这往往不是最优决策。这些理性或非理性行为包括需求信息处理方式、批量订货决策、订货方式、短缺博弈、价格变化、运营水平等。另外，下游经销商的需求预测修正也是非系统原因之一。

(二) 曲棍球棒现象

在供需过程中，存在一种曲棍球棒现象，即在某一个固定的周期(月、季或年)，前期销量很低，到期末销量会有一个突发性的增长，而且在连续的周期中，这种现象会周而复始，其需求曲线的形状类似于曲棍球棒，所以被形象地称为曲棍球棒(Hockey-stick)现象。在许多公司里面，这种现象非常明显，其管理者甚至认为这是他们的供应链所面临的最大问题。这种现象对公司的生产和物流运作都非常不利，在初期生产和物流能力被闲置，但是在期末又会形成能力的紧张甚至短缺。

1. 曲棍球棒现象实例

某公司是国际著名的食品公司在我国的生产厂，年产饮料20余万吨，产值约5亿元人民币。与其他快速消费品一样，工厂采用MTS(Make to Stock)生产方式，其生产的产品主要在湖北省销售，按不同的品牌和包装计算，公司共有20多种规格的产品，不同的包装规格可以按照统一的容量标准换算为标准箱。公司将销售区域按地理位置进行了划分，并指定一名销售人员负责一个区域，区域内一般有几个到十几个经销商。公司与行业内的其他公司一样，根据经销商的每月累计订货量向其提供一定的返利，但双方事先通过销售契约约定了一个目标订货量，经销商的累计订货量必须达到或超过这个数量，才能拿到相应的返利。公司采用4-4-5的统计方式(即每季前2个月按4周计，第3个月按5周计)。

为了便于观察，本书将生产厂2005年和2006年日销售出库量按时间序列绘成了曲线图，如图3-8所示。

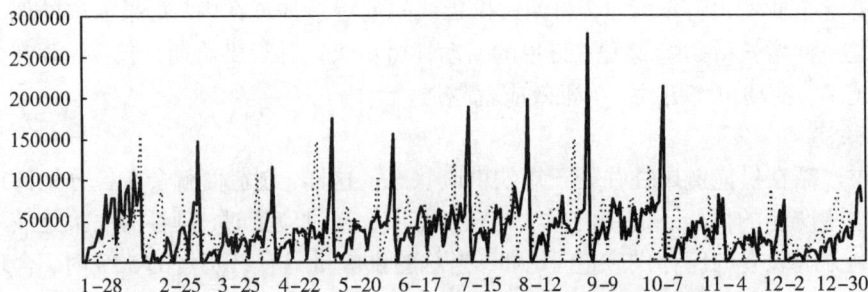

图 3-8　2005 年、2006 年公司全年每日销售出库量变化趋势图

说明：——表示 2006 年的数据 ------表示 2005 年的数据

从图 3-8 可以看出，每月月初的销售出库量很低，月中逐步增加并相对均衡，月底则急剧增加。

产生曲棍球棒现象的原因之一，是由公司对销售人员的周期性考评及激励政策造成的。在一般公司的营销系统中，为了激励销售人员努力工作，通常会对他们规定一个固定的工资和一个销量的目标，如果销量超过了这个目标，就能够拿到奖励的佣金，超出目标越多，拿的佣金也越多。如果销量在目标以下，就只能拿固定的工资。销售人员在考核期限不到时，大多不会很努力，快到期末的时候，如果离目标还有一定的距离，他们就会拼命干。大家都拼命干，订单也就会非常多。

导致曲棍球棒现象的另一个原因，是有很多公司为了促使经销商长期更多地购买自己的产品，普遍采用一种称为总量折扣(volume discounts) 的价格政策，这种促销政策是造成曲棍球棒现象的最直接的根源。在营销战略中，价格折扣往往被公司用来作为提高分销渠道利润和抢占市场份额的利器，在较长的时期内，公司主要采用基于补货或订单批量的折扣方式(quantity discounts)，但是在近十年，基于买方在某一固定周期(月、季、年)的累计购买量的折扣方式(亦即总量折扣)开始流行。在快速消费品行业，为了激励经销商长期更多的购买，公司主要采用总量折扣的价格政策。

2. 曲棍球棒现象对公司营运的影响

曲棍球棒现象的存在，给公司的生产和物流运作带来了很多负面的影响。在这种情况下，公司在每个考核周期的期初几乎收不到经销商的订单，而在临近期末的时候订货量又大幅增加。运用 MTS 生产模式的公司为了平衡生产能力，必须按每期的最大库存量而非平均库存量建设或租用仓库，从而使公司的库存费用比需求均衡时高很多。而且，这种现象使公司大量的订单处理、物流作业人员和相关设施、车辆在期初闲置，而在期末工作又太多，大家拼命加班也处理不完，厂内搬运和运输的车辆不停运转，但有时还是短缺，从而不得不从外部寻求支援。这种情况不仅使公司增加更多的加班和物流费用，而且使工作人员的差错率增加，送货延误的情况也时有发生，公司的服务水平显著降低。对于运用 MTO 和 JIT 生产模式的公司，曲棍球棒现象的危害更大，其生产能力在期初由于没有订单而闲置，而在期末，又由于生产能力的限制而出现需求短缺，甚至会影响到部分经销商对某些产品的正常需求，从而导致部分终端客户的流失。

此外，基于总量折扣的价格政策并不能够增加终端客户的实际需求。经销商增加的订货量大部分被积压在渠道中，延长了终端顾客购买产品的货龄，从而使消费者的福利受损，并增加了供应链的总成本及供应链成员的经营风险。而且，如果经销商的库存太多，或者产品临近失效期，通常采取两种措施：一种是折价销售，这种方式会对市场造成冲击；另一种是迫使公司退货或换货，从而形成逆向物流，增加公司与经销商处置产品的费用。从长远来看，这两种结果对公司和经销商的正常经营和利润都不利。

(三) 双重边际效应

双重边际效应(double marginalization) 是供应链上、下游企业为了谋求各自收益最大化，在独立决策的过程中确定的产品价格高于其生产边际成本的现象。如果下游企业的定价过高，必然会造成市场需求的萎缩，导致供应链总体收益下降。双重边际效应早在 1950 年就有学者发现了。1950 年，Spengler 发表了一份研究报告，指出零售商在制订库存订货决策时并不考虑供应商的边际利润，因此导致批量很小而达不到优化的水平。企业个体利益最大化的目标与整体利益最大化的目标不一致，是造成双重边际效应的根本原因。为了减弱这种效应，就要努力实现供应链的协调性，尽可能消除不协调因素的影响。

另外，自从 20 世纪 90 年代以来，由于信息技术的广泛运用，客户对产品和服务的需求更加多样化，以及服务竞争和基于时间的快速响应竞争日益加剧，导致企业之间的依存度不断增加。企业单打独斗的局面发生了巨大转变，由众多企业组成的供应链已经成为竞争的主体。

实现供应链的协调是供应链成功的关键。然而，供应链的协调并不是以牺牲某一个体的利益去提高其他个体或系统的利益，而是以实现双赢甚至多赢为目标，即至少要使得改变后的个体或者系统的利益不低于以前的利益，也就是所谓的帕累托(Pareto)改善。

作为一种能够实现供应链协调的有效机制，供应契约(supply contract)得到了广泛的研究。Pasternack 最早提出了契约的概念，他使用单周期报童模型研究了回购契约，指出当供应商允许零售商以部分退款返回所有过剩产品时，可以在一定程度上实现渠道的协调。

随着对契约关注程度的日益增加，越来越多的学者以 Pasternack 的研究为基础，希望在供应链上、下游之间通过协商达成最佳(或满意)的契约参数，设计合理的供应契约形式，实现供应链的协调，从而有效地解决双重边际效应和牛鞭效应等现象，在最大化供应链的整体利润的同时，优化供应链绩效。

对加工—装配型企业来说，制造商的上游供应商很多且分布很广，外购件的"齐全配套率"的高低对于制造商来说是一件非常重要的事情。

(四)物料齐套比率差现象

1. 基于分布式的供应商供应模式

基于分布式的供应商供应模式有两层含义：一是指零部件的供应商分别根据制造商的要求，各自将原材料和零部件送往制造商的生产线或装配线的供货模式，二是指供应商们在地理上坐落在不同区域，彼此之间没有联系，如图 3-9 所示。

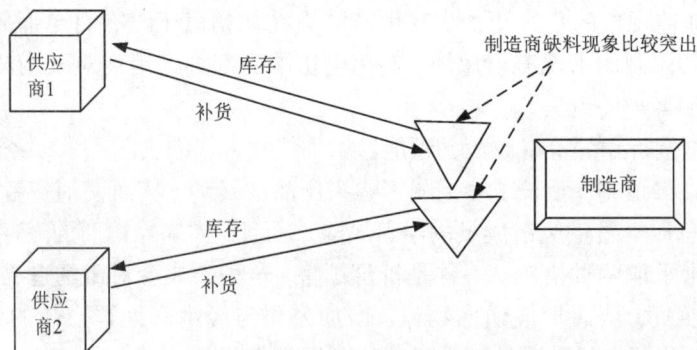

图 3-9　基于分布式的供应商供应模式

2. 基于分布式的供应商供应模式存在的问题

为了能够保证对制造商的准时化供应，有的原材料或零部件供应商采用"就近设厂"的模式，而有的采取其他多种不同的库存运作方式，如租用第三方的仓储设施自己管理的方式，或完全外包给第三方物流的方式，等等。从供应链整体角度来看，这种分散运作的模式不仅投资巨大，而且后期运营管理成本非常高，不利于供应链整体绩效的提高和竞争力的提升。而且，这种运作模式的形成往往是基于下游制造商或装配厂商的要求，各供应商处于被动的位置，容易导致供需之间的紧张矛盾关系。尤其是对于生产和提供核心零部件但规模又不大的供应商，在下游装配制造厂商要求就近设厂的情况下，更是会处于两难的境地。

此外，在实际工作中经常出现由于供应商各自为政而导致的严重缺料的现象。由于供应商之间并没有共享某些关键信息，容易出现一个供应商的零件到达了制造商处，而另一个供应商的零件由于某种原因延误了的情况，这时会给制造商的装配工作造成不良影响，甚至会延迟订单交付。这就是人们说的物料齐套比率差的问题。物料齐套比率差也是一种不协调现象。

以上介绍的是供应链运行中几种常见的不协调现象。这几种现象对供应链运行绩效的影响有不同的特点，因此，人们为使供应链运行更加协调以获取更大的收益，多年来不断地进行探索，试图找出针对不同的不协调现象提高供应链运行协调性的管理方法。下面将分不同情况加以介绍。

二、提高供应链协调性的方法

本节着重讨论对需求变异放大效应、曲棍球棒现象及物料齐套比率差三种不协调现象的改进方法，双重边际效应的不协调可以通过建立激励机制、签订契约合同等方法来进行缓解。

(一)缓解需求变异放大效应的方法

1. 提高供应链企业对需求信息的共享性

需求扭曲的原因来源于多级供应链需求信息的传递，每一个节点企业的预测需求均成了上游节点企业订货决策的放大因子，并具有积累效应。消除需求信息扭曲的方法是供应链上的每一个节点企业必须在自身的需求中排除下游节点企业订货决策对上游企业的影响，这就要求供应链上的每个节点企业只能根据最终产品市场的实际需求进行自身的需求预测，此时消费者市场的实际需求信息必须被供应链的每一个环节所共享。

2. 科学确定定价策略

解决由价格下降导致的牛鞭效应，要求供应商采取每天低价策略和分期供货契约策略，前者通过价格的持续性，后者通过供货的阶段性来抑制市场价格的波动，减少牛鞭效应对上游企业的影响。

3. 提高运营管理水平，缩短提前期

企业在传统运作方式下通过确定经济订货量来降低成本，而库存相关成本被认为是不能减少的。要缓解因批量订购而出现的牛鞭效应的影响，降低订货成本与运输成本是关键。这对供应链管理提出了新的要求，一是要求需求方通过增加订货次数，以最低的订货成本快速地将需求传递给供应商，通常可以通过 EDI 技术、计算机辅助订单管理(computer aided order, CAO)技术或订货看板管理技术来实现，但应用这些技术的前提条件是组成供应链系统的企业具有基于网络信息伙伴关系，供应链是稳定的战略联盟。二是要求小批量的物流传递可以通过低成本来完成，实现的方法只能是通过第三方物流的配送优化系统。而在引入第三方物流企业后，存储成本是可以减少乃至消除的。第三方物流企业通过供应链及时、准确、高效的配送体制，使供应链节点企业得以实现最低库存，甚至零库存，从而大大降低成本。

4. 提高供应能力的透明度

现代供应链企业应通过共享生产能力与库存信息，通过风险共担、利益共享的策略来应对供应短缺所导致的牛鞭效应。实际上这种策略最终导致联合库存管理的出现。联合库存管理强调多方同时参与，共同制订库存控制计划，使供需双方能相互协调，使库存管理成为供需双方连接的桥梁和纽带，从而降低牛鞭效应。

（二）缓解曲棍球棒现象的方法

为了消除总量价格折扣政策导致的曲棍球棒现象，Hau L. Lee 等人建议的最好办法就是宝洁公司的天天低价。在快速消费品行业，公司通常会经营不同品牌和不同包装规格的多种产品。为了消除曲棍球棒现象，平衡物流，公司可以采用总量折扣和定期对部分产品降价相结合的方式。假定公司向经销商提供两种规格的产品，当经销商的两种产品月累计进货量达到一定的数量以后，公司根据该数量向经销商提供一定的返利，即批量折扣的价格折扣政策。在具体运用这个政策时，公司可以适当降低返利率，然后在考核周期的初期降低其中一种产品的转让价格，在期中再将其价格调高。在这种政策下，经销商为了投机，会在初期多订降价产品，而在期末为了拿到返利而增加另一种产品的进货，期中则进行正常补货，其订货量将变得相对均衡，从而缓和公司出库中的周期性曲棍球棒现象，使其销售物流更为平稳，以减轻公司库存和物流能力的压力，提高物流运作的效率和效益。这种方式还能够使经销商在不同时期的订货比较单一，可以减少双方订单处理的工作量，并增加公司单品的生产批量，从而提高生产的规模效益，减少转产的频次。

除了以上方法，公司可以对不同的经销商采用不同的统计和考核周期，从而让经销商的这种进货行为产生对冲，以缓和公司出货中的曲棍球棒现象。公司通过延长考核周期可以减少曲棍球棒现象出现的频率，而通过缩短考核周期可以减弱出库波动的幅度。此外，通过与经销商共享需求信息和改进预测方法，公司能够更准确地了解经销商的外部实际需求，从而在设计折扣方案时，尽可能让折扣点与经销商的外部需求一致或略高，也能够缓和曲棍球棒现象。当然，最好的方法是公司能够根据每期经销商的实际销量提供折扣方案，但由于信息不对称，公司很难了解经销商的实际销售情况，或需要付出很大的人力和物力去调查和统计数据，这样做可能会得不偿失。

（三）缓解物料齐套比率差的方法

越来越多的国际型大企业在供应链管理实践过程中围绕供应协同问题不断探索，也正是由于分布式的供应商供应模式存在的投资巨大、运营管理成本高以及容易导致供需关系紧张等问题，管理人员开始考虑将分布式的供应商供应模式的仓库进行资源整合和优化组织管理，变原先的分散运作管理为整合集中管理，这样不仅有助于降低供应链整体的投资成本，而且能大大降低供应链的整体管理成本。实践中也逐渐出现了许多专注于物流集配服务的第三方物流集配商或称集配中心（Supply-hub），如伯灵顿全球（BAXGLOBAL）就专注于 IT 行业，负责 Apple、Dell 和 IBM 在东南亚的物流集配服务；UPS 也作为一个极具重要地位的集配中心为 FENDER 管理来自世界各地厂家的海陆进货并完成其配送过程的流线化和集中化。国内的上海大众、武汉神龙等企业也在采用集配中心的运作方式以有效地支持其多品种、小批量混流生产的零部件直达生产工位，如图 3-10 所示。

集配中心作为原材料或零部件供应商与制造装配厂商之间的协调组织，在整个供应链体系中主要承担中转"集配"的功能。中转"集"的功能，既指集配中心负责制造装配厂商所需

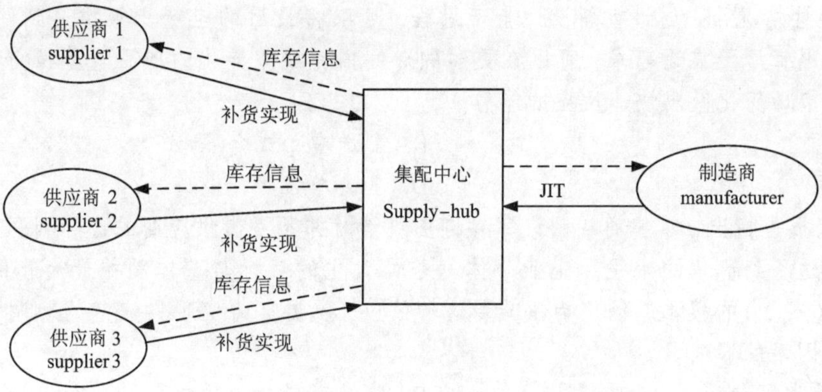

图 3-10 基于集配中心的供应链协同运作模式

原材料、零部件等物料的集中统一采购、运输并中转入库，又指把小批量的转运聚集成具有大批量的整合运输(拆箱、拼箱业务)；中转"配"的功能，实质上是在"集"的基础上的"配"，指将集中采购入库的原材料、零部件等根据制造装配厂商的需求计划进行拣选、组装并准时配送到生产线的各个工位。制造商只通过集配中心与其他供应商建立合作关系，这与传统的采购—供应关系有着本质的区别。

集配中心模式作为供应链物流协同运作的新方式，也是供应驱动管理方式的典型运作模式，在物流协同运作中，通过整合库存、多方协同、匹配供应、直达工位等驱动力促进供应链上游资源整合与物流协同，从而更好地满足了制造商对齐套比率的要求。

【复习思考习题】

一、单项选择题

1. 供应链具有三种驱动模式。生产推动型供应链管理的主要任务在于协调供应链各成员、加强供应链各成员之间的合作，使供应链能够作为一个有机整体统一运作，从而降低供应链中的浪费(这里的浪费包括库存、等待时间和不增值的环节)，提高整个供应链的效率，即追求供应链的精益。需求拉动型供应链管理的主要任务在于缩短客户提出定制需求到得到定制化产品之间的时间，加速供应链对客户定制需求的反应速度，即追求供应链的敏捷性。大规模定制生产以低成本为客户提供定制化的产品，其供应链管理既要追求供应链的精益，又要追求供应链的敏捷。因此，大规模定制生产的供应链驱动模式为(　　)。

    A. 生产推动型模式　　　　　　　　B. 需求拉动型模式

    C. 推拉相结合型模式　　　　　　　D. 资金和技术拉动模式

2. 为了帮助决策者选择合适的标准化策略，企业进行的标准化策略选择与企业对其产品和流程实现模块化的能力密切相关。以产品和流程作为两个维度，在不同条件下可以进行策略选择。如果产品是模块化的而流程不是，就不能实现延迟制造。然而，(　　)仍是一个可供选择的方案。

    A. 流程标准化　　　　　　　　　　B. 产品标准化

C. 生产标准化　　　　　　　　　　D. 部件标准化

3. 在某些情况下，通过重新设计生产过程，可以将最后的生产步骤推迟到(　　)中完成。由于它比工厂更靠近需求，可以在更短的时间内完成差异化的产品生产和交付，从而能增强企业对市场变化做出快速反应的能力。

A. 工厂　　　　　　　　　　　　　B. 配送中心或仓库
C. 车间　　　　　　　　　　　　　D. 业务单位

4. 研究报告指出，零售商在制订库存订货决策时并不考虑供应商的边际利润，因此导致批量很小而达不到优化的水平。企业个体利益最大化的目标与整体利益最大化的目标不一致，是造成(　　)的根本原因。为了减弱这种效应，就要努力实现供应链的协调性，尽可能消除不协调因素的影响。

A. 双重边际效应　　　　　　　　　B. 需求变异放大现象
C. 曲棍球棒现象　　　　　　　　　D. 大规模定制

5. 在实际工作中经常出现由于供应商各自为政而导致的严重缺料的现象。由于供应商之间并没有就某些关键信息进行共享，容易出现一个供应商的零件到达了制造商处，而另一个供应商的零件由于某种原因延误了，这时会给制造商的装配工作造成不良影响，甚至会延迟订单交付。这就是人们说的(　　)的问题。

A. 需求变异放大现象　　　　　　　B. 曲棍球棒现象
C. 双重边际效应　　　　　　　　　D. 物料齐套比率差

二、多项选择题

1. 在设计供应链时，应在了解客户需求的基础上确定合适的客户服务水平。而服务水平通常可从(　　)方面来评价。

A. 信息沟通　　　　　　　　　　　B. 订货提前期
C. 可供性　　　　　　　　　　　　D. 可替代性

2. 大规模生产与大规模定制生产之间存在着很大的差别，实施大规模定制模式必须有相应的供应链管理模式的支持。区别于面向大规模生产的供应链，面向大规模定制的供应链主要是(　　)供应链。

A. 需求拉动为主的　　　　　　　　B. 敏捷
C. 信息技术密集型的　　　　　　　D. 虚拟

三、判断题(正确的打"√"，错误的打"×")

1. 效率型供应链所追求的目标就是迅速地对不可预测的需求做出有效反应，使缺货、降价、废弃库存达到最小化。(　　)

2. 在产品与供应链的匹配矩阵中有四个象限，分别代表四种不同的产品和供应链组合。在这四种组合中，只有当针对功能型产品设计反应型供应链和针对创新型产品设计反应型供应链时，产品与供应链才是相匹配的，而当功能型产品采用效率型供应链或者创新型产品采用效率型供应链时，产品与供应链是不匹配的，结果将不能很好地满足市场需求或者导致较高的供应链成本，使供应链缺乏市场竞争力。(　　)

四、填空题

1. 功能型产品一般用于满足用户的基本需求，变化很少，具有稳定的、可预测的需求和较长的生命周期，但它们的_____较低。

2. 在大规模定制供应链中存在着＿＿＿＿＿＿＿＿＿。在该分离点之前，供应链的驱动模式为生产推动型，而在该分离点之后，供应链的驱动模式变为订单拉动型。

3. 在延迟策略中，企业在设计产品和制造过程时，将区分产品的步骤尽可能地向后推迟。制造流程以生产通用产品开始，当需求确定后再将产品根据客户需要生产成不同的最终产品。在产品差异化以前的供应链环节采用＿＿＿＿＿＿＿＿，产品差异化开始的供应链环节采用＿＿＿＿＿＿＿＿。

五、名词解析

大规模定制　需求变异放大现象　曲棍球棒现象　双重边际效应

六、简答题

1. 在供应链设计时，需要考虑哪些相关因素？请举例说明。
2. 为什么说功能型产品不适合采用反应型供应链？
3. 为什么说创新型产品不适合采用效率型供应链？
4. 请具体分析面向大规模定制的供应链的特点。
5. 面向供应链管理的产品与过程设计有哪些基本策略？
6. 引起供应链牛鞭效应的原因有哪些？如何缓解供应链上的牛鞭效应？
7. 分析供应链管理环境下导致曲棍球棒现象的原因，并给出解决的方法。
8. 如何理解供应链企业合作中的"双重边际效应"问题？

七、论述题

供应链运作中的不协调现象有哪些表现？举例说明。

八、案例分析题

高库存与缺货，两病齐发

郑毅是一家以生产女鞋为主的鞋业企业老总。公司一直致力于皮鞋产品的技术开发和市场开拓，产品以坚持创立品牌为目标，使企业走上了一条质量名牌效益型的发展之路，早在20世纪90年代初，公司就设立了自己的女鞋品牌。现在，公司的主打品牌已经成为业内和消费者心目中的知名品牌。公司在全国各重点城市分别设立了分公司、办事处等销售网点，已成功开设了200多家连锁专卖店，年营业额超过4亿元，每年开发近30个新品种。

但是，随着大规模经营而来的一个负面效应就是居高不下的库存量和旺季时节的大量断货现象，让当家人郑总有苦难言。按照公司的经营模式，公司拥有的成品仓库、分公司的仓库及代理商仓库和零售店中的鞋子都是公司自己的库存。单是总公司的成品仓库中就有将近50000双鞋，这还只是总库存量的一小部分，散布在分公司和零售店的库存总和竟然高达1亿元人民币，相当于大半年的销售收入！更奇怪的是，虽然企业拥有这么多库存，但是依然满足不了各代理商和零售店的订货需求，旺季时节经常出现断货现象。

- 会议上的"战争"

郑总认识到这是一个严峻的问题，如果解决不好会严重影响企业的发展，于是他决定召集各部门负责人开会，一起讨论一下这个事情，但是会还没有开始，大家却已经在会议室吵起来了……

只见销售部经理气冲冲地走进会议室，冲着采购部经理和物流部经理说："近期接到很多来自各大区经理的电话，跟我抱怨最多的就是各门店的订单满足率越来越低了，而且根据我们部门对订单数据和发货数据的统计分析，发现各门店的商品到货率确实存在下降的趋势，这将直接影响我们的销售额。完不成销售任务，谁来负责？我认为你们物流部和采购部的同事应该为我们各门店的销售考虑一下，我心里着急啊！难道物流部这段时间就不能稍微加加班，争取早一点发货？采购部订货能不能及时一点，每次就不能多订一点？"

采购部经理一听销售部经理要把责任推到自己头上，马上急了："怎么没有为你们考虑？我们不是在加大订货量吗？但是供应商一直在抱怨仓库不收货。仓库不收货怎么会有货给你们送啊？再说了，我们采购部的主要职责是根据计划部发过来的采购指令寻找合适的供应商，然后根据采购指令上的商品和数量完成采购任务，我们又不能决定采购量的大小！"

物流部经理一脸苦相："唉，我也知道要满足门店的要货，但是仓库里没有你要的商品，怎么给你？我又没有权利订货！说我不收货，那真是冤枉好人。你去仓库看看，那里还有地方收吗？我都申请好几次增加仓库了，没有人理我们，那么小的仓库能装多少货？再说了，供应商卸货那叫一个慢，没办法，只能让他们慢慢排队等。总之，我是尽量想办法收货，实在收不进来，我也没办法。销售部经理怪我们没有及时发货也是没有道理的，难道我们愿意把货留在仓库里？关键是我们发多少货，发到哪个地方都是计划部下的指令，我们只负责发货而已。"

"门店的订单满足率下降，也有可能是分公司的发货不及时造成的，凭什么一定说是我们这边的问题？再说，也不是所有的商品都是我们采购来的，还有一半以上的商品是我们自己的工厂生产的，如果硬是要怪罪下来，那生产部门也要承担一定的责任……"采购部经理补充道。

生产部经理看到有人将责任推到自己身上，也耐不住性子了："我也不是没有根据安排进行生产，我们所有的生产都是根据计划部下达的计划进行的。再说，我们要的原材料，你们采购部迟迟不能采购进来，我们拿什么进行生产？俗话说：巧妇难为无米之炊！很多时候就因为某一原材料没有进来，我们的一大批货物都要在生产线上搁置，导致其他的安排计划不能进行生产。"

计划部经理慢条斯理地说："大家也知道我们计划部是按照三种依据进行计划的，根据每年四次的订货会确定各季度的生产，再根据分公司的日报表和月报表调整生产计划。这种计算方法大家以前都参与讨论过了。"

"如果我们不按照订货会的订货安排生产，分公司提不到货时，他们又要抱怨。但是每次开订货会的时候，各分公司的人不是根据自己的实际需求情况下单，而是看别人对某种样式的产品下单，大家一窝蜂地去下单，一方面导致我们的计划预测不准确，另一方面导致现在很多分公司的仓库里还存放着三年前没有卖出去的产品。而且分公司对日报表和月报表的反馈既不及时又不准确，再加上我们靠手工做计划，计划当然不可能很细化和准确。"

这下矛头指向了分公司经理，华南地区分公司经理说："信息反馈的速度慢和不准确这是手工管理造成的必然后果。现在都是靠人工盘点，数据靠人工输入，而且再订货的方式是通过传真、打电话等方式，确实很难控制。"

……

会议室里的火药味越来越浓。真是"公说公有理，婆说婆有理"！这下郑总糊涂了：库里的货越来越多，而门店的订货满足率却越来越低，到底是谁说的有道理呢？现在公司库存这么高，占压了几千万元的资金，每月还要向供应商付款，现金流压力大，门店在叫没货卖，那我们库里、店里堆的都是什么呢？

近年来，由于各种原因，企业决策层发现产品渠道正在受着各种各样的冲击，经销商的销售热情也不令人满意，忠诚度越来越低，如果鞋业生产企业的服务不到位，特别是在很难按时到货的情况下，那些好一点的经销商肯定会转向其他品牌的鞋业企业，到时候产品的销售就更难做了。

- 到仓库一探究竟

郑总决定带领大家去仓库看看。

"为什么我们的货卖不出去？"望着仓库里的一大堆货品，大家也是一头雾水。

"其实这个仓库里有1/4的鞋都是前年生产的。您知道鞋的样式变化多样，每年流行的款式都不相同，像这些前年流行的款式现在根本就不会有代理商或门店下单。"物流部经理指着仓库左边的好几"躲"鞋，很无奈地说。

"为什么前年的鞋还剩这么多？"

"每一次的生产和采购计划都是根据各分公司报上来的计划加上总部的少量预测制订的，一部分因预测生产的鞋会被分公司重新下单订走，但是还有一部分也只能存放在仓库里。"

"既然仓库里这么多货，为什么你们总不能按时发货呢？要知道你们这边晚发货一天，我们的门店就少卖好几千双鞋呢！"销售部经理的气还没有消。

"我们的仓库是按'躲'来进行管理的，当我们接到发货单后就会到指定的'躲'去寻找发货单上对应的款式，很多时候我们为了把'躲'底下的产品找出来，不得不再找人来倒'躲'，特别是在旺季时，浪费了我们很多时间和精力。甚至有的时候会出现找不着货品的现象，所以不能及时把产品发运出去。"

资料来源：百度文库

案例思考题：

面对堆积如山的货物，郑总隐隐地感觉到这已经不是哪个部门的问题了。那么问题的症结究竟是什么呢？

【本章参考文献】

[1] 施先亮，王耀球. 供应链管理：[M]. 2版. 北京：机械工业出版社，2013.

[2] 黄丽华，唐振龙，袁媛. 供应链管理[M]. 长沙：湖南师范大学出版社，2013.

[3] 邵晓峰，张存禄，李娟. 供应链管理[M]. 北京：高等教育出版社，2013.

[4] 马士华，林勇. 供应链管理[M]. 4版. 北京：高等教育出版社，2015.

[5] 张小兵，徐叶香. 论企业的供应链管理[J]. 商业研究，2002(8)：39-41.

[6] 黄吉乔，张冬. 论新经济时代的业务外包[J]. 物流技术，2002(1)：29-30.

[7] 刘助忠. 物流学概论[M]. 北京：高等教育出版社，2015.

[8] 大卫·辛奇-利维，卡明斯基，伊迪斯·辛奇-利维. 供应链设计与管理[M]. 3版. 季建华，邵晓峰，译. 北京：中国人民大学出版社，2010.

第四章 分销渠道设计与管理

本章学习导引

本章读者主要学习分销渠道的基本内容。学习企业在建立自己的分销渠道系统时，需要确定的渠道长度、宽度以及广度，也就是怎样确定渠道的整体构架。在此基础上，进一步阐述分销渠道的设计过程，这主要涉及分析客户的服务需要、确定分销渠道的目标、设计各种分销渠道方案、评估选择分销渠道方案等内容。企业在确定了分销渠道方案之后，必须对渠道进行有效的控制与管理，对此，读者会学习涉及渠道成员的选择、渠道成员激励、渠道评估、渠道调整和渠道冲突管理等分销渠道的管理。

分销渠道是供应链中的重要一环，在供应链中，制造商生产的产品必须通过分销渠道实现所有权的转移，满足市场的需要。有好的产品并不一定能保证拥有市场，它还需要有强大的分销渠道的支持。因此，渠道竞争是企业之间的一种重要的竞争手段。渠道为王，谁拥有渠道，谁就拥有市场。本章重点介绍分销渠道的设计、影响分销渠道选择的因素和分销渠道的控制与管理。

第一节 分销渠道概述

一、分销渠道的定义

目前，关于分销渠道的定义，主要有两种，一种强调组织机构，另一种则强调路径过程。

强调"组织机构"的分销渠道定义：认为分销渠道是指某种产品从生产者向消费者转移过程中所经过的一切取得所有权或协助所有权转移的组织或个人。例如，1960年美国市场营销协会给分销渠道下的定义，即：分销渠道是指"企业内部和外部代理商和经销商(批发和零售)的组织机构，通过这些组织，商品(产品或劳务)才得以上市行销。"著名的营销学专家菲利普·科特勒认为："一条分销渠道是指某种货物或劳务从生产者向消费者移动时取得这种货物或劳务的所有权或帮助转移其所有权的所有企业和个人。因此，一条分销渠道主要包括中间商(因为他们取得所有权)和代理中间商(因为他们帮助转移所有权)。此外，它还包括作为分销渠道的起点和终点的生产者和消费者，但是，它不包括供应商、辅助商等。"

强调"路径过程"的分销渠道定义认为，分销渠道不是组织机构，而是由这些组织机构构成的路径。例如，美国营销学者 Edward W. Cundiff 和 Rechard R. Still 认为，分销渠道指"当产品从生产者向最终消费者和产业用户移动时，直接或间接转移所有权所经过的途径"。

供应链管理侧重于"路径过程"分销渠道的概念。因此，在供应链管理中，分销渠道是指产品或服务从生产者向消费者移动过程中取得这种产品或服务的所有权或帮助转移其所有权的所有环节所组成的整体，渠道主要包括生产者自设的销售机构、代理商、批发商、零售商，以及处于渠道起点和终点的生产者与消费者。

一般来说，分销渠道的起点是生产者，终点是最终的消费者或用户。在商品从生产者向最终消费者或用户的流通过程中，商品的所有权至少要转移一次，例如制造商将其产品直接销售给最终消费者或用户，而不经过任何中间商。通常情况下，制造商需要借助中间商将其产品销售给最终客户，在这个过程中，商品的所有权会进行多次转移，例如消费品制造商→零售商→最终消费者的分销渠道中，所有权转移了两次。在以上的分销渠道中，商品所有权在供应链上下游之间直接转移，在实际中，分销渠道中还存在间接转移商品所有权的情况，例如，在消费品制造商→代理商→批发商→零售商→最终消费者的分销渠道中，制造商通过代理商销售商品，这是商品所有权的间接转移，因为代理商不拥有商品的所有权，只是将商品所有权从制造商手中转移到其他中间商手中。

二、分销渠道的活动与流程

分销渠道的基本活动是商品从生产者向最终消费者转移过程中所发生的买、卖、储和运，其中买和卖是核心活动，而储和运则是辅助活动。在分销过程中，对于生产者来说，就是卖出商品或服务的过程；而对于经销商来说，就是买进商品和卖出商品的过程；而对于最终用户来说，就是购买商品的过程。买卖活动实现了分销渠道中的所有权的转移，而在所有权转移的过程中，运输和存储起到了重要的辅助活动。制造商生产的商品并不一定是客户今天购买的商品，某个地方生产的商品通常会销售到其他地方。储与运在分销渠道管理中创造了时间和空间效用，没有运输和存储，分销活动就难以正常进行。

分销渠道的流程管理是分销渠道成员对分销过程中的物流、资金流、信息流，以及相关要素的计划、组织和控制的过程。通常来说，分销渠道由五种流程构成，即所有权流程、实物流程、付款流程、信息流程及促销流程。所有权流程是指货物所有权从分销渠道中的一个成员到另一个成员的转移过程。实物流程是指原料及成品从制造商转移到最终顾客的物流过程。付款流程是指货款在分销渠道各市场成员之间的流动过程。信息流程是指在分销渠道中，各渠道成员相互传递信息的过程。促销流程是指由渠道成员运用广告、人员推销、公共关系、促销等活动对其他成员施加影响的过程。

所有权流程包括产品从制造商到分销商以及到最终客户的转移过程；而实物流程则涉及产品从制造商转移到最终用户的过程。在图 4-1 所列举的例子中，制造商生产出的产品，经过物流服务商的仓储与运输活动，满足经销商的销售需要，经销商通过物流服务商的物流服务，最终将产品交付给最终用户；在付款流程中，最终客户通过银行或其他金融机构向经销商支付货款，经销商通过银行或其他金融机构向制造商支付货款，以及经销商和制造商向相应的物流服务商支付物流服务费用等；在整个分销过程中，制造商、物流服务商、分销商和最终客户之间进行了双向的信息交流，通常，渠道中相邻成员间会进行双向的信息交流，而互不相邻的成员间也会有各自的信息流程；在整个分销过程中，制造商向经销商推销其品牌及产品，还通过广告等方式向最终客户推销品牌和产品。

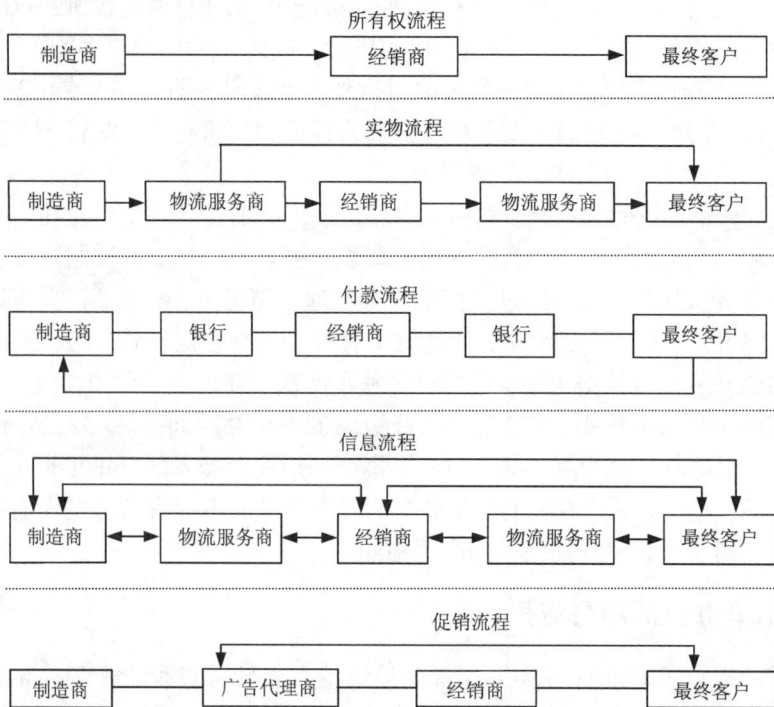

图 4-1　分销渠道的基本流程

三、分销渠道的组织形态

任何一条分销渠道，都包括若干成员，这些渠道成员之间的合作关系构成了分销渠道的组织形态。分销渠道的组织形态又称为渠道系统。一般来说，分销渠道的类型主要有：松散渠道系统、垂直渠道系统、水平渠道系统和多渠道系统等。

(一)松散渠道系统

在松散渠道系统中，渠道各成员相互独立，没有哪一个成员能够拥有足以支配其他成员的能力，渠道成员之间是一种松散的合作关系，各自追求自身利益的最大化。松散渠道中，渠道成员有较强的独立性，因此渠道比较灵活，可以根据需要进行调整，灵活地选择或淘汰分销渠道。但是，由于这种松散型的关系缺乏长期合作的基础，渠道成员之间缺乏信任感和忠诚度，通常，整个分销渠道的效率比较低。松散渠道系统主要适合产品类型多变的小型企业或者生产规模较小的企业。由于小企业生产不稳定或产量低，一般很难形成稳定的分销系统，因此可采用松散渠道关系。

(二)垂直渠道系统

垂直渠道系统是指由生产企业、批发商和零售商组成的统一系统。垂直分销渠道的特点是专业化管理、集中计划，渠道系统中的各成员具有共同的利益目标。在垂直渠道系统中，厂商与批发商、零售商之间形成利益共同体，便于把握需求动向、安排生产与销售活动，有利于控制渠道、保证服务水平和削减分销成本。垂直渠道系统主要有三种形式，如图 4-2 所示。

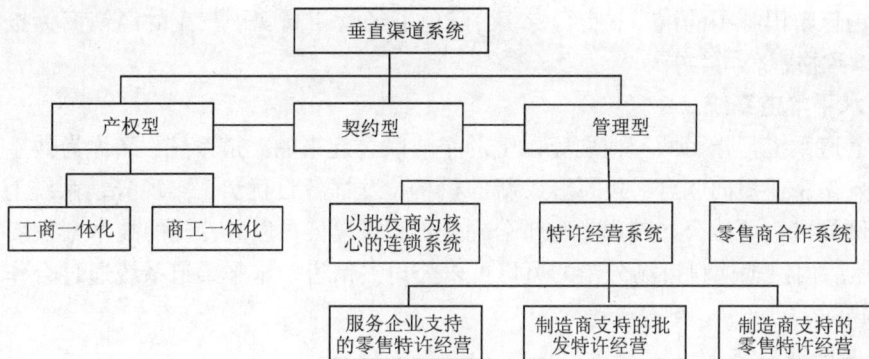

图 4-2　垂直渠道系统

1. 管理型垂直系统

指由一个或少数几个实力强大的公司依靠自身的影响力，通过强有力的管理将众多分销商聚集在一起而形成的渠道关系。在管理型渠道系统中，渠道成员围绕核心企业从事分销活动，构成一个相对紧密的分销系统。制造商和零售商共同协商销售管理业务，其业务涉及促销、库存管理、定价、商品陈列活动等。

2. 产权型垂直系统

指一家公司拥有和统一管理若干工厂、批发机构和零售机构，控制分销渠道的若干层次、甚至整个分销渠道，综合经营生产、批发、零售业务。产权型渠道关系是渠道关系中最紧密的一种，是制造商、经销商以产权为纽带，通过企业内部的管理组织及管理制度建立起来的。这种渠道系统又分为两类：工商一体化经营和商工一体化经营。工商一体化是指制造商设立销售分公司、建立分支机构或兼并商业机构而形成的渠道网络，如美国火石轮胎橡胶公司拥有橡胶种植园，拥有轮胎制造厂，还拥有轮胎系列的批发机构和零售机构，其销售门市部（网点）遍布全国。商工一体化是指由大型商业企业拥有或统一控制众多制造企业和中小商业企业而形成的渠道网络。

3. 契约型垂直系统

指制造商与经销商为了获得单独经营达不到的经济利益，通过契约来确定分销权利与义务而形成的分销系统。契约型渠道关系与产权型渠道系统的最大区别是成员之间不形成产权关系，与管理型渠道系统的最大区别是用契约来规范各方的行为，而不是依靠权利和实力。目前，越来越多的企业通过契约型渠道系统，将自己的产品和服务快速地扩散到各地市场。契约型渠道系统主要分为三种形式：以批发商为核心的自愿连锁销售网络；零售商自愿合作销售网络；特许经营销售网络。其中，特许经营销售网络又分以下三种：服务企业支持的零售商特许经营系统，多出现于快餐业（如肯德基快餐）、汽车出租业；制造商支持的批发商特许经营系统，大多出现在饮食业，如可口可乐、百事可乐，与某些瓶装厂商签订合同，授予在某一地区分装的特许权，和向零售商发运可口可乐等的特许权；制造商支持的零售特许经营或代理商特许经营，零售特许多见于消费品行业，代理商特许多见于生产资料行业，如丰田公司对经销自己产品的代理商、经销商给以买断权和卖断权，即丰田公司与某个经销商签订销售合同后,赋予经销商销售本公司产品的权力而不再与其他经销商签约,同时也规定该经销商只能销售丰田牌子的汽车,实行专卖,避免了经营相同牌子汽车的经销商为抢客户而竞相压价,以致损害公司名誉。

(三)水平渠道系统

水平渠道系统是指由两家或两家以上的企业联合起来的渠道系统,又称为共生型渠道关系。其特点是企业横向联合,共同形成新的机构,发挥各自优势,实现分销系统有效、快速的运行。例如可口可乐公司与雀巢咖啡公司合作,雀巢公司以其专门的技术开发新的咖啡及茶饮料,然后由熟悉饮料市场分销的可口可乐公司去销售。水平渠道系统通过合作实现优势互补和规模效益。

(四)多渠道系统

多渠道系统是指企业在同一或不同的分市场采用多种不同的渠道系统。每一种渠道都可以实现一定的销售额,渠道之间的竞争既可能促进销售额的增加,同时也可能发生渠道冲突。这种系统一般分为两种形式:一种是生产企业通过多种渠道销售同一商标的产品,这种形式易引起不同渠道间激烈的竞争;另一种是生产企业通过多渠道销售不同商标的产品。

四、分销渠道的作用

大多数生产商通过渠道中的经销商销售产品。经销商存在的意义在于:

(一)减少交易成本

经销商的最直接和最主要的作用就是将产品从制造商那里集中起来,再根据客户的具体要求将其进行重新包装、组合和分配的过程。一般来说,生产商缺乏进行直接营销所需的能力和资源,这就是中间商存在的价值和原因所在。即便是那些有能力建立自己的分销渠道的生产企业,也可以借助中间商资源和其高度专业化的优势扩大自己的市场覆盖率。图4-3体现了中间商存在的意义,(a)图表明3个生产商都利用直接营销分别与3个客户发生交易,这个系统共发生了9次交易活动;(b)图表明3个生产商通过同一分销商和3个客户发生交易,该系统共发生了6次交易。因此,经销商的存在往往能够减少分销渠道的交易成本。

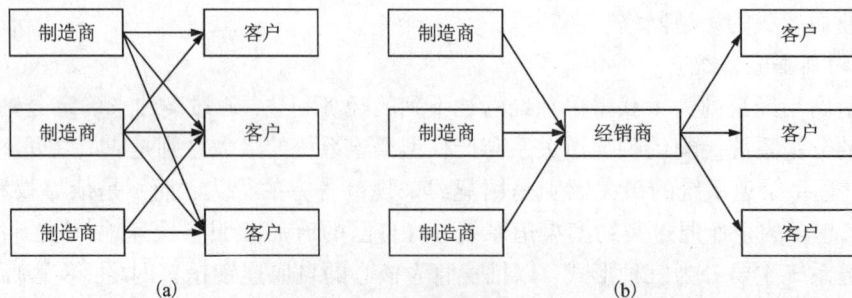

图4-3 经销商的作用

(二)收集和反馈市场信息

在产品的流通过程中,经销商对生产企业而言是极其重要的信息来源。经销商最接近市场,可以和终端客户保持经常的联系,获取各种有关客户、市场和竞争者的信息,通过收集整理并反馈给生产商。同时，许多经销商也销售竞争厂商的产品，有助于他们了解客户对各种产品的真实反映。

(三)缓解资金压力

分销渠道的另外一个重要的作用就是实现了资金在渠道中的流动，这可以缓解生产商在资金上的压力。在产品流通中，由于中间商的存在，提供了多种多样的、灵活方便的付款方式。同时，通过分销渠道成员自己的实力和信用进行融资，扩大了产品流通过程所需的资金来源，使得渠道的资金雄厚，便于对产品进行更广泛的推销。

第二节 分销渠道设计

一、分销渠道设计决策

企业在建立自己的分销渠道系统时，需要确定渠道的长度、宽度以及广度，也就是要确定渠道的整体构架。而在设计渠道的长度、宽度和广度之前，首先需要确定分销渠道的目标。一般来说，分销渠道的设计过程主要涉及分析客户的服务需求；确定分销渠道的目标；设计各种分销渠道方案；评估选择分销渠道方案，如图4-4所示。

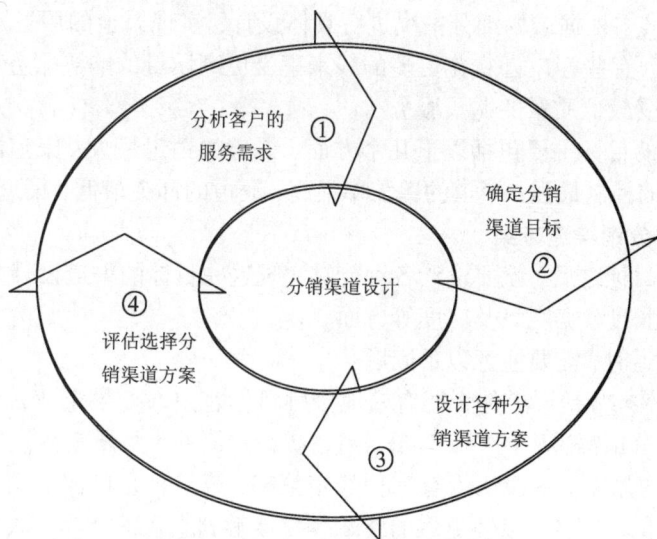

图4-4 分销渠道设计决策

(一)分析客户的服务需求

设计分销渠道，首先需要深入地分析目标客户的购买行为，即4W1H：购买什么样的商品、在什么地方购买、为什么要购买、什么时候购买以及如何购买。分销渠道的最终目标是要满足客户的服务需求，因此，了解目标客户的服务需求，对于设计合理的分销渠道具有非常重要的意义。

一般对于客户来说，对分销渠道存在以下五个方面的服务需要：

(1)购买批量：指分销渠道提供的产品购买的数量单位。不同的目标客户购买的批量往往不同，因此，购买批量的差异，要求供应商能够设计不同的分销渠道。

(2)等待时间：即订货提前期，指客户从订货到收到货物之间的时间。对于不同的商品，客户愿意等待的时间有较大的差异。但一般来说，客户要求等待时间尽可能短一些。

(3)方便性：指渠道为客户购买产品所提供的方便程度。一般来说，客户更愿意在附近购买商品。但是，对于不同的商品，客户在购买过程中所愿意花费的时间是不同的。

(4)商品品种：指分销渠道向客户提供的商品种类。一般来说，客户希望渠道能够提供多种品牌、型号和规格的产品供其选择和购买。

(5)售后服务：包括送货、安装、维修、配件供应等等。消费者对不同商品有着不同的售后服务要求。

(二)确定分销渠道目标

在设计分销渠道时，关键要确定分销渠道的目标。分销渠道的目标包括预期要达到的客户服务水平、各分销渠道成员应该发挥的功能等。渠道目标因产品特性不同而不同，如易腐商品要求采用直接渠道或短渠道。企业在设计分销渠道时，要同时兼顾客户服务需要和利润目标。片面地强调提高分销渠道的利润最大化或片面地强调提高分销渠道的服务水平，都有可能导致产生不科学的分销渠道决策。服务水平直接影响分销成本，进而也会影响价格。因此，满足目标客户的服务需要，并非使渠道的服务水平达到最高。正确的做法应该是寻找两者之间的最佳结合点，根据市场细分情况进行具体设计，实现渠道的服务水平与目标客户的需要相适应。例如，有些客户喜欢花更多的钱来享受更高质量的购买服务，而有些客户则喜欢花较少的钱来享受较低质量的购买服务。

分销渠道设计的目标主要包括以下几个方面：渠道的销量最大；渠道的成本最低；渠道的信誉最佳；渠道的控制最强；渠道的覆盖率最高；渠道的冲突最低；渠道的合作程度最好。

(三)设计各种分销渠道方案

确定分销渠道目标之后，就要设计各种能够实现这一目标的渠道设计方案。渠道设计方案主要涉及渠道的长度、宽度以及广度等方面。

在设计分销渠道时，需要注意以下问题：

(1)市场覆盖率。分销渠道是否能有效地接触目标客户？如果企业自建渠道，就很难全面占有市场。利用分销渠道中的中间环节，可以提高最终的市场覆盖率。

(2)分销渠道的强度。一般认为有三种经销策略，第一种是广泛而密集的经销策略，它要求使用尽可能多的中间商，以使更多的终端客户接触到企业的产品，从而使覆盖率达到最大。当企业的竞争对手也采取同样的方法，或者顾客要求能方便地购买到产品的时候，这是一种比较好的方法。第二种是有选择的经销策略，可以先确定产品的销售区域和销售对象。例如一些公司可以选择用户多的地区设立销售总部。第三种是独家经营的经销策略，可以选择最好的中间商和客户。如果企业没有激烈的竞争者，而又想收回全部利润，使用这种策略比较合适。

(3)销售速度。分销渠道越长，产品从制造商到终端客户手中的速度也就越慢。如果客户需要快捷的产品或服务，就需要简化分销渠道，使之能够满足客户的需求。

（四）评估选择分销渠道方案

分销渠道方案确定后，企业就要根据各种备选方案，进行评价，找出最优的渠道方案。在选择分销渠道时，一般以渠道的经济性、控制性和适应性等标准来评价各种分销渠道设计方案。

（1）经济性标准。各种不同的渠道方案可能会产生不同的销售量和分销成本。评价备选的渠道方案，首先要评价方案的经济性，即方案是否以较少的销售成本实现了最高的销售水平，或是否实现了最高的利润。

（2）控制性标准。除了经济性标准之外，评价渠道方案的另一个重要依据是控制性。所谓控制性标准，是指管理与控制渠道的能力。不同的分销渠道方案的控制能力不同，企业自建分销渠道与利用他人的分销渠道相比，前者具有更强的渠道控制能力。

（3）适应性标准。一旦选择了某种分销渠道方案，在一定的时期内，受合约的约束，渠道调整和改变的灵活性会受到影响。例如，公司一旦决定使用销售代理商，就可能与代理商签订一份有期限的合约，在这一段时期内，其他的渠道方案可能会变得更为有效，但由于受合约的限制，在短期内不能取消代理商，而随着产品市场变化迅速、新的零售业态的不断出现，企业应该及时调整渠道方案，以适应变化的营销战略。因此，在渠道方案评价时，还需要考虑适应性标准，实现渠道稳定与灵活的统一。

二、分销渠道的结构设计

分销渠道的结构设计主要涉及渠道的长度、宽度和广度，如表4-1所示。

表4-1 分销渠道结构设计

渠道长度	渠道宽度	渠道广度
零级渠道	独家分销	一种渠道
一级渠道	选择分销多种渠道	
二级渠道	密集分销	
三级渠道		

（一）渠道长度

渠道的长度指渠道层次的数量，即产品在渠道的流通过程中，中间要经过多少层级的经销商参与其销售的全过程。渠道长度的层级结构可分为以下四种：

（1）零级渠道：制造商→终端客户。

（2）一级渠道：制造商→零售商→终端客户。

（3）二级渠道：制造商→批发商→零售商→终端客户，或者制造商→代理商→零售商→终端客户。

（4）三级渠道：制造商→一级经销商→二级经销商→零售商→终端客户，或者制造商→代理商→批发商→零售商→终端客户。

零级渠道，也就是直接分销渠道，是产品从生产者流向最后消费者或用户的过程中不经过任何中间商的分销渠道，即由生产者将其产品直接销售给最后消费者或用户（如图4-5消费品的直接渠道和图 4-6 中工业品的直接渠道)。直接分销渠道是两个环节(层次)的分销渠道,是最短的分销渠道,常常是通过直销商、展销会、订货会、邮购等形式直接出售,而不经过批发、零售等任何中间环节。美国约有 40%的产品采取直销方式,日本有 52%的厂商追求直销方式。

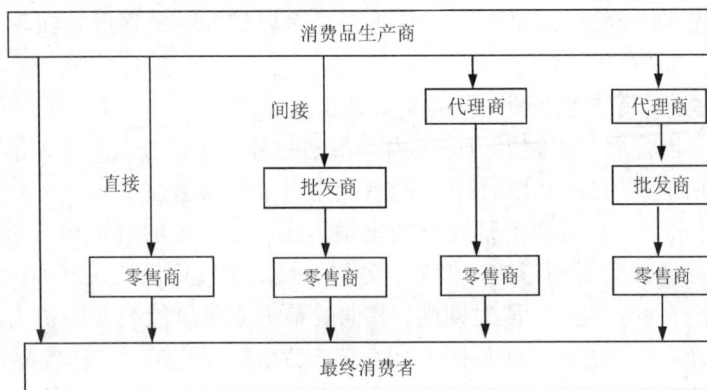

图 4-5　消费品的分销渠道

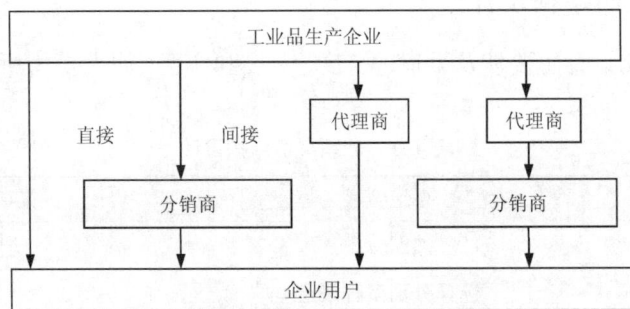

图 4-6　工业品的分销渠道

直销的优势主要体现在以下几个方面:

(1)降低成本。在传统销售方式下,销售某一商品要经过总代理、地区代理、批发、零售等诸多环节,才能到达消费者手里。而直销将商品的生产者和消费者直接联系起来,省去许多中间环节,同时也就避免了各个环节的成本,从而让利于消费者。据调查:直销的商品要比传统方式销售的商品价格低大约 20%。

(2)加快资金周转。资金周转速度是企业效益的重要衡量指标。直销可以根据市场需要情况安排生产,大大降低了库存水平。在直销情况下,商品的流通速度加快,资金回收迅速,减少呆账发生。此外,通过直销,可以使鲜活商品、时尚商品及时投放市场,减少坏损或过时损失。

(3)增加制造商对渠道的控制力。直销避免了中间环节,使制造商对渠道拥有更强的控制力,使制造商可以更好地控制产品的价格和推行相关的渠道政策。

(4)有利于制造商及时获取市场信息。在传统的销售方式下,生产和销售相对割裂,即使不被隔离，由于从生产者到消费者要经过层层环节，信息反馈迟缓，企业产品往往形成积压。在直销中，销售员与客户直接接触，能及时准确地了解市场变化情况及消费者喜好，进行具有针对性的宣传促销活动，同时也为生产决策提供准确的信息。

但直销也有不足，主要是仓储运输费用、销售人员费用和管理费用高，网络分散，覆盖面小。

其他三种渠道统称为间接渠道，产品要经过若干中间商才能到达终端客户。间接分销渠道和直接分销渠道相比，间接分销渠道是较长的分销渠道。间接分销渠道是消费品分销渠道的主要类型，大多数消费品从生产者到最后消费者的流通过程中都要经过若干中间商。此外，有些工业品(如单价较低的次要设备、零件、原材料等)，也要通过若干中间商销售给企业用户。间接渠道的缺点是成本高，由于周转次数较多，速度较慢，公司对渠道的控制和获取市场信息就相对困难；其优点在于仓储运输费用、销售人员费用和管理费用相对比较低，网络密集，覆盖面广泛。

从三种间接渠道结构中可以看出，它们也有长短之分。长的渠道可以使企业充分利用中间商的资源和其高度专业化的优势，减少资金压力和人员等方面的投入，可获得广泛的市场覆盖面；但同时企业对产品的控制力度会有所减弱，获取市场信息变得困难。相对地，短的渠道要求企业在资金和资源等方面实力雄厚，具有大量分散存货和运输能力；虽然企业对产品和分销渠道有较强的控制力，但它的市场覆盖面较小。

(二)渠道宽度

渠道宽窄取决于渠道各环节中使用同类型中间商数目的多少。企业使用的同类型中间商多，产品在市场上的分销面广，称为宽渠道。如一般的日用消费品等，由大量的零售商经销，能接触大量的消费者。企业使用的同类型中间商少，分销渠道窄，称为窄渠道。它一般适用于专业性强的产品，或贵重耐用消费品，由一家或几家中间商经销。它使生产企业容易控制分销，但市场分销面会受到一定的限制。

渠道的宽度主要有以下三种方式：

(1)独家分销(exclusive distribution)：也称集中性分销，指公司在一定的市场范围内，选择一家某种类型的中间商销售公司的产品，通常双方协商签订独家经销合同，规定经销商不得经营竞争者的产品，以便控制经销商的业务经营，调动其经营积极性。这种分销方式的特点是公司对其控制力强，但竞争程度较低，市场覆盖面有限，同时公司对中间商依赖性较强。一般来说，汽车、品牌服装等商品常采取独家分销的方式。

(2)选择性分销(selective distribution)：指企业在一定的市场范围内，通过少数几个经过挑选的最合适的中间商销售其产品，如特约代理商或特约经销商。其特点是企业对分销渠道的控制较强，市场覆盖面较大，企业需要合理地界定分销商的区域。一般来说，选购性商品、价格较高的商品比较适合采用选择性分销方式。

(3)密集型分销(intensive distribution)：指企业尽可能地通过大量的符合最低信用标准的中间商参与其产品的销售。密集分销的特点是分销商之间的竞争激烈，市场覆盖面广泛，分销越密集，销售的潜力越大，但公司对渠道的控制力较弱，由于在一定区域内的过度竞争，常常会引发渠道冲突问题。一般来说，消费品中的便利品(如香烟、糖果、洗涤用品)等，通常都采取密集分销方式，使广大消费者能随时随地买到这些商品。

表4-2列举了这三种不同宽度的分销渠道的主要特点。

表4-2 分销渠道宽度类型

类型	独家分销	选择分销	密集分销
特征	一地一家分销商	一地若干家分销商	一地多家分销商
优点	渠道控制度强 节省费用	渠道控制度较弱 市场渠道面较大 客户接触率较高	市场覆盖面大 客户接触率高
缺点	市场覆盖面小 客户接触率低 对分销商的依赖度高	分销商之间竞争比较激烈 选择中间商难	渠道控制低 费用高 竞争激烈引发渠道冲突
适用对象	高价值商品 特殊商品	高价商品 选购性商品	日用商品

(三)渠道广度

分销渠道广度是宽度的一种扩展和延伸,是指厂商选择几条渠道进行产品的分销活动。分销渠道广度主要有两种类型:单渠道和多渠道。单渠道是指厂商仅利用一条渠道进行某种产品的分销;而多渠道则是指厂商利用多条不同的渠道进行某种产品的分销,如在某地区采用直接渠道,在其他地区则采用间接渠道,在有些地区进行独家分销,在另外一些地区采用选择分销。多渠道可以扩大市场覆盖面,更好地满足市场的需要。但是,采用多渠道也有不利的一面:首先,在同一细分市场上,采用两个以上的渠道,容易产生渠道冲突;其次,新渠道独立性较强,合作相对困难,渠道控制难度增大。例如,通用电气公司是通过独立商人(百货商店、折扣商店、凭目录邮售的零售商)出售大型家用电器的,同时也直接向大型房屋营造商出售家用电器,这样就和零售商发生了冲突。独立的经销商希望通用电气公司能够摆脱向大型房屋营造商出售产品的业务。通用电气公司则坚持自己的立场,指出营造商和零售商需要的是两种迥然不同的营销方法。

(四)安利公司的渠道转型

安利公司在海外是一家具有40多年历史的直销公司,当安利(中国)于1995年在中国开业时,也以直销方式进行经营。但随着国际性直销公司进入中国市场发展,一些打着直销旗号的金字塔诈骗公司也开始涌现。为彻底根除传销欺诈,1998年6月18日,原国家对外贸易经济合作部、国家工商行政管理局、国家国内贸易局联合下发《关于外商投资传销企业转变销售方式有关问题的通知》(外经贸资发第455号),对原外商投资公司转型事宜做出明确规定。为尊重国情,配合管理,安利(中国)按政府规定进行全面转型,对原有销售方式做出重要调整,由无店铺直销转为店铺销售加雇用推销员方式运营。

目前,安利在中国设立了140多家店铺,直接销售安利产品,所有商品均明码标价,直接面向顾客。安利店铺大多选址在交通便利位置,采用超市设计,为顾客提供方便舒适的购物环境。目前,遍布全国的安利店铺在销售产品、服务顾客和树立品牌方面发挥着越来越重要的作用。与此同时,店铺还进一步增加了公司经营的透明度,提高了社会大众对安利的信任度。在开设店铺直接服务消费者的同时,安利还雇用营销人员帮助公司推销产品,为顾客提供订货、送货及其他服务。目前,公司拥有18万名活跃营销人员。他们协助公司推广产品，向顾客提供全面、详尽的商品资讯及亲切、周到的售前、售后服务。为寻求与国情及市场发展的紧密配合，安利除了凭借店铺和营销人员拓展经营外，还积极探索多元化的经营渠道。为顺应日新月异的网络经济的发展，2000年，公司在广州、上海和北京三地开通了"复合式"电子商务。在市场推广方面，安利一改单纯依靠口碑相传的推广方式，在中国市场进行广告宣传，凭借户外广告及电视、报纸杂志等多种媒介全方位推广产品、树立企业形象。

经过九年多的发展，安利（中国）已颇具实力，名列2003"中国日用化学品行业20强"第2位；2003年缴纳税款22亿元人民币；2004年6月，在《财富》（中文版）"最受赞赏的公司"评选中，安利（中国）位列综合评价最佳的公司第23位。2003年，安利（中国）销售额更突破100亿元人民币。

三、影响分销渠道选择的因素

从分销渠道的长度和宽度来看，分销渠道结构是很复杂的，有些分销渠道是"较长而宽"的，有些分销渠道是"较短而窄"的，有些分销渠道是"较长而窄"的，有些分销渠道是"较短而宽"的。企业在渠道选择中，要综合考虑渠道目标和各种限制因素或影响因素。

（一）影响渠道长度设计的因素

1. 市场因素

市场规模大小、居民居住集中程度等市场因素会影响分销渠道长度的选择。

市场规模越大，即某种产品的使用面越广，客户需求量越大。对此，生产商一般通过自己设立的地区批发机构或独立的批发商，将产品批发给零售商，再由零售商销售给消费者。在这种情况下，一般适合选用较长的分销渠道，典型的产品包括食品、日用小商品等。与此相反，专业性较强的产品的市场容量相对有限，厂商可选择较短的分销渠道，将产品直接出售给零售商或最终消费者。

目标顾客的集中程度形成市场的集聚度，市场的集聚度也会直接影响渠道的长短。如果客户市场比较分散，市场集聚程度比较低，宜采用长的渠道，利用批发商、代理商、零售商等中间商来分销商品，短渠道会花费大量人力、物力，使分销成本增加。反之，如果目标客户市场比较集中，即市场集聚程度高，宜采用短渠道，或是厂商直接向最终消费者销售，或是通过零售商销售产品。

2. 购买行为因素

分销的目标是要满足客户的服务需要，因此，分销渠道长度的设计与选择必须考虑客户的购买行为。体现购买行为特征的主要因素有客户购买量和购买频率等。

客户购买量越大，单位分销成本越低，因此有条件将产品直接销售给客户。诸如一些办公设备与用品，常有厂商直接向各团体单位销售。如果客户的购买特点是少量且较频繁，如烟草、牙膏、药品等，厂商一般需要依赖批发商进行分销，否则会消耗大量人力和物力。

3. 产品因素

产品因素也会影响分销渠道的长度设计。具体来说，产品的技术性、耐用性、重量、易腐程度和生命周期等因素都会影响渠道的长度。

（1）产品的技术性和对售后服务的要求会影响渠道的长度。具有高度技术性或需要经常服务与保养的商品，分销渠道要短，而技术性低或售后服务要求不高的商品则需要较长的渠道。技术性强的工业用品、家用电器，通常需要提供专业性的安装、使用指导和维修服务，适合选择短的分销渠道，如厂商自设的专卖店或特许经销店等。在有些情况下，代理商或经销商进行商品的销售，但安装和使用指导仍然由厂商承担。技术性较弱的日常生活用品，一般选择较长的分销渠道。

（2）产品的耐用性也影响渠道的长度。耐用产品的使用和消费要持续一段时间，几年或十几年。产品越耐用，渠道越短，典型的产品如住房、汽车、家具及一些家用电器等。非耐用产品的使用和消费持续时间很短，这种产品一般适合采用较长的分销渠道，典型的产品如日常生活用品和小商品。

（3）产品的标准化程度也会影响渠道的长度。一般来说，产品越是非规格化，渠道越短，标准化程度越高的产品则适合采用较长的渠道。标准化的产品，通用性较强，可选较长的分销渠道，如量具、刀具等；而通用性弱的非规格化的产品，一般选择较短的分销渠道，如定制的服装、大型机器设备等一般都采用供需双方直接交易方式。

（4）产品的重量、体积因素也会影响渠道的长度。一般而言，体积大而重的应选择短渠道，例如建材、机器设备等产品的运输、储存都很不方便，可选择尽可能短的分销渠道；体积小而轻的产品，如服装、食品等，运输、储存相对容易，可选择较长的分销渠道。

（5）产品的易腐程度也会影响渠道的长度。产品越易腐，渠道越短，如生鲜食品，易腐烂、保质期短，因此，要求流通时间越短越好，为避免环节多造成的耽搁，一般采取较短的分销渠道，如直销。

（6）产品的生命周期也会影响渠道的长度。一般生命周期短的产品适合采用短的分销渠道，例如对式样、款式变化快的商品，应多利用直接营销渠道，避免不必要损失。此外在产品生命周期的不同阶段，对分销渠道的选择也是不同的，如：在新产品上市时，企业通常选择短渠道；而当产品进入成熟期时，通常通过中间商来维持较为稳定的销量；当产品进入衰退期时，一般就要压缩分销渠道。

此外，对于有季节性需求的产品，由于对产品的需求不是常年均衡的，厂商自己很难在短时间内达到需要的铺货率，因此适合选用较长的分销渠道，通常利用批发商和零售商进行销售。对于那些季节性不明显的产品，从时间上不要求快速上市、快速销售，从需求角度来看，又是连续的，因此，厂商有机会通过建立自己的分销网络，直接向消费者销售产品。

4. 厂商因素

在实际中，即使是生产同种产品的企业，在面对同样的市场因素和购买行为因素的情况下，也有可能选择不同的分销渠道。这是因为，厂商本身的一些因素也会影响企业所选择的渠道的长度。

（1）厂商实力强弱会影响渠道的长度。厂商的实力主要包括人力、物力、财力，一般来说，如果厂商采用直接分销渠道的方法，则要求企业有足够的资金和人力。对于那些财务实力非常弱的企业来说，即使产品适合采用直接渠道，也可能由于资金的问题，放弃直接渠道。

（2）企业渠道管理能力会影响渠道的长度。一般来说，如果厂商在销售管理、储运、零售运作等方面缺乏经验，最好选择较长的渠道，借助中间商进行分销。

（3）渠道控制力度会影响渠道的长度。如果厂商为了实现其战略目标，在策略上需要控制市场价格，需要有效地控制分销渠道，同时厂商又有较强的渠道控制能力，一般采用较短的分销渠道。

5. 中间商因素

在确定渠道长度时，还需要考虑中间商的因素。中间商实力、特点不同，在广告、运输、储存、信用、人员、送货频率方面具有不同的特点，从而影响厂商对分销渠道的选择。

中间商愿意经销厂商的产品，同时提出的要求不高，会使厂商更容易利用中间商，因此企业可选择较长的渠道。在某些情况下，有些产品非常适合批发商或零售商经营，但这些中间商已经在经营同类型的竞争产品，不愿意再经营新的竞争性的产品或者对厂商提出十分苛刻的条件，那么厂商只好自建渠道。

另外，经济标准也是分销渠道选择的重要标准之一。中间商的成本太高，或者中间商对采购价格压得太低，或者中间商要求的上架费、进场费过高，就应该考虑采用较短的渠道。

(二)影响渠道宽度设计的因素

分销渠道的宽度设计同样受市场、购买行为、产品及厂商因素的影响。

1. 市场因素

分销渠道宽度的选择受市场规模大小和市场积聚度的影响。

(1)市场规模会影响渠道的宽度。市场规模是指产品的使用面和客户需要量。一般来说，市场规模越大，渠道越宽；市场规模越小，渠道越窄。例如，食品、日用小商品等商品的市场规模相对比较大，适合选用较宽的分销渠道。一些专业性较强的产品，市场容量相对有限，厂商可选择较窄的分销渠道。

(2)市场积聚度也会影响渠道的宽度。一般来说，市场积聚度越弱，渠道越宽；市场积聚度越强，渠道越窄。市场积聚度弱，意味着目标客户市场比较分散，如果厂商采取窄渠道进行分销会降低分销的速度，使分销成本增大，因此在这种情况下，适合采取宽渠道的方法，利用更多的批发商和零售商来分销产品。

2. 购买行为因素

客户的购买行为直接影响分销渠道宽度的选择。

(1)客户的购买量和购买频率会影响分销渠道的宽度。对于那些客户购买方式体现出少量而频繁特点的产品，厂商为了保证客户购买的便利，一般会利用更多的中间商；而对于那些购买频率低的产品，则可选择窄渠道。

(2)消费者在购买上愿意付出的时间和精力也会影响分销渠道宽度的选择。对于日常生活用品，消费者一般不愿意在购买时花费很多时间，跑很远的路途，希望随时随地买到这种商品，因此，这类商品适合采用较宽的渠道。对于时装、电器、家具等产品，一般消费者在购买之前，要跑许多地方，进行比较选择，因此，这类商品通常可以选择较窄的渠道。

3. 产品因素

产品因素也会影响厂商对分销渠道宽度的选择。

产品重量、体积会影响分销渠道的宽度设计。产品越重、体积越大，渠道越窄；产品越轻、体积越小，渠道越宽。例如，建筑材料等产品，分销成本昂贵，运输、储存不便，可选择比较窄的分销渠道；快速消费品等，分销成本较低，运输和储存相对比较容易，可选择较宽的分销渠道。

另外，产品的价值、技术含量等产品因素也在一定程度上影响分销渠道的宽度设计。

4. 厂商因素

厂商因素也会影响渠道宽度的选择。如果厂商希望对分销渠道进行严格控制，一般会采取较窄的渠道，从而厂商可以直接控制产品分销的全过程，以便及时进行调整。如果中间商太多，会使厂商的渠道控制权力削弱。如果厂商由于种种原因，没有必要对分销渠道进行严格控制，或没有能力进行严格控制，那么可以选择相对宽的分销渠道。

（三）可口可乐的22种渠道

扩大分销网点，让更多的商店来销售企业的产品，这是市场深层次开发的重要手段。许多企业产品销售不畅的原因就是销售网点少、市场空白多、市场覆盖率低。提高店铺覆盖率也可以称为"广耕策略"，只要是消费者可能出现的销售点，企业就要尽全力去开拓、抢占，以方便消费者购买。可口可乐公司每天在全世界售出10亿杯饮料，这与该公司密如蛛网的销售渠道和在市场上的努力耕耘是分不开的。可口可乐公司从策略中的"买得到"到策略中的"无处不在"，强调的就是扩大销售点，使消费者在任何地方都能买得到可口可乐，甚至要销售人员开发卖茶叶蛋的老太太这一新渠道。可口可乐公司的信念就是：有人的地方就会产生"口渴"，因而会对饮料产生购买欲，如能提供最便利的购买方式，便能真正占有市场。在提高"店铺占有率"上，可口可乐的做法是：把销售渠道细分为22种，如表4-3所示，每一个渠道都有专人负责开发，并制订相应的渠道推广方案。

表4-3　可口可乐公司的22种渠道

渠道	说明
1. 传统食品零售渠道	如食品店、食品商场、副食店、副食商场、菜市场等
2. 超级市场渠道	包括独立超级市场、连锁超级市场、酒店和商场内的超级市场、批发式超级市场、自选商场、仓储式超级市场等
3. 平价商场渠道	经营方式与超级市场基本相同，但区别在于经营规模较大，而毛利更低。平价商场通过大客流量、高销售额来获得利润，因此在饮料经营中往往采用鼓励整箱购买、价格更低的策略
4. 食杂店渠道	通常设在居民区内，利用民居或临时性建筑和售货亭来经营食品、饮料、烟酒、调味品等生活必需品，如便利店、便民店、烟杂店、夫妻店、小卖部等。这些渠道分布面广、营业时间较长
5. 百货商店渠道	即以经营多种日用工业品为主的综合性零售商店。内部除设有食品超市、食品柜台外，多附设快餐厅、休息冷饮厅、咖啡厅或冷食柜台
6. 购物及服务渠道	即以经营非饮食类商品为主的各类专业店及服务行业，经常顺带经营饮料
7. 餐馆酒楼渠道	即各种档次的饭店、餐馆、酒楼，包括咖啡厅、酒吧、冷饮店等
8. 快餐渠道	快餐店往往价格较低，客流量大，用餐时间较短，销量较大
9. 街道摊贩渠道	即没有固定房屋、在街道边临时占地设摊、设备相对简陋、出售食品和烟酒的摊点，主要面向行人提供产品和服务，以即饮为主要消费方式
10. 工矿企事业渠道	即工矿企事业单位为解决职工工作中饮料、工休时的防暑降温以及节假日饮料发放等问题，采用公款订货的方式向职工提供饮料
11. 办公机构渠道	即由各企业办事处、团体、机关等办公机构公款购买，用来招待客人或在节假日发放给职工

续表 4-3

渠道	说明
12. 部队军营渠道	即由军队后勤部供应,以满足官兵日常生活、训练及军队请客、节假日联欢之需,一般还附设小卖部,经营食品、饮料、日常生活用品等,主要向部队官兵及其家属销售
13. 大专院校渠道	即大专院校等住宿制教育场所内的小卖部、食堂、咖啡冷饮店,主要面向在校学生和教师提供学习、生活等方面的饮料和食品服务
14. 中小学校渠道	指设立在小学、中学、职业高中以及私立中、小学校等非住宿制学校内的小卖部,主要向在校学生提供课余时的饮料和食品服务(有些学校提供课余时的饮料和食品服务;有些学校提供学生上午加餐、午餐服务,同时提供饮料)
15. 在职教育渠道	即设立在各党校、职工教育学校、专业技能培训学校等在职人员再教育机构的小卖部,主要向在校学习的人员提供饮料和食品服务
16. 运动健身渠道	即设立在运动健身场所的出售饮料、食品、烟酒的柜台,主要向健身人员提供产品和服务;或指设立在竞赛场馆中的食品饮料柜台,主要向观众提供产品和服务
17. 娱乐场所渠道	指设立在娱乐场所内(如电影院、音乐厅、歌舞厅、游乐场等)的食品饮料柜台,主要向娱乐人士提供饮料服务
18. 交通窗口渠道	即机场、火车站、码头、汽车站等场所的小卖部以及火车、飞机、轮船上提供饮料服务的场所
19. 宾馆饭店渠道	集住宿、餐饮、娱乐为一体的宾馆、饭店、旅馆、招待所等场所的酒吧或小卖部
20. 旅游景点渠道	即设立在旅游景点(如公园、自然景观、人文景观、城市景观、历史景观及各种文化场馆等)、向旅游和参观者提供服务的食品饮料售卖点。一般场所固定,采用柜台式交易,销量较大,价格偏高
21. 第三方消费渠道	即批发商、批发市场、批发中心、商品交易所等以批发为主要业务形式的饮料销售渠道。该渠道不面向消费者,只是商品流通的中间环节
22. 其他渠道	指各种商品展销会、食品博览会、集贸市场、庙会、各种促销活动等其他销售饮料的形式和场所

第三节　分销渠道控制与管理

　　企业在确定了分销渠道方案之后,必须对渠道进行有效的控制与管理。分销渠道的管理主要涉及渠道成员的选择、渠道成员激励、渠道评估、渠道调整和渠道冲突管理等。

一、渠道成员的选择

　　为了实现渠道目标,企业须选择合格的中间商来从事渠道分销活动。选择合适的经销商作为合作伙伴，对于维持分销渠道的良好运作是十分重要的。选择渠道成员，实际上是在选择成本和利润，因为每一个成员的实力和行为直接影响着合作效率。不同的企业，其招募经销商的能力也不相同。有些企业可以毫不费劲地找到合适的经销商加入其渠道，这主要是由于企业享有盛誉，或其产品具有较高的利润率。在某些情况下，独家分销或选择分销的承诺也会吸引相当数量的中间商加入其渠道。在选择经销商时，厂商必须确定经销商选择的标准，并做出合理的决策。

（一）分销渠道成员选择的原则与标准

1. 分销渠道成员选择的原则

明确经销商选择的目标和原则，并且做好深入细致的调查研究工作，全面了解每一个候选经销商的情况，是经销商选择工作的前提。明确目标是选择经销商的前提之一，企业要明确建立怎样的分销渠道，要达到怎样的分销效果。确定分销渠道的目标明确之后，这些目标就被转换成选择经销商的原则，成为指导经销商选择工作的纲领。一般来说，应遵循的原则包括以下四个方面：

（1）把分销渠道延伸至目标市场原则。这是建立分销渠道的基本目标，也是选择经销商的基本原则。企业选择经销商，建立分销渠道，就是要把自己的产品打入目标市场，让那些需要企业产品的最终用户或消费者能够方便地购买。根据这一原则，企业应当注意所选择的经销商是否在目标市场拥有其分销通路（如是否有分店、子公司、会员单位或二级经销商），是否在那里拥有销售场所（如店铺、营业机构）。

（2）分工合作原则。即所选择的中间商应当在经营方向和专业能力方面符合所建立的分销渠道功能的要求。尤其在建立短分销渠道时，需要严格掌握中间商的经营特点及其能够承担的分销功能。一般来说，专业的经销商对于那些价值高、技术性强、售后服务较多的商品，具有较强的分销能力。各种中小百货商店、杂货商店在经营便利品、中低档次的选购品方面力量很强。只有那些在经营方向和专业能力方面符合所建分销渠道要求的经销商，才能承担相应的分销功能，组成一条完整的分销渠道。

（3）树立市场形象的原则。在具体的区域市场上，应当选择那些在消费者的心目中具有较好的形象的经销商，这样有利于建立品牌形象。

（4）共同愿望原则。联合经销商进行商品分销，不单是对生产厂商、对消费者有利，对经销商也有利。分销渠道作为一个整体，每个成员的利益来自成员之间的彼此合作。只有所有成员具有共同愿望，具有合作精神，才有可能真正建立一个有效运转的分销渠道。在选择经销商时，要注意分析有关经销商分销合作的意愿、与其他渠道成员的合作关系，以便选择到良好的合作者。

2. 分销渠道成员选择的标准

中间商选择得是否得当，直接关系着生产企业的市场营销效果。在渠道成员选择之前，首先需要确定相应的标准。渠道成员选择的标准因企业性质、产品特征的不同而不同。从20世纪50年代开始，有许多学者提出了选择渠道成员的评价指标体系。罗杰·潘格勒姆于20世纪60年代提出的渠道成员选择标准，被认为是最综合和最具影响力的标准。他对美国和加拿大200多家制造商进行了实证分析，归纳出渠道成员选择的10个标准，如表4-4所示。

表4-4　罗杰·潘格勒姆的10个标准

标准	内容
1. 信用和财务情况	信用等级和资金流转情况
2. 销售能力	销售人员的素质和数量
3. 产品线	避免竞争性产品，具有相容性、补充性和高质
4. 声誉	知名度和美誉度
5. 市场覆盖范围	中间商覆盖制造商预期的地理范围
6. 销售绩效	能否实现制造商所期望的市场份额
7. 管理的连续性	中间商管理层的稳定性
8. 管理能力	重点标志是销售队伍管理状况
9. 态度	进取心、信心和热情
10. 规模	中间商的组织规模和经营额

菲利普·R. 凯特奥特提出了国际上选择中间商成员的6C标准，如表4-5所示。

表4-5　菲利普的6C标准

标准	要求
1. 成本(cost)	成本要低
2. 资本(capital)	成员要有资金实力
3. 控制(control)	适合控制
4. 覆盖面(coverage)	与厂商要求相吻合
5. 特性(character)	与厂商特性相符
6. 连续性(continuity)	具有长期稳定性

选择经销商时，一般都需要考虑有关经销商的信誉、市场经验、合作意愿、市场覆盖范围和综合服务能力等方面的信息。

(1)经销商的市场覆盖范围。市场是选择经销商最关键的因素。首先要考虑候选中间商的经营范围所包括的地区与产品的目标销售地区是否一致，比如，产品在东北地区，中间商的经营范围就必须包括这个地区。其次，中间商的销售对象是否是生产商所希望的潜在顾客，这是最根本的条件。因为生产商都希望中间商能打入自己已确定的目标市场，并最终说服消费者购买自己的产品。

(2)经销商的信誉。经销商的信誉是十分重要的，它不仅直接影响回款情况，还直接关系到市场的网络支持。一旦经销商中途发生变化，企业将面临重新开发渠道的问题，这往往需要付出更高的代价。因此，厂商通常都会回避与当地没有良好信誉的经销商建立合作关系。固特异轮胎橡胶公司的管理者认为："经销商的经验和财务能力通常可以退而求其次，但是这些经销商的品质是绝对重要的和不容商量的。"

（3）经销商的市场经验。许多企业在选择经销商时，往往非常重视考察经销商以往的绩效。经销商经营某类商品的经验是选择经销商的重要标准之一。对于经销商来说，长期从事某种商品的经营活动，通常会积累比较丰富的专业知识和经验，此外，经销商对市场比较熟悉，拥有一定的市场影响和客户资源。选择对产品销售有丰富经验的经销商可以比较快地打开销路。因此，厂商应根据产品的特点选择有经验的经销商。

（4）经销商的合作意愿。在选择经销商时，还要努力说服经销商接受企业的产品，因为并不是所有的经销商都会对企业的产品感兴趣。如果经销商对企业产品的兴趣不高，即使该经销商有很强的实力，很高的声誉，对于企业来说，也不是最好的选择，因为经销商的积极性将直接影响分销的效果。因此，合作意愿是选择经销商不得不考虑的一个因素。企业与经销商的合作是一种双赢的活动，需要双方的共同努力，通过扩大市场需求，获取更高的利润。因此，厂商应根据产品销售的需要，确定与经销商合作的具体方式，考察候选经销商对企业产品销售的重视程度和合作态度，然后再选择理想的经销商进行合作。

（5）经销商的经销产品组合情况。许多厂商希望经销商只经销本企业的产品。但在市场运作中，经销商经销的产品品种的规模，往往决定了潜在的客户量，也决定了产品的销售机会。因此，在选择经销商时，需要分析经销商经销的产品组合情况，是竞争产品还是促销产品。一般认为应该避免选用经销竞争产品的中间商，即中间商经销的产品与本企业的产品是同类产品，比如都为21英寸的彩色电视机。但是如果厂商的产品具有明显的竞争优势，就可以选择分销竞争对手产品的经销商。因为客户会在对不同厂商的产品作客观比较后，决定购买有竞争力的产品。

（6）经销商的财务状况。经销商能否按时结算，包括在必要时预付货款，取决于其财力的大小。厂商倾向于选择资金雄厚、财务状况良好的经销商，因为这样的经销商能保证及时付款，还可能在财务上向厂商提供某些帮助，如分担一些销售费用，提供部分预付款或者向客户提供某些资金融通，如允许客户分期付款等，从而有利于扩大产品销路和厂商生产。如果选择的经销商财务状况不佳，则往往会拖欠货款，给厂商造成资金周转问题。

（7）经销商的地理区位优势。区位优势即位置优势。选择零售中间商最理想的区位应该是顾客流量较大的地点。批发中间商的选择则要考虑它所处的位置是否利于产品的批量储存与运输。通常以交通枢纽为宜。

（8）经销商的促销能力。经销商经销商品的方式及运用促销手段的能力，直接影响销售规模。有些产品广告促销比较合适，而有些产品则适合通过销售人员推销；有的产品需要有效的储存，有的则需快速运输。要考虑到中间商是否愿意承担一定的促销费用以及有没有必要的物质、技术基础和相应的人员。选择中间商之前，必须对其所能完成某种产品销售的市场分销政策和技术的现实可能程度做全面评价。

（9）经销商的综合服务能力。除了以上标准外，还要考虑经销商的综合服务能力，有些产品需要中间商向客户提供售后服务，有些在销售中要提供技术指导或财务帮助（如赊购或分期付款），有些产品还需要专门的运输存储设备。合适的经销商所能提供的综合服务项目与服务能力应与企业产品销售所需要的服务要求相一致。

以上分析的各种因素，实际上可以归纳为三类因素，即销售与市场方面的因素、产品与服务方面的因素、风险方面的因素（表4-6）。销售与市场方面的因素表明了选择经销商是为了进入该地区市场，经销商在这方面应该富于竞争力，这是分销渠道取得成功的重要保证。

产品和服务方面考虑的最主要的是不经营竞争对手的产品，以及经销商对分销产品的知识和分销经验。风险方面的考虑表明了厂商希望能够和经销商充分合作、避免冲突的愿望。

表4-6　经销商选择的三类考虑因素

销售与市场因素	产品与服务因素	风险因素
1. 经验和绩效	1. 产品知识	1. 对合作的热情和兴趣
2. 对客户的了解	2. 对客户提供的服务	2. 对成功的渴望
3. 和客户之间的联系	3. 经营产品类别	3. 财务实力
4. 市场覆盖面	4. 市场消息的反馈	4. 信誉
5. 销售人员的能力与素质		

(二) 渠道成员的选择方法

一旦确定了渠道成员选择的评价标准，就可以对候选的经销商进行评估了。在选择渠道成员时，可采用定性评价和定量评价两种方法。选择经销商的方法有很多，本书介绍企业常用的一种方法——评分法。采用评分法，首先需要确定评价标准和因素的权重，然后计算各候选经销商的加权评估得分，选择得分较高者作为渠道的合作伙伴。评分法主要适用于在一个较小范围的地区市场上，为建立的渠道网络选择理想的经销商。

表4-7为某企业采用评分法进行渠道成员选择的应用例子。企业选取的评价因素包括市场覆盖度、信誉、区位优势、促销能力等，并经过考察，初步确定了3家候选的经销商，候选经销商各自在某些方面有一定优势，但没有一家经销商在各方面都处于领先水平。运用评分法，公司对三个候选的经销商进行评价，最终考虑选择经销商B作为当地的经销商。

表4-7　评分法应用

评价因素	权重	经销商 A		经销商 B		经销商 C	
		分数/分	加权	分数/分	加权	分数/分	加权
市场覆盖度	0.25	90	22.5	95	23.75	85	21.25
信誉	0.15	80	12	85	12.75	95	14.25
经验	0.1	90	9	90	9	85	8.5
合作意愿	0.15	85	12.75	90	13.5	95	14.25
综合服务	0.1	75	7.5	85	8.5	85	8.5
财务状况	0.05	85	4.25	80	4	90	4.5
区位优势	0.1	90	9	85	8.5	85	8.5
促销能力	0.1	85	8.5	90	9	85	8.5
总计	1.0	680	85.5	700	89	705	88.25

二、分销渠道成员的激励

激励渠道成员是渠道管理中不可缺少的一环。分销渠道的有效运行需要渠道中所有成员的努力，良好的激励可以充分调动渠道成员的积极性。渠道成员激励是指厂商为了实现其渠道战略和分销目标而采取一系列措施，激发渠道成员的动机，使其朝着厂商所期望的目标前进的活动过程。

(一)分析渠道成员的需要

激励渠道成员，首先必须了解渠道成员的需要。虽然经销商与厂商是同一条供应链中的成员，有着共同的利益，但是由于在供应链中的位置和作用不同，经销商和厂商看待问题的角度也不一样。

(1)经销商具有相对独立性，并且具有自己的经营方式，执行实现自己目标所必需的职能，在自己可以自由决定的范围内制定自己的政策。

(2)对经销商来说，最重要的是客户，而不是厂商，他最感兴趣的是客户要从他那儿购买什么，而不是厂商要向他提供什么。

(3)经销商往往经销多家企业的产品，他会把他销售的所有商品当作一个整体来看，关心的是整个产品组合的销量，而不是单个商品的销量。

由于经销商是独立的经济实体，有着自己的利益，因此，厂商要想管理好经销商，就应该充分了解经销商的需要，制订有针对性的激励措施。我们可以通过分析经销商选择厂商时考虑的因素，去分析渠道成员的需要，作为制订激励措施的依据。例如，对于零售商来说，并不会经销所有厂商的产品，实力越强的零售商对厂商的选择越严格，早在1980年，就有专家提出了零售商选择厂商时考虑的23项因素，这些因素是零售商选择厂商的标准，也是厂商激励零售商的手段(表4-8)。

表4-8 零售商选择厂商的23个因素

序号	因素	序号	因素
1	接受被损坏物品的退货	13	新产品容易获得
2	具有便捷的订货程序	14	拥有善解人意的销售代表
3	接受未被售出而退回的商品	15	允许在建议标价上有一个浮动余地
4	提供迅速的货物运送	16	提供数量折扣
5	维持足够的供应	17	可赊账期不低于30天
6	立即处理投诉	18	聘用训练有素的销售代表
7	被公认为诚实	19	提供足够的总体促销支持
8	有好的声誉	20	提供广告合作
9	经营产品种类范围广	21	提供商店陈列品
10	提供小批量送货	22	销售代表离职率低
11	提供经常性促销补贴	23	对具体产品提供促销建议
12	不限定最小订货批量		

（二）激励措施

对于厂商来说，激励的目的是希望经销商多提货、早回款，增强现有渠道的风险抵御能力等。激励经销商的措施大体上可分为两种：直接激励和间接激励。

1. 直接激励

直接激励指通过给予中间商物质的奖励来激发中间商的积极性，从而实现公司的销售目标。例如，为了应战格兰仕掀起的新一轮微波炉价格大战，美的一改往常的做法，将眼睛盯在经销商身上。美的投资 3000 万元，购买了奔驰、奥迪等 83 辆奖励车，并承诺送 120 家优秀经销商出国深造。直接激励的主要方式有：

（1）返利政策。返利是厂商根据一定的评判标准，以现金或实物的形式对经销商的滞后奖励。从兑现时间上分类，返利一般分为月返、季返和年返三种；从兑现方式上分类，返利分为明返和暗返两类；从奖励目的上分类，返利分为过程返利和销量返利。返利是一把双刃剑，如果运用得当，可以起到激励经销商的作用，可一旦用不好，则可能诱发经销商的短期行为。

（2）价格折扣。包括数量折扣、现金折扣、等级折扣、季节折扣等基本形式。数量折扣一般根据经销数量、金额来确定相应的折扣；等级折扣，是指根据经销商在渠道中的等级，给予相应的待遇；现金折扣，是指根据经销商回款的速度，给予不同的折扣力度；季节折扣，是指在旺季转入淡季之际，通过鼓励经销商多进货，减少厂商仓储和保管的压力，进入旺季之前，加快折扣的递增速度，促使渠道进货，达到一定的市场铺货率，以抢占市场先机。

（3）开展促销活动。厂商利用广告宣传推广产品，一般很受经销商欢迎，广告宣传费用可由厂商负担，亦可要求经销商合理分担。厂商还应经常派人面见一些主要的经销商，协助安排商品陈列，举办产品展览和操作表演，训练推销人员，或根据经销商的推销业绩给予相应奖励。

（4）资金支助。经销商一般期望生产企业给予他们资金支助，这可促使他们放手进货，积极推销产品，一般可采取售后付款或先付部分货款待产品出售后再全部付清的方式，以解决经销商资金不足的困难。

2. 间接激励

间接激励指通过帮助经销商进行更好的管理和销售，以提高销售绩效来激发经销商的积极性。常用的间接激励形式主要有：协助经销商搞好经营管理，提高营销效果，如帮助经销商合理确定安全库存数，提高库存管理水平；帮助零售商进行零售终端管理，包括铺货和商品陈列等。提供市场情报，厂商定期或不定期地邀请经销商座谈，共同研究市场动向，制订扩大销售的措施，企业还可将自己的生产状况及生产计划告诉经销商，为经销商合理安排销售提供依据。

三、分销渠道的评估

分销渠道的效率与价值，对于企业分销渠道的重建和调整有着十分重要的意义。企业在设计分销渠道时，必须对经销商的声誉、财务状况、合作意愿等方面进行综合考虑。确定了分销渠道成员也并不意味着分销渠道就一成不变了。企业需要对分销渠道进行定期或不定期的评估，为渠道调整提供依据。

评估渠道的标准有许多，主要包括客户满意度、财务绩效和渠道运行状态等。

(一)客户满意度

营销的目标是使客户满意,因此,评价分销渠道必须要评价客户的满意度。分销渠道的客户满意度取决于分销服务的质量状况。

(二)财务绩效

分销是营销的重要组成部分,渠道评估除了客户满意度方面的指标外,还必须有财务方面的指标。财务绩效评估是通过一系列量化指标来分析的,如销售量水平、市场占有率、渠道费用、赢利能力等,这些指标大体能反映渠道的市场开拓能力、赢利能力、发展能力等内容。

(三)分销渠道运行状况

无论是客户满意度情况,还是财务绩效情况,都与渠道的运行状态密切相关。渠道运行状况是指渠道分销产品规模数量、畅通性、市场覆盖面等情况,它主要指渠道本身运行的过程,而不是指这个过程运行的结果。分销渠道运行状况的评价指标具体包括商品周转速度、货款回收速度、渠道覆盖率和市场覆盖面、销售量和市场占有率等。

四、分销渠道的调整

为了适应市场环境的变化,分销渠道还要定期进行调整。当客户的购买方式发生变化、市场扩大、新的竞争者进入或者产品进入衰退期时,便有必要对渠道进行相应调整。根据实际情况的不同,企业分销渠道的调整策略也不同。

(一)调整渠道成员功能

调整渠道成员功能是指重新分配渠道成员应执行的功能,使之能最大限度地发挥自身潜力,从而提高整个分销渠道的效率。随着渠道中间利润越来越薄,许多厂商都提出了"扁平化"的渠道策略,减少渠道的中间环节数,这就要求相应的经销商转变角色,如某些经销商从原来"搬箱子"的功能,发展到直接面对消费者的经销商。

(二)调整渠道成员数量

在考虑渠道调整时,通常会涉及增加或减少某些经销商的问题。在调整渠道成员数量时,需要分析增加或减少某些渠道成员后,对企业分销效果的影响。美国通用汽车公司在对汽车工业市场进行调研的过程中发现,汽车市场上的代理商数量过多。这些代理商相互竞争、经营积极性较低,责任心较差,结果一方面客户不满意,另一方面汽车成本不断增加。通用汽车公司对其渠道进行了调整,首先精选代理商,然后不惜花费时间、人力、物力对这些代理商进行培养、定期考察,对经营绩效好的代理商进行奖励,这些举措大大调动了代理商的积极性,而代理商积极性的提高,促进了汽车的销售。

(三)调整个别分销渠道

由于各细分市场的购买类型、市场情况往往会发生很大变化,因此,厂商需要分析其使用的所有分销渠道是否能有效地适用于目标市场。根据各目标市场的变化情况,对分销渠道进行调整,增加或减少某些分销渠道。例如,目前的分销渠道不能很好地占领目标市场时,应考虑重新选择新的分销渠道占领目标市场。

五、分销渠道冲突与管理

渠道成员之间的合作程度、协调程度如何,将直接影响到整个渠道的分销效率和效益。

由于市场上的激烈竞争，分销渠道之间有合作也有冲突。厂商的目标应该是通过有效的沟通和协调管理，加强合作，降低或减少冲突的发生。

分销渠道之间的关系可分为水平关系、垂直关系和交叉关系。

（一）分销渠道中的水平冲突与管理

水平关系是指同一层次的分销渠道成员之间的关系。水平渠道冲突，是指渠道内同一层次中的成员之间的冲突，如同级经销商之间的冲突，表现形式为跨区域销售、压价销售、不按规定提供销售服务等，如图4-7所示。一般情况之下，在密集性分销时中间商之间的竞争最为激烈。水平渠道关系中的主要冲突问题包括以下几个：

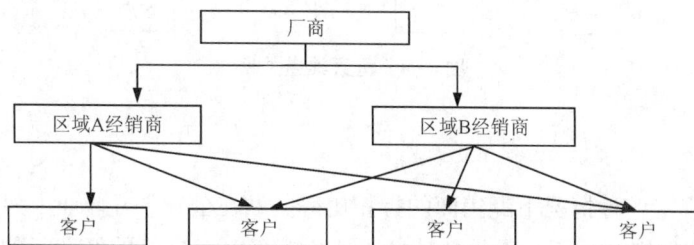

图 4-7 水平渠道关系

1. 价格混乱

由同级经销商之间的激烈竞争而引起的竞相压价，造成渠道中的价格不一，使下一级经销商和最终客户无所适从。为了避免这种混乱，公司尽可能制订统一的价格体系，在合同中明确规定适当的浮动价格范围，增加零售建议价；对执行较好的经销商给予奖励，对违反者采取惩罚措施，对已出现问题的地区，增派人力进行市场的解释说明和重新定位。

2. "窜货"现象

有些经销商为了发展自己的经销网络，会侵蚀其他同级经销商的下游成员或经营区域，造成整体市场的恶性竞争和混乱局面。为了避免"窜货"，公司必须严格界定各经销商的经营区域，同时在保持市场稳定的前提下，根据公司的发展战略有意识地培养或限制某些经销商的发展。

3. 产品供应不平衡

尽管经销商处于同一级别，但由于供货来源不同，往往会导致产品供应不平衡，有的经销商货源充足，有的则出现脱销现象。为了平衡供货，公司需要对某一区域的市场进行详细的调查，对经销商的数量进行统一的规划和安排，保证市场的全面供应。

4. 促销方式不统一

各经销商由于实力和经营目的不同，往往会采取不同的促销方式，有时甚至擅自更改预定的促销方式和促销内容，造成市场的混乱局面。对此，公司应制订统一的促销活动，规定参与活动的经销商的促销方式和内容，并派人员协助其开展促销活动，这样既可避免出现混乱，也可保证促销活动的协调一致。

（二）分销渠道中的垂直冲突与管理

垂直关系是指处于渠道不同层次的成员之间的关系。垂直渠道冲突，是指同一条渠道中不同层次之间的冲突，如厂商和经销商之间、经销商和零售商之间的冲突，如图4-8所示。

垂直渠道关系中的主要冲突问题包括以下几个：

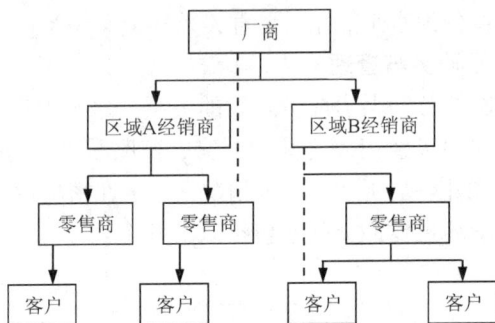

图4-8 垂直渠道关系

1. 折扣率

公司通常会规定各种情况下经销商的折扣比率。站在公司的立场上，为了尽可能实现自己的利润目标，该经销商的折扣率越低越好；但经销商出于自己的经营目的，自然希望利润最大化，因而要求公司给予更优惠的条件和更高的折扣率。对此，公司要加强和经销商的沟通、交流，说服经销商与公司达成共识，为产品的市场推广共同努力。另外，公司在确定折扣率时要保留一定的灵活空间，以便在市场竞争环境发生变化时，能相应变动，保持竞争优势。

2. 回款

厂商希望经销商或代理商能尽快回款，以加快资金的周转速度，缓解企业财务上的压力；而经销商则希望尽量延迟付款，使自己承担的风险最低。基于此，企业可以根据经销商回款的速度确定不同的折扣，或者在合同中规定对及时回款者的激励额度，并对预先付款的经销商提供较大的折让空间。另一方面，可以在年终汇总时，根据经销商的回款情况，采取综合评估并给予相应"返点"的激励措施。

3. 产品供应

在旺季，经销商往往要求公司大量供货，提供供货保证，加快供货周期，以防止产品脱销。在淡季，公司要求经销商能大量进货，一方面占用经销商的周转资金，防止竞争产品进入，另一方面为进入旺季前实现高铺货率和占领市场提供保证。但经销商却希望在淡季抽出资金经营其他热销产品。对此，公司要合理有效地安排生产和物流，在旺季保证对经销商的供应，同时调整供货周期，并与经销商一起制订周密的供货和库存计划。在转入淡季时，公司应采取各种手段说服经销商囤货，确保一进入旺季，产品迅速占领市场。

4. 激励政策

激励政策冲突的原因在于厂商和经销商处于分销的不同环节，对销售措施和促销的作用有不同的判断，同时对每一个渠道成员的绩效评估有不公平的现象，这就会出现双方在激励政策上的冲突。为了提高分销渠道中各中间商的积极性，公司可制订适当的激励政策。首先要对市场进行分析和预测，找出经销商的利益点。同时要注意到经销商之间的差异，通过客观、公平的评估制订出有效的激励政策。此外，对于例外情况要有灵活处理的空间。

5. 市场推广支持

公司在做市场推广时，希望得到经销商的合作与支持，尤其是在广告宣传方面。公司希望经销商自己进行广告宣传，并承担相应的费用。但经销商则希望公司不仅能对最终客户进行大量的产品宣传，而且在与经销商联合做广告宣传时，能提供优惠的条件或激励措施。对此，公司一方面要鼓励经销商进行广告宣传，提高分销渠道的拉力作用，另一方面对合作进行的广告宣传，可给予一定的资助，如以折扣或"返点"的形式分担其一部分费用支出，或派人协助等。

6. 分销渠道的调整

公司基于营销的目的，有时需要对现有分销渠道做出适当调整，增加或减少中间商数量。这可能会引起现有经销商的不满或可能导致经销商的忠诚度下降。为此，公司在增加分销渠道时，既要保证现有经销商的利益，稳定长期建立起来的合作关系，又要鼓励新的经销商努力发展，尽可能扩大公司的分销网络。当公司减少中间商时，要尽可能保留与原来经销商良好的关系，以备将来发展之需。同时要与现有经销商进行充分沟通，使其了解公司目前的政策和发展方向，稳定市场，巩固经销商对公司的忠诚度。

(三) 分销渠道中的交叉冲突与管理

当公司为了尽可能多地占领市场时，会通过不同类型的渠道形成网络，来广泛销售其产品。交叉关系是指不同阶层或不同类型的分销渠道成员之间的关系。交叉渠道冲突，是指两条或两条以上渠道之间的成员发生的冲突。当厂商在同一市场建立两条或两条以上的渠道时，就会产生这类冲突，如直接渠道与间接渠道中成员的冲突，代理分销与经销形式中渠道成员之间的冲突。交叉渠道关系所产生的主要问题有：

1. 跨区域"窜货"

由于厂商在资源上的限制，常常会造成不同区域之间分销渠道发展的不平衡。而处于不同发展阶段，厂商给予分销渠道的优惠政策是不同的，所以有些经销商就利用地区之间的差价进行"窜货"，对当地市场造成了冲击，挫伤了当地经销商的士气。"窜货"产生的主要原因是一些区域的供应过于饱和，或者广告的拉力过大而分销渠道建设没跟上，或者地区间的差价过大等。对此，厂商必须在供货上给予调控，防止"窜货"，并对出现"窜货"的经销商予以惩罚。

2. 价格不统一

一般地，厂商给予经销商、代理商和直营机构的出厂价是不相同的，这就造成了最终市场的零售价的混乱，不仅影响了产品的销售和形象，而且造成了中间商之间的冲突。对此，厂商需对不同市场的分销渠道进行合理设计，例如，直营机构服务于大型的直接用户和经销商，而经销商则面对一些零售商或特殊用户等。厂商可根据不同的职权范围确定相应的价格，并根据订货量和经销商的合作程度确定适当的价格浮动范围，以保证价格体系的全面和完善。

3. 从属关系发生变化

由于竞争的原因，分销渠道中的各级中间商的地位会发生很大的变化，例如，二级经销商上升为一级经销商，零售商上升为经销商，或者相反的顺序变化。这种转变会给厂商带来较大的影响，为此，厂商必须全面掌握分销渠道的动态，使之向有利于企业的方向发展。厂商应有意识地培养对自己有利的经销商，并协助他们发展。

4. 下游成员的变动

有时一些高层次的经销商的下游成员会发生互换或转移，其可能是正当竞争的结果，也可能是不正当竞争的结果。后者会对市场产生不利的影响。对此，厂商应采取有力措施对不正当竞争进行遏制，避免分销渠道中的内耗和恶性竞争。

【复习思考习题】

一、单项选择题

1. 一般来说，分销渠道的起点是生产者，终点是最终的消费者或用户。在商品从生产者向最终消费者或用户的流通过程中，商品的所有权至少要转移(　　)次。

A. 一　　　　　　B. 二　　　　　　C. 三　　　　　　D. 四

2. (　　)适合于产品类型多变的小型企业或者生产规模较小的企业，并且企业生产不稳定或产量低的分销渠道系统。

A. 多渠道系统　　　　　　　　B. 水平渠道关系

C. 松散渠道关系　　　　　　　D. 垂直渠道关系

二、多项选择题

1. 分销渠道的流程管理是分销渠道成员对分销过程中的物流、资金流、信息流及相关要素的计划、组织和控制的过程。通常来说，分销渠道由(　　)、促销流程等流程构成。

A. 所有权流程　　　　　　　　B. 信息流程

C. 付款流程　　　　　　　　　D. 实物流程

2. 企业在建立自己的分销渠道系统时，需要确定渠道的长度、宽度及广度，也就是要确定渠道的整体构架。而在设计渠道的长度、宽度和广度之前，首先需要确定分销渠道的目标。一般来说，分销渠道的设计过程主要涉及(　　)。

A. 分析客户的服务需要　　　　B. 评估选择分销渠道方案

C. 设计各种分销渠道方案　　　D. 确定分销渠道的目标

3. 分销渠道方案确定后，企业就要根据各种备选方案进行评价，找出最优的渠道方案。在选择分销渠道时，一般以渠道的经济性、(　　)等标准来评价各种分销渠道设计方案。

A. 控制性　　　B. 前瞻性　　　C. 适应性　　　D. 方便性

三、判断题(正确的打"√"，错误的打"×")

1. 分销渠道的基本活动是商品从生产者向最终消费者转移过程中所发生的买、卖、储和运，其中买和卖是核心活动，而储和运则是辅助活动。在分销过程中，对于生产者来说，就是卖出商品或服务的过程；而对于经销商来说，就是买进商品和卖出商品的过程；而对于最终用户来说，就是购买商品的过程。(　　)

2. 在设计分销渠道时，关键要确定分销渠道的目标。分销渠道的目标包括预期要达到的客户服务水平、各分销渠道成员应该发挥的功能等。渠道目标因产品特性不同而不同，如易腐商品要求采用直接渠道或短渠道。企业在设计分销渠道时，不要同时兼顾客户服务需要和利润目标。(　　)

3. 直销覆盖面大，但也有不足，主要是仓储运输费用、销售人员费用和管理费用高，网络分散。(　　)

四、填空题

1. 分销渠道广度是宽度的一种_____和_____，是指厂商选择几条渠道进行产品的分销活动。分销渠道广度主要有两种类型：单渠道和多渠道。

2. 产品因素也会影响分销渠道的长度设计。具体来说，产品的技术性、耐用性、重量、_____和_____等因素都会影响渠道的长度。

3. 分销渠道宽度的选择受市场规模大小和_____的影响。

五、名词解析

分销渠道　零级渠道　直接激励

六、简答题

1. 请分析分销渠道中经销商存在的意义。

2. 请分析渠道设计时需要重点考虑的因素。

3. 选择分销商时需要综合分析哪些因素？

4. 如何解决分销渠道中的水平、垂直和交叉冲突？

七、论述题

意大利某著名皮鞋制造商准备开拓中国上海市场，并决定通过上海的零售商来销售其产品，该企业考虑两种渠道方案：①公司雇用 10 个业务代表，在上海设立一个营业办事处，采取基本薪金加上以销售额为基础的佣金；②公司在上海寻找一家和零售商有着广泛联系的代理商。请为这家企业提供你的决策建议。

八、案例分析题

李宁公司如何化解电商矛盾

"为什么淘宝上的价格比我的采购价都低？"这似乎是李宁公司分销商们的心头之痛。虽然到目前为止，电商仍然不能代替实体店铺，但是，诸多行业的实体店铺的确有"被出局"的危机。分销渠道与电商渠道的冲突让传统企业的电商路裹足不前，甚至危机重重。究竟是什么原因让李宁公司分销商感叹生意惨淡？传统企业该如何理清渠道脉络？

- **李宁公司的发展历史**

李宁公司是中国家喻户晓的"体操王子"李宁先生在 1990 年创立的体育用品公司。经过多年的探索，李宁公司已逐步成为代表中国的、国际领先的运动品牌公司。从成立初期率先在全国建立特许专卖营销体系到持续多年赞助中国体育代表团参加国内外各种赛事，从成为国内第一家实施 ERP 的体育用品公司到不断进行品牌定位的调整，再到 2004 年 6 月在香港上市，李宁公司经历了中国民族企业的发展与繁荣。

李宁公司拥有品牌营销、研发、设计、制造、经销及零售能力，产品主要包括自有李宁品牌生产的运动及休闲鞋类、服装、器材和配件产品，主要采用外包生产和特许分销商模式，在中国已经建立了庞大的供应链管理体系以及分销和零售网络，截至 2011 年末，李宁品牌店铺在中国境内总数达到 8255 间，并且在东南亚、中亚、欧洲等地区开拓业务。

创新是李宁公司品牌发展的根本。李宁公司自成立之初就非常重视原创设计。1998 年，建立了中国第一家服装与鞋产品设计开发中心，率先成为自主开发的中国体育用品公司。2004 年 8 月，香港设计研发中心成立，集中负责设计李宁品牌服装产品，并且与国内外各大知名高校和研究机构保持密切合作。

· 线上与线下之争

李宁公司为了加大国内市场的开发力度和消化过高的库存，从而加大了线上渠道的建设。然而，在线上网店低折扣推出后，线下实体店的经营却愈趋冷淡。从线上渠道的李宁官方商城可以看到，李宁不但推出反季库存商品2.8折起专场促销活动，还推出了针对2012年秋季新品的专场促销，在网店中，不但给出了"5折封顶"的折扣还推出了折后满300元再减80元活动。

"消费满980元，再次购物全场5.5折，其中包含了许多2012年的畅销品，比如宁弧等。5.5折与我当季采买的折扣一致，甚至低于大部分分销商的采买折扣，这让我们分销商如何是好?"有分销商说道："当我作为消费者与客服沟通时问到'为什么低于实体店铺的售价'时，对方告知我因为他们是工厂直供的，实体店铺都是通过他们采买的，这种说法让我们心寒。"

有分销商透露，部分分销商从经销商手中进货的折扣是5~9折，也有大部分区域分销商拿货的价格在吊牌价的6折左右。

一位李宁公司的县级市分销商称，线上销售的低价已经影响到实体店铺销售，其门店从鼎盛时期的7家已经只剩下最后1家。

为了获取更低采购价的货源，有部分分销商铤而走险，通过淘宝找渠道窜货，从认证店走向"黑店"，以此保证店铺利润。还有更多分销商不堪成本压力，选择关店。这或许意味着李宁公司损失了一家年出货百万的店铺。以上经销商表示，李宁期货订单的减少也不无此原因。渠道的混乱，价格体系的缺失，货品规划的空缺，不仅给经销商带来了管理困难和营收压力，长此以往，品牌的负面影响也会随之而来，李宁品牌的美誉度岌岌可危。

数据来源：http://www.100ec.cn/detail--6061515.html

案例思考题：

1. 李宁公司目前在渠道管理上存在哪些问题?

2. 协调线上网店与线下实体店的矛盾成为李宁公司在销售渠道上需要思考的一个大问题，如何才能达到线上与线下共赢呢?

【本章参考文献】

[1]王长琼.供应链管理[M].北京：北京交通大学出版社，2013.

[2]黄丽华，唐振龙，袁媛.供应链管理[M].长沙：湖南师范大学出版社，2013.

[3]邵晓峰，张存禄，李娟.供应链管理[M].北京：高等教育出版社，2013.

[4]马士华，林勇.供应链管理[M].4版.北京：高等教育出版社，2015.

[5]张小兵，徐叶香.论企业的供应链管理[J].商业研究，2002(8)：39-41.

[6]黄吉乔，张冬.论新经济时代的业务外包[J].物流技术，2002(1)：29-30.

[7]刘助忠.物流学概论[M].北京：高等教育出版社，2015.

第五章　供应链网络设计

> 供应链网络设计是供应链管理中不可或缺的重要内容。本章介绍了供应链网络设计的影响因素、供应链网络设计的分析框架、网络设计的常见模型。通过学习，读者能够掌握供应链网络设计的基本理论和方法。

第一节　供应链网络设计的影响因素

一、宏观环境因素

宏观环境因素包括税收、关税、汇率和其他一些经济因素。这些因素是独立于单个企业的外部因素。随着贸易的增长和市场的全球化，宏观环境因素对供应链网络的成败会产生很大影响。因此，企业在设计供应链网络时必须考虑这些因素。

（一）关税和税收减让

关税是指当产品或设备经过国界、州界或城市边界时必须支付的税收。关税对供应链网络布局决策有很大的影响。如果一个国家的关税高，企业要么放弃这个国家的市场，要么在该国建立生产厂以规避关税。高关税导致供应链网络在更多的地方布局生产，配置在每个地方的工厂生产能力都较小。随着世界贸易组织的成立和地区性协议的签订，关税已大大降低，企业可以通过建立在一国以外的厂家向该国提供产品而无须支付高额的关税。因此，企业开始集中布局其生产和配送基地。对全球企业来说，关税降低导致生产基地数量的减少和每一生产基地生产能力的扩大。

税收减让是指国家、州或城市通过削减关税或税收，以鼓励企业布局于某一特定区域。许多国家不同地区之间的税收减让政策不一样，以鼓励企业在发展水平较低的地区投资。对许多工厂来说，这种税收减让往往是供应链布局决策的最终决定因素。

（二）汇率和需求风险

汇率波动对世界市场的供应链利润有显著影响。一家公司在美国销售其在日本生产的产品，就面临着日元升值的风险。在这种情形下，生产的成本用日元衡量，而收益却用美元衡量，因此日元升值将造成生产成本的增加，从而减少企业的利润。人们可以运用金融工具化解汇率风险，因为金融工具可以限制或规避汇率波动带来的损失。然而，设计良好的供应链网络提供了利用汇率波动增加利润的机会。一个有效的方法是在网络中多规划一部分生产能力，使生产能力具有灵活性，从而满足不同市场的需求。这种灵活性可以使企业在供应链中改变产品的流向，并在当前汇率下成本较低的基地生产更多的商品。企业还必须考虑到由于经济波动而导致的需求波动。例如，亚洲经济在 1996—1998 年增速放慢。如果在亚洲拥有生产基地的企业的供应链网络毫无灵活性，其在亚洲地区的部分生产能力就会闲置。而生产基地中具有较大灵活性的企业却能利用这部分生产能力来满足其他地区的需求。因此，在进行供应链设计时，企业必须使之具有灵活性，以应对汇率波动和不同国家的经济波动。

(三)技术因素

技术因素对供应链网络设计有显著的影响。如果生产技术能带来显著的规模经济效益，布局数量少且规模大的设施是最有效的。以计算机芯片的生产为例，由于计算机芯片的生产需要很大一笔资金，因此，大多数企业都建立数量极少但规模很大的芯片生产厂。相反，如果设施建设的固定成本较低，就应该建立数量较多的地方性生产设施，因为这样有助于降低运输成本。例如，可口可乐瓶的生产厂固定成本较低，为了减少运费，可口可乐公司在世界各地都建有可口可乐瓶的生产厂，每一家生产厂都能满足周边地区的市场需求。另外，生产技术的灵活性也影响到网络进行联合生产的集中程度。如果生产技术很稳定，而且不同国家对产品的要求不同，就必然会在每一个国家建立地方性基地为该国的市场服务。相反，如果生产技术富有灵活性，在较少的几个大基地进行集中生产，则更简单易行。

(四)政治因素

政治因素的考虑在布局中也起着重要作用。企业倾向于布局在政局稳定的国家，这些国家的经济贸易规则较为完善。并且，拥有独立和明确法制的国家会使企业觉得一旦它们需要，就能通过法律途径获得帮助。这容易使得企业在这些国家投资建厂。政治稳定很难量化，所以企业在设计供应链网络时只能进行主观的评价。

(五)基础设施

良好的基础设施是在特定区域进行布局的先决条件。良好的基础设施能使企业在这一区域进行商务活动时的成本减少。例如，许多全球化的大企业愿意在中国的上海、天津和广州等城市附近布局生产，尽管这些地区的劳动力成本不菲、地价较高，但这里的基础设施较为完善。关键的基础设施因素包括场地的供给、劳动力的供给、靠近运输枢纽、有铁路服务、靠近机场和码头、靠近高速公路入口、交通密集和地方性公用事业等。

二、行业环境因素

设计供应链时，企业还必须考虑到行业竞争对手的战略、规模和布局。一项基本的决策便是，企业是临近还是远离竞争对手的布局。决定这一决策的因素包括企业如何进行竞争，以及原材料和劳动力等外部因素是否迫使其相互靠近等。

(一)企业间的积极外部性

积极外部性是指许多企业邻近布局使它们均能受益。例如，汽油店和零售店倾向于靠近布局，因为这样做增加了总需求，能使双方都受益。例如，在一条商业街上集中布局相互竞争的零售店，方便了顾客，使他们只需要到一个地方就可以买到他们需要的所有东西，这不仅增加了这条商业街顾客到访的人数，也增加了所有布局在这里的商店的总需求。另外，在一个待发展地区，竞争者的出现会使合适的基础设施得到发展。比如，铃木公司是第一家在印度设立生产基地的汽车厂商，费了很大的功夫建立了地方性供应网络。而后，考虑到铃木公司在印度建设的良好供应基础，其竞争对手也在那里建立了装配厂。

(二)为瓜分市场而布局

当不存在积极外部性时，企业也可以集中布局，以获取最大可能的市场份额。

首先用霍特灵(Hotelling)提出的一个简单模型来解释隐藏在这一决策后面的机理。当企业不能控制价格，而只是在与客户距离的远近上相互竞争时，它们就能通过相互接近的布局获取最大的市场份额。假设客户均匀地分布在(0，1)这个区间上，两个企业通过调整与客户距离的远近进行竞争，如图5-1所示。

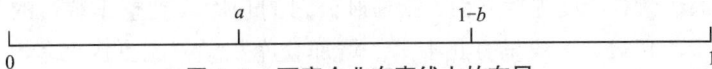

图5-1 两家企业在直线上的布局

客户总是更愿意光顾与自己距离最近的一家企业，而与两家企业距离相等的客户在二者之间平均分配。如果总需求为1，企业1布局在点a，企业2布局在点$1-b$，那么两个企业的需求力d_1和d_2分别是

$$d_1 = \frac{(1-b+a)}{2} \text{和} d_2 = \frac{(1+b-a)}{2}$$

显然，如果两家企业能更近地布局，最终使得$a=b=1/2$时，两家企业都能将自身的市场份额最大化。假设两家企业布局在(0，1)的中间，那么与客户的平均距离都是1/4；如果一家企业布局在1/4，而另一家企业布局在3/4，则与客户的平均距离减少到1/8。因此，竞争的结果使得两家企业在直线的中央邻近区域布局，虽然这样增加了与客户之间的平均距离。

如果企业在价格上进行竞争，并且承担向客户送货的成本，那么最优的布局可能是二者尽可能离得远些，即企业1布局在0而企业2布局在1。相互远离的布局模式减少了价格竞争，有助于企业瓜分市场实现利润最大化。

三、内部环境因素

(一)战略性因素

一个企业的竞争战略对供应链的网络设计决策有重要影响(见表5-1)。强调生产成本的企业趋向于在成本最低的区位布局生产设施，即使这样做会远离其市场。强调反应能力的企业趋向于在市场附近布局生产设施。如果这种布局能使它们对市场需求的变化迅速做出反应，它们甚至会不惜以高成本为代价。全球化的供应链网络通过在不同国家或地区布局不同职能的设施，以更好地支持其战略目标的实现。

表5-1 竞争战略对供应链网络设计的影响

供应链竞争战略	不同战略的供应链网络设计
强调生产成本	在最低成本的区位布局生产设施，即使会使生产工厂远离市场
强调反应能力	在市场附近布局生产设施，有时甚至不惜以高成本为代价
全球化的供应链网络	通过在不同的国家或地区布局不同职能的设施，支持不同战略目标的实现

(二)物流和设施成本

当供应链中的设施数量、设施布局和生产能力配置改变时，会影响物流和设施成本。在进行供应链网络设计时，必须考虑库存、运输和设施成本。

1. 库存成本

当供应链中设施数量增加时，库存及由此引起的库存成本就会增加，如图 5-2 所示。为减少库存成本，企业会尽量合并设施以减少设施数量。

2. 运输成本

运输成本可分解为进货成本和送货成本。进货成本是指向设施运进原材料时发生的成本；送货成本是指从设施运出货物时发生的成本。单位送货成本一般比单位进货成本高，因为进货量一般较大。例如，在进货方面，亚马逊公司的仓库收到整车装运的书，但送货时却只向客户寄出一个小包裹，一般只有几本书。增加仓库数量就能更接近客户，从而缩短进货距离，因此，增加设施数量就能减少运输成本。但如果设施数量增加到一定数目，使批量进货规模很小时，设施数量的增加也会使运输成本增加，如图 5-3 所示。

随着自身的发展，亚马逊公司已经在其供应链网络中增加了仓库的数量，以便节省运费、缩短反应时间。如果随着加工过程的深化，原材料的重量和体积显著减小，那么在靠近原材料供应商处布局生产点将比靠近消费者处布局更好。例如，利用铁矿石炼钢，产出产品的重量只是投入的铁矿石的很小的一部分，因此在原料供应地附近布局钢铁厂就更合适，因为这样缩短了大量运输铁矿石的距离。

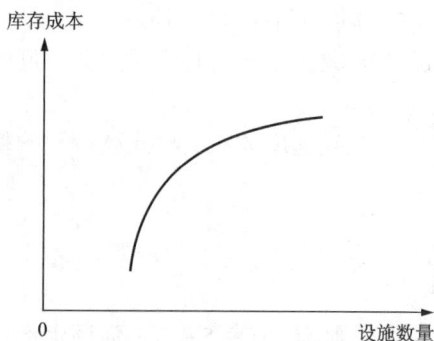

图 5-2 设施数量与库存成本之间的关系

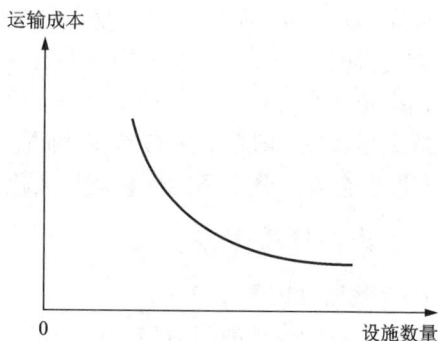

图 5-3 设施数量与运输成本之间的关系

3. 设施成本

企业在设施上消耗的成本可分为两类：固定成本和可变成本。建设成本和租赁成本是固定成本，因为短期内它们并不随着通过设施的货流量的改变而改变；与生产或仓库运营相关的成本随加工或存储数量的变化而变化，因而被看作可变成本。设施成本随着设施数量的减少而减少，如图 5-4 所示。

基地的合并能使企业在固定成本和可变成本两方面获取经济规模效益。物流总成本即供应链中库存、运输和设施成本之和。随着设施数量的增加，物流总成本先减后增，如图 5-5所示。

设施成本

0 设施数量

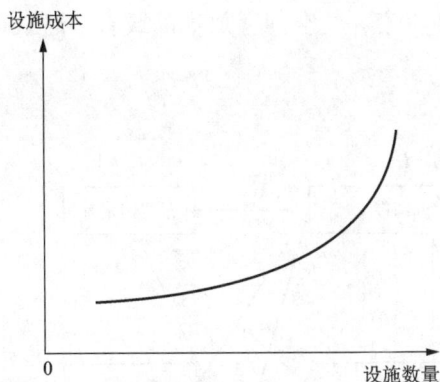

图 5-4　设施成本与设施数量之间的关系

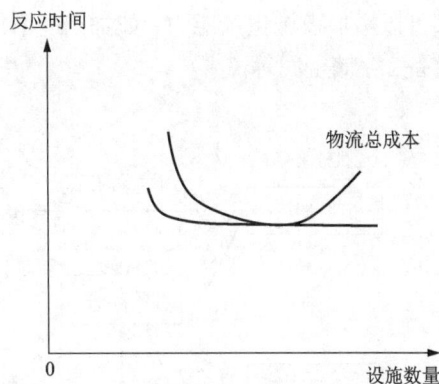

反应时间

物流总成本

0 设施数量

图 5-5　物流成本和反应时间变动与设施数量的关系

每家企业拥有最少设施数量，能使物流总成本最小化。例如，亚马逊公司已经在增加它的仓库数量，主要是为了减少物流成本并提高反应速度。作为一家想进一步缩短对客户反应时间的公司，可能不得不增加设施数量，以至超过最小物流成本对设施数量的要求。只有管理人员确信反应速度提高所带来的收益比额外的设施增加所带来的成本要大时，企业才会在最低成本点以上继续增加设施数量。

第二节　供应链网络设计的分析框架

在供应链网络的总体规划设计中，要对每一个环节进行规划，包括生产设施、仓储设施、运输渠道等。供应链网络可以抽象地视为节点和链条连接成的网络。

一、生产设施分析

一个完整的供应链网络包括从产品生产的原材料到市场需求终点的整个流通渠道，包括上游供应商和下游客户，如图 5-6 所示。

假设供应链系统已经确定，工厂和客户的地理位置已经确定，设计一个特定企业的供应链网络，目的在于在满足顾客需求即达到企业客户服务水平的前提下，使网络的总成本最小。工厂和客户的地理位置会直接影响网络设计，因而是网络设计要考虑的首要因素。

工厂、仓库和供应商生产能力的严格限制可能对物流结构造成重大影响。然而在实践中，设施的容量或生产能力并不是一成不变的，可能存在一个能使设施运营最有效率的产量。因此，对于一个给定的流经设施的具体的物流量而言，如何估计其实际所需的存储空间是很困难的。而且，考虑到物品的进出和装卸搬运、存储在设施里的货架和托盘还需要一些空间，以及走廊、挑选、分类、配货、处理和机械设备（如叉车、启动导轨车）等所需的空间，一般需要给实际所需的存储空间乘上一个大于 1 的系数，实践中常用的系数为3。

另一方面，在规划中应该注意不要过于僵化地看待设施生产能力这个限制条件。很多方法都可以增加设施生产能力，如加班、增加班次、使用废弃的空间存放产品或者临时获得额外设备、存储空间等。

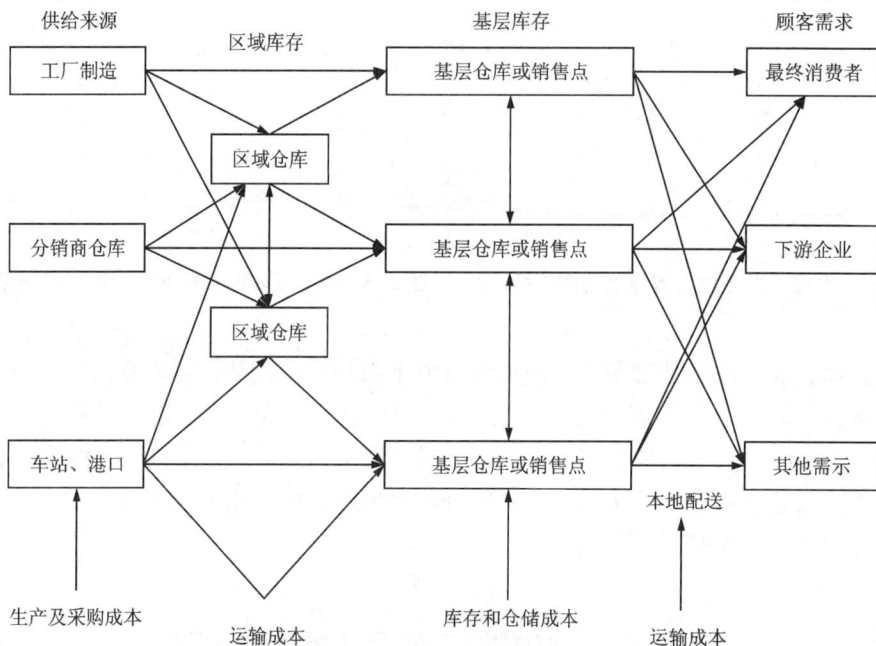

图5-6　供应链网络

二、仓储设施分析

仓储涉及许多基本的重要决策，包括仓库的产权、数量、规模、选址、布局等，即仓库应该是什么类型、设置多少数量、在哪里建造等。

(一)仓库的产权决策

仓储决策中最重要的是产权决策，即仓库应该是租用还是自营。这两者之间的选择会影响企业的资产负债表和损益表。这两种方式各有利弊，因此，很多企业将公共仓库和自营仓库结合起来使用。这是因为其所处地区的市场条件不同，以及供给或需求的季节性变动等。

根据调查，如表5-2所示的企业特性决定着企业选择使用自营仓库还是公共仓库。

表 5-2　影响仓库所有权决策的企业特性

仓库 企业特征	自营仓库	公共仓库
吞吐量	高	低
需求变动性	稳定	波动
市场密度	高	低
特殊的控制	需要	不需要
客户对服务的要求	高	低
安全要求	高	低
所需的多种用途	需要	不需要

1. 自营仓库的优势

自营仓库的优势如下：

(1)仓库需求的稳定性。具有稳定的仓库需求是企业选择自营仓库最重要的一个理由。例如，很多大型企业和一些中小型企业拥有很多条产品线，这样有助于仓库吞吐量保持稳定，由此达到自营仓库所需要的稳定仓储量。另外，市场密集区和大量的客户距离仓库相对比较近，也能为仓库提供相对稳定的需求。

(2)能够获得更多的控制权。企业选择自营仓库的另一个原因是可以获得更多的控制权，比如可以使企业实现对库存品安全的控制以及提供服务的控制。有些原材料和产成品极易被窃或由于损坏而丧失价值。即使公共仓库是声誉较好的企业，其发生货物损失的可能性仍然比自营仓库大，而且尽管公共仓库会赔偿损失，但由此引发的企业声誉和生产效益的损失可能更大。

(3)用途多。企业选择自营仓库还有一个理由，就是可以将仓库的使用和企业其他方面的需求结合起来。例如，销售代表和客户服务代表可以在同一座建筑物(仓库)里办公，这样就比其将办公地设在不同地方的成本要低。企业会将这一点与其他成本因素结合起来考虑。

2. 公共仓库的优势

公共仓库这些年也在不断发展，并成为一个充满活力和变化的领域。特别是储存一般商品的公共仓库，由于大型连锁零售商的大量使用，发展势头更加迅猛。公共仓库的优势如下：

(1)经济性。使用公共仓库的最重要的原因是经济性——企业不需要为此投资或只需要有限的资本投入。企业初建时，通过使用公共仓库，能够避免由于自身兴建自营仓库而导致的资产投资和财务风险。而且，由于目前物流装备技术发展迅速，自营仓库系统的硬件和软件过时的问题也会凸显出来。

(2)灵活性。企业租用公共仓库空间的期限可短至 30 天，这样使其能够对需求的变化和运输服务质量的变化快速做出反应。企业开发新市场时，需要在仓库选址上具有更大的灵活性。公共仓库使企业能够快速进入或退出新市场，或扩展现有市场，而不需要因为投资及相关成本而犹豫不决。

(3)提供公共仓储服务。公共仓库的人员能够提供以下服务：检验、装配、标价和标批号等。除此之外，他们还能提供包装、订单挑选、订单履行、EDI 和互联网信息传输等服务。公共仓库能够在合适的价格水平上提供几乎所有自营仓库能提供的服务。

(二)集中仓储和分散仓储

仓储决策的第二个重要决策是采用集中仓储还是分散仓储。只拥有地区性市场的中小企业通常只需要一个仓库，似乎无须讨论这个问题；而拥有全国或国际市场的大企业则需要仔细考虑这个问题。

如果是小批量购买，分散仓储具有优势。因为将产品从一个集中的仓库用零担运输到客户手中的运输成本，要比用整车运输到分散仓库，然后再用零担运输到客户手中的成本低。

如果储存的产品比较昂贵，建议使用集中仓储。通过减少使用仓库数量，企业可以降低存货水平，这样对于昂贵的产品而言，库存持有成本就降低了。同样，对拥有复杂产品线的企业而言，集中仓储会降低总体的库存水平和库存持有成本。

(三)仓库数量决策

物流管理者最重要的职责之一就是决定其在物流系统中需要多少个仓库。管理者在决策时，最好对总成本进行权衡分析，应以尽可能低的物流总成本来保证客户服务质量。物流网络中与应建多少仓库相关联的问题还有仓库位置的选择问题。

图 5-7 描述了物流系统中仓库数量的增加是如何影响配送成本的。随着仓库数量的增加，运输成本和销售损失成本下降，但是库存成本和仓储成本却上升了。从进货的角度看，把货物集中起来进行整车运输可以降低每公里的运费，从而能降低运输成本。从出货的角度看，增加仓库数量会使仓库距离客户和市场更近，从而降低运输距离和运输成本。但大量的仓库数量增加总仓储容量，使得仓储成本上涨。

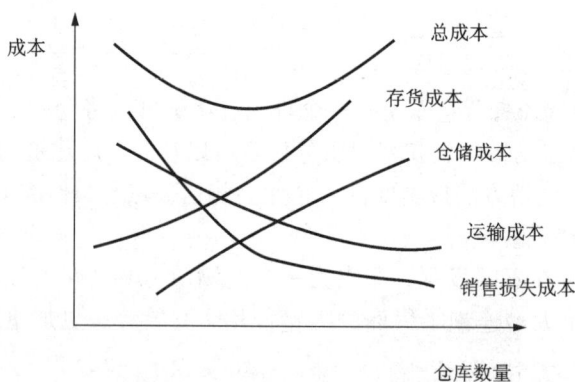

图 5-7　与仓库数量有关的物流成本

除此之外，由于企业增加了仓库数量，从而带来了更多的存货，库存成本也会上升。存货量越大，需要的存储空间越大。而且，随着企业库存数量的增加，即使是在同样的销售水平上，增加的产品线也可能需要更大的总存储空间。

随着仓库数量的增加，总成本会先下降，但是存货和仓储成本的增加会抵消运输成本和销售损失成本的降低，这样总成本随后又会上升。当然，总成本曲线以及它反映的仓库数量波动而带来的成本的范围，会随企业的不同而有所不同。

企业通常通过增加仓库数量来提高客户服务水平、降低运输成本，并为增加的产品提供存储空间。但建造和运营仓库的成本是巨大的，而通过降低仓库数量，企业能够去除那些由于无存在价值的设备而导致的无效成本。结合使用更高效、可靠的运输系统，少量的仓库也能改善客户服务水平。

如果产品的可替代性高，那么就需要一个分散的仓库系统以降低由于缺货或过长的交货周期而导致的丧失销售机会的成本。当地市场高客户服务水平的需求常会与产品的可替代性高度相关联。采取分散仓储的另一个原因是运输服务不足，导致交货周期延长。如果无法得到完善的运输服务，必须增加网络中的仓库数量，以缩短交货周期。

（四）仓库的选址决策

选址决策通常需要考虑的因素不仅包括传统因素，如地理位置、基础设施条件、原材料和零部件、劳动力的可得性等，而且还包括供应商、生产地点、分销中心和相关的服务提供商的位置。结果可能只有非常有限的位置符合企业的要求。

三、运输渠道分析

运输作为物流系统的动脉，在供应链网络的整个运作过程中发挥着不可替代的作用。为了更好地实现准确、安全并且以最低的成本运输商品的目的，企业应站在供应链的角度上，通过分析研究，建立运输渠道。在建立运输渠道的过程中，企业应该全面考虑运输工具的选择和物流据点的设置等各项要素。而且，在运输的迅速性、准确性、安全性和经济性之间存在着非常强烈的互相制约的作用，需要对它们进行综合考虑，从全局出发，做到总体的最优化。

（一）运输渠道的构成

设计运输渠道的目的是能够准确、安全并以最低的成本运输商品。在设计运输系统之前，首先必须考虑建设整体的运输网络，明确运输系统的构成。运输网络由运输线和停顿点组成。运输线表示连接停顿点之间的运输设备；停顿点表示工厂、仓库、配送中心等物流据点。因此，企业在设计运输渠道的时候，必须仔细考虑如何选择运输工具、如何设置物流据点。

（二）运输渠道的合理化配置

运输所发生的成本在整个企业的物流成本中所占的比例应该是最大的。日本通产省对六大类货物的物流成本的调查结果表明，运输成本占物流成本的 40% 左右，如果将产品出厂包装费计入制造成本，那么运输成本将占物流成本的 50% 左右。因此，为了降低物流的总成本，企业必须对运输渠道进行合理化配置。运输渠道的合理化配置可以从以下几个方面进行：

（1）优化运输网络，合理配置各物流中心的区域位置，使其能够实现货物的直接配送。另外，应该有效地区分储存性仓库和流通性仓库，并对其进行合理的利用。

（2）针对不同的运输条件和环境，选择最适合的运输工具，并通过运用科学化的分析工具，做出使用自有车辆运输还是租赁车辆运输的决策。

（3）努力提高车辆的运输效率和装载率，减少空车行驶现象的发生。

（4）通过科学的分析和现代化工具的运用，提高装卸作业的效率，从而减少车辆的等待时间，实现系统整体的最优化。

（5）从社会化的总体观点出发，积极推进社会化共同运输方式的实现。通过社会各界、各个企业间的密切合作，共同建立一个社会化的物流运输体系，只有这样才能实现社会整体运输效率的最大化，提高整个社会的运输工作效率。

（三）运输系统的设计与评价

运输系统的目的是准确、安全并以最低的成本运输物资。但是，运输的迅速性、准确性、安全性和经济性之间一般存在相互制约的关系。如果重视迅速性、准确性和安全性，运输的成本可能就会相应提高；如果降低运输成本，那么就必须牺牲前面几项中的某一项。因此，企业必须对运输渠道进行合理的设计和评价，以实现总体的均衡。

随着现代物流的发展，也产生了许多用于运输渠道设计与评价的工具，特别是产生了很多数学模型，从系统角度对运输渠道进行设计与评价。其中比较典型的有运输模型、图表分析法、图上作业法、表上作业法等。

第三节　供应链网络设计模型

为使整个供应链网络的利润最大化，供应链网络设计决策需要借助以下信息：

(1)供应源和市场的位置，即潜在的设施地点的位置。

(2)市场需求预测，即每厂地点的设施成本、劳动力成本和原材料成本。

(3)每两个设施布局地点之间的运输成本。

(4)每一地点的库存成本及其与设施数量的关系。

如果已经拥有这些信息，就可以运用重力区位模型和网络优化模型进行网络设计。

一、重力区位模型

重力区位模型适用于选择这样的区位：区位能使从供应商处运来原材料的运输成本和向市场运送最终产品的运输成本之和最小。重力区位模型假定无论是市场还是供应源都可以在坐标系中用点表示出来，所有两点之间的距离都可以像坐标系中两点之间的距离一样计算出来，而且假定运费随着运量的增加呈线性增加。运用重力区位模型来为某一生产厂选择区位，这一生产厂从原材料处获得原材料供应，并向市场运送最终产品。这一模型要求输入以下数据：

x_n，y_n：市场或供应源 n 的横、纵坐标。

F_n：在供应源 n 或市场与工厂之间每单位货物每英里的运输成本。

D_n：供应源或市场与工厂之间的运量。

如果 (x, y) 是为工厂选定的位置，则在点 (x, y) 布局的工厂与供应源 n 的距离为：

$$d_n = \sqrt{(x-x_n)^2 + (y-y_n)^2} \tag{5-1}$$

因而，总运输成本 TC 可表示为

$$TC = \sum_{k=1}^{n} d_n D_n F_n \tag{5-2}$$

通过循环进行以下三步，就可以得到总运输成本 TC 最小的区位。工厂的坐标 (x, y) 是进行每一循环的出发点：

(1)利用式(5-1)计算工厂到每一供应源或市场的距离 d_n;

(2)为工厂求得一个新的区位 (x', y'),其中:

$$x' = \frac{\sum\limits_{n=1}^{k} \dfrac{D_n F_n x_n}{d_n}}{\sum\limits_{n=1}^{k} \dfrac{D_n F_n}{d_n}} \qquad y' = \frac{\sum\limits_{n=1}^{k} \dfrac{D_n F_n y_n}{d_n}}{\sum\limits_{n=1}^{k} \dfrac{D_n F_n}{d_n}} \qquad (5-3)$$

(3)如果新区位 (x', y') 与原有区位 (x, y) 几乎相同,则停止运算。否则,设 $(x, y) = (x', y')$,重新从第一步开始。

下面用钢铁设备公司的例子来说明这一程序。钢铁设备公司是一家高质量的冰箱和厨房用具的生产商,在丹佛附近有一个装配厂。该装配厂的生产能满足全美国的市场需求。由于市场需求迅速增长,这家公司的首席执行官决定建立另一个工厂,以满足东部市场的需求。首席执行官要求供应链管理者为新的工厂选择一个合适的区位。三个配件厂分别位于纽约州的布法罗、田纳西州的孟菲斯和密苏里州的圣路易斯,它们将向新工厂提供配件。新工厂将为亚特兰大、波士顿、杰克逊维尔、费城和纽约的市场提供产品。表5-3给出每一个区位的坐标、每一个市场的需求量、从每一个配件厂的进货以及供应源或市场到工厂的运费情况。

表5-3 钢铁设备公司的供应源和市场区位

供应源/市场	运输成本/(美元/t·mile)	需求量/t	坐标	
			x_n	y_n
供应源				
布法多	0.90	500	700	1200
孟菲斯	0.95	300	250	600
圣路易斯	0.85	700	225	825
市场				
亚特兰大	1.50	225	600	500
波士顿	1.50	150	1050	1200
杰克逊维尔	1.50	250	800	300
费城	1.50	175	925	975
纽约	1.50	300	1000	1080

供应链管理者决定使用上面提到的循环程序进行工厂区位决策,挑选的工厂的初始位置是 $(0, 0)$,第一轮循环分析如表5-4所示。

表5-4 对钢铁设备公司进行分析的第一轮循环

供应源/市场	x_n	y_n	d_n	D_n	F_n	$D_n F_n x_n/d_n$	$D_n F_n y_n/d_n$	$D_n F_n/d_n$
布法多	700	1200	1389	500	0.90	226.8	388.8	0.32
孟菲斯	250	600	650	300	0.95	109.6	263.1	0.44
圣路易斯	225	825	855	700	0.85	156.6	574.1	0.70

续表5-4

供应源/市场	x_n	y_n	d_n	D_n	F_n	$D_nF_nx_n/d_n$	$D_nF_ny_n/d_n$	D_nF_n/d_n
亚特兰大	600	500	781	225	1.50	259.3	216.1	0.43
波士顿	1050	1200	1595	150	1.50	148.1	169.3	0.14
杰克逊维尔	800	300	854	250	1.50	351.3	131.7	0.44
费城	925	975	1344	175	1.50	180.7	190.4	0.20
纽约	1000	1080	1472	300	1.50	305.7	330.2	0.31

依据式(5-3)和表5-4的分析,管理者得到如下结果。

$$x' = \frac{\sum_{n=1}^{k} \frac{D_nF_nx_n}{d_n}}{\sum_{n=1}^{k} \frac{D_nF_n}{d_n}} = \frac{1738.1}{2.98} = 583 \quad 和 \quad y' = \frac{\sum_{n=1}^{k} \frac{D_nF_ny_n}{d_n}}{\sum_{n=1}^{k} \frac{D_nF_n}{d_n}} = \frac{2263.7}{2.98} = 759$$

第一轮循环后,$(x, y) = (0, 0) \neq (x', y') = (583, 759)$。由此,管理者假定$(x, y) = (583, 759)$,并进行新一轮的循环,重复第一至第三步。经过40次这样的循环,管理者得到了$(x, y) = (681, 882)$这一结果。重复进行第一至第三步,结果是$(x, y) = (681, 882)$。由此,管理者确认坐标点$(x, y) = (681, 882)$是使总运费最小的工厂区位。从地图上可以看出,这一坐标点的位置靠近加利福尼亚州北部与弗吉尼亚州交界处。重力区位模型得出的最佳区位也许在实际中并不可行,但管理者可以寻找到一个接近这一模型结果的位置,将工厂布局于此,即公司的运费最低点。

二、网络优化模型

网络设计通常有几个阶段,包括供应商、生产工厂、仓库和市场的布置,还可能涉及联合中心和转运点之类的中介设施。一个典型的供应链网络通常如图5-8所示。

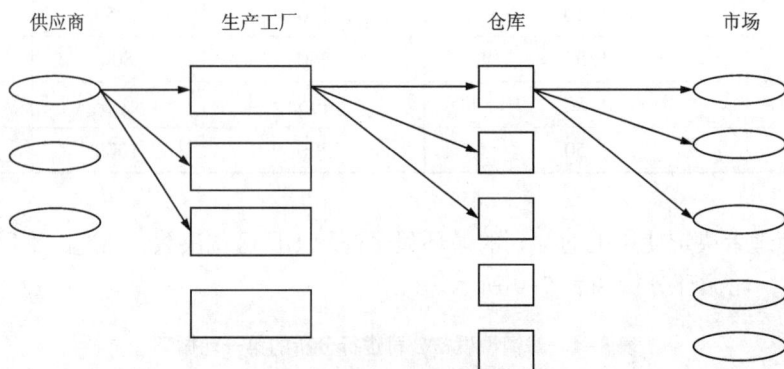

图5-8 典型的供应链网络示意

除了进行设施布局以外,管理者还需考虑市场在仓库之间的划分以及仓库在工厂之间的分配。配置决策将随着不同的成本变化和市场发展进行有规则的调整。进行网络设计时,区位决策和配置决策是联合进行的。

每一设施中都将发生与设施、运输和库存相关的固定成本和可变成本。固定成本是指与产量和货运量无关的成本耗费。可变成本则是指在给定设施中那些与产量和运量成比例变化的成本耗费。可变成本、运费和库存成本通常具有规模经济，随着工厂产量的上升，边际成本将会下降。但在网络优化模型中，一般假设所有可变成本随产量或运量线性变化，即不考虑规模经济。

以两家生产光缆通信设施的厂商为例说明网络优化模型。吉百利公司和哈奥普蒂克公司都是通信设备制造商。吉百利公司着眼于美国东部的市场，它在巴尔的摩(B)、孟菲斯(M)和堪萨斯州的威奇托(W)都有自己的生产工厂，服务的市场包括亚特兰大、波士顿和芝加哥。哈奥普蒂克公司瞄准美国西部的市场，服务的市场包括丹佛、内布拉斯加州的奥马哈和俄勒冈州的波特兰，其几个生产工厂分别位于怀俄明州的夏延(C)和犹他州的盐湖城(S)。

工厂的生产能力、市场需求、每1000单位产量的生产成本和运输成本以及每个工厂每月的固定成本如表5-5所示。

表5-5 吉百利公司和哈奥普蒂克公司的生产能力、市场需求和成本对比

公司	供应城市	需求城市每1000单位产置的生产和运输成本/千美元						生产能力 K_i/千单位	月固定成本 f_n/千美元
		亚特兰大	波士顿	芝加哥	丹佛	奥马哈	波特兰		
吉百利公司	巴尔的摩(B)	1675	400	685	1630	1160	2800	18	7650
	孟菲斯(M)	380	1355	543	1045	665	2321	22	4100
	威奇托(W)	922	1646	700	508	311	1797	31	2200
哈奥普蒂克公司	盐湖城(S)	1925	2400	1425	500	950	800	27	5000
	夏延(C)	1460	1940	970	100	495	1200	24	3500
月需求量 D_j/千单位		10	8	14	6	7	11		

(一)需求量在工厂之间的分配

吉百利公司每月的总生产能力为71000单位，总需求量为32000单位；而哈奥普蒂克公司每月的生产能力为51000单位，总需求量为24000单位。两个公司都必须考虑在工厂之间进行需求分配。随着成本和需求的变化，这种分配决策每年都要进行调整。

需求分配问题可以用网络优化模型解决。这一模型需要输入以下数据：

n：工厂的数目。

m：市场或需求地的数量。

D_j：市场 j 的年需求量。

K_i：工厂 i 的年生产能力。

C_{ij}：工厂 i 生产一单位产品并送到市场 j 的成本(包括生产、库存和运输成本)。

向不同工厂分配不同市场和需求的目标是使设施成本、运输成本和库存成本之和最小。

对决策变量做如下定义：

X_{ij}：每年从 i 工厂到市场 j 的运量。

这一问题构成了下面这一线性模型

$$\min \sum_{i=1}^{n} \sum_{j=1}^{m} C_{ij} x_{ij} \qquad (5-4)$$

限制条件为

$$\sum_{i=1}^{n} x_{ij} = D_j \qquad j = 1, \cdots, m \qquad (5-5)$$

$$\sum_{j=1}^{m} x_{ij} \leq K_i \qquad i = 1, \cdots, n \qquad (5-6)$$

式(5-5)的限制保证了每一市场的需求得以满足；而式(5-6)的限制则确保了每一工厂不会超过其生产能力进行生产。

对这两家公司来说，可以运用 Excel 软件中的 Solver 工具进行市场分配。表 5-6 给出了最优需求配置方案。

表5-6　吉百利公司和哈奥普蒂克公司的最优需求配置

公司	供应城市	亚特兰大	波士顿	芝加哥	丹佛	奥马哈	波特兰
吉百利公司	巴尔的摩（B）	0	8	2			
	孟菲斯（M）	10	0	12			
	威奇托（W）	0	0	0			
哈奥普蒂克公司	盐湖城（S）				0	0	11
	夏延（C）				6	7	0

我们注意到，虽然威奇托是最佳工厂区位，而且吉百利公司位于威奇托的工厂可以运营，但该工厂却已停止生产。表 5-6 给出的需求配置表明，吉百利公司每月消耗的可变成本为 14886000 美元、月固定成本为 1395000 美元，月总成本为 28836000 美元；哈奥普蒂克公司的月可变成本为 12865000 美元、月固定成本为 8500000 美元，月总成本为 21365000 美元。

（二）工厂布局：生产能力既定的工厂布局模型

吉百利公司和奥普蒂克公司的经理们已经决定将这两家公司合并成为一个名为吉百利奥普蒂克的新公司。他们认为，如果将两个供应网络恰当地合并，将受益匪浅。新公司将拥有 5 个生产厂，服务于 6 个市场。管理者正在讨论是否每个工厂都是必需的。他们已经指派了一个供应链小组来研究供应网络，以明确哪些工厂应当关闭。

供应链小组决定使用布局的网络优化模型来解决这一问题。这一模型需要输入以下数据：

n：潜在的工厂布局区位数量。

m：市场或需求点的总数量。

D_j：市场 j 的年需求量。

K_i：工厂 i 的潜在年生产能力。

F_i：工厂 i 运营中按年分摊的固定成本。

C_{ij}：工厂 i 生产一单位产品并将之送到市场 j 的成本(包括生产成本)。

该小组的目标是决定工厂的区位，然后将市场需求分配到每一个正在营运的工厂中去，以减少设施成本、运输成本和库存成本。决策变量的定义如下：

$y_i = 1$　如果工厂 i 运营，否则为 0。

x_{ij}：每年从工厂 i 送至市场 j 的货物数量。

然后，这一问题构成以下整数模型

$$\min\left(\sum_{i=1}^{n}\sum_{j=1}^{m}F_i y_i + \sum_{i=1}^{n}\sum_{j=1}^{m}C_{ij}x_{ij}\right)$$

限制条件为

$$\sum_{i=1}^{n}x_{ij} = D_j \qquad j = 1,\cdots,m \tag{5-7}$$

$$\sum_{j=1}^{m}x_{ij} \leq K_j y_j \qquad i = 1,\cdots,n \tag{5-8}$$

$$y_i \in \{0,1\} \qquad i = 1,\cdots,n \tag{5-9}$$

目标方程是使得网络建设和运营总成本(包括固定成本和可变成本)最小化。式(5-7)的限制条件保证了所有需求得到满足；式(5-8)确保了每一工厂的生产不超过其生产能力(显然，如果工厂被关闭，则生产能力为 0；如果工厂运营，则生产能力为 K_j，$K_j y_j$ 恰当地表明了这一点)；式(5-9)的限制条件将工厂分为运营($y_i=1$)和关闭($y_i=0$)两类。这一解决方案将明确哪些工厂继续运营，并将市场需求划分到这些工厂中去。

合并后的新公司的生产能力和需求资料，以及生产、运输和库存费用如表 5-5 所示。供应链小组决定用 Excel 软件中的 Solver 工具求解工厂区位模型。

建立 Solver 模型的第一步是输入成本、需求和生产能力的有关信息。将 5 个工厂的固定成本输入 B4~B8 这几个方格中，将生产能力输入列 I4~I8 这几个方格中去，将可变成本 C_{ij} 输入 C4~H8 这个长方形区域的所有方格中。6 个市场的需求量则位于 C4~H8 这几个方格。接下来，将每个决策变量对应一个方格，如图 5-9 所示。每一变量的初始值均为 0。方格 B12~B16 代表决策变量 y_i，C12~H16 这个长方形区域中的方格代表决策变量 X_{ij}。

	A	B	C	D	E	F	G	H	I	J
	K18		f_x							
1	成本、生产能力、需求									
2										
3		固定成本	亚特兰大	波士顿	芝加哥	丹佛	奥马哈	波特兰	生产能力	
4	巴尔的摩（B）	7650	1675	400	85	1630	1160	2800	18	
5	夏延(C)	3500	1460	1940	970	100	495	1200	24	
6	盐湖城（S）	5000	1925	2400	1425	500	950	800	27	
7	孟菲斯（M）	4100	380	1355	543	1045	665	2321	22	
8	威奇托（W）	2200	922	1646	700	508	311	1797	31	
9			10	8	14	6	7	11		
10										
11	变量	运营/关闭	亚特兰大	波士顿	芝加哥	丹佛	奥马哈	波特兰		
12	巴尔的摩（B）	0	0	0	0	0	0	0		
13	夏延(C)	0	0	0	0	0	0	0		
14	盐湖城（S）	0	0	0	0	0	0	0		
15	孟菲斯（M）	0	0	0	0	0	0	0		
16	威奇托（W）	0	0	0	0	0	0	0		

图 5-9 决策变量的分布

下一步要根据式(5-7)和式(5-8)给出的限制条件找到合适的位置；限制条件方格如图

5-10 所示。I4~I8 行表明式(5-8)的生产能力的限制；而方格 C24~H24 表示式(5-7)的需求的限制。例如，I4 的限制条件对应巴尔的摩(B)工厂的生产能力的限制；方格 C24 对应亚特兰大市场的需求量的限制。计算限制条件方格所示值的不同公式如表 5-7 所示。生产能力限制要求方格所示值大于等于 0，而市场需求限制条件则要求方格所示值等于 0。

	A	B	C	D	E	F	G	H	I	J
1	成本、生产能力、需求									
2										
3		固定成本	亚特兰大	波士顿	芝加哥	丹佛	奥马哈	波特兰	生产能力	
4	巴尔的摩（B)	7650	1675	400	85	1630	1160	2800	18	
5	夏延（C)	3500	1460	1940	970	100	495	1200	24	
6	盐湖城（S)	5000	1925	2400	1425	500	950	800	27	
7	孟菲斯（M)	4100	380	1355	543	1045	665	2321	22	
8	威奇托（W)	2200	922	1646	700	508	311	1797	31	
9			10	8	14	6	7	11		
10										
11	变量	运营/关闭	亚特兰大	波士顿	芝加哥	丹佛	奥马哈	波特兰		
12	巴尔的摩（B)	0	0	0	0	0	0	0		
13	夏延（C)	0	0	0	0	0	0	0		
14	盐湖城（S)	0	0	0	0	0	0	0		
15	孟菲斯（M)	0	0	0	0	0	0	0		
16	威奇托（W)	0	0	0	0	0	0	0		
17										
18		生产能力	亚特兰大	波士顿	芝加哥	丹佛	奥马哈	波特兰		
19	巴尔的摩（B)	0								
20	夏延（C)	0								
21	盐湖城（S)	0								
22	孟菲斯（M)	0								
23	威奇托（W)	0								
24	需求量		10	8	14	6	7	11		

图 5-10 限制条件的分布

表 5-7 限制条件方格的计算公式

方格	B19	C24
限制条件	生产能力[式(5 - 8)]	需求量[式(5 - 7)]
实际公式	$K_1 y_i - \sum_{j=1}^{6} x_{1j}$	$D_1 - \sum_{i=1}^{5} x_{i1}$

接下来建立目标模型的方格，用目标模型计算供应网络中总的固定成本和可变成本。在这种情形下，目标模型是固定成本加上网络运行的可变成本。目标模型方格位于 B24，包含以下公式

总产量(C4：H8, C12：H16)+总产量(B4：B8, B12：B16)

下一步是使用 Tools/Solver 来激活 Solver。在 Solver 的特色对话框中输入以下表示工厂区位的信息：

设计目标格：B24

等于：选择"MIN"(最小化)

通过改变单元格：B12：H16

限制条件：B12：H16≥ 0(所有决策变量非负)

B12：B16 二进位法(所有区位变量 y 都是二进位制的，即取值只能是 0 或 1)

$$B19：B23 \geq 0 \qquad \left\{ K_j y_j - \sum_{j=1}^{m} x_{ij} \geq 0 \right\} \qquad i = 1, \cdots, 5$$

$$C24: H24 = 0 \qquad \left\{ D_j - \sum_{i=1}^{n} x_{ij} = 0 \right\} \qquad j = 1, \cdots, 6$$

在 Solve 的对话框中单击"Options"(选择),然后选定"假定线性模型"(这一选定显著地加快了解决问题的速度)。回到特色对话框,单击"Solver"求解最佳解决方案,就返回到变量区域,如图 5-11 所示。

	固定成本	亚特兰大	波士顿	芝加哥	丹佛	奥马哈	波特兰	生产能力
成本、生产能力、需求								
巴尔的摩(B)	7650	1675	400	85	1630	1160	2800	18
夏延(C)	3500	1460	1940	970	100	495	1200	24
盐湖城(S)	5000	1925	2400	1425	500	950	800	27
孟菲斯(M)	4100	380	1355	543	1045	665	2321	22
威奇托(W)	2200	922	1646	700	508	311	1797	31
	10	8	14	6	7	11		

变量	运营/关闭	亚特兰大	波士顿	芝加哥	丹佛	奥马哈	波特兰
巴尔的摩(B)	1	0	8	2	0	0	0
夏延(C)	1	0	0	0	6	7	11
盐湖城(S)	0	0	0	0	0	0	0
孟菲斯(M)	1	10	0	12	0	0	0
威奇托(W)	0						

	生产能力	亚特兰大	波士顿	芝加哥	丹佛	奥马哈	波特兰
巴尔的摩(B)	0						
夏延(C)	0						
盐湖城(S)	0						
孟菲斯(M)	0						
威奇托(W)	0						
需求		10	8	14	6	7	11

图 5-11 吉百利奥普蒂克公司的最优网络设计

根据图 5-11,供应链小组得出结论:最佳选择是关闭在盐湖城和威奇托两地的工厂,而继续运行在巴尔的摩、夏延和孟菲斯的工厂。每月的网络和运营成本为 47401000 美元。这一成本比吉百利公司和哈奥普蒂克公司独立运营时的成本节省了近 3000000 美元。

(三)工厂布局:既定生产能力的工厂布局模型——单个供应源模型

在某些情形下,企业要设计这样的供应链网络:在这个网络中,只有一个工厂为一个市场服务。这时,这个工厂被称为单个供应源。企业可能强加上这一限制条件,因为这样就减少了网络协调的复杂性,而且对每一设施的灵活性要求也会降低。为了适应这一限制,必须对前面讨论过的工厂区位模型做一些修改。

决策变量的定义改为

$y_i = 1$ 如果工厂在点 i 布局,否则为 0。

$x_{ij} = 1$ 如果市场 j 由 i 提供产品。

于是,这一问题构造了以下整数模型

$$\min \left(\sum_{i=1}^{n} \sum_{j=1}^{m} F_i y_j + \sum_{i=1}^{n} \sum_{j=1}^{m} D_j C_{ij} x_{ij} \right)$$

限制条件为

$$\sum_{i=1}^{n} x_{ij} = 1, \ j = 1, \cdots, m \tag{5-10}$$

$$\sum_{i=1}^{n} D_j x_{ij} \leq K_i y_i, \ i = 1, \cdots, n \qquad (5\text{-}11)$$

$$x_{ij}, \ y_i \in \{0, 1\} \qquad (5\text{-}12)$$

式(5-10)和式(5-11)表明某一市场只能由一个工厂提供产品。式(5-12)的限制条件将工厂分为运营($y_i = 1$)或关闭($y_i = 0$)两类。

如果每一个市场只由一家工厂提供产品,那么,前面讨论的合并后的吉百利奥普蒂克公司将有可能选择一个最佳供应链网络。用表5-6中的资料,供应链小组利用单个供应源模型求解最优的网络设计,如表5-8所示。

表5-8 单个供应源下吉百利奥普蒂克公司的最优网络架构

	运营/关闭	亚特兰大	波士顿	芝加哥	丹佛	奥马哈	波特兰
巴尔的摩	关闭	0	0	0	0	0	0
夏延	关闭	0	0	0	0	0	0
盐湖城	运营	0	0	0	6	0	11
孟菲斯	运营	10	8	0	0	0	0
威奇托	运营	0	0	14	0	7	0

如果是单个供应源,吉百利奥普蒂克公司的最优选择是关闭在巴尔的摩和夏延的工厂,这与图5-11给出的结果不同,图5-11要求关闭的是盐湖城和威奇托的工厂,这是因为图5-11中的网络设计没有单个供应源这一限制。因此,供应链小组得出结论:单个供应源在使协调简单、灵活性要求降低的同时,却使网络的月运营成本增加了23160000美元。

(四)工厂和仓库同时布局

如果要设计从供应商到顾客的整个供应链网络,就要考虑更一般的工厂布局模型了。来看这样一个供应链网络:供应商向工厂提供原材料,工厂设有为市场服务的仓库,必须为工厂和仓库同时做出布局和容量配置决策,使大量的仓库用于满足市场,大量的工厂用于更新库存。在这一模型中,同样对计算单位进行了调整,使得来自供应商的每一单位的投入能生产出一单位的最终产品。这一模型要求输入以下数据:

m:市场或需求点的数量。

n:潜在的工厂区位数量。

i:供应商的数量。

t:潜在的仓库区位数量。

D_i = 客户 i 的年需求量。

K_i = 布局于 i 点的工厂的生产能力。

S_h = 供应商 h 的年供应能力。

W_e = 布局于 e 点的仓库的年仓储能力。

F_i = 布局于 i 点的工厂的年固定成本。

F_e = 在 e 点布局一家仓库的年固定成本。

C_{hi} = 从供应源 h 运送单位货物到工厂的 i 的成本。

$C_{ie}=i$ 点的工厂生产单位产品并运送到 e 点的仓库的成本。

$C_{ej}=$ 从 e 点的仓库给 i 点的顾客运送单位货物的成本。

这一模型的目标是确定工厂和仓库的区位以及不同地点之间的运输数量，以减少总的固定成本和可变成本。定义如下决策变量：

$y_i=1$ 如果工厂布局在 i 点，否则为0。

$y_e=1$ 如果仓库布局在 e 点，否则为0。

$X_{ej}=$ 每年从 e 点的仓库运送到市场 i 的货物的数量。

$X_{ie}=$ 每年从 i 点的工厂运送到 e 点的仓库的货物数量。

$X_{hi}=$ 每年从供应商 h 运到 i 点的工厂的原材料数量。

于是，这一问题构建了以下整数模型

$$\min(\sum_{i=1}^{n}F_iy_i + \sum_{e=1}^{t}F_ey_e + \sum_{h=1}^{l}\sum_{i-1}^{n}C_{hi}x_{hi} + \sum_{i=1}^{n}\sum_{e=1}^{t}C_{ie}x_{hi} + \sum_{e=1}^{t}\sum_{j=1}^{m}C_{ej}x_{ej})$$

限带条件为

$$\sum_{i=1}^{n}x_{hi} \leqslant S_hh=1,\cdots,I \tag{5-13}$$

$$\sum_{h=1}^{l}x_{hi} - \sum_{e=1}^{t}x_{ie} \geqslant 0i=1,\cdots,n \tag{5-14}$$

$$\sum_{i=1}^{n}x_{ie} - \sum_{j=1}^{m}x_{ej} \geqslant 0e=1,\cdots,t \tag{5-16}$$

$$\sum_{j=1}^{m}x_{ej} \leqslant W_ey_ee=1,\cdots,t \tag{5-17}$$

$$\sum_{e=1}^{t}x_{ej} = D_jj=1,\cdots,m \tag{5-18}$$

$$y_i,y_e \in \{0,1\} \tag{5-19}$$

目标模型是使总的固定成本和可变成本最小。式(3-13)的条件限制表明，从供应商运到工厂的原材料不能超过供应商的生产能力；式(3-14)的限制条件表明，工厂运出货物的数量不能大于原材料的输入量；式(3-15)的限制条件表明，工厂的产量不能超过其生产能力；式(3-16)的限制条件表明，仓库的发货量不能超过来工厂的货物总量；式(3-17)的限制条件说明，经过仓库的货物总量不能超过其仓库容量；式(3-18)的限制条件说明，所有的客户需求都将得到满足；式(3-19)的限制条件表明，工厂要么关闭，要么运营。

【复习思考习题】

一、单项选择题

1. 当不存在积极外部性时，那么两个企业为瓜分市场应怎样布局呢？霍特灵（Hotelling）提出了一个简单模型来解释隐藏在这一决策后面的机理。当企业不能控制价格，而只是在与客户距离的远近上相互竞争时，它们就能通过相互(　　)的布局获取最大的市场份额。

A. 远离　　　　　　B. 接近　　　　　　C. 平行　　　　　　D. 交叉

2. 重力区位模型适用于选择这样的区位：区位能使从供应商处运来原材料的运输成本和向市场运送最终产品的运输成本之和(　　)。

A. 最小 　　　　B. 最大 　　　　C. 中等 　　　　D. 不等

二、多项选择题

1. 当供应链中的设施数量、设施布局和生产能力配置改变时，会影响物流和设施成本。在进行供应链网络设计时，必须考虑(　　)等成本。

A. 库存 　　　　B. 心理 　　　　C. 设施 　　　　D. 运输

2. 运输作为物流系统的动脉，在供应链网络的整个运作过程中发挥着不可替代的作用。在建立运输渠道的过程中，企业应该全面考虑运输工具的选择和物流据点的设置等各项要素。而且，在运输的(　　)之间存在着非常强烈的互相制约的作用，需要对它们进行综合考虑，从全局出发，做到总体的最优化。

A. 准确性 　　　　B. 安全性 　　　　C. 经济性 　　　　D. 迅速性

3. 网络设计通常有几个阶段，包括供应商、生产工厂、仓库和市场的布置，还可能涉及像(　　)之类的中介设施。

A. 联合中心 　　　　B. 转运点 　　　　C. 公司总部 　　　　D. 供应链企业联盟

三、判断题

1. 运输系统的目的是准确、安全并以最低的成本运输物资。但是，运输的迅速性、准确性、安全性和经济性之间一般存在相互制约的关系。如果重视迅速性、准确性和安全性，运输的成本可能就会相应提高；如果降低运输成本，那么就必须牺牲前面几项中的某一项。因此，企业在对运输渠道进行设计和评价时，不一定要实现总体的均衡。(　　)

2. 除了进行设施布局以外，管理者还需考虑市场在仓库之间的划分以及仓库在工厂之间的分配。配置决策将随着不同的成本变化和市场发展而进行有规则的调整。在进行网络设计时，区位决策和配置决策是联合进行的。(　　)

四、简答题

1. 网络设计的影响因素有哪些？

2. 在供应链的规划设计中，应如何对生产设施、仓储设施、运输渠道等各个具体环节进行规划？

3. 在设计仓储时，应如何在产权和成本间抉择？

五、理解题

理解并具体运用供应链的重力区位和网络优化模型。

【本章参考文献】

[1]刘慧贞.供应链管理[M].北京：机械工业出版社，2015.

[2]刘助忠.物流学概论[M].北京：高等教育出版社，2015.

[3]刘助忠，龚荷英.基于O2O的农村资源流模式研究[M].长沙：中南大学出版社，2016.

[4]李耀华，林玲玲.供应链管理[M].3版.北京：清华大学出版社，2018.

[5]周兴建.现代物流方案设计：方法与案例[M].北京：中国纺织出版社，2019.

第三篇

供应链运作

第六章　供应链战略

本章学习导引

　　本章首先介绍了供应链管理战略的产生和基本内容,从而引出建立供应链战略优势的方法。接着向读者解析为什么赢得战略匹配对公司的整体成功至关重要;描述公司如何进行供应链战略与企业竞争战略的战略匹配;讨论在整个供应链上拓展战略匹配的重要性。

第一节　供应链战略概述

　　成功的供应链管理需要制定与信息、物料和资金流动相关的各种决策,根据其频度和影响的时间跨度,这些决策可分为三个阶段:

　　第一阶段,供应链战略(或设计)阶段。在这个阶段,企业决定如何构造供应链,决定供应链的配置,以及供应链的每个环节(组织)执行什么样的流程。这些决策通常也称为供应链战略决策。企业的战略决策包括生产和仓储设施的位置和能力,在各个地点制造或存放的产品,根据不同交货行程采用的运输模式,以及将要使用的信息系统的类型。企业必须保证供应链配置支持其在这一阶段的战略目标。

　　第二阶段,供应链计划阶段。在供应链配置确定之后,企业需要有相应的供应链计划,也需要制定一整套控制短期运作的运营政策,这一阶段的决策必须满足既定战略供应链配置的约束。计划从预测来年(或时间跨度为三个月到一年)的市场需求开始,包括决定哪个地点供应哪些市场、计划库存多少、是否外协制造、补货和库存政策、备货点设定(以防缺货)以及促销时间和规模等有关政策。

　　第三阶段,供应链运作阶段。这一阶段的决策时间是周或天,企业根据既定的供应链计划做出具体实现客户订单的有关决策,其目的是以尽可能好的方式实施供应链计划。在这一阶段,企业分派订单给库存或生产部门,设定订单完成日期,生成仓库提货清单,指定订单交付模式,设定交货时间表和发出补货订单。由于供应链运作是短期决策,通常具有更小的需求不确定性,因此,运作决策的目的就是要利用这种不确定因素的减少,在供应链配置和计划政策的约束下取得最优性能。

　　供应链的设计、计划和运作对整个供应链盈利和成功有着重大影响。本章将着重对供应链的第一个阶段即供应链战略阶段进行介绍。

一、供应链管理战略的产生

企业战略规划的开发和实施相对来说是一个较新的管理活动。在大量生产、大量配送的年代，企业关心的是规模经济和范围经济，这些目标可通过垂直集成、长生命周期且标准化的产品生产，以及稳定的制造过程来实现。在这种情况下，降低成本是企业管理的关注点。企业经营的出发点是在现有的设备、设施和流程上投资，以便将规模生产的产品推向市场。顾客不得不适应这种大量生产的方式，若需要定制化产品来满足自己的特殊需要，不得不付出高价来购买。尽管所有的企业都需要非常清楚地识别自己的产品、服务和顾客目标，并制订出为达到目标所需要的策略，但这些业务计划往往只关心企业的实物与财务资产的计算，以便优化产品和流程。

20世纪60年代中后期，尤其是20世纪70年代，美国企业既面临石油危机、经济膨胀等不确定性，又面临日本和欧洲的挑战，独占市场的情况已不复存在，因此不得不在优化运作以外寻找新的取胜之道，其结果是企业对总体规划过程的关注越来越高。总体规划过程不仅关注包括企业目标和资源分配在内的战略要素，而且也关注引导企业走出利润缩减、短生命周期产品、世界经济同步化、日益增加的劳动力和材料成本以及寻求竞争优势的迷宫。这样，企业的制造和物流快速响应环境变化的能力已成为企业生存的必需。管理学界开始重点研究如何适应当时的市场环境，以谋求对企业的管理实践提供理论指导。来自军事界的词汇——"战略"开始引入管理界。

传统的战略规划围绕预测、财务分析、市场和产品定位展开，其目的是寻求获得市场领先地位的最好机会，然后在业务单位和项目上分配资金和生产资源，来确保任务的完成。这种方法常使企业过分关注战术和运作上的计划，而不考虑如何将企业引向未来。具体而言，传统的战略规划具有以下几个方面的缺点：首先，它依赖的是大规模生产和追求规模与范围经济时代的工业范式；其次，计划的时间跨度很短，往往是几年，而不是十年甚至几十年；再次，企业往往根据现有的产品和业务单位来制订它们的计划，而不是根据整个企业或供应链制订计划；最后，计划制订者非常倾向于以现有的产品或服务与竞争对手展开竞争，而不是以面向未来的眼光，发展新能力，并与供应链成员密切合作，从而形成新的企业生态系统。

20世纪80年代，大量生产和大量配送系统受到了更加严重的挑战，使得美国企业更加注重战略规划。几乎在一夜之间，企业的规划人员发现，仅仅关注向市场渗透，更加有效地分配资源、减少过程和额外成本，已不能使企业在急剧缩小的市场中处于领先地位。例如，像施乐（Xerox）、RCA、国际商用机器公司（IBM）和西尔斯（Sears）这样的全球企业巨人，已开始失去市场的绝对优势。而佳能（Canon）、索尼（Sony）、康柏（Compaq）和沃尔玛（Wal-Mart）这样的敏捷反应性公司，从它们手中夺取了大量的市场份额。究其原因，主要是因为它们的竞争对手采用先进的信息技术，以及诸如即时制（JIT）、全面质量管理（TQM）和精细制造等管理思想和方法，通过缩减生产规模、重塑联盟伙伴的竞争力、按订单生产和大量缩短产品的上市时间，取得了竞争优势。在这一阶段，战略管理理论向前发展了一步，战略规划是一个正在发展中的概念。1980年，迈克尔·波特提出，企业的计划应当将在企业内部和外部市场中发现的竞争因素包括在内。他的《竞争战略》《竞争优势》以及《国家竞争优势》等重要著作，对这一阶段的管理实践起到了非常积极的推动作用。

20世纪90年代，竞争环境更加残酷，企业不得不寻找新的竞争战略，寻找更加灵活的生产过程，要求在不增加成本的情况下，生产出高质量和多样性的产品，并能利用现在的生产能力来生产变革性产品。为了满足顾客对高质量、低价格定制产品和服务以及快速配送的要求，企业需要追求高度的灵活性。

在这个时期内，企业再造学说盛极一时，许多企业将再造技术作为取得竞争优势的法宝，放弃了制订战略计划。过去，企业花费大量的时间和金钱来制订业务计划以求获得企业的市场定位和业已获得的竞争优势，许多企业废弃或缩减他们的企业规划功能。许多管理者花极少的时间来考虑他们的竞争优势，设计他们必需的战略计划，以将他们的企业带向21世纪。这一阶段，对战略计划提出质疑的代表人物应该是亨利·明茨伯格(Henry Mintzberg)，他在《战略计划的兴衰》一书中认为，战略计划只不过是例行公事，它总是缺乏创造力，没有真正的意义。企业放弃业务计划制订的原因是，他们将计划与战略规划混合起来。事实上，传统的业务计划多数是战术上或运作上的计划，而不是真正的关于战略方向的计划。因此，传统的所谓的"战略计划"并不能真正产生明确的、深思熟虑的战略，并指导企业在未来如何完成自己的计划。在当今快速变化的环境中，关注企业运作管理技术的战略，如重构、再造、连续改进和全面质量管理等，可以使企业追赶市场领先者，但却不能再造企业的竞争能力和产品，重塑技术和渠道联盟，以重新思考未来如何取得行业的竞争优势。加里·哈默尔(Gary Hamel)和C. K Prahalad在1994年合著的《为未来而竞争》，则标志着战略计划的复兴，此书对企业痴迷于规模缩减的行为提出了批评，并且对核心竞争力重新下了定义。

竞争日益激烈的市场环境和战略计划的复兴，为供应链管理战略思想的形成起到了非常积极的推动作用。尽管企业关注自己的核心运作策略对企业的生存非常关键，但它却严重地限制了计划制订者的眼光。在大规模生产的时代，竞争力指的是向特定的市场提供比竞争对手更好的、价格更低的标准化产品。市场中的胜利者通过面向顾客、持续减少过程和额外成本，并在新的开发基础上和过程方面投资等，来巩固自己的竞争优势。由于产品和市场的变化不大，所以起步早的一些公司就可以在许多方面取得优势。然而这种内部的以企业自身为中心的竞争的问题是，一些市场的竞争对手可以以一种非常规的方法对那些仍然热衷于运作策略的企业的市场优势构成威胁。其结果是一些拥有一流产品和忠实顾客的显赫公司，如国际商业机器公司(IBM)等，发现他们在一些变革性公司的竞争面前已失去了往日的行业领先和竞争优势地位。这些竞争者中有些通过克隆成功的产品、流程或组织结构，挤入曾经稳定的业务环境中；有些则重塑他们的竞争力，违反传统的市场边界，与那些成熟的企业争夺市场；还有一些则采用先进的技术和管理方式，不仅偷取业务，而且提出废除他们竞争对手的知识产权。这样的变革性企业已经发现了重塑合作团体、破坏垂直和水平一体化的传统概念的方法。

当前竞争的重点已经开始从运作层向战略层转移，企业要想学会竞争的制胜之道，必须从两个方面考虑：第一个方面是继续关注传统的运作计划，以便为企业提供日常目标和绩效衡量的依据。第二个方面是必须关注企业的战略规划，以便为企业提供未来发展的方向，决定未来的顾客是谁、最有利润的市场在哪里、企业需要什么样的竞争力、什么是企业的机会环境、什么样的渠道网络对发展未来的业务生态系统是必需的等。供应链管理战略正是在这样的背景下产生的。另外，随着供应链管理的发展，供应链管理开始从单一的运作技术向战略方面发展，这是供应链管理自身发展的必然。

另外，供应链管理对提高企业竞争力的重要作用和它在实际运作中表现出的绩效不成比例。产生这些问题的原因并不是供应链管理理论本身有什么大问题，而是企业没有把它看作企业战略的一个组成部分。企业需要从全局的角度进行战略性规划，才能彻底解决上述问题，因为所有这些影响供应链管理绩效的因素都不是哪一个部门能够解决的。因此，从战略的角度考虑供应链管理的地位具有十分重要的意义，否则许多相关问题都无法得到有效解决。

二、供应链战略的关注点

加里哈默尔和 C. K. Prahalad 认为，企业竞争的焦点应放在加强和重塑企业的核心竞争力上，这一概念极大地拓宽了传统的战略计划的视野。但他们对战略规划的概念的理解有一个共同的特点，那就是主要关注点是企业，尽管为企业制定战略规划起到了非常重要的指导作用，然而一旦跨越企业界限，力量就显得比较薄弱。供应链战略要求计划制订者不仅要关注企业本身，而且要关注整个供应链。供应链管理战略关注的重点不是企业向顾客提供的产品或服务本身给企业增加的竞争优势，而是产品或服务在企业内部和整个供应链中运动的流程所创造的市场价值给企业增加的竞争优势。这一概念非常重要。事实上，不论企业层次上的产品和服务有多好，组织结构多有效，资源和生产过程多优越，他们独自获得的竞争能力都是有限的，不可能将联盟伙伴的优势结合起来，形成一种供应链管理战略所取得的竞争能力。20 世纪 90 年代，那些抢先占有竞争优势且市场份额不断增长的企业得到了极大的发展，其最主要的原因就是它们实施了供应链战略，将它们的关注重点从内向能力转向将自己的能力与供应链成员中的生产资源和创新知识整合起来。

当今顶尖公司的业务战略规划包括三个既相互区分又相互联系的部分，如图 6-1 所示。业务战略规划过程的第一个方面是定义企业的目的。目的应该是广义的、长期的目标和态度，它能够指导作为组织实体的公司的努力，也可以指导企业每一个成员的个体行动。根据彼得·德鲁克（Peter F. Drucker）的理论，企业的目的形成了与企业业务本质有关问题的答案，它的目标、客户基础以及企业应当到达的目的地。定义企业的目的是一个相互作用的过程，企业的管理者通过这个过程提出有关企业健康运转的基本问题，并改变企业的运作策略，以迎接突然出现的挑战。

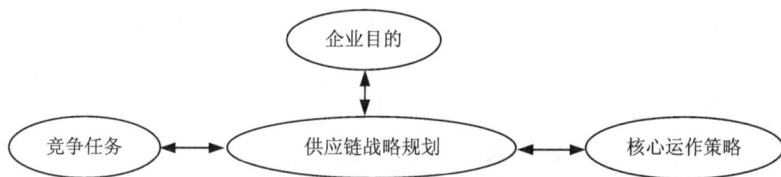

图 6-1　供应链管理战略规划的内容

成功实施战略规划的第二个方面是明确企业的战略性竞争任务。战略性竞争任务的关注点面向未来，而不是现有的能力和市场。尽管企业的战略任务往往从企业现有的市场、运作结构、产品、流程以及顾客目标开始，但它的确是在新的竞争空间发现市场机会、指导企业激活变革性竞争力的有力手段，而这些竞争力存在于企业内部或者在供应链中。战略任务是寻找企业所面临的问题，例如：谁是明天的行业领导者；将有什么样的技术会对市场产生重大影响；什么样的产品或服务组合可以赢得市场；哪一家公司将形成企业的关键伙伴或联盟；企业的技能和变革性精神如何才能被重塑，从而形成未来的新市场。

有效战略计划的最后一个方面是形成公司的核心运作策略。企业的核心运作策略关系到企业在现有的行业结构中，如何对现有的产品、市场和业务进行定位与衡量。其中最为重要的是决定采用什么样的产品策略、什么样的定价和促销方案、什么样的分销渠道，以及选择什么样的供应链伙伴会给企业提供最好的市场份额和高利润。核心运作计划的关键活动应包括：对企业在某一时间内可能增长的资产、投资回收和全部净收入目标等内容的预测，决定支持业务预测中详述的财务和市场目标所必需的现有资产和竞争力，将预测和资产计划分配到公司的业务单位中。

三、供应链战略的基本内容

制定战略是供应链管理的首要决策阶段。供应链的决策阶段包括：供应链战略决策阶段、供应链规划决策阶段和供应链运营决策阶段。只有制定了供应链的战略才能够实施供应链的管理，它在公司的运营成败中发挥着极为重要的作用。供应链战略就是从企业战略的高度来对供应链进行全局性规划，它确定原材料的获取和运输，产品的制造或服务的提供，以及产品配送和售后服务的方式与特点。其实，供应链战略突破了一般战略规划仅仅关注企业本身的局限，通过在整个供应链上进行规划，进而实现为企业获取竞争优势的目的。一套完整的供应链战略应该包括库存策略、运输策略、设施策略和信息策略。具体地说，战略思考还包括以下问题：

1. 库存
(1)循环库存的部署策略。
(2)安全库存的部署策略。
(3)季节库存的部署策略。

2. 运输
(1)运输方式的选择。
(2)路径和网络的选择。
(3)自营与外包。
(4)反应能力和盈利水平的权衡。

3. 设施
(1)工厂、配送中心的布局。
(2)设施能力(灵活性与营利性)大小。
(3)选择何种生产方式，如是按订单生产还是按库存生产。
(4)如何选择仓储方式。
(5)反应能力和盈利水平的权衡。

4. 信息
(1)推动型或拉动型。
(2)如何进行供应链协调与信息共享。
(3)如何提高需求预测与整合计划的准确性。

（4）如何选择技术工具。

（5）反应能力和盈利水平的权衡。

5. 变动灵活性

在产品种类增多、产品生命周期缩短、顾客要求增加、供应链所有权分裂、经济全球化的情况下，如何保持供应链战略的变动灵活性？

供应链战略指明了生产、分销和服务所要做好的工作，除了以上的内容外，供应链战略还包括传统的供应商战略、生产战略和物流战略等。不仅如此，供应链战略还强调企业内部所有职能战略之间的密切联系。如果企业既要满足顾客需求，又要盈利，那么每一种职能都至关重要；它们紧密地交织在一起，相互配合，相互支持。

供应链战略也是企业战略的有机组成部分，它与产品开发战略和市场营销战略并列为三大职能战略，支撑竞争战略。产品开发战略详细说明了企业即将开发的新产品的投资组合，指出了开发是内部的主动追求型还是外部的力量驱动型。市场营销战略详细地说明了如何分割市场，产品如何定位、定价和推出。供应链战略确定原材料的获取与运输，产品的制造或服务的提供，以及产品配送和售后服务的方式与特点。从价值链的角度看，供应链战略详细说明了生产经营、配送和服务职能特别应该做好的事情。此外，每家企业还为财务、会计、信息技术和人力资源等设计自己的战略。

四、如何建立供应链战略优势

建立竞争战略需要形成新观点，创建新的企业结构和价值，以使企业能够探索和挖掘全新的市场机会，从而进入竞争对手尚未准备好或不敢进入的竞争空间。思考未来以及能够将企业带到未来的战略是一件十分艰苦的工作，这比仅仅开发详细的能使企业追赶行业领先者的运作和流程重组的策略要难得多。因为它需要研究竞争者，找出竞争差别，然后改进绩效和消除流程的缺陷。然而，开发战略规划需要一种洞察未来市场需求的能力。过去企业管理者练就了制订运作计划的本领，他们没有能力做的事情就是对未来市场、新的竞争力进行定位，以及形成新的联盟与设计新流程和新产品。

建立供应链竞争优势，需要企业极大地拓宽企业的目标，明确目的和手段，改变以往仅仅将注意力集中在成本和市场方面的小的改进的情况，而应着眼未来，弄清未来的顾客是谁，企业与供应链伙伴的竞争能力如何塑造才能抢先占领市场的领先地位。建立供应链竞争优势，还要求企业改变以往的对每年的例行计划、已存在的行业结构、业务单位预算和成本、竞争对手的标杆瞄准以及市场细分的过分关注，而去关注一个持续不断的过程。这一过程围绕核心竞争能力、新功能、渠道联盟、机会等构建，以便能够洞察在未来市场中获得领先地位所需的技术、竞争力和产品。最后，最具活力的竞争战略需要整个企业和供应链伙伴的积极参与，而不是仅由企业的管理者和几个学 MBA 的职员组成的小组来完成。建立供应链战略需要从以下四个方面入手：

1. 执行有效的战略

在当今的全球市场中，只有那些能够开发充满活力和创造市场的竞争战略的企业，才能在市场上获得领先的地位。尽管核心运作策略仍是衡量短期或中期绩效的有效手段，但供应链管理战略却是创造未来优秀企业的有力武器。

2. 建立有效的业务渠道

以时间为基础的竞争和"纵向一体化"的解体,标志着不再允许由一家企业独自参加竞争。事实上,非常明显,市场属于那些构建供应链和在供应链竞争方面比对手更强的企业,而不是那些仅以自己产品和市场为基础的企业。未来极大的机会属于那些能与其他企业(包括竞争对手)密切合作的企业。例如,未来某一天,微软可能会发现英特尔是它的供应商、客户、竞争对手或合作伙伴。我们的目的并不是自私地发展周围的供应链伙伴,而是建立不可战胜的联盟,提供共同的竞争能力的源泉,以便成功地进入行业或创造全新的行业。

3. 进行赢得市场的变革

随着产品生命周期的缩短、个性化产品和服务需求的提高,企业不得不改变以往的仅能满足以纯产品/成本为市场的基础的做法。尽管企业继续生产出高质量、低成本的产品仍然非常关键,但是企业必须持续将它们的注意力集中在追求大胆的跨企业的变革上,以便为客户提供别人无法提供的解决方案。

4. 设计具有竞争力的企业

根据加里·哈默尔和 C. K. Prahalad 的理论,有几种方法可以获得竞争优势。首先,企业可以寻求在已成熟的行业改变游戏规则,如沃尔玛突破零售业中的规则。第二,企业可以寻求重新勾画传统行业的边界,如迪斯尼收购 ABC 公司以重塑娱乐业态。

最后,真正的创新公司可以寻求发现全新的行业和市场,如微软在计算机软件方面如果仅仅痴迷于缩减劳动力成本、资产和流程的周期是不能获得市场领先地位的,而关注创造全新市场和重塑旧市场的战略才是它成功的法宝。

第二节　供应链战略与企业竞争战略的匹配

一、企业竞争战略的有关理论

在企业谋略中最关键的是企业的战略,战略是指"为创造胜利条件实行全盘性行动的计划和策略",是从企业"可持续发展"出发的综合性观点。全面地分析影响一般性竞争战略选择的关键因素,结合企业自身的实力,才能制定出适应市场需求的竞争战略。

一个企业与竞争企业相比可能有许多长处与弱点,而决定企业进入市场的基本竞争优势为低成本或别具一格。因此美国市场营销学家迈克尔·波特认为基本的竞争性定位战略为:总成本领先(overall cost leadership)战略、差异化(differentiation)战略以及集中(focus)战略。

(一)总成本领先战略

总成本领先战略是指通过有效途径,使企业的全部成本低于竞争对手的成本,以获得同行业平均水平以上的利润。在 20 世纪 70 年代,随着经验曲线概念的普及,这种战略已经逐步成为企业共同采用的战略。实现成本领先战略需要有一整套具体政策,即要有高效率的设备,积极降低经验成本,紧缩成本和控制间接费用以及降低研究开发、服务、销售、广告等方面的成本。要达到这些目的,必须在成本控制上进行大量的管理工作,即不能忽视质量、服务及其他一些领域的工作,尤其要重视与竞争对手有关的低成本的任务。

当具备以下条件时,采用成本领先战略会更有效力:

(1)市场需求具有较大的价格弹性。

(2)同行业的企业大多生产标准化产品，从而使价格竞争决定企业的市场地位。

(3)实现产品差异化的途径很少。

(4)多数顾客以相同的方式使用产品。

(5)当顾客购物从一个销售商改变为另一个销售商时，不会发生转换成本，因而特别倾向于购买价格最优惠的产品。

(二)差异化战略

差异化战略，是指为使企业的产品与竞争对手的产品具有明显的区别、形成与众不同的特点而采取的战略。这种战略的重点是创造被全行业和顾客都视为独特的产品和服务以及企业形象。实现差异化的途径多种多样，包括产品设计、品牌形象、技术特性、销售网络和用户服务等。例如，美国卡特彼勒履带拖拉机公司，不仅以有效的销售网络和随时能够提供良好的备件而享誉市场，而且以质量精良的耐用产品闻名遐迩。差异化战略的适用条件如下：

(1)有多种使产品或服务差异化的途径，而且这些差异化是被某些用户视为有价值的。

(2)消费者对产品的需求是不同的。

(3)奉行差异化战略的竞争对手不多。

(三)集中战略

集中战略是指企业把经营的重点目标放在某一特定的购买者集团，或某种特殊用途的产品，或某一特定地区上，以此来建立企业的竞争优势及其市场地位。由于资源有限，一个企业很难在其产品市场上展开全面的竞争，因而需要瞄准一定的重点，以期产生巨大有效的市场力量。此外，一个企业所具备的不败的竞争优势，也只能在产品市场的一定范围内发挥作用。例如，富士康集中于3C(计算机、通信、消费性电子)产品的生产，INTEL公司集中于芯片、技术导向，IBM公司集中于商业解决方案、服务和技术导向，中石化、中石油集中于石油石化产业。集中战略所依据的前提是，厂商能比正在更广泛地开展竞争活动的竞争对手更有效或效率更高地为其狭隘的战略目标服务。结果，厂商或是由于更好地满足其特定目标的需要而使产品呈现差异，或是在为该目标的服务中降低了成本，或是两者兼而有之。

(四)三种竞争战略的比较及选择

从以上对三种战略的描述可以看出，尽管集中战略往往采取成本领先和差异化这两种变化形式，但三者之间仍存在区别。总成本领先和差异化战略一般是在广泛的产业部门范围内谋求竞争优势，而集中战略则着眼于在狭窄的范围内取得优势。

企业在确定竞争战略时首先要根据企业内外环境条件，在产品差异化、成本领先战略中选择，从而确定具体目标、采取相应措施以取得成功。当然，也有企业同时采取两种竞争战略，如经营卷烟业的菲利浦·莫尔斯公司，依靠高度自动化的生产设备，取得了世界上生产成本最低的好成绩，同时它又在商标、促销方面进行了巨额投资，在产品差异化方面取得成功。但因为这两种战略有着不同的管理方式和开发重点，有着不同的企业经营结构，反映了不同的市场观念，所以企业一般不同时采用这两种战略。在同一市场的演进中，常会出现这两种竞争战略循环变换的现象。一般来讲，为了竞争及生存的需要，企业往往用产品差异化战略打头阵，使整个市场的需求动向发生变化，随后其他企业纷纷效仿跟进，使差异化产品逐渐丧失了差异化的优势，最后变为标准产品。此时企业只有采用成本领先战略，努力降低成本，使产品产量达到规模经济，通过提高市场占有率来获得利润。这时市场已发展成熟，企业之间竞争趋于激烈。企业要维持竞争优势，就必须通过新产品开发等途径寻求产品差异化，以开始新一轮的战略循环。

要成功地实行以上三种一般竞争战略，需要不同的资源和技巧，需要不同的组织安排和控制程序，需要不同的研究开发系统。因此，企业必须考虑自己的优势和劣势，根据经营能力选择可行的战略。

企业竞争战略由企业的产品和服务刻意满足的顾客需求的类型所决定，建立在顾客对产品的成本、产品送达与反馈时间、产品种类和产品质量偏好的基础上。因此，企业竞争战略的设计必须以顾客偏好为基础。竞争战略的目的是提供能满足顾客需求的产品和服务。从图 6-2 企业价值链中可以看出企业价值链始于新产品开发，市场营销通过公布将要满足的顾客偏好的产品和服务来启动需求，还将顾客的投入用于新产品开发。生产则是制造各种新产品，将投入转变为产出，配送（分销）或者将产品送达顾客，或者把顾客带来选购产品。服务是对顾客在购物期间或购物之后各种要求的反馈。财力、会计、信息技术、人力资源支持并促进价值链运行。为了执行企业的竞争战略，所有上述职能都会发挥作用，每一种职能都必须制定自身的战略。

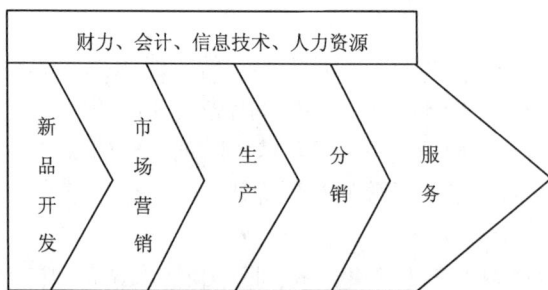

图 6-2 企业价值链

企业的所有职能都会对企业的价值链的成功与否产生影响。这些职能必须相互配合，任何单独的职能都不能确保整个价值链的成功，但任何单独的职能的失败都将导致公司的价值链的失败。企业的成功与否同下面两点紧密相关：

（1）各职能战略要和竞争战略协调、匹配，所有职能战略要相互支持并帮助公司实现其竞争战略的目标。

（2）各职能部门必须恰当地组织其业务流程和资源，成功地执行它们的职能战略。

二、获取战略匹配的意义

供应链管理的目标很简单：以最低廉的成本满足客户的需要，使供应能力和市场需求相匹配。而有效的供应链管理，对企业绩效有直接的作用。供应链管理的对象是产销量、库存和费用。产销量的增加、库存的降低、费用的削减会直接改善利润、投资回报、现金流量等企业总体绩效指标。

一家成功的企业的供应链战略与竞争战略是相互匹配的。供应链的目标是明确如何用供应链来满足商业要求（如快速反应于环境变化、低成本生产、高质量产品等），它与竞争战略关系密切。战略匹配是指竞争战略与供应链战略拥有相同的目标。也就是说，竞争战略的设计用来满足顾客的优先目标与供应链战略旨在建立的供应链能力目标之间相互协调一致。

企业失败的原因，或是由于战略不匹配，或是由于流程和资源的组合不能达到构建战略匹配的要求。企业总裁的首要任务是协调核心职能战略与总体竞争战略之间的关系，以获取战略匹配。如果不能在战略层上保持一致，各职能战略目标间很可能发生冲突，并导致不同的战略以不同的顾客群为优先目标的结果。由于流程和资源的组合是用来支持职能战略目标的，不同职能战略目标之间的冲突将引发战略实施过程中的纠纷。例如，市场营销部门将企业的职能定位在快速提供多种产品上，而分销部门的目标却可能是以最低的成本提供服务。在这种情况下，企业通过把订货分组送达给顾客，取得了较好的经济效益，当年分销的决策延缓了订单的执行速度。

因此，获取战略匹配已经成为企业在战略制定时必须遵循的原则。

三、如何获取战略匹配

要获取供应链战略与竞争战略之间的匹配，企业首先应当理解顾客，即企业必须理解每一个目标顾客群的顾客需要，这能帮助企业确定预期成本和服务要求；其次，企业应当对供应链有一定的理解，明确其供应链设计是用来做什么的；最后，企业要获取战略匹配，如果一条供应链运营良好，但与预期顾客需求之间不相互匹配，那么，企业应或者重构供应链以支持其竞争战略，或者改变其竞争战略以适应供应链。

(一)第一步：理解顾客

要理解顾客，企业必须明确目标顾客群的需要。下面通过将日本的7-11连锁店和山姆会员店(沃尔玛的一部分)进行比较来说明。顾客去7-11连锁店购买洗涤剂为的是方便，而不一定要寻找最低的价格。由于这种连锁店分布广泛，主要在居民区附近，拥有丰富的商品，可以使消费者方便地得到所需要的物品。相反，对于到山姆会员店购物的消费者来说，他们比较看重的是这里的活动力度。顾客在这里购买的是大包装的产品，虽然少了个性化的包装，看起来都是低调的大包装的产品，但顾客在这里能够得到足够低的价格。因此，顾客可以选择到不同的地方去购买相同的商品，这主要取决于顾客的需求。在7-11连锁店购物的顾客，大多追求的是购物便捷，花费时间少。而在山姆会员店购物的顾客，更看重其低廉的价格，他们愿意花费一些时间来取得更便宜的商品。由以上这个例子我们可以看出，顾客的需求存在很大差异，不过也正是由于这些差异，企业在发展方向上才有了完全不同的战略目标。顾客的需求差异主要体现在以下几个方面：

(1)每次订购产品的数量。例如，修复生产线所需的紧急材料订单总是较小，而建设新生产线所需的材料订单总是较大。

(2)顾客能接受的响应时间。紧急订单所能容忍的响应时间较短，而新建订单所能容忍的响应时间往往较长。

(3)需求的产品品种。如果从单一供应商那里可以得到所有维修所需的配件，紧急订单的顾客往往愿意付出较高的额外费用，而新建订单的顾客却不会这样做。

(4)要求的服务水平。紧急订单的顾客期望产品具有很高的可用性，如果有些部件不是立即可用的，他(她)就会到别处采购，而新建订单的顾客却不一定。

(5)产品的价格。新建订单的顾客往往对价格较为敏感，而紧急订单的顾客则不那么敏感。

(6)期望的产品革新率。高档百货商店的顾客期望更多的新产品和新颖的服装设计。而像沃尔玛(Wal-Mart)这种日用超级商场的顾客对革新产品则不太敏感。

同一顾客段的顾客倾向于具有相同的需求特性,而不同顾客段的顾客的需求特性差别较大,但我们只需要一个关键的衡量指标来捕捉所有这些属性的变化,然后用这个指标来帮助定义最适合企业的供应链。实际上,它们都能被转变成隐性需求不确定性(Implied Demand Uncertainty)这一衡量指标。

这里涉及两个概念:需求不确定性和隐性需求不确定性。需求不确定性是指顾客对某种产品的需求是不确定的;隐性需求不确定性是指由供应链必须满足的那部分需求所存在的不确定性,也就是指供应链予以满足的需求部分和顾客期望的属性是不确定的。例如,只为紧急订单供货的企业面临的隐性需求不确定性要高于以较长的供货期提供同样产品的企业面临的隐性需求不确定性。

隐性需求不确定性要受到顾客需求特性的影响。例如,按照所需钢材的品种和数量判断,钢材的需求也具有一定程度的不确定性。钢材供货中心可以以少于一周的时间供应多种产品;小型钢铁企业的品种较少,供货期较长;钢铁联合企业的供货期更长,以数月为供货周期。在这三种情况下,尽管所供应的物品没有什么差别,但它们面临的隐性需求不确定性却很悬殊。钢材供货中心的供货期最短,供应的品种也最多,其面临的隐性需求不确定性最高。与之相对的是钢铁联合企业,其供货周期最长,隐性需求不确定性最低,它们有很长的时间为客户的订单准备生产。供应链要提高服务水平,也就是要求其满足顾客需求的百分比越来越高,这就迫使供应链要为罕见的需求高峰做好准备。因此,在产品的需求不变的情况下,服务水平的提高会导致隐性需求不确定性的增加。

产品需求不确定性和顾客的需求特性对隐性需求不确定性都有影响。顾客的需求特性对隐性需求不确定性的影响如表6-1所示。隐性需求不确定性同其他一些产品需求特性也是紧密相关的,如表6-2所示。

表6-1　顾客需求特性对隐性需求不确定性的影响

顾客需求变化	引起隐性需求不确定性变化	顾客需求变化	引起隐性需求不确定性变化
需求量变化范围增大	增加:因为需求变化增大	获取产品的渠道增多	增加:因为总的消费需求被更多的渠道分摊
提前期缩短	增加:因为响应时间减少	产品更新加快	增加:因为新产品的需求更不确定
所需产品品种增多	增加:因为每一种产品的需求更难分解	服务水平提高	增加:因为企业被迫处理例外需求被动

表 6-2 隐性需求不确定性与产品属性的关系

产品属性	隐性需求不确定性低	隐性需求不确定性高	产品属性	隐性需求不确定性低	隐性需求不确定性高
产品边际利润	低	高	平均脱销率	1%~2%	10%~40%
平均预测误差	10%	40%~100%	平均期末被迫降价	0%	10%~25%

费舍尔指出：①需求不确定的产品通常是不成熟的产品，竞争对手少，因此可以获得很高的边际利润。②当需求更加确定的时候，对需求的预测误差也就会更低。③隐性需求不确定性增加，产品的供给和需求就更难达到平衡，由此会造成产品的脱销或积压，也就是平均脱销率会很高。④隐性需求不确定性高的产品，由于积压将不得不降价销售。

由于每一单独的顾客需求对隐性需求不确定性都有明显的影响，因此可以用它作为区分不同需求类型的标尺；也可以考虑以隐性需求不确定性为变量的不同需求类型的分布（隐性需求不确定性图谱），如图 6-3 所示，其中给出了不同的隐性需求不确定性所对应的代表性的产品。

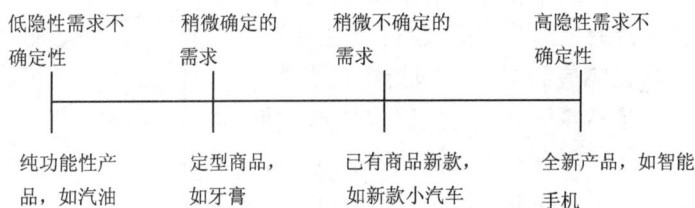

图 6-3 隐性需求不确定性图谱

首先以图 6-3 中低隐性需求不确定性的产品——汽油为例进行分析。汽油的边际利润较低，需求预测准确，产品脱销率低，很少存在价格变化。这些特点与费舍尔所描绘的低隐性需求不确定的产品特征十分吻合。在图 6-3 的另一端，一款新型智能手机可能会具有以下特点：边际利润高，需求预测十分不准确，产品降价销售的情况经常存在，产品脱销率也会很高，这与表 6-2 也十分吻合。

显然，以上描述是关于隐性需求不确定性变动范围的一般概括。很多需求类型会包括上面所讨论的各种特点的组合，成为两个端点之间的任意一种形式。然而，这个变动范围能让我们对需求确定或不确定的产品的特性有很好的理解。

实现供应链战略和竞争战略匹配的第一步是理解顾客，通过找出所服务的顾客段的需求类型在隐性需求不确定性图谱上的位置，来理解顾客的需求。

（二）第二步：理解供应链

在了解顾客需求之后，下一步要解决企业如何才能满足顾客需求的问题。

同顾客需求一样，供应链也有许多不同的特性。前面在考察顾客需求特性时用一个指标横流的办法将其放在图谱上进行分析，这里可以采用同样的方法，将供应链放在同一个图谱上研究。首先，同样需要找出一个衡量指标，用以描述所有供应链特点，这个指标就是供应链响应能力和盈利水平之间的权衡。

供应链响应能力体现为以下五种能力：

(1)响应需求数量的大范围变化。

(2)只需很短的提前期。

(3)提供多样性(大量品种)产品。

(4)具有高度的产品创新能力。

(5)能提供很高的服务水平。

这些能力类似于引起隐性需求不确定性的需求特性。这些能力越高，供应链就越灵敏。然而，要提高这五种能力，需要花费成本。例如，要响应需求数量的大范围变化，就必须增加生产能力，也就增加了成本。这就引出了供应链的盈利水平的概念，它是指产品的销售收入与产品的生产及送达顾客的成本之差。成本增加，盈利水平降低。每一种提高反应能力的战略，都会付出额外的成本，从而降低盈利水平。

图6-4 中的曲线为成本—响应有效边界。它显示在现有的技术条件下给定响应时所能达到的最低成本。并不是所有的企业都能运作在这一有效边界之上，它代表最好的供应链的绩效。在有效边界内的企业可以改进其供应链的响应并降低成本，而处于有效边界上的企业只能在响应和成本之间折中。当然，有效边界上的企业总是不停地改进其流程和技术，使其有效边界向外移动。对所有的供应链而言，由于存在着响应能力与盈利水平之间的权衡关系，所以供应链战略选择也就是定位其响应能力的水平。

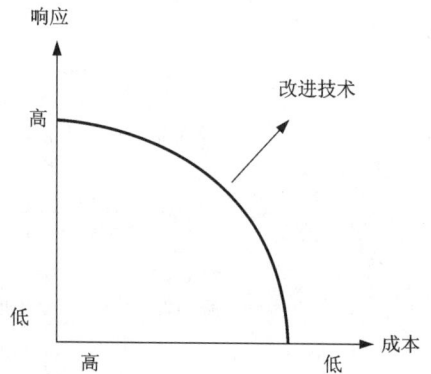

图6-4 成本—响应有效边界

对应于不同市场定位，供应链分布在专注于响应能力和专注于以最低成本生产、供给产品的两个极端之间。图6-5 是供应链响应能力的示意图。

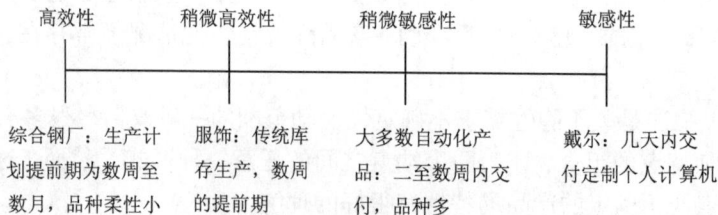

图6-5 供应链响应能力示意图

供应链所拥有的生产能力越大，其反应能力也就越强。日本 7-11 公司在其店内增添了早上供应早餐食品、中午供应午餐食品、晚上供应晚餐食品的活动，这样一来，其供应的产品以天为单位进行变动。7-11 公司对订单的反应十分迅速，商店经理必须提前 12 个小时发出补给通知。这使得 7-11 供应链的反应能力大大提高。相比之下，一条盈利水平较高的供应链，可以通过降低反应能力来压低成本。例如，山姆会员店出售的商品品种相对较少，而且都是大包装的产品，其供应链可以较容易地获取更低的成本，其经营的重点显然在盈利水平上。

如上所述，实现供应链战略和竞争战略匹配的第二步是理解供应链并将其描绘在供应链响应能力图谱上。

(三) 第三步：实现战略匹配

前面已经考虑了顾客特性和供应链特性，接下来要考虑的是如何使供应链很好地适应竞争战略所瞄准的顾客需求。

如果将前面讨论的图谱作为一幅图上的两条轴线，如图 6-6 所示，沿着水平轴移动，隐性需求不确定性增加，沿着纵轴移动，反应能力增加。因此，这幅图也可以称作不确定性/反应能力图，图中的每一个点都代表供应链响应能力和隐性需求不确定性的一种组合。隐性需求不确定性代表顾客需求特点，也就是企业的竞争战略，供应链的反应能力代表着供应链的战略定位。于是产生了这样的问题：在图中这些点的组合中，哪些点表示两种战略互相匹配呢？如图 6-6 所示，图中的阴影区域代表了两种战略互相匹配的组合区域。

这个区域是如何形成的呢？首先考虑图 6-3 中的智能手机，这是一种全新的产品，结合费舍尔理论及表 6-2，可以验证其的确具有高度的隐性需求不确定性。如果商家采用高效的供应链策略，则明显不符合其竞争需求。反过来，如果采用高响应的供应链策略，就能较好地符合其竞争需求。再考虑日用品供应，如面食，面食是一种消费性产品，它拥有较为稳定的需求，其隐性需求不确定性大大低于掌上计算机。如果面食制造商选择了高反应能力的供应链，根据顾客需求采用小烤炉烘制、用联邦快递送货，势必造成惊人的高价。因此，如果设计一条高盈利水平的供应链，把经营重点放在降低成本上，更符合大多数顾客的需求。日用品需求的隐性需求不确定性较小，价格是消费的主要驱动力，商家必须采用高效的供应链策略以降低成本。因此，要实现战略匹配，就要求隐性需求不确定性越高对应的供应链的响应能力也越高，由此形成战略匹配区，如图 6-6 所示。企业为取得高的业绩，应尽力将竞争战略和供应链战略调整到战略匹配区。

为了实现战略匹配，企业价值链中所有职能战略都必须支持企业的竞争战略；供应链的低层策略，如制造策略、库存策略、提前期策略、采购策略和运输策略，都必须与供应链的响应能力相协调，如图 6-7 所示。

因此，位于供应链响应图谱上不同位置的企业应该采用相应的职能策略。高响应能力的供应链，其所有职能策略都要专注于提高响应能力。而高盈利水平的供应链，所有职能策略都要专注于提高盈利水平。表 6-3 列出了高盈利水平即高效率供应链和高响应能力供应链主要的低层策略区别。

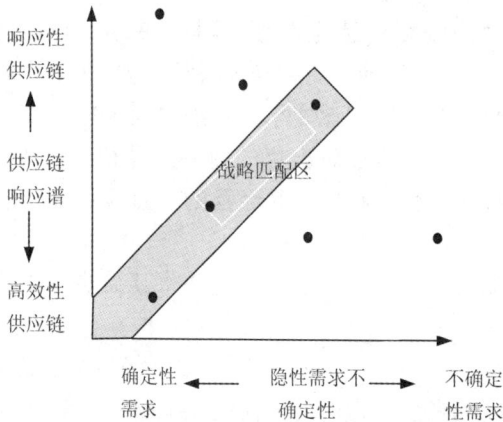

图 6-6　供应链战略与竞争战略的匹配区

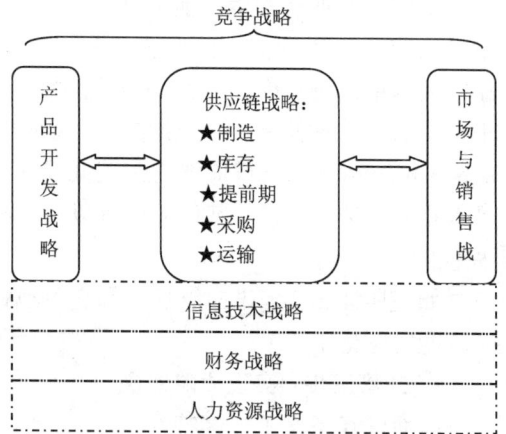

图 6-7　竞争战略与职能战略的匹配

表 6-3　高效率供应链和高响应能力供应链的对比

	高效率供应链	高响应能力供应链
首要目标	低成本下满足需求	快速响应需求
产品设计战略	最小成本，最大绩效	模块化设计以延迟产品差异
价格战略	价格是主要消费驱动，边际利润低	价格非主要消费驱动，边际利润高
制造战略	通过高效利用实现低成本	保持能力柔性以满足意外需求
库存战略	最小化库存以降低成本	保持缓冲库存以满足意外需求
提前期战略	在不增加成本的条件下缩短提前期	即使增加成本也要尽量缩短提前期
供应商战略	基于成本和质量选择供应商	基于速度、柔性和质量选择供应商
运输战略	极大依赖于低成本运输方式	极大依赖于快速运输方式

实现供应链战略和竞争战略匹配的第三步是匹配供应链响应能力和隐性需求不确定性，企业价值链中所有职能策略都必须与供应链的响应相协调。

实现供应链战略和竞争战略的匹配，说起来容易做起来难，但有两点要着重考虑：

(1)抛开竞争战略，就不存在正确的供应链。

(2)对于给定的竞争战略，存在正确的供应链战略。

在许多企业中，竞争战略和职能战略是由不同的部门制定的。部门之间如果没有适当地沟通，这些战略很可能失败，这也是企业经营失败的主要原因。

四、影响战略匹配的其他问题

以上只考虑了单一产品或单一服务，瞄准单一顾客群的情形，实际情况要复杂得多。多产品、多顾客群、产品生命周期等对供应链战略和竞争战略都会有很大的影响。

(一)多种产品和众多顾客群

大多数企业生产和销售多种产品，为众多具有不同特点的顾客群提供服务。高级百货商店可以出售隐性需求不确定性很高的个人用品，如滑雪衫，也可以出售需求不确定性较低的产品，如T恤衫。上述两种产品在隐性需求不确定性图谱上的位置不同。格雷杰公司将维护、修复、经营用品销售给两家大公司（福特和波音）以及小的制造商和转包商。这两种情况中的顾客要求也相差悬殊。大企业更热衷于大批量购物的价格，小企业则倾向于进入格雷杰公司的供应链，因为格雷杰具有良好的反应能力。这两种顾客群在隐性需求不确定性图谱中的位置也不相同。另一个案例是李维·施特劳斯（Levi Strauss），它出售个性化和标准化的两种牛仔服装。与个性化的牛仔服的需求相比，标准化的牛仔服装的需求具有较低的隐性需求不确定性。

在上述案例中，企业出售多种产品，并向不同需求的顾客群提供服务，结果，不同的产品和不同的顾客群具有不同的隐性需求不确定性。当我们为上述情况设计供应链战略时，在产品和顾客群多种多样的情况下，每个企业面临的关键问题是，如何创建一条在盈利水平与反应能力之间取得平衡的供应链。

有多种路径可供企业选择，其一是为每种产品或顾客群单独建立相应的供应链、如果每个顾客群都大到足以支持一条设计出来的供应链的话，那么，这种战略是可行的。然而，这样的供应链却会失去通常存在于企业不同产品之间的规模经济优势。因此，一项完美无缺的战略是将供应链设计成为能适合每种产品的需求的形式。

设计供应链，需要共享供应链上产品之间的一些联系，而对于产品的另外一些相关的部分可以采取单独运作的方式。共享这些联系，目的就是要在对每个顾客群提供适当的反应能力的前提下，实现盈利水平的最大化。例如，工厂的产品的生产可以采用同一条生产线，而运输方式可以不同，对于需要高反应能力的产品可以采用快递的运输形式，而对于其他产品则可以采取相对耗时但却廉价的运输方式，如海洋运输。在另一些情况下要求有较强反应能力的产品，可以根据顾客订单采用弹性生产线进行生产而对于反应能力要求较低的产品，可以采用弹性不大但盈利较高的生产线进行生产。李维公司为个性化牛仔服装建立了弹性非常大的生产流程，为标准化牛仔服装建立了营利性生产流程。还有一些方式，如可以把一些产品存放在靠近顾客的区域性仓库里，把另一些产品存放在远离顾客的中心仓库里。格雷杰公司在靠近顾客的分散仓库中存放上架快的产品，在中心仓库存放流动低、隐性需求不确定性较高的产品。供应链的恰当设计，有助于企业在总成本最低的前提下针对不同的产品提供相应的反应能力。

(二) 产品生命周期

产品在生命周期的不同阶段，其需求特点和顾客群的要求也会发生变化。企业要维持战略匹配，就必须针对产品所处的不同生命阶段，调整其供应链战略。

下面考察一下需求特点在产品生命周期中的变化。当产品开始进入市场时，存在以下特点：

（1）需求非常不确定。

（2）边际收益非常高。对于获得销售额而言，时间非常重要。

（3）对于占领市场而言，产品的供给水平非常重要。

（4）成本常常是第二位需要考虑的因素。

例如在药品市场上，新药品的初始需求非常不确定，边际效益特别高，产品的供给能力是占领市场份额的关键。产品生命周期中的新产品开始阶段，隐性需求不确定性较高，供应链的目标是增强产品的反应能力，提高产品的供给水平。

在制药企业的案例中，供应链的最初目标是确保药品的供给，以支持任何一种需求水平。在这个阶段，制药企业需要一条反应能力较强的供应链。当产品变成商品并进入生命周期中的后续阶段时，需求特点发生了变化。在这个阶段，会出现以下情况：

（1）需求变得更加确定。

（2）随着竞争对手增多，竞争压力加大，边际效益降低。

（3）价格成为左右顾客选择的一个重要因素。

在药品市场的案例中，当药品经过专利生产阶段，开始开发配方药品时，这些变化就会出现。在这种情况下，供应链的目标是，在维持可接受服务水平的同时，使成本最小化。此时，盈利水平高低对供应链至关重要。

在药品市场的例子中，只有那些拥有盈利型供应链的企业才能在配方药品市场上展开竞争。因为如果没有盈利型供应链，企业便会在价格上失去竞争优势，从而退出市场。

以上讨论说明，随着产品趋向成熟，相应的供应链战略会由反应能力较强的类型转变为盈利水平较高的类型，如图 6-8 所示。

为了阐述上面所讨论的观点，下面考察一下英特尔公司的情况。英特尔公司每次开发新的处理器的时候，对这种新产品的需求都存在较大的不确定性。对新的处理器的需求量取决于新的高级终端型 PC 的销售量。通常，相对于市场对这些 PC 的接受程度及市场的需求规模而言，新处理器的需求具有高度的不确定性。在这个阶段，英特尔的供应链必须具有较强的反应能力，只有这样，它才能够对巨大的市场需求做出反应。

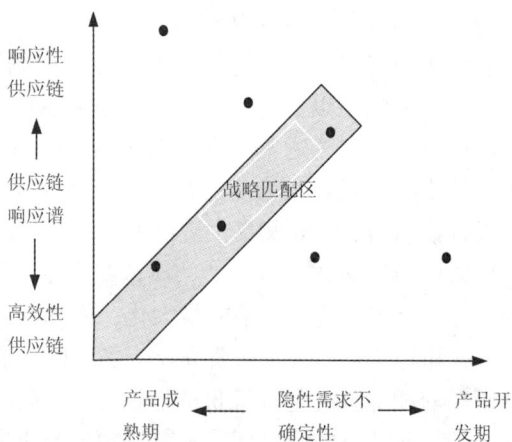

图 6-8　供应链战略与产品生命周期的关系

随着英特尔处理器逐渐被市场接受，需求开始趋向稳定。在这个转折点上，隐性需求不确定性通常较低，价格成为销售量的首要决定性因素。这时，用一条盈利型的供应链取代处理器的生产线，对英特尔公司来说至关重要。

所有 PC 制造商都遵循上述周期。当引入一个新机型时，边际效益较高，需求却非常不稳定。在这种情况下，反应能力强的供应链最适合 PC 制造商。随着这种产品走向成熟，需求稳定下来，边际效益下滑。这个阶段，制造商能拥有一条盈利水平较高的供应链就显得非常重要。苹果牌计算机就是一个例子，该公司在产品创新阶段特别是 1999 年开发 G4 产品时遇到了困难。产品的需求量远远超出了处理器的供给量，结果导致销售额的巨大损失。这个案例中的供应链并没有在产品开发阶段显示出足够的反应能力。

（三）竞争性随着时间变动

最后需要考虑的是，相互匹配的供应链战略与竞争战略何时能引起竞争者行为的变化。

正如产品生命周期一样，竞争者们可以改变市场格局，从而要求调整企业竞争的战略。在20世纪最后的10年里，各种工业大批量、个性化生产的增长就是一个例子。由于竞争者们将众多产品品种投放入市场，顾客对其个性化的需求得到满足已变得习以为常。因此，在今天看来，竞争的焦点在于生产出品种丰富、价格合理的产品。在这一点上，互联网扮演着十分重要的角色，因为网络使产品品种大量增多变得轻而易举。企业在互联网上的竞争迫使供应链发掘出能提供多种产品的能力。由于竞争格局发生变化，企业不得不调整竞争战略。由于竞争战略发生变化，企业又必须改变其供应链战略，以维持战略匹配。

要做到战略匹配，企业必须设计其供应链，以便更好地满足不同顾客群的需要。要维持战略匹配，供应链战略必须随着产品生命周期进行调整，因为竞争格局发生了变化。

第三节　供应链战略匹配范围的拓展

一条供应链从上游开始，包括供应商、制造商、分销商、零售商等多个部分，因而可以将其看作由多个供应链阶段组成。战略匹配范围指的是拥有共同战略目标的职能部门或供应链上的一些阶段所构成的范围。这个范围可以是供应链某一阶段的职能部门，也可以扩展到整条供应链。当整条供应链有了共同的战略目标时，就可以形成整体的利润最大化。下面的介绍将说明战略匹配范围的拓展是如何改善供应链绩效的。

下面的分析利用二维空间图形来描述战略匹配范围的拓展。从横向来看，战略匹配范围在供应链的各个阶段，从上游的供应商一直向下游的顾客拓展；从纵向来看，战略匹配范围在四个重要的互相协调的职能战略——竞争战略、产品开发战略、供应链战略和市场营销战略上拓展。下面将匹配范围的拓展过程分四个阶段进行介绍。

一、企业经营部门内的战略匹配

这是寻求局部成本最小的战略，这个战略匹配的范围最小。供应链各阶段的经营部门都分别制定自己的战略，追求单个经营部门的成本最低。例如，分销商独立于企业其他部门以及供应链其他企业而单独制定自己的仓储战略，这很可能造成运输成本的增加，可能无法实现供应链的利润最大化，甚至无法实现该分销商的成本最小化。正是由于这种经营部门单独的战略政策，常常造成部门间、企业间的目标不一致而发生冲突。

图6-9的阴影部分代表了分销商例子中的战略匹配范围。

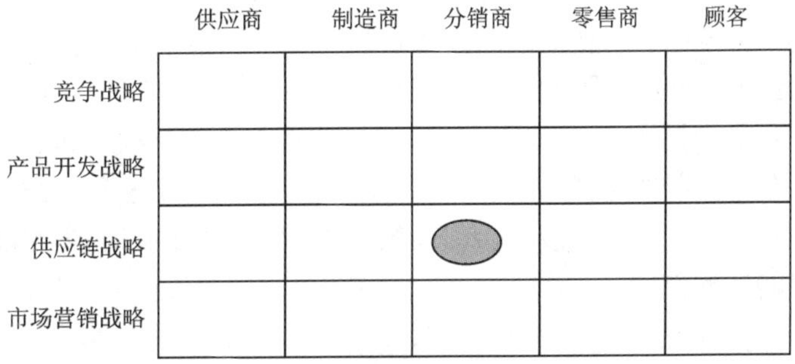

图 6-9　企业经营部门内的战略匹配

这种战略匹配范围显然无法实现供应链整体最优的目标，但从局部看这种战略的制定实现了部门的目标，是成功的。这也是在我国许多快速成长的企业中经常存在的问题，典型表现是不同产品线分别建立自己的销售网络、队伍和后勤系统，即使客户资源大部分是共享的。

二、企业职能部门内的战略匹配

随着时间的推移，单一经营部门内的战略制定的弱点会逐渐显现出来，于是战略匹配的范围开始向外扩展，即开始基于职能部门制定战略(职能部门是由多个经营部门所组成，如供应链职能部门可以包括生产、仓储、运输等经营部门)。这种战略匹配是基于职能范围内的，战略匹配范围扩展到供应链某个阶段的所有职能部门，寻求职能部门成本最小化。例如，供应链职能部门经理要考虑的不只是成本为4元，还要想到仓储和库存成本要增加8元；而采用快递时每件产品运费6元，但无须额外的仓储成本，因此职能部门经理经综合考虑后会选择快递运输。图6-10中的阴影部分代表了企业职能部门的战略匹配范围。

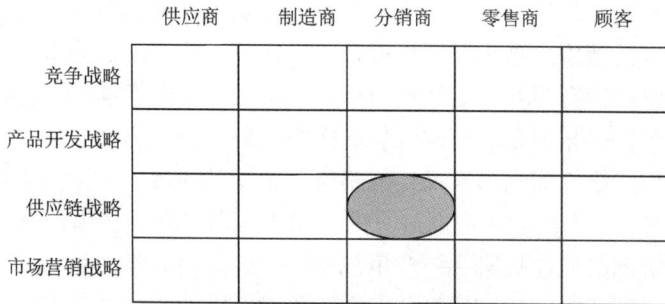

	供应商	制造商	分销商	零售商	顾客
竞争战略					
产品开发战略					
供应链战略			⬭		
市场营销战略					

图6-10　企业职能部门内的战略匹配

三、企业职能部门间的战略匹配

同样，企业职能部门内的战略匹配寻求的只是职能部门的成本最小化，其战略制定是基于职能部门的，因此会造成企业内各职能部门间的战略冲突，无法实现公司的整体最优，更无法实现供应链绩效最优。企业一旦认识到这个问题，就开始将职能部门战略拓展到企业范围，战略目标变成了企业利润的最大化。为实现这一战略目标，企业所有的职能部门必须相互协调，在此基础上建立职能战略共同支持公司的竞争战略。

在前面所提到的例子中，从企业的角度考虑，不仅要衡量运输、仓库等供应链职能部门绩效，还要考虑如营销、研发等职能部门的战略。降低库存水平可能会改善其所在职能部门的业绩，但增加库存量会提高订单满足率、提高客户服务水平、改善销售业绩，由此提高企业的信誉，还可能为企业带来更多的顾客，最终增加销售额。在这种情况下，企业会权衡增加库存带来的收益与成本的增加，最终做出决策。图6-11中的阴影部分表示出了企业内部各职能部门间的战略匹配范围。

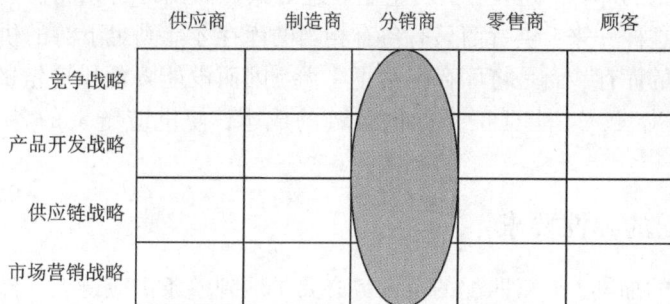
图 6-11 企业职能部门间的战略匹配

四、企业间、职能部门间的战略匹配

在供应链中顾客支付的费用是整个供应链现金的来源，其减去供应链的总成本将得到供应链的利润。企业间、职能部门间的战略匹配追求的就是供应链利润的最大化。而前面讲到的企业内部职能部门间的战略匹配没有考虑到企业间的战略协调，供应链上的各个企业只根据自己的情况制定战略，以实现企业的利润最大化，其结果不一定能实现供应链利润的最大化。只有供应链上的企业以整条供应链为出发点，进行战略协调，在整条供应链上实现战略匹配，才能最好地满足顾客需求，实现供应链利润最大化。

另一方面，随着竞争的加剧，速度成为供应链成功运营的关键因素。高质量、低价格的产品不再是顾客的唯一选择，他们看重的还有服务水平，具体主要表现在服务速度上。在供应链上企业间的界面是影响速度的主要因素，供应链上的不同阶段间的接口会产生很大的时间延误。因此管理供应链间的接口成为提高供应链服务速度的关键。这也说明了战略匹配范围为什么从企业内扩展到企业间。当战略匹配范围扩展到整条供应链时，评价制度也要从最初的企业经营部门内扩展到整条供应链上，在供应链的基础上对各个企业的绩效进行评价。如图 6-12 所示，战略匹配范围拓展到了整条供应链上。

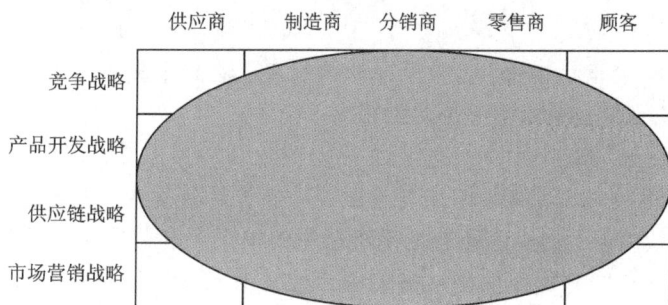
图 6-12 企业间、职能部门间的战略匹配

当战略匹配范围拓展到供应链上时，企业的战略要根据整条供应链来制定，企业内部的各部门的战略也要以此来制定。例如，在制定库存策略时，如果各个企业都以自己为中心制定战略，都希望能减少自己的库存，降低成本，然而买方市场存在，企业为了保证自己的服

167

务水平都会备有一定的库存，这样，下游企业通过对供货商制订苛刻的供货要求来满足自己较高的服务水平。这样一来，供货商只有备有相当的库存才能满足下游的供货要求。其实这并没有降低供应链的库存，而是将库存推给了上游，因而没能降低供应链的成本。因此，只有从供应链的角度出发，才能真正降低供应链的成本，使供应链上的各个企业更富有竞争力。

五、战略匹配的弹性要求

随着市场竞争的加剧，战略匹配的范围势必要扩展到整条供应链上。然而目前产品的生命周期都在持续缩短，企业需要满足不断变化的单个顾客的需求，因此现实社会中的战略匹配也随着客户需求的变化呈现出动态特征。在这种情况下，企业只有根据自己的产品、顾客的需求和其他企业结成战略合作伙伴才能应对市场的快速变化。于是，新的环境对企业进一步提出了战略匹配的弹性要求。

弹性指的是在外部环境发生变化时，企业通过调整战略或其他措施，仍旧保持战略匹配的能力。由于供应链的各阶段企业、供应链的顾客需求、供应链上的企业的合作伙伴都会随着环境而变化，如果企业保持战略的刚性，无法迅速根据环境的变化进行调整的话，一方面战略的制定可能已经出现问题，另一方面战略之间可能已不再匹配，结果势必导致企业由于战略的失败而被竞争对手打败。因此，在动态的竞争环境中，技术的变化、竞争对手的变化、市场需求的变化等将进一步加速，战略的弹性也越来越重要。

【复习思考习题】

一、单项选择题

1. 同一顾客段的顾客倾向于具有相同的需求特性，而不同顾客段的顾客的需求特性差别较大，但我们只需要一个关键的衡量指标来捕捉所有这些属性的变化，然后用这个指标来帮助定义最适合企业的供应链。这一指标就是(　　)。

A. 产品需求不确定性　　　　　　　　B. 隐性需求不确定性

C. 顾客需求特性　　　　　　　　　　D. 市场变化属性

2. 随着产品逐渐被市场接受，需求开始趋向稳定。在这个转折点上，隐性需求不确定性通常较低，(　　)成为销售量的首要决定性因素。

A. 信息　　　　　B. 时间　　　　　C. 价格　　　　　D. 客户

3. 随着市场竞争的加剧，战略匹配的范围势必要扩展到整条供应链上。然而，目前产品的生命周期都在持续缩短，企业需要满足不断变化的单个顾客的需求，因此现实社会中的战略匹配也随着客户需求的变化呈现出动态特征。在这种情况下，企业只有根据自己的产品、顾客的需求和其他企业结成战略合作伙伴才能应对市场的快速变化。于是，新的环境对企业进一步提出了战略匹配的(　　)要求。

A. 综合性　　　　　B. 配合性　　　　　C. 刚性　　　　　D. 弹性

4. 以下不属于导致供应链联盟失调的原因的是(　　)。

A. 信息共享程度不够　　　　　　　　B. 整体运营成本增加

C. 企业间缺乏信任　　　　　　　　　D. 企业间利益分配不公平

5. 供应链战略联盟协调机制的重要作用表现在(　　　)。

A. 从宏观角度分析,联盟协调机制能够使联盟企业保持战略协同

B. 从中观角度分析,联盟协调机制能够使联盟企业的业务合作顺利进行

C. 从微观角度分析,联盟协调机制能够使联盟企业进行利益协调

D. 以上都对

二、多项选择题

1. 供应链战略也是企业战略的有机组成部分,它与(　　　)并列为三大职能战略,支撑竞争战略。

A. 文化战略　　　　　　　　　　B. 业务外包战略

C. 产品开发战略　　　　　　　　D. 市场营销战略

E. 新产品开发战略

2. 顾客的需求差异主要体现在以下几个方面:(　　　)。

A. 每次订购产品的数量　　　　　B. 顾客能接受的响应时间

C. 需求的产品品种和服务水平　　D. 产品的价格

E. 期望的产品革新率

3. 当产品开始进入市场时,需求特点在产品生命周期中的变化存在以下特点:(　　　)。

A. 需求非常不确定　　　　　　　B. 成本常常是第二位考虑的因素

C. 净收益也非常高　　　　　　　D. 对于占领市场而言,产品的供给水平非常重要

E. 边际收益非常高

4. 供应链战略联盟失调主要表现在(　　　)。

A. 各节点企业关系的恶化　　　　B. 整体运营成本的增加

C. 供应链节点企业之间的合作　　D. 利益分享上分歧的增加

E. 业务流程的冗余环节的增多

三、判断题(正确的打"√",错误的打"×")

1. 战略匹配是指竞争战略与供应链战略拥有相同的目标。但是,竞争战略的设计用来满足顾客的优先目标与供应链战略旨在建立的供应链能力目标之间并不需要相互协调一致。(　　　)

2. 日用品需求的隐性需求不确定性较小,价格是消费的主要驱动力,商家必须采用高效的供应链策略以降低成本。因此,要实现战略匹配,就要求隐性需求不确定性越高,对应的供应链的响应能力也越小,由此形成战略匹配区。(　　　)

3. 产品在生命周期的不同阶段,其需求特点和顾客群的要求也会发生变化。这时,企业要维持战略匹配,就不必调整其供应链战略。(　　　)

四、填空题

1. 20世纪90年代,那些抢先占有竞争优势且市场份额不断增长的企业得到了极大的发展,其最主要的原因就是它们实施了_____,将它们的关注重点从内向能力转向将自己的能力与供应链成员中的生产资源和创新知识整合起来。

2. 供应链战略突破了一般战略规划仅仅关注企业本身的局限,通过在整个供应链上进行规划,进而实现为企业获取竞争优势的目的。一套完整的供应链战略应该包括_____、运输策略、设施策略和_____。

3. 在企业谋略中最关键的是企业的战略,战略是指"为创造胜利条件实行全盘性行动的计划和策略",是从企业"_____"出发的_____观点。

五、名词解析

供应链战略　隐性需求不确定性　弹性

六、简答题

1. 简述供应链战略的关注点。

2. 如何建立供应链战略优势?

3. 供应链战略与竞争战略的匹配拓展范围可以分为哪几类?

4. 高效率供应链和高响应能力供应链主要的低层策略区别表现在哪里?

七、论述题

试论述如何获取供应链战略与竞争战略的匹配。

八、案例分析题

戴尔计算机公司的供应链和运营管理

戴尔计算机公司的总部位于得克萨斯州的伦德洛克,新建成的计算机装配厂就在戴尔总部附近。在戴尔的厂房里,首先引人注目的是楼梯旁的墙壁上挂着的一排排专利证书。戴尔发明的重点不在于新产品的开发,而是在于加工装配技术的革新,比如,流水线的提速、包装机的自动控制等。戴尔把这些专利证书摆放在如此显眼的地方,显然是想告诉每一位参观者,这些专利确保了戴尔模式的精髓——"效率第一"。

- **每天组装 25000 台计算机**

负责台式计算机装配部门的艾根先生说,三年前,当戴尔决定在总部附近新建这家工厂时,他们告诉建筑设计师,新工厂的目标是让每个工人的产量翻一番,零配件和装好的计算机还不能放在厂里,因为那样做既占用地方,又浪费人力。

在设计师的努力下,这家新工厂的占地面积比原计划小了一半,可产量却几乎增加了三倍多。装配计算机的程序虽然没有变化,但新装配线的自动化程度却大幅提高,工人们接触计算机的次数比原来少了一半。过去,装配好的计算机要先运到一个转运中心去分发,就像邮递员要先把信件送到分拣中心一样,现在可以直接从工厂运走计算机,省去了一个占地 23225.75 m² 的库房。

在厂房一侧的中心控制室里,工作人员正注视着计算机显示屏上出现的各种数据。一位经理介绍说,戴尔接到的订单中有一半以上是通过互联网发来的,也有许多是通过电话发来的。在客户发出订单后的一分钟之内,控制中心就会收到信息。工作人员把收到的订单信息迅速传递给各个配件供应商,同时也将信息输入管理装配线的计算机程序。戴尔新装的软件系统将错误率减少到了每百万台不超过 20 台。

由于没有仓库,为了保证与配件供应商的紧密联系,戴尔建立了一整套网络管理系统,供应商们则联合成立了配件供应中心,戴尔只要通过网络发出指令,所需配件的数量、规格、型号、装配和运输全都按照计算机的安排精确运行,每道工序之间严丝合缝。供应商们通过配件供应中心,就可以迅速组织运货到装配厂。戴尔公司发现客户对某种配件需求量增大,也可以立即通知供应商增加产量。戴尔需要多少配件,配件厂商就供应多少配件,因此避免了生产过剩的情况。

在装配车间的一头,工人们按照计算机指令,把运到的零配件迅速分发到各条装配线上。装配线旁有不少小隔段，每个隔段里有一两个工人，他们根据计算机的指令，在从流水线上运来的主机里装上各种零配件。每台机子都有一个编号，所需的配件上也有编号，安装之前，先要用扫描仪扫一下编号，保证不会出现错误。从零配件进厂到装配、检验完毕后装车运出厂，平均每台计算机只需要五个小时。工厂每两个小时接到一批零配件，每四个小时发出一批装好的计算机。

在这个面积大体相当于五个橄榄球场的厂房里，工人们每天要组装2.5万台计算机。在新装的三条装配线上，每条装配线每小时可以生产700台根据用户需求而配置的不同的计算机，原来的装配线每小时最多只能装120台，即便已经有了如此大的提高，艾根先生仍认为，装配线的潜力尚未完全开发出来，未来可以提高到每小时装1000台的生产水平。

戴尔计算机的成功已经成为现代商业、制造业供应链和运营管理的典范，不少专家将戴尔计算机比作大型连锁超市沃尔玛。用戴尔首席执行官迈克·戴尔本人的话来说，戴尔与沃尔玛最大的相同之处就是把效率作为首要的追求目标。1993年，戴尔每个工人年均创造价值42万美元，而2003年时就已达到92.7万美元。

- 为顾客提供最适合的产品配置

谈起戴尔模式，人们自然会想到直销，其实直销不过只是戴尔模式的一个组成部分。

购买了戴尔网络设备的文迪连锁旅店的经理密勒说，戴尔的产品并不一定是最先进的，但却是最好用的，价格也是最合适的。他们以前也曾购买过其他公司的产品，那些公司为了多赚钱，往往拼命推销一些新产品和附加产品。高配置的计算机虽然很先进，但却并不好用，有的功能根本用不上，安装后等于闲置。而戴尔不同，你需要什么它就卖给你什么，量体裁衣。戴尔的调查表明，许多客户选择戴尔的产品，就是因为其他厂商提供了很多不必要的服务和设备。

戴尔总裁兼首席运营官凯文在谈到中国市场时，首先讲的就是要用符合中国用户需求的计算机来扩大市场份额，而不是推出新产品或是更高级的计算机。他说："我们在推出一种产品时，首先考虑的是用户是否需要，是不是愿意或有能力购买，而不仅仅是技术上更先进或是更高的配置。我们不应该浪费顾客的钱。如果一种发明仅仅是为了让顾客多花钱而不能有效增加其使用价值，意义就不大。"

- 每台计算机都有一个编号，保证优质服务

为了保证质量和效率，每台戴尔计算机都是由一个工人装配的，并且有一个编号。有了这个编号，戴尔能够提供更好的服务。客户打电话给戴尔，只要报出编号，工作人员就可以很快查出机型、配置、生产厂家、安装者等信息，从而立即找到能够解决问题的技术人员。美国一家公司曾做过调查，如果是服务器出现了同样的问题，其他厂商需要停机5个小时来排除故障，戴尔只需用1个小时。更重要的是，当顾客发现计算机有问题而打电话咨询时，是直接和生产商交涉，而不是通过销售商再去找厂商，减少了一个中间环节，也节省了很多时间。

戴尔已经把客户、配件生产厂家、供应商以及装配线等连接成了一个整体。目前，戴尔与全球170多个国家的五万多家供应商和配件生产厂保持着联系，并掌握它们的库存和生产信息。有了这样一个网络，戴尔就能够保证按时、按质送货到位。如果一辆运送17英寸显示器的货车因暴风雪被阻，戴尔的控制中心得到消息后，就能够迅速查到哪家供应商有存货，并立即把最近的存货调送给客户。如果17英寸的显示器无法按时运达，工作人员为保证及

时供货，还可以调运 19 英寸的显示器替补，只收取少量附加费。戴尔的管理人员说，当意外情况发生时，如果距离交货截止时间还有 48 小时，他们就有 90% 的把握保证按时交货。

戴尔还与遍及全球的电器和电子生产厂商结成了一个庞大的服务网，6700 多名服务人员随时提供包括电话、网络、数码相机、打印机等各种配套设备、技术的服务。主管全球企业系统市场的副总裁哈格罗夫说，戴尔的目标就是通过全方位的服务"帮你解决所有的问题"。

- ● 运营成本比竞争对手都低

相对于其他公司来说，戴尔在科研与开发方面的投入真不算多，每年大约只有 4.4 亿美元，而惠普却是 40 亿美元。但戴尔更注重降低运营成本，把所有不必要的开支减少到零，特别是努力减少中间环节上的花费，以最少的投入，获取最大的收益。经过多年的努力，戴尔的运营成本占总收入的比例不断下降，2003 年仅为 10%，而惠普是 21%，捷威（Gateway）是 25%，恩科则高达 46%。

运营成本低意味着价格可能下调的空间大，价格成了戴尔近年来不断蚕食对手市场份额的"杀手铜"。美国市场上的戴尔产品至少要比竞争对手的同类产品便宜 10%。捷威卖 500 美元一台的计算机，同样配置的戴尔产品标价只有 450 美元。

与竞争对手相比，戴尔的优势就在于它能够以更短的时间、更少的开支制造出更符合用户需要的产品。这就是计算机市场行情跌入低谷时，戴尔却仍然保持着较高收益的真实原因。2002 年，戴尔的销售量增加 39%，销售额达到 337 亿美元，盈余 20 亿美元。目前戴尔是全球个人计算机的最大销售商，占有全球个人计算机市场将近 15% 的份额。

大批量的生产还使戴尔具备了创立业界标准的实力。近年来，戴尔扩张的势头越来越强，它已经转向了服务器、网络储存器、掌上计算机等高端产品的装配与销售，甚至开始生产打印机。与此同时，戴尔也在走出北美，不断建立和扩大在欧洲、亚洲的生产、销售和服务网络。戴尔在中国市场的销售也迅速增长，仅 2002 年第三季度就比第二季度增加 42%。面对戴尔的挑战，有的对手不得不放弃装配计算机，转而委托供应商或其他厂家代为加工，惠普与康柏只好联手合作，与戴尔抗衡。

资料来源：在戴尔计算机厂感受效率[N]. 环球时报，2003-01-29(22).

案例思考题：

1. 结合本案例分析戴尔公司的需求特点。
2. 什么样的反应水平最适合戴尔的供应链？
3. 戴尔公司是否做到了战略匹配？为什么？

【本章参考文献】

[1] 陈兵兵. SCM 供应链管理：策略、技术与实务[M]. 北京：电子工业出版社，2004.

[2] 乔普瑞，梅因德尔. 供应链管理：战略、规划与运营[M]. 李丽萍，等译. 北京：社会科学文献出版社，2003.

[3] 施先亮，王耀球. 供应链管理[M]. 北京：机械工业出版社，2013.

[4] 王焰. 一体化的供应链战略、设计与管理[M]. 北京：中国物资出版社，2002.

[5] 马士华，林勇，陈永祥. 供应链管理[M]. 北京：机械工业出版社，2000.

第七章　供应链管理环境下的物流管理

> 　　本章读者主要将学习供应链管理环境下物流管理中出现的一些新问题。本章从系统论和集成论的角度出发，提出了适应供应链管理的新的运输、库存管理策略与方法。通过这一章的学习，读者可以发现：在供应链管理环境下，由于企业运作的组织与管理模式都发生了变化，对运输、库存管理也提出了更高的要求，其成为供应链管理的重要内容之一。读者在学习、阅读过程中可以细细品味。

第一节　供应链环境下物流管理的核心问题

一、物流管理在供应链管理中的重要地位

　　一般认为，供应链是物流、信息流、资金流三个流的统一，显然，物流管理很自然地成为供应链管理体系的重要组成部分。

　　物流管理在供应链管理中的重要的作用可以通过价值分布来考察。表7-1为供应链上的价值分布。不同的行业和产品类型，供应链价值分布不同，但是我们可以看出，物流价值（采购和分销之和）在各种类型的产品和行业中都占到了整个供应链价值的一半以上。在易耗消费品和一般工业品中，物流价值的比例更大，达80%以上，充分说明了物流管理的价值。供应链是一个价值增值链，有效地管理好物流过程，对于提高供应链的价值增值水平有着举足轻重的作用。

表7-1　供应链上的价值分布

产品	采购	制造	分销
易耗品(如肥皂、香精)	30%~50%	5%~10%	30%~50%
耐用消费品(如轿车、洗衣机)	50%~60%	10%~15%	20%~30%
重工业(如工业设备、飞机)	30%~50%	30%~50%	5%~10%

从传统的观点看,物流对制造企业的生产起支持的作用,被视为辅助的职能部门。但是,现代企业的生产方式的转变,即从大批量生产转向精细的准时化生产,相应地,物流,包括采购与供应,也需要跟着转变运作方式,实行准时供应和准时采购等。顾客需求的瞬时化,要求企业能以最快的速度把产品送到用户的手中,以提高企业快速响应市场的能力。所有这一切,都要求企业的物流系统具有和制造系统协调运作的能力,以提高供应链的敏捷性和适应性。因此,物流管理不再是传统的保证生产过程连续性的问题,而是要在供应链管理中发挥重要作用:

(1)创造用户价值,降低用户成本;

(2)协调制造活动,提高企业敏捷性;

(3)提供用户服务,塑造企业形象;

(4)提供信息反馈,协调供需矛盾。

要实现以上几个目标,物流网络应做到准时交货、提高交货可靠性、提高响应性、降低库存费用等。现代市场环境的变化,要求企业加速资金周转,快速传递与反馈市场信息,不断沟通生产与消费之间的联系,提供低成本的优质产品,生产出满足顾客需求的顾客化的产品,提高用户满意度。因此,只有建立敏捷而高效的供应链物流系统才能达到提高企业竞争力的要求。供应链管理有助于提升企业的竞争力,而物流管理又将成为供应链管理的核心能力的主要构成部分。

二、供应链环境下物流管理面临的问题

传统的物流管理忽视了物流各功能环节之间的联系,采购、运输、仓储、配送等职能被分布在企业不同的职能部门,且各环节之间缺乏有效的沟通,经常会造成物流不协调的现象,导致客户服务水平低、产品周转慢、能力短缺、交货不及时等问题,造成巨大的成本浪费。现代物流管理则强调通过上下游企业的协调来优化资源配置并建立战略协作竞争体系,其本质就是供应链物流管理,即运用供应链管理思想实施对物流活动的组织、计划、协调与控制,以最小的综合成本来满足顾客的需求。供应链物流管理强调供应链成员之间通过协作(cooperation)、协调(coordination)与协同(collaboration),提高供应链物流的整体效率。为此,供应链物流系统面临着一系列的转变,主要需要解决以下几个方面的问题:

(1)快速、准时交货的实现问题;

(2)低成本、准时的物资采购供应策略问题;

(3)物流系统整体成本控制问题;

(4)物流信息的准确输送、及时反馈与共享问题;

(5)物流系统的敏捷性和灵活性问题;

(6)供需协调,供应链实现无缝连接和协同运作问题。

三、供应链物流管理的核心思想与特点

供应链物流管理的核心思想是"系统"思维观和"流"思维观,对供应链中一切活动的优化要以整体最优为目标,对各个环节的物流运作管理要实现像小河流水般的顺畅。通过提高企业间的合作与协同,实现信息共享、资源共享、过程同步、合作互利、交货准时、响应敏捷、服务满意,从而提高供应链整体竞争力。

供应链物流除了包括运输、储存、包装、装卸、信息处理等活动的策划设计和组织,还要充分考虑供应链的特点,即协调与配合的要求,在库存控制、运输决策、供需关系等决策时,统筹考虑集约化、协同化,既保障供应链企业运行的需要,又降低供应链总物流费用。

具体来说,与传统的物流管理相比较,供应链物流管理具有以下特点:

(1)分析问题的范围更广。供应链物流管理是从供应链整体的角度出发,在更广泛的范围内进行资源配置,包括充分利用供应链各个企业的各种资源,寻求供应链系统整体物流成本与客户服务水平之间的均衡。

(2)管理的内容更多。供应链物流管理涉及整个供应链所有成员组织,这个大系统物流包括企业之间的物流,也包括企业内部的物流。管理内容包括从初始供应物流到终端的分销物流以及逆向物流。

(3)侧重点不同。供应链物流管理更侧重于供应链成员企业间接口物流活动的管理优化,如协同运输管理、仓储与配送一体化、生产与库存控制联合优化等,这也是供应链物流管理的利润空间所在。

(4)管理难度更大、管理思想和方法更丰富。结合供应链的特点来组织物流,既是供应链物流管理的优点,又是供应链物流管理的约束条件。是优点,因为它可以使物流在更大的范围内实行优化处理、在更大的范围内优化资源配置,因此可以实现更大的节约,更大地提高效益;是约束条件,因为它在进行物流活动组织时,需要综合考虑更多的因素,需要更多的信息支持和优化运算。由此造成物流组织管理的复杂程度更高、工作量更大、难度也更大。因此,供应链物流管理需要应用更多的管理思想和方法,如系统理论与集成思想、准时制、供应商管理库存(VMI)、快速响应、有效客户反应、连续补货、协同计划预测与补货、延迟策略等。

另外,由于供应链物流管理的复杂性,很多企业将供应链的物流活动外包给第三方物流企业来完成。例如,上海大众汽车、通用汽车等汽车生产商将其在全国范围内的整车物流、零部件物流服务外包给安吉物流。利用第三方物流企业的专业化管理能力和物流资源,有利于核心企业集中于自己的核心业务,提升核心竞争力。

第二节　供应链环境下的运输管理

一、运输管理在供应链管理中的重要性

运输是承担实体物流的主要途径,衔接着供应链网络的全过程,是实现物流空间价值的核心职能,是一个不可缺少的物流过程。运输管理(transportation management)在供应链中的重要性主要体现在以下三方面。

(一)现代物流发展趋势更注重运输管理的效率

现代物流关注从原材料、零配件到成品的每个物资流动过程,将运输、仓储、加工、配送等过程通过信息有机结合起来,形成完整的供应链和需求链。特别是随着价格低而质量高的运输服务的出现,产品生产与产品消费在空间上的距离将越来越大,也就是说供应链的地域范围越来越广,供应链节点之间的运输活动越来越频繁。随着供应链物流向多频次、小批

量、准时制、柔性化等趋势的发展，运输在供应链中的重要性也得到进一步增强，成为供应链物流系统最核心的功能要素之一。运输资源利用效率的高低对供应链系统整体的柔性和运行效率有着举足轻重的作用，并直接影响着供应链系统的总成本。

(二)运输费用是影响物流费用的重要因素

在物流活动中，运输费用是物流总费用中占比例最大的一项。根据美国企业对物流成本的分类，将物流成本划分为运输费、仓储费、客户服务（即订单处理）费、库存持有成本、管理费一共五个项目，其中，运输成本约占企业物流总费用的40%。日本曾对一部分企业进行调查，在从成品到消费者手中的物流费用中：保管费占16%，包装费占26%，装卸搬运费占8%，运输费占44%，其他占6%。我国将社会物流成本分为仓储费、运输费和管理费三项，根据我国发展与改革委员会近几年的统计，运输成本占到物流总成本的50%以上。可见降低运输成本对降低物流成本、降低供应链成本的重要性。

(三)运输过程是影响供应链管理风险的重要环节

供应链中的运输是一个由多方共同参与的过程，它具有很强的不确定性。运输时间的延长、运输过程中产品质量受损概率的增加等等，不仅影响运输环节本身的绩效，更重要的是，最终会影响顾客的满意度，影响供应链服务水平。供应链管理如果没有先进高效的运输资源作为支撑，供应链运作的精细化目标就很难实现。另外，产品从生产商到用户的整个过程中，随时都存在破损或损耗的风险，因此运输过程是影响供应链管理风险的重要环节，尤其是在全球供应链中，运输的中断还可能引起供应链的中断。只有具有高可靠度的运输系统，才可能使供应链管理风险可控。

总之，由于运输与其他物流环节之间的紧密联系，运输在物流系统中具有十分重要的地位，科学合理的运输管理与决策对于降低供应链成本、提高客户服务水平等均具有十分关键的作用。

二、供应链运输管理决策的主要内容

运输决策是供应链物流决策中的重要内容，不仅影响着供应链中的仓储、库存、配送和设施布局等决策，而且对供应链系统运作成本、整体效益也具有重要的影响。因此，供应链环境下的运输决策需要考虑众多因素。从托运人的角度而言，运输决策的内容主要包括选择自营运输还是外包运输、运输方式的选择、运输服务商的选择、运输路线的选择等。

(一)选择自营运输和外包运输

考虑使用自营运输、外包运输或二者兼而有之，应基于企业自身的运输管理能力和运输业务对企业发展战略的重要性。当运量较小、运输业务不是企业成功的关键因素时，可以将运输业务外包给第三方承担，而专注于发展企业的核心业务。然而当运量大、客户响应程度重要时，运输业务对企业发展战略的成功影响非常大，企业应拥有自己的运输车队。

(二)设计规划运输任务

规划运输任务要站在供应链的整体高度，统一规划有关的运输任务，确定运输方式、运输路线，联合运输方案，设计运输蓝图，在满足各点运输需要的前提下，使总运输费用最小。其中会涉及多个企业、多个品种、多种运输方式、多条运输路线的组织规划等问题。通常的做法是根据供应链正常运行的节拍，确定各点之间的正常运量；然后统一组织联合运输、配送和准时化供货。

选择适当的运输方式是物流运输合理化的重要前提。一般应根据物流系统要求的服务水平和允许的物流成本来决定，选择一种运输方式或采用多式联运（multimodal transportation）方式。判断标准主要包括：货物的性质、运输时间、交货时间的适应性，运输成本、批量的适应性，运输的机动性和便利性，运输的安全性和准确性等。对于托运人而言，运输的安全性和准确性、费用、运输总时间等因素是其关注的重点。

（三）运输服务商的选择

确定了运输任务方案，如果选择运输外包，就需要确定运输服务商；或者在供应商确定运输方式后，选择合适的运输服务商。随着客户需求的变化，运输服务商也逐渐从提供单一运输方式的服务商发展到提供专门化运输（如包裹递送）、多式联运、运输代理服务等多种不同的运输服务商类型。在选择运输服务商时，不同的决策者会有不同的决策标准和偏好，可以在综合考虑运输服务商的服务时间、质量、价格等因素的基础上进行选择决策。一旦选择了合适的运输服务商，可以考虑与符合要求的运输服务商建立长期的战略性合作伙伴关系。

（四）车辆路径规划

车辆路径规划是供应链中最重要的决策任务之一。其决策内容包括：根据客户的运输量、位置分布等特点指派合适的车辆、规划合理的送（取）货顺序，即确定车辆行驶最佳路径。车辆路径规划的目标是在满足客户服务水平要求的前提下，使用的车辆数最少、总行驶里程最短、成本最低。因此，这是一个多目标决策问题，可以运用运筹学、系统工程等方法寻找最佳方案或满意方案。限于篇幅，这里不做具体阐述。

三、供应链协同运输管理

（一）协同运输管理的由来与含义

协同运输管理（collaborative transportation management，CTM）是在供应商管理库存（VMI）和协同计划预测与补货（CPFR）的基础上发展而来的一种新型运输管理模式。CTM 能够将运输整合到供应链各成员的运营计划当中，减少运输商的无效运输，准确预测运输需求，提高整个供应链的客户响应能力。

据美国学者 2000 年对实施 VMI 企业的一项调查结果，VMI 实施的成功率并不高，只有30%～40%的企业取得了成功，30%～40%的企业有点成效，剩下的 10%～20%没有任何效果。主要原因在于 VMI 系统有两个主要缺点：一是 VMI 把太多的责任放在生产商身上，销售商制定规则，而生产商只能服从，且生产商对库存的差额负全部责任；二是 VMI 并没有考虑和承运商的协作，因此，承运商的能力限制会导致运输的延迟，从而影响供应链运行效率，特别是在全球供应链和多式联运成为大势所趋的背景下，VMI 将会造成更多的延迟。

2000 年，全球最大零售商沃尔玛向供应商宝洁（P&G）、货运巨头亨特提出了一种新型的合作方案，要在三者间实现更透明的信息交换，通过信息共享和供应链协作，完成制订计划、预测、运输、库存和补货等商品服务全过程。三方达成合作关系以后，沃尔玛大大简化了货物处理过程，亨特减少了 16%的装卸货等待时间，空载率下降了 3%，宝洁实现了库存的下降。

上述策略和管理模式确实有效解决了 VMI 中的第一个缺点，但是它依然没能解决另外一个矛盾。后来，CTM 随之诞生了。CTM 是在原有发货人和收货人的合作关系上，扩展到承运人或第三方物流服务商。

CTM 的雏形是货运合并，保持货车的满载移动。这就意味着公司可以更好地利用自身资源，减少空载浪费。这种方法在北美相当流行，合作关系已在超过 1600 个合作伙伴中形成，他们建成一个统一的信息平台，通过多站式的装卸货，保持着货车的最低空载率。对于最终消费者而言，不仅使服务时间大大缩短，成本还降低了 15%~25%。目前协同运输管理的含义远远不仅于此。根据美国 VICS 协会（Voluntary Inter-industry Commerce Standards Association）2004 年在协同运输管理白皮书中的定义：协同运输管理是一个整体的流程——它把供应链的合作伙伴和运输服务商聚集到一起，达成协议，使运输规划和作业流程避免出现无效率的运作。其目的是通过促进供应链中运输作业参与者（包括发货人、承运人、收货人或者另一种形式的参与者如第三方物流等）的相互影响和协同合作，消除无效作业。协同运输管理始于订单发货预测（订单可能来自合作计划、补货或者其他程序），主要包括以下程序：运输能力的预测和时间安排、生成订单装货、送货、付款。

（二）协同运输管理的主要内容

协同运输管理作为一种新型的供应链管理模式，相对于传统的供应链合作模式而言，更注重供应链范围内企业层面的战略性合作，同时也涉及战术层和运作层面的一系列问题。

1. 战略层

战略层决策包括明确实施协同运输管理的相关参与者之间的战略伙伴关系，以及战略合作的方式、保障措施等，具体包括签署正式合作协议，规定合作时间、合作范围，并决定流程，确定所需的共享数据及如何进行信息共享。此外，还包括货物条款中的关系各方（付款方、责任方）、指明运输服务商或 3PL 由哪一方负责管理，运输的货物范围，运输的条款，涉及的场地、发货的类别及意外管理的条款，并细化由谁来负责运输路线的决策、运输方式以及其他的运输策略等。最后，协议还要细化预期收益的分享方式。

2. 战术层

战术层决策包括以制订产品/订单的预测计划为起点，制订运输流程的计划内容。产品/订单预测完成后，根据预定的装载策略制订发货计划（如集成或合并运输）。为了能够准确预测装载量，参与各方应尽早掌握发货计划，预测未来的运输量，以便承运人提前掌握装货期、运输时间、发货地和接货地等信息，准确预测未来设备需求。运输公司收到计划后，必须根据计划要求，确定承担运输的能力。如果运输能力无法达到要求，所有参与者都必须启用在协同运输管理的战略中所制定的"意外管理纲目"，例如修改发货要求、改变运输公司或利用可以对接的公共服务等。

3. 运作层

运作层的决策主要是确定完成客户订单的物流运作具体操作方法，包括运输合同、配送策略(如集成、对接、组装、接力)、发货计划等。运输公司将收到电子装货申请，核实运输能力，如果运输能力有限，不能按计划提供运输工具，就启用"意外管理纲目"。承运人接受装货申请，落实运输时间后，接着做好装运/收货准备。在完成订单的装运任务过程中，所产生的相关文件单据（如发货通知、在途状况）以协议中所规定的格式文件进行传递。如果有影响到伙伴关系整体运作的意外事件发生（例如预计交货时间将被延迟），参照"意外管理纲目"处理。最后就是运费会计流程，以确保承运人得到运输条款所规定的报酬，或者依据"意外管理纲目"解决各种争端。

(三)成功实施协同运输管理的关键因素和主要障碍

1. 成功实施的关键因素

协同运输管理是供应链运输管理中的一种崭新思想，要求供应链各方建立一种"共赢"的战略合作伙伴关系，站在供应链战略的高度实施。其成功实施的关键在于以下三个方面。

第一，建立和掌握运输的最佳实践。最佳运输实践主要包括良好的运输控制和集中运输管理，建立核心运输计划，制定正确合同条款，优化每天的运输计划，实施电子支付，撰写运输状态报告并使订单、运输和库存可视化；不断改进运作程序；进行运输成本分析等。最佳运输实践对于供应链的无缝连接有着非常重要的作用。

第二，注重供应链各方关系管理。供应链各方首先应认识到协同运输管理是供应链活动中的重要部分，成员之间理解共同利益，保证一定的开放性，实行信息共享，相互协调，相互信任，利益共享等。

第三，应用先进的信息技术。信息技术是协同运输管理的神经系统，对于提高运输运作效率，保证资金、物资及信息的高效流动和交流起着至关重要的作用。各种信息技术，例如计算机软硬件技术、网络技术、条码技术、射频识别技术、地理信息系统、全球定位系统、电子数据交换技术、互联网技术、资源配置技术、云计算技术和物联网技术等，对于协同运输管理的成功实施都非常重要。

2. 成功实施的主要障碍

协同运输管理在实际运作中面临的主要障碍包括：传统管理思想和体制的禁锢，仍采用传统的方法运作和进行成本核算；成员之间对供应链的视野仍停留在自己一方，而没有从供应链整体看待；每次谈判过程要花大量时间和精力，因此供应链各方过于注重各自利益或对协同运输管理的预期期望过大；信息传递不准确等。

(四)实施协同运输管理的价值

在供应链协同运输管理中，协同合作的参与者通过共享需求和供应信息（例如预测、事件安排、所需能力）、理念甚至运作能力来提高运输规划和作业整体流程的绩效。供应链各方协作的程度越高，实施协同运输管理的效果就越好，其价值越明显。协同运输管理产生的价值大小随协作程度高低的变化关系如图7-1所示。

目前，协同运输已在北美国家、日本及我国台湾地区得到推广实施。这些国家或地区的实践证明，协同运输管理项目已取得很好的效果，主要体现在以下三方面。

（1）对于供应商：可以提前与运输商分享信息，保证运输工具及时到位，提高回程货物装载率，并获得最低运价。实施此战略后，按时送货率提高了35%，库存水平降低了50%，通过增加服务给客户使销售量提高了23%，提前期缩短了75%，管理成本减少了20%。

（2）对于运输商：减少了运输商装货卸货的等待时间和空载率；降低了运输疏忽造成的货物损失；减少了单据错误和不准确的沟通。统计表明，无利润里程减少了15%，滞留时间减少了15%，运输设备利用率提高了33%，司机流动降低了15%。

（3）对于客户：客户满意度大大提高。

(五)实施协同运输管理的成功案例

随着PC市场竞争愈演愈烈，越来越多的PC厂商希望通过敏捷的全球供应链来维持市场份额并增加利润。如戴尔、苹果、惠普、IBM、日立等公司，把台湾作为笔记本电脑的生产基地，无论从生产成本还是产品质量上，都是极具竞争力的。

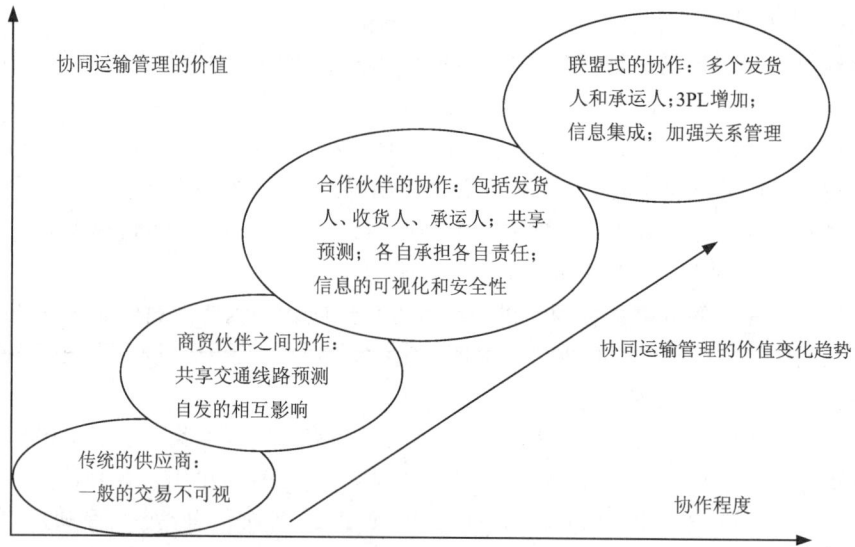

图 7-1 协同运输管理价值与协作程度的关系示意图

为了减少周转时间和总成本，台湾笔记本电脑生产商决定转变国际运输策略，利用协同运输管理，实现门到门服务，而中间的第三方物流服务由联邦快递（FedEx）负责。对于 FedEx 来说，它要在不同价格、不同周转时间的货物间实现协同运输和门到门的服务，且承诺所有的笔记本电脑将在 3~5 天内交付给客户。这种合作关系始于 1999 年，当时笔记本电脑的需求市场极不稳定，每天的总需求可从 600 件变化到 6799 件，平均为 3368 件。但 FedEx 每天的可运输量仅为 4000 件。所以，要保证飞机容量的充足和维持服务水平，是很严峻的挑战。

为了解决运力不足和服务水平需求增加的问题，FedEx 在 2000 年初提出了 CTM 方案，并与主要的笔记本生产商商讨合作协议。该方案的目标是 2000 年底完成 95% 的准确运输，合作队伍包括销售部、技术部、设计部、客户服务部等，以促成 CTM 的实施。

在 CTM 的计划阶段，FedEx 会把合同主要内容提出来，包括利率、期望的运输时间、提货时间和每日的最大运输量，如果实际运输量大于每日的最大值，那么就会在运输时间上加上一天。FedEx 在出货人的计划需求基础上制订容量需求计划。在预测阶段，出货人提供每月和每周的出货预测，FedEx 更新飞机运输容量计划，这样，FedEx 可以赢得足够时间，安排充足的容量，以便满足月末和季度末的需求高峰。

在实施阶段，信息技术的集成是整个合作的基础。FedEx 发展了一个新的 CTM 整合器——用以连接生产商的 ERP 系统，在运输投标阶段找到货运信息，确定提货时间。一单货物被提取，提单确认通知就会通过 CTM 整合器发送回生产商，FedEx 还提供货物实时状态的网上查询，发货人可以实时发现任何不符合要求的运送问题，通过邮件或电话通知 FedEx 令其更改。另外，最终消费者也可以通过网络或客户服务部查询。

在 CTM 中，FedEx 委派一支细心的队伍，随时调整 CTM 的实施，解决运输过程的所有例外情况。另外，该队伍回顾运输预测并根据 FedEx 每天的要求改变实际情况。在集成系统的帮助下，FedEx 也很好地解决了发票的鉴别和验证问题，有效地把每天或每月的合并运输情况通知生产商。

2000 年 6 月，CTM 方案成功地在三个主要的生产商中实施。CTM 方案实施以后，在运输准确率得到保证的同时，缩短了运输周期。此外，FedEx 的飞机容量利用率更高，运营成本减少，生产商降低了库存，保证了运输的可靠性，销售额也增加了。除了可视性和及时性的收益，CTM 还使合作双方在全球供应链中更具竞争力。

第三节 供应链环境下的库存控制与配送管理

一、供应链管理环境下的库存问题

库存以原材料、在制品、半成品和成品的形式存在于供应链的各个环节。由于库存费用占库存物品价值的 20%~40%，因此供应链中的库存控制是十分重要的。库存决策的内容集中于运行方面，包括生产部署策略，如采用推式生产管理或是拉式生产管理；库存控制策略，如各库存点的最佳订货量、最佳再订货点、安全库存水平的确定等。

绝大多数制造企业供应链是由制造和分销网络组成的，通过原材料的输入转化为中间制品和最终产品，并把它分销给用户。最简单的供应链网络只有两个节点：一个制造商和一个零售商，分别担负制造和销售任务。在复杂的供应链网络中，不同的管理者担负不同的管理任务。不同的供应链节点企业的库存，包括输入的原材料和最终的产品，都有复杂的关系。供应链的库存管理不是简单的需求预测与补给，而是要通过库存管理获得用户服务的优化与利润的最大化。其主要内容包括采用先进的企业建模技术来评价库存策略、提前期和运输变化的准确效果；决定经济订货量时考虑供应链企业各方面的影响；在充分了解库存状态的前提下确定适当的服务水平。

(一)供应链管理环境下库存控制中存在的问题

供应链环境下的库存问题和传统的企业库存问题有许多不同之处，这些不同点体现出供应链管理思想对库存的影响。传统的企业库存管理侧重于优化单一的库存成本，从存储成本和订货成本出发确定经济订货量和订货点。从单一的库存角度看，这种库存管理方法有一定的适用性，但是从供应链整体的角度看，单一企业库存管理的方法显然是不够的。

目前供应链管理环境下的库存控制中存在的主要问题有三大类：信息传递问题、供应链的运作问题、供应链的战略与规划问题。这些问题可综合成以下几个方面的内容。

1. 缺乏供应链的整体观念

虽然供应链的整体绩效取决于各个供应链节点的绩效，但是各个部门都是独立的单元，都有各自独立的目标与使命。有些目标和供应链的整体目标是不相同的，更有可能是冲突的。因此，这种各行其道的个人主义行为必然导致供应链整体效率的低下。

比如，美国北加利福尼亚的计算机制造商的电路板组装作业将每笔订货费作为其压倒一切的绩效评价指标，该企业集中精力减少订货成本。这种做法本身并没有什么不妥，但是它没有考虑这样做对整体供应链的其他制造商和分销商的影响，结果该企业以维持过高的库存为代价来保证大批量订货生产。而印第安纳的一家汽车制造配件厂却在大量压缩库存，因为在它的绩效评价指标体系中库存指标是起决定作用的，结果，它到组装厂与零配件分销中心的响应时间变得更长和波动不定。组装厂与分销中心为了满足顾客的服务要求不得不维持较高的库存。在这两个例子中，供应链的库存管理都是各自为政的，没有考虑整体的效能。

一般的供应链系统都没有针对全局供应链的绩效评价指标，这是普遍存在的问题。有些企业采用库存周转率作为供应链库存管理的绩效评价指标，但是没有考虑对用户的反应时间与服务水平。用户满意应该成为供应链库存管理的一项重要指标。

2. 对用户服务的理解与定义不恰当

供应链管理的绩效应该由用户来评价，或者用对用户的反应能力来评价。但是，对用户的服务的理解与定义各不相同，导致对用户服务水平有很大差异。许多企业采用用户满足率来评估用户服务水平，这是一种比较好的用户服务考核指标。但是用户满足率指标本身并不能保证运作不出问题，比如一家计算机制造商要满足一份包含多产品的订单要求，产品来自多个供应商，用户要求一次性交货，制造商要等各个供应商的产品都到齐后才一次性装运给用户，这时，用总的用户满足率来评价制造商的用户服务水平是恰当的，但是，这种评价指标并不能帮助制造商发现是哪家供应商的交货迟了或早了。

传统的用户满足率评价指标也不能评价订货的延迟水平。两家同样具有90%用户满足率的供应链，在如何迅速补给余下的10%的订货方面差别很大。其他的服务指标也常常被忽视，如总订货周转时间、平均回头订货率、平均延迟时间、提前或延迟交货时间等。

3. 不准确的交货状态数据

当顾客下订单时，他们总是想知道什么时候能交货。在等待交货的过程中，也可能会对订单交货状态进行修改，特别是当交货被延迟以后。我们并不否定一次性交货的重要性，但必须看到，许多企业并没有及时而准确地把推迟交货的订单的修改数据提供给用户，其结果当然是用户的不满和企业信誉的损失。如一家计算机公司花了一周的时间通知用户交货日期，有一家公司30%的订单是在承诺交货日期之后交货的，40%的实际交货日期与承诺交货日期偏差10天之久，而且交货日期多次被修改。交货状态数据不及时、不准确的主要原因是信息传递系统的问题，这就是下面要谈的另外一个问题。

4. 低效率的信息传递系统

在供应链中，各个供应链节点企业之间的需求预测、库存状态、生产计划等都是供应链管理的重要数据，这些数据分布在不同的供应链节点企业之间，要做到有效地快速响应用户需求，就必须实时地传递信息，为此需要对供应链的信息系统模型做相应的改变，通过系统集成的办法，使供应链中的库存数据能够实时、快速地传递。但是目前许多企业的信息系统并没有很好地集成起来，当供应商需要了解用户的需求信息时，得到的常常是延迟的信息和不准确的信息。因此而引起误差和影响库存量的精确度，短期生产计划的实施也会遇到困难。例如企业为了制订一个生产计划，需要获得关于需求预测、当前库存状态、订货的运输能力、生产能力等信息，这些信息需要从供应链的不同节点企业的数据库获得，数据调用的工作量很大。数据整理完后制订主生产计划，然后运用相关管理软件制订物料需求计划，这样一个过程一般需要很长时间。时间越长，预测误差越大，制造商对最新订货信息的有效反应能力也就越小，生产出过时的产品和造成过高的库存也就不足为奇了。

5. 库存控制策略简单化

无论是生产性企业还是物流企业，库存控制的目的都是为了保证供应链运行的连续性和应付不确定需求。第一步是了解和跟踪不确定性状态的因素；第二步是要利用跟踪到的信息去制定相应的库存控制策略。这是一个动态的过程，因为不确定性的具体状态也在不断地发生变化。有些供应商在交货日期与产品质量方面可靠性好，而有些则相对差些；有些物品的需求可预测性大，而另外一些物品的可预测性小一些；库存控制策略应能反映这些情况。许多公司对所有的物品采用统一的库存控制策略，物品的分类没有反映供应与需求中的不确定性。在传统的库存控制策略中，多数是面向单一企业的，采用的信息基本上来自企业内部，其库存控制没有体现供应链管理的思想。因此，如何建立有效的库存控制方法、并能体现供应链管理的思想，是供应链库存管理的重要内容。

6. 缺乏合作与协调性

供应链是一个整体，需要协调各方活动，才能取得最佳的运作效果。协调的目的是使满足一定服务质量要求的信息可以无缝地、流畅地在供应链中传递，从而使整个供应链能够根据用户的要求步调一致，形成更为合理的供需关系，适应复杂多变的市场环境。例如，当用户的订货由多种产品组成，而各产品又是由不同的供应商提供，用户又要求所有的商品都一次性交货时，企业必须对来自不同供应商的交货期进行协调。如果组织间缺乏协调与合作，会导致交货期延迟和服务水平下降，同时库存水平也由此而增加。

供应链的各个节点企业为了应付不确定性，都备有一定的安全库存，正如前面提到的，设置安全库存是企业采取的一种应急措施。问题在于，多厂商特别是全球化的供应链中，组织的协调涉及更多的利益群体，而各企业相互之间的信息透明度并不高，在这样的情况下，企业不得不维持一个较高的安全库存，并为此付出较高的代价。

企业之间存在的障碍有可能使库存控制变得更为困难，因为各自有不同的目标、绩效评价标准，拥有不同的仓库，谁也不愿意去帮助其他部门共享资源。在分布式的组织体系中，企业之间的障碍对库存集中控制的阻力更大。要进行有效的合作与协调，企业之间需要一种有效的激励机制。在企业内部一般都有一套激励机制来加强部门之间的合作与协调，但是当涉及企业之间的激励时，困难就大得多。问题还不止于此，信任风险的存在更加深了问题的严重性，相互之间缺乏有效的监督机制和激励机制是供应链企业之间合作性不稳固的另一个重要原因。

7. 产品的生产过程设计没有考虑供应链上各种因素的影响

就单一企业来说。现代产品设计与先进制造技术的出现，使产品的生产效率大幅度提高，而且具有较高的成本效益，但是供应链管理环境下的不确定性事件的复杂性常常被忽视了，结果所有节省下来的成本都被供应链上的分销与库存成本给稀释了。例如，在引进新产品的生产时，往往没有进行供应链的生产规划，就会因为诸如运输时间过长、库存成本高等原因而无法取得预期效果。如美国的一家计算机外围设备制造商，为世界各国分销商生产打印机，产品中有一些具有销售所在国特色的配件，如电源、说明书等。美国工厂按需求预测生产，但是随着时间的推移，当打印机到达各地区分销中心时，需求已经发生了改变。因为打印机是为特定国家而生产的，分销商没有办法应付需求的变化，也就是说，这样的供应链缺乏柔性，其结果是造成产品积压，产生了高库存。后来，该厂商重新设计了供应链结构，主要对打印机的装配过程进行了改变，工厂只生产打印机的通用组件，让分销中心再根据所在国家的需求特点加入相应的特色组件，这样大量的库存积压减少了，同时供应链也具有了柔性。这就是产品"为供应链管理而设计"的思想。在这里，分销中心参与了产品装配设计这样的设计活动，并取得了一定的成效。这里面涉及组织之间的协调与合作问题，从案例的过程可以看出合作关系很重要。

另一方面，在供应链的结构设计中，同样需要考虑库存的影响。要在一条供应链中增加或关闭一个工厂或分销中心，一般是先考虑固定成本与相关的物流成本，至于网络变化对运作的影响因素，如库存投资、订单的响应时间等常常是放在第二位的。但是这些因素对供应链的影响也是不可低估的。如美国一家 IC 芯片制造商的供应链结构是这样的：在美国加工晶片后运到新加坡检验，再运回美国生产地做最后的测试，包装后运到用户手中。供应链之所以这样设计是因为考虑了新加坡的检验技术先进、劳动力素质高和税收低等因素。但是这样显然会使库存和周转时间对成本产生影响，因为从美国到新加坡，来回至少要两周，而且还要加上海关手续时间，这就延长了制造周期，增加了库存成本。

(二) 供应链中的不确定性与库存

1. 供应链中的不确定性

从需求放大现象中我们看到，供应链的库存与供应链的不确定性有很密切的关系。从供应链整体的角度看，供应链上的库存无非有两种，一种是生产制造过程中的库存，一种是物流过程中的库存，库存存在的客观原因是为了应付各种各样的不确定性，保持供应链系统的正常性和稳定性，但是库存另一方面也同时产生和掩盖了管理中的问题。

(1) 供应链中不确定性的表现形式。

供应链上的不确定性有两种表现形式：衔接不确定性和运作不确定性。

①衔接不确定性(uncertainty of interface)。企业之间(或部门之间)的不确定性，可以说是供应链的衔接不确定性，这种衔接的不确定性主要表现在合作性上，为了消除衔接不确定性，需要增加企业之间或部门之间的合作性。

②运作不确定性(uncertainty of operation)。系统运行不稳定是组织内部缺乏有效的控制机制所致的，控制失效是组织管理不稳定和产生不确定性的根源。为了消除运行中的不确定性，需要增强组织的控制，提高系统的可靠性。

(2) 供应链的不确定性的来源。

供应链的不确定性的来源主要有三个方面：供应商不确定性、生产者不确定性和顾客不确定性。不同的原因造成的不确定性表现形式也各不相同。供应商不确定性表现为提前期的不确定性、订货量的不确定性等。供应商不确定的原因是多方面的，如供应商的生产系统发生故障而延迟生产，供应商的发货延迟，意外的交通事故导致的运输延迟，等等。

生产者不确定性主要出现在制造商本身的生产系统的可靠性上，如机器的故障、计划执行的偏差等。造成生产者生产过程中在制品库存的原因也表现在其对需求的处理方式上。生产计划是一种根据当前的生产系统的状态和预测的未来情况做出的对生产过程的模拟，用计划的形式表达模拟的结果，用计划来驱动生产的管理方法。但是生产过程的复杂性使生产计划并不能精确地反映企业的实际生产条件和预测生产环境的改变，不可避免地造成计划与实际执行的偏差。生产控制的有效措施能够对生产的偏差给予一定的修补，但是生产控制必须建立在对生产信息的实时采集与处理上，使信息及时、准确、快速地转化为生产控制的有效信息。

顾客不确定性产生的原因主要有：需求预测的偏差、购买力的波动、从众心理和个性特征等。通常需求预测的方法都有一定的模式或假设条件，假设需求按照一定的规律运行或表现为一定的规律特征，但是任何需求预测方法都存在这样或那样的缺陷而无法确切地预测需求的波动和顾客的心理。在供应链中，不同节点企业相互之间的需求预测的偏差进一步加剧了供应链的放大效应，加剧了供应链的信息扭曲。

（3）供应链中不确定性产生的原因。

供应链上的不确定性，不管其来源出自哪方面，从根本上讲是由三个方面原因造成的：

①需求预测误差造成的不确定性。预测误差与预测时间的长度有关，预测时间越长，预测精度越差，另外预测的方法也会对预测结果产生影响。

②决策信息的可获性、透明性、可靠性。信息的准确性对预测同样会造成影响，下游企业与顾客接触的机会多，可获得的有用信息多；而那些远离顾客需求的企业，信息的可获性和准确性差，因而预测的可靠性就差。

③决策过程的影响，特别是决策人心理的影响。需求计划的取舍与修订，对信息的要求与共享，无不反映决策者个人的心理偏好。

2. 供应链的不确定性与库存的关系

下面分析供应链运行中的两种不确定性对供应链库存的影响：衔接不确定性与运作不确定性。

（1）衔接不确定性对库存的影响。

衔接不确定性普遍存在于供应链的运行之中，集中表现为企业之间的独立的信息体系（信息孤岛）现象。为了竞争，企业总是为了各自的利益而将资源封闭起来（包括物质资源和信息资源），企业之间的合作仅仅是贸易上的短时性合作。这样做只能不断增加企业之间的信息壁垒和沟通的障碍，企业为应付不测不得不建立库存，库存的存在实际就是信息的堵塞与封闭的结果。虽然企业中各个部门和企业之间都有信息的交流与沟通，但这远远不够。企业的信息交流更多的是在企业内部而非企业之间进行的。信息共享程度差是传统的供应链产生不确定性的一个主要原因。

传统的供应链中信息是逐级传递的，即上游供应链企业依据下游供应链企业的需求信息做生产或供应的决策。在集成的供应链系统中，每个供应链企业都能够共享顾客的需求信息，信息不再是线性的传递过程而是网络的传递过程和多信息源的反馈过程。通过建立合作伙伴关系的新型的企业合作模式，并且通过建立跨组织的信息系统为供应链的各个合作企业提供共同的需求信息，有利于推动企业之间的信息交流与沟通。企业有了确定的需求信息，在制订生产计划时，相应地就会减少库存，使生产计划更加精确可行。对于下游企业而言，合作性伙伴关系的供应链可为企业提供综合的、稳定的供应信息，无论上游企业能否按期交货，下游企业都能预先得到相关信息而采取相应的措施，这样企业就无须设置过多库存。

（2）运作不确定性对库存的影响。

供应链企业之间的衔接不确定性可以通过建立战略伙伴关系的供应链联盟或供应链协作体而得以削减，同样，这种合作关系也可以消除运作不确定性对库存的影响。当企业之间的合作关系得以改善时，企业的内部生产管理运作也会得到改善。因为当企业之间的衔接不确定性因素减少时，企业的生产控制系统就能摆脱这种不确定性因素的影响，使生产系统的控制达到实时、准确，也只有在供应链的条件下，企业才能获得对生产系统有效控制的有利条件，消除生产过程中不必要的库存。

在传统的企业生产决策过程中，供应商或分销商的信息是生产决策的外生变量，因而其无法预见到外在需求或供应的变化信息，即使获知也可能是延迟的信息；同时，库存管理的策略也只是考虑独立的库存点而不是采用共享的信息，因而库存成了维系生产正常运行的必要条件。当生产系统形成网络时，不确定性就像瘟疫一样在生产网络中传播，几乎所有的生产者都希望拥有库存来应付生产系统内外的变化。因为无法预测不确定性的大小和影响程度，人们只好按照保守的方法设立库存来对付不确定性。

在不确定性较大的情形下，为了保持一定的用户服务水平，企业也常常维持一定的库存。在不确定性存在的情况下，高服务水平必然带来高库存水平。

(三) 协调库存管理

前面分析了不确定性对库存的影响，得到的结论是：为了减少企业的库存水平，需要增加企业之间的信息交流与共享，减少不确定性因素对库存的影响，增加库存决策信息的透明性、可靠性和实时性。所有这些，都需要企业之间的协调。

在供应链管理模式下，库存管理的最高理想是实现供应链企业的无缝连接，消除供应链企业之间的高库存现象。以下将从供应链集成的演变过程，探讨供应链管理环境下的库存管理策略。

二、供应商管理库存(VMI)

前面分析了供应链管理环境下库存管理和传统库存管理模式的差别以及所面临的新问题。为了适应供应链管理的要求，供应链管理环境下的库存管理方法必须做相应的改变，本节将结合国内外企业的实践经验及理论研究成果，介绍一种先进的供应链库存管理技术与方法——VMI(vendor managed inventory)管理系统。

(一) VMI 管理系统

长期以来，传统供应链企业中的库存控制是各自为政的。供应链各个环节中的每一个部门都各自管理自己的库存，零售商有自己的库存，批发商有自己的库存，供应商也有自己的库存，各个供应链环节都有自己的库存控制策略。由于各自的库存控制策略不同，因此不可避免地产生了需求的扭曲现象，即所谓的需求放大现象，使供应商无法快速地响应用户的需求。在供应链管理环境下，供应链各个环节的活动都应该是同步进行的；而传统的库存控制方法无法满足这一要求。近年来，在国外，出现了一种新的供应链库存管理方法——供应商管理用户库存，这种库存管理策略打破了传统的各自为政的库存管理模式，体现了供应链的集成化管理思想，能适应市场的变化，是一种新的有代表性的库存管理思想。

在传统方式下，库存是由库存拥有者管理的。因为无法确切知道用户需求与供应的匹配状态，所以需要库存，库存设置与管理是由同一组织完成的。这种库存管理模式并不总是最优的。例如，一个供应商用库存来应付某一用户(这里的用户可能是分销商或批发商)不可预测的或不稳定的需求，用户也设立库存来应付不稳定的内部需求或供应链的不确定性。虽然供应链中每一个组织独立地采取保护措施，使其在供应链的利益不受意外干扰是无可厚非的，但并不可取，因为这样做的结果影响了供应链的整体优化运行。供应链的各个不同组织根据各自的需要独立运作，导致重复建立用于缓冲的库存，因而不能产生供应链全局的最低成本，整个供应链系统的库存也会随着供应链长度的增加而发生需求扭曲。VMI 库存管理系统能够突破传统的条块分割的库存管理模式，以系统的、集成的管理思想进行库存管理，使供应链系统能够获得同步化的运作。

VMI 是一种很好的供应链库存管理策略。关于 VMI 的定义，国外有学者认为：VMI 是一种用户和供应商之间的合作性策略,以对双方来说都是最低的成本优化产品的可获性,在一个相互同意的目标框架下由供应商管理库存,这样的目标框架被经常性地监督和修正;以产生一种连续改进的环境。关于 VMI 也有其他的不同定义,但归纳起来,该策略的关键措施主要体现在如下几个原则中:

1. 合作精神(合作性原则)

在实施该策略时,相互信任与信息透明是很重要的,供应商和用户(零售商)都要有较好的合作精神,才能够相互保持较好的合作。

2. 使双方成本最小(互惠原则)

VMI 不是关于成本如何分摊或谁来承担的问题,而是关于减少成本的问题。通过该策略使双方的成本都减少。

3. 框架协议 (目标一致性原则)

双方都明白各自的责任,观念上达成一致的目标。如库存放在哪里,什么时候支付,是否要管理费,要花费多少等问题都要体现在框架协议中。

4. 连续改进原则

此原则的目的是供需双方不断改进工作流程,共同消除浪费和分享利益。

VMI 的主要思想是供应商在用户的允许下设立库存,确定库存水平和补给策略,并拥有库存控制权。

精心设计与开发的 VMI 系统,不仅可以降低供应链的库存水平,降低成本,而且可以使零售商获得高水平的服务,改进资金流,与供应商共享需求变化的透明性和获得更好的用户信任。

(二)采用 VMI 的必要性

成功的供应链管理通常来源于理解和管理好存货成本和用户服务水平之间的关系。最好的结果是使两方面都得到改进,这自然就是 VMI 的宗旨。先来看看在一个 VMI 关系中每个合作伙伴是怎样减少成本和改进服务的。

1. 降低成本

需求的易变性是大部分供应链面临的主要问题,它既影响了对顾客的服务,又减少了产品收入。在过去的零售情况下,管理政策常常使销售的波动状况更糟。由于需求的不确定性、有冲突的执行标准、用户所用的计划表、用户行为的互相孤立、产品短缺造成的订货膨胀等原因,使订购方式的运行效果变得很糟。

许多供应商被 VMI 吸引是因为它缓和了需求的不确定性。来自大客户的订单迫使生产商维持冗余的生产能力或超额的成品存货量,以便确保能响应顾客的要求,是一种成本很高的方法。VMI 可以削弱产量的波动,允许小规模的生产批量和存货水平。

用户被 VMI 吸引是因为解决了有冲突的执行标准带来的两难状况。比如,月末的存货水平和顾客的服务水平对于作为零售商的用户来说都是很重要的,而这些标准是冲突的。零售商在月初储备存货以保证高水平的顾客服务,然后使存货水平在月末下降以达到他们的库存目标(而不管它对服务水平的影响)。

在季末涉及财政报告时,这种不利的影响将更加明显。在 VMI 中,补货频率通常由每月提高到每周(甚至每天),这会使双方都受益。供应商就可以看到更流畅的需求信号。由于允许对生产及运输资源更好地利用,这就降低了成本,也降低了对作为缓冲的大容量存货的需求。供应商可以做出与需要相协调的补货决定,而且提高了"需求驱动"意识。客户从合理的低水平库存流转中受益。即使用户将所有权(物主身份)让渡给供应商,提高了的运输和仓储效率也会为用户带来许多好处。此外,月末或季末的服务水平也会得到提高。

在零售供应链中,不同用户间的订货很少能相互协调,订单经常同时来,这就使及时满足所有的递配请求变得不可能。在 VMI 中,更好的协调将支持供应商对平稳生产的需求,而不必牺牲购买者的服务水平和存储目标。

最后,VMI 将使运输成本减少。如果处理得好,这种方法将会增加低成本的满载运输的比例而削减高成本的未满载货的比例。这可以通过供应商协调补给过程来实现,而不是收到订单时再自动回应。另一个值得注意的方案是更有效的路线规划,例如,一辆专用的货车可以在途中停车多次,为某几位邻近的顾客补货。

2. 改善服务

在零售商看来,服务的好坏常常由产品的可得性来衡量。这是一个很简单直观的想法,即当顾客走进商店时,想买的产品却没有,这桩生意就失去了。而结果可能相当严重,因为失去一桩生意的"成本"可能是失去"信誉"。所以,在制订计划时,零售商希望供应商是可信任的、可靠的。在商品销售计划中,零售商更希望供应商拥有极具吸引力的货架空间。因此,以可靠而著称的供应商可以获得更高的收入。在其他条件相同的情况下,人人都可以从改善了的服务中受益。

在 VMI 中,多用户补货订单、递送间的协调大大改善了服务水平。一项不重要的递送可以推迟一两天,先完成主要的递送业务。类似的,相对于小的业务,可以先完成大的补货业务。由于有能力平衡所有合作伙伴的需求,供应商可以改善系统的工作状况而不用使任何的个体顾客冒险。他们向顾客保证:顾客最主要的需要将会受到最密切的关注。如果没有VMI,供应商很难有效地安排顾客需求的先后顺序。如果扩大有效解决现有问题的范围,服务就可以得到进一步改善。比如说,在缺货的时候,在一个用户的配送中心之间(或多个用户的配送中心之间)平衡存货是十分必要的。有的情况下,在顾客间实行存货的重新平衡可能是最经济的方法。如果没有 VMI,通常无法这样做,因为供应商和顾客都看不到整体存货的配置(分布)。在 VMI 下,当用户将货物返还给供应商时,供应商可以将其供应给另一位用户,这时就实现了存货平衡。这种方法最坏的结果也就是多了一些运输成本而已。

还有一个好处是,VMI 可以使产品更新更加方便。将会有更少的旧货在系统中流通,所以可以避免顾客抢购。此外,新产品的上架速度将更快。由于有信息共享,货物更新时不用为推销而着急,而且零售商可以保持"时尚"的好名誉。

VMI 中运用的运输过程更进一步改善了顾客服务。没有 VMI,集中的用户和分散的配送中心之间的沟通障碍有时会使货物的运送被拒绝。在 VMI 中,供应商会预先规划好如何补货和递送,以期保证实现递送计划。

(三)VMI 的实施方法

要实施 VMI 策略,就要改变订单的处理方式,建立基于标准的托付订单处理模式。首先,供应商和批发商一起确定供应商订单业务处理过程所需要的信息和库存控制参数,然后建立一种订单的标准处理模式,如网络通信协议、EDI 标准报文等,最后把订货、交货和票据处理等各项业务功能集成在供应商一边。

库存状态透明性(对供应商)是实施供应商管理用户库存的关键。只有做到库存状态透明,供应商才能够随时跟踪和检查销售商的库存状态,从而快速响应市场的需求变化,对企业的生产(供应)状态做出相应的调整。为此需要建立一种能够使供应商和用户(分销商、批发商)的库存信息系统透明连接的方法。

1. VMI 的实施步骤

供应商管理库存策略的实施可以分为如下几个步骤：

(1)建立客户管理信息系统。要有效地管理销售库存，使供应商能够获得顾客的有关信息，就要建立客户管理信息库，使供应商能够掌握需求变化的有关情况，把零售商的需求预测与分析功能集成到供应商的系统中来。

(2)建立销售网络管理系统。供应商要很好地管理库存，必须建立起完善的销售网络管理系统，保证自己产品的需求信息和物流畅通。为此，必须做到：保证产品条码的可读性和唯一性；解决产品分类、编码的标准化问题；解决商品存储运输过程中的识别问题。

(3)建立供应商与零售商(批发商)的合作框架协议。供应商和零售商(批发商)一起通过协商，确定订单处理的业务流程以及库存控制的有关参数，如再订货点、最低库存水平等；选择库存信息的传递方式，如 EDI 或 Internet 等。

(4)组织机构的变革。这一点也很重要，因为 VMI 策略改变了供应商的组织模式。引入 VMI 策略后，订货部门产生了一个新的职能即负责控制用户的库存、库存补给和服务水平。

2. 供应商管理存货的方式

供应商以何种形式管理存货呢？根据 Carlyn 和 Mary 的研究，管理存货的方式主要有四种：

(1)供应商提供用于制定存货决策的支持软件，用户可使用该软件执行存货决策，用户拥有存货所有权，管理存货。

(2)供应商在用户的所在地，代表用户执行存货决策，管理存货，但是存货的所有权属于用户。

(3)供应商在用户的所在地，代表用户执行存货决策，管理存货，供应商拥有存货所有权。

(4)供应商不在用户的所在地，但是定期派人代表用户执行存货决策，管理存货，供应商拥有存货的所有权。

通过 VMI，供应商可以客观处理放在供应商处的存货，确定订货点，补充存货，确定交货的流程，建立多种库存优化模型并进行人员培训。

(四)实施 VMI 的几种形式

1. "制造商—零售商"VMI 模式

这种模式通常存在于制造商作为供应链的上游企业的情形中，制造商对它的客户(如零售商)实施 VMI，如图 7-2 所示。图中的制造商是 VMI 的主导者，由它负责对零售商的供货系统进行检查和补充，这种模式多出现在制造商是一个比较大的产品制造者的情况下，制造商具有相当的规模和实力，完全能够承担起管理 VMI 的责任。如美国的宝洁(P&G)就发起并主导了对国内某些大型零售商的 VMI 管理模式的实施。

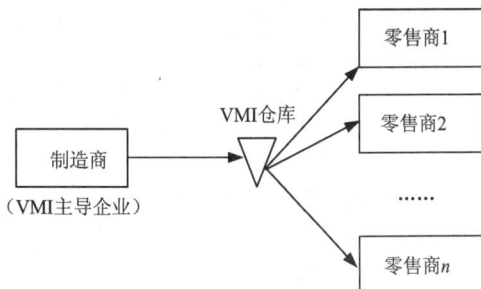

图 7-2　"制造商—零售商"VMI 系统

2. "供应商—制造商"VMI 模式

这种模式通常存在于制造商是供应链上实施 VMI 的上游企业的情况中，制造商要求它的供应商按照 VMI 的方式向其补充库存，如图 7-3 所示。此时，VMI 的主导者可能还是制造商，但是它是 VMI 的接受者，而不是管理者，此时的 VMI 管理者是该制造商的上游的众多供应商。例如在汽车制造业，这种情况比较多见。一般地说，汽车制造商是这一供应链上的核心企业，为了应对激烈的市场竞争，它会要求它的零部件供应商为其实施 VMI 的库存管理方式。由于很多零部件供应商的规模很小，实力很弱，完全由这些中小供应商完成 VMI 可能比较困难。另外，由于制造商要求供应商按照 JIT 的方式供货，所以，供应商不得不在制造商的周边建立自己的仓库。这样，会导致供应链上的库存管理资源重复配置。表面上看，这些库存管理成本是由供应商支付的，但是实际上仍然会分摊到供货价格里面去，最终对制造商也是不利的。所以，近几年来这种形式的 VMI 模式越来越少了。

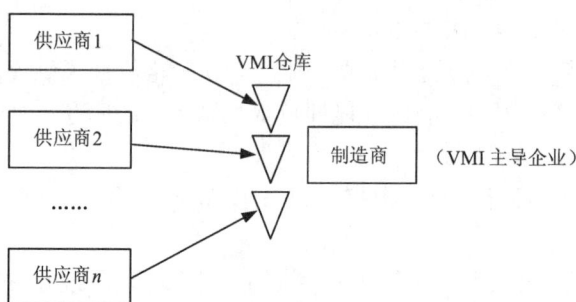

图 7-3 "供应商—制造商"VMI 系统

3. "供应商—3PL—制造商"VMI 模式

为了克服第二种模式的弊端，人们创造出了新的方式："供应商—3PL—制造商"VMI 模式。这种模式是引入了一个第三方物流(3PL)企业，由 3PL 提供一个统一的物流和信息流管理平台，统一执行和管理各个供应商的零部件库存控制指令，负责完成向制造商生产线上配送零部件的工作，而供应商则根据 3PL 的出库单与制造商按时结算，如图 7-4 所示。

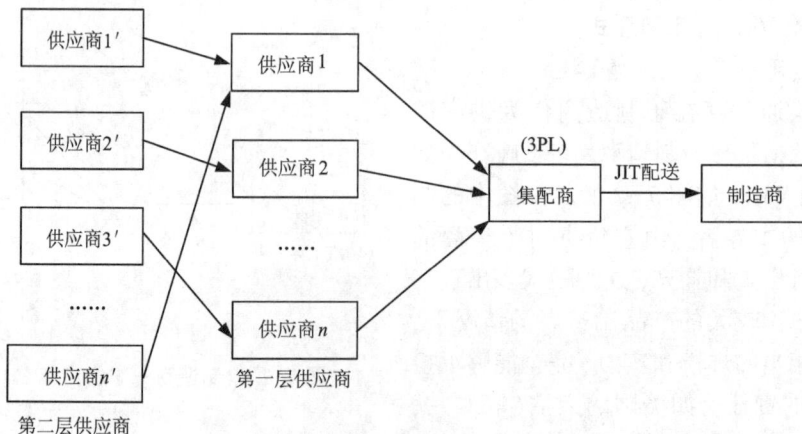

图 7-4 基于 3PL 的 VMI 实施模式

由第三方物流(3PL)企业运作的 VMI 仓库可以合并多个供应商交付的货物，它采用了物流集中管理的方式，因此形成了规模效应，降低了库存管理的总成本。这一模式的信息流和物流流程如图 7-5 所示。

1.中长期预测与采购合约

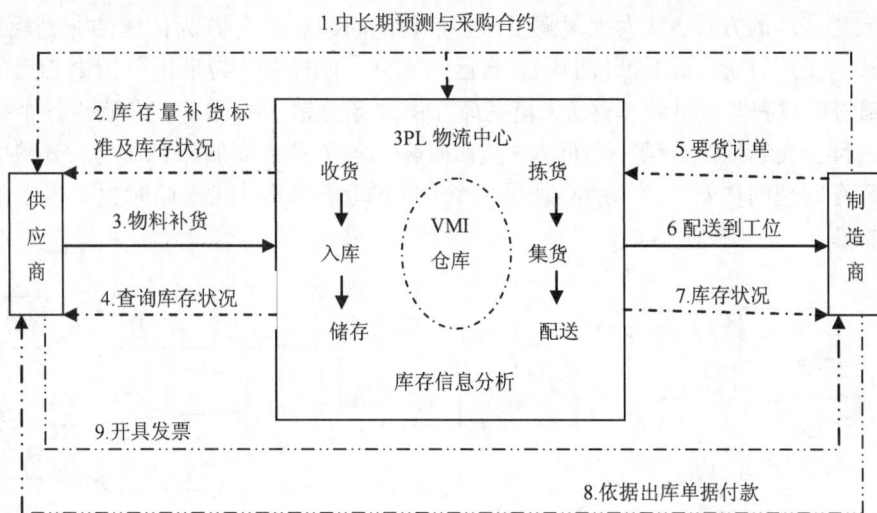

图 7-5　基于 3PL 的 VMI 信息流和物流传递示意图

这一模式的优点还有：3PL 推动了合作三方(供应商，制造商，3PL)之间的信息交换和整合；3PL 提供的信息是中立的，根据预先达成的框架协议，物料的转移标志了物权的转移；3PL 能够提供库存管理、拆包、配料、排序和交付，还可以代表制造商向供应商下达采购订单。由于供应商的物料提前集中在由 3PL 运营的仓库中，使得上游的众多供应商省去了仓储管理及末端配送的成本，从而大大地提高了供应链的响应性并同时降低了成本，因此，也有人将这种 VMI 的实施模式称为 VMI-HUB。

将 VMI 业务外包给 3PL，最大的阻力还是来自制造商企业内部。制造企业的管理人员对 3PL 是否可以保证 VMI 业务的平稳运作存在怀疑和不理解，也有人担心引入 3PL 后会失去自己的工作岗位，也有人认为 VMI 业务可以带来利润，因此希望"肥水不流外人田"，而把这一业务保留在公司以获得额外的"利润"。因此，为了使 VMI 能够真正为供应链带来竞争力的提升，必须对相关岗位的职责进行重新组织，甚至是对企业文化进行变革。

三、联合库存管理

(一)基本思想

VMI 是一种供应链集成化运作的决策代理模式，它把用户的库存决策权交由供应商代理，由供应商代理分销商或批发商行使库存决策的权力。联合库存管理则是一种风险分担的库存管理模式。

联合库存管理的思想可以从分销中心的联合库存功能谈起。地区分销中心的运作模式体现了一种简单的联合库存管理的思想。传统的分销模式是分销商根据市场需求直接向工厂订货，比如汽车分销商(或批发商)，根据用户对车型、款式、颜色、价格等的不同需求，向汽车制造厂订货，这通常需要经过较长一段时间货才能到，而顾客不想等待这么久，因此各个推销商不得不进行库存备货。长此以往，大量的库存使推销商难以承受，以至于破产。据估计，在美国，通用汽车公司每年销售 500 万辆轿车和卡车，平均价格是 18 500 美元，推销商维持 60 天的库存，库存费是车价值的 22%，一年总的库存费用达到 3.4 亿美元。而采用地区分销中心销售产品的方式，就大大缓解了库存浪费的问题。图 7-6 为传统的分销模式，每个销售商直接向工厂订货，每个销售商都有自己的库存，而图 7-7 为采用分销中心后的销售方式，各个销售商只需要少量的库存，大量的库存由地区分销中心储备，也就是各个销售商把其库存的一部分交给地区分销中心负责，从而减轻了各个销售商的库存压力，分销中心就起到了联合库存管理的功能。分销中心既是一个商品的联合库存中心，同时也是需求信息的交流与传递枢纽。

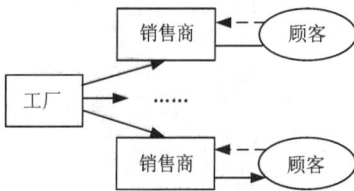

图 7-6 传统的销售模式

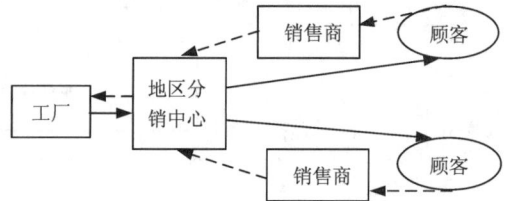

图 7-7 有地区分销中心的销售模式

近年来，在供应链企业之间的合作关系中，更加强调双方的互利合作关系，联合库存管理就体现了战略供应商联盟的新型企业合作关系。

在传统的库存管理中，把库存分为独立需求和相关需求两种模式来进行管理。相关需求库存采用物料需求计划(MRP)处理，独立需求采用订货点办法处理。图 7-8 是传统的供应链活动过程模型，在整个供应链过程中，从供应商、制造商到分销商，各个供应链节点企业都有自己的库存，供应商作为独立的企业其库存(即其产品库存)为独立需求库存，制造商的材料、半成品库存为相关需求库存，而产品库存为独立的需求库存，分销商为了应付顾客需求的不确定性也需要库存，其库存也为独立需求库存。

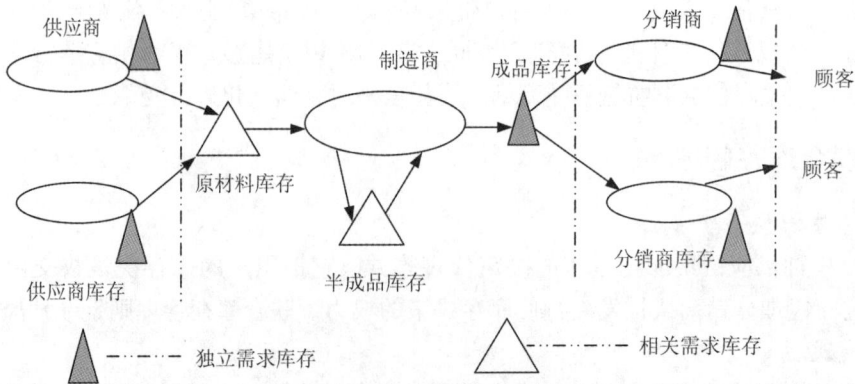

图 7-8 传统的供应链活动过程模型

联合库存管理是解决供应链系统中由于各节点企业相互孤立的库存运作模式导致的需求放大现象、提高供应链同步化程度的一种有效方法。联合库存管理和供应商管理用户库存不同，它强调双方同时参与，共同制订库存计划，使供应链过程中的每个库存管理者(供应商、制造商、经销商)都从相互之间的协调性考虑，保持供应链相邻两个节点之间的库存管理者对需求的预期保持一致，从而消除需求变异放大现象。任何相邻节点需求的确定都是供需双方协调的结果，库存管理不再是各自为政的独立运作过程，而是变成连接供需的纽带和协调中心。

图7-9为基于协调中心联合库存管理的供应链系统模型，其展示了基于协调中心联合库存管理的优点。

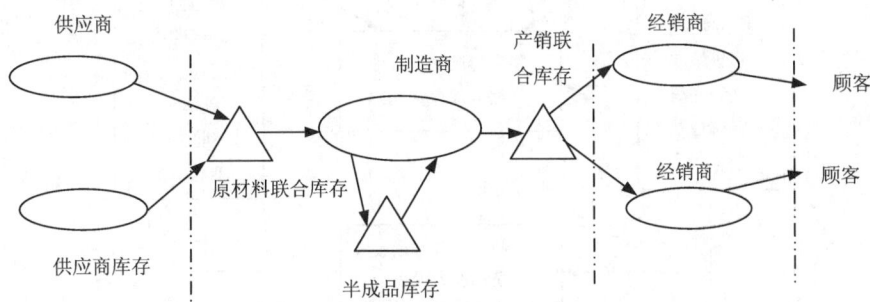

图7-9 基于协调中心联合库存管理的供应链系统模型

(1)为实现供应链的同步化运作提供了条件和保证。

(2)减少了供应链中的需求扭曲现象，降低了库存的不确定性，提高了供应链的稳定性。

(3)库存作为供需双方信息交流和协调的纽带，可以暴露供应链管理中的缺陷，为改进供应链管理水平提供依据。

(4)为实现零库存管理、准时采购以及精细供应链管理创造了条件。

(5)进一步体现了供应链管理环境下的资源共享和风险分担的原则。

联合库存管理系统把供应链系统管理进一步集成为上游和下游两个协调管理中心，从而部分地消除了由于供应链环节之间的不确定性和需求信息扭曲现象导致的供应链的库存波动。通过协调管理中心，供需双方共享需求信息，因而起到了增强供应链运作稳定性的作用。

(二)联合库存管理的实施策略

1. 建立供需协同的管理机制

为了发挥联合库存管理的作用，供需双方应从合作的精神出发，建立供需协调管理的机制，通过相互的协调作用，明确各自的目标和责任，建立合作沟通的渠道，为供应链的联合库存管理提供有效的机制。没有一个协调的管理机制，就不可能进行有效的联合库存管理。图7-10为供应商与分销商的协调管理机制模型。

建立供需协调管理机制，要从以下几个方面着手。

(1)建立共同的合作目标。

要建立联合库存管理模式，首先，供需双方要本着互惠互利的原则，建立共同的合作目

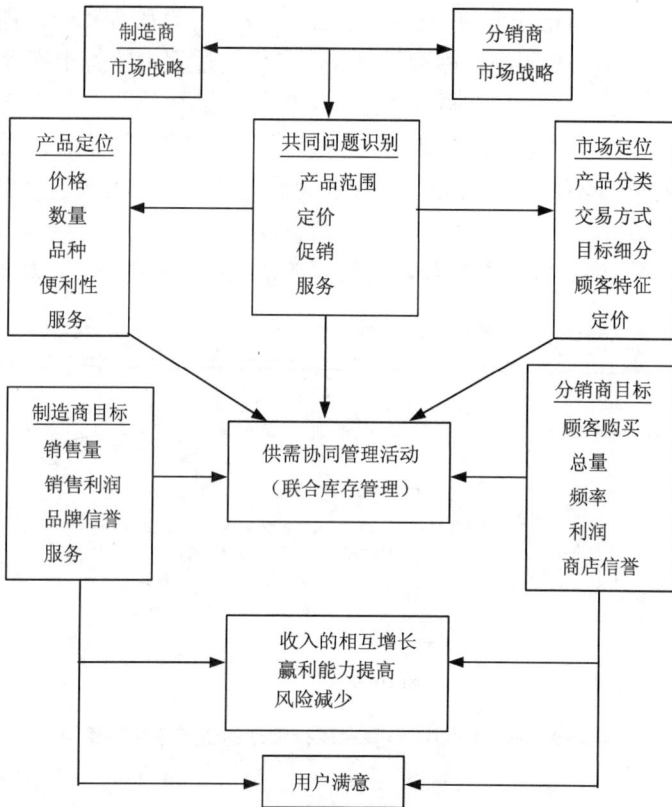

图 7-10　供应商与分销商的协调管理机制模型

标。为此，要理解供需双方在市场目标中的共同之处和冲突点，通过协商形成共同的目标，如用户满意、利润的共同增长和风险的减少等。

（2）建立联合库存的协调控制方法。

联合库存管理中心担负着协调供需双方利益的角色，起协调控制器的作用。因此需要明确库存优化的方法，主要包括库存如何在多个需求商之间调节与分配，库存的最大量和最低库存水平、安全库存的确定、需求的预测，等等。

（3）建立一种信息沟通的渠道或系统。

信息共享是供应链管理的特色之一。为了提高整个供应链需求信息的一致性和稳定性，减少由于多重预测导致的需求信息扭曲，增加供应链各方对需求信息获得的及时性和透明性，应建立一种信息沟通的渠道或系统，以保证需求信息在供应链中传递的畅通和准确。要将条码技术、扫描技术、POS 系统和 EDI 集成起来，并且充分利用互联网的优势，在供需双方之间建立起一个畅通的信息沟通桥梁和联系纽带。

（4）建立利益的分配、激励机制。

要有效运行基于协调中心的库存管理，必须建立一种公平的利益分配制度，并对参与协调库存管理中心的各个企业（供应商、制造商、分销商或批发商）进行有效的激励，防止机会主义行为，增加各企业间的协作性和协调性。

2. 发挥两种资源计划系统的作用

为了发挥联合库存管理的作用，在供应链库存管理中应充分利用目前比较成熟的两种资源管理系统：企业资源计划系统(ERP)和配送资源计划系统(DRP)，可以在供应链系统中把两种资源计划系统很好地结合起来。

3. 建立快速响应系统

快速响应系统是在20世纪80年代末由美国服装行业发展起来的一种供应链管理策略，目的在于减少供应链中从原材料到用户的时间和库存，最大限度地提高供应链的运作效率。美国的Kurt Salmon协会的调查分析认为，实施快速响应系统后供应链效率大有提高，缺货大大减少，通过供应商与零售商的联合协作保证24小时供货；库存周转速度提高1~2倍；敏捷制造技术企业的产品中有20%~30%是根据用户的需求而制造的。

快速响应系统需要供需双方密切合作，建立协调库存管理中心，为快速响应系统发挥更大的作用创造有利的条件。

4. 发挥第三方物流企业的作用

第三方物流企业(TPL或3PL)是供应链集成的一种技术手段。TPL(thrid party logistics)也叫作物流服务提供商(logistics service provider, LSP)，它为用户提供各种服务，如产品运输、订单选择、库存管理等。第三方物流系统的产生，一种是由一些大的公共仓储公司通过提供更多的附加服务演变而来的，另外一种是由一些制造企业的运输和分销部门演变而来的。

把库存管理的部分功能交给第三方物流系统管理，可以使企业更加集中精力于自己的核心业务，第三方物流系统起到了供应商和用户之间联系的桥梁作用，可以为企业带来诸多好处(图7-11)。

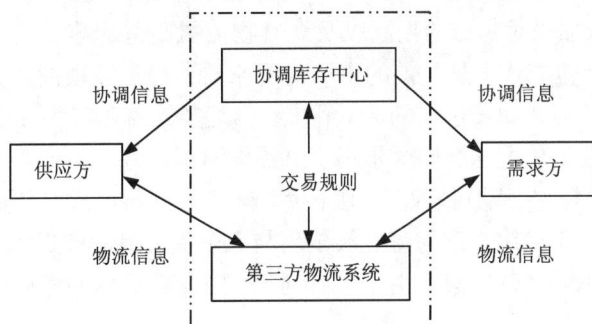

图7-11　第三方物流系统在供应链中的作用

(1)减少成本；
(2)使企业集中精力发展核心业务；
(3)获得更多的市场信息；
(4)获得一流的物流咨询服务；
(5)改进服务质量；
(6)快速进入国际市场。

面向协调中心的第三方物流系统使供应与需求双方都取消了各自独立的库存，增加了供应链的敏捷性和协调性，并且能够大大改善供应链的用户服务水平并提高运作效率。

四、供应链环境下的配送管理

配送是指在经济合理区域范围内，根据客户要求，对物品进行拣选、加工、包装、分割、组配等作业，并按时送达指定地点的物流活动。配送是物流中一种特殊的、综合的功能形式，几乎包括了所有的物流功能要素。其基本业务流程如图 7-12 所示。

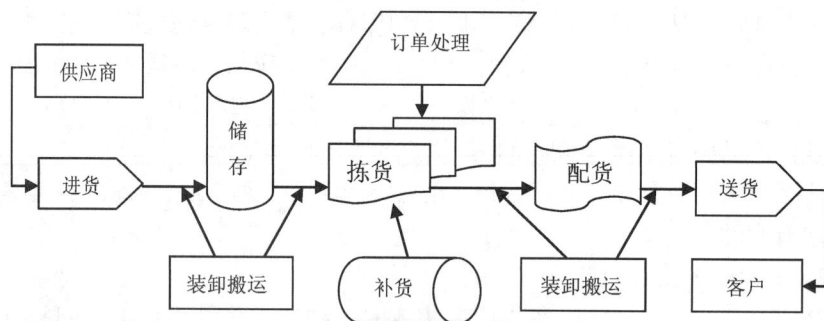

图 7-12　配送业务流程图

在供应链管理环境下，为了提升供应链整体竞争力，加快需求响应速度，对供应链物流系统提出了更高的要求。多频次小批量配送、JIT 配送成为供应链系统中的主要配送方式。多频次小批量配送（High-frequency and Small-quantity Distribution）系统的原型是美国食品业界和医药品业界的零散出货系统与日本汽车业界的准时制（JIT）物流系统的有机结合。对于多频次小批量配送主体的选择是系统组建的重要组织保障。供应链上的核心企业基于主营业务，提高核心竞争力，加强对物流的控制以及规避物流风险等因素的考虑，可以选择供应商直送、企业自营或者外包方式。从目前的市场情况来看，对于连锁商业系统，物流运作效率直接影响系统核心竞争力（如沃尔玛的天天平价），大多数商业零售连锁企业通过组建自己的配送中心，实施自营集中配送，如沃尔玛、中百集团等；另一些企业选择供应商直送的配送模式，如家乐福，这与它"充分授权，以店长为核心"的运营模式是相适应的。这样做的好处是送货快速方便且便于组织逆向物流。沃尔玛与家乐福的商品配送模式基本代表了目前国内外零售企业的两种不同经营思想。由于各有利弊，因此较成熟的零售商大都根据各自特征制订相应的商品配送方案。

对于工业生产系统，某些关键原材料和零部件的供应商由于有规模、有实力，或者基于战略业务发展方面的考虑，或者为了整合利用原有资源等原因，往往采取 JIT 直供的方式；汽车零部件供应物流甚至整车物流配送，一般采用整体或部分外包的方式，如上海大众汽车、通用汽车等就将全国范围内的整车、零部件物流外包给安吉物流，由安吉物流按要求实施 JIT 配送。

JIT 配送对交货准时性更加严格，而且要求供需双方信息高度共享，保证供应与需求信息的准确性和实时性。另外，无论是多频次小批量配送还是 JIT 配送，先进的信息和系统是系统构建的重要技术保障。

五、基于 Supply-hub 的仓储与配送一体化模式

（一）Supply-hub 模式概述

Supply-hub 指的是专注于物流集配服务的第三方物流集配商/集配中心。通过 Supply-hub，将分布式 VMI 运作模式下的 VMI 仓库进行资源整合和优化组织管理，变原先的分散运作管理为集中管理，实施仓储与配送的一体化运作，可以克服分布式 VMI 运作模式存在的投资大、运营管理成本高、易导致供需关系紧张等问题，能同时降低供应链整体的投资成本和运营管理成本。近几年，Supply-hub 模式在实践中得到广泛应用。例如，伯灵顿全球（BAX GLOBAL）专注于 IT 行业负责 Apple、DELL 和 IBM 在东南亚的物流集配服务；UPS 作为一个极具重要地位的"Supply-hub"为 Fender 管理来自世界各地厂家的海陆进货并完成其配送过程的流线化和集中化；国内的上海大众、武汉神龙等企业也采用集配中心的运作方式支持其多品种、小批量、多频次、混流生产的零部件 JIT 直送生产工位。基于 Supply-hub 的供应链仓储与配送一体化模式如图 7-13 所示。

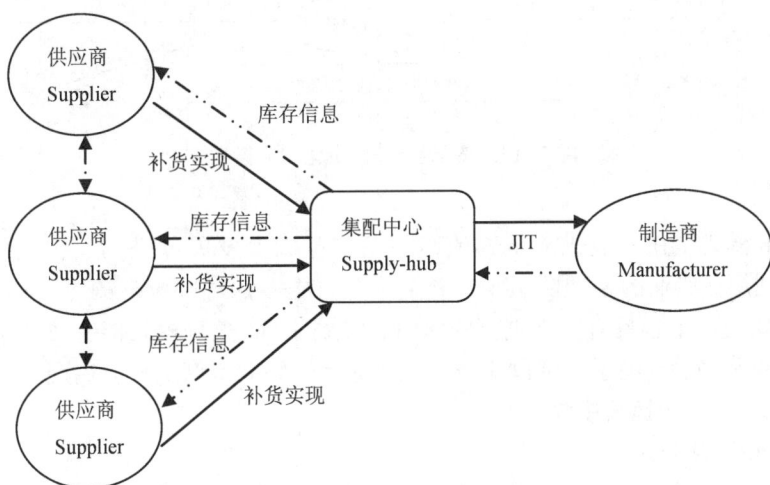

图 7-13　基于 Supply-hub 的供应链仓储与配送一体化模式示意图

Supply-hub 作为原材料或零部件供应商与制造装配厂商之间的协调组织，在整个供应链中主要承担中转"集配"的职能。中转"集"的功能是指 Supply-hub 负责制造装配厂商所需原材料、零部件等物料的集中统一采购运输并中转入库，或者是将小批量的转运聚集成具有大批量的整合运输（拆箱、拼箱业务）。中转"配"的功能是将集中采购入库的原材料、零部件等根据制造装配厂商的需求计划进行拣选、组装并准时配送到生产线的各个工位。制造商只通过 Supply-hub 与其他供应商建立合作关系。

Supply-hub 模式体现了 VMI 的思想和 JIT 物流同步化运作的思想。首先，在 Supply-hub 模式下，全部或部分供应商的库存设在集配中心，根据制造商的生产计划和物料需求计划，供应商与集配中心运营主体协商确定库存水平和补货策略，供应商拥有库存的所有权，集配中心负责库存管理及质量控制。宝洁、海尔、神龙汽车等企业的实践表明，利用 Supply-hub 实施 VMI 策略可显著降低供应链库存水平。其次，该模式基于需求导向和订单驱动，制造商

根据产品分销计划和生产订单制订产品生产计划和物料需求计划，实施 JIT 生产，供应环节的 Supply-hub 围绕制造商的物料需求计划或采购订单实施 JIT 采购送料，即体现了 JIT 物流同步运作的思想。当终端市场或用户需求发生改变时，需求订单驱动生产订单发生改变，生产订单又驱动采购订单发生改变。当然，要适应多变的市场需求，必须在供应、制造和分销配送环节实施高度的信息共享，以增加供应链的柔性和敏捷性。

这种按单生产的方式，从根本上消除了生产的盲目性，提高了需求信息的准确性，降低了信息扭曲程度，提高了生产计划执行的准确性，减少了反复调整的现象；反过来又保证了对供应物料需求的准确性，使整个系统步入一个协调同步运作的良性循环，如图 7-14 所示。

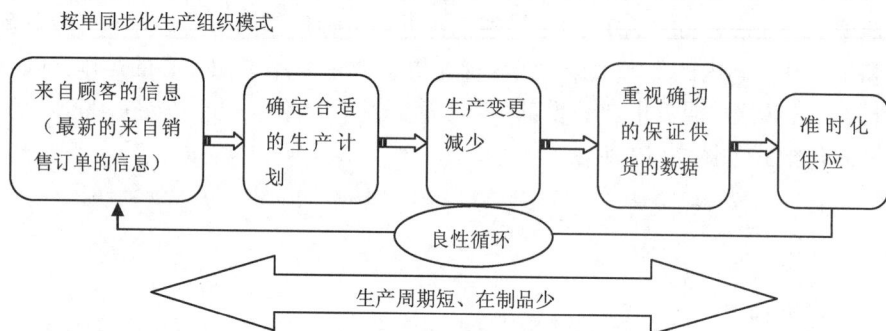

图 7-14　按单生产、同步化物流模式

Supply-hub 模式是在一般供应链物流组织模式基础上发展过来的。相比而言，Supply-hub 模式能够利用更专业的管理队伍掌控物流运作，能够针对供应链的需要调度相关资源，对于供应链上物流的整合具有非常重要的作用。实践证明，这种模式能有效地增强供应链系统运作的稳定可靠性，有助于实现供应链物流协同运作并缩短订单响应周期。

（二）Supply-hub 的运营主体

1. 核心制造商运营主体

核心制造商运营管理 Supply-hub 可以更加有力地控制原材料、零部件的进向物流，降低采购活动的不确定性。如图 7-15 所示，这种运作方式实际上是制造企业采购部门的前置（Pre-position）。如海尔的集配使用的是其物流推进本部，安徽烟草集团通过自己的物流基地对下属的多个烟厂进行原材料的 JIT 配送。该模式的局限性在于，由于对品类繁多的零部件和原材料的库存管理和直送工位等活动并非制造厂商的专长业务，人员培训、运作成本较高，固定投资较大，而且会使制造厂商从核心业务中分散资源和精力。

2. 第三方物流（third party logistics，3PL）运营主体

3PL 作为 Supply-hub 的运营管理主体的情况最为常见，如图 7-16 所示。对于核心制造企业而言，通过"集配中心"整合自身物流网络，利用 3PL 的专业能力，将非核心业务委托给专业公司，形成虚拟企业整合体系。例如，本小节开始提到的 Apple、DELL 和 IBM 就是利用集配商伯灵顿全球（BAX GLOBAL）提供其在东南亚市场的物流服务。

这种模式既可以发挥 3PL 的专业优势和资源优势，通过集中库存控制和 JIT 供应，有效地降低供应链运作管理成本，提高供应链的响应性；又可以使供应商和制造商集中发展自身的核心业务，减少其在物流设施设备及人员方面的投资，制造商不再需要与众多的供应商进

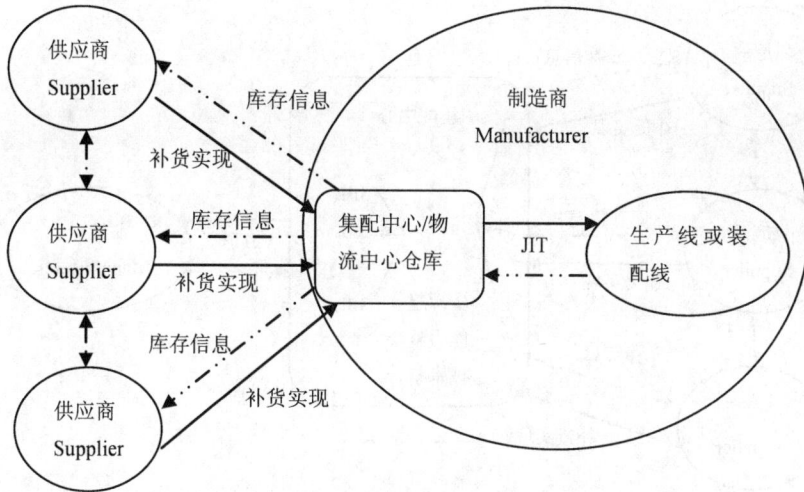

图 7-15　**Supply-hub** 的核心制造商运营主体

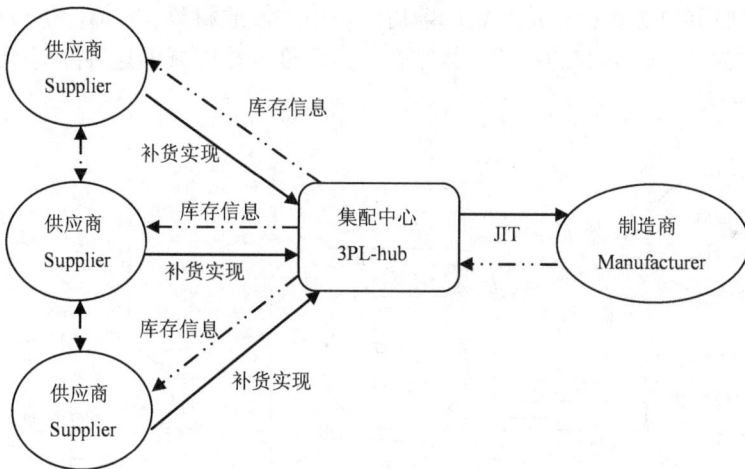

图 7-16　**Supply-hub** 的第三方物流（**3PL**）运营主体

行协调，只需要与 3PL 企业协调零部件供应物流和工位直送配送计划。

3. 第四方物流（fourth party logistics，4PL）运营主体

4PL 服务提供商实际上是一个供应链集成商，它对企业内部和具有互补性的服务提供商所拥有的资源、能力和技术进行整合和管理，为客户提供一整套供应链解决方案。4PL 作为 Supply-hub 运营主体的主要优势在于对供应链上游资源的整合，它提供信息技术、管理技术，制订供应链策略和战略规划方案，而具体物流业务的实施则由一家或多家优秀的 3PL 在其指导下完成，从而为一个或多个客户提供综合一体化的物流服务。其模式如图 7-17 所示。

4. 大型供应商或供应商联合（supply union）运营主体

在众多的供应商中，有一些规模较大、实力较强的供应商，也可以作为 Supply-hub 的运营主体。这类供应商往往具有完善的物流网络和设施条件，且其供应的原材料、零部件占制

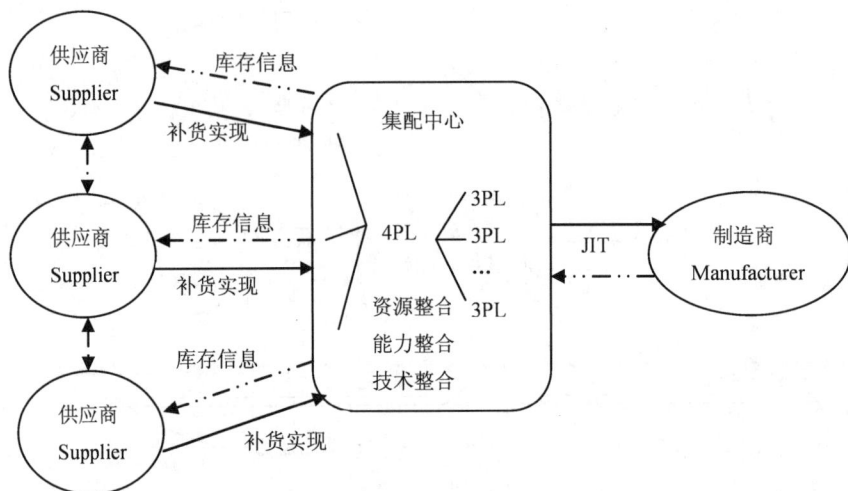

图7-17 Supply-hub 的第四方物流(4PL)运营主体

造厂商比较大的份额。不过,其他供应商尤其是与作为运营主体的大型供应商有直接竞争关系的供应商在信息共享方面会形成一定的障碍。而由关键原材料、零部件供应商通过某种方式组成联合体作为 Supply-hub 的运营主体则在一定程度上能够减弱这种障碍带来的影响,其模式如图7-18 所示。

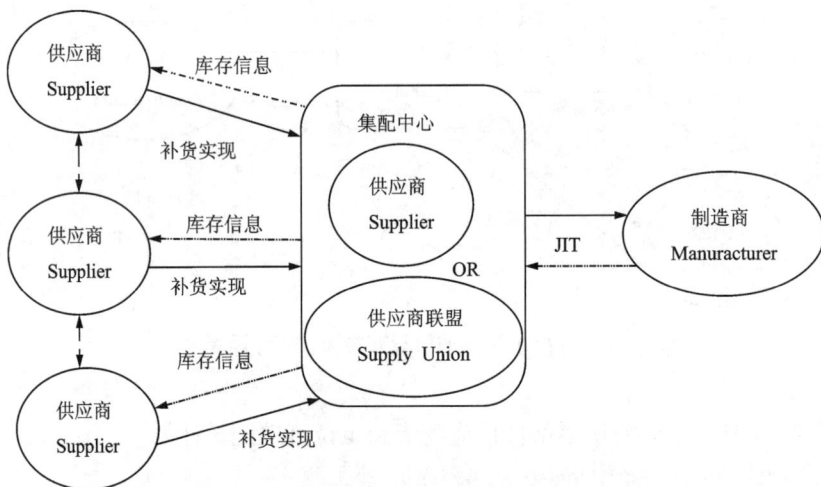

图7-18 Supply-hub 的供应商或供应商联合运营主体

(三)Supply-hub 的角色定位及其功能范围

尽管电子、家电、汽车等行业都比较适合采用基于 Supply-hub 的运作模式,但是在不同的供应链体系和运作环境下,Supply-hub 具有不同的角色定位和功能范围,从而对 Supply-hub 运营主体的运作能力也就有相应的不同要求,如表7-2 所示。

表 7-2 Supply-hub 的功能范围及对运营主体的要求

Supply-hub 角色定位	功能范围	主要功能活动	对运营主体的要求
一般业务 执行者	一般物流业务 执行	集货入库、库存控制、零件匹配、送料上线	物流协同运作能力、物流信息能力
一般业务 组织者	一般物流业务 组织管理和 执行	集货入库、库存控制、零件匹配、送料上线、订货入库、订单跟踪、交货评价、生产排程	物流运作能力、物流信息系统的构建和运作、供应链管理
一般业务 决策者和 组织者	一般业务决策 和组织	代为采购、集货入库、库存控制、零件匹配、订货入库、订单跟踪、交货评价、生产排程、送料上线	较强的整合供应链资源的能力
战略伙伴	战略合作	一揽子业务功能活动	很强的整合供应链资源的能力，行业领导者

当 Supply-hub 在整个供应链体系中只是一般业务的执行者时，Supply-hub 主要承担一般物流业务活动（如库存管理、物流运输与配送等）的具体执行，要实现对下游需求方的 JIT 响应，基于信息技术的物流协同运作能力是其核心竞争力。

当 Supply-hub 在整个供应链体系中充当一般业务组织者角色时，Supply-hub 除了承担一些物流业务的具体执行外，还要承担部分物流业务的组织管理业务，如订货入库、订单跟踪、交货评价、生产排程等。运营主体不仅要有较强的物流运作能力，而且对它在物流信息系统构建和运作等方面也提出了较高要求。

当 Supply-hub 在整个供应链体系中充当一般业务决策者和组织者角色时，Supply-hub 除了承担操作层方面的物流业务组织、执行以外，还要承担战术层的决策管理，如采购计划决策等。这就要求 Supply-hub 的运营主体不仅要具有很强的执行操作能力，而且要具有较强的整合供应链资源的能力。

当 Supply-hub 在整个供应链体系中与其他相关主体之间是战略伙伴关系时，Supply-hub 除了承担具体物流业务运作和物流信息系统整合外，运营主体还与上游供应商和下游制造商签订一揽子协议，全权负责供应与制造环节之间的所有业务活动和战略性业务，如供应商选择评价、供应链能力计划等。因此，Supply-hub 的运营主体必须具有很强的整合供应链资源的能力。这种情况下，Supply-hub 的运营主体往往是第三方物流或第四方物流中的佼佼者。

（四）实际运作案例

目前，汽车、电子等行业广泛采用基于 Supply-hub 的运作模式，用于对上游资源的整合。这里介绍国内某汽车发动机厂的实施案例。这是一家专门从事柴油发动机生产的企业，从日本和德国引进最先进的设备，具有快速多变的产品设计开发能力，同时采用基于 Supply-hub 的 3PL 直送工位的供应链协同运作模式，通过整合供应链，降低采购和制造成本，强化其对市场需求和产品售后服务快速响应的能力，是目前同行业中的佼佼者。

该厂主要生产两款发动机，核心力量集中于发动机缸体、缸盖、曲轴三个部件的生产和产品的研发，将生产所需的其他 300 多种零部件完全外包。在 Supply-hub 模式的运作中，3PL 企业的职责主要包括：负责整机生产所需其他零部件的准时配送服务；零部件从加工线到整装线之间的区间物流；整机下线仓储包装，运输到客户服务。这种 Supply-hub 协同运作模式对于该发动机厂整合供方各环节资源，实现供应链上游各方的协同，从而提升整个供应链的协同程度和快速响应能力起到了重要作用，其协同运作模式如图 7-19 所示。

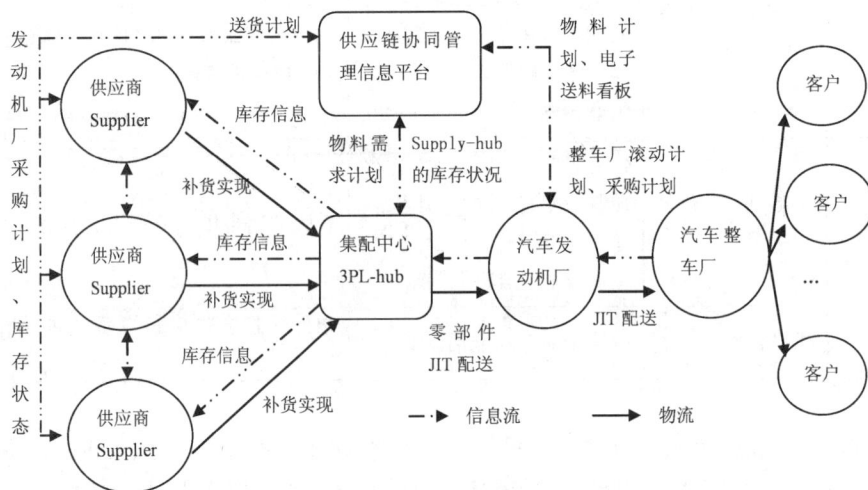

图 7-19　某汽车发动机厂的 Supply-hub 协同运作模式

在该发动机厂供应链的上游，主要采用 Supply-hub 协同运作模式，实现发动机厂与供应商和第三方物流服务提供商的信息协同、物流协同以及业务协同等运作。供应链协同管理信息平台对三方的信息协同和业务协同等具有重要作用，发动机生产厂根据下游整车生产厂的生产和采购订单以及预测需求制订生产计划、外购件采购计划和自制件生产计划及总的物料周、日需求计划，并将有关信息在平台上发布。各零部件供应商在该协同平台上获取各级计划信息，实时查询库存数据，确认发货，与发动机厂实现纵向的计划协同和业务协同。

Supply-hub 根据协同平台提供的物流周、日需求计划，安排对发动机生产车间直送工位的 JIT 物流协同活动，并将 Supply-hub 中各种零部件的库存状况信息传递到信息平台上，作为制造商运行 MRP 的输入，并支持供应商库存状态的查询。在横向协同上，各个零部件供应商之间通过供应链协同信息平台可以实现协同设计和协同供应，Supply-hub 与零部件供应商之间进行供货计划协同，以及补货、供货的物流协同，从需求计划的发布，到原材料的入库管理，Supply-hub 需要全程跟踪，确保零部件及时入库和 JIT 直送工位。

在协同运作中，从零部件供应商、Supply-hub 运营商到发动机厂的供应链上游各环节物流、信息流、资金流和业务流，通过 Supply-hub 以及供应链协同信息平台得到了整合，并实现了供应商与制造商之间、供应商与供应商之间的二维业务活动协同。通过将物流业务外包给第三方，发动机厂不仅能够专注于发动机的研发与匹配标定等核心业务，而且能够获得准时、可靠的物料上线服务，实现物流成本的可视化，获得规模经济和专业服务带来的物流成本降低。通过基于 Supply-hub 的供应链协同运作模式，发动机厂能快速响应下游客户的需求，在市场竞争中保持领先优势。

六、Cross-Docking 物流配送模式

Cross-Docking Logistics（CDL）即接驳式转运物流或越库物流配送模式，该模式因沃尔玛而出名，作为一种先进的物流配送战略和运作模式在西方发达国家已获得了成功应用。国外学者认为，配送网络优化、运输整合及采用越库技术是降低供应链物流成本的主要方法。

（一）越库物流配送的定义与特征

关于越库的定义有不同的描述。我国国家标准《物流术语》将越库作业定义为：产品在物流环节中，不经过中间仓库或站点，直接从一个运输工具换载到另一个运输工具的物流衔接方式。Maida Napolitano 在其著作《向 CDL 物流转变——CDL 物流运作的计划、设计和实施的应用指南》中定义："CDL 是几乎跨越仓库存储生命周期本身的一种运作战略。它是一个过程，在这个过程中，通过一种设施把收到的产品和其他偶然将运到同一个地点的产品一起尽可能早地运送，而不长期地存储这些产品。"Apte 和 Viswanthan 认为，越库作业是以最少的停留时间将产品直接从发送站点运至接收站点的一种仓储策略，以减少产品的装卸搬运，并减少库存。简而言之，越库提供了一种以产品快速移动为目标的库存补充战略。越库策略对于缩短产品交付期、提高配送效率、加快库存周转、降低库存成本和物流成本具有重要作用。

一般认为，在 CDL 配送系统中，仓库充当库存的协调点而不是库存的存储点。在典型的 CDL 配送系统中，商品从制造商到达仓库，然后转移到零售商的车辆上，从而尽可能快地配送给零售商。商品在仓库中停留的时间很短，通常不超过 12 个小时。综合国内外关于 CDL 配送的研究文献和实践，可归纳出 CDL 配送的几个典型特征。

①CDL 配送以"零库存"为最终目标，是一种基于 JIT 的先进的现代库存管理系统。

②CDL 配送以更精确的顾客需求预测为基础，是一种需求驱动的"Pull"控制系统。

③CDL 配送以供应链上各方的积极参与为基础，旨在提高供应链系统性能和效率。

④CDL 配送以成本效益分析为基础，是一种先进的配送战略。

⑤CDL 配送是一个遵循 PDCA 循环（计划—实施—检查—行动）的连续性改进过程。

对于上述 5 个特征的理解并达成共识，是任何公司成功运作 CDL 物流的基础。成功运作 CDL 物流的困难不在于技术方面，重要的是它体现了与以往截然不同的运作方式。

（二）典型的 CDL 配送运作流程

CDL 配送模式是沃尔玛为了使配送流程更有效率而实施的一种物流策略，在零售连锁行业中已得到广泛应用。以零售连锁业为例，典型的 CDL 配送运作流程如图 7-20 所示。

①各门店根据自己的销售情况分析，通过网络在线向公司配送中心的信息中心发出需求订单。

②公司配送中心的信息中心对所有门店的需求订单进行汇总后，通过与供应商共享的 EDI 网络向供应商信息中心发送需求订单。

③供应商由于事先能够获得对所有门店的 POS 及相关数据分析，能够较快地组织生产（加上一定的库存），在供应商信息中心收到零售商配送中心的需求订单后，经过相应的准备首先向零售商配送中心的信息中心发送预先发货通知（ASN），然后按照需求订单发货。

④零售商配送中心的信息中心接到 ASN，安排组织收货准备工作，首先根据各门店的需求，对商品进行分拣、包装等一系列工作，然后把商品配送到各门店。

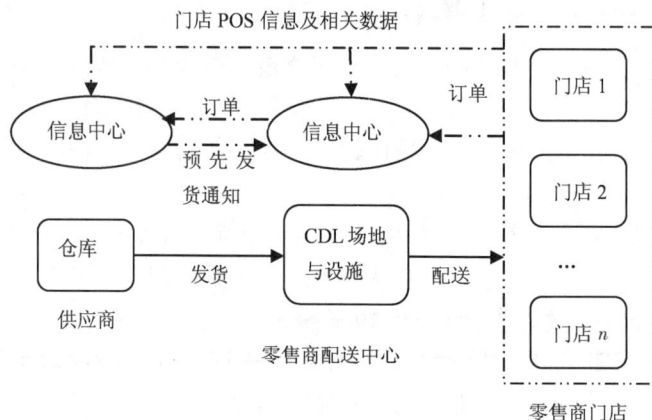

图 7-20　CDL 配送运作流程

与传统的仓储配送战略相比，CDL 配送战略的最大特点是取消或者极大地弱化了仓库的储存功能，体现了与传统的仓储配送战略截然不同的运作方式，它的成功运作需要企业具有较高水平的供应链管理能力以及以物流运作能力作为支撑，其实施需要诸如在管理理念、组织结构、物流设施等方面进行一系列变革。在与 CDL 配送相关的运作基础尚不完善以及管理水平不匹配的情况下，大规模地实施 CDL 配送战略将蕴含极大风险。从国内零售连锁业来看，大多数零售商仍然采用的是传统仓储配送战略与门店直送配送的组合战略。

【复习思考习题】

一、单项选择题

1. 下列关于物流与供应链的关系的说法，正确的是(　　)。

A. 物流是供应链过程的一部分　　　　B. 物流过程就是供应链过程

C. 物流与供应链过程互不相干　　　　D. 物流包含了供应链过程

2. 供应链管理模式下库存管理的最高理想是实现供应链企业的无缝连接，消除供应链企业之间的(　　)。

A. 物流设施和设备的重复现象　　　　B. 物料齐套比率差现象

C. 管理制度重复现象　　　　　　　　D. 高库存现象

3. (　　)是一种供应链集成化运作的决策代理模式，它把用户的库存决策权交由供应商代理，由供应商代理分销商或批发商行使库存决策的权力。联合库存管理则是一种风险分担的库存管理模式。

A. ASN　　　　　　B. CTM　　　　　　C. VMI　　　　　　D. CDL

4. (　　)对于缩短产品交付期、提高配送效率、加快库存周转、降低库存成本和物流成本具有重要作用。

A. ABC 分类法　　　B. 越库策略　　　C. 五五堆码法　　　D. 优化仓库布局

二、多项选择题

1. 成功实施协同运输管理的关键因素主要有(　　　)。
A. 大幅度添置运输设施和设备　　　B. 建立和掌握运输的最佳实践
C. 应用先进的信息技术　　　　　　D. 注重供应链各方关系管理

2. 顾客不确定性产生的原因主要有(　　　)。
A. 购买力的波动　　B. 个性特征　　C. 从众心理　　D. 需求预测的偏差

3. 建立供需协调管理机制，要从以下几个方面着手(　　　)。
A. 建立联合库存的协调控制方法　　B. 建立一种信息沟通的渠道或系统
C. 建立共同的合作目标　　　　　　D. 建立利益的分配、激励机制

三、判断题(正确的打"√"，错误的打"×")

1. 虽然供应链的整体绩效取决于各个供应链节点的绩效，但是各个部门都是独立的单元，都有各自独立的目标与使命。有些目标和供应链的整体目标虽然是不相同的，更有可能是冲突的。但是，这种各行其道的个人主义行为不会导致供应链整体效率的低下。(　　　)

2. 供应链是一个整体，需要协调各方活动，才能取得最佳的运作效果。协调的目的是使其满足一定服务质量要求的信息可以无缝地、流畅地在供应链中传递，从而使整个供应链能够根据用户的要求步调一致，形成更为合理的供需关系，适应复杂多变的市场环境。(　　　)

3. 供应商管理用户库存是解决供应链系统中由于各节点企业相互孤立的库存运作模式导致的需求放大现象、提高供应链同步化程度的一种有效方法。供应商管理用户库存和联合库存管理不同，它强调双方同时参与，共同制订库存计划，使供应链过程中的每个库存管理者(供应商、制造商、分销商)都从相互之间的协调性考虑，保持供应链相邻两个节点之间的库存管理者对需求的预期保持一致，从而消除需求变异放大现象。任何相邻节点需求的确定都是供需双方协调的结果，库存管理不再是各自为政的独立运作过程，而是变成连接供需的纽带和协调中心。(　　　)

四、填空题

1. 供应链物流管理的核心思想是"系统"思维观和"流"思维观，对供应链中一切活动的优化要以_____为目标，对各个环节的物流运作管理要实现像小河流水般的顺畅。

2. _____是在供应商管理库存(VMI)和协同计划预测与补货(CPFR)的基础上发展而来的一种新型运输管理模式。其能够将运输整合到供应链各成员的运营计划当中，减少运输商的无效运输，准确预测运输需求，提高整个供应链的客户响应能力。

3. 供应链的不确定性的来源主要有三个方面：_____不确定性、_____不确定性和_____不确定性。不同的原因造成的不确定性表现形式也各不相同。

4. 为了减少企业的库存水平，需要增加企业之间的信息交流与共享，减少不确定性因素对库存的影响，增加库存决策信息的透明性、可靠性和实时性。所有这些，都需要企业之间的_____。

5. _____指的是专注于物流集配服务的第三方物流集配商或集配中心。

五、名词解析

协同运输管理　供应商管理库存　联合管理库存　越库作业

六、简答题

1. 简述供应链物流管理的核心思想。

2. 试举例阐述目前我国企业在供应链管理环境下的物流管理存在哪些主要问题。

3. 简述供应链运输管理决策的主要内容。

4. 阐述 VMI 的基本思想。如果你是一位企业总经理，你将如何在实际管理中运用 VMI?

5. 描述 VMI 实施过程中引入第三方物流企业的价值和作用。

6. 如何运用 Supply-hub 解决供应链上的库存协同管理问题?

七、论述题

如何理解供应链管理中的不确定性? 它对供应链管理会产生怎样的影响? 作为一个供应链管理执行经理，你将如何控制供应链运作过程中的不确定性?

八、案例分析题

达可海德(DH)服装公司的 VMI 系统

美国达可海德(DH)服装公司为了增加销售收入、提高服务水平、减少存货成本、提高竞争力和加强与客户的联系，正在研究采取最为有效的策略。DH 公司发现有些客户希望采用 EDI 或其他先进的信息技术形成一个紧密的双方互惠、信任和信息共享的关系。在经过缜密思考后，DH 公司决定采取供应商管理库存(VMI)这一战略性措施。

为对其客户实施 VMI 时，DH 公司选择了 STS 公司的 MMS 系统和 VMI 管理软件。DH 公司采用 Windows NT 技术，用 PC 机做服务器，常有五个用户终端。在 STS 公司的帮助下，DH 公司对员工进行了培训，设置了必要的基本参数和使用规则。技术人员为主机系统的数据和 EDI 业务管理开发了特定的程序。

在起步阶段，DH 公司选择了分销链上的几家主要客户作为试点单位。分销商的参数、配置、交货周期、运输计划、销售历史数据以及其他方面的数据，被统一输入了计算机系统。经过一段时间的磨合运行，根据 DH 公司信息系统部的统计，初步的结果显示：参与试点的分销商的库存减少了 50%，销售额增加了 23%，VMI 取得了较大的成效。

接着，DH 公司将其他分销商都纳入了 VMI 运作模式，同时对 VMI 系统进行了扩展，并且根据新增客户的特点又采取了多种措施，在原有 VMI 管理软件上增加了许多新的功能。例如，某些客户可能只能提供总存储量的 EDI 数据，而不是当前现有库存数。为此，DH 公司增加了一个简单的 EDI/VMI 接口程序，计算出了客户需要的现有库存数。有些客户没有足够的销售历史数据用来进行销售预测。为了解决这个问题，DH 公司用 VMI 软件中的一种预设的库存模块让这些客户先运行起来，直到积累起足够的销售数据后再切换到正式的系统中去。有些分销商要求提供一个最低的用于展示商品的数量。DH 公司与这些客户一起工作，一起确定他们所需要的商品和数量(因为数量太多影响库存成本)，然后用 VMI 中的工具设置好，以备以后使用。

VMI 系统建立起来后，客户每周将销售和库存数据传送到 DH 公司，然后由主机系统和 VMI 接口系统进行处理。DH 公司利用 VMI 系统，根据销售的历史数据、季节款式、颜色等不同因素，为每一个客户预测一年的销售和库存需要量。

为把工作做好，DH 公司应用了多种不同的预测工具进行比较，选择出了其中最好的方法用于实际管理工作。在库存需求管理中，他们主要做的工作是：计算可供销售的数量、计算安全库存、安排货物运输计划、确定交货周期、计算补库订货量等。所有计划好的补充库存的数据都要复核一遍，然后根据下一周(或下一天)的业务，输入主机进行配送优化，最后确定出各配送中心装载/运输的数量。DH 公司将送货单提前通知各个客户。

　　一般情况下，VMI 系统需要的数据通过 ERP 系统获得，但是 DH 公司没有 ERP 系统。为了满足需要，同时能够兼顾 VMI 客户和非 VMI 客户，DH 公司选用了最好的预测软件，并建立了另外的 VMI 系统数据库。公司每周更新数据库中的订货和运输数据，并且用这些数据进行总的销售预测。结果表明，DH 公司和其客户都取得了预期的效益。

　　案例思考题：

　　1. 从 DH 公司主导实施 VMI 的过程看，你认为 DH 公司的实施策略是成功的吗？成功之处体现在哪里？

　　2. 通过这一案例的学习，你对 VMI 有哪些新的看法？

【本章参考文献】

[1] 王长琼.供应链管理[M].北京：北京交通大学出版社，2013.

[2] 黄丽华，唐振龙，袁媛.供应链管理[M].长沙：湖南师范大学出版社，2013.

[3] 邵晓峰，张存禄，李娟.供应链管理[M].北京：高等教育出版社，2013.

[4] 马士华，林勇.供应链管理[M].4 版.北京：高等教育出版社，2015.

[5] 张小兵，徐叶香.论企业的供应链管理[J].商业研究，2002(8)：39-41.

[6] 黄吉乔，张冬.论新经济时代的业务外包[J].物流技术，2002(1)：29-30.

[7] 刘助忠.物流学概论[M].北京：高等教育出版社，2015.

[8] 施先亮，王耀球.供应链管理[M].2 版.北京：机械工业出版社，2012.

第八章　供应链信息管理

┌─ **本章学习导引** ┄┄┄┄┄┄┄┄┄┄┄┄┄┄┄┄┄┄┄┄┄┄┄

　　供应链中的信息管理是供应链管理的重要内容。本章介绍了供应链中信息管理的基本知识、供应链中的信息流控制、供应链管理中的信息技术和信息系统。通过学习，读者能够掌握供应链信息管理的基本理论和方法。

└┄┄┄┄┄┄┄┄┄┄┄┄┄┄┄┄┄┄┄┄┄┄┄┄┄┄┄┄┄┄┄┄┄┄┄┄┘

第一节　供应链中的信息

一、供应链中的信息构成

(一)从供应链环节的角度划分

对应于供应链中的不同阶段，供应链中的信息可以包括：

(1)供应源信息。供应源信息包括能在多长的订货供货期内以什么样的价格购买到什么产品，以及产品能被送到何处。供应源信息还包括订货状态、更改以及支付安排。

(2)生产信息。生产信息包括能生产什么样的产品、数量多少、在哪些工厂进行生产、需要多长的供货期、需要进行哪些权衡、成本多少、批量订货规模多大。

(3)配送和零售信息。配送和零售信息包括哪些货物需要运送到什么地方、数量多少、采用什么方式、价格如何、在每一地点的库存是多少、供货期有多长。

(4)需求信息。需求信息包括哪些人将购买什么货物、在哪里购买、数量多少、价格多少。需求信息还包括需求预测和需求分布的有关信息。

(二)从供应链层次结构的角度划分

从层次结构的角度看，供应链中的信息可以包括四个层次，即个人信息、工作组信息、企业信息、供应链信息，具体如图8-1所示。

二、信息管理在供应链中的重要作用

信息对供应链的运营至关重要，因为它提供了供应链管理者进行决策的事实依据。信息是供应链最重要的驱动要素。

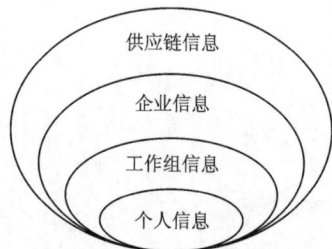

图8-1　供应链信息层次结构

信息管理的作用表现在以下几个方面。

（一）收集信息

收集信息主要包括：

（1）收集市场发展动态信息、顾客需求信息，以及其他与市场相关的信息，如季节性、地域性等。

（2）通过分析客户需求信息和市场信息，产生相关的市场知识、客户知识等。

（3）获得确切的客户订单，以保证采用拉式供应链管理模式。

（4）将信息和知识储存在数据仓库中，以备供应链管理调用。

（二）通过掌握的信息控制生产成本，以最优惠的价格满足顾客需求

（1）企业应按照客户要求组织生产，实现客户的愿望和需求，以客户的需求为导向；同时控制生产成本，以达到客户对价格的要求。

（2）企业应与上下游商家形成战略合作伙伴关系，争取在生产成本上获得伙伴的支持，以便有更好的定价空间。

（3）在与其他企业合作时，企业应追求双赢的效果，以形成企业效益的最大化。

（4）企业应不断积极地寻求新资源，包括商业运行的各种资源，如公共关系、原料提供商和客户资源等。

（5）企业应积极开拓新的市场（无论是区域性的还是全球性的），寻求不断创造新市场的机会。

（三）优化配置供应链，形成正确的供应链管理决策

（1）企业内部的各部门间都应共享顾客的需求信息，使供应链管理成为各部门协作的管理模式。

（2）企业应在共享客户需求信息的基础上，形成企业内部以顾客为导向的经营体制，各部门都以客户为导向进行日常工作。

（3）企业应实现企业最佳状态的库存水平，无论是原料还是成品均要控制在一定的规模之下，以求得良性的资金运行。

（4）缩短供应链长度。供应链过长，意味着整体运营周期加长，从成本效益角度来看是不值得的。供应链管理的决策应包含供应链长度、运营周期的决策。

（5）企业应利用信息技术提供的方法改革企业原有业务流程。

（6）企业应低成本操作，实现供应链的整合。

（四）实现最优的配送和付款方式

（1）企业应采用最优的信息传递方式进行配送，包括配送流程的信息控制，如配货单、提货单的管理等，以促进实物配送。

（2）完成配送任务后，企业应寻求一种安全的付款方式，保证及时回收账款，使企业运营进入良性循环。

（五）获得客户反馈意见，提供良好的售后服务

供应链管理并不止于配送任务的完成，而是应该从企业整体商务出发，与企业的其他系统如客户关系管理系统协作。在完成配送订单任务后，企业应获得客户的反馈意见，并提供良好的售后服务。其目的有两个，一是为供应链管理提供新的信息，以便完善供应链管理；二是为了保住企业的老客户，发展新客户。

三、供应链中有效信息的特征

有效的信息应具有以下特征：

1. 信息必须正确

没有描述供应链真实状况的信息，企业管理者就很难做出科学的决策。这并非要求所有信息都百分之百正确，而是要求所有得到的信息所描述的事实没有方向性错误。

2. 信息必须及时

准确的信息常常存在，但这些信息要么已经过时，要么虽然没有过时，但形式却已不适用。要做出科学的决策，管理者需要的是及时且可利用的信息。

3. 信息必须恰好是必需的

通常，企业有大量于决策无益的信息，因此，企业必须考虑哪些信息应该保留，以便使宝贵的资源不被浪费在搜集无用的数据上，而遗漏了重要的信息。

一个成功的供应链信息系统应该使企业内形成优化的作业流程，使企业间形成无缝的链接。

第二节　供应链中的信息流及其控制

一、供应链中的信息流

一般来讲，企业管理的基本结构可分为三个层次，从上至下分别为决策层、管理层与操作层，其中操作层是各类信息形成的主要环境。信息的采集、传递和加工处理的过程，就是信息流的形成过程。

以物流管理为例，信息是对物料状态的描述，信息流是物流过程的流动影像，物流是信息流的载体。其特点为，在操作层物流是显式的，在管理层物流是隐式的，而信息流是显式的。信息流伴随物流而产生又反过来控制和调节物流，仅当信息流与物流同步时，才可实现管理层对操作层的透明管理。

采用信息技术前后，信息流的特点是不一样的。传统方式下，由于信息的采集与传递方式的影响，信息流的特点为：信息流滞后于物流，在部门与部门交接处存在着信息重复加工处理的情况；信息在层层传递中通常存在着失真的现象；滞后和失真的信息达不到有效地控制和调节物流的效果；这样的结果是由于企业决策层仅了解结果，而不了解过程。采用信息技术以后，与传统的方式相比，信息流具有新特点：信息流的采集与物流的过程同时发生；信息采用计算机集中存储，统一加工处理，消除了部门与部门交接处的冗余加工处理；用计算机传递、加工处理信息及时、准确，能够快速反馈信息并由此控制和调节物流。采用信息技术后，决策层不仅了解结果，而且了解过程，能做出准确的判断和实时的决策。

供应链管理环境下企业信息流模式和传统企业的信息流模式不同。以团队工作为特征的多代理组织模式使供应链具有网络化结构特征，因此供应链管理模式是一种网络化管理。信息的传递不是沿着企业内部的递阶结构（权力结构），而是沿着供应链不同的节点方向（网络结构）传递。为了做到供应链的同步化运作，供应链企业之间信息的交互频率也比传统企业信息传递的频率高得多，其信息流模式也是并行的。

信息流的实现需要一个技术上的平台，将供、产、销各个环节中的数据通过电子计算机技术进行系统处理，并配合决策支持技术，对供应链中涉及的各部门发出协调指令，从而实现决策的高效率和高质量以及低产品成本的目标。信息系统具有以下几个特点：首先，它能按需求提供信息，为管理人员强化管理提供方便；其次，它能跨越组织边界将供应链中各相关的组织单位连接起来，并协调各组织间的关系和运行；由于各组织的协调运行直接通过实时信息交换进行，无须人工干预，因而它的有效控制和协作范围均较以前有所扩大；它在集中控制的同时，还能将决策能力分散给各地区组织，允许各地区组织了解它们的决策产生的影响。

供应链信息系统就是要建立一个有价值的网络，在此网络中，各个分离的企业通过信息共享网络，创建长期的和动态的超级组织。其目的就是将供货者和客户融合为一体，实现组织间的高度合作以提高运行效率。因此，研究信息流的特性并据此设计业务流程就显得非常重要。

二、供应链管理中的信息流控制

(一)信息流的控制模式

供应链企业的信息来源从地理上看是分布式的，信息资源跨越部门和企业。通过Internet/Intranet、EDI 等工具，供应链中的核心企业能够把分布在不同区域和不同组织的信息有机地集成，使供应链活动同步进行。而在网络的关键点，如生产集中点、物流集中点，输入过多的信息和决策内容，则有可能使关键点过载。于是，是将信息分散控制还是集中控制成了目前的一个争论焦点。在信息系统设计中，各点完全连接还是分离，都存在一定的得失。

一般情况下，供应链管理中信息流的控制模式可分为分散控制、集中控制及综合协调控制三种。

1. 分散控制

这种信息流的控制主要分散在各个部门，信息在部门之间传递，由部门决定信息传递的方向及内容，形成分散控制模式。如图 8-2 所示，部门 A 与部门 B、部门 C、部门 D 之间可以互相交流，部门 B 与部门 A、部门 C、部门 D 之间也可以互相交流。

该模式的特点是各部门对信息的流向及内容有决定权，能灵活掌握信息需求及信息传播的时间、地点和方式，但企业不能从整体上把握信息的流向及内容，缺乏宏观调控能力并可能导致信息流的混乱及无序，使管理效率下降，严重时将会使管理失控。

这种模式主要应用于部门之间文档的传送，包括意见、建议、说明及要求等，采用的形式一般为电子邮件、电子公告板等。

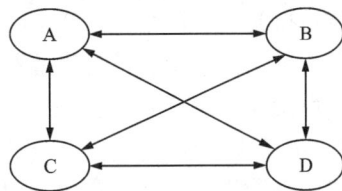

图8-2 信息流的分散控制方式

2. 集中控制

另一个典型的模式是所有的信息在传递过程中必须经过中央数据库再到达目的地，这时信息的内容及流向由中央数据库集中控制，构成信息流的集中控制模式。如图 8-3 所示，在这种情况下，部门 A 的信息全部送往中央数据库，这些信息中哪些能送往部门 B、哪些能送往部门 C、哪些能送往部门 D，由中央控制部门决定。

采用这种模式时，信息的流向及内容完全由一个中心所控制，大部分情况下，信息流是固定的，如果需要改变信息流，无论是改变信息的内容或是流向，都需经过中央数据库的同意，缺乏信息流动的灵活性。

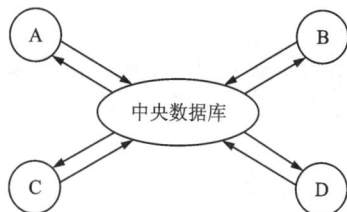

图 8-3　信息流的集中控制方式

该模式主要应用于研发、生产及销售等数据信息。目前，企业采用的大部分 MRP、ERP 等系统的信息流模式便是这种集中控制方式。

3. 综合协调控制

实际上，企业在供应链管理中所使用的方式不会单纯地为分散控制模式或集中控制模式，往往会综合使用，将两种方式的优点结合起来，以达到管理的最佳效果。如图 8-4 所示，甲、乙为两个企业，其中部门 A、部门 B 属于甲企业，部门 C 属于乙企业，单箭头表示部门与中央数据库的信息交流。双箭头表示两端的部门有该信息流的控制权。

图 8-4 中，设甲企业为核心企业，乙企业是以甲企业为核心的供应链中的上游企业，这两个企业部门之间、部门与中央数据库之间的信息交流为分散控制模式，如果 A 部门为销售部门，B 部门、C 部门为研发部门，则 A 部门可向乙企业中央数据库传递销售预测信息，B 部门可向 C 部门传递产品(零部件)开发的要求、建议等信息。而对于甲企

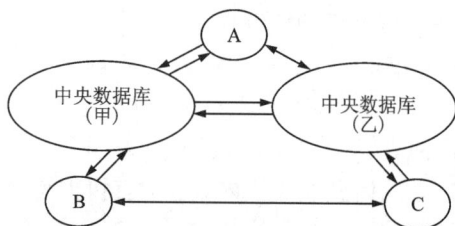

图 8-4　信息流综合的协调控制方式

业的中央数据库来说，可将乙企业视作与 A 部门、B 部门一样的一个部门，集中控制其信息的流向，如产品(零部件)需求信息和物料的在途信息等。

该控制方式具有两个显著的特点：第一，它兼具分散控制的灵活性以及集中控制的宏观协调能力，使管理效率得以极大地提高；第二，它符合供应链管理的群体决策机制，物流、信息流能够顺畅、快捷地流动，无论是物质还是信息，都可使正确的人在正确的时间和地点以正确的方式获得。

(二)供应链管理环境下信息流控制的特征

供应链是一种网络化组织，供应链管理环境下的信息流跨越了组织的界限，形成开放供应链管理的信息系统。信息资源既有企业内部的，也有企业外部的，并且，这些信息随市场的变化而变化，构成了信息流控制的分布性、群体性和动态性特征。

1. 分布性

供应链管理环境下的企业从地理上看分布在全球的各个地方，信息资源通过网络连在了一起，各个企业根据自己的具体情况对信息流进行控制。因此，从整体上看，供应链管理的信息流控制具有分布性特征。

2. 群体性

由于供应链企业的决策过程是一种群体协商过程，企业在制订生产计划时不但要考虑企业本身的能力和利益，而且还要考虑合作企业的需求与利益，因此在对信息流进行控锚时，

也必须考虑到合作企业的需求，从而形成了信息流控制的群体性。

3. 动态性

顾客需求是在不断变化着的。为了适应这种变化，使企业具有敏捷性和柔性，就要求供应链管理的核心企业随时调整合作伙伴，并且随着市场环境的变化，随时调整信息流的内容及方向。所以说，供应链管理中信息流的控制具有动态性特征。

（三）信息流的控制模式对企业决策的影响

企业在进行决策时，需要两种信息：第一种是需求信息，第二种是资源信息。需求信息又来自两个方面：一个是用户订单；另一个是需求预测。资源信息是指生产计划决策的约束条件。在供应链管理环境下，需求信息和企业资源的概念与传统概念是不同的，信息多元化是供应链管理环境下的主要特征，资源信息不仅仅来自企业内部，还来自供应商、分销商和用户。

传统的决策模式是一种集中式决策，而供应链管理环境下的决策模式是分布式的群体决策过程，因为供应链管理是在时间上、地理上及生产上对所有供应商的制造资源进行统一集成和协调，使它们能作为一个整体来运作。基于多代理的供应链系统是立体的网络，各个节点企业具有相同的地位，有本地数据库和领域知识库，在形成供应链时，各节点企业拥有暂时性的控制权和决策权，每个节点企业的计划决策都受到其他企业计划决策的影响，因此一种协调机制和冲突解决机制是必不可少的。

在三种信息流控制模式中，分散控制强调代理方的独立性，对资源的共享程度低，缺乏宏观调控，很难做到供应链的同步化。集中控制模式把供应链作为一个整体纳入系统，采用集中方式决策，但轻视了代理的自主性，容易产生依赖思想，对不确定性的反应比较迟缓，难以适应市场需求的变化。比较好的控制模式是分散与集中相结合的综合协调控制模式。各个代理一方面保持各自的独立性运作，另一方面参与整个供应链的同步化运作体系，保持了独立性与协调性的统一。

信息流模式中到底需要集中控制多少、分散控制多少，是一个有关组织结构的问题，它比技术上的实现更为重要。在将供应链管理纳入企业的总体经营战略时，要不断地对企业流程进行再造与优化，对组织结构进行相应的调整。在调整与优化的时候需充分考虑信息管理方面的问题，它决定了目前环境下企业竞争力的大小。

第三节　信息技术在供应链管理中的应用

一、现代信息技术的发展

现代信息技术(IT)奠定了信息时代发展的基础，同时又促进了信息时代的到来，它的发展以及全球信息网络的兴起，把全球的经济、文化连接在一起。任何一个新的发现、新的产品、新的思想、新的概念都可以立即通过网络、通过先进的信息技术传遍世界。经济全球化趋势的日渐显著，使得信息网络、信息产业发展更加迅速，使各行业、产业结构乃至整个社会的管理体系发生深刻变化。信息技术是一个内容十分广泛的技术群，它包括微电子技术、光电子技术、通信技术、网络技术、感测技术、控制技术以及显示技术等。在 21 世纪，企业管理的核心必然是围绕信息管理来进行的。

最近几年，技术创新成为企业改革的最主要形式，而信息技术的发展直接影响企业改革和管理的成败。不管是计算机集成制造（CIM）、电子数据交换（EDI）、计算机辅助设计（computer aided design，CAD），还是制造业执行信息系统（executive information system，EIS），信息技术的采用已经成为企业革新的主要途径。

二、信息技术在供应链管理中的应用

信息技术在供应链管理中的应用可以从两个方面理解：一是信息技术的功能对供应链管理的作用（如 Internet、多媒体、EDI、CAD/CAM 和 ISDN 等的应用）；二是信息技术本身所发挥的作用（如 CD-ROM、ATM 和光纤等的应用）。信息技术特别是最新的信息技术（如多媒体、图像处理和专家系统）在供应链中的应用，可以大大减少供应链运行中的不增值行为。

根据信息技术在供应链管理中的主要应用，可以归纳出如图 8-5 所示的应用领域。从图 8-5 中可以很容易地看出，供应链管理中信息技术的应用涉及的主要领域有供应链设计、产品、生产、财务与成本、市场营销与销售、策略流程、支持服务以及人力资源等多个方面。

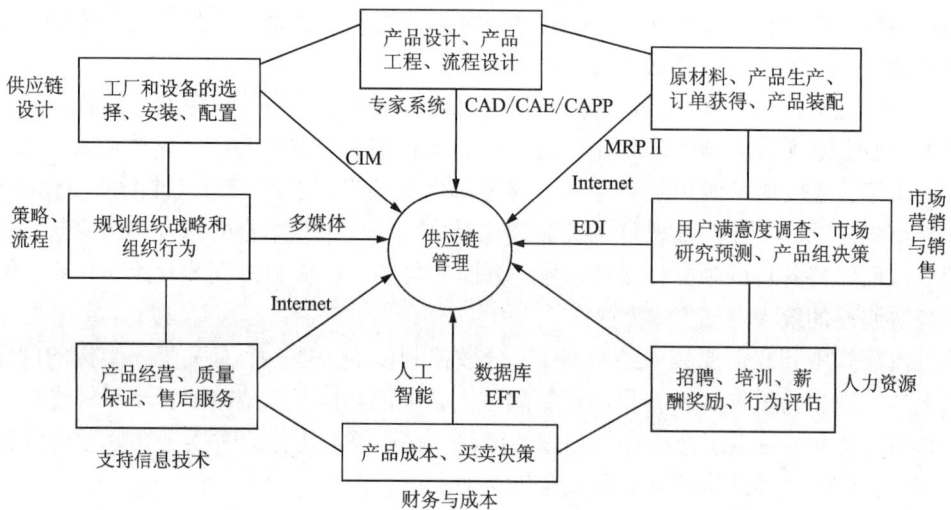

图 8-5 信息技术在供应链管理中的应用

1. 信息技术在企业间、企业内部业务往来领域的应用

在企业业务往来中，特别是在国际贸易中，有大量文件需要传输，电子数据交换（EDI）成为供应链管理的一项主要信息手段。EDI 是计算机与计算机之间的相关业务数据的交换工具，它有一致的标准以使交换成为可能。典型的 EDI 是传向供应商的订单。另外，利用 EDI 能清除职能部门之间的障碍，使信息在不同职能部门之间通畅、可靠地流通，有效减少低效工作和非增值业务。同时，企业可以通过 EDI 快速地获得信息，更好地进行交流并更好地为用户提供服务。

在企业内建立企业内部网络（Intranet）并设立电子邮件（E-mail）系统，使得职工能更加便捷地交流；IE 和 WWW 的应用可以从其他地方方便地获得有用数据，这些信息使企业在全球竞争中获得成功,帮助企业做出准确决策。信息流的提前期也可以通过电子邮件和传真的应用得到缩短。信息时代的发展需要企业在各业务领域中适当运用相关的信息技术。

2. 信息技术在战略规划领域中的应用

战略规划受到内部(生产能力、技能、职工合作、管理方式)和外部的信息因素的影响。供应链管理强调战略伙伴关系的管理,这意味着只有处理大量的数据和信息才能有正确的决策去实现企业目标。电话会议、IE、多媒体、网络通信、数据库和专家系统等技术,可以用以收集和处理数据。决策的准确度取决于收集的内、外部数据的精确度和信息交换的难易度。

3. 信息技术在物流领域的应用

CAD/CAE/CAM、EFT 和多媒体的应用可以缩短订单流的提前期。如果把交货看作一个项目,为了消除物流和信息流之间的障碍,就需要应用多媒体技术、共享数据库技术、人工智能、专家系统和 CIM。这些技术可以改善企业内和企业之间计算机支持系统的工作,从而提高整个供应链系统的效率。

4. 信息技术在产品设计领域的应用

在产品设计领域中,企业可以运用质量功能展开(quality function deployment,QFD)、并行工程(concurrent engineering,CE),CAD/计算机辅助工程(computer aided engineering,CAE)和计算机辅助工艺过程设计(computer aided process planning,CAPP),以缩短设计提前期并考虑在产品周期每个阶段的生产中减少非增值业务。

5. 信息技术在市场营销和销售领域的应用

市场营销和销售是信息处理量较大的两个职能部门。市场研究在一定程度上是信息技术革新的主要受益者。市场营销和销售作为一个流程需要集成市场研究、预测和反馈等方面的信息,EDI 在采购订单、付款、预测等事务处理申的应用,可以提高用户和销售部门之间数据交换工作的效率,保证为用户提供高质量的产品和服务。

6. 信息技术在财务领域的应用

财务工作包括产品成本、买卖决策、资本投资决策、财务和产品组决策等。财务信息系统包括在线成本信息系统和数据库,主要采用在线共享数据库技术和计算机信息系统完成信息的收集和处理。技术分析专家系统(expert system for technology analysis,ESTA)、财务专家系统能提高企业的整体投资管理能力,而且在 ESTA 中应用人工智能(artificial intelligence,AI)和神经网络技术可以优化某些非结构性问题的决策。EDI 和 EFT(electronic funds transfer)应用在供应链管理中可以提高供应链节点企业之间资金流的安全性和交换的速度。

7. 信息技术在生产领域的应用

生产过程中的信息量大而且繁杂,如果处理不及时或处理不当,就有可能出现生产的混乱、停滞等现象,MRP Ⅱ、JIT、CIMS①、MIS 等技术的应用就可以解决企业生产中出现的多种复杂问题,提高企业生产和整个供应链的柔性,保证生产及供应链的正常运行。

8. 信息技术在客户服务领域的应用

企业之间的信息共享可以改善企业的客户服务水平,各种网络新技术的应用可以改善企业之间的信息交互使用情况。信息自动化系统提高了分销、后勤、运输等工作的效率,减少了纸面作业,从而可降低成本和提高用户服务水平。

---

① 计算机集成制造系统(Computer Integrated Manufacturing System,CIMS)

9. 信息技术在人力资源管理领域的应用

人力资源管理中，人类行为工程(human performance engineering, HPE)也开始在企业管理中得到应用，它的主要职能是组织、开发、激励企业的人力资源。在企业系统的工作设计、培训、组织重构中应用 HPE 可以帮助企业提高从最高领导层到车间的人力效率，同时，多媒体、CAD/CAM 和 Internet 等技术的应用可以改善职工之间的合作水平并减轻工作压力。

10. 信息技术在供应链设计领域的应用

供应链设计当中运用 CIM、CAD、Internet、电子邮件和专家支持系统等技术，有助于供应链节点企业的定位、选择，以及资源、设备的配置。决策支持系统(decision support system, DSS)有助于核心企业决策的及时性和正确性。

第四节　供应链管理中的信息系统

一、供应链管理与信息系统的关系

现代的供应链管理系统也是基于计算机基础上的信息系统(computer-based information system, CBIS)，同样有 CBIS 的子系统。但是，在出现了企业信息系统(enterprise information system, EIS)的概念后，产生了按职能划分的各种"信息系统"。它们只有局部性的意义，如主管信息系统、财务信息系统、制造信息系统等。这些只是为了学习和研究的方便而人为进行的划分。在一个具体的企业中，各种信息系统并没有物理上的分隔，只有逻辑上的区分。现在，人们已经用企业资源规划(ERP)、MIS、CIS 等词来描述企业的信息系统。

供应链管理与企业信息系统的关系如图 8-6 所示。企业信息系统包括了 CBIS 中的五种信息系统(AIS[①]、MIS、DSS、OA/VO[②]、KBS)。其中，MIS 用于具体的职能部门，产生了职能信息系统(functional information system)，包括了主管(经理)信息系统(EIS)、营销信息系统、财务信息系统、人力资源信息系统、信息资源信息系统和制造信息系统(MRP, MRP Ⅱ)等。其中，主管信息系统是企业经理人进行日常管理的工具，它对其他的职能信息系统进行管理。

在供应链管理过程中，MIS 中还出现了为解决一些企业运营问题而产生的应用系统，如快速反应系统(QR)、有效客户反应系统(ECR)、电子订货系统(electronic ordering system, EOS)和持续补货系统(continuous replenishment program, CRP)等。

---

① AIS：Accounting Information System，会计信息系统。
② OA：Office Automation。VO：Virtual Operator。

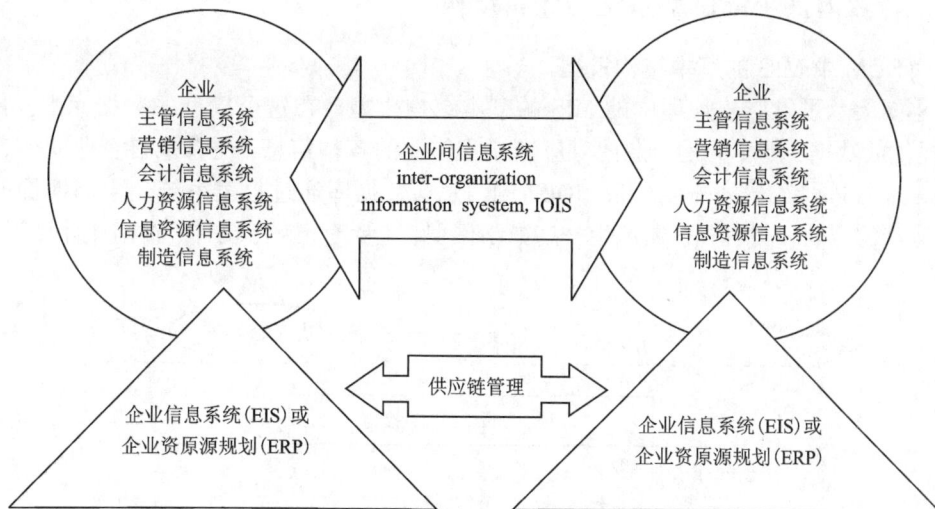

图 8-6　供应链管理与企业信息系统的关系

（一）管理信息系统

管理信息系统（MIS）自 1961 年美国 J. D. Gdllagher 提出后到现在，其内涵已发生了重大的变化。现在人们普遍认为：管理信息系统是由计算机技术、网络通信技术、信息处理技术、管理科学和经济学等多技术、多学科组成的综合系统，它支持企业运营和管理。管理信息系统在支持企业运营和管理的过程中，支持供应链管理是一个重点。因为供应链的管理过程包括了管理对象——人、财、物和管理过程——产、供、销，不仅涉及企业内部各部门，如原料仓库、生产车间、成品仓库、运输部、财务部和销售部等，也涉及企业外部，如原料供应商、分销商、协作伙伴和客户等。如果企业没有完善的内部信息系统支持企业内的供应链管理部分，那么企业间的供应链管理部分就谈不上。所以，企业内的信息系统物理结构实际上担负着两个方面的功能：一个是企业内的管理；另一个是企业间的管理。它们都是通过对企业内外的"信息流"的管理来实现对实物的管理，即采用"概念系统"管理"实体系统"。

（二）决策支持系统

决策支持系统（decision support system, DSS）支持企业利用信息解决特殊的问题，它是企业的决策工具，产生决策信息，并传递这些信息，这是管理信息系统做不到的。DSS 提供了解决问题的信息，同时提供了解决半结构化问题的通信能力。它从 MIS 获得各种报表和各种数学模型，进行企业的决策。在供应链管理中，包括供应链流程作业、供应链关系、供应链物流管理等方面，决策支持系统对其都起着十分重要的作用。

（三）基于知识的系统

供应链管理系统是动态复杂的系统，要解决好供应链上非线性的问题，最终要依靠基于知识的系统（knowledge based system, KBS）。这个方面的研究目前正在不断开展中，信息技术与生物科学结合，将会给未来的企业管理注入全新的活力，使人们运用智能化手段解决复杂的商业问题成为可能。

二、企业内供应链信息系统的逻辑结构

(一) SCM 中 MIS 的基本结构模型

图 8-7 展示了供应链管理中的 MIS 的基本结构模型。在这个模型的数据库中，有来自 AIS 所提供的数据，更多的是企业内供应链流程作业的各种信息，还有来自企业间信息系统 (inter-organization information system, IOIS) 的信息。数据库通过报表系统产生周期性的报表和一些特殊的报表。另外，它还产生一些数学模型，主要有记录、统计、查询和计算等。

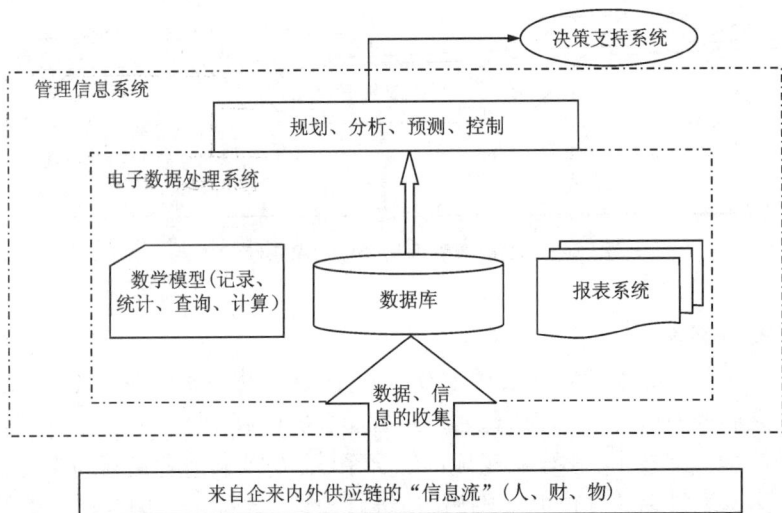

图 8-7 供应链信息流与管理信息系统

(二) SCM 中 MIS 对数据、信息处理的逻辑结构模型

企业内供应链管理信息系统对数据和信息的处理逻辑结构模型如图 8-8 所示，这些结构还与企业间系统(IOIS)链接，形成一种企业内外数据的交流。另外，从某种意义上来讲，一个企业不只与供应链上其他企业有数据交换，还与关系到企业生存和发展的各种环境因素有联系。

从企业内部来看，信息系统中的数据、信息、知识的传输由几部分组成，如图 8-8 所示。图 8-8 只是为了学习和研究的方便而采用的一种逻辑的、概念上的组成部分的划分，不存在实体性，所以在构建信息系统的过程中它只能作为一种参考模型。

1. 供应链管理作业层

在这个层次里，供应链管理进行实质性的操作，包括物流管理、仓储管理、运输管理、订单管理、分销管理、制造管理、财务管理、电子化采购管理和关系管理等。这些具体的操作是根据"商业应用层"中的"商业决策、管理、控制"的信息进行的。

根据企业实际运营状况、行业特点，在作业层中有不同的应用软件支持，如在制造业中有 MRP、MRP Ⅱ。常见的作业操作流程还包括企业间的系统，它们依赖不同的应用软件支持作业过程。

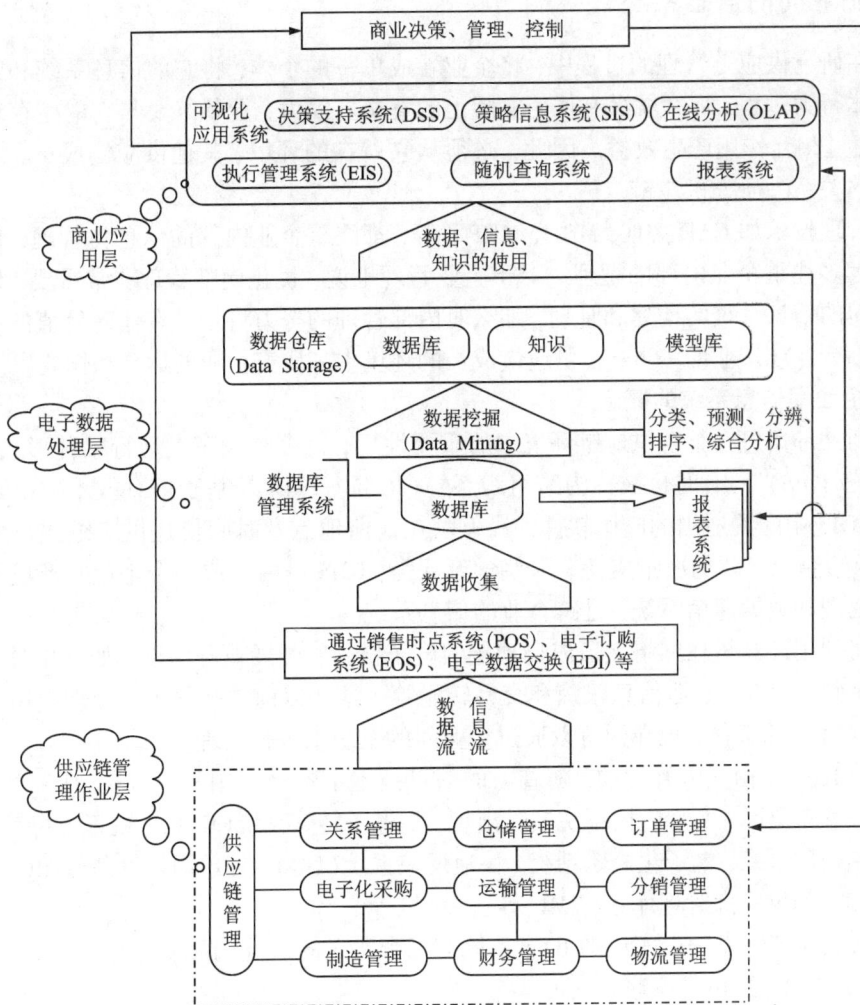

图8-8 SCM中MIS对数据、信息处理逻辑结构

2. 电子数据处理层

这个层次是将"供应链管理作业层"中实质性操作过程中的数据和信息，通过各种收集数据的子系统，如EOS、POS、EDI等收集到数据库中来，并通过数据库管理系统收集、存储和管理这些数据。一些数据通过分类、排序、综合分析的数据挖掘过程，形成特有的商业信息、商业知识、商业模型等。这些结构化的信息、知识模型可供"商业应用层"调用，在企业的决策、管理、控制过程中发挥作用。

3. 商业应用层

商业应用层是信息系统的目的，所有数据收集、储存、提取后，如果没有商业应用都是无效的。所以"商业应用层"十分重要，它包括了许多可视化的应用系统，如决策支持系统、报表系统、随机查询系统和在线分析等。

"商业应用层"对企业的整体运营、操作起着决策、管理和控制的作用，所以在图8-8中可以见到一个对"供应链管理作业层"的箭头，表示最后作用于这个层次。

三、企业间的信息系统

如果在研究供应链管理的过程中，将企业看成单一的个体，将它的信息系统和管理看成独立的个体行为过程，那么就没有任何实际上的意义。因为企业最终要与它的生存环境相互作用，并通过相互作用产生效益。因此，必须从它所在的环境、其他供应链成员，以及供应链成员间的关系去研究供应链。

许多管理技术如 CAD、JIT、MRP、MRP Ⅱ 等，都注重企业内部的信息化管理，现在的商业软件也大多注重企业内部的管理。对于企业管理来说，优化内部管理非常重要，但如果忽视了企业间的信息系统的构建和管理，那么对内部管理的努力将是没有任何价值的。要将企业当作某一行业或产业的一员，在供应链成员的环境中来研究企业的运营和作业。

(一)企业间信息系统的概念

认识到外部信息在整合供应链环境中的重要性后，许多企业正在运行某种形式的"企业间信息系统(IOIS)"，有时也被称为跨组织系统(IOS)。IOIS 是基于信息技术之上跨企业的系统。在 IOIS 中配置适当的应用软件，就可以在任何地点及时间传递供应链成员所需要的信息，提供给企业必要的决策支持。一些学者认为，IOIS 是两个或多个企业间形成的一个整合的数据处理和数据通信系统，是跨企业的信息系统。

企业间利用计算机在网络上形成自动化的电子链接，开展业务活动，如订单处理、订单审核、存货水平检查、装运信息跟踪和交易转账等。这些以前都必须手动处理或用其他的媒介处理(如邮件)的工作，现在则可以通过企业间的系统来进行处理。

最初的 IOIS 是由卖方开发的，随着新的信息技术不断地应用和整合到 IOIS 中，企业间系统的能力不断提高，实际应用系统不断出现，如电子转账系统(EFT)、决策支持系统、各式各样的订单处理系统、电子化采购系统、快速反应系统(QR)、订单周期管理(OMC)、持续补给系统(CRP)和供应商管理库存(VMI)等。

企业为供应链开发一个实用的 IOIS 系统有三个明显的效益：降低企业运营成本、改进企业生产力、改进产品/市场策略。

(二)企业间信息系统的不同层次

一些学者认为，企业间有几种基本的、水平不同的信息系统，它们由一些不同级别的单一企业参与。信息系统的水平越高，其功能越全面、越完善，集成度越高。

1. 远程企业间输入/输出节点

在供应链成员中，某一应用系统是由一个或多个高级别的企业参与者支持的，其他供应链成员的某一企业从远程链接到这个系统中去，成为系统的参与者。这就是一级水平的企业间系统，如图 8-9 所示，也是最简单的企业间系统。

这种形式的企业间信息系统可以认为是供应链关系发展的最初阶段，也可以看成传统供应链向现代供应链转化的阶段。

2. 应用处理节点

如图 8-10 所示，应用处理节点(application processing node)是由供应链成员企业开发的单一的业务应用处理软件系统，企业成员在其间发展和共享诸如库存查询、订单处理等简单应用软件。

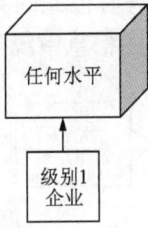

图 8-9 一级水平的 IOIS

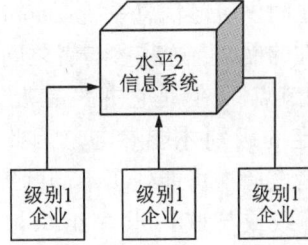

图 8-10 二级水平的 IOIS

3. 多参与者交换节点

多参与者交换节点(multiparticipant exchange node)是由供应链成员企业开发的系统,其他成员企业可以通过网络与该企业链接。该企业可以与任何低级的参与者共享网络链接,建立业务关系。这时的供应链成员间的关系更加密切。

从图 8-11 中可以看出,这时的供应链成员彼此间开始有较大的信任,进行各种业务的往来,在交易中有大量的文件在企业间的系统中传递。

4. 网络控制节点

网络控制节点(network control node)是由供应链成员企业开发的企业间系统。它是用不同的应用软件构成的网络控制系统,可以允许不同类型的、低等级的参与者和最终用户共享信息。在共享的过程中可以自动控制和跟踪供应链成员的各种行为,如图 8-12 所示。

5. 集成的网络节点

集成的网络节点(integrating network node)使供应链成员都在一个有效的数据通信数据处理的网络中,它整合了所有低级别的参与者,如图 8-13 所示。

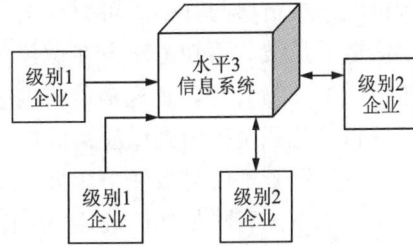

图 8-11 三级水平的 IOIS

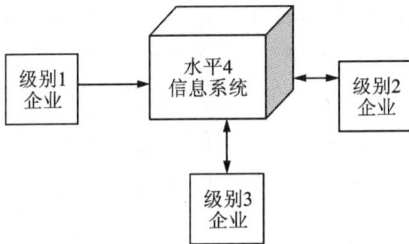

图 8-12 四级水平的 IOIS

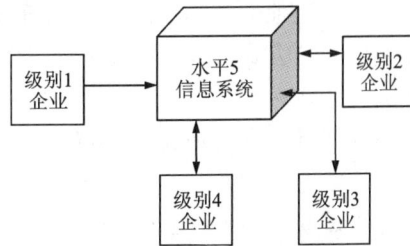

图 8-13 五级水平的 IOIS

这时供应链成员已进入"协作"的阶段。通过有效的协作,企业间的连接更加牢固。供应链发展到现在,大多数企业已进入企业间系统"同步"运作的阶段。

6. 企业间供应链信息系统

在企业间供应链信息系统(supply chain IOIS)中，供应链参与者彼此间共享一个含有不同应用软件的网络，这些参与者之间建立了业务关系。这种水平的信息系统类似上面提到的"网络控制节点"，但是它并没有规定 IOIS 参与者要达到一定的级别才能参与。因此，这种水平的 IOIS 参与者实际上可能处于不同的等级，有较低的等级、高等级或与 IOIS 共享组织相当的等级。我们将这些参与者的等级作为供应链伙伴不同的 IOIS 节点，称这第六种水平的 IOIS 为"企业间供应链信息系统"。它包括了前面五种不同的水平，如图 8-14 所示。

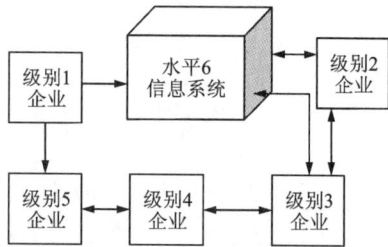

图 8-14　供应链 IOIS

(三)构建供应链 IOIS 的基本方法

正确的信息对企业决策起着重要作用，可以使企业在供应链中充当好自己的角色。现在，企业管理的重点不是获得的信息的数量，而是获得决策需要的正确信息。供应链 IOIS 能够获取正确的信息，因此对企业供应链管理起着至关重要的作用。

一个行业典型的供应链，从原料供应商开始，一直延伸到最终产品到零售店的货架上，有五种供应链成员参与其中。可以认为这是供应链的一个执行"周期"。但是这个执行周期中的供应链成员彼此不知道对方在做什么，因此就没有足够的时间对本企业所扮演的供应链角色进行成本和绩效管理。这是目前供应链成员和业务伙伴间普遍存在的问题。

企业将信息系统扩展到供应链成员企业中去，进行供应链成员企业间的"信息共享"的目的是实现供应链管理的有效性。因此，探究供应链 IOIS 所需求的信息成为达到这种目的的重要因素。以下内容将从如何确定"需求的信息"、为供应链 IOIS 确定"需求的信息"和转入信息系统原型三个方面探讨构建供应链 IOIS 的基本方法。

1. 如何确定"需求的信息"

在不同层次上自由地、正确地共享实时的信息，是供应链管理成功的一个要素。企业在许多方面都对供应链成员中的信息需求和共享感到十分迫切，包括战略目标、产能发展、物流、制造和采购等。一个信息系统要确定"需求的信息"是很困难的。很多时候，管理者并不知道什么信息是他们实际上需要的。所以，当操作信息系统的时候，管理者要做的第一件事就是改变询问的方式。因此，当开发一个 IOIS 支持供应链的时候，"需求的信息"的确定就成了重要的问题之一。企业最好能建立一个识别信息、通过 IOIS 进行信息分享的职能部门。这个部门的任务之一就是确定 IOIS 中的"需求的信息"。在确定"需求的信息"时有四个基本的错误：可视化系统功能代替了跨职能功能；单独会见管理者代替共同会见；在细节设计流程中不允许试验和错误；在会见中问了错误的问题。

要确定能得到企业所需求的信息，就要避免这些错误的出现。企业可以通过以下方法做到确定需求的信息。

(1)跨职能部门、跨企业信息共享。企业在决策过程中，需要来自企业内外的许多信息，以支持决策。因此，企业开发的信息系统应包括收集企业内外信息的功能，使信息可以跨职能部门流动。

(2)采用 JAD 集中管理者所需求的信息。很久以来，单独会见管理者是确定"需求的信息"的标准方法。但是，这种方法给管理者增加了许多压力，因此限制了管理者对问题的反应能力。解决这些问题的方法是采用一个组合的会见程序，即联合应用程序设计（joint application design，JAD）。这个组合可以集中管理者对"需求的信息"的记忆。

（3）允许在系统设计过程中进行试验。在系统的细节设计过程中不允许试验和错误的发生，这是传统的系统开发的方式。这样在系统投入运行的时候，就可能出现一系列问题。

（4）避免询问错误的问题。分析者经常问管理者错误的问题。例如，一个分析者可能这样问一个管理者："你需要从新系统中获得什么信息？"这个问题看起来是对的，但它无助于管理者确定他们所需要的信息。这种方法经常使管理者有不知所措的感觉。

2. 为供应链 IOIS 确定"需求的信息"

适当地跨企业确定"需求的信息"，使用多种方法比依赖一种方法好得多，可以保证所有"需求的信息"被识别。因此，为 IOIS 确定"需求的信息"，跨企业的 JAD 使用了几种"结构化会见技术"（structured interviewing techniques），包括企业系统规划法、关键成功因素法和 E/M 分析法。

（1）企业系统规划法（business systems planning，BSP）。BSP 是一种对企业管理信息系统进行规划的结构化方法，是由 IBM 公司在 20 世纪 70 年代开发的组织交流技术。它先是自上而下地识别系统、识别企业流程、识别信息；然后自下而上地设计系统，以支持系统目标的实现。BSP 摆脱了对原组织系统结构的依赖性，从基本的作业流程出发，进行数据分析，找出决策所需要的数据，然后设计系统。

对于供应链管理 IOIS 来说，BSP 注重问题的识别和与一个企业流程的联合确定，确定什么信息是需要的信息，并将它提取出来。分析者首先必须鉴别供应链管理中的问题，以便把"需求的信息"提出来，如表 8-1 所示。

表 8-1 BSP 确定"需求的信息"的过程

BSP——问题/解决方案/信息		
问题	解决方案	信息
在保持或减少总供应链物流成本的条件下，缩短供应链成员企业向的订货周期	需要了解现有的供应链成员强企业间的订单执行程序，以及供应链物流成本的情况	• 每个企业的订单执行程序 • 供应链总物流成本 • 供应链成员间的订货历史 • 每个企业的单位产品库存成本
BSP——确定/信息		
确定	信息	
如何运输某产品	• 具有竞争力的运输工具和运输方式 • 运输成本和运输执行	

（2）关键成功因素（critical success factors，CSF）法。CSF 是由哈佛大学的 William Zani 教授和麻省理工学院的 John Bockart 教授提出的，它是指对企业成功起关键作用的因素。每一个企业必须在每一个作业执行区域有效地运行 CSF 才能成功。CSF 通过分析找出企业成功的关键因素，然后围绕这些成功的关键因素确定系统需求，进行系统规划。基本步骤为：①理解企业的战略目标。②识别关键成功因素。③识别评价标准。④识别测量性能的数据。

对于供应链 IOIS 来说, CSF 必须鉴别供应链上的每一个成员企业。可以想象, 大多数企业有共同的 CSF。一旦 CSF 确定下来, 也就确定了表达 CSF 所需的信息, 这时信息就被鉴别, 参见表 8-2 的例子。

表 8-2　CSF 法确定"需要的信息"的例子

CSF——关键成功因素/信息	
关键成功因素	信息
整合整合供应链评价系统	• 整合供应链绩效评价 • 成员企业的绩效评价 • 供应链和企业的实际绩效评价 • 评价的目标 • 评价的绩效历史

(3) E/M 分析法(Ends/Means Analysis), E/M 分析法将重点集中在企业的有效性(做正确的事)和效率(做好这些事)上, 并用"需求的信息"管理它。运用这个技术包括如下两个阶段:

①分析供应链成员想要的结果, 考虑要达到这种目标所"需要的信息"。

②找出实现上述目标的方法, 再考虑采取这些方法时所"需要的信息"。两个步骤如表 8-3 所示。

表 8-3　E/M 分析法确定"需求的信息"的例子

E/M 分析——结果、效益、信息		
结果	效益	信息
缩短订单的执行周期, 从而降低了成本, 提高客户的满意度	总的供应链物流成本最小化、供应链效益最大化	• 以作业为基础的会计信息 • 客户偏好(特点、成本、时间) • 供应链成员企业的效益 • 供应链效益(订单执行周期、库存水平、容量、客户满意度)
E/M 分析——方法、效益、信息		
方法	效益	信息
监控库存绩效(总供应链库存水平、企业库存水平、服务水平)	评价库存绩效时达到最小化的库存水平	评价每个因素的实际成本

以上介绍了为供应链 IOIS 确定"需求的信息"所采用的三种技术, 每一种技术的结果都可列出系列图表, 它表示了跨企业的知识区域和相关的"需求的信息"的传递。当采用多种结构化技术时, "需求的信息"识别中将有一些冗余出现。这有助于确保正确地分析、全面地理解一系列"需求的信息"。

3. 转入信息系统原型

当设计企业间信息系统时，传统的方法并不允许试验和错误。为了解决这一问题，"原型"的概念被引入。它克服了这些问题，增加了系统的有效性。

"原型"法（Prototype）是20世纪80年代随着计算机技术的发展而发展起来的一种系统开发方法。它放弃了对现有系统全面、系统地详细分析，而根据系统开发人员对用户需求的理解，在各种软件工具的支持下，开发出原型系统，然后再与用户反复商量修改，直到满足客户的需求为止。

"原型"法的开发过程有如下几个阶段：

（1）识别基本需求。"原型"法的第一步是对企业进行调查，通过跨企业、跨职能的JAD会议，了解企业需求信息，并进行主要的信息分类。

一般来说，用户的基本需求有系统结构、输出和输入要求、数据库结构、安全要求和系统接口等。

（2）初始原型系统的形成。初始原型系统是根据用户的需求开发出来的初步原型。初步原型产生了一系列报表，它在"结构化会见程序"过程中识别"需求的信息"。开发者通过"测试—错误—再测试"的开发过程，利用原型设计方法，能够多次地反复设计，确保全部"需求的信息"被适当地传递。

（3）对原型系统进行评价。开发人员和用户对系统进行评价，对原型系统进行操作、运行、检查、测试，以发现系统中的问题，并对功能、用户界面等进行评价。

（4）对原型系统进行改进。根据对系统提出的意见，开发人员对原型进行改进。

（5）原型系统完成。在不断满足用户需求的过程中，原型系统得到改进，并得到用户的认可。

（6）整理原型，提供文档。对原型进行整理和编号，并将其归入系统开发文档中，其中包括用户需求说明、系统逻辑性、系统设计说明、数据字典和系统使用说明书等。

最后，开发人员要与供应链管理团队一起回顾"原型"。

在供应链IOIS的构建中，主要涉及10个主要类型的信息，具体如表8-4所示。

表8-4　供应链IOIS中的信息类别

供应链IOIS信息类别	
信息类别	类别中包含信息的例子
产品信息	产品规格、价格/成本、产品销售历史
客户信息	客户预测、客户销售历史、管理团队
供应商信息	产品线、生产时间、销售团队和条件
生产流程信息	产能、承担任务、生产计划
运输信息	运输者、运输时间、成本
存货信息	存货水平、存货运装成本、存货地点
供应链成员信息	企业联系信息、伙伴角色、责任、接触计划
竞争信息	基准信息、竞争产品报价信息、市场份额信息
销售和市场信息	销售点（POS）信息、促销计划
供应链流程和执行信息	流程描述、绩效测量、成本、数量、交货、时间和客户满意度

利用原型法构建系统的主要开发工具有图形编辑器、文档编辑器、字典编辑器、概要设计编辑器、细节设计编辑器和程序自动生成器。

在供应链成员中进行信息的共享对供应链管理是非常重要的。在供应链成员组织中，最终的整合和决策都需要一定格式的信息，当决策者需要这些信息的时候，就能在正确的时间里获得正确格式的信息。

【复习思考习题】

一、单项选择题

1. 供应链管理环境下企业信息流模式和传统企业的信息流模式不同。以团队工作为特征的(   )使供应链具有网络化结构特征，因此供应链管理模式是一种网络化管理。信息的传递不是沿着企业内部的递阶结构(权力结构)，而是沿着供应链不同的节点方向(网络结构)传递。为了做到供应链的同步化运作，供应链企业之间信息的交互频率也比传统企业信息传递的频率高得多，其信息流模式也是并行的。

A. 上下权力控制组织模式　　　　　B. 链条组织模式

C. 平行结构组织模式　　　　　　　D. 多代理组织模式

2. 供应链信息系统就是要建立一个有价值的网络，在此网络中，各个分离的企业通过信息共享网络，创建(   )超级组织。其目的就是要将供货者和客户融合为一体，实现组织间的高度合作以提高运行效率。因此，研究信息流的特性并据此设计业务流程显得非常重要。

A. 长期的和动态的　　　　　　　　B. 短期的和动态的

C. 长期的和静态的　　　　　　　　D. 短期的和静态的

3. 供应链中信息流控制模式中，比较好的控制模式是(   )。各个代理一方面保持各自的独立性运作，另一方面参与整个供应链的同步化运作体系，保持了独立性与协调性的统一。

A. 分散控制模式　　　　　　　　　B. 集中控制模式

C. 分散与集中相结合的混合模式　　D. 以上方式都不对

4. 供应链管理系统是动态复杂的系统，要解决好供应链上非线性的问题，最终要依靠基于(   )。这个方面的研究目前正在不断开展中，信息技术与生物科学结合，将会给未来的企业管理注入全新的活力，使人们运用智能化手段解决复杂的商业问题成为可能。

A. EOS　　　　　　　　　　　　　B. KBS

C. EDI　　　　　　　　　　　　　D. IOIS

二、多项选择题

1. 从供应链环节的角度划分，供应链中的信息包括(   )。

A. 供应源信息　　　　　　　　　　B. 生产信息

C. 配送和零售信息　　　　　　　　D. 需求信息

2. 现代信息技术(IT)奠定了信息时代发展的基础，又促进了信息时代的到来，它的发展以及全球信息网络的兴起，把全球的经济、文化连接在一起。任何一个新的发现、新的产品、新的思想、新的概念都可以立即通过网络、通过先进的信息技术传遍世界。经济全球化趋势的日渐显著，使得信息网络、信息产业发展更加迅速，使各行业、产业结构乃至整个社会的管理体系发生了深刻变化。信息技术是一个内容十分广泛的技术群,它包括微电子技术、( )、感测技术、控制技术以及显示技术等。在 21 世纪,企业管理的核心必然是围绕信息管理来进行的。

A. 光电子技术 　　　　　　　　B. 通信技术

C. 网络技术 　　　　　　　　D. 管理技术

3. 供应链中的生产过程会产生量大而且繁杂的信息,如果处理不及时或处理不当,就有可能出现生产的混乱、停滞等现象,( )等技术的应用就可以解决企业生产中出现的多种复杂问题,提高企业生产和整个供应链的柔性,保证生产及供应链的正常运行。

A. MRP Ⅱ 　　　　　　　　B. JIT

C. ETC 　　　　　　　　D. CIMS

三、判断题

1. 以物流管理为例,信息是对物料状态的描述,信息流是物流过程的流动影像,物流是信息流的载体。其特点为,在操作层物流是显式的,在管理层物流是隐式的,而信息流是显式的。信息流与物流是分离的,当信息流与物流不同步时,也可实现管理层对操作层的透明管理。( )

2. 虽然供应链管理中信息技术的应用涉及的主要领域有供应链设计、产品、生产、财务与成本、市场营销与销售、策略流程、支持服务以及人力资源等多个方面。但信息技术的采用还没有成为企业革新的主要途径。( )

3. 决策支持系统(decision support system,DSS)支持企业利用信息解决特殊的问题。它是企业的决策工具,产生决策信息,并传递这些信息,这是管理信息系统做不到的。DSS 提供了解决问题的信息,同时提供了解决半结构化问题的通信能力。它从 MIS 获得各种报表和各种数学模型,进行企业的决策。( )

4. 从企业内部来看,信息系统中的数据、信息、知识的传输由几部分组成,为了学习和研究的方便而将企业内供应链信息系统的逻辑结构划分为供应链管理作业层、电子数据处理层、商业应用层,不存在实体性,所以在构建信息系统过程中它只能作为一种参考模型。( )

5. 如果在研究供应链管理的过程中,将企业看成单一的个体,将它的信息系统和管理看成独立的个体行为过程,那么就没有任何实际上的意义。因为企业最终要与它的生存环境相互作用,并通过相互作用而产生效益。因此,必须从它所在的环境、其他供应链成员,以及供应链成员间的关系去研究供应链。( )

四、简答题

1. 信息管理在供应链中的作用是什么?

2. 供应链管理中信息流的控制模式有哪些?各有何特点?

3. 供应链管理环境下信息流控制的特征是什么?

4. 什么是供应链 IOIS?构建供应链 IOIS 的方法有哪些?

五、案例分析题

安徽江汽物流有限公司：整车仓储调度系统

1. 公司简介

安徽江汽物流有限公司成立于2003年1月，由安徽江淮汽车集团有限公司控股，是隶属于江淮汽车集团的独立法人。公司自有运输车辆(包括客车)164辆，拥有零部件、整车仓储和配送中心5座，自有仓储面积32000 m²，租赁仓储面积32534 m²，整车库面积24.7万 m²。公司的核心客户为安徽江淮汽车股份有限公司，业务几乎涵盖江淮汽车产品线的全部物流过程，包括原材料进出物流、仓储配送、生产物流、产成品物流、车辆管理和维修、客运与租赁服务等一系列业务。

2. 实施信息化之前存在的问题

(1)系统出现问题追溯困难。信息化项目实施以前，公司只有一个仅用于实现简单的调度管理功能的系统，系统的软硬件都是托管于主机厂，系统一旦出现问题，很难找到问题的根本原因。而且，解决问题还需请主机厂相关人员给予支持，处理效率低且无法实现对系统的真正管控。

(2)无法对公司现有整车业务进行整体管控。公司信息化项目实施之前，所有的整车入库、出库都需要在主机厂ERP中进行操作，数据查询等工作都需要借助ERP进行。另外，物流公司本身使用的调度系统功能较为单一，对发运流程的各个节点管控不足，无法实现对物流业务各个节点的实时跟踪，缺少管理的落脚点。

(3)缺少核算业务的系统支持。公司两个整车事业部每年的发运量高达40万辆，在没有系统支撑的条件下，成本及收入的核算只能通过人工在表格中进行梳理确认，工作量巨大，且准确性不高。

(4)系统自动化有限。由于仓储系统为主机厂ERP系统，无法实现定制开发/入库、出库等操作无法通过自动扫码实现，需要手工输入库位号等信息，不仅操作效率低、易出错，而且存在一定的滞后性。

3. 信息化项目实施过程中的问题

(1)物流与信息流不匹配问题。家用车由于之前的业务流程较为稳定，所以在流程梳理环节问题较少，但商用车部分由于新的发运场地搬迁与系统上线为同一时间，即在流程还没有稳定的情况下就实施了系统的上线工作，出现了较为明显的不匹配情况，导致一度影响了现场的发运效率。

(2)接口数据传递问题。两个整车项目在系统上线过程中都存在较多的数据传递问题。由于物流公司的仓储发运业务都需要与上游主机厂ERP、DMS等系统进行数据交互，以确保系统之间的数据能够实时共享。在项目实施的过程中以中间表作为传输方式的接口，在数据传递过程中出现部分延迟，甚至需要人工干预才能完成部分异常数据的传输，效率较低且容易造成现场操作人员的抱怨。

4. 信息化系统的效益分析

公司的信息管理项目是基于可实现多基地、多平台、多仓库、多种运输联运的运作要求，以最大限度地实现整合可用资源、降低物流作业成本为目的的。系统与GPS平台进行数据交互，可实时跟踪板车的在途情况，并且进行轨迹回放，查看车辆行驶轨迹。当车辆进入目的地20km 范围时，系统可自动判断运抵，降低超期率。

（1）整车仓储管理系统（WMS）通过实车扫码入库、出库自动为商品车分配库位、释放库位；通过射频识别技术，将流转驾驶员与商品车绑定，实现过程的可追溯。物流行业普遍存在先完成业务、次月开票、第三个月结算的普遍弱势现象，物流企业如何准确、及时地核定成本收益，为经营决策提供依据一直是困扰物流企业的普遍问题。此次的计费管理系统（BMS）实现了商品车出库在途即开始计算成本和收益的预结算管理，结合管理指标项目的控制，可为公司决策者提供更及时、准确的经营指标数据。

（2）实现了闲置订单的回收再分配。在订单管理方面，整车物流企业中，由于缺乏有效手段，物流调度的订单分配的无序化、订单分配后承运商响应情况的追踪，以及相应的考核问题一直存在。新的信息系统通过多种管理手段，包含订单分配承运商的自动化，建立在承运商拼板业务模式下物流公司的调度审核与退回机制，对紧急或临近超期的订单进行预警信息推送，为企业提供了多种相对有效的管理手段与解决方案。

（3）实现了主机厂、承运商与经销商等多方基于订单的关键节点实时查询。信息快速、及时的共享与传递是物流企业的基本需求，对于整车物流来说，主机厂、承运商、经销商及物流公司关注的点有所不同，主机厂更关注业务链条的两端（入库与经销商收车），承运商关注车辆的配载、路线与运抵，经销商关注质量与交期，而物流公司则从整体保障着整个业务链的顺畅。

（4）通过实施出厂物流公司整车物流信息化项目，使得管理要求得到落实，整车从仓储到运输整个过程全面受控，公司全面获得了整个业务运行管理的主动权。各个环节的责任和要求明确，任务分配清晰，业务开展准确有序。

整车信息化工作虽都已实施上线，并且运行稳定，但仍有部分工作需要后期不断跟进，其中重点为"统一平台、达标部署、达标应用"，如何提高客户服务水平及承运商物流运作效率，整合物流资源，降低物流成本，建立统一的物流调度中心，是对后期信息化系统的一个挑战。

（资料来源：中国物流与采购联合会，《中国物流与采购信息化优秀案例集：2014》）

案例思考题：

1. 信息管理在供应链中的作用是什么？
2. 供应链管理环境下信息流控制的特征是什么？

【本章参考文献】

[1]施先亮.供应链管理，[M].3 版.北京：机械工业出版社，2017.

[2]马士华.供应链管理[M].北京：中国人民大学出版社，2017.

[3]李耀华，林玲玲.供应链管理[M].3 版.北京：清华大学出版社，2018.

[4]张相斌，林萍，张冲.供应链管理：设计、运作与改进[M].北京：人民邮电出版社，2015.

[5]刘助忠，龚荷英.农产品供应链集成研究[M].长沙：中南大学出版社，2014.

第九章　供应链金融

本章学习导引

供应链金融是随着新型的供应链管理运作模式诞生和发展的，其服务目的在于依托供应链"三流"整合，将单一企业的金融服务方案延伸到整个供应链中，并尽可能地降低资金运作成本，提升资金利用价值。在国内外的供应链金融实践中，供应链金融已经被公认为能有效解决中小企业融资难问题的一个有效金融产品。本章主要概述中小企业的融资问题，介绍供应链金融的基本概念和主要产品，分析三种供应链类型的融资需求。

第一节　中小企业融资

由于中小企业规模小、贷款风险高、经营管理水平低、信用程度低、担保抵押难等，使之在间接融资市场，或是直接融资市场，都很难筹得所需资金。中小企业融资难是个老问题，与大型企业相比，中小企业的融资渠道少、筹资能力低，尤其在遇到通货紧缩时，银行的"惜贷"对中小企业的冲击更大。因此，融资困难是中小企业最突出的问题之一。

一、融资渠道

企业获得融资的渠道主要包括内部融资和外部融资两种。内部融资主要是指企业通过本身的生产经营活动产生的盈余来进行融资，主要包括企业的留存盈余、折旧准备金、固定资产变现的流动资金、累计未付的工资或应付账款等。外部融资是指企业直接或通过中介从企业外部筹集资金，可以分为直接融资和间接融资。在直接融资中，企业直接到市场上融资，借贷双方存在直接的对应关系；而在间接融资中，借贷活动必须通过银行等金融中介机构进行，由中介机构向社会吸收存款，再贷放给需要资金的企业。直接融资一般是指企业通过股票、债券或风险投资等形式直接在资本市场上融资，而无须通过金融中介机构。企业外部融资的主要渠道和方式如表 9-1 所示。

（一）股权出让融资

股权出让融资是指企业出让部分股权，以筹集企业所需要的资金。企业进行股权出让融资，实际上是吸引直接投资、引入新的合作者的过程。投资者以资金换取企业的股权后，会对企业股东间关系产生变化，股东的权利和义务也将进行重新调整，这将对企业的发展目标、经营管理方式产生重大影响。股权出让是中小企业重要的融资方式之一。

表 9-1　外部融资渠道和方式

融资渠道	融资方式
直接融资	股权出让融资
	企业债券融资
	风险投资基金
	民间资金借贷
间接融资	商业信用
	信用担保
	银行贷款
	融资租赁

(二)企业债券融资

企业债券融资是指企业通过发行债券直接向社会借债筹措资金的融资方式。与股票筹资的不可偿还性不同，企业债券有固定的存续期限，发行人必须在到期时向投资者支付本金，并按预定的利率水平支付利息。各国都对企业债券的发行制定了严格的限制条件，以确保发行人的偿债能力，保护投资者的合法利益。企业通过债券融资的比例较少，而中小企业通过债券融资就更难。

(三)风险投资基金

风险投资基金是指投资人将风险资本投资于新兴的、迅速发展的、有巨大竞争潜力的企业，在承担风险的基础上，为融资方提供长期股权投资和增值服务，培育企业快速成长，再通过上市、兼并或其他股权转让方式撤出投资，取得高额投资回报的一种投资方式。风险投资基金作为一种金融创新工具，集融资与投资于一体，汇资本供应和管理服务于一身，在现代经济发展中起着重要的作用。风险投资是伴随中小高新技术企业的兴起而发展起来的，它在解决中小高新技术企业融资需求方面发挥了重要作用。世界上许多著名的大公司(如微软公司、苹果公司等)在发展之初都曾得到过风险投资基金的支持。

(四)民间资金借贷

民间资金借贷，是指公民之间、公民与法人之间、公民与其他组织之间的借贷。只要双方当事人意思表示真实即可认定有效，因借贷产生的抵押相应有效，但利率不得超过中国人民银行规定的相关利率。民间资金借贷是民间金融的一种形式，是企业的一种直接融资渠道，是民间资本的一种投资渠道。这种金融交易游离于国家正式的金融体系之外。在我国，民间资金借贷融资方式多发生在经济较发达、市场化程度较高的地区，如广东、浙江等东部地区。现实中，由于民间借贷的手续简单、契约不全、规定不详，借贷双方责任和义务不明，缺乏约束力，很容易导致借贷纠纷。随着我国民间金融资产的扩张，民间资金借贷逐渐活跃，纠纷也随之增加。此外，民间资金借贷很容易导致"高利贷""非法集资"等非法行为。

(五)商业信用

商业信用融资是指企业之间在买卖商品时,以商品形式提供的借贷活动,是经济活动中的一种最普遍的债权债务关系。利用商业信用筹集资金非常方便,因为商业信用与商品买卖同时进行,属于一种自然性融资,不需要进行非常正规的安排,也无须另外办理正式筹资手续。此外,商业信用融资筹资成本低。如果没有现金折扣,或者企业不放弃现金折扣,以及使用不带息应付票据和采用预收货款,则企业采用商业信用筹资没有实际成本。与其他筹资方式相比,商业信用筹资限制条件较少,选择余地较大。采用商业信用筹集资金,期限一般都很短;一般只能筹集小额资金,而不能筹集大量的资金;如果企业放弃现金折扣,必须付出较高的资金成本。

(六)信用担保

信用担保是指担保人(专门机构)向债权人(或称受益人)承诺,当债务人(或称委托人)未按合同规定按期偿还债务或因违约等原因未能履行合同时,由担保人向债权人偿还债务的保证。建立中小企业信用担保体系能有效地解决中小企业融资成本高的问题,信用担保体系建立起来之后,中小企业的融资成本是贷款的银行利息加上一定金额的手续费,远低于从民间筹集资金的费用,从而降低了中小企业的融资成本。

(七)银行贷款

银行贷款融资是指企业为了生产经营的需要,向银行或其他金融机构按照规定利率和期限的一种借款方式。目前企业贷款可分为:流动资金贷款、固定资产贷款、信用贷款、担保贷款、股票质押贷款、外汇质押贷款、单位定期存单质押贷款、银行承兑汇票、银行承兑汇票贴现、商业承兑汇票贴现、买方或协议付息票据贴现、有追索权国内保理、出口退税账户托管贷款等。中小企业银行贷款融资难度较大,主要有两方面原因:一是中小企业财务报表、经营稳定性和资产可靠性比较差,难以达到银行放贷的条件;另一个原因主要是银行,银行在做信贷时有一个成本效益分析,中小企业单体小,对银行消耗的人力、物力、财力相对比较大,回报较小,这影响一般银行对中小企业贷款的积极性。

(八)融资租赁

融资租赁是指出租人根据承租人对租赁物件的特定要求和对供货人的选择,出资向供货人购买租赁物件,并租给承租人使用,承租人则分期向出租人支付租金。在租赁期内,租赁物件的所有权归出租人所有,承租人拥有租赁物件的使用权。融资租赁是集融资与融物、贸易与技术更新于一体的新型金融产业。由于其融资与融物相结合的特点,出现问题时租赁公司可以回收、处理租赁物,因而在办理融资时对企业资信和担保的要求不高,所以非常适合中小企业融资。此外,融资租赁属于表外融资,不体现在企业财务报表的负债项目中,不影响企业的资信状况。这对需要多渠道融资的中小企业而言是比较有利的。

二、中小企业的融资环境

从理论上来讲,中小企业可以根据自身的情况从多种融资渠道中选择最为合适的融资方式,以解决自身的资金短缺问题。在实际中,由于存在很多其他条件的限制,对某个特定的中小企业而言,很多情况下这些融资方式并不适用。大部分的中小企业存在融资难的问题。

自有资金是成本最低的一种融资方式,但很多中小企业处于发展阶段,很难有充足的自有资金用来扩大投资和更新技术。由于缺乏资金,一些中小企业不能投资先进的机器设备,难以负担资金投入大、回报周期长的技术研究投入。因此，缺乏资金的中小企业往往集聚在技术水平较低、资金投入较少的劳动密集型行业，靠低廉的价格抢占市场。自有资金少的中小企业很容易发生短期流动资金紧缺的问题，有时会因资金周转问题影响企业的日常运转。

股票融资的准入标准高，只有少数发展前景良好和企业制度相对完善的中小企业才有资格上市融资。首先，发行股票融资的上市标准比较严格。上市标准中对企业资本规模、持续经营时间、业绩记录、公众股流通数量、流通股市值等要求都很高，绝大多数的中小企业达不到所要求的标准。其次，发行证券必须支付企业改制、价值评估、信息披露、财务审计和承销费用等成本，一般中小企业很难承受高昂的融资成本。最后，我国中小企业证券市场发展还不完善，现有的资本市场主要是为大型企业提供融资的场所，中小企业板块的发展相对比较滞后。

债券融资具有抵税效应、财务杠杆效应、不分散企业控制权等优势，但中小企业一般很难获得发行企业债券的资格。债券管理法规要求企业发行债券必须达到一定的规模，而这个规定的规模标准对于绝大多数中小企业来说几乎是不可能达到的。即使中小企业符合债券发行条件，由于我国目前商业信用体系的约束力不足，中小企业自身的信誉度不高，寻找综合实力和信用等级都非常优秀的担保主体依然很困难。市场对于中小企业发行的债券也信心不足，很可能会遇到认购不足的情况。

直接融资渠道的门槛很高，最多只能解决极少部分中小企业的融资难问题，大部分中小企业的紧缺资金主要依靠间接融资，其中最主要的融资方式就是银行贷款。国有商业银行在贷款时往往更倾向于实力雄厚的大企业客户，主要优先考虑对象就是大中型国有企业，而以非国有企业为主的中小企业在向国有银行贷款时难度很大。首先，中小企业存在过高的经营风险。大多数中小企业成立时间较短、规模较小、自有资本偏少，在面临市场变化和经济波动时，抵御风险的能力很差，银行不敢轻易放款。其次，中小企业制度不健全，缺乏足够的财务报表和良好连续的经营业绩，银行难以控制信贷风险。再次，中小企业社会信用偏低。中小企业特别是小企业存续期短，不少地方逃避债务现象也很严重，制约了银行对中小企业贷款的热情。最后，中小企业缺少足够的抵押资产，多数中小企业的资产以应收账款和存货的形式存在，寻求担保非常困难，大多不符合银行贷款条件。银行在商业化经营和资产负债管理制度的约束下，为了降低贷款风险，一般要求贷款企业提供连带担保或财产抵押，在担保物选择方面存在不动产偏好，其对中小企业申请贷款的条件更为严格，要求在贷款时必须提供抵押资产。

第二节　供应链金融概述

在供应链中，中小企业往往充当的是大型企业的供应链成员或者渠道伙伴。核心企业因其实力强、规模大，在与上下游中小企业的议价谈判中处于强势地位。为了减少运营成本，获取更大利润，核心企业往往在交货、价格、账期等贸易条件方面对上下游配套企业要求苛刻，如要求更低的折扣、更长的赊账期限、更短的交货期等，从而给这些中小企业造成巨大的负担。供应链金融将资金流有效地整合到供应链管理中来，既为供应链中的中小企业提供新型贷款融资方式，又通过银行、物流企业、核心企业、中小企业之间的协作，构筑银行、企业和商品供应链互利共存、持续发展、良性互动的产业生态。供应链金融是解决供应链中的中小企业融资难的一种有效方式。

一、供应链金融的产生根源与现实意义

传统的、单一国境内的、纵向一体化的企业越来越少，通过全球成本的比较优势，不同国家和地区在全球供应链中选择了不同的价值增值节点。全球产业的布局和制造业的升级也随着供应链中物流系统的全球化，在不同的国家和地区完成。

(一)供应链金融的产生根源

核心企业通过外包，使得供应链的加工增值环节和实体参与企业组织分布在不同的国家或地区，并通过跨国的供应链管理，发展出新的企业生产运作管理方式和商品流通方式以及跨单一企业组织的合作方式。由此带来的主要新问题有：

1. 库存堆积两极化趋势，加大上下游企业的资金占用压力

供应链组织模式下，每个环节所持有的库存与传统模式相比发生了重大变化，尤其是在JIT这一"零库存"的精益供应链思想的引导下，新型库存管理模式的出现导致核心企业无意持有库存，促使供应商和分销商都必须面临实物库存挤占现金，致使流动性不足。整个供应链中的库存堆积在上下游中较为弱势的企业上，在整个供应链产出保持稳定的情况下，加剧了这些成员企业的库存占比，减少了库存周转率，降低了资金周转。

2. 供应链模式下所发展的大批中小企业，面临苛刻的融资环境

在供应链的管理模式中，一个突出要素是专业分工并全球外包。供应链中的成员企业不再追求大而全，而是某一细分领域的专业运作。在细分领域中的中小企业规模小，且由于过分集中于某一零部件的生产和分销，导致实物资产、生产条件和企业资质无法与传统融资主体企业的要求相匹配。传统的以财务数据分析为基础的风险管理和企业准入手段，将无法在供应链运作模式下真实反映中小企业基于供应链合作和贸易往来过程中的商业信誉，也无法开展其对应的金融服务。

3. 赊销方式取代传统的国际贸易结算方式，融资渠道进一步缩小

赊销是国际贸易的主要结算方式。赊销在发展初期的主要目的是刺激供应链下游加大单次的订货批量，在出现供应链规模效应后，降低成本从而获得更多的客户，并提升整个供应链的竞争力。但随着供应链模式的不断发展，除了刺激销量外，赊销还被广泛用于核心企业优化自身的现金流上。核心企业往往选择赊销的方式将资金的压力继续传导到供应链上的弱势企业上。银行传统的国际贸易融资集中于电汇、信用证、票据等传统结算方式下的融资产品，缺乏基于赊销方式的产品，使得供应链中小企业面临越来越大的融资压力。

4. 汇率波动风险和理财需求出现

在供应链的利润和价值增值过程中，由于产业全球成本优势的分配，导致单一供应链中必须涉及多国货币结算和支付体系，不可避免需要应对汇率波动的问题，并由此诞生了避险理财的需求。

(二)供应链金融的创新来源

如前所述，供应链金融是随着新型的供应链管理运作模式诞生和发展的，主要为参与国际竞争的供应链组织提供一体化金融服务的产品体系和服务模式，其原动力是在传统的生产制造通过外包和全球化走向供应链的生产组织方式下，延伸出新的企业生产运作管理方式和

商品流通方式以及跨单一企业组织的合作方式。供应链金融强调集物流、供应链管理、协作以及金融于一体，在两个或者更多的供应链成员之间，包括供应链的外部服务提供商，通过计划、执行和控制组织之间的资金流来创造更多附加价值的活动，是在保持供应链上各个参与成员之间的法律和经济上独立的基础上，利用中长期的战略合作协议，利用成员之间共享相关资源、信息和风险的一种新型融资方式。

供应链金融的创新来源于以下三个方面：

1. 强调以供应链系统为主体的资金流与信息流、物流的整合

供应链"三流"中的整合是从物流和信息流的集成开始的，并在过去几十年中带来了管理的信息化和现代化。资金流的集成相对滞后，这需要金融机构随之创造新的金融服务产品——供应链金融产品。在供应链金融模式下，可以通过收集、分配以及使用各种不同供应链活动中产生的信息，并通过这些信息的掌握来获得对实物货物的控制。这种对信息流和物流的结合能使决策者在供应链的环境中减小融资风险，从而可以更快、更多以及更低的利率来获取资金。

供应链金融通过整合资金流和信息流，带来电子化票据相关业务的开展，提高供应链之中企业之间、企业与银行之间票据流动的效率和准确性，并增加业务透明度，为后续延伸服务提供对称、透明的保障；通过整合物流和资金流，转变传统仅关注交易时间点的资金管理方式为关注整个贸易周期的资金管理方式，强调生产价值链中的过程增值，并转化为可以弥补供应链上下游企业资金缺口的工具，满足整个供应链快速发展的需求；通过三流之间的互相整合，扩展商业银行金融产品可创新的种类。

2. 金融机构所服务的对象从单一企业延伸到供应链为整体的多企业群

与传统的企业和银行一对一的金融服务相比，供应链金融是一系列的、由金融机构为供应链上所有成员企业提供金融服务的产品簇，为供应链各成员企业提供基于供应链最优的不同或者相同的产品和组合，是一种基于行业和产业链的视角的产品。

3. 风险管控的重点变为基于贸易真实性的供应链自偿能力

随着服务对象的变化，供应链金融相比于传统商业银行所面临的信用风险管理发生了巨大的变化，强调基于真实贸易交易的风险管理方式，对以供应链为单位的企业群体进行抗风险能力分析和个体授信安排，并对集成后的系统风险重新评估和管理。相比于传统金融产品的风险控制，更强调主动风险管理和全面风险组合管理。

（三）供应链金融创新的意义

从供应链运营的角度来看，供应链金融创新的意义主要体现在：

1. 解决供应链中中小企业的融资问题

"核心企业信用支持，企业存货盘活，应收账款贴现"等三大路径极大地减少了中小企业融资的风险。供应链金融的组合，把原来中小企业融资难的四大障碍"信用弱、周转资金缺乏、应收账款回收慢、贷款担保难"逐一解决。供应链的整体实力、核心企业的资信以及与第三方物流企业的分工协作，使得中小企业信用等级提升，能够从银行获得宝贵的资金。借助银行信用的支持，中小企业能够扩大经营规模、提高生产效率，进而得以满足核心企业苛刻的贸易条件，并与其建立长期战略协作关系。

2. 稳定和加强核心企业的供应链

当竞争已经由单一企业的竞争过渡到供应链之间的竞争时，核心企业不仅关心单独企业

的发展环境,更放眼于培育扶持上下游企业的整体供应链的发展。在供应链的竞争模式下,单一企业的财务管理目标将随之调整,用供应链金融的手段和目标替代。供应链金融服务有利于协助核心企业利用自身的信用吸收商业银行的资金来帮助其上下游企业解决资金困难,保证与上下游企业长期友好的合作关系,稳定其供货来源和销货渠道,从而使整个供应链健康稳定地发展,使供应链中各个企业之间的合作关系得以维持和巩固,使整个供应链竞争能力提高,从而有利于核心企业自身的发展壮大。

3. 开拓第三方物流企业的增值业务

对于提供供应链物流服务的第三方物流企业而言,通过与银行合作加深与供应链融资,在提供产品仓储、运输等基础性物流服务的同时,为银行和中小融资企业提供质物评估、监管、处置以及信用担保等附加服务,可以为其自身创造新的增长空间,同时也可以稳定和吸引新老客户。

二、供应链金融的基本概念

(一)国内外对供应链金融的认识

目前,国内外对供应链金融的定义尚未达成共识,还存在很多含义相近的概念和定义。国外学术和商业银行通常称为金融供应链管理(financial supply chain management,FSCM)或者供应链金融(supply chain finance,SCF),而国内先期研究多采用物流金融和链式融资等概念,最近才开始采用"供应链金融"这个统一的概念。供应链金融可以理解为一种供应链或者物流和金融的整合性服务,可以从已有的金融体系来解释,也可以从已有的供应链管理角度来解释。

我国国内商业银行更注重从贸易融资的角度来实践供应链金融,大都集中在供应链融资(supply chain financing,SCF)领域开发服务。供应链融资是通过对供应链成员间的信息流、资金流、物流的有效整合,在供应链中围绕核心企业,将核心企业和上下游企业联系在一起,并为其提供灵活的金融服务的一种融资模式。常见的供应链金融模式如图9-1所示,常见的供应链融资业务如图9-2所示。

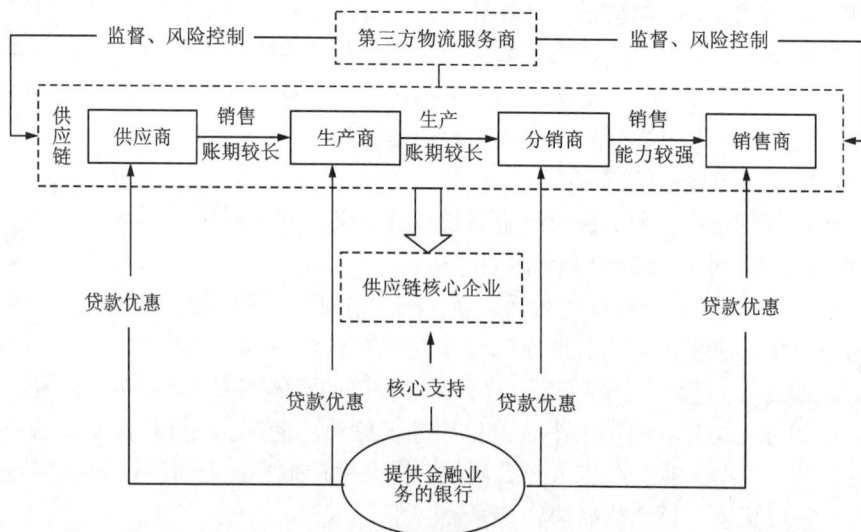

图9-1　现有商业银行供应链金融模式示意图

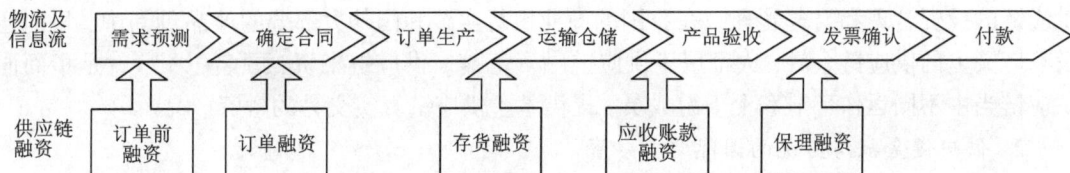

图 9-2 供应链融资业务示意图

本教材认为,供应链金融是指为面向供应链运作的全过程,针对供应链中的单个企业或上下游多个企业提供全面的金融服务,实现物流、资金流、信息流、信用流"四流"的有效整合,联合创造和增加供应链价值的活动。供应链金融的范围很广,包含融资以及非融资服务,还应该具有为供应链上下游企业提供其他资金流服务产品以及整合系统的范畴。而国内的供应链金融往往集中于针对供应链上不同环节企业的融资功能,以应收账款融资、预付款融资、存货质押融资为主,将整个供应链不同运作环节中的融资功能集成起来,以图 9-2 所示的为主。但完整的供应链金融体系应包括现金管理、财务咨询、信用管理等其他增值服务的提供,如图 9-3 所示。

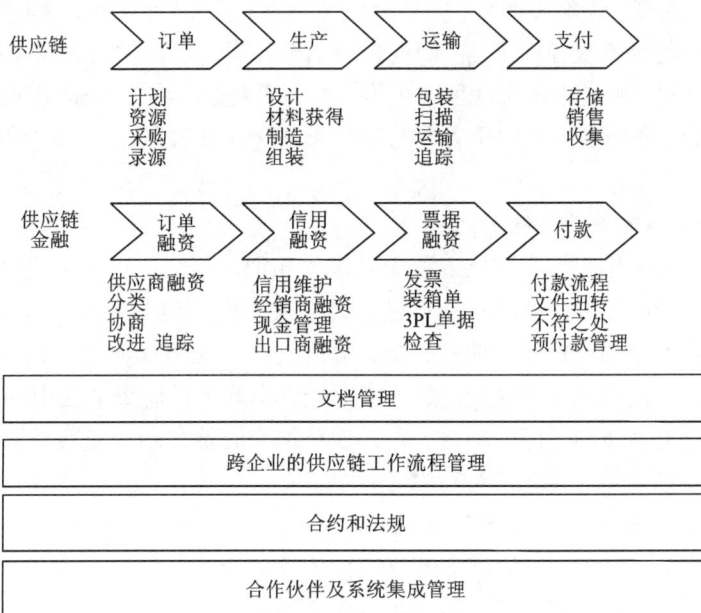

图 9-3 供应链与供应链金融应对体系

(二)供应链金融的含义

下文将通过对相似概念的辨析,深入阐述供应链金融的含义:

1. 供应链金融和供应链融资

从广义上说,供应链金融的概念里包含了供应链融资的概念。供应链金融主要是优化和再配置供应链整体上的资金流,进行整个供应链的融资管理;另外,还应该包含从供应链组织形式的角度，对投资者关系以及财务分析等提供一个新的管理视角和方法，亦即对企业和供应链的投资管理和财务管理。在我国的商业银行实践和国外大部分的产品创新中，目前还没有广义上的供应链金融，大都属于供应链融资范畴。供应链融资，顾名思义，就是指面向供应链当中不同运作环节和上下游成员，提供基于供应链真实交易的融资产品。

2. 供应链金融与传统的国际贸易融资

在国际实践中，供应链金融应该是传统国际贸易的一种延伸。从金融机构作为供应链金融中融资部分的主要资金提供者这一点上来看，服务目标与传统的国际贸易融资差别不大。但二者在服务对象方面有所区别，供应链金融突破了原来单一的买卖双方的关系，延伸至供应链上下游包括最终消费者及物流服务提供商在内的全部参与方，将参与各方的利益通过优化整条链的资金流进行有效分配，可以说供应链金融主要是针对供应链这个新型的国际贸易组织和分工形式设计出来的；而传统的国际贸易融资，则仅仅局限于跨国贸易中的单个买卖双方之间的贸易关系，基于某一家企业对其进行针对性的业务开发，仅针对单笔贸易往来提供融资业务，业务品种较少。简言之，供应链金融是一对多的系统性解决方案；传统国际贸易融资是一对一的专项金融服务。

3. 供应链金融与物流金融

广义上的供应链金融包含了物流金融。物流金融强调以物流控制为主导，为供应链上下游企业提供融资、结算、保险等产品，是伴随物流产业的发展而开发起来的。推动物流金融发展的主导者一般是物流服务提供商，商业银行以合作者的身份进入物流金融产业中提供资金支持。供应链金融，则是强调金融服务的专业性、系统性，将供应链组织运作中的全部金融服务有效地整合，利用供应链中所有参与和非参与物权转移的成员，优化整个供应链在财务方面的绩效指标。

4. 供应链金融与财务供应链

供应链金融与财务供应链在实践过程中是极为相似的概念，从应用领域来说，财务供应链概念早于供应链金融出现，强调的是对供应链三流中资金流的管理，运用信息技术手段，通过供应链上下游及金融机构间的业务整合，优化收付流程和减少支付成本，有效降低企业的营运资本占用。从这个意义上来说，财务供应链管理属于供应链金融中的一个部分。供应链金融相比之下，更为强调三流的整合，尤其是对物流的整合以带来新融资模式的改变。财务供应链则更强调结合供应链管理进行财务规划。

5. 供应链金融与银行传统信贷产品

从商业银行的角度来看，供应链金融与银行传统信贷产品的风险管理、产品设计、市场推广以及业务参与方方面有着不同，具体如表9-2所示。

表9-2　供应链金融与银行传统信贷产品的差异

项目	银行传统信贷产品	供应链金融
风险管理	静态分析财务信息，强调财务指标，孤立评价受信主体后做出信贷决策 不支持商业信用转移	信用评价主体为整个供应链而非单一企业，强调所处行业背景和目标供应链的整体贸易健康情况 支持商业信用转移

续表9-2

项目	银行传统信贷产品	供应链金融
产品设计	一种简单的资金借贷关系，以一个或几个生硬、机械的产品"水平式"地覆盖不同细分市场及交易链条上的不同节点、各个交易主体的需求 以银行内部管理为产品设计的出发点，自上而下开发，往往是单一产品满足多个同类型的客户需求	根据交易对手、行业规则、商品特点、市场价格、运输安排等交易条件，为供应链上不同交易层次和交易地位的交易主体度身定制的专业金融解决方案。包含融资功能在内的流程优化方案和成本降低方案 以顾客需求为出发点，按照供应链特点量身定做，多个产品开发或组合以满足不同供应链下的需求
市场推广	"1vs1"的单一银行和企业之间的对接。营销处于无规则的状态，已有的客户资源和信息协同开发较少 产权和贸易业务都独立的上下游客户银行业务之间无互动关系	顺藤摸瓜，随着供应链结构的展开，可由任何一家链上的企业扩展到相邻供应链节点企业并不断上下游延伸。可以包含"1→N""N→1""N→1→N"等多种模式
业务参与方	一般参与主体只有商业银行等信贷机构和企业双方，有时需要第三方担保人的参与	不仅仅有金融机构、担保机构、评级机构，还包括供应链上的核心企业、上下游企业以及第三方物流等监管类企业

供应链金融涉及很多不同角色的参与成员。从广义上说，供应链金融服务系统的参与者主要有：

(1)实体供应链本身的上下游企业，包括制造商(一般而言是一条供应链的核心企业)、上游及上上游供应商、下游及下下游客户等。

(2)金融服务机构，特殊融资服务商、银行、投资者等，狭义上业务涉及平衡其他组织的投资和融资需求的机构都可以算是金融机构参与者，广义上只要是与原始的或者间接的借款人之间存在金融协议的机构都是金融机构参与者，包含提供融资服务、资本投资、安全投资或者风险覆盖的机构。这样，也可以将一些信息和咨询服务提供商包含在内。

(3)物流服务提供商，为实体供应链提供物流外包服务的成员，一般不参与或者极少参与产品本身的增值过程。

(4)企业投资人，包括公共和个人投资者。

具体的供应链金融所涉及的系统如图9-4所示。从图9-4可以看出，就供应链金融的服务对象、服务手段等方面来说，与商业银行传统的产品相比，与其说供应链金融是一种创新的产品，不如说供应链金融是商业银行创新的一整套服务体系。

三、供应链金融服务的提供主体

现有的国际和国内供应链金融实践中，可以提供供应链金融服务的主体有多种：

(1)以商业银行为主体，以传统的贸易融资、保理、信用证等中间业务为入手点，从银行原有的融资和担保类业务入手，整合现有的产品，开发突破传统的中后台业务操作模式，开发出适合供应链管理变化趋势的产品。国际上的商业银行，一般从传统的国际贸易入手，按照战略客户自身扩张和发展的要求，设计和创造向供应链上下游延伸的金融产品。

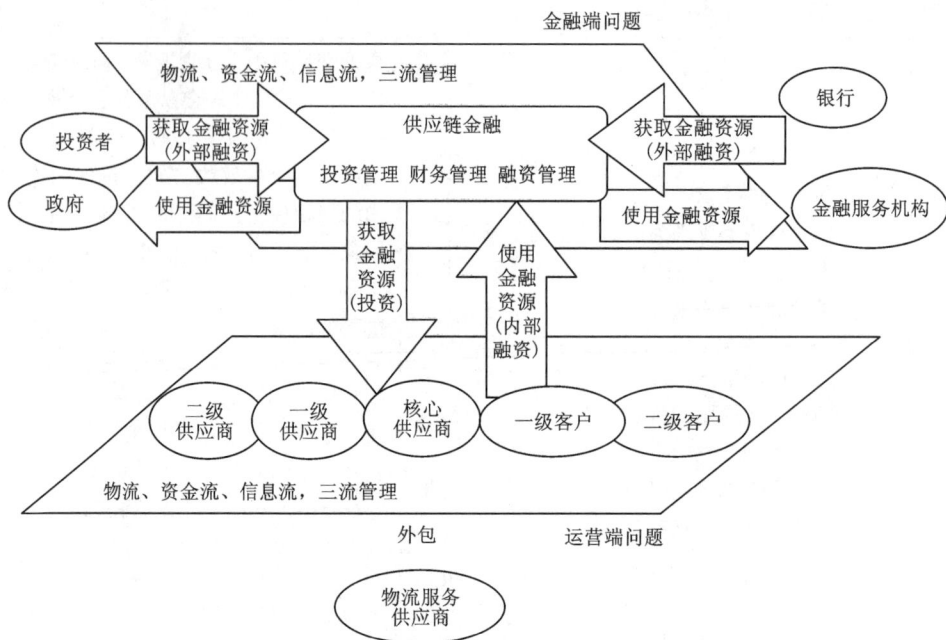

图 9-4　供应链金融系统示意图

（2）以第三方物流公司为主体，依托自身物流实体网络以及物流业务，通过与最终客户的深度接触和天然的监管优势，发展保险、存货融资、应收款类融资等金融业务。这类公司在部分环节上与商业银行合作，但大多数业务提供子公司或者部门独立运作。这类公司中目前做得比较好的是下属于 UPS 的 UPS Capital 公司。

（3）以第三方贸易平台公司为主体，利用自己已经建立的 BtoB 贸易交易平台，依托建立的交易信息平台和信用数据库系统，采用自身的支付系统和财务处理系统，挖掘平台用户的供应链融资业务需求，并提供一整套金融、财务服务。此类交易平台系统最根本的是提供电子化的自动审核单据服务。其所提供的支付系统，是取代 LC 等现有支付方式的一种新的结算方法。这类公司中，比较突出的是 Trade Card 公司，该公司采用会员制，该公司是第三方中介公司，需在与物流、金融机构、保险公司、国际检验机构结成合作伙伴关系后才能具体运作。

（4）以供应链上核心企业为主体，开发供应链上其他成员（上游、下游、最终客户）的融资需求，以平稳整个供应链现金流和发展整个供应链为管理目标，进行供应链金融管理。例如，美国最大零售商沃尔玛公司，2010 年开始开设自己的信用卡系统和银行服务系统。还有，GE 集团下的融资子公司，为其相关的多个特定制造和服务行业提供融资服务，这些行业有船舶、摩托车、娱乐车、科技产品、电子产品及其附属产品、办公室用品、工业设备、户外设备、房屋建设、乐器、拖车及其他耐用消费品。

四、国内和国际供应链金融发展差异

国外和国内对供应链金融的实践存在较大差异，主要体现在：

(一)目标客户的不同

国内外金融机构开发供应链金融系列产品的出发点不同，导致了所服务的目标客户群体的不同。国际上是为了维系老客户，国内主要是为了开发新客户。

国内的供应链金融主要是开发新客户，以中小企业为主要目标客户，不是从业务拓展角度开发核心企业的，而是从营销中介的角度来寻找与之相联系的供应链上下游的中小企业，并由核心企业提供信用可靠的潜在客户名单。核心企业本身对供应链金融的需求没有得以开发。

国外的供应链金融服务主要是基于维系与核心企业(老客户)的关系，满足全球化、供应链发展趋势下老客户的新融资需求，最终解决核心企业或者说整个供应链的资金流方面的问题。国外的金融机构是从围绕核心企业的发展瓶颈以及供应链的稳定性角度研究和开发具体的供应链金融业务的。

(二)所提供的具体产品不同

国内供应链金融所涉及的产品，大都围绕着存货质押和应收账款质押等较为原始的动产质押融资产品，大都基于实体和有效的商业单据进行融资产品的开发。

国际上的供应链金融产品则是围绕着整个供应链中可能出现的融资、投资、现金流、财务管理等全方位的金融服务，提供一整套、有体系、能完全覆盖的产品，具体如表9-3所示。

表9-3　供应链金融产品一览表

针对供应商的产品	针对购买商的产品	融资类产品	中间业务产品
现有存货质押贷款 应收账款质押贷款 保理 商业发票贴现 订单融资 应收账款清收 资信调查 应付账款类融资产品 未来出口货物质押融资 信保项下融资产品 企业理财 结算	供应商管理库存融资 仓单融资 商业承兑汇票贴现 原材料质押贷款 延长支付期限 国际国内信用证 财务管理咨询 应付账款类融资产品 企业理财 信保项下融资产品 结算	供应商管理库存融资 原材料质押融资 存货质押贷款 应收账款质押贷款 订单融资 应付类融资产品 保理 信保项下融资产品 未来出口货物质押融资 提前支付折扣 延长支付期限	应收账款清收 资信调查 财务管理咨询 现金管理 电子银行 结算 贷款承诺 企业理财产品 汇兑

五、我国供应链金融存在的问题

(一)核心企业的供应链管理意识薄弱

由于国内企业供应链管理意识薄弱，供应链普遍表现出松散的特征。主要表现在供应链

的边界模糊，核心企业对供应链成员的管理缺乏制度化手段。在这种条件下，供应链金融中对核心企业的资信引入有时缺乏利益的激励。而成员企业对核心企业的归属感不强，也导致"信誉链"难以建立。这种状况导致银行不仅可选择开发的链条有限，而且需要审慎评估供应链内部约束机制的有效性。这解释了国内供应链金融相对集中于汽车、钢铁等有限几个行业的原因。

企业之间的竞争从表面上看是产品及综合实力的竞争，但实质上是供应链网络的竞争，核心企业的市场反应能力在很大程度上取决于供应商的供应能力和经销商的销售能力。核心企业缺乏供应链管理意识和能力，制约了自身乃至整条供应链竞争力的提高。

(二)供应链整体的潜在风险较大

一方面，中小企业的资产负债率偏高、信息透明度低、抵押与担保缺乏等内在属性，限制了其从银行融资可能性，同时也增加了其通过商业信用获得融资的需求。出于长期合作关系与供应链稳定性的考虑，核心企业为其配套企业提供缩短应付账款账期、提供担保、延长应收账款账期等帮助，这无疑会使核心企业自身发展面临更多的资金瓶颈约束。

另一方面，核心企业基于单独成本和现金流优化的一些反映个体理性的财务策略，往往以损害其上下游的财务利益为代价，并导致整个供应链的集体非理性。为了达到增加动产、提高现金流预测能力和降低资金成本的目的，供求双方却没有采取一致的行为优化他们的供应链融资行动。这些方法把需求商的风险降至最低，但却使供应商的风险增至最高，这往往限制了短期融资的途径，导致更高的资金成本。现金流不畅，无法得到足够的低成本资金，供货商不得不延迟订购原材料，缩减产能，节省设备维护和质量检测的费用，这又导致下游延迟交货及无法对客户提供质量保证。为了能继续生存下去，供应商最终不得不将增加的成本计入出售的产品中。长此以往，把成本转嫁给供应商将造成最终产品成本的上升，使得产品成本高于那些使用先进供应链融资模式的竞争对手。

(三)核心企业存在顾虑

由于掌握了产业链和价值链的核心价值，核心企业在与上下游交易中处于谈判的优势地位。核心企业担当着整合整条供应链的关键角色，作为供应链的组织者、管理者和终极受惠者，供应链核心企业应当着手优化财务的供应链。对于核心企业而言，供应链融资解决方案可能不会直接带来收益，但核心企业借助自身较强的信用和实力帮助配套企业融资，能够降低整体供应链的融资成本，从而实现供应链各环节的顺畅合作，增强整个供应链的竞争力，达到共赢的效果。

根据调查，有很大一部分企业不愿意配合供应商的供应链融资业务，核心企业担心供应链融资可能增加其责任、风险和工作量，也担忧降低其延长付款期的自由度。核心企业作为供应链的"链长"，其态度关系到供应链金融业务的市场前景。因此，解除核心企业的忧虑是银行迫切需要解决的问题。

(四)企业信息技术的滞后制约了供应链融资的发展

国内企业信息技术和电子商务发展的相对滞后，使得供应链金融中信息技术的含量偏低。作为一项高操作成本的业务，信息技术的应用程度与操作成本节约高度有关。供应链上各节点的信息流贯穿于供应链商务活动的始终，引导着商务的发展。但由于国内企业、物流、银行技术应用水平的不一致，造成目前并没有实现供应链金融所要求的信息流共享，物流、资金流与商流的对接，表现为不同性质上企业各自独立发展的技术孤岛现象。例如，目前各银行和各物流公司都有自己的产品编码标准,货押物品信息编码的非均质性增大了银行和物流公司间的交易成本。

第三节 供应链金融产品

供应链金融产品是围绕整个供应链中可能出现的融资、投资、现金流、财务管理等全方位的金融服务需求,提供一整套、有体系、能完全覆盖的产品。目前,国内的供应链金融所涉及的产品大都是存货质押和应收账款质押等动产质押融资产品,基于实体和有效的商业单据进行融资产品的开发。从单个企业角度来看,流动资产在形态和规模上随着企业经营活动而不断变化,造成银行难以有效监控。从供应链企业集群的角度来看,交易过程是信息流、物流和资金流的集成,而且这种集成相对封闭,这为银行监控提供了条件。供应链融资类产品主要有预付款融资、存货质押融资、应收账款融资、订单融资等基础产品。

一、预付款融资

从产品分类来看,预付款融资可以看作"未来存货的融资"。从风险控制的角度来看,预付款融资的担保基础是预付款下客户的提货权,或提货权实现后通过发货、运输等环节形成的在途存货和库存存货。预付款融资产品包括先票/款后货授信和担保提货授信等。

(一)先票/款后货授信

先票/款后货授信是指客户(买方)从银行取得授信,在交纳一定比例保证金的前提下,向卖方支付全额货款;卖方按照购销合同以及合作协议书的约定发运货物,货物到达后设定抵质押,作为银行授信的担保。先票/款后货授信的基本流程如图9-5所示。

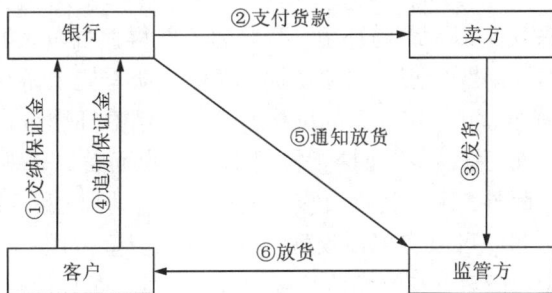

图9-5 先票/款后货授信业务流程

注:①客户向银行交纳一定比例的保证金。②银行向客户提供授信出账,并直接用于向卖方的采购付款。③卖方发货,直接进入监管方的监管仓库。④客户根据经营需要,向银行补充保证金。⑤银行根据补充保证金的量,通知监管方向客户释放部分抵质押物。⑥客户向监管方提取部分抵质押物。

在先票/款后货授信业务中,对于客户而言,由于授信时间不仅覆盖了上游的排产周期和在途时间,而且到货后可以转为库存融资。因此,该产品对客户流动资金需求压力的缓解作用要大于库存融资。另外,客户通过在银行资金支持下的大批量采购,可以从卖方争取较高的商业折扣,而且有可能提前锁定商品采购价格,防止涨价的风险。对于银行而言,可以利用贸易链条的延伸，进一步开发上游核心企业业务资源。此外，通过争取卖方对其销售货物的回购或调剂销售条款，有利于化解客户违约情况下的变现风险。

先票/款后货授信业务的风险控制要点主要在于：对上游客户的发货、退款和回购等履约能力的考察；在途风险的防范和损失责任的认定；到货后的交接入库环节的监控。

（二）担保提货授信

担保提货授信是在客户（买方）交纳一定保证金的前提下，银行贷出全额货款供客户向核心企业（卖方）采购，卖方出具全额提单作为授信的抵质押物。客户分次向银行提交提货保证金，银行再分次通知卖方向客户发货。卖方就发货不足部分的价值承担向银行的退款责任。该产品又可以称为"卖方担保买方信贷模式"，实际上是先票/款后货产品的一种变种。担保提货授信的基本流程如图9-6所示。

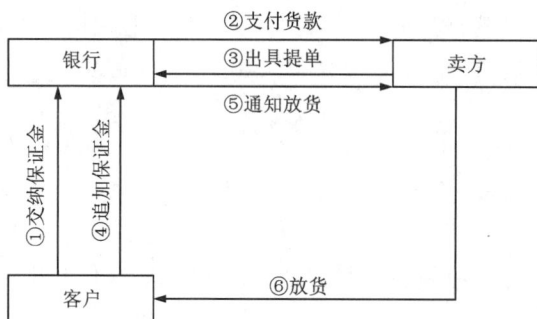

图9-6 担保提货授信业务流程

注：①客户向银行交纳一定比例的保证金。②银行向客户提供授信出账，并直接用于向卖方的采购付款。③卖方向银行出具提货单用于质押。④客户根据经营需要向银行追加保证金。⑤银行通知卖方根据追加保证金的金额向客户发货。⑥卖方向客户发货。

担保提货授信主要适用于以下贸易环境：客户为了取得大批量采购的折扣，采取一次性付款方式，而厂家因为财务问题无法一次性发货；客户在淡季向上游核心企业打款，支付上游企业生产所需的流动资金，并锁定优惠的价格，然后在销售旺季分次提货；银行对在途物流和到货后的监控缺乏有效手段。担保提货授信对于客户而言，有利于获得采购的价格优惠，避免价格上涨风险，此外，由于货物直接由上游核心企业监管，可以省却监管费用的支出；对于上游核心企业来说，可以实现预收款，减少流动资金占用，降低销售和运营计划的不确定性；对于银行来说，将卖方和物流监管两方合二为一，可以简化风险控制问题。

担保提货授信的风险控制要点主要在于：核心企业的资信和实力的评估；防止核心企业过度占用客户的预付款；银行与核心企业之间操作的有效对接。

二、存货质押融资

存货质押融资是指企业以存货作为质物向银行贷款，为实现对质物的转移占有，信贷人委托第三方代为监控和存储作为质物的存货。存货融资产品包括静态抵质押授信、动态抵质押授信、标准仓单质押授信、普通仓单质押授信等。

（一）静态抵质押授信

静态抵质押授信是指客户以自有或第三人合法拥有的动产为抵质押的授信业务，银行委托第三方物流公司对客户提供的抵质押货物实行监管,抵质押物不允许以货易货,客户必须打款赎货。静态抵质押授信是动产及货权抵质押授信业务中最基础的一种产品。静态抵质押授信的基本流程如图9-7所示。

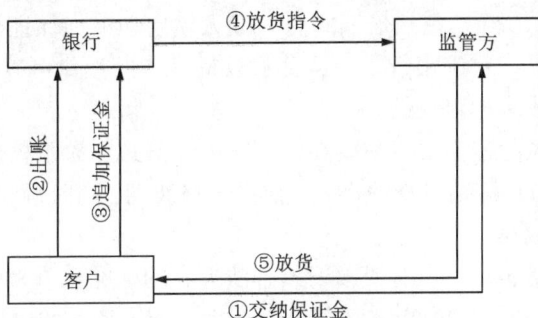

图9-7　静态抵质押授信业务流程

注:①客户向监管方交付抵质押物。②银行向客户提供授信。③客户向银行追加保证金。④银行向监管方发出发货指令。⑤监管方放货。

静态抵质押授信适用于除了存货以外没有其他合适的抵质押物的企业,而且企业的购销模式为批量进货、分次销售。相对而言,静态抵质押授信是货押业务中对客户要求较苛刻的一种,主要适用于贸易型的企业。企业通过静态抵质押授信,可以将原本积压在存货上的资金盘活,扩大经营规模。对于银行来说,抵质押物的变现能力相对较强。

静态抵质押授信的风险控制要点主要在于:抵质押物的市场容量和流动性;抵质押物的产权是否清晰;抵质押物的价格波动情况;抵质押手续是否完备。

(二)动态抵质押授信

动态抵质押授信是静态抵质押授信的延伸产品,它是指企业以自有或第三人合法拥有的动产作为抵质押的授信业务。银行对客户抵质押的存货价值设定最低限额、允许在限额以上的商品出库,企业可以以货易货。动态抵质押授信的基本流程如图9-8所示。

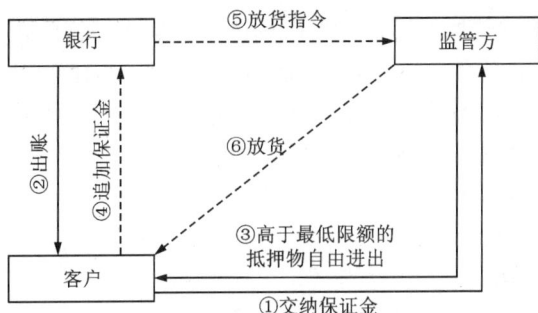

图9-8　动态抵质押授信业务流程

注:①客户向监管方交付抵质押物。②银行向客户提供授信。③在不低于最低限额的前提下,企业自由提取货物。④抵押物低于最低限额时,客户向银行追加保证金。⑤银行向监管方发出发货指令。⑥监管方放货。

动态抵质押授信适用于库存稳定、货物品类较为一致、抵质押物的价值核定较为容易的企业。同时，对于一些企业的存货进出频繁，难以采用静态抵质押授信的情况，也可采用本产品。动态抵质押授信多用于生产类型的企业。对于融资企业来说，由于可以以货易货，因此，抵质押设定对于生产经营活动的影响相对较小。特别对于库存稳定的客户而言，在合理设定抵质押价值底线的前提下，在授信期间内一般无须启动追加保证金赎货的流程，因此对盘活存货的作用非常明显。对于银行来说，由于以货易货的操作可以授权第三方物流企业，动态抵质押授信的操作成本相对较低。

动态抵质押授信的风险控制要点主要在于：货物价值必须易于核定，以便物流监管方操作；以货易货过程中应防止滞销货物的换入；根据价格波动，随时调整最低库存限额。

(三)标准仓单质押授信

标准仓单质押授信是客户以自有或第三人合法拥有的标准仓单为质押的授信业务。标准仓单是指符合交易所统一要求，由指定交割仓库在完成入库商品验收、确认合格后签发给货主用于提取商品，并经交易所注册生效的标准化提货凭证。标准仓单质押授信的基本流程如图9-9所示。

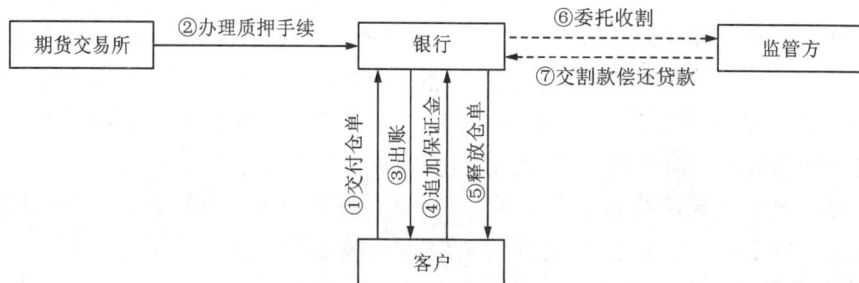

图9-9 标准仓单质押授信业务流程

注：①客户将标准仓单交给银行。②银行办理质押手续。③银行为客户提供出账。④客户向银行补交保证金或归还银行授信。⑤银行释放标准仓单。⑥在需要客户以标准仓单参与实物交割偿还银行授信的情况下，银行将标准仓单直接交给期货经纪公司，授权其代理参与实物交割。⑦交易款项首先用于偿还银行授信。

标准仓单质押授信适用于通过期货交易市场进行采购或销售的企业，以及通过期货交易市场套期保值、规避经营风险的企业。对于融资企业来说，相比动产抵质押，标准仓单质押手续简便、成本较低。对于银行来说，成本和风险都相对较低。此外，由于标准仓单的流动性很强，也有利于银行在客户违约情况下对质押物的处置。

标准仓单质押授信的风险控制要点主要在于：防止客户将授信资金用于投机炒作；关注不同期货交易所对质押流程的要求；设计有效的跌价补偿机制；预先了解质押解除的流程。

(四)普通仓单质押授信

普通仓单质押授信是指企业以其自有仓库或其他第三方物流公司提供的非期货交割用仓单作为质押物，并对仓单做出质背书，银行提供融资的一种产品。普通仓单质押授信的基本流程如图9-10所示。

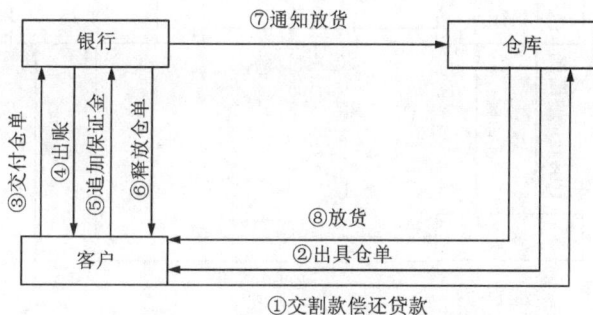

图9-10 普通仓单质押授信业务流程

注：①客户向仓库交付货物，申请制作仓单。②仓库向客户出具仓单。③客户向银行提交仓单并做出质背书。④银行向客户提供授信出账。⑤客户向银行存入追加保证金。⑥银行向客户释放仓单。⑦银行通知仓库释放仓单项下的货物。⑧客户凭仓单向仓库提货。

普通仓单质押授信的风险控制要点主要在于：鉴于仓单的有价性质，出具仓单的仓库或第三方物流公司需要具有很高的资质；应与仓单出具方约定挂失和补办仓单的流程；可质押的仓单必须具有可流通性和独立价值等特点，不宜接受以出货单、存货单等类似凭证进行的质押；必须在仓单上设置出质背书；与仓储企业签订协议中约定，仓储企业对贷款企业留置权的行使不应优先于质权。

三、应收账款融资

应收账款是企业的重要资产，也是银行提供融资的重要标的。应收账款融资是指卖方（融资申请人和应收账款债权人）在采用赊销方式向买方（应收账款债务人和付款人）销售货物时将应收账款相关权利质押给银行，由银行向卖方提供授信，并将应收账款作为第一还款来源的一种短期融资产品。应收账款融资是一种基于债权控制的供应链融资方式，具体包括国内明保理、国内暗保理、国内保理池融资、票据池授信等。

(一)国内明保理

国内明保理是指银行受让国内卖方（融资需求方）因向另一同在国内的买方（核心企业）销售商品或提供服务所形成的应收账款，在此基础上为卖方企业提供应收账款账户管理、应收账款融资、应收账款催收和承担应收账款坏账风险等一系列综合性金融服务。若应收账款转让行为通知买方并由买方确认则为明保理。国内明保理的基本流程如图9-11所示。

国内明保理业务适用于有应收账款融资需求或优化报表需求的国内卖方，同时，买方的商业信用和付款实力应符合银行的相关要求。对于融资方企业来说，转让应收账款可以提前获得销售回款，加速流动资金的周转。此外，企业无须提供传统流动资金贷款所需的抵质押和其他担保。在无追索权的转让模式下，企业不但可以优化资产负债表，缩短应收账款的周转天数，还可以向银行转嫁商业信用的风险。对银行来说，受让应收账款相对于获得了一个自偿性的还款来源，将资产业务与客户的购销活动自然对接，更易于为客户所接受，同时也创造了向客户的下游延伸业务触角的渠道。此外，银行还可以获取保理费等中间业务收入。

国内明保理业务的风险控制要点主要在于：确认买卖双方的贸易背景的真实性；确认应收账款的存在性和可实现性；确认应收账款转让手续的合法性和有效性；锁定回款账户。

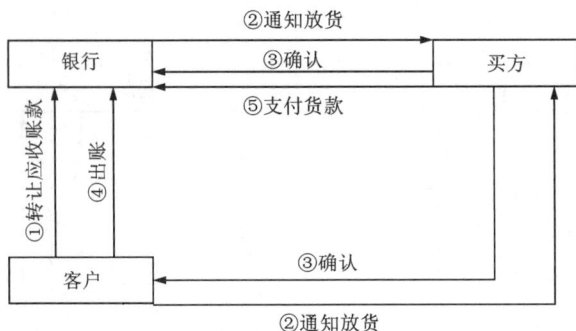

图 9-11　国内明保理业务流程

注：①客户在额度内向银行申请应收账款转让。②银行受让应收账款，并与客户共同通知买方。③买方对应收账款及转让事宜进行确认。④银行向客户提供授信出账。⑤应收账款到期日前银行通知买方付款，买方直接将款项汇入银行指定账户。

（二）国内暗保理

国内暗保理是指在应收账款转让过程中，银行受让卖方应收账款的行为不通知买方的保理业务。暗保理手续更为简便。由于不需要通知买方和要求买方确认，对于一些不愿意向买方披露自己融资信息的客户，或者买方过于强势而不愿配合银行要求的相关手续的情况，暗保理的方式比较适用。除了明保理产品的风险之外，暗保理业务还需要关注以下要点：由于买方没有确认应收账款债权，因此，需要其他认定方式；应收账款是否存在不可转让的特别约定；应收账款是否已经转让给第三方。

（三）国内保理池融资

国内保理池融资是指融资企业将一个或多个国内的不同买方、不同期限和金额的应收账款全部一次性转让给银行，银行根据累积的应收账款余额给予融资。国内保理池融资产品适用于交易记录良好且应收账款余额相对稳定的中小企业。对于融资企业来说，在应收账款特定化、一对一的保理中，对象分散、发生频繁、期限不一致的应收账款常常无法获得融资，而保理池的方式对每个买家采用一次性转让通知的方式，不仅简化了手续，而且充分挖掘了零散应收账款的融资功效。对于银行来说，保理池同样简化了操作手续、降低了操作成本。同时，银行利用这一产品锁定所有销售回款的回笼，可以获得最大化的结算存款沉淀。

国内保理池融资的风险控制要点在于：需建立高效的应收账款管理系统，对客户的销售回款情况进行监控；需设置保理池的结构化比例限制；需规定应收账款入池的有效单据要求，保证应收账款的真实性。

（四）票据池授信

票据池授信是指企业将收到的所有或部分票据做成质押或转让背书，纳入银行授信的资产支持池，银行以票据池余额为限向客户授信。票据池授信包括票据质押授信和票据买断池授信。

票据池授信适用于票据流转量大、对财务成本控制严格的生产型和流通型企业，同样适用于对财务费用、经营绩效评价敏感并追求报表优化的企业。对融资企业来说，票据池业务将票据保管和票据托收等工作全部外包给银行，减少了客户自己保管和到期托收票据的工作量。而且票据池融资可以实现票据拆分、票据合并、短票变长票等效果，解决了客户在票据收付过程中期限和金额不匹配的问题。对银行来说，通过票据的代保管服务，可以吸引票据到期后衍生的存款沉淀。

票据池产品的风险在于银行对票据真实性的查验，须防止假票、克隆票等，此外，还要实施严格的金额与期限控制、台账管理。同时，票据池融资的基础应该以银行承兑汇票为主，对商业承兑汇票要谨慎接受。

（五）出口应收账款池融资

出口应收账款池融资，是指银行受让国际贸易中出口商（客户）向国外进口商销售商品所形成的应收账款，并且在所受让的应收账款能够保持稳定余额的情况下，结合出口商主体资质、经营情况、抗风险能力和应收账款质量等因素，以应收账款的回款为风险保障措施，向出口商提供融资的短期出口融资业务。出口应收账款池融资的基本流程如图9-12所示。

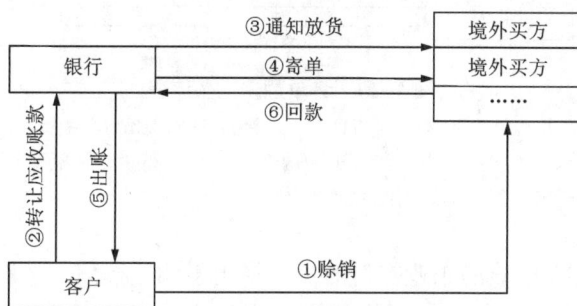

图 9-12　出厂应收账款池融资业务流程

注：①买卖双方签订贸易合同，卖方（出口方）向境外买家提供赊销。②客户积累应收账款（连续向银行交单），并办理应收账款转让手续。③银行接受应收账款转让，向买方通知转让事宜和回款路径。④银行代客户将单据寄送至境外买家。⑤银行在额度内向客户提供授信出账。⑥境外买方将款项汇入银行指定账户。

出口应收账款池融资适用于经常性发生出口贸易，具备一定主体资质和出口业务规模的中小企业，此类企业必须拥有优良的出口收汇记录，保持稳定的应收账款规模，且出口融资需求旺盛，银企配合意愿强。对于融资企业来说，将连续、多笔金额较小的应收账款汇聚成"池"，整体转让给银行，可以将分散的应收账款资源集中起来发挥作用，向银行申请融资，补充流动资金的不足。出口应收账款包括出口商采取赊销、托收、信用证等多种结算方式产生的应收账款。

出口应收账款池融资业务的风险控制要点主要在于：池融资的风险控制理念是大数法则，因此对池结构中应收账款金额应实行上限管理、交易对手应符合分散的原则；原则上入池的应收账款下的出口商业单据寄送环节应由授信银行操作；要了解进、出口商之间的支付习惯、结算记录以及客户配合银行操作的意愿等。

四、订单融资

订单融资是指企业持银行认可的购销合同和买方（核心企业）发出的真实有效的购货订单向银行申请的融资业务。订单融资适用于自有资金缺乏，拥有来自核心企业的订单却因资金周转问题无法顺利完成订单生产任务的企业。由于核心制造商出于规避资金风险的考虑，一般不会预先支付资金，供应商在此时有一个资金缺口，可以通过订单融资的方式来解决相关的资金困难。也就是说，供应商可用供应链上核心企业的订单做担保向银行申请贷款，银行在审核订单的真实性、评估订单的价值和相应风险后给予一定授信额度，帮助企业购买所需的原材料进行生产，在供应商采购生产和销售过程中对相关的物流和资金流进行封闭管理。订单融资的操作流程如图9-13所示。

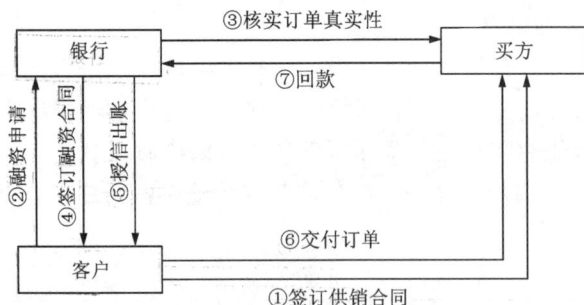

图9-13 订单融资业务流程

注：①客户与核心企业签订购销合同、取得销售订单。②企业向银行提出订单融资申请。③银行向核心企业确认购销合同及订单真实性。④企业与银行签订订单融资相关合同。⑤银行向客户提供授信。⑥企业完成订单，向核心企业交货。⑦核心企业回款至销售结算账户。

当供应商完成订单后，核心企业支付的货款将用于偿还授信。一般来说，核心企业会延期支付中小供应商的货款，此时供应商的订单融资形式转变为应收账款融资形式，金融机构可以直接买断供应商的应收账款，也可以继续以应收账款做质押担保给供应商提供融资，直至应收账款从核心制造商处收回以偿还借贷。一般来说，订单融资业务贷款发放的对象为产品有市场、有效益，但缺乏生产流动资金的中小企业，贷款用途是满足企业生产销售订单产品的流动资金需要，贷款手续力求简便，由银行对接受订单企业实行规模授权，专项用于订单业务的生产。这种融资方式的主要特征在于：①封闭性，即一单一贷、专款专用，从而由额度风险控制和长期贷款思维转化为单笔授信和贸易短流程的风险判断和控制；②灵活性，即业务具有及时、简便、循环使用、效率优先的特点，能够保证生产运营的顺利进行，非常符合中小企业贷款；③复杂性，即业务由主体为基础的风险控制理念转变为基于流程控制或在把握主体的同时控制资金流、物流的风险控制理念，所涉及的物流和资金流较复杂，监控难度高。

订单融资一方面可以解决中小企业的前期资金短缺问题，使中小企业提前得到资金，顺利完成订合合同，同时也提高了中小企业接收订单的能力；另一方面，订单融资也可以促进核心企业顺利完成采购，保证上游采购渠道通畅，按计划安排生产。

第四节 供应链类型和融资需求

一、三种供应链驱动类型的融资需求

按照供应链的驱动类型划分，供应链可分为推动型供应链、拉动型供应链和推拉混合型供应链三大类。不同类型的供应链会有不同的供应链管理目标，也会制定不同的供应链运作

控制和管理策略。存货融资、订单融资、应收账款融资、订单融资等供应链融资产品适用于不同类型的供应链。如表9-4所示，在推型供应链中，存货融资和预付款融资是常用的供应链融资方式；在拉型供应链中，订单融资和应收账款是常见的供应链融资方式；而在推拉型供应链中，根据供应链的特点，适合采用存货融资、订单融资和应收账款融资等方式。

表9-4　供应链类型特征与供应链金融产品匹配表

	推型供应链	拉型供应链	推拉混合型供应链
产品	功能化产品	创新化、个性化产品	大规模定制化产品
市场特点	市场需求稳定、产品差异性小、行业标准高	需求季节性强、客户细分程度高、无统一标准	客户需求多变、产品生命周期短、标准部件+定制安装
生产角度	效率型供应链	敏捷型供应链	混合型供应链
运作目标	成本最低、持续改善	服务、速度、反应时间	统一协调成本与服务
核心企业	上游制造商	下游分销商或零售商	产品组装企业
供应链驱动力	核心制造商	下游分销商、零售商	下游和核心企业双重推力
生产特点	需求可预测且预测准确、按计划生产	信息系统强大（订单或ERP系统）、敏捷制造	模块化大量生产、定制点后移
订单信息	反应计划变动和预测	反应客户最终需求	反应客户最终需求
提前期	较短	较长	定制点前短、定制点后长
库存特点	在制品库存多、成品库存周转率高、成品变现能力强	成品有不同程度的易腐特性，在制品库存少、成品库存少、成品变现能力弱	组件模块化程度高，功能组件库存量大，变现能力强，创新组件库少变现能力弱
供应链融资方式	存货融资、预付款融资	订单融资、应收账款融资	存货融资、订单融资、应收账款融资
行业举例	日用消费品行业、钢铁行业、能源行业	服装行业、船舶制造业、特种装备制造业	汽车行业、电子消费品行业、消费服务业

二、推动型供应链——以钢铁行业为例

传统的钢铁供应链上游包含铁矿石供应商，如采矿企业、外贸公司；中游是钢铁的冶炼企业；下游涉及各类经销商、销售代理商、钢材消费企业。具体如图9-14所示。

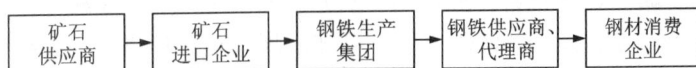

矿石供应商 → 矿石进口企业 → 钢铁生产集团 → 钢铁供应商、代理商 → 钢材消费企业

图9-14　钢铁行业供应链简易示意图

(一)铁矿石进口代理商供应链金融服务需求分析

一般来说,与核心企业存在长期的合作关系,铁矿石进口代理商企业往往能了解核心生产企业的生产节奏和计划,为生产企业承担供应链上游的采购过程中所需的信息和物流服务,另外大部分时候还承担购买原材料的资金占用压力。也就是说,对于进口代理商而言,下游的生产企业的需求往往是固定且确定的,并且由于长期的合作下历史交易记录可信度高,下游企业与代理企业往往容易形成"包销"合约,在此过程中铁矿石进口企业在无定价权的情况下,往往会选择在特定的采购合约上加上适当的物流服务费、资金占用费等来确定采购价格。对于代理企业而言,主要承担的风险是过程风险以及由资金断裂无法履行采购订单的风险。

由于在矿石采购环节中,无论是国际来源还是国内来源,往往都采用现货现款或者款到发货的形式,所以对于采购代理商而言会出现较大的资金缺口,对所采购的矿产在发货前需要预付款融资服务。商业银行可根据采购订单的历史履约情况以及代理商本身的声誉,对确定采购数量下所需的订货资金(预付款)、采购资金等予以融资。

(二)钢铁生产企业供应链金融服务需求分析

铁矿石属于特殊的大宗商品,价格波动较大,会对原材料存货实际价值产生重大的冲击。从产业分析中可知,我国目前的代理商与核心企业之间的捆绑销售协议中并不会承担价格波动的风险,这一巨大的市场风险大部分都由核心企业承担了,尤其是在生产周期较长的品种时,对于进入自身仓库或者确定所有权的在途库存核心企业需要一定的保值或者避险金融需求。可以采用配套套期保值的存货融资模式,将矿石原材料交予银行进行存货融资,并在期货市场进行相应的风险对冲操作,应用相应的期货市场金融工具,锁定钢材现货的成本与利润。目前,我国期货交易所已经开通了螺纹钢与线材的期货交易,国际期货交易所中也有大量期货交易品种可供选择。商业银行在不持有存货所有权的情况下,要求生产企业对持有的部分期货进行相应的套利保值操作,这就使得企业在现货经营方面,存在现货对企业的资金占用情况;在期货方面,企业持有的标准仓单也在一定程度上占用了企业的资金。

(三)钢铁经销商供应链金融服务需求分析

与铁矿石进口代理商类似,在整个供应链中,中游的钢铁生产企业以及下下游的消费企业成为整个供应链的核心企业。对于经销商而言,要么选择绑定生产企业,要么选择绑定消费企业,这样上游和下游过大的议价能力使得经销商在相应的交易中,往往会进行预付款项的支付或者是核心企业不进行相应的赊销,从而造成资金紧张。同时,代理模式下的销售企业的主要利润来源为物流服务费,当销售规模达到一定程度时会形成稳定的收入来源,所以此类企业的交易对手往往是下下游中相对小型的钢材消费企业,而且利用物流网络的规模化经营获得交易地位的改善,对现金管理和应收账款服务需求较大。当此类销售代理企业成长到一定规模时,将成为下游供应链中的一个核心企业,同时也可以承担下下游消费企业的应付账款的融资服务。

在钢铁行业的下游中还存在着一种市场搬货式的贸易方式,企业在单个企业或整体市场主要作为资源配置的手段,实现钢材在信息不对称的现实市场中的配置,从而降低买方的交易费用,这就要求单个企业或者整体市场具有稳定的需求客户。

一般情况下,这种形势的钢贸行业产业链的参与者都是小微型企业,由于有着稳定的产品买方,因此其资金周转较快,所需的资金支持也较小。同时,在这种经营方式下的钢贸企业,在开拓新的市场时最需要资金支持。

三、拉动型供应链——以大型工程机械行业为例

工程机械行业属于制造业当中的专用设备制造行业。凡是土方工程、石方工程、混凝土工程及各种建设安装工程在综合机械化施工中所必需的作业机械设备统称为工程机械。由于工程机械的特殊性，使得其订单生产特性强，往往是根据最终设备使用商的使用环境、使用用途等其他要素定制而成，机械使用的专用性较强，产成品的流动性较弱。同时，由于大型工程机械的制造工艺复杂，部件繁多，生产过程耗时提前期长，为减少提前期并增强产品功能，国内大部分生产企业在获得订单后选择海外外购部分或者大部分的零部件，发出订单，再选择自行生产的小部分零部件，等待部件到达生产线上后再组装。

(一)大型工程机械行业的供应链

大型工程机械行业包含上游的外包加工和生产的零部件供应商和其他自己生产的核心零部件的原材料供应商，以及中游的工程机械生产企业，往往是自行生产关键零部件并予以组装，一般是整条产业链的核心企业。由于大型工程机械用途特殊、生产周期长以及单价昂贵，所以最终设备使用商无法一次性支付，往往会有附带融资类金融服务的代理商和经销商先行买断，再由设备使用商分期支付货款以及其他服务费用。大型工程机械行业供应链简易示意图如图9-15所示。

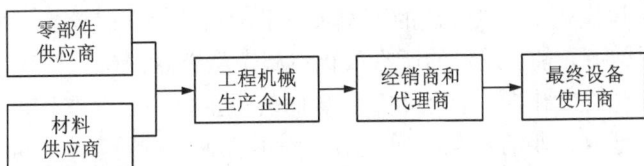

图9-15　大型工程机械行业供应链简易示意图

(二)零部件供应商的供应链金融服务需求

在全球的工程机械行业供应链中，专业性较强的零部件往往是由海外进口，所以上游与中游的供应链合作往往是跨境的。在进行进口零部件交易时，下游生产企业的核心地位随零件种类有所差异，上游零部件供应商在接受订单后随着供应链中议价权的高低，有可能采用预付款销售或者赊销的方式进行，这就需要全面的国际结算支付工具予以辅助。当关键零部件单价较高，或者汇率存在波动较大的情况时，还需要银行提供相应的理财或者结售汇服务方面的金融支持。当采用预付款销售时，下游生产制造企业有可能存在外币资金的短缺，由于下游的最终消费企业需求已经锁定，可为生产制造企业提供订单融资，用于其零部件以及其他材料的采购。

(三)材料供应商的供应链金融服务需求

工程机械行业的材料供应商指的是为工程机械生产提供钢材、玻璃、橡胶等生产用材料的企业。在国内，这些材料往往是生产辅料，属于各自专业行业供应链中的中游企业，而工程机械生产商则是各自对应行业供应链中的下游企业。在这些生产辅料的供应链中，往往是推式供应链，会有较大量的存货，如玻璃。同时，按计划生产，在交易过程中可能会处于相对较弱的地位，往往与核心制造企业的交易采用赊销形式，可结合推式供应链中的存货融资

（如钢材还可附带增加套期保值的服务）或者应收账款融资模式进行金融服务。当所面临的材料供应商不是制造商而是销售代理商时，此类销售代理商也会由于资金占用和流动性不足的原因出现缺口导致丧失销售机会，也可根据核心制造企业对拉式订单的需求进行融资。

（四）工程机械生产企业的供应链金融服务需求

一般情况下，工程机械生产企业有着相对较大的规模，除去与核心零部件厂商的交易以外，在与其他厂商进行交易时，往往处于较高的交易地位。一般而言，此类企业为重资产型的大型企业，如中国的三一重工、中联重科等，在传统的商业银行处能较为容易地获得授信额度且有较为充裕的现金流，但由于最终产品的特殊性，会出现生产企业为下游设备使用方分担采购资金的压力，以分期付款的形式进行买方信贷。

从财务分析报表上来看，企业已经实际销售出去的产品也仍然以存货或者应收账款的形式记录在制造企业的报表中，需要银行对其应收账款进行管理。但由于工程机械的特殊性，并不建议采用存货融资的形式，因为最终产品的通用性较差，如果下游企业分期付款资金出现断供时，最终产品将无法快速折现。

（五）经销商及最终用户的供应链金融服务需求

在供应链的实际运作中，往往存在分期付款、银行按揭支付、融资租赁等三种大型机械成品销售模式。这三种销售模式的资金压力分散在不同的融资主体中，其中银行按揭支付此类方法本节不做过多讨论。

在分期付款的销售模式下，供应链的下游及下下游都会存在着较大的资金压力。在经销商方面，尽管在款项结清之前，设备的所有权仍然属于经销商，但是由于是分期付款的方式，从而使得设备款项无法在卖出时一次性收回，从而使得企业方面存在较多的应收账款，进而占用企业营运资金，导致企业的经营出现一定的困难。而在终端客户方面，由于是进行分期付款的方法进行的工程机械购买，就必须按照合同在规定期限内进行款项的缴纳。有时可能缴纳的时间越早，获得的相应商业折扣就越高；或者有时由于资金运作问题，可能会使得企业难以在规定期限内进行款项的缴纳，从而造成企业出现损失。

在融资租赁销售模式下，无论是代理商还是最终需求客户，都可缓解资金压力并美化报表。对于代理商而言，其主要的交易促进作用已经完成，也无须在自身资金紧缺的情况下进一步承担压力，将所有权出售给融资租赁公司则是代理商从单个交易中全身退出的较好时机。对融资租赁公司而言，若自身资金出现短期紧缺，也可在此时引入银行融资功能。

四、推拉混合型供应链——以家具行业为例

家具行业上游包括家具主体制造材料、次要装饰材料以及生产辅料的供应商。主体制造材料如木材、金属、塑料、竹藤等其他天然材料等；次要材料主要承担装饰功能，包括布料、玻璃等；生产辅助材料包括油漆、染料以及螺丝、钉子等。所有这些材料的供应商也属于传统推式供应链的中下游，在家具制造企业前端属于按计划生产。

（一）家具行业的供应链

家具制造企业为整个供应链的中游，虽然属于主体制造企业，但由于此类行业受最终消费者需求变化影响大，往往不能成为核心企业，承担材料加工、组装以及运输等供应链功能。目前，我国的家具生产制造企业主要以中小型企业为主，难以做到产业链核心企业的位置，即使能够作为产业链的核心企业，对上下游公司的控制能力也很有可能是较弱的。当然，品

牌价值较大的生产制造企业或者自己承担设计职能的生产企业也会成为核心企业。在家具行业中,各式家具经销商、代理商以及连锁店往往都承担了销售与仓储功能,是整个供应链的核心企业,由于与下游最终接触度高,从某种意义上来说,这些销售企业承担了零散的最终客户集中化需求的表达职能,由他们承担对最终客户定制化、个性化需求的观察和确定产品个性化方案,并针对消费者个性化服务需求提供家装方案,协助消费者就地选择家装材料和家具。家具行业供应链简易示意图如图9-16所示。

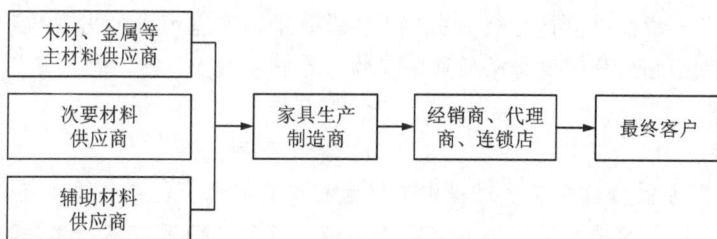

图9-16　家具行业供应链简易示意图

在整个供应链中,生产以及之前这些环节,均由生产企业根据历史销售趋势确定家具生产计划的安排,并结合下游经销商/连锁店反馈的真实订单,修正生产和组装计划。而经销商的订单生成则是根据最终客户的需求进行的。

(二)材料提供商的供应链金融需求分析

如前所述,所有主要、次要、辅助材料的提供商在各自的供应链中属于下游地位,在推式供应链中最主要的是预付款与赊销产生的资金短缺。另外,由于主要材料提供商多为自然材料的生产,生产周期长且季节性较为明显,将加剧对资金的依赖。可结合各自所属供应链的融资安排,进行详细区分。

(三)家具生产商的供应链金融需求分析

一般而言,生产以及之前的材料采购为推式供应链,家具生产商往往作为推拉式供应链的分割点。由于我国家具制造企业的规模一般为中小企业,在供应链上下游交易过程中不具有较大的话语权,下游中间商们往往采用赊销的方式对货物进行采购,如果生产商对上游也采用赊销方式,将会缓解生产企业的资金压力。但是,如果与特殊材料或者较为强势供应链的上游进行贸易往来,则极有可能陷入预付款交易的境地,反而加剧其资金短缺。另外,由于生产商与下游的经销商方面采取往来账的形式进行记账,因此不存在应收票据业务,而是全部为应收账款,所以家具生产商本身最需要的是应收账款的管理以及融资。但由于下游中间商所发出的订单符合最终客户需求,最终销售数量与订单数量、功能差异不大,所以也可以根据有长期历史交易往来的中间商进行订单融资。

(四)中间商的供应链金融需求分析

一般而言,从家具行业的下游中间商开始供应链进入拉式供应链阶段,所有拉式供应链的金融工具也可以适当运用在此。中间商拥有货物所有权,当拥有核心企业地位时,上游资金压力将不会传导至中间商,但由于家具销售过程的特殊性,所以将承担供应链中成品存货管理的职能,协助开展供应链融资的银行进行存货融资业务,缓解中游企业的资金压力。当下游中间商处于品牌企业加盟形式时,将会自行承担存货或者预付款的资金占用压力,同时我国家具行业的最终客户也有较大比例的境外用户，在跨境供应链中还有传统国际贸易融资、保理以及国际结算结售汇等金融服务需求。

【复习思考习题】

一、单项选择题

1. 供应链组织模式下，使得每个环节所持有的库存与传统模式发生重大变化，尤其是在JIT这一"（   ）"的精益供应链思想的引导下，新型库存管理模式的出现导致核心企业无意持有库存，促使供应商和分销商都必须面临实物库存挤占现金，流动性不足。

A. 安全库存　　　　　　　　　　　B. 零库存

C. 周转库存　　　　　　　　　　　D. 季节库存

2.（   ）与财务供应链在实践过程中是极为相似的概念，从应用领域来说，财务供应链概念早于它出现，强调的是对供应链三流中资金流的管理，运用信息技术手段，通过供应链上下游及金融机构间的业务整合，优化收付流程和减少支付成本，有效降低企业的营运资本占用。

A. 库存融资　　　　　　　　　　　B. 物流金融

C. 供应链金融　　　　　　　　　　D. 票据融资

3. 在（   ）销售模式下，无论是代理商还是最终需求客户，都可以缓解资金压力并美化报表。对于代理商而言，其主要的交易促进作用已经完成，也无须在自身资金紧缺的情况下进一步承担压力，将所有权出售给融资租赁公司则是代理商从单个交易中全身退出的较好时机。

A. 银行按揭　　　　　　　　　　　B. 票据贴现

C. 分期付款　　　　　　　　　　　D. 融资租赁

二、多项选择题

1. 国有商业银行在贷款时往往更倾向于实力雄厚的大企业客户，优先考虑的对象是大中型国有企业，而以非国有企业为主的中小企业在向国有银行贷款时难度很大。其主要的原因大概有：（   ）。

A. 过高的经营风险　　　　　　　　B. 制度不健全

C. 社会信用偏低　　　　　　　　　D. 缺少足够的抵押资产

2. 供应链金融的创新来源于以下几个方面：（   ）。

A. 所服务的对象从单一企业延伸到供应链为整体的多企业群

B. 信贷门槛的降低

C. 强调以供应链系统为主体的资金流与信息流、物流的整合

D. 风险管控的重点变为基于贸易真实性的供应链自偿能力

3. 应收账款融资是一种基于债权控制的供应链融资方式，具体包括（   ）等种类。

A. 国内明保理　　　　　　　　　　B. 国内保理池融资

C. 票据池授信　　　　　　　　　　D. 国内暗保理

三、判断题

1. 债券融资具有抵税效应、财务杠杆效应、不分散企业控制权等优势，中小企业一般比较容易获得发行企业债券的资格。（　　）

2. 在国际实践中，供应链金融应该是传统国际贸易的一种延伸。传统国际贸易融资是一对多的系统性解决方案；供应链金融是一对一的专项金融服务。（　　）

3. 广义上的供应链金融包含了物流金融。供应链金融强调以物流控制为主导，为供应链上下游企业提供融资、结算、保险等产品，是伴随物流产业的发展而开发起来的。（　　）

四、简答题

1. 企业有哪些融资渠道？

2. 供应链金融创新的意义体现在哪些方面？

3. 请列出供应链金融服务的主要提供主体。

4. 供应链金融与银行传统信贷产品有哪些区别？

5. 请分析供应链金融业务在供应链中的推广应用存在哪些问题。

6. 请分析预付款融资和订单融资的产品特点和适用情况。

7. 试举例说明某供应链中各节点企业的供应链融资需求。

五、案例分析题

重庆永业钢铁(集团)有限公司是一家钢铁加工和贸易民营企业，由于地域关系，永业钢铁与四川攀枝花钢铁集团一直有着良好的合作关系。永业钢铁现有员工150多人，年收入超过5亿元，但与上游企业攀钢相比在供应链中还是处于弱势地位。永业钢铁与攀钢的结算主要是采用现款现货的方式。2005年，永业钢铁由于自身扩张的原因，流动资金紧张，无法向攀钢打入预付款，给企业日常运营带来很大影响。2005年底，永业钢铁开始与深圳发展银行(以下简称"深发展")接触。深发展重庆银行在了解永业钢铁的具体经营情况后，与当地物流企业展开合作，短期内设计出一套融资方案：由物流企业提供担保，并对所运货物进行监管，深发展重庆银行给予永业钢铁4500万的授信额度，并对其陆续开展了现货质押和预付款融资等业务模式，对永业钢铁的扩大经营注入了一剂强心针。在取得深发展的授信以后，当永业钢铁需要向攀钢预付货款的时候，深发展会将资金替永业付给攀钢，或替永业钢铁开出银行承兑汇票。与深发展合作以来，永业钢铁的资金状况得到了极大改善，增加了合作钢厂和经营品种，销售收入也稳步增长。

数据来源：http://www.cqyongye.com/

案例思考题：

此案例中，金融融资运用了哪种运作方式，试分析这种运作方式。

第十章　供应链合作伙伴关系管理

本章学习导引

　　本章主要研究供应链战略合作伙伴关系。围绕这一中心，本章将讨论供应链合作关系的建立步骤及其制约因素，并对合作伙伴的选择问题进行具体阐述。通过这一章的学习，读者将了解在全球性的竞争中，企业想要持续稳定地发展，必须将自身的业务与合作伙伴的业务集成在一起，缩短相互之间的距离，站在整个供应链的角度考虑产品增值问题，只有这样才能使企业在新的竞争环境下保持发展的动力。通过这一章的学习，读者还应掌握建立战略性合作伙伴关系的战略重点，充分认识到这是供应链管理的核心，认识到供应链管理的关键就在于供应链各节点企业之间的有效衔接和合作，以及相互之间在设计、生产、竞争策略等方面良好的协调。与此同时，读者也可以体会到客户关系管理与供应商管理对供应链的重要性。

第一节　供应链战略合作伙伴关系

一、供应链合作关系的定义

　　供应链合作关系（supply chain partnership，SCP），一般指供应商—制造商（supplier—manufacturer）关系，或者卖主/供应商—买主（vendor/supplier—buyer）关系、供应商关系（supplier partnership）。供应链合作关系可以定义为供应商与制造商之间，在一定时期内共享信息、共担风险、共同获利的协议关系。

　　这样一种合作关系形成于集成化供应链管理环境下，形成于供应链中具有特定的目标和利益的企业之间。形成的原因通常是为了降低供应链总成本、降低库存水平、增强信息共享水平、改善相互之间的交流、保持战略伙伴相互之间操作的一贯性、产生更大的竞争优势，以实现供应链节点企业的财务状况、质量、产量、交货期、用户满意度及业绩的改善与提高。显然，合作关系必然强调企业相互之间的合作和信任。

　　建立供应链合作关系，就意味着在合作伙伴之间共同开发新产品/技术、共享数据和信息交换、共创市场机会、共担风险及共享收益。在供应链合作关系环境下，制造商选择供应商时不再只考虑价格，而是更注重选择能在优质服务、技术创新、产品设计等方面进行良好合作的供应商。

一般而言，供应商为制造企业的生产和经营供应各种生产要素（原材料、能源、机器设备、零部件、工具、技术和劳务服务等），供应商所提供要素的数量、价格，直接影响到制造企业生产的好坏、成本的高低和产品质量的优劣。因此，制造商与供应商的合作关系应着眼于以下几个方面：

第一，让供应商了解企业的生产流程和生产能力，使供应商能够清楚地知道企业需要产品或原材料的期限、质量和数量。

第二，向供应商提供自己的经营计划和经营策略，使供应商明确企业自身的希望。

第三，企业与供应商要明确双方的责任，并各自向对方负责，使双方明确共同的利益所在，并为此而协同一致，以达到双赢的目的。

供应链合作关系发展的主要特征就是从以产品/物流为核心转向以集成/合作为核心。在集成/合作逻辑思想指导下，供应商和制造商把它们的需求和技术集成在一起，以实现为制造商提供最有用产品的共同目标。因此，供应商与制造商的交换不仅仅是物质上的交换，而且包括一系列可见和不可见的服务（R&D、设计、信息、物流等）的交换。

供应商要具备创新能力和良好的设计能力，以保证交货的可靠性和时间的准确性。这就要求供应商采用先进的管理技术（如 JIT、TQM 等），管理和控制自己的网络。而对制造商来说，要提供的活动和服务包括：控制供应市场、管理和控制供应网络、提供培训和技术支持、为供应商提供财务服务等。

二、供应链战略合作伙伴关系的产生

从国内外学者的研究文献中，可以清楚地看到，对供应链管理模式的认识，人们强调得最多的就是企业间的"战略合作伙伴关系"问题，这种新型企业关系是供应链管理模式形成的基础，也是供应链管理模式与传统管理模式的根本区别。这是近年来企业关系发展的新动向。

(一) 自动化工业中企业关系的发展

莱明（Lamming）在《超越伙伴关系：革新的战略和精细供应》一书中，将自动化工业中企业关系的发展分为五个阶段：

（1）传统关系阶段（1975 年以前）。这一时期的市场特征基本上是供不应求。企业的管理战略是：改进工艺和技术，提高生产率；扩大生产规模，降低单位产品成本。由于市场相对稳定，企业各忙各的，竞争比较温和，竞争压力小。

（2）自由竞争时期（1972—1985 年）。市场上产品供应日趋饱和，企业间的竞争非常激烈，竞争力的破坏性很大。

（3）合伙关系时期（1982 年前后）。市场竞争激烈、混乱，顾客对产品的质量要求日益提高。质量竞争使得企业经营战略转向纵向一体化，以确保最终产品质量稳定。企业间合作比较紧密，部分合作具有一定的战略性，竞争压力适中。

（4）伙伴关系时期（20 世纪 90 年代初期）。市场变化加快，纵向一体化经营模式反应迟缓，失去市场机会的风险、投资风险、行业经营风险都不断增大，企业逐渐由纵向一体化经营转向横向一体化经营，纷纷采取快速响应市场变化的竞争战略。企业间确立伙伴关系，使得经营合作具有一定的层次性、能动性，竞争压力很大。

（5）战略联盟关系时期（20世纪90年代后期）。企业间过去是你死我活的竞争，现在由于市场全球化的发展，经营难度和经营风险不断加大，企业间不得不进行更紧密的合作。于是产生了双赢的合作竞争和企业间的战略联盟。企业间的竞争压力非常大，但这种压力是企业为了更好地发展而自我施加的。

（二）企业关系演变过程

从历史上看，企业关系大致经历了三个发展阶段，如图10-1所示。

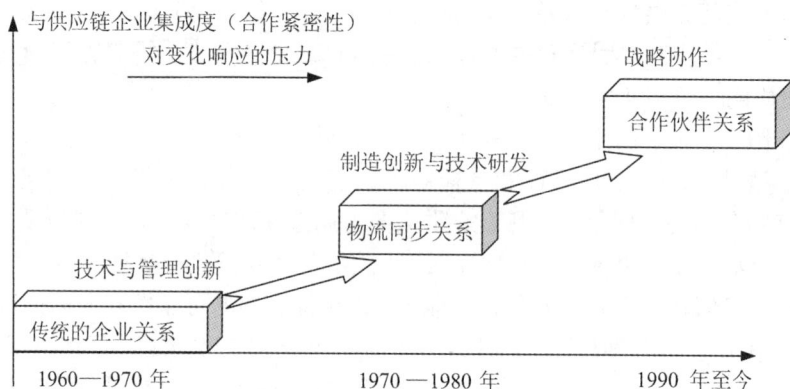

图10-1　企业关系演变过程

1. 传统的企业关系

从传统的企业关系过渡到创新的合作伙伴关系模式，经历了从以生产、物流相结合为特征的物流同步关系（20世纪70年代到80年代）到以战略协作为特征的合作伙伴关系（20世纪90年代）这样的过程。在传统的企业关系中，供应管理被等同于物流管理，企业之间的关系主要是"买—卖"关系。基于这种企业关系，企业的管理理念是以生产为中心的，供销处于次要的、附属的地位。企业间很少沟通与合作，更谈不上企业间的战略联盟与协作。

2. 物流同步关系

从传统的以生产为中心的企业关系模式向物流关系模式转化，JIT等管理思想起着催化剂的作用，因为JIT的实施要求所有相关企业的物流必须同步运行，否则就无法使整个系统达到准时生产。为了达到生产的均衡化和物流的同步化，必须要加强部门间、企业间的合作与沟通。基于物流同步关系的企业合作关系，可以认为是一种处于作业层和技术层的合作。在信息共享（透明性）、服务支持（协作性）、并行工程（同步性）、群体决策（集智性）、柔性化与敏捷性等方面都不能很好地适应越来越剧烈的市场竞争的需要，企业需要更高层次的合作与集成，于是产生了基于战略伙伴关系的企业模型。

3. 合作伙伴关系

具有战略合作伙伴关系的企业体现了企业内外资源集成与优化利用的思想。基于这种企业运作环境的产品制造过程，从产品的研究开发到投放市场的周期大大地缩短了，而且顾客定制化程度更高，模块化、通用化、标准化组件的生产模式使企业在多变的市场中柔性和敏捷性显著增强，虚拟制造与动态联盟加强了业务外包这种策略的利用。企业集成即从原来的中低层次的内部业务流程重构(BPR)上升到企业间的协作,这是一种最高级别的企业集成模式。在这种企业关系中,市场竞争策略最明显的变化就是基于时间的竞争和价值链的价值让渡系统管理,或基于价值的供应链管理。

三、基于战略合作伙伴关系的企业集成模式

基于战略合作伙伴关系的企业集成模式如图 10-2 所示。

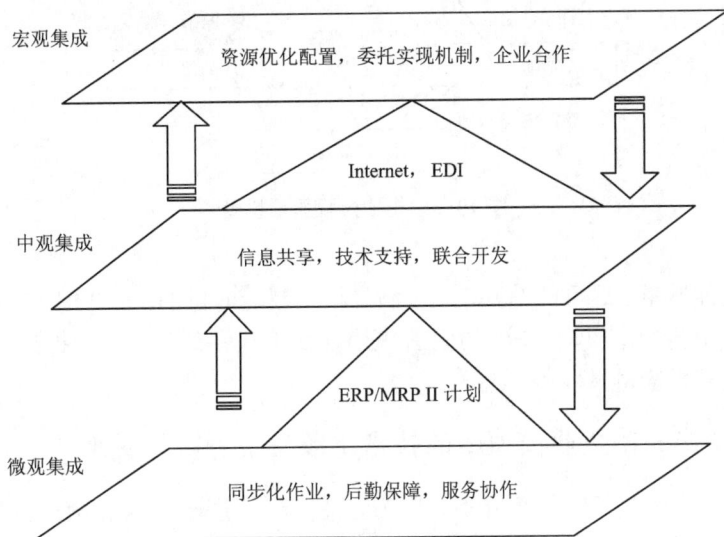

图 10-2　战略合作伙伴关系的企业集成模式

由图 10-2 可见,企业在宏观、中观和微观上都实现了相互作用的集成。宏观层面上主要是实现企业之间的资源优化配置、企业合作以及委托实现机制,而在中观层面上主要在一定的信息技术的支持和联合开发的基础上实现信息共享,微观层面上则是实现同步化、集成化的生产计划与控制,并实现后勤保障和服务协作等业务职能。

四、战略伙伴关系企业中的质量保证体系

战略伙伴关系企业中的质量概念应是能为顾客所理解的,质量工作源于顾客需求,终结于顾客的理解。制造商必须将顾客的需求贯穿于整个设计、加工和配送的过程中,不仅要关心产品质量,而且要关心按时交货、服务、原材料供应、销售、售后服务等活动的质量。我们把这种基于供应链全流程、以并行工程为基础的质量思想称为"过程质量",即通过实施供应链各节点企业的全面质量管理,达到零缺陷输入和零缺陷输出,实现基于"双零"(零库存、零缺陷)的精细供应链目的。"双零"是人们追求的理想目标,它给企业提出了一个不断改进和努力的方向。企业过程质量模型如图 10-3 所示。

要获得顾客满意的产品质量,人们普遍认为质量功能展开(quality function deployment,QFD)思想是实现供应链质量保证的有效方法。作为一种面向全面质量管理的理想模式,QFD 能将顾客的实际需求反映到企业制造全过程中,通过产品质量功能的配置满足用户的需求,从而获得用户满意。在这个过程中,质量控制的标准直接来自用户,因而能消除产品多

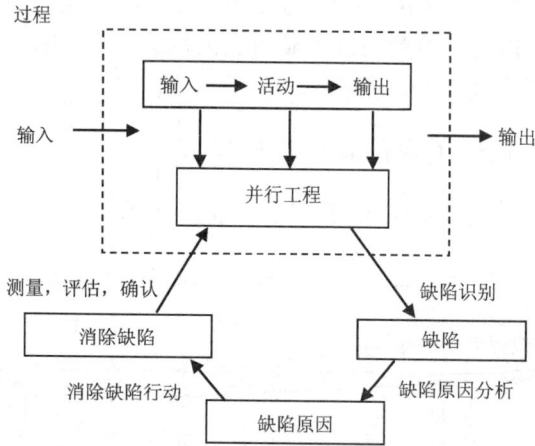

图 10-3　企业过程质量模型

余的不必要的功能质量，尽可能消除浪费，满足精细制造的目的，形成"用户质量要求→零件特性质量要求→工艺操作质量要求"的牵引作用。基于这一认识，人们提出了企业生产模式由精细制造向精细供应链转变的思想。

五、战略伙伴关系企业模型中的技术扩散与服务协作关系

集成化的供应链，其竞争优势并不是因为企业有形资产的联合和增加，而是企业成为价值链的一部分，实现了知识的优化重组，达到强强联合，也就是"用最小的组织实现最大的权能"。通过信息的共享，企业把精力用于企业最具创新能力的活动，运用集体的智慧提高应变能力和创新能力。作为面向 21 世纪知识经济时代的供应链管理，信息技术的作用越来越大。供应链过程中的知识或技术的扩散和传统意义的信息流是不同的。企业并不是拥有了合适的软件系统和充分的信息量就能够增强竞争能力的，主要取决于如何合理利用知识链（或技术链），确定各项具体技术在知识链中的每一个环节中所起的作用，注重那些能显著提高企业创新能力的知识与信息的合理运用和扩散作用。为此，必须重视知识主管（chief knowledge officer，CKO）和信息主管（chief information officer，CIO）在企业中的作用，如图 10-4 所示。

国内外学者从经济学、企业行为学、信息传播学、市场渗透、空间转移的原理等角度对技术扩散现象进行了研究，但这些研究大都是基于传统的市场模式的。Internet 的普及和信息技术的飞速发展改变了原有的知识与技术扩散途径，知识经济时代网络化知识与技术的传播扩散机制、网络知识的采用、网络知识产权等问题，目前是有待研究的课题。供应链管理是面向 21 世纪信息化时代的管理模式，自然要面对合作企业之间技术与知识的扩散和协作支持等问题，因为传统的企业技术合作模式和扩散机制对于以供应链管理为基础的企业技术扩散不是完全适用的。

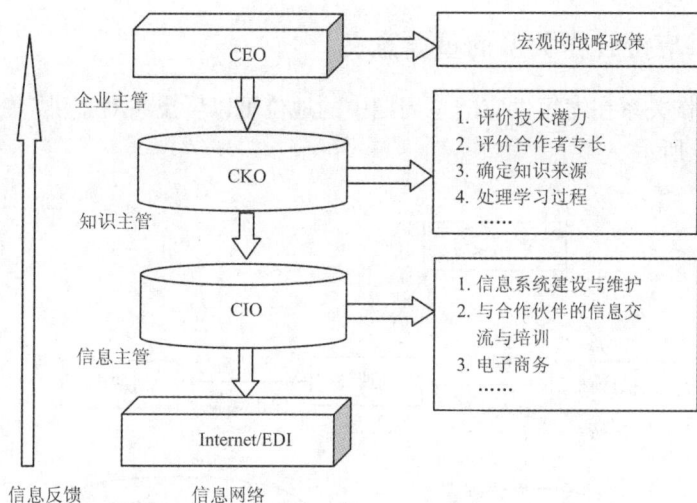

图 10-4　知识主管与信息主管在企业中的作用模型

六、供应链合作关系与传统供应商关系的区别

在新的竞争环境下，供应链合作关系研究强调直接的、长期的合作，强调共同努力实现共有的计划和解决共同的问题，强调相互之间的信任与合作。这与传统的关系模式有很大的区别。

供应链合作关系与传统供应商关系的区别主要体现在如表 10-1 所示的几个方面。

表 10-1　供应链合作关系与传统供应商关系的区别

比较项目	传统供应商关系	供应链合作关系
相互交换的主体	物料	物料、服务
供应商选择标准	强调价格	多标准并行考虑(交货的质量和可靠性等)
稳定性	变化频繁	长期、稳定、紧密合作
合同性质	单一	开放合同(长期)
供应批量	小	大
供应商数量	大量	少(少而精，可以长期紧密合作)，甚至单一供货
供应商规模	小	大
供应商的定位	当地	国内和国外
信息交流	信息专有	信息共享(电子化连接、共享各种信息)
技术支持	不提供	提供
质量控制	依靠入库检查控制质量	质量保证(供应商对产品质量负全部责任)
选择范围	投标评估	广泛评估可增值的供应商

七、建立供应链合作关系的重要意义

从供应链合作关系在缩短供应链总周期中的地位可以看出它对于供应链管理企业的重要意义，如图 10-5 所示。

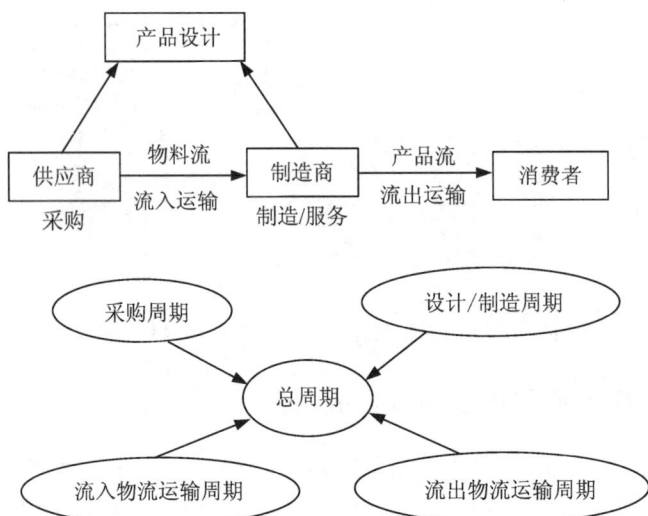

图 10-5 供应链总周期

速度是企业赢得竞争的关键所在，供应链中制造商要求供应商加快生产运作速度，通过缩短供应链总周期，达到降低成本和提高质量的目的。从图 10-5 中可以看出，缩短总周期，主要依靠缩短采购时间、流入物流时间、流出物流时间和设计制造时间（制造商与供应商共同参与），很显然，加强供应链合作关系运作的意义重大。

通过建立供应商与制造商之间的战略合作关系，可以达到以下目标：

1. 对于制造商/买主而言

(1) 实现数量折扣，保证稳定而有竞争力的价格；

(2) 提高产品质量和降低库存水平；

(3) 改善时间管理；

(4) 缩短交货提前期和提高可靠性；

(5) 提高面向工艺的企业规划；

(6) 更好的产品设计和更快的对需求变化的反应速度；

(7) 强化数据信息的获取和管理控制。

2. 对于供应商/卖主而言

(1) 保证有稳定的市场需求；

(2) 对用户需求更好的理解；

(3) 提高运作质量；

(4) 提高零部件生产质量；

(5)降低生产成本；

(6)提高对买主交货期改变的反应速度和柔性；

(7)获得更高的利润(相比非战略合作关系的供应商而言)。

3. 对于双方而言

(1)改善相互之间的交流；

(2)实现共同的期望和目标；

(3)共担风险和共享利益；

(4)共同参与产品和工艺开发，实现相互之间的工艺集成、技术和物理集成；

(5)减少外在因素的影响及其造成的风险；

(6)降低投机思想和投机概率；

(7)增强矛盾冲突解决能力；

(8)在订单、生产、运输方面实现规模效益，以降低成本；

(9)减少管理成本；

(10)提高资产利用率。

虽然有这些利益存在，仍然有许多潜在的风险会影响供应链战略合作关系的参与者。最重要的是，企业过多地依赖一个合作伙伴可能在合作伙伴不能满足期望要求时造成惨重损失。同时，企业可能因为对战略合作关系的失控、过于自信、合作伙伴的过于专业化而缺乏柔性等原因降低竞争力。而且，企业可能过高估计供应链战略合作关系的利益而忽视了潜在的缺陷和风险。所以企业必须对传统合作关系和战略合作关系策略做出正确对比，再做出最后的决策。

具有战略合作伙伴关系的企业关系体现了企业内外资源的集成与优化利用。基于这种企业环境的产品制造过程，从产品的研究开发到投放市场的周期大为缩短，而且顾客导向化程度更高，模块化、通用化、标准化的组件，使企业在多变的市场中的柔性和敏捷性显著增强。虚拟制造与动态联盟加强了业务外包策略的利用，企业集成从原来的中低层次的内部业务流程重组上升到企业间的协作，形成了一种更高级别的企业集成模式。

合作关系密切程度带来的价值增值如图 10-6 所示。

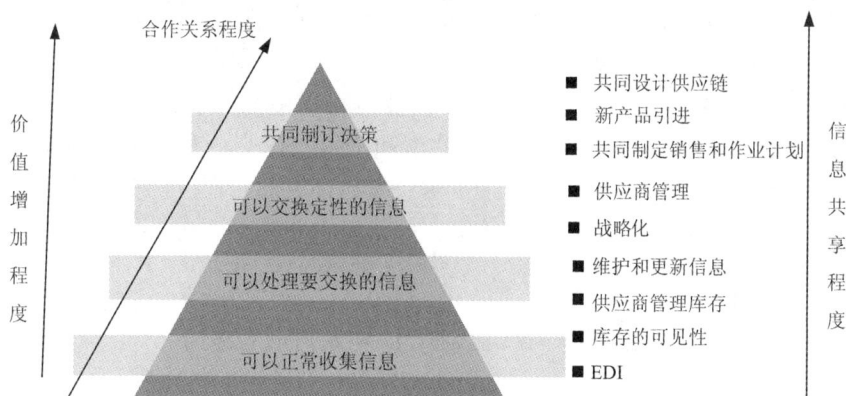

图 10-6 合作关系带来的价值增值

第二节　供应链合作关系的形成及其制约因素

一、建立供应链合作关系

一个企业要想从实施供应链战略合作关系中获益，首先必须认识到这是一个复杂的过程，供应链合作关系的建立不仅是企业结构上的变化，而且在观念上也必须相应改变。所以，企业必须非常认真地选择合作伙伴，以确保真正实现供应链合作关系的利益。

建立供应链合作关系的步骤可以分为以下四步：

(1)建立供应链战略合作关系的需求分析；

(2)确定标准，选择供应商，选择合作伙伴；

(3)正式建立合作关系；

(4)在实施中不断加强战略合作关系。

建立战略合作关系的第一步是必须明确战略关系对于企业的必要性，企业必须评估潜在的利益与风险。然后，确立选择合作伙伴的标准和初步评估可选的合作伙伴。一旦合作伙伴选定后，必须让每一个合作伙伴都认识到相互参与、合作的重要性，真正建立合作关系。最后的步骤包括实施和加强合作关系，如果双方不能持续发展下去则可解除无益的合作关系。

二、建立供应链合作关系的制约因素

良好的供应链合作关系首先必须得到最高管理层的支持和协调，并且企业之间要保持良好的沟通，建立相互信任的关系。

在战略分析阶段需要了解相互的企业结构和文化，解决社会、文化和态度之间的障碍，并适当地改变企业的结构和文化，同时在企业之间建立统一一致的运作模式或体制，解决业务流程和结构上存在的障碍。

而在合作伙伴评价和选择阶段，有关成本和利润的分配、文化兼容性、财务稳定性、合作伙伴的能力和位置(自然地理位置分布)、管理的兼容性等将影响合作关系的建立。必须增强与主要供应商和用户的联系，增进相互之间的了解(包括对产品、工艺、组织、企业文化等方面)，相互之间保持较高的一致性。

在建立供应链战略合作关系的实质阶段，需要进行期望和需求分析，供应链中的企业相互之间需要紧密合作，相互之间要加强信息共享和提供技术交流和设计支持。在实施阶段，相互之间的信任最为重要，良好愿望、柔性、解决矛盾冲突的技能、业绩评估、有效的技术方法和资源支持等都很重要。

第三节　供应链合作伙伴的选择

合作伙伴的评价选择是供应链合作关系运行的基础。合作伙伴的业绩在今天对制造企业的影响越来越大，在交货、产品质量、提前期、库存水平、产品设计等方面都影响着制造商的

成功与否。合作伙伴的评价、选择对于企业来说是多目标的,包含许多可见和不可见的多层次的因素。

一、集成化供应链管理环境下合作伙伴的类型

在集成化供应链管理环境下,供应链合作关系的运作需要减少供应源的数量(短期成本最小化的需要,但是供应链合作关系并不意味着单一的供应源),相互的连接变得更专有(紧密合作的需要),并且制造商会在全球市场范围内寻找最杰出的合作伙伴。因此,可以把合作伙伴分为两个层次:重要合作伙伴和一般合作伙伴。重要合作伙伴是少而精的、与制造商关系密切的合作伙伴,而一般合作伙伴是相对多的、与制造商关系不很密切的合作伙伴。供应链合作关系的变化主要影响重要合作伙伴,而对一般合作伙伴的影响较小。

根据合作伙伴在供应链中的增值作用及其竞争实力,可将合作伙伴分成不同的类别,分类矩阵如图 10-7 所示。

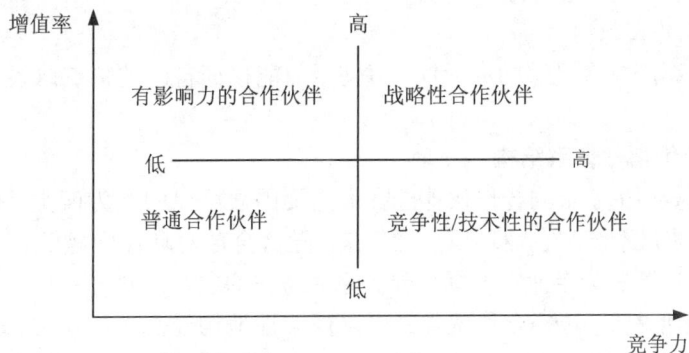

图 10-7　合作伙伴分类矩阵

在图 10-7 中,纵轴代表的是合作伙伴在供应链中的增值作用。对于一个合作伙伴来说,如果他不能对增值做出贡献,他对供应链的其他企业就没有吸引力。横轴代表某个合作伙伴与其他合作伙伴之间的区别,主要是设计能力、特殊工艺能力、柔性、项目管理能力等方面的竞争力的区别。

在实际运作中,应根据不同的目标选择不同类型的合作伙伴。长期而言,要求合作伙伴能保持较高的竞争力和增值能力,因此最好选择战略性合作伙伴;对于短期或某一短暂市场需求而言,只需选择普通合作伙伴满足需求则可,以保证成本最小化;对于中期而言,可根据竞争力和增值率对供应链的重要程度的不同,选择不同类型的合作伙伴(有影响力的或竞争性/技术性的合作伙伴)。

二、选择合作伙伴时考虑的主要因素

通过调查数据以及在与一些企业管理人员的交谈中发现,我国企业评价、选择合作伙伴时存在较多问题:企业在选择合作伙伴时,主观的成分过多,有时往往根据企业的印象来确定合作伙伴的选择,选择中还存在一些个人的成分;选择的标准不完善、不全面,目前企业的选择标准多集中在企业的产品质量、价格、柔性、交货准时性、提前期和批量等方面,而且

往往突出价格因素，以低价取胜，没有形成一个全面的综合评价指标体系，不能对企业做出全面、具体、客观的评价。

(一)综合评价指标体系的设置原则

1. 系统全面性原则

评价指标体系必须全面反映合作伙伴企业目前的综合水平，并包括反映企业发展前景的各方面指标。

2. 简明科学性原则

评价指标体系的大小也必须适宜，亦即指标体系的设置应有一定的科学性。如果指标体系过大，指标层次过多、指标过细，势必将评价者的注意力吸引到细小的问题上；而指标体系过小，指标层次过少、指标过粗，又不能充分反映合作伙伴的真实水平。

3. 稳定可比性原则

评价指标体系的设置还应考虑到易于与国内其他指标体系相比较。随着经济全球化的加深，评价指标体系也应考虑与国际接轨。

4. 灵活可操作性原则

评价指标体系应具有足够的灵活性，以使企业能根据自己的特点以及实际情况，对指标灵活运用。

(二)综合评价指标体系结构

根据企业调查研究，影响合作伙伴选择的主要因素可以归纳为四类：企业业绩、业务结构与生产能力、质量系统和企业环境。近年来，随着全球对环保问题的日益关注，企业的可持续发展能力也逐渐成为企业在选择伙伴关系时考虑的主要因素之一。

而为了有效地评价、选择合作伙伴，可以框架性地构建三个层次的综合评价指标体系，如图 10-8 所示。第一层次是目标层，包含五个主要因素。第二层次是影响合作伙伴选择的具体因素。第三层次是与其相关的细分因素。这三个层次的建立需要根据企业所处的不同行业背景和具体情况进行设计。

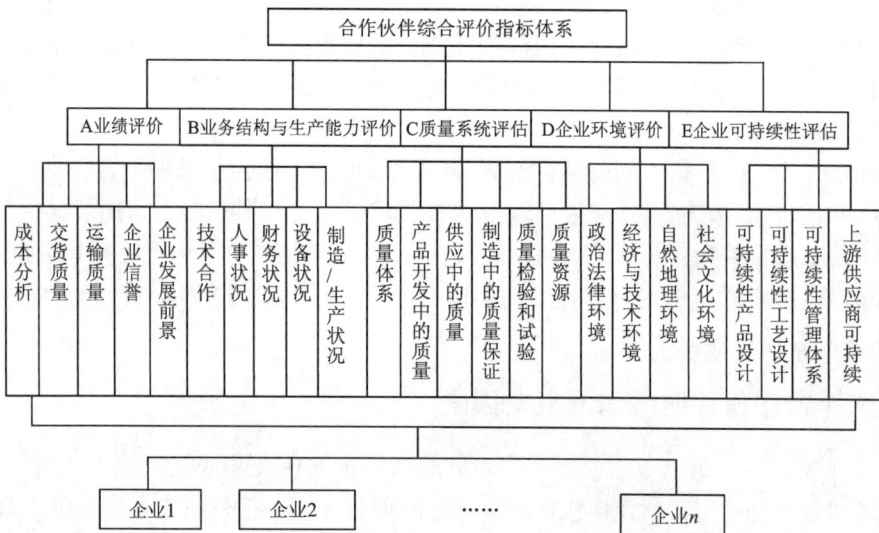

图 10-8　合作伙伴综合评价体系结构图

三、合作伙伴选择方法概述

选择合作伙伴，是对企业输入物资的适当品质、适当期限、适当数量与适当价格的总体进行选择的起点与归宿。选择合作伙伴的方法较多，一般要根据供应商的多少、对供应商的了解程度以及对物资需要的时间是否紧迫等要求来确定。目前国内外较常用的方法有以下几种：

(一)直观判断法

直观判断法是根据征询和调查所得的资料并结合人的分析判断，对合作伙伴进行分析、评价的一种方法。这种方法主要是倾听和采纳有经验的采购人员的意见，或者直接由采购人员凭经验做出判断。常用于选择企业非主要原材料的合作伙伴。

(二)招标法

当订购数量大、合作伙伴竞争激烈时，可采用招标法来选择适当的合作伙伴。它由企业提出招标条件，各招标合作伙伴进行竞标，然后由企业决标，与提出最有利条件的合作伙伴签订合同或协议的一种方法。招标法可以是公开招标，也可以是指定竞级招标。公开招标对投标者的资格不予限制。指定竞标则由企业预先选择若干个可能的合作伙伴，再进行竞标和决标。招标方法竞争性强，企业能在更广泛的范围内选择适当的合作伙伴，以获得供应条件有利的、便宜而适用的物资。但招标法手续较繁杂，时间长，不能适应紧急订购的需要。订购机动性差，有时订购者对投标者了解不够，双方未能充分协商，造成货不对路或不能按时到货的后果。

(三)协商选择法

在供货方较多、企业难以抉择时，也可以采用协商选择的方法，即由企业先选出供应条件较为有利的几个合作伙伴，分别与他们进行协商，再确定适当的合作伙伴。与招标法相比，协商方法由于供需双方能充分协商，在物资质量、交货日期和售后服务等方面较有保证。但由于选择范围有限，不一定能得到价格最合理、供应条件最有利的供应来源。当采购时间紧迫、投标单位少、竞争程度小，订购物资规格和技术条件复杂时，协商选择方法比招标法更为合适。

(四)采购成本比较法

对质量和交货期都能满足要求的合作伙伴，则需要通过计算采购成本来进行比较分析。采购成本一般包括售价、采购费用、运输费用等各项支出的总和。采购成本比较法是通过计算分析针对各个不同合作伙伴的采购成本，以选择采购成本较低的合作伙伴的一种方法。

(五)ABC 成本法

鲁德霍夫(Roodhooft)和科林斯(Jozef Konings)在 1996 年提出基于活动的成本分析法，通过计算合作伙伴的总成本来选择合作伙伴。他们提出的总成本模型为：

$$S_i^B = (p_i - p_{\min}) \times q + \sum_j c_j^B \times D_{ij}^B$$

式中：S_i^B 为第 i 个合作伙伴的成本值；p_i 为第 i 个合作伙伴的单位销售价格；$p_{\min}$ 为合作伙伴中单位销售价格的最小值；q 为采购量；c_j^B 为因企业采购相关活动导致的成本因子 j 的单位成本；D_{ij}^B 为因合作伙伴导致的在采购企业内部的成本因子的单位成本。

这个成本模型用于分析企业因采购活动而产生的直接和间接成本的大小。企业将选择

S_i^B 值最小的合作伙伴。

(六)层次分析法

层次分析法是 20 世纪 70 年代由著名运筹学家赛惕(T. L. Satty)提出的,韦伯(Weber)等提出利用层次分析法用于合作伙伴的选择。它的基本原理是根据具有递阶结构的目标、子目标(准则)、约束条件、部门等来评价方案,采用两两比较的方法确定判断矩阵,然后把判断矩阵的最大特征根对应的特征向量的分量作为相应的系数,最后综合给出各方案的权重(优先程度)。由于该方法让评价者对照相对重要性函数表,给出因素两两比较的重要性等级,因而可靠性高、误差小,不足之处是遇到因素众多、规模较大的问题时,该方法容易出现问题,如判断矩阵难以满足一致性要求,往往难于进一步对其分组。它作为一种定性和定量相结合的工具,目前已在许多领域得到了广泛的应用。

另外,蒂默曼(Timmerman)提出的合作伙伴评价分类法,温德(Wind)和罗宾森(Robinson)提出的标重法等都可以用于合作伙伴的选择,但应用在供应链环境下,都存在一些问题,因为没有考虑具体的环境,所以不能有效地进行合作伙伴的评价和选择。

(七)合作伙伴选择的神经网络算法

人工神经网络(artificial neural network,ANN)是 20 世纪 80 年代后期迅速发展起来的一门新兴学科。ANN 可以模拟人脑的某些智能行为,如知觉、灵感和形象思维等,具有自学习、自适应和非线性动态处理等特征。

这里将 ANN 应用于供应链管理环境下合作伙伴的综合评价选择,意在建立更加接近于人类思维模式的定性与定量相结合的综合评价选择模型。通过对给定样本模式的学习,获取评价专家的知识、经验、主观判断及对目标重要性的倾向,当对合作伙伴做出综合评价时,该方法可再现评价专家的经验、知识和直觉思维,从而实现定性分析与定量分析的有效结合,也可以较好地保证合作伙伴综合评价结果的客观性。

基于人工神经网络的合作伙伴综合评价选择的处理总体流程结构模型如图 10-9 所示。

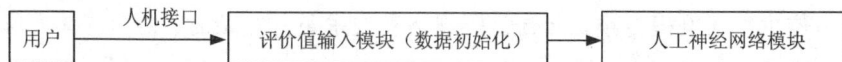

图 10-9　基于人工神经网络的合作伙伴综合评价选择流程结构模型

在选定评价指标组合的基础上,对评价指标做出评价,得到评价值之后,因各指标间没有统一的度量标准,难以进行直接的分析和比较,也不利于输入神经网络计算,因此,在用神经网络进行综合评价之前,应首先将输入的评价值通过隶属函数的作用转换为[0, 1]之间的值,即对评价值进行标准无纲量化,作为神经网络的输入,以使 ANN 可以处理定量和定性指标。

评价值输入模块处理功能结构如图 10-10 所示。

其中 x_{pi} 表示第 i 个指标的评价值(输入值),γ_{pi} 表示第 i 个指标经量化后的评价值(输出值),它是 B-P 人工神经网络(以下简称 B-P 网络)的输入值。

人工神经网络模块是综合评价系统的重要组成部分,由 B-P 网络组成,主要完成网络结构的定义、样本的学习和通过 B-P 算法进行合作伙伴的综合评价计算等功能。

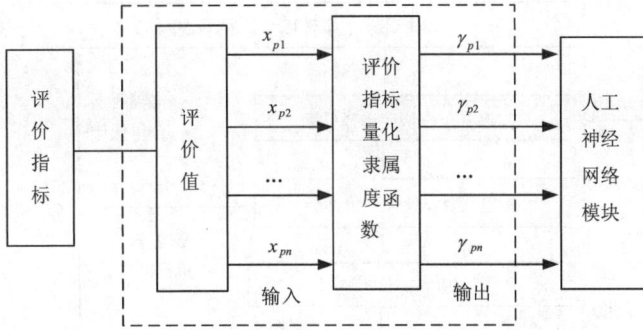

图 10-10 评价值输入模块处理功能结构示意图

用于合作伙伴评价选择的 *B-P* 人工神经网络可以采用具有一个输入层、一个隐含层和一个输出层的网络结构。各层具有多个节点，每相邻两层之间单方向互连，具体如图 10-11 所示。

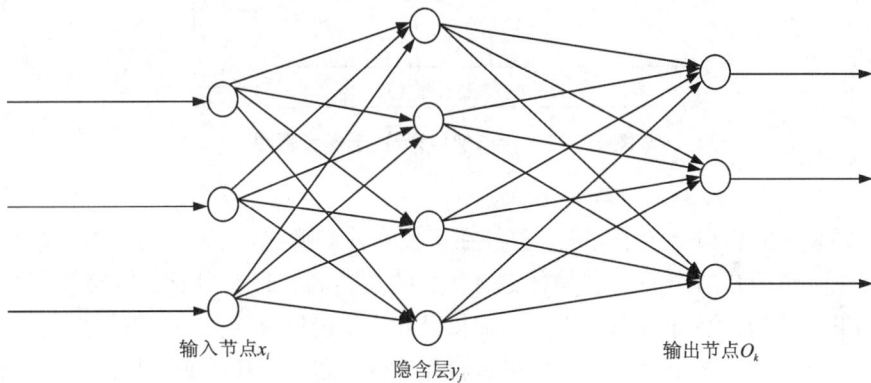

图 10-11 *B-P* 网络结构

B-P 网络结构参数的选择是一个十分重要的工作，输入层和隐含层个数的增加会增强网络的表达能力，但也会影响其收敛速度。*B-P* 网络结构参数可在网络运行前进行设置定义，相应设置存于网络结构文件中。

在通过计算得到网络的权值和阈值后，就可将经过初始化的企业评价值作为网络输入进行计算，得到评价输出。

四、合作伙伴综合评价、选择的步骤

供应链合作伙伴的综合评价、选择可以归纳为如图 10-12 所示的几个步骤，企业必须确定各个步骤的开始时间，每一个步骤对企业来说都是动态的（企业可自行决定先后和开始时间），并且每一个步骤对于企业来说都是一次改善业务的过程。

（一）步骤 1：分析市场竞争环境（需求、必要性）

市场需求是企业一切活动的驱动源。建立基于信任、合作、开放性交流的供应链长期合

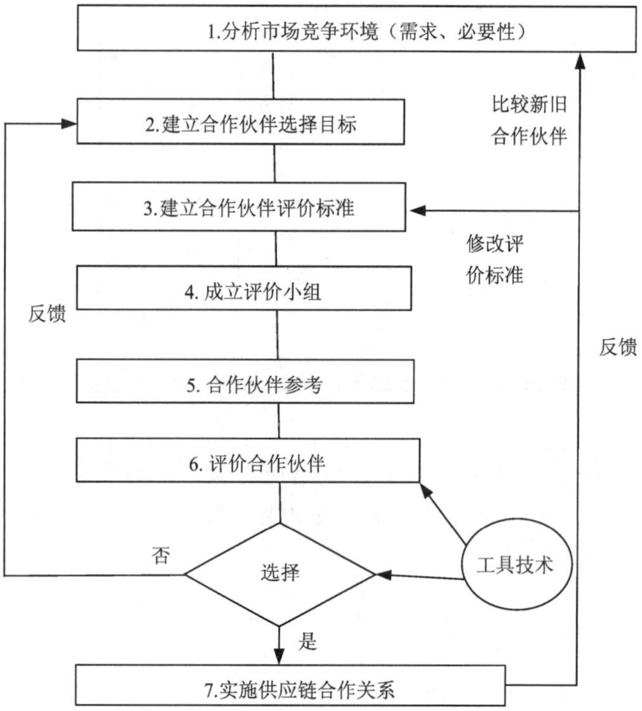

图 10-12　合作伙伴评价、选择步骤图

作关系，必须首先分析市场竞争环境，目的在于找到针对哪些产品市场开发供应链合作关系才有效。必须知道现在的产品需求是什么，产品的类型和特征是什么，以确认用户的需求，确认是否有建立供应链合作关系的必要。如果已建立供应链合作关系，则根据需求的变化确认供应链合作关系变化的必要性，从而确认合作伙伴评价、选择的必要性。同时分析现有合作伙伴的现状，分析、总结企业存在的问题。

（二）步骤 2：建立合作伙伴选择目标

企业必须确定合作伙伴评价程序如何实施，信息流程如何，谁负责，而且必须建立实质性的目标。其中降低成本是主要目标之一。合作伙伴评价、选择不仅仅是一个简单的评价、选择过程，它本身也是企业自身和企业与企业之间的一次业务流程重构过程，实施得好，它本身就可带来一系列的利益。

（三）步骤 3：建立合作伙伴评价标准

合作伙伴综合评价标准和其指标体系是企业对合作伙伴进行综合评价的依据和标准，是反映企业本身和环境所构成的复杂系统不同属性的指标，是按隶属关系、层次结构有序组成的集合。企业应该根据系统全面性、简明科学性、稳定可比性、灵活可操作性的原则，建立集成化供应链管理环境下合作伙伴的综合评价指标体系。值得注意的是，不同行业、不同企业、不同产品需求、不同环境下的合作伙伴评价应是不一样的，但都涉及合作伙伴的业绩、设备管理、人力资源开发、质量控制、成本控制、技术开发、用户满意度、交货协议以及可持续发展能力等可能影响供应链合作关系的方面。

(四)步骤4：成立评价小组

企业必须成立一个小组以控制和实施合作伙伴评价。组员主要来自采购、质量、生产、工程等与供应链合作关系密切的部门，组员必须有团队合作精神、具有一定的专业技能。评价小组必须同时得到制造商企业和合作伙伴企业最高领导层的支持。

(五)步骤5：合作伙伴参与

一旦企业决定实施合作伙伴评价，评价小组必须与初步选定的合作伙伴取得联系，以确认它们是否愿意与企业建立供应链合作关系，是否有提高业绩水平的愿望。企业应尽可能早地让合作伙伴参与到评价的设计过程中来。然而，因为企业的力量和资源是有限的，企业只能与少数的、关键的合作伙伴保持紧密合作，所以参与的合作伙伴不能太多。

(六)步骤6：评价合作伙伴

评价合作伙伴的一个主要工作是调查、收集有关合作伙伴的生产运作等各方面的信息。在收集合作伙伴信息的基础上，就可以利用一定的工具和技术方法进行合作伙伴的评价了(如前面提出的用人工神经网络技术进行评价)。

在评价的过程最后，有一个决策点，根据一定的技术方法选择合作伙伴，如果选择成功，则可开始实施供应链合作关系，如果没有合适的合作伙伴可选，则返回到步骤2重新开始选择。

(七)步骤7：实施供应链合作关系

在实施供应链合作关系的过程中，市场需求将不断变化，可以根据实际情况及时修改合作伙伴评价标准，或重新开始合作伙伴评价、选择。在重新选择合作伙伴的时候，应给予旧合作伙伴以足够的时间适应变化。

五、处理好供应链企业合作关系的若干问题

供应链的良好运作是以供应链成员企业相互间充分信任和相互合作为基础的。供应链上的企业甚至可以了解到另一个合作企业的生产作业计划，由此可见供应链中的企业相互间是相当信任和合作的。缺乏这种信任和强烈的合作愿望，供应链的有序运作是不可能实现的。但是，供应链合作伙伴之间不可能永远是一团和气的。供应链中的企业都是独立的利益个体，虽然相互间存在战略伙伴关系，但也同时存在自身的利益，而这些企业加入供应链的最根本的出发点也正是为了获得更多的利益。由于存在利益的分配问题，不免存在着异议、矛盾，甚至冲突。要保证供应链良好的信任和合作，就必须意识到这些问题的客观存在并找到相应的解决办法。

目前供应链中企业间的连接手段主要是合同，并由核心企业充当事实上的链管中心。这种运作方式虽然表现很好，但是在实际运作中仍然存在许多问题。首先是在法律上存在许多问题使得供应链的信任和合作缺乏有力的保障，其次是由于对信任和合作没有良好的保障不免损失了供应链的功效。具体地讲，供应链企业间合作关系中存在以下几个方面的问题。

(一)合同问题

供应链企业间的合同有两种：一种为长期合同，即原则性合同，确立两企业间的长期合作；另一种是短期合同，如订货合同，这种合同几乎每天都会发生。这两类合同从根本上规范了供应链企业间的行为。但是，由于这两类合同仍然存在一些设计上的缺陷，所以有时会让合作双方都对对方不满，而同时双方又都感到自己做出了牺牲。这是需要进一步研究解决的问题。

(二)知识产权问题

由于供应链和知识产权各自的特点,知识产权问题是供应链中所涉及的一个重要法律问题。供应链中的知识产权包括商标权的使用、专利权的使用、专属知识产权等。

在供应链上,当一项专利被分解成产品在几个企业之间生产时,如何保护专利所有人的利益?因为一个企业使用某专利的一部分进行生产的产品不仅仅只提供给一家企业,而是同时提供给许多家企业。这种利用某部分专利的专利使用者如何分担总的专利使用费?如果不考虑以上这种情况,单纯的一个生产流的几个共同使用某专利的企业也存在如何分摊专利使用费的问题。除了专利使用费问题外,一些企业也存在没有申报专利的核心技术(如可口可乐的配方至今没有申请专利)在供应链中使用的问题。在这种情况下,核心技术需要严格保密。在保护机密时,如何做到信息充分共享而不致损害合作关系,降低供应链的功效?

商标共用现象在供应链中普遍存在。产品到用户手中时只会有一个商标品牌。这个品牌在名义上属于一个特定的企业,但它需要所有参与生产该产品的企业共同去维护。这样谁去真正承担商标的保护义务?如何承担?当外侵出现时,对商标的保护比较容易一致对外;当出现内扰时如何控制?特别是在保护策略不同、商标具体属于某个企业时,如何去要求其他企业共同维护这一资源?

在如今的电子产品、软件产品中,企业往往拥有自己的专属知识产权。专属知识产权在这些企业中相当于核心能力。但是由于要和其他企业实现信息共享,专属知识产权必须在供应链企业间公开,特别是电子产品、软件产品在制造与开发中,如何保护?如果企业间不了解信息、共享不充分将有损合作,降低供应链的功效。

(三)利益协调问题

供应链上合作企业之间的产品传递时必须有一个合理的价格。目前商品定价有两条基本原则:一是成本价,即以成本为基础确定价格;二是市场价,即依市场竞争结果而形成价格。供应链从根本上说也是一个市场,供应链上产品传递价格理应以市场价为准。但供应链上产品成本构成清晰,交易双方相互间极为了解,隐藏成本价也常常被使用。然而,成本定价对一些优势企业是极为不利的,特别是掌握了某些稀缺资源(核心技术)的企业,想获得一些超额利润很可能不被供应链认可。

供应链定价反映共同利润在企业间的合理分配。在供应链环境下,各个企业在战略上是相互合作关系,但是各个企业的利益不能被忽视。供应链获得一个总的利润需要在供应链中各个企业间进行合理的分配,这种合理的分配主要体现在价格上。产品传递价格的高低实质反映企业分配利润的多少。这个原则是什么?

在供应链上,有时会出现以下两种情况:其一,为了积极配合,一个企业总是为另一个企业提供无偿服务,总是付出而得不到任何回报;其二,因供应链优化的需要使得某些企业承担额外支出,而另一些企业得到额外收益。例如,物流优化时将本应放在 B 仓库的产品放在 A 仓库,这种优化的结果使 B 仓库节省了库存费用而 A 仓库却增加了额外支出。如果实际情况只是如此简单的话,将 B 仓库节省的支出补给 A 仓库即可解决问题。事实上情况比这要复杂得多,首先一般涉及多个企业,其次支出与收益的对象、数量均不易辨别。这两种情况反映了供应链在运行过程中出现利益矛盾时需要进一步协调的问题。

在面对涉及相互间利益协调问题时,相互间利益如何划分?由谁或由何机构去划分?

(四)供应链自身的法律定位问题

供应链在认识上是作为一种生产组织模式,或者是一种管理方式,但在运作时却表现出很多的如同一个企业的实体特性,比如作为一个整体与其他供应链竞争、有统一的计划、有与外界的边界等。

关于企业的法律非常多,主要有国有企业法、集体企业法、公司法、独资企业法和合伙企业法等。同样,供应链也需要得到法律的承认,需要法律来规范,即供应链的法律定位问题。

在一个法制社会,任何活动没有法律的规范是不可想象的。但是到如今仍然没有关于供应链的法律。在解决供应链的问题时更多的是借用关于企业的法律,或是将企业法延伸至供应链层次。但是这种做法毕竟有许多局限性。因此,必须解决供应链的法律定位问题,并使供应链得到法律的认可。

(五)供应链在不同国家法域的协调问题

供应链的全球化已经是客观事实了,供应链的运作涉及许多国家,跨越众多法域。国家不同,政策、法律就不同。每个国家都有自己的海关,都有自己的关税政策。供应链是众多企业一体化的产物,不能因为国界的阻隔和法域的障碍而固守自闭。供应链的正常运行必须要面对这些现实问题。

前些年,一些国际集团利用某些发展中国家对保税区的特殊政策进行合法逃税。这些集团先在某国的保税区设立一个企业,然后以母公司无利润的极低价格将产品卖给这家企业进行交易,再以一个非常高的价格买回这些产品或加工后的产品,这样,母公司根本不盈利,只需交纳非常少的税或者根本不交纳任何税;而保税区的企业盈利极高,但由于保税区的免税政策而不用纳税,从而达到逃税的目的。

六、供应链企业之间合作的策略模式

供应链企业之间的合作策略模式可以根据其合作的时间长短和关系密切程度分为长期战略性合作、中期策略性合作、短期临时性合作。

(一)长期战略性合作模式

供应链企业强调企业之间的战略性合作关系,考虑供应链的战略问题,认为它是趋向于操作性的。但是如果不考虑供应的战略问题,可能会导致成本和服务之间产生不平衡,开发供应链管理的机会将丧失,企业也将得不到相应的竞争优势,不可能获得长远利益。所以必须从长远的观点、战略的观点来考虑供应链管理问题,特别是战略合作伙伴关系应引起重视。

在战略合作模式中,通过与合作伙伴的战略合作,使得双方都把各自的资源投入到共同的任务(诸如共同的研究开发项目)中,这样不仅可以使企业分散开发新产品的风险,同时,也使企业可以获得比单个企业更高的创造性和柔性。

通常形成战略合作关系的企业之间主要是为了实现在产品、资本、研究开发市场、销售等方面的优势互补。Altera 公司与竞争者 Intel 公司的合作就是一个最好的例证。Altera 公司是一个高密 CMOS 逻辑设备的领头企业,当时它有了一个新的产品设想,但是它没有硅片的生产能力,而作为其竞争者的 Intel 公司能生产,因此,他们达成一个协议:Intel 公司为 Altera 公司生产这种硅片,而 Altera 公司授权 Intel 公司生产和出售 Altera 的新产品。这样两家通过合作都获得了单独所不可能获得的竞争优势，Altera 获得了 Intel 的生产能力，而 Intel 获得了 Altera 的新产品的相关利益。

尤其是在高科技领域，企业要获得竞争优势，就必须尽可能提高柔性，并尽可能地在合作过程中与其他企业采用长期的战略性合作模式。

(二)中期策略性合作

介于长期和短期两种模式之间的是一种中期策略性合作模式。合作的规模比长期战略性合作小，但是比短期临时性合作大，是基于一定项目的合作。合作中一般不考虑长期的战略性影响。在市场产生一定的市场需求时，需要企业之间形成一定的策略性合作，企业之间一般采用中期的策略性合作模式，以快速地应对急剧变化的市场机会，在市场需求消失后，这种合作即告结束。动态性是这种合作模式的主要特点。供应链企业会在不同市场需求环境下不断更换合作对象，这也是形成供应链动态性的原因之一。

(三)短期临时性合作

一些企业在完全控制他们的主导产品生产过程的同时，会外包一些诸如自助餐厅、邮件管理、门卫等辅助性、临时性的服务，从而在企业与外包服务企业之间形成一种临时性的合作模式。临时性合作模式的优势在企业需要有特殊技能的职工或需要短期的设备或资源而又不需永久拥有，或在企业有超额工作时尤为显著。这种模式可以让企业缩减过量的经常性开支，降低固定成本，同时提高劳动力的柔性，提高生产率。

供应链合作策略模式的选择对于企业的长期发展战略具有重要影响。据报道，肯德基推出的"墨西哥鸡肉卷"在中国近 700 家肯德基餐厅一上市，就大受欢迎。但是令人遗憾的是，这个看似简单的肉卷除调料"莎莎酱"进口外，外面那层薄薄的面皮也要进口。实际上，肯德基一直致力于在国内寻找供应商，不过在整个中国却找不到一家合格的面皮供应商。因为所有的面皮都要做到大小、厚度、规格、韧性、温度控制一模一样，而且要求保证每日的供应数量和质量持续和长期稳定，其背后更深层次的要求是供应商整个生产的所有环节和物流过程标准、高效、精确和安全，因而要求供应商要有长期的战略考虑。这对国内的面皮供应商而言是一个很好的机会，但遗憾的是，国内很多供应商更看重的是短期利润，不能致力于长期的标准和稳定发展，不愿下功夫整合供应链系统，因此肯德基在国内找不到合适供应商的情况下，不得不从美国和澳大利亚进口面皮。国内面皮供应商与肯德基失之交臂。

第四节　客户关系管理与供应商关系管理

客户关系管理和供应商关系管理是在供应链管理环境下提出的强调企业与企业之间的合作关系的一种管理模式。为了满足客户的个性化需求，企业界和理论界开始提出和强调客户关系管理。当供应链管理思想提出以后，尤其是随着供应商管理库存等先进方法的提出和应用，越来越多的企业和学者开始重视供应商关系的管理。

一、客户关系管理

客户关系管理(customer relationship management，CRM)起源于 20 世纪 80 年代初提出的"接触管理"(contact management)，即专门收集整理客户与公司联系的所有信息。到 20 世纪

90 年代初期则演变成为包括电话服务中心与支援资料分析在内的客户服务(customer care)。经历了近 30 年的不断发展,客户关系管理不断演变、发展并趋向成熟,最终形成了一套完整的管理理论体系。

(一)CRM 提出的时代背景

蒸汽机革命使得人类社会从农业经济时代进入到工业经济时代。在历时两个多世纪的工业经济时代,整个社会的生产能力不足、商品匮乏。为此,企业依据亚当·斯密的"劳动分工"原理组织规模化大生产,以取得分工效率和最大限度地降低成本,同时通过建立质量管理体系以控制产品质量,从而取得市场竞争优势。可以说,工业经济时代是以产品生产为导向的卖方市场经济,也可以说是产品经济时代。产品生产的标准化及企业生产的规模大小决定其市场竞争地位,"大鱼"可以吃掉"小鱼"。企业管理最重要的指标就是成本控制和利润最大化。

工业经济时代生产力的不断发展,逐步改变了全社会生产能力不足和商品短缺的状况,并导致了全社会生产能力的过剩,商品极大地丰富并出现过剩。在这种情况下,客户选择空间及选择余地显著增大,客户需求开始呈现出个性化特征。只有有效满足客户需求的产品才能实现更好的市场销售,市场竞争变得异常残酷。因此,企业管理不得不从过去的产品导向转变为客户导向,只有快速响应并满足客户个性化与瞬息万变的需求,企业才能在激烈的市场竞争中得以生存和发展。标准化和规模化生产方式不得不让位于多品种、小批量的生产方式,企业取得市场竞争优势最重要的手段不再是成本而是技术的持续创新,企业管理最重要的指标也从成本和利润转变为客户满意度。

为了提高客户满意度,企业必须完整掌握客户信息,准确把握客户需求,快速响应个性化需求,提供便捷的购买渠道、良好的售后服务与经常性的客户关怀等。在这种时代背景下,客户关系管理理论不断完善,并随着 Internet 技术的广泛应用而出现客户关系管理软件系统。

(二)CRM 的核心管理思想

CRM 的核心管理思想主要包括以下几个方面:

1. 理解客户

对于企业而言,建立物流运作系统的重要性不言而喻。物流能够满足客户对交货服务以及库存可得性的期望和要求,从而推动企业走向成功。但是,准确掌握"客户"这个术语的确切含义却并非易事。企业在进行供应链管理时,必须认真琢磨"客户"一词的深层含义,并认识到从不同的角度来看,对"客户"的理解可能存在许多区别。

从整个供应链的观点来看,终端用户就是产品或服务的最终客户。长期以来,企业始终对两种不同类型的最终客户加以区别对待,这对企业来说非常有必要。一类是个体或家庭消费者,他们为了满足个人需要而购买商品和服务。当一个家庭打算购买一辆汽车作为日常交通工具时,这个家庭就成为供应链的消费者。另一类是组织消费者,即一个组织或机构为了完成某项工作或达到某个目标而进行采购。当一家企业为销售人员购买汽车,或为生产车间的装配工人采购生产工具时,这家企业就成为购买供应链产品的最终客户。从供应链管理的观点出发,无论客户是个体消费者还是组织消费者,供应链中所有企业都必须将工作重点放在满足最终客户的需求上。

对于某些特定的企业来说,在供应链中还存在另外一种类型的客户。在企业和最终客户之间经常存在中间组织，我们通常称之为中间客户。例如，在宝洁公司向最终客户提供"汰渍"牌洗衣粉的供应链中，沃尔玛超市就是中间客户，它们从宝洁公司购买"汰渍"牌洗衣粉，然后将其销售给最终客户。

最后，对于物流工作人员来说，客户就是交货的最终目的地。通常，交货目的地包括消费者的住处、零售店、批发商、生产厂和仓库的货物接收点等。有些时候，客户是企业或个人，它们拥有产品或服务的所有权；而在另外一些时候，客户则是供应链中同一企业内的不同组织，或是供应链中位于不同地区的商业合作伙伴。例如，配送中心的物流经理常将各个单独的零售店作为其客户，尽管事实上这些零售店和配送中心都是同一企业的不同组成部分。

不管客户的动机和交货目的是什么，接受服务的客户是企业制定物流运作标准时必须考虑的关键因素，它同时也驱动了物流运作的发展。在制定物流战略时，非常关键的一点就是企业一定要认识到满足客户需求的重要性。

企业发展需要对自己的资源进行有效的组织与计划。随着人类社会的发展，企业资源的内涵也在不断扩展，早期的企业资源主要是指有形的资产，包括土地、设备、厂房、原材料、资金等。随后企业资源的概念扩展到无形资产，包括品牌、商标、专利、知识产权等。再后来，人们认识到人力资源成了企业发展最重要的资源。时至工业经济时代后期，信息又成为企业发展的一项重要资源，乃至人们将工业经济时代后期称为"信息时代"。由于信息存在着有效性问题，只有经过加工处理变为"知识"才能促进企业发展，为此"知识"成为当前企业发展的一项重要资源，信息总监（CIO）让位于知识总监（CKO），这在知识型企业中尤显重要。

在人类社会从产品导向时代转变为客户导向时代的今天，客户的选择决定着一个企业的命运，因此，客户已成为当今企业最重要的资源之一。CRM系统中对客户信息的整合、集中管理体现出将客户作为企业资源之一的管理思想。在很多行业中，完整的客户档案或数据库就是一个企业颇具价值的资产。通过对客户资料的深入分析并应用销售理论中的20/80法则将会显著改善企业营销业绩。

2. 对企业与客户之间的各种关系进行全面管理

企业与客户之间的关系，不仅包括单纯的销售过程所发生的业务关系，如合同签订、订单处理、发货、收款等，而且包括在企业营销及售后服务过程中发生的各种关系。如在企业市场活动、市场推广过程中与潜在客户发生的关系，在与目标客户接触的过程中内部销售人员的行为、各项活动及其与客户接触全过程所发生的多对多的关系。还包括售后服务过程中，企业服务人员对客户提供关怀活动、各种服务活动、服务内容、服务效果的记录等。

对企业与客户间可能发生的各种关系进行全面管理，将会显著提升企业的营销能力，降低营销成本，有效控制营销过程中可能导致客户抱怨的各种行为，这是CRM系统的另一个重要管理思想。

3. 进一步延伸企业供应链管理

20世纪90年代提出的ERP系统，原本是为了满足企业的供应链管理需求的，但ERP系统的实际应用并没有达到企业供应链管理的目标，这既有ERP系统本身功能方面的局限性，也有信息技术发展阶段的局限性，最终ERP系统又退回到帮助企业实现内部资金流、物流与信息流一体化管理的系统中去。

CRM系统作为ERP系统中销售管理的延伸，借助Web技术，突破了供应链上企业间的地域边界和不同企业之间信息交流的组织边界，建立起企业自己的 B to B(business to business)网络营销模式。CRM 与 ERP 系统的集成运行才真正解决了企业供应链中的下游链管理，将客户、经销商、企业销售部全部整合到一起，实现企业对客户个性化需求的快速响应。同时也帮助企业清除了营销体系中的中间环节，通过新的扁平化营销体系，缩短响应时间，降低销售成本。

(三)CRM 的四大功能

客户关系管理就是要通过对企业与客户间发生的各种关系进行全面管理，以赢得新客户，巩固、保留既有客户，并提高客户利润贡献度。

客户关系管理的功能主要分为四大部分，概述如下。

1. 客户信息管理

整合记录企业各部门、每个人所接触的客户资料，进行统一管理，这包括对客户类型的划分、客户基本信息、客户联系人信息、企业销售人员的跟踪记录、客户状态、合同信息等。

2. 市场营销管理

制订市场推广计划，并对各种渠道(包括传统营销、电话营销、网上营销)接触的客户进行记录、分类和辨识，提供对潜在客户的管理，并对各种市场活动的成效进行评价。CRM 最重要的功能是实现"一对一营销"，实现从"宏营销"到"微营销"的转变。

3. 销售管理

销售管理的功能包括对销售人员电话销售、现场销售、销售佣金等进行管理，支持现场销售人员的移动通信设备或掌上计算机设备接入。进一步扩展的功能还包括帮助企业建立网上商店、支持网上结算管理及与物流软件系统的接口。

4. 服务管理与客户关怀

服务管理与客户关怀功能包括产品安装档案、服务请求、服务内容、服务网点、服务收费等管理，详细记录服务全程进行情况，支持现场服务与自助服务，辅助支持实现客户关怀。

CRM 可以集成呼叫中心(call center)技术，以快速响应客户需求。CRM 系统中还可用数据仓库和数据挖掘技术进行数据收集、分类和数据分析，以实现智能营销。

(四)CRM 应用的四大要点

随着时代的转变，企业应用 CRM 系统势在必行。但 CRM 系统的应用必须注意以下几个方面。

1. 转变管理思想，建立新的管理理念

CRM 系统的应用不仅仅是一项技术工程，而且要在系统应用之前，接受 CRM 系统中的管理思想，建立以客户为导向的管理理念，不断提升企业的客户满意度。

2. CRM 应用成功的关键在于营销体系重组

众所周知，业务流程重组(BPR)是 ERP 应用成功的前提，而 BPR 又可以有两种方式：一是渐进改良，二是彻底重新设计。同样，CRM 应用成功的前提也取决于 BPR 工作。不同的是，在应用 CRM 过程中的 BPR 必须对企业原有的营销体系进行一次彻底的重新设计，为 CRM 应用将要帮助企业建立一套崭新的 B to B 扁平化营销体系，这将会涉及企业原有公司/办事处岗位、职能的重新定位，销售体系与物流体系的分离，第三方物流的引入与银行结算体系的设计，供应链上分布库存控制策略的调整以及企业营销组织架构的重新设计等。CRM 应用能否取得成效在很大程度上取决于 BPR 工作，这是 CRM 应用成功中的难点所在。

CRM 应用成功也就意味着企业成功实现了营销电子化，并为企业真正进入网上电子市场(E-marketplace)做好了准备。

3. 企业内部 ERP 系统是 CRM 应用的基础

CRM 系统的应用主要是提升企业营销能力，改善销售绩效，因此 CRM 应用会给企业带来直接经济效益，这一点不同于关注内部成本控制与工作效率的 ERP 系统应用。CRM 系统作为 ERP 系统销售管理功能的延伸，一般要求企业应在 ERP 实施成功之后再应用 CRM 系统。但由于 ERP 在中国企业的应用普及率尚不到 1%，这会导致很多企业先采用 CRM 再考虑 ERP，可能的风险将是企业从网上接收众多订单而难以靠人工方式进行高效处理，甚至会造成业务的混乱。当然，仅仅实现销售自动化而不建立网上商店的 CRM 是可以独立运行的，否则应在 ERP 系统的基础上扩展应用 CRM 系统。

4. CRM 应用宜采用 ASP 模式

在 CRM 应用帮助企业建立 B to B(同时支持 B to C)的营销模式的情况下，由于第二个 B 或 C 的访问数量较多而要求企业有一定的带宽接入，才能保证 CRM 系统的正常运行。为此，大多数企业会将自己的服务器托管到 ISP(Internet Service Provider，互联网服务提供商)处。换句话说，既然企业考虑了托管自己的服务器，则 ASP 模式(Application Service Provider，即应用服务供应商)应是 CRM 应用的最佳选择。基于 ASP 模式的 CRM 系统在企业防火墙之外运行，透过防火墙与企业内部 ERP 系统集成运行是 CRM 系统应用的主导模式。

(五) 客户关系管理策略

随着对营销概念和关系型市场营销的进一步讨论，人们发现，必须对不同客户采取不同的措施和策略才能更有效地管理客户关系。对一些客户来说，基本的物流服务可能就足够了；对于另一些客户而言，则需要保证客户满意；对其他客户也许就必须想办法取得客户成功。实际上，在供应链环境中物流管理的一个基本原则是必须针对客户不同服务水平的需求对客户进行细分，并设法分别满足不同类型的客户需要。

有这样一个案例。联合利华公司在全球 150 个国家有 179000 位职员，经营着包括油类、调味品、食品添加剂、饮料、冰激凌、冷冻食品以及个人护理用品等多种知名品牌的商品。作为供应链革新计划的一部分，公司必须深入广泛地研究未来的客户需求并预测其发展趋势，因此公司展开了大规模的顾客问卷调查。调查的问题涉及订单和库存管理的实际操作、减少零售商缺货水平的技术、配送模型以及服务区分度、订单到达的频率趋势、利用销售点终端(POS)数据及其他技术制订的联合计划等。调查结果显示，零售商对供应链内部表现的期望在上升。绝大部分零售商希望交货期控制在 24~48 小时以内，超过一半的零售商希望能次日送货；将近 2/3 的被调查对象希望拿到大额的订单以及个性化产品。为了避免大量数据中可能出现错误，所有的数据都经过相关人员及客户的审核。调查得到的一个重要的结论是，联合利华公司需要在供应链革新中加大区分管理客户关系的力度。要实现这一目标，像联合利华这样的公司需要一个能够专门用于客户关系管理的策略选择模型以及一套客户关系管理程序，下面我们分别讨论这两个方面。

1. 客户关系管理技术

很多企业都采用了客户关系管理(CRM)这个名词来描述他们对更好地满足客户需要以及不同客户需求所做的努力。然而，"客户关系管理"也被用来描述对组织中各种资源数据进行管理和分析以深入了解客户购买行为(如电话订货、通过订货中心或实地购买等)的技术和软件。事实上，很多软件供应商都提供名为"客户关系管理"的软件包来实现这一目的。设计 CMR 技术是为了拓展 ERP 销售与交付应用软件的功能。CRM 为销售代表和客户提供最新的历史销售情况、装运历史情况、订单状况、促销活动概要、装运情况等信息。企业把现有及历史的状况信息与产品开发、定价及促销结合起来，能够更好地获取、管理客户订单。企业与客户及时、准确地进行信息交换，能够更好地确保产品销售和促销计划得到所需产品的支持。图 10-13 展现了一个典型的 CRM 系统包含的元素及其流向。

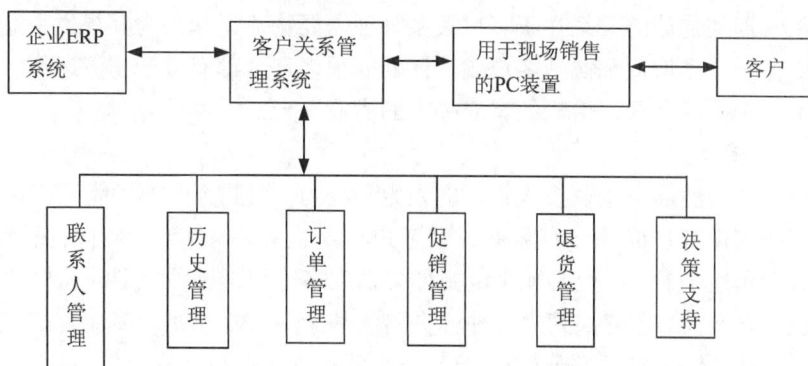

图 10-13 典型的客户关系管理拓展系统

传统的 ERP 运用软件关注如何有效地获取客户订单，但企业发现，必须从把客户当作可开发的收入来源向把客户视为可培养的资产转变。尽管安装传统的销售和交付技术能够接收各种形式的客户订单，并且能够在订单完成的整个过程中实施管理，但企业需要具备更多必要的能力来管理整体客户关系。一体化的 CRM 系统包括基于服务器的公用数据库、销售代表携带的远程 PC 装置以及确保企业和销售代表能够获取及时、一致信息的全球同步程序。除了这些基本功能外，现在的 CRM 系统还要求具有销售跟踪、销售历史分析、定价管理、促销管理、产品组合管理以及类别管理等功能。在某些情况下，客户期望供应商的销售人员能够在客户的设备上管理所有的产品类别。例如，杂货店期望供应商能够对饮料、特产等主要产品类别进行产品组合以及上架数量管理，这一做法越来越常见。该惯例被称为"类别管理"，要求从生产商处获取大量的信息支持，并且还要求其推动信息分享。

亚马逊是网络零售业中使用 CRM 技术的领先企业之一。该公司具有良好的网络界面、大规模的数据储量以及强大的计算能力，因而能够清晰地给出有关个体偏好及购买习惯的客户资料文件。例如，亚马逊的客户经常会收到新书推介邮件，而新书的作者正是他们之前购买书籍的作者。此外，每次登录 Amazon.com，客户都会收到他们可能会喜欢的书籍的信息，这是以他们之前的购买数据为基础的。并且，当客户从亚马逊网站上搜索某一特殊书名时，网页上会列出其他客户选购的、与这一书名相关的书籍名称，所有这些举措当然都能增加亚马逊的销售额。不仅如此，大多数客户都很欣赏亚马逊这方面的能力，因为这样的做法能够让他们更好地享受阅读的乐趣。

客户关系管理的目标是构建以客户为中心的组织。客户关系管理的概念既包括用于收集和分析不同客户的需求和购买习惯的多种技术，还包括企业全方位的提高满足不同客户需求能力的过程。随着企业对客户的意愿和需求理解得越来越充分，预测得越来越精确，企业的绩效越来越高，而作为这个改进过程的代名词——客户关系管理得到了长足的发展。

重视客户关系管理的企业把客户看作是所有运作环节的唯一推动力。除了技术之外，企业的其他运作都围绕着如何更深入地理解客户需求以及如何与关键客户保持稳定关系而进行。我们发现，越来越多的供应商在关键客户的公司附近甚至公司内部设置办公场所。这样一来，供应商就容易从客户那里得到客户的需求和计划的关键信息，从而提高预测客户下一步行动的精准度。宝洁公司就是这样一个例子，沃尔玛是它最大的客户，因此管理者直接安排了很多职员在沃尔玛的总部工作。

客户关系管理和物流的关系在于客户关系管理需要物流运作来为其提供企业与客户之间交互环节的支持。产品增值和实施客户成功计划的很多环节都有赖于物流运作。客户关系管理系统提供了一个发展和管理恰当的客户关系的商业平台。

2. 策略选择模型

实现客户成功显然需要企业投入较多的人力和物力，因此企业不可能期望在每一个潜在的客户身上都能实现客户成功。实际上很多客户自身也并不乐意同供应商保持这种亲密关系。从战略管理角度来看，企业必须决定哪种关系策略适用于哪种类型的客户。

这个问题的答案比较复杂，其中一种解决办法基于 20/80 原则。简而言之，这个原则的意思是企业收入和利润的绝大部分(约 80)来自企业的一小部分客户(约 20)。这个百分比也许并不确切，但该原则的意义毋庸置疑。此原则同样也能适用于营销管理，大部分的销售收入和利润同样来自销售业务中的一小部分产品。在这些事实的基础上，我们基于利润大小将客户分为 A、B、C、D 四类，产品分为 1、2、3、4 四类，如表 10-2 所示。例如，A 类客户带来利润最多，B 类利润一般，C 类利润较少，D 类无利润。类似地，1 类产品到 4 类产品按相同依据分类。

很显然只有一小撮客户/产品有利可图。这一类客户/产品就是我们要实施客户成功计划的对象，如表 10-2 所示。另外，即使是 A 类客户中，也有可能有部分产品不需要如此高水平的服务，如果是这样，就只需对这些客户采取客户满意服务水平或者仅仅提供基本的物流服务。

表 10-2 客户关系管理的策略选择模型

客户分类	产品分类			
	1	2	3	4
A	成功	成功	成功/满意	基本服务
B	成功/满意	成功/满意	基本服务	基本服务
C	基本服务	基本服务	基本服务	基本服务/删除
D	基本服务/删除	基本服务/删除	基本服务/删除	基本服务/删除

要谨慎地决定落在右下角的客户/产品是否还有必要继续保留。很多时候，保留他们也是合情合理的，因为其中有些可能属于新客户，也可能一些客户的业务量虽小但是发展潜力不容小觑。同样的，对于落在这个区域的产品也应该持有相同谨慎的态度。然而，有些情况下停止和一个无利可图的客户做交易或者停止经营某种利润微薄的产品也许是一个更明智的选择。

以上选择客户关系管理策略的方法只是一种建议,并非唯一正确的方法。举例来说,某种情况下也许必须对所有产品的 A 类客户都维持客户成功关系;某些时候尽管目前从某客户得到的收益极其有限,但对该客户实施客户成功计划却可以显著提高来自该客户的收益。要牢牢记住的重要一点是,由于资源的限制,只能对一部分客户/产品实施典型的客户成功计划,其他的也许只能维持客户满意,而基本的物流服务则显然是企业要同客户做交易的最低要求。

二、供应商关系管理

(一)基本概念

SRM 是供应商关系管理(suppler relationship management)的英文缩写。正如当今流行的 CRM 用来改善与客户的关系一样,它是一种用来改善企业与供应商关系的管理理念和软件系统。管理的重点是如何与供应链的上游企业实现业务往来的紧密联系和协同运作,如何既经济又准确地获得最好的策略资源,如何与其结成长期、稳固的战略伙伴,使供应商及其资源能够更有效地参与到自己的产品设计和生产制造甚至是投放市场的过程中,降低成本,减少库存,缩短产品开发、生产和投放市场的周期。

(二)供应商关系管理思想的提出

企业业务对外的两个最重要的出口就是广义的"买"和"卖"。在"卖"的方面,在 20 世纪末,管理软件供应商纷纷推出了 CRM 产品,企业也开始利用这种管理思想和工具来更好地开拓市场、提高客户的忠诚度,争取新客户和维护老客户。

然而,在"买"的方面,在与供应商的关系方面,却一直未能引起企业的重视,这也许是由于是买方市场,买家认为只要我有购买需求,就会有卖家找上门来,企业无须下太多的工夫去关心与供应商之间的关系。

在 21 世纪,随着资源在全球范围内更自由地调配,众多企业发现彼此的贡献可以融合成一种新能力并产生综合效益,这隐含着与供应商之间的合作与创意共享。这种与供应商合作创造的市场价值,是供应链业务合作中的一个重要问题。

在 20 世纪 80 年代末的西方市场,服装与食品配销业的供应链都在运作模式上共谋合作。例如快速反应(quick response)和 ECR 完全改造了交货品质和响应能力。今天,就像与客户之间的伙伴关系一样,与其供应商之间的伙伴关系转变了企业间彼此合作的方式。例如,当微软与英特尔集成力量共同开发微机芯片与操作系统时,它们一起改写了微机行业的版图;许多零售商和分销商,以及制造商等合作伙伴之间高效率地运用高科技支持供应链管理,使得诸如从剪羊毛到成衣挂到衣架上这样的业务过程只需很少的步骤和很短的时间。

企业的首席采购官们(chief procurement officer, CPO)经常负责管理企业数亿乃至数十亿美元的预算。经济全球化也使得采购过程发生了巨大的变化,导致传统的管理方法和工具似乎已变得力不从心。现在,影响采购业务流程的因素有利润问题、采购提前期问题、业务外包问题、企业的兼并和重组问题、产品生命周期问题等。

如何选择供应商、控制库存量,在降低库存的同时又能为生产不同产品提供保障?如何使供应商积极参与到产品的早期设计过程中,为工程更改提供快速的响应支持,以不断加快产品创新的节奏、缩短产品从研发到投放市场的时间?如何在动态环境中面对组织结构、业务流程的不断变化,实现快速适应和调整?这些都是企业需要设法加以解决的问题。同时,企业财务上的压力比以往更大。这就要求在条件合适的情况下，企业尽可能采用外包方式，以便将主要精力集中在核心技能上，从而保持资产的精练和对市场状况的敏捷反应。降低成本和保障供应依然是 CPO 的首要目标，同时，他们的肩上又多了一些新的担子，其中包括增加收入。这些影响因素都需要 CPO 们使出浑身解数来应对，并确保由供应市场实现创新。

实现所有这些目标的基础，就是要有效地利用供应商关系。有关机构对《财富》前 1000 家公司的大量研究表明，在新产品推介过程中，越早让供应商参与其中，整个项目所节省的资金也就越多。因此，一些公司积极寻求机会，与其供应商建立合作关系，共享计划、产品设计和规范信息，以及改进运作方式；只要有利，就采取外包的方式。这样的公司已经取得了明显的竞争优势。随着产品生命周期的缩短，从一开始就做好设计、货源组织、计划制订和物料生产，已变得至关重要。通过开拓更广泛、更灵活、响应更积极的供应商关系，主导公司获得了新的增长点，同时也建立起了能够增加盈利的新商业模式。这些在全世界居于主导地位的公司，将优秀的采购管理能力视为保持持续性竞争优势的一种原动力。

表 10-3 的财务数据给出了业绩最好的公司与总体平均水平的对比。

表 10-3　业绩最好的公司与总体平均水平的比较

比较项目	业绩最好的公司	总体平均水平
平均资产回报率/%	40	18
总资产周转率/倍	9.8	2.9
运营费用节约/%	27	6

为了取得突破性成绩，这些业绩最好的公司采取了一系列广泛的货源组织策略，包括批量采购、评估最优价格、全球货源组织、联合制定产品规格、改进经营流程以及关系重组。这些管理思想上的先行者，已经得到了实实在在的、可以计算的回报。

（三）供应商关系管理的重要性

对许多组织而言，与其供应商之间的伙伴关系已然成为物品与服务传送的主要模式。研究表明，至少有两个理由强烈支持这种模式：

1. 效率与规模经济

人们发现，供应商可以通过与同业的伙伴关系，运用科技的力量合力削减成本与提高效率，这在零售业中尤其盛行。例如，J. C. Penny 把其存货控制和产品补充系统与其他供应商整合在一起，这样供应链上的企业可以利用各自的能力与资源，减少重叠的成本。

2. 新市场价值

在某些产业中，供应链上的企业之间的伙伴关系进入了一个更新的层次，结合力量创造更多的市场价值。也就是说，企业之间结合彼此的核心能力，研发新的产品或推出新的方案，在最高的层次中，这种核心能力的结合甚至会扭转整合产业的方向，例如苹果、IBM 与摩托罗拉之间合作共同创造 Power PC 以及其他产品。

关于供应商关系管理的其他内容见第四章第五节的相关阐述。

【复习思考习题】

一、单项选择题

1. 具有(　　)的企业体现了企业内外资源集成与优化利用的思想。基于这种企业运作环境的产品制造过程，从产品的研究开发到投放市场的周期大大地缩短了，而且顾客定制化程度更高，模块化、通用化、标准化组件的生产模式使企业在多变的市场中柔性和敏捷性显著增强，虚拟制造与动态联盟加强了业务外包这种策略的利用。

A. 传统的企业关系　　　　　　　　B. 契约关系

C. 物流同步关系　　　　　　　　　D. 战略合作伙伴关系

2. (　　)是20世纪70年代由著名运筹学家赛惕(T. L. Satty)提出的，韦伯(Weber)等提出利用层次分析法分别用于合作伙伴的选择。它的基本原理是根据具有递阶结构的目标、子目标(准则)、约束条件、部门等来评价方案，采用两两比较的方法确定判断矩阵，然后把判断矩阵的最大特征根对应的特征向量的分量作为相应的系数，最后综合给出各方案的权重(优先程度)。

A. 采购成本比较法　　　　　　　　B. 层次分析法

C. ABC成本法　　　　　　　　　　D. 合作伙伴选择的神经网络算法

3. (　　)是20世纪80年代后期迅速发展起来的一门新兴学科。ANN可以模拟人脑的某些智能行为，如知觉、灵感和形象思维等，具有自学习、自适应和非线性动态处理等特征。

A. 采购成本比较法　　　　　　　　B. 层次分析法

C. ABC成本法　　　　　　　　　　D. 合作伙伴选择的神经网络算法

4. 在高科技领域，企业要获得竞争优势，就必须尽可能提高柔性，并尽可能地在合作过程中与其他企业采用(　　)。

A. 中期策略性合作模式　　　　　　B. 短期临时合作模式

C. 长期的战略性合作模式　　　　　D. 合同合作模式

5. 实现SCM与客户关系管理思想层面的整合，将客户关系管理中以客户为中心的思想体现于SCM的各个领域，最有效的手段是进行(　　)。

A. 业务流程重组　　　　　　　　　B. 敏捷制造

C. 精益制造　　　　　　　　　　　D. 全面质量管理

二、多项选择题

1. 从历史上看，企业关系演变过程大致经历了(　　)的发展阶段。

A. 契约关系　　　　　　　　　　　B. 传统的企业关系

C. 物流同步关系　　　　　　　　　D. 合作伙伴关系

2. 选择合作伙伴时要形成一个全面的综合评价指标体系，这个综合评价指标体系的设置原则主要有(　　)。

A. 系统全面性原则　　　　　　　　B. 简明科学性原则

C. 稳定可比性原则　　　　　　　　D. 灵活可操作性原则

3. 供应链合作伙伴关系的优点包括(　　)。

A. 缩短新产品上市的时间

B. 降低生产成本、减少浪费

C. 增加顾客满意度

D. 信任机制弥补合同的不足以及减少市场带来的不确定性风险

三、判断题(正确的打"√",错误的打"×")

1. 供应链合作关系发展的主要特征就是从以产品/物流为核心转向以集成/合作为核心。在集成/合作逻辑思想指导下,供应商和制造商把它们的有形物品集成在一起,以实现为制造商提供最有用产品的共同目标。( )

2. 供应链过程中的知识或技术的扩散和传统意义的信息流是不同的。企业只要拥有了合适的软件系统和充分的信息量即能够使其竞争能力显著增强,而对于如何合理利用知识链(或技术链),确定各项具体技术在知识链中的每一个环节中所起的作用就显得不是非常重要了。( )

四、填空题

1. 要缩短总周期,主要依靠缩短_____、流入物流时间、流出物流时间和_____ _____,很显然,加强供应链合作关系运作的意义重大。

2. _____的目标是构建以客户为中心的组织。客户关系管理的概念既包括用于收集和分析不同客户的需求和购买习惯的多种技术,还包括企业全方位地提高满足不同客户需求能力的过程。随着企业对客户的意愿和需求理解得越来越充分,预测得越来越精确,企业的绩效越来越高。

五、名词解析

供应链合作关系　客户关系管理　供应商关系管理

六、简答题

1. 讨论供应链合作关系与传统供应商关系的区别,并讨论供应链战略合作关系对于企业的益处。

2. 建立供应链合作关系的制约因素有哪些?如何降低这些因素的影响?

3. 描述一些可以用于选择合作伙伴的技术方法。

4. 供应链企业合作关系中存在哪些问题?

5. CRM 的核心管理思想包括哪几点?

七、论述题

比较客户关系管理与供应商关系管理之间的异同,分别说明它们的特点,并用例子来说明如何进行相应的管理工作。

八、案例分析题

该选谁作为合作伙伴?

王小军受聘到一家日用品制造商——Y 公司任物流总监。他通过对第三方物流提供商进行调研分析后,发现一个令人惊讶的现象:为 Y 公司在同一个城市内提供市内分销配送的三家公司(两大一小),做着同样的服务,但价格差异却很大——最高的一家价格甚至是最低一家的 2 倍多(表 10-4)。

表 10-4　三家公司物流价格比较

物流商	物流价格	物流商业性质
N	3.7 元/(吨·Km)	Y 公司所在集团参股的第三方大型物流企业
M	3.0 元/(吨·Km)	第三方大型物流企业
P	1.8 元/(吨·Km)	第三方小型物流企业(搬家公司)

这样的选择结果,究竟是怎么来的呢?

虽说物流商选择在制造商的供应链环节中,不像产能规划、产品战略、库存模式那样直接影响企业的全面成本,但每年也有几千万甚至几亿元投进去。王小军决定要对此做一个认真分析,以明白所选的第三方物流商究竟如何。

- Y 公司的背景及供应链运作方式

Y 公司拥有上百个规格品种的产品,年营业额达百亿元,其约 70%的销量来自经销商(全国共 600 多家),其余的来自一些重点零售客户(key account,以下简称 KA)和特别渠道,如机构、学校等。

Y 公司有一个由生产技术为主导的供应链部门负责公司产成品的仓储、运输、调拨计划、需求和供应计划、销售订单处理等业务,并在武汉、成都、西安等城市分别设有区域配送中心(RDC)。这些区域配送中心负责支持各自区域的销售活动。

每周,Y 公司总部计划部门会根据各区域配送中心所覆盖地区的销售预测、部门设定的库存目标、当前库存和生产基地的供应周期,向生产基地下达补货计划。每年,除了管理人员的薪酬、办公费用和 IT 系统支出外,大部分的物流支出(总共约 2 亿元)是花在仓储、分装、运输领域中。

仓储方面的主要支出是配送中心的支出。Y 公司所有的配送中心采用外包租赁形式,也给了不同的第三方物流,也就是租赁他们的仓库。配送中心的主要职责是收发货、仓储、分拣、轻度加工和按订单配送,其中轻度加工主要是服务 Y 公司的不定期的促销活动,这往往需要诸如贴标签、再包装等工作。

运输主要包括从生产基地到区域配送中心的干线运输,从配送中心到经销商的支线运输和从配送中心到零售商的配送。运输的整体费用占 Y 公司储运支出的 80%。虽然有少量的车辆,但大部分运输活动均采用外包,Y 公司会在配送中心所在区域寻找基于该市范围内的物流商。

Y 公司的物流业务模式对其物流合作伙伴也有许多不利之处。例如,Y 公司有上百个单品,目前把销量小的规格品种存在一个仓库中。而现在下游分销客户订货平均也含 10 多个品种,为了完成配货,物流商需要在各个地点的仓库分别装货,完成配货需要花费大概一整天的时间,而其真正运输的时间平均只有一天,从而大大增加了物流成本。

产品规格增加还导致物流商运输工具装载能力下降。仅以满载 60 吨的火车为例,如果装载单一品种,可以满载 60 吨。但客户一般平均订购 10 多种规格的产品,数量、大小不一,装载能力就下降到 50 吨左右,从而使吨均运输费用增加了约 20%。假如能对规格进行有效管理,使得车皮装载能力提高到 53 吨左右,大约吨均运输费用降低 5%,则物流企业每年可以节约运输费用 400 万元左右。这种装载问题同样存在于厢式火车(市内配送)等固定容积运输工具中。

- **原来是不得已而为之**

每年六七月份，Y公司都会举行物流服务商招标会，确定下一年度的物流服务商，也顺势对区域的经销商、KA物流策略进行相应调整。

搞招标会，设想得挺好，看起来也不是很难：只要生产技术部储运经理的分析报告往招标会上一放，然后各物流商针对分析报告内容提交各自的解决方案，最终储运经理根据这些解决方案，确定一家第三方物流公司，这次招标活动就算圆满结束了。至少在一年时间里，Y公司不用再为换物流服务商的事情操心——很多公司都采用这种方法。

但每当这个时候，问题经常接踵而来。正如Y公司所抱怨的，与中标物流企业确定服务价格、协商具体服务合同条款真是个麻烦事。要知道，一场招投标活动，招方、投方各有算盘：招方担心物流商报价有假，在投标现场故意砸价，其实真正干起来，服务条款难以保证，物流商到时候还可能会借机涨价；投标的物流商担心合作难以持久，成本不好换算，如果为Y投入人力、物力，甚至购买新物流设备，资金压力太大。

结果这样谈来谈去，最后Y公司也看花了眼，忙去查探当地同行中对哪个物流公司的口碑好，价格反而放在了一边。

这一打听，虽然能缩小范围，但终究还剩下几家可以挑选的。Y公司满心想在这几家中选个大物流商，但如今人家大物流商实力渐长，店大欺客，物流成本谈不下来。换用个小物流商，虽然服务口碑也不错，但以它的配送能力，又没法兼顾区域内的全面市场。

这时公司内部又有话了：如果全选集团外的配送商，他们又不是只接一家的，万一到了旺季，无法保证服务怎么办？岂非白白把市场送给了对手品牌？因此还是应该把部分业务给Y公司自己参股的物流公司才好。

到底应该选哪一种物流服务商呢？到头来，Y公司只好大小通接，就出现了这一幕：同样的服务，彼此间价格差异却很大。同时，生产商也无法管理，大物流商说，嫌价高，你去找小物流商啊；小物流商说，你嫌我送远地方的货物送得慢，你去找价高的送啊！

- **物流企业的委屈**

其实，物流提供商也有一肚子委屈。

报价高的那家N大型运输公司的管理者——他们虽然隶属于Y公司，但在合作条件上其实与第三方物流公司相同，抱怨说：我知道自家的价格肯定不比对手有竞争力，但我绝不是店大欺客。大单落到N公司头上，不仅意味着巨大的业务量，同时也意味着它得承担Y公司的物流风险：因为现在Y公司要求的报价单毕竟与过去投标的报价单有了不同，物流公司的解决方案报价明明白白列出了N公司的成本底线。细分到细节，成本透明且没有任何弹性空间。一旦遭遇淡季或是其他原因引起的销量变化，N公司就有亏本的危险。而M公司除了Y公司之外还有别的客户，因此一些如叉车、货架、人工等的服务资源都可能被共享，成本可以摊薄。

那N公司要是跟P公司比呢？N公司可以说小物流商P是故意砸价。但口说无凭，从专业角度讲，如果P公司在报价时采用作业成本法（activity based costing）来具体分析各项仓储配送活动的成本，则真有可能会报价低！

比如，同样的两个仓库都用30个工人30天的成本完全摊到每月每箱的报价中，不管Y公司的业务是否全时使用；而P作为小型物流公司，在报价中，可能考虑到业务真正耗用的人工有时多、有时少，因此是按比例分摊的人工成本，当然搬运工人这项的报价就比 N 公司低。

既然理论上(方案中)真存在这样的情况，Y 公司基本就无法考虑 P 公司的报价是真实的低成本低价，还是恶性地报低价。而且 Y 公司在运作中的确也不觉得 P 公司的服务差多少，并且跟 Y 公司这样的企业合作，P 公司也很听话。

Y 公司还拿 P 公司和 M 公司的价格去找 N 公司，一再表示别人的报价比 N 公司低，可 N 公司的管理者说：我也没有办法改变呀。

大物流商的价格谈判麻烦点，大都会提出最低运输量的要求(所谓保本业务量)，不过他们的运作还算正规；小公司价格是低，也好操控，但是不是先报低价胜标，再等日后找各种借口要求涨价？要是那样，招标岂不是白搞了，或届时再搞？选择物流提供商是大的好还是小的好，招投标又如何去管理呢？

这些问题不得不使王小军对那些报价高的企业表示理解，但也惋惜有这么多改进的地方，为什么 Y 公司没有动静呢？要知道，Y 公司毕竟是这条链条上的主导者。

Y 公司有这么多物流管理问题有待解决，更谈不上对第三方物流伙伴进行仔细地筛选了。再加上有 N 公司这样一个特殊关系的企业，Y 公司更难在招标中进行精细化的考虑。

而如果招标的考察不精细，那招投两边都犹犹豫豫，尴尬的场面就很容易出现了。

案例思考题：

王小军应该如何解决好这些问题？

【本章参考文献】

[1]邵晓峰.供应链管理：策略[M].北京：高等教育出版社，2013.

[2]乔普瑞，梅因德尔.供应链管理：战略、规划与运营[M].李丽萍，等译. 北京：社会科学文献出版社，2003.

[3]施先亮，王耀球.供应链管理[M].北京：机械工业出版社，2013.

[4]王焰.一体化的供应链战略、设计与管理[M].北京：中国物资出版社，2002.

[5]马士华，林勇，陈永祥.供应链管理[M].北京：机械工业出版社，2000.

第十一章 供应链业务流程重组

本章学习导引

　　本章介绍了供应链业务流程重组的产生和发展、供应链业务流程重组的概念和方法，给读者展示了基于时间、成本、绩效优化的供应链网络模型。通过学习，读者能够掌握供应链业务流程重组的基本理论和方法。

　　供应链管理为业务流程重组提供了前所未有的机遇，可以在更大的范围内发挥业务流程重组的作用。面向供应链管理体系的业务流程重组，能够彻底改善供应链信息共享的方式、运营的效率和绩效，扩展企业的价值链，提升供应链竞争力。业务流程重组是一个动态的过程，随着市场环境的变化、信息技术的发展、管理理念的变革，供应链管理的流程需要不断地改进。供应链管理体系建立的过程应该是业务流程重组的过程，是实现功能整合、过程整合和资源整合的过程，是增强企业核心竞争力的过程。

第一节　业务流程重组的产生和发展

　　业务流程重组将为企业重新构造价值链、供应链和核心业务流程，从本质上增强企业的核心竞争力。可见，业务流程重组是企业获得突破性成长的有效途径。

一、业务流程重组产生的根源

　　业务流程重组产生和发展的动力，不仅来源于管理理论自身发展的需要。全球化竞争压力和信息技术发展都推动着业务流程重组技术的发展。

（一）管理理论自身发展的需要

　　工业革命将人类社会从农业经济时代带入工业经济时代。随着技术的发展和市场的扩大，"现代企业组织形式"逐步成长与成熟起来。现代企业组织形式及相应的管理理论的根本特点可以概括为两点：第一，强调将可重复的产品生产经营活动分解成一系列标准化和序列化的任务，并分配给特定的执行者，以降低单位产品的劳动成本和设备成本并提高生产效率；第二，强调由特定的管理层来监督和确保执行者有效地完成任务，进而形成各种职能部门和自上而下递阶控制的金字塔状的科层组织结构。毫无疑问，在企业以大量制造标准化产品为目标的前提下，体现专业分工精神的企业组织形式所采用的分解和再分解，将整体分解为部件，再将部件再分解为元件，并通过每一步骤规范化简单化和各个元件的最优化生产，来实现产品整体的最优化生产和生产成本大幅度下降的做法是非常有效率的。但是，在企业使命随着社会进步而发生变化，再从满足客户需求的角度认真考虑这种企业组织形式的效率和效果时，它无法满足客户需求的弊病便会暴露无遗。

20世纪70年代以来，用世界上最先进的计算机系统、管理理论和技术武装起来的美国企业渐渐发现自身机构臃肿、管理层次重叠、冗员过多和办事效率低下等问题。过细的专业分工导致人们将工作重心放在个别作业的效率上，而忽视整个组织的使命；同时，职能部门间的利益分歧往往使个体的短期利益凌驾于组织发展目标之上，产生"见树木不见森林"思维僵化的本位主义和管理的"真空地带"，从而弱化整个组织的功效。科层组织理论的控制方式和等级结构，决定了它受有效管理幅度原则的限制，即当组织规模扩大到一定程度，必须通过增加管理层次来保证有效领导。科层制中组织层次过多首先会引起沟通成本的剧增，并且随着企业规模的扩大，延长了信息沟通的渠道，从而增加了信息传递的时间，可能会导致时机延误或决策过程失误。由于指挥路线过长，上下级关系不确定，会造成管理上的真空地带，遇到问题无人负责。其次，在科层制管理体制下，各个单位、部门往往会精心构思自己的行为，使自己的目标凌驾于整个组织的目标之上。这种分散主义和利益分歧，或许能够实现局部利益的提高，但却弱化了整个组织的功效。最后，科层式企业组织形式作为劳动分工专业化和层级组织理论的结合体，决定它是本着物质流动的需要而建立起来的组织形式，相应的，科层式企业组织中的职能部门成为实现物质流动的重要载体。当物流日趋复杂化而需要用信息流来取代某些物流的作用，并渐渐支配和主导了物流的运动时，企业就迫切需要打破原有组织形式中人为设定的设计、生产、销售、财务、人事等职能性工作之间的分工界限的围墙，逐步建立一个面向客户，集财务、销售等于一体化的有机企业组织形式。

显然，在原有的科层组织形式框架之内修修补补，难以达到彻底改变上述弊端的目标。那么，管理变革的方向究竟在哪？业务流程重组正是要针对企业内部各部门不合理分割与肢解一项产品或服务所造成的效率下降和权责不明问题，试图用"以过程为导向的企业组织"来取代"以功能为导向的企业组织"的思路，改变这种经营不良的状态。

美国乔治·华盛顿大学管理学教授、世界未来学会理事威廉·哈拉勒在《无限的资源》中指出，世界各国的企业正在经历以知识为基础的"革命"。这种革命将创造出生产力更高、盈利能力更强的新型企业。企业所处的时代背景和竞争环境发生了根本性变化，企业为了生存和发展，必须进行一场新的管理革命，主要表现在以下几个方面。

1. 技术创新速度不断加快

在工业经济时代，技术创新具有一定的阶段性，产品变化相对稳定，企业可以将产品生产分解再分解，使生产的每一步骤规范化、简单化，并通过规模化大生产降低生产成本，获得市场竞争优势。与工业经济时代相反，知识经济时代的目标是创新：创造能带来更高利润的产品，或者用新的工艺把部件组成优质低价的产品。工业革命是从蒸汽机开始的，经过如汽车和电灯等创新的结果。但是知识经济时代的创新与工业经济时代的创新完全不同。在工业经济时代，创新没有计划，带有很大的偶然性。导致工业革命的创新及其对社会经济的影响，出乎预料，令人惊讶。知识经济时代的创新，则是有计划的常规活动。在工业经济时代，创新一般来自杰出的个人。知识经济时代的创新，则主要是集体合作的产物，极少有单独个人的创新。在工业经济时代,创新一旦完成,长时期较少变化,而知识经济时代的创新是连续出现的。知识经济依靠无形资产的投入,实现可持续发展的前提主要依靠全球经济一体化,如国际化大市场和因特网环境。

2. 企业竞争优势来自创新

在工业经济时代,企业竞争优势来自对效率的追求。因为,在存在竞争的情况下,成本最低的产品会取胜。但是,在知识经济时代,企业竞争优势来自对创新的追求。首先或更早生产新产品、使用新工艺或提供前所未有的服务,可以获得一定时间的垄断利润,从而获得市场竞争优势。

3. 产品生命周期不断缩短

在知识经济时代,那种"生产什么就卖什么"的时代已经一去不复返了。如今的"买方市场"使客户的选择范围大大拓宽,也使他们对产品的期望值不断提高,他们不再仅满足于合理的价格,而且还追求产品的个性化。企业往往要根据客户的需求"量体裁衣",这样必然形成多品种、小批量的订单,使得企业无法继续享受规模经济带来的效益。同时,市场竞争加剧,大量的替代产品使得任何一家企业都无法垄断市场,而贸易壁垒的取消还意味着客户不仅可以从国内产品中,还可以从国外产品中寻求最佳利益。于是,客户不再有耐心为某一种产品而长时间地等待。面对产品生命周期不断缩短的竞争压力,企业如果不能及时对市场需求变化快速做出响应,不能在短时间内开发、生产、销售产品,就会被淘汰出局。

4. 竞争更加激烈

知识经济是在市场条件下产生和发展的,但又作用于市场,引发传统市场的深刻变革。例如,网络经济已经成为市场的新特征,电子商务已经引发传统市场的变革;日益发展的跨国公司形成"你中有我,我中有你,合作竞争"的新局面。随着不可逆转的全球经济一体化的发展,企业已经进入国际化发展空间,任何企业都要承受国际化企业发展的竞争压力。另外,如雨后春笋般出现的中小型企业,从事着灵活多变的专业化生产或服务,并以低成本运营,给高成本运营的规模化企业造成直接的竞争威胁。总之,工业经济时代依赖完善的基础设施,而知识经济时代依赖生机勃勃的"信息结构",即知识。信息结构不仅依赖以信息技术为核心的技术进步,从并行处理到因特网,同时依赖人们态度和观念的转变。

(二)全球化竞争压力的推动

20世纪五六十年代之前,欧美企业大多以生产成本和产品价格的竞争为焦点,各种有助于实现产品标准化、自动化和规模化大生产的管理手段与技术层出不穷。自20世纪60年代以来,消费者需求呈现个性化和多样化的变化趋势,促使企业必须深度关注消费者的需求和潜在的需求,并建立起一个完善的以客户为中心的服务体系。20世纪80年代后期,全球性资源自由流动和新技术革命,使得任何一个国家的客户不仅可以从本国产品还能从国外产品中获得满足,这大大加剧了竞争环境的动荡程度。如今,世界上每一个具有潜力的区域市场,只要存在足够的利润空间,随时都会有大量各种"肤色"的企业涌入,并迅速分割市场。日趋明了的世界市场自由贸易与全球经济一体化的发展趋势,加速了企业外部经营环境中各种不确定性因素的暴涨,并对企业提出了快速响应和弹性运营的变革要求——这就是人们通常所说的关系到企业生存与发展的3C因素。

1. 客户(customer)

20世纪80年代初期至今,买卖双方的关系发生了重要变化,现在完全是买方市场,客户主宰着买卖关系，客户选择商品的余地空间大为扩展。因此，如何提高客户满意度，就成为企业奋斗的目标和一切工作的归宿。亨利·福特一世要将黑色的 T 型车卖给整整一代美国人的时代早已一去不复返了。

2. 竞争（competition）

以往那种凭借物美价廉的商品就能在竞争中稳操胜券的竞争方式，已经被多层面全方位的竞争方式——TSCQ（time：按合同及时交货或新产品上市时间；service：售前咨询服务及售后维护增值服务；cost：成本；quality：质量）所取代。谁能提供独特的产品和优质的服务，谁就能赢得竞争。自第二次世界大战以来，世界经济从国际化向全球化演变的趋势日益明显。东南亚经济危机能由一个国家引发而迅速波及整个东南亚，并进而对全球经济构成重大影响，就是这种全球经济一体化的具体反映。全球经济一体化使得原本激烈的市场竞争变得更加激烈。如今，几乎任何一家公司都能感受到来自市场环境的竞争压力。

3. 变化（change）

客户和竞争两股力量演变的背后就有变化的影响，信息时代加快了变化的节奏。正如花旗银行公司总裁约翰·里德（John Reed）所说："如果有谁认为今天存在的一切都将永远真实存在，那么他就输定了。"所以，杰里米·卡恩认为："不管是微软公司，还是法国航空公司，或是诺基亚公司，它们都面临着越来越变化莫测的客户、市场以及日新月异的科技。"

正是由于这三股力量的影响，企业家们必须寻求获得新的、突破性的生存之路。由于上述三股力量对企业的影响如此深远，现代企业实际上已经很难再按照亚当·斯密制定的商业规则从事商业活动了。企业为了寻求持续的增长，势必借助于新的商业规则。于是，业务流程重组技术应运而生，并成为世界范围内的浪潮。

（三）信息技术发展的直接动力

回顾人类历史，从劳动中产生并发展起来的技术革命，始终是推动社会进步的重要力量。在新的经济环境里，信息日渐取代物资形式的各种资源，在现代社会的大生产流通与消费循环中占据支配性的强势地位，并拥有了前所未有的通向财富和价值的顺畅通道。信息已经成为企业生存和发展的命脉，信息技术是实现信息价值增值的重要基础。

1. 信息技术的能动力量

在新技术所创造的新形式的激烈竞争中，信息技术不仅是提高企业竞争力的工具与手段，更是驱动企业改进业务流程的重要能动因素。信息技术的应用大幅提高了企业的竞争力，大幅提高了企业赢在起跑线上的机会。信息技术对企业管理创新起到了如下四方面作用：第一，信息技术是企业参与市场竞争和提高竞争力的工具；第二，信息技术影响着企业组织机构和运营机制；第三，信息技术是促进企业面向未来进行创新的催化剂；第四，信息技术是构筑供应链管理体系的沟通渠道和纽带。

2. 信息技术的支持作用

从信息技术进步的角度看，信息技术的发展与应用为业务流程重组理论的出现提供了强有力的支持。信息技术对业务流程重组的产生与推广的意义可概括为以下四点：第一，柔性制造系统、精益生产、JIT 制造和全面质量管理等多种基于信息技术的先进的制造技术和现代化管理方式日臻完善，为业务流程重组打造了实施基础；第二，应用信息技术武装的员工的整体素质明显提高，是保障业务流程重组成功实施的前提条件；第三，很多企业运用信息技术却无法使其充分释放潜能或信息技术应用失败，也是使企业重视业务流程重组的重要原因；第四，信息技术能够有效地帮助企业实施业务流程重组。如果说，一个新概念或一种新理论的出现往往标志着时代的变迁，那么，网络经济、知识经济、体验经济、注意力经济和数字经济等新理论的出现，知识管理、信息管理、模糊经营等新理论的问世，知识企业、学习型组织、虚拟公司等新型企业形态的亮相，商业生态系统、数字神经系统、消费者学习等新经营理念的流行，知识工作者、知识总监、虚拟银行家等新企业角色的登台……无不标志着一个崭新的经营管理时代已经悄然来临。

二、业务流程重组发展概况

业务流程重组的产生和发展是相关领域共同推动的结果，同时，业务流程重组又推动了相关领域的发展。

(一)早期的工业工程领域

早在20世纪初期，有"科学管理之父"之称的弗雷德里克·泰勒(F. W. Taylor)和致力于寻找最优工作方法的"效率专家"弗兰克·吉尔布雷斯(F. B. Gilbreth)就进行过大量分解和分析工人作业的基本动作要素，并找出最科学合理的工作方式的尝试。1917年，美国工业工程学会的成立，是工业工程学迅速传播并获得巨大发展和日渐成熟化的起点。

经过几十年的发展实践与理论研究，20世纪中期的工业工程理论不仅包容了以早期的"时间—动作研究"为基础的一系列科学管理技术，其内涵已随着企业管理理论的进步而不断丰富与扩展，它涵盖了工作测定(标准化)、方法改进、动作研究和时间研究、工资奖励制度、工资评定、厂区布局设计、设备更新与采购、物资管理、质量管理、生产计划和存货控制、系统与程序以及工业安全等企业生产经营活动的方方面面。

(二)20世纪70年代以来的工业工程领域

在工业经济时代，企业依据劳动分工的原则组织大规模生产。为了增强企业在市场中的竞争力，企业注重对内部各个环节的改善，主要有全面质量管理(total quality management, TQM)、适时生产、并行工程(simultaneous engineering, SE)等。TQM注重对生产过程中人员和技术的管理，强化各部门的职责，强调生产环节之间或部门之间以"内部客户(internal customer)"的概念和形式进行衔接；JIT作为一种生产方法，通过简化生产环节和根除不良库存对生产的影响来优化企业物流过程；SE是对新产品开发、设计与制造的一种组织形式的管理。

对企业业务环节进行改善的方法，如果实施得当，也会明显改善企业的管理绩效，但是，它们都是面向企业业务管理的单一环节，而不是面向整个业务流程的。面向单一环节改善管理而没有考虑企业的整体业务流程的合理性与绩效，实际上也是劳动分工原则应用在企业管理上强调部门职能的表现，这同样也是工业经济时代企业管理的又一个重要特点。

(三)战略管理领域

企业战略的概念是业务流程重组的支柱之一。事实上，很多业务流程重组项目都是为在迅速变化的环境下，围绕提高企业竞争力和实现组织变革战略问题而开展的。战略管理理论发生的最大变化，就是出现了将战略与组织结构相融合的研究趋势。在此之前，人们对战略的理解都建立在1965年Chandler和Ansoff提供的理论假设基础之上。他们认为，每一个组织都是在评估环境的基础上确立战略，并通过结构调整来实施战略计划。这一根本性变化，将人们的注意力从企业外部环境转向了企业内部的资源特性。

1. 战略管理

战略管理就是对那些影响组织任务能否实现，却不在组织控制能力之内的因素进行分析，并制定中长期对策的活动。通常情况下，战略管理在充分考虑组织核心能力、可用资源、市场机会的基础上，将组织使命与外部因素结合起来，认清组织当前所在的位置，综合分析各种有利于和有碍目标实现的社会、政治、地理、文化、经济、技术等因素的可能变化及其影响力。

2. 价值链和供应链集成的竞争优势

1990 年，M.Porter 提出了五大竞争因素——潜在进入者、可替代产品、供应商、客户和行业中现有的竞争者。价值链分析成为剖析企业面临的机遇，并以此确定战略问题的通用工具。五年后，M.Porter 又提出，竞争优势同样来自企业组织内部的战略机遇，从而，构建了他的价值学说。

供应链概念是伴随全球制造这一社会化生产的大趋势而出现的，它是扩大生产的延伸与发展。企业只有在整个供应链上快速高效地组织符合客户需求的生产经营活动，履行计划、事务处理、控制与决策等内部职能，最大限度地发挥每位员工在每个业务流程的工作潜能与责任心，才能有效地提高运营效率，并在市场上获得竞争优势。面向新的竞争环境，供应链管理体系和价值链体系应该逐步融合，构筑整个供应链的竞争优势，使所有的供应链成员都能感受到来自供应链内部的战略机遇。

（四）组织发展与组织变革领域

自 18 世纪以来，从亚当·斯密到福特到斯隆对汽车公司的精密分工，分工理论一直把中心放在个别作业效率的提高上，而忽视了整个流程的优化，产生了僵化的本位主义和"只见树木不见森林"的盲点。而且，专业分工导致了金字塔式的"科层制"组织模式，企业管理层次重叠、冗员多、成本高、浪费大和对市场反应迟缓等缺陷，阻碍了企业的进一步发展。为了能保持对专业化分工后的职能部门进行有效管理、协调和控制，企业的组织是按等级制构成的，典型的组织结构如图 11-1 所示。企业等级结构的管理层次取决于有效管理的幅度。

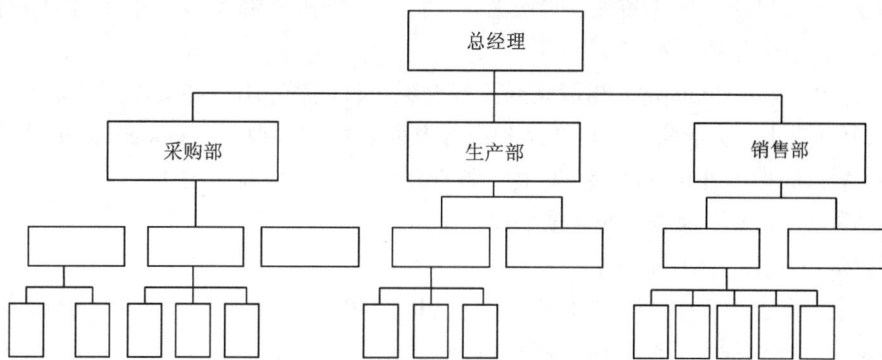

图 11-1　企业科层制组织结构

（五）企业信息化领域

科学是认识世界的工具，技术是改造世界的手段。信息技术的产生和发展，加速了改造这个世界的进程。随着信息社会的全面到来，信息技术的迅速发展，现代企业的管理已经更多地依赖信息技术了。信息技术在现代企业管理中的广泛运用，创新了大量的管理方法，从而出现了"离开信息技术将难以达到理想的管理目标"的状况。由于现代企业管理方法的创新几乎都是与信息技术管理手段的运用密切相关的，而且两者关系是如此之密切，以至于难以完全说清这种创新是管理方法还是管理技术。可以预见，随着信息技术的不断发展，管理方法的创新将与信息技术的创新密不可分。随着计算机技术、网络技术和通信技术及三者合一的信息技术在企业中的广泛运用，产生了各种跨越专业领域、风格迥异、各具时代特色的主流应用技术和方法，如工作流管理系统、企业资源计划、计算机集成制造系统、管理信息系统、办公自动化和决策支持系统等，有力地推动了供应链管理和业务流程重组技术的产生和发展。"唯一永恒的东西就是变革"充分揭示了企业组织发展需要且无法回避组织变革这一事实。

第二节　业务流程重组概论

业务流程重组是指通过资源整合、资源优化，最大限度地满足企业和供应链高速发展需要的一种方法，它更多地体现为一种管理思想，已经远远超出了管理工具的价值。

一、业务流程重组的概念

业务流程重组概念，首先由 Hammer、Davenport 和 Short 于 1990 年提出来。

(一)业务流程重组的定义

1990 年，Davenport 和 Short 将业务流程童组描述成为组织内外分析和设计的工作流和过程。1993 年，Hammer 和 Champy 对业务流程重组做了如下定义：业务流程重组就是对企业的业务流程进行根本性再思考和彻底性再设计，从而在成本、质量、服务和速度等方面获得戏剧性的改善，使企业能最大限度地适应以客户、竞争和变化为特征的现代企业经营环境。Talwar 聚焦于通过价值生成和传递，实现工作、管理系统和外部关系的业务结构、过程和方法的再思考、再结构化和流水线。

1994 年，Petrozzo 和 Stepper 相信业务流程重组包含流程、组织和支持信息系统的并行再设计，在时间、成本、质量和客户对产品和服务方面获得彻底改进。Lowenthal 描述了对操作流程和组织结构的根本性再思考与再设计，焦点在组织的核心竞争力上，以便在组织操作上获得戏剧性改进，如业务流程重组本质属性。

(二)业务流程重组的核心内容

在业务流程重组定义中，根本性(fundamental)、彻底性(radical)、戏剧性(dramatic)和业务流程(process)成为备受关注的四个核心内容。

1. 根本性

根本性再思考表明业务流程重组所关注的是企业核心问题，如"我们为什么要做现在这项工作?""我们为什么要采用这种方式来完成这项工作?""为什么必须由我们而不是由别人来做这份工作?"等。通过对这些企业运营最根本性问题的思考，企业将会发现自己赖以生存或运营的商业假设是过时的，甚至是错误的。

2. 彻底性

彻底性再设计表明业务流程重组应对事物进行追根溯源,对已经存在的事物不是进行肤浅的改变或调整性修补完善,而是抛弃所有的陈规陋习,并且不需要考虑一切已规定好的结构与过程,创新完成工作的方法,重新构建业务流程,而不是改良、增强或调整。

3. 戏剧性

戏剧性改善表明业务流程重组追求的不是一般意义上的业绩提升或略有改善、稍有好转等,而是要使企业业绩有显著的增长、极大的飞跃并产生戏剧性变化,这也是业务流程重组工作的特点和取得成功的标志。

4. 业务流程

业务流程重组关注的要点是企业的业务流程并围绕业务流程展开重组工作,业务流程是指一组共同为客户创造价值而又相互关联的活动。哈佛商学院的 M. Porter 教授将企业的业务流程描绘为一个价值链(value chain),竞争不是发生在企业与企业之间,而是发生在企业各自的价值链之间。只有对价值链的各个环节——业务流程进行有效管理的企业,才有可能真正获得市场上的竞争优势。

根据事务成本理论的建议,在等级体系和市场之间一定存在一种平衡,来最小化事务成本。同样,在功能结构和流程结构之间也存在一种平衡。每个企业应该能够根据它特有的环境,在根本性、彻底性、戏剧性和业务流程四个核心内容的基础上,调整这种平衡。

(三)业务流程重组的感受模型

面对企业离散化(decentralization)、正规化(formalization)和专业化(specialization)的组织结构,企业在面向业务流程重组的环境稳定性、行业实力、竞争优势和金融实力等竞争环境的感受与影响是不同的(图 11-2)[1]。

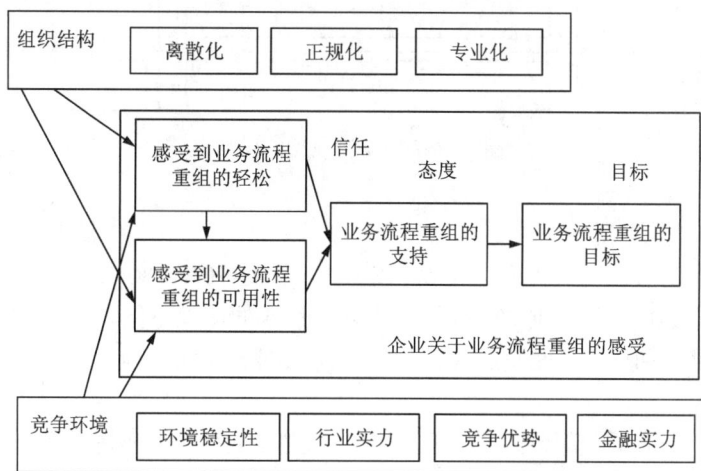

图 11-2 企业关于业务流程重组的感受模型:假设模型

---

[1] Lu H P, Yeh D C. Enterprises' perceptions on business process reengineering: a path analytic model[J]. Omega, 1998, 26(1): 17-27.

企业关于业务流程重组的感受模型，深入描述了企业员工对实施业务流程重组的感受。如果企业员工能够感受到业务流程重组的轻松和可用性，就会支持业务流程重组的实施，推动业务流程重组目标的实现。

(四) 业务流程重组的特点

业务流程重组提供了价值链流程优化的可行手段，它具有以下几个特点。

1. 以业务流程为导向

绝大部分企业是以任务、人力资源或结构为向导的。企业实施业务流程重组就要打破传统的思维方式，以业务流程为中心实施改造，并注意以下原则：

(1) 将分散在职能部门的活动，整合成单一流程，以提高效率；

(2) 在可能的情况下，以并行活动取代顺序活动；

(3) 促进组织扁平化，以提高企业时的沟通效率。

从业务流程重组的视点出发，无论企业是采用流程重设计观、项目管理观，还是工作流自动化观，都必须关注企业业务流程的优化和自动化(图 11-3)[1]。

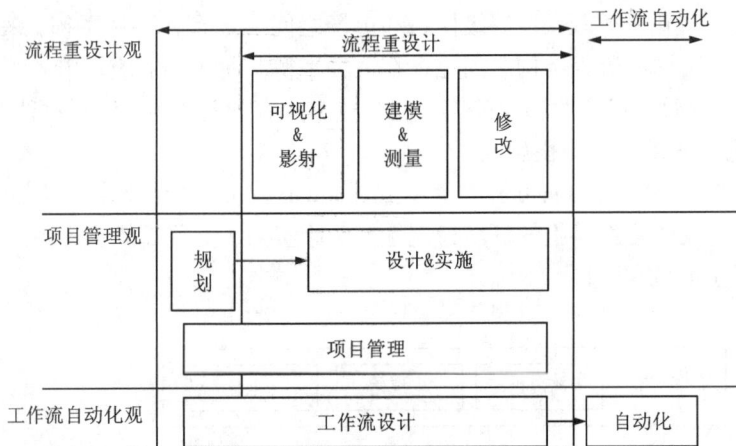

图 11-3　业务流程重组视点

2. 目标远大

业务流程重组要求的绩效提升不是 5% 或 10%，而是 70%~80%，甚至是 10 倍以上的效率，这是业务流程重组与全面质量管理等现代管理技术的最大不同。宏伟的目标增加了业务流程重组实施的难度和风险，使它成为一项复杂而长期的系统工程。

3. 打破常规

打破常规是业务流程重组的一个本质特点。首先要从思想上破除劳动分工等一切传统的管理原则，建立新型的面向市场的管理体制。

4. 创造性地应用信息技术

信息技术是企业实施业务流程重组的推动力。正是信息技术的发展和应用，使企业能够打破陈旧的制度，创建全新的管理模式，使远大的目标得以实现。信息技术的应用，确实改

---

① Im I, Sawy O, Hars A. Competence and impact of tools for BPR[J]. Information&Management, 1999, 36(6)：301-311.

善了人们的工作条件，提高了工作效率。信息技术的真正能力不在于它使传统的工作方式更有效率，而在于它使企业打破了传统的工作规则，创造了新的工作方式。因此，业务流程重组不等于自动化，它关注的是如何利用信息技术实现全新的目标，完成从未做过的工作。创造性地应用信息技术的目的，在于利用信息技术寻找增值的机会。业务流程重组并不是进行局部修补，而是要从根本上优化业务流程。面对复杂的业务流程，首先需要分解流程、描述和评估流程，分析和确认流程缺陷。在流程缺陷分析过程中，主要就是寻找影响价值增值的关键点。根据流程中各个环节重要程度的大小，从大到小地进行重组，并及时评估重组后的流程。

明确了流程缺陷，还需要进一步寻找弥补缺陷的技术。信息技术作为业务流程重组技术发展的外在动力，不仅使业务流程构造的价值链获得了增值空间，而且也不断暴露出信息技术自身的缺陷。可以认为，应用信息技术弥补缺陷的过程就是业务流程重组的过程（图11-4）。

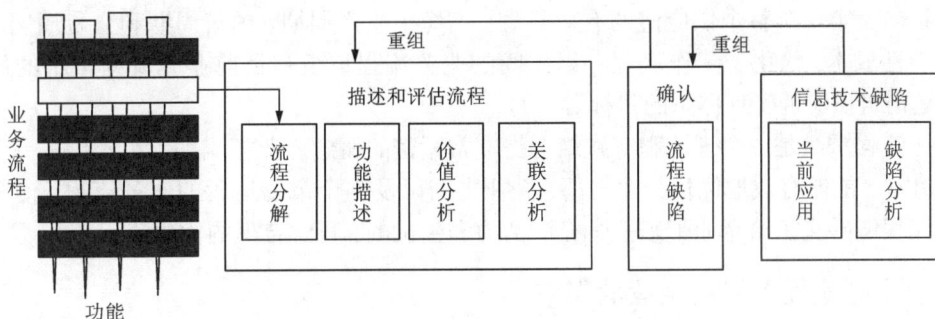

图11-4　信息技术弥补缺陷的流程

从本质上讲，分析企业的基本特征和业务流程重组的关键成功因素，就是寻找信息技术缺陷的过程。企业的业务流程就是在寻找缺陷和消除缺陷的交替过程中得到不断优化。因此，业务流程重组应该是一个动态过程。正是由于人们对于这样一个动态系统不仅缺乏可参照的衡量标准，而且也缺乏有效的调控手段，所以才出现了较高的失败率。

（五）业务流程重组的类型

Hammer在业务流程重组的方法中并没有为企业提供一种基本范例。不同行业、不同性质的企业，业务流程重组的形式不可能完全相同。企业可根据竞争策略、业务处理的基本特征和所采用信息技术的水平来选择实施不同类型的业务流程重组。根据流程范围和重组特征，可以将业务流程重组分为以下三类。

1. 功能内的业务流程重组

功能内的业务流程重组通常是指重组企业职能部门内部的流程。在金字塔形的科层制组织结构中，各职能部门重叠，中间层次多，而这些中间管理层一般只执行一些非创造性的统计、汇总和填表等工作，计算机完全可以取代这些业务而取消中间层，使每项职能从头至尾只有一个职能机构管理，做到机构不重叠、业务不重复。例如，物资管理由分层管理改为集中管理，取消二级仓库；财务核算系统将原始数据输入计算机，全部核算工作由计算机完成，变多级核算为一级核算等。

2. 功能间的业务流程重组

功能间的业务流程重组通常是指在企业范围内，跨越多个职能部门边界的业务流程重组。例如，北京第二机床厂进行的新产品开发机构重组，以开发某一新产品为目标，组织集设计、工艺、生产、供应和检验人员于一体的承包组，打破部门的界限，实行团队管理，以及将设计、工艺、生产制造并行交叉的作业管理等。这种组织结构灵活机动、适应性强，将各部门人员组织在一起，使许多工作可平行处理，从而可以大幅度地缩短新产品的开发周期。

3. 组织间的业务流程重组

组织间的业务流程重组就是企业间业务流程重组，如通用汽车公司与SATURN轿车配件供应商之间的购销协作关系就是企业间业务流程重组的典型案例。通用汽车公司采用共享数据库、EDI等信息技术，将公司的经营活动与配件供应商的经营活动连接起来。配件供应商通过通用汽车公司的数据库了解生产进度，拟订自己的生产计划、采购计划和发货计划，同时通过计算机将发货信息传给通用汽车公司。通用汽车公司的收货员在扫描条码确认收到货物的同时，通过EDI自动向供应商付款。因此，使通用汽车公司与其零部件供应商像一家公司似的运转，实现对整个供应链的有效管理，缩短了生产周期、销售周期和订货周期，减少了非生产性成本，简化了工作流程。组织间的业务流程重组是目前业务流程重组的最高层次，也是构筑供应链管理体系的目标。

业务流程重组是一个理论和实践结合得非常紧密的概念。业务流程重组提供了一种新的手段和方法，能够有效地优化企业内部、企业之间以及整个市场运营的业务流程，使重组后的业务流程能够真正给企业带来一个充满活力和生机的、科学合理的优化流程。

二、业务流程重组对企业的影响

业务流程重组能够给企业带来根本性、彻底性、戏剧性的业务流程变化，创造全新的管理模式。

(一)业务流程重组的影响层次

业务流程重组是一场深刻的变革，它将在三个层次上影响企业(图11-5)。第一个层次是作业层，包括工作方式和经营过程的变化；第二个层次是管理层，包括领导形态、组织结构、激励机制和企业策略的变化；第三个层次是理念层，包括管理理念和价值观的变化。三个层次是逐步从浅入深的，如果没有第二个层次的改变，第一个层次的变化所换来的功效将十分有限。只有达到第三个层次的变化，业务流程重组才能稳定。经营过程的重新设计是业务流程重组的重点。实施重组之后，企业中一些不同的工作将会整合成一项工作并由一个人或一个小组来完成，并将摆脱传统的工作步骤而按自然顺序排列，在常规流程中减少检验和控制环节。

(二)业务流程重组的影响案例

业务流程重组的实践会对企业的管理绩效产生巨大的影响。1990年，Hammer曾经列举的福特汽车公司北美财会部应付账款部所涉及的采购业务流程重组是业务流程重组领域里的经典案例之一。通过这个案例，可以更加清晰地了解业务流程重组是如何帮助企业获得突破性或"戏剧性"增长的。福特汽车公司是美国三大汽车巨头之一，但是到了20世纪80年代初，福特汽车公司像美国其他大公司一样面临着日本竞争对手的挑战，因而计划想方设法地削减管理费用和各种行政开支。位于北美的福特汽车公司有2/3的汽车部件需要从外部供应

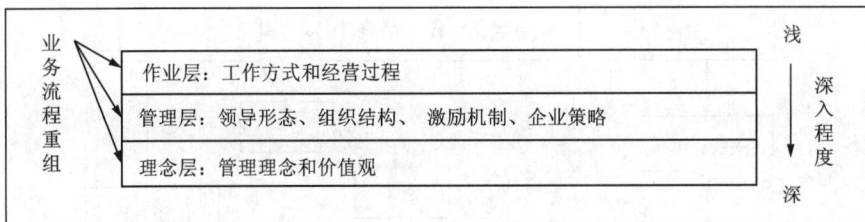

图 11-5　业务流程重组在三个层次影响企业

商购买，为此需要雇用相当多的员工从事应付账款管理工作。在进行业务流程重组之前，北美福特汽车公司的应付账款部门雇用员工 500 多人，最初，管理人员计划通过业务流程合理化和应用计算机系统，将员工裁减到最多不超过 400 人，实现裁员 20% 的目标。日本马自达公司在福特公司占有 22% 的股份，而在马自达汽车公司做同样工作的人只有 5 个人。尽管两个公司在规模上存在一定的差距，但 5∶500 的差距让福特公司震惊了。为此，福特公司决定对公司与应付账款部门相关的整个业务流程进行重组。福特汽车公司应付账款部门的工作就是接收采购部门送来的采购订单副本、仓库的收货单和供应商的发票，然后将三类票据在一起进行核对，查看其中的 14 项数据是否相符，工作人员的绝大部分时间被耗费在这 14 项数据上。原有的业务流程如图 11-6 所示。

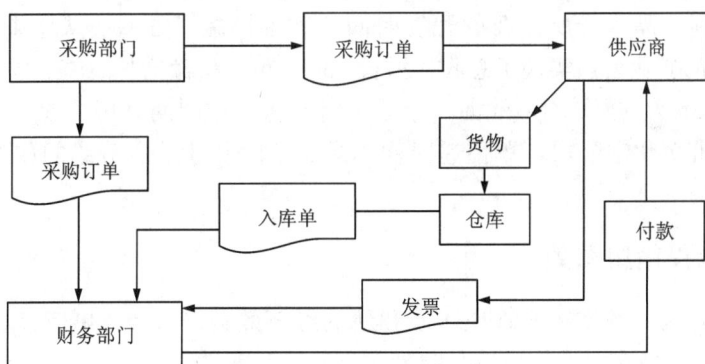

图 11-6　原有的业务流程图

业务流程重组后，应付账款部门不再需要发票，需要核实的数据项减少为 3 项，即零部件名称、数量和供应商代码。采购部门和仓库分别将采购订单和收货确认信息输入到计算机系统后，由计算机进行电子数据匹配。最后结果是，应付账款部门的员工减少了 75%，而不是原计划的 20%。重组后的公司业务流程如图 11-7 所示。

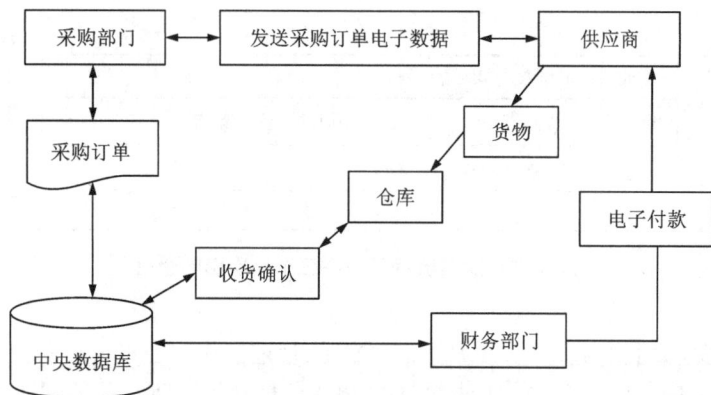

图 11-7 重组后的业务流程图

从福特汽车公司的业务流程重组中可以看出，业务流程重组不能仅面向一个部门，而是作为企业全局的业务流程来处理。倘若福特汽车公司仅仅重组财务应付账款部门，那将是徒劳无功的。正确的重组过程应将注意力放在整个物料获取的流程上，其中涉及采购、仓库和财务应付账款部门，只有这样才能获得戏剧性改善的成就。类似的案例还有很多，如 IBM 信用卡公司通过业务流程重组，使信用卡发放周期由原来的 7 天缩减到 4 个小时，即提高生产能力 100 倍；柯达公司对新产品开发实施业务流程重组后，结果把 35 mm 焦距一次性照相机，从产品概念到产品生产所需要的开发时间一次性缩减了 50%，从原来的 38 周降低到 19 周；一家美国的矿业公司实现了总收入增长 30%、市场份额增长 20%、成本压缩 12%，以及工作周期缩短 25 天的好成绩；欧洲一个零售组织将工作周期缩短了 50%，并使生产率提高了 15%；一家北美化学公司订单传递时间缩短了 50% 以上，所节约的成本超过了 300 万美元。

三、业务流程重组绩效

供应链管理作为一种创新的管理体系和新的经济效益增长点，更应该关注业务流程重组，将其视为追求企业和整个供应链利润最大化的一个重要环节。

(一)获得成功的因素

任何组织中的重大项目要获得成功，都需要考虑流程、技术、人和知识四个要素(图 11-8)。在业务流程重组过程中，如果不能正确理解和管理其中的任何一个要素，就无法获得业务流程重组的绩效。

因此，业务流程重组的目的就是追求最高绩效。业务流程重组的最高绩效，可以应用如下公式进行计算：

最高绩效=最好的流程+最好的技术+精力充沛的人+丰富的知识

图 11-8 获得成功的要素

业务流程重组的"戏剧性"成就所设定的目标，是将生产周期缩短 70%，成本降低 40%，客户满意度、产品质量和总收入均提高40%。

业务流程重组可以迅速给企业带来降低成本、缩短时间、降低错误率和提高产品质量方面的绩效，提高企业的竞争优势(图11-9)。

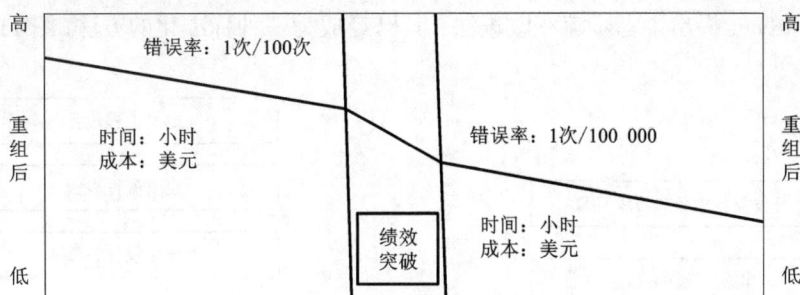

图11-9　绩效突破

(二)变革收益率

业务流程重组项目的实施是为了保持企业的竞争优势，尽管业务流程重组项目会消耗一定的人力、物力和财力，但是巨大的成功将会转变成应用变革收益率(return on change, ROC)来衡量的变革价值。通常，在投入业务流程重组项目资源给定的前提下，变革收益率是对目标实现程度的客观度量。

变革收益率=努力收益/实施成本

1. 努力收益

努力收益是对业务流程重组项目目标实施进展情况的度量，充分展现实施业务流程重组项目前后企业绩效的变化。

2. 实施成本

实施成本可以看成管理变革中人的因素的成本，主要包含将企业资源转移到业务流程重组项目中而造成的效率损失，以及实施业务流程重组方案需要投入的基础设施费用，如技术、人力资源等成本投入。

在实施每一个项目的过程中，通过将业务流程重组技术和系统的科学变革管理方法结合起来，降低对组织适应能力的要求，提高组织对业务流程重组项目的综合适应能力，能提高变革收益率。

第三节　业务流程重组的方法

业务流程重组能够为企业创造优化的业务流程，提升企业的核心竞争力，主要有以下九种基本的流程改进方法：①消除浪费；②减少浪费；③简化流程；④需要时组合流程步骤；⑤设计具有可选路径的流程；⑥并行思考；⑦在数据源收集数据；⑧应用信息技术改进流程；⑨让客户参与流程重组。

在业务流程重组方法中主要存在"Holistic Wheel"和"Framework at a Glance"两种模型。

"Holistic Wheel"模型是以客户为中心的，两项重要的思想都与客户有关：①客户必须成为任何业务的中心；②客户驱动着整个业务系统。"Framework at a Glance"模型提供了由项目初始化、流程理解、新流程设计和业务变换组成的四个实施阶段。

Davenport 和 Short 提出了业务流程重组的五步法（图 11-10）。

同时，Harbour 提出了七步流程改进法，其已经成为一种标准化的方法（图 11-11）。

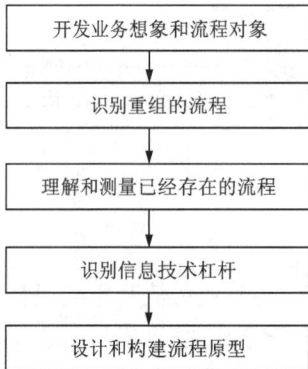

图 11-10 业务流程重组的五步法

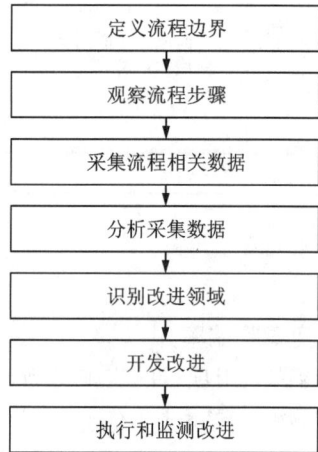

图 11-11 业务流程重组的七步法

无论是九步法、五步法，还是七步法，都描述了业务流程重组需要的过程，但并不是一个规范的样板流程。需要结合具体的应用环境，有针对性地进行选择。

一、流程描述与分析的一般方法

所有的流程都是由一系列将输入转化为输出的活动组成的，这些作为流程集合元素的活动，应该成为业务流程重组关注的焦点。

(一)活动与流程的描述

活动是构成流程的最基本的要素，因此，活动分析是流程描述与分析的基础。通常，一个活动是接收某一种类型的输入，并在某种规则控制下，利用某些资源，经过特定流程转化为输出的过程，可描述如下：

活动＝{输入，处理规则，资源，输出}

其中，资源并非指一般的输入要素，而是活动的执行者在执行这一活动时所依赖的方法或凭借的手段。与活动密切相关的两个概念分别是作业与动作。作业是通过某些活动或工作方式而形成的一定结果，相应地，由相互独立的相关活动所共同形成的结果就是流程；动作则是单个或特定的运动或其方式，人们要完成一个活动，产生一个特定的结果，都要通过一系列的动作来实现。

在特定的条件下，不可再分解的活动将作为基本活动；由各种条件组成的企业业务活动按性质可以划分为管理活动和经营活动两大类。管理活动指的是企业运营过程中非管理人员从事的各种活动，如日常的生产活动、维护活动、营销活动、财务活动等；经营活动是企业运营过程中管理人员进行管理工作时所从事的活动，与企业的计划、组织、领导、控制和激励等管理职能有关。组成流程的各种活动的类型差异与相互之间的复杂关系，决定了该流程的性质。通过对不同活动、活动所组成的不同性质的流程、活动与活动之间的关系、流程与流程之间的关系，以及活动或流程的承担者顺序的描述，便可以得出各种各样的流程图，它们生动地描述了企业组织的业务流程状况。

(二)重组对象的选择

企业在业务流程重组过程中，以流程和客户为中心，借助于流程可视化、流程影射和操作分析等方法，在变化管理理论的指导下，有效地优化企业流程。重组对象的选择成为关键环节，通常，企业可以针对以下业务流程实施重组：①不完整的业务流程；②对全局工作有影响的核心业务流程；③高附加值的业务流程；④提供客户服务的业务流程；⑤属于"瓶颈"的业务流程；⑥跨职能或职能部门的业务流程；⑦跨企业的业务流程。

(三)系统改造现有流程的原则

所有企业的最终目的都应该以某种方式向客户传递大于价格的价值，并在价值传递过程中追求企业的效益。系统改造现有流程或重新设计现有流程的工作重点，就是要消除价值传递链中的非增值活动和调整核心增值活动。系统改造现有流程的原则，可以概括为ESIA，即清除(eliminate)、简化(simply)、整合(integrate)和自动化(automate)

1. 清除

应该发现并清除非增值活动，如过量生产或过量供应，等待时间，运输，转移和移动，不增值或失控流程中的加工处理环节，库存与文档，缺陷、故障与返工，重复任务，信息格式重排或转移，调停、检验、监视和控制等。

2. 简化

在尽可能清除了不必要的活动之后，应该对剩下的必要活动进行简化，如程序和流程、沟通流程、技术分析流程和问题区域设置流程等。

3. 整合

经过简化的任务需要进一步整合，以使之流畅、连贯并能够满足客户需求，如为实现面向订单的单点接触的全程服务，由一位员工独立承担一系列任务的工作任务整合；为了高效优质地满足客户需求，组建单个成员无法承担的系列任务的团队；整合客户和供应商的资源等。

4. 自动化

在完成了流程与任务的清除、简化和整合的基础上，充分运用和发挥信息技术的强大功能，实现以流程加速与提升客户服务准确性为目标的自动化。通常，重组之后的业务流程将呈现出以下特点：组织扁平化，决策权下放或外移；审核与控制明显减少；取消装配线式的工作环节；同步工作代替顺序工作方式；通才或项目经理主导型的工作方式；管理者的工作职责转变为指导、帮助和支持。

二、流程简化

由于设计不完善、需求变化、技术过时、官僚主义的滋生等原因，组织中许多流程会包含大量效率不高，或者说在为输出创造价值方面做得不尽如人意的流程。流程简化正是一种解决这一问题行之有效的技术。

(一)流程简化的时机

通常而言,在实施业务流程重组的过程中,若发现以下三类现象,企业就可以考虑有选择地开展流程简化工作:

(1)问题解决流程所占用的时间或成本存在改进的可能;

(2)瞄准标杆的结果表明,与竞争者相比企业在产品或服务的配送成本或包括服务或技术支持的响应速度上存在明显的劣势;

(3)在分析问题解决流程过程中,发现了对满足客户需求贡献甚微或几乎无贡献的活动。

(二)流程简化的作用

通过将非增值性步骤从业务流程中剔除出去或尽可能地简化,能有针对性地提高为客户提供产品和服务的效率,提高对质量管理环节的监控能力。流程简化的作用主要表现为以下四个方面(图11-12)。

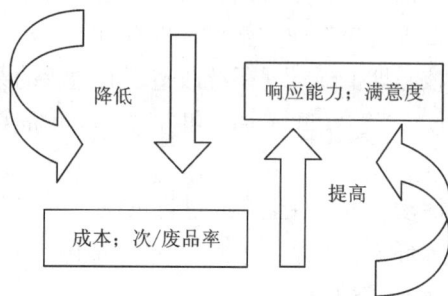

图 11-12　流程简化的作用

1. 提高响应能力

提高响应能力主要表现在为客户提供服务的环节,如产品配送。由于每个环节的周转速度加快了,从而促使紧随其后的环节跟进性地动态改进,最终提高客户满意度。

2. 降低成本

必须彻底消除无效预算。

3. 降低次/废品率

随着那些容易导致次/废品出现的无效低能环节的减少,次/废品率也出现明显的下降。

4. 提高员工满意度

降低流程的无效性和复杂性,意味着员工将被授予更多的权力对自身工作进行具体决策,这将会大大提高员工参与工作的热情和积极性。

(三)流程简化的主要方法

流程简化的主要方法如图11-13所示。

图 11-13　流程简化的主要方法

1. 成本导向的流程简化

这是一种最基本的流程简化方法，它旨在通过对特定流程进行成本分析，来识别并减少那些诱使资源投入增加或成本上升的因素。该方法适用于对产品的价格或成本影响较大的活动。操作前提是不能以损害必要的或关键的能够确保满足客户需求的流程或活动为代价。

2. 时间导向的流程简化

这是在降低产品周期方面广泛应用的一种流程简化方法，其特点是注重对整个流程中各环节占用时间和各环节间协同时间进行深入的量化分析。

3. 重组性的流程简化

这是一种立足长期流程能力大幅改进，而对整个业务流程进行根本性的再设计的方法。该方法强调在企业组织的现有业务流程绩效及其战略发展需要之间寻找差距与改进空间。实施要求组织自上而下，制订跨部门、跨企业的执行计划，相应的资源投入也是非常可观。

三、组织结构的调整与重组

企业作为一种组织实体，必须不断调整自身结构，以便在发展过程中不断地适应各种环境变化的需要。管理者通过各种运营方式，运用组织结构中不同部门、不同活动的组合，使系统中的物流、信息流和资金流正常流动，并最终实现企业的经营目标。组织结构犹如人体的骨骼，在企业管理中起着支撑作用，而管理过程则犹如人体的运动过程及各种状态。企业为实现经营目标所具有的一系列功能，以及为完成这些基本职能需要进行的一系列活动，都可以用一系列业务流程来阐述。因此，为了能够有效地对上述活动进行协调和控制，就产生了对企业组织结构进行调整与重组的问题，而这个问题也成为业务流程重组的重要方法。

(一)组织结构重组的基本内容

组织结构重组包含两项基本内容，一是职能解析，二是管理过程分析与重组（图11-14）。通过职能分析，可以确定企业所应具备的基本职能和为实现基本职能需执行的工作内容。通过管理过程分析与重组，即对为实现基本职能进行活动顺序分析，找出不合理部分，进行重新安排，以使活动更加有效，从而形成企业必须具备的基本职能的各个管理过程，即重组后企业应该具备的管理过程。职能解析和管理过程分析与重组是相辅相成、相互修正的，利用职能解析和管理过程分析的成果，按照组织结构划分原则，便可得到新的组织结构。当然，由于重组原则和企业着眼点的不同，可以得到多种组织结构方案供决策者参考评价，最终确立重组后的企业组织结构。

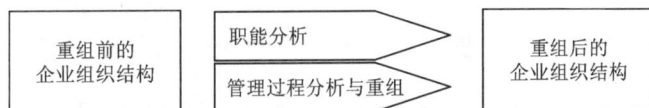

图 11-14　组织结构重组的基本内容

(二)管理过程重组的实施步骤

管理过程重组就是对原有的管理过程进行改造和重新设计，以便更加优化和有效地运营。假设管理过程是以完成某项管理职能为目标的，由一系列管理工作按照对管理信息处理的先后顺序排列，通过信息媒体组成的业务管理流程；又假设管理过程可由若干管理子过程构成,管理子过程是能独立完成某项管理功能的过程(图 11-15)。

图 11-15　管理过程的管理子过程示意图

管理过程 P 是一个可用二元组结构表示的网络结构 G, $G=(P, R)$, P 为管理子过程的集合, $P=(P_i | i=1, 2, \cdots, n)$, R 为所有管理子系统相互关系的集合, $R=(R_{ij} | i=1, 2, \cdots, n; j=1, 2, \cdots, n)$, R_{ij} 表示第 i 个管理子过程与第 j 个管理子过程的关系,其中, n 为管理子过程的数目。

根据上述定义,第 h 个管理子过程为 $P_h=(W_{h1}, W_{h2}, \cdots W_{hm})$, m 为 h 管理子过程涉及的工作数目。则有 $F_h=(f(h)_{ij})_{n \times n}$ 是一主对角线元素为 0 的 $n \times n$ 的阶方阵。因此可以推出:

$$G=(P, R)=(W, F)$$

其中, W 为管理工作 W_{ij} 的集合; F 为各项工作之间信息流量的集合。

$$W=\begin{bmatrix} W_{11}, & W_{12}, & \cdots, & W_{1m} \\ W_{21}, & W_{22}, & \cdots, & W_{2m} \\ \cdots, & \cdots, & \cdots, & \cdots \\ W_{n1}, & W_{n2}, & \cdots, & W_{nm} \end{bmatrix}$$

其中,某项 W_{ij} 可能为 0,但不能为空。$F_h=(F_h | h=1, 2, \cdots, n)$, n 为某管理过程所含的管理子过程的数目。因此,流程网络结构如图 11-16 所示。

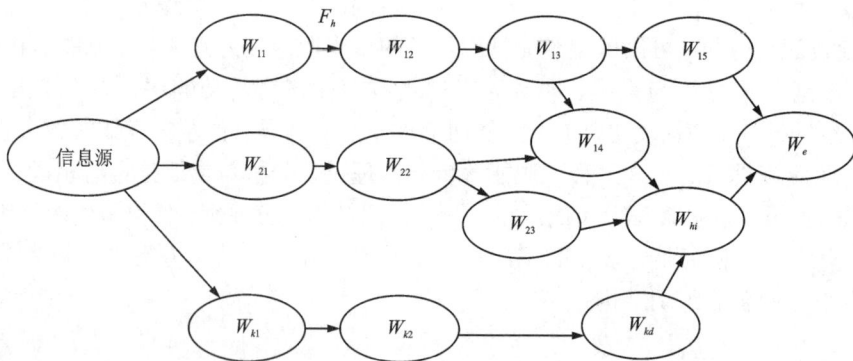

图 11-16　流程网络结构图

管理过程重组具有如图 11-17 所示的实施步骤:

第一步,确定所要重组的管理过程。

第二步,将管理过程划分为若干小的子过程分别绘制。

第三步,将管理子过程进行汇总叠加,得到原有管理过程的流程结构,及时记录存在的问题,提示重组时加以考虑。

第四步,对整个流程网络结构图的结构进行优化,即 $\text{Max}(\text{opt}(R))$。在优化过程中,当

P_i 存在但不必要时，$R_{ij}=0$，当 P_i 与 R_j 的顺序关系要调整时，$R_{ij} \to R'_{ij}$。需要注意的是优化必须从整体结构考虑，即 $\text{Max}(\text{opt}(R)) \geqslant \sum \text{Max}(\text{opt}(R_{ij}))$。

第五步，运用 ESCRI 方法，对优化后的流程网络结构图中子过程进行改造。ESCRI 即取消(eliminate)——取消不需要的功能和不增值的活动；简化(simplify)——可以简化复杂过程；合并(combine)——不能取消的作业过程考虑合并；重排(rearrange)——与其他工作转换顺序；新增(increase)——原企业具备现实需要的功能。

第六步，综合第四步、第五步重新绘制流程网络结构图。

第七步，评价流程网络结构图。若 $f'_{ij} < \sum f_{ij}$，则流程网络结构图得到优化，再进行安全性和逻辑性评价。考查新的管理过程是否能在完成目标的前提下正常运营，新方案是否同其他管理活动产生矛盾。

第八步，重复进行第四步至第七步，直到得到最满意的流程网络结构图为止，这时有 $G'=(P',R')=(W',F')$。

组织结构的调整与重组，是业务流程重组的重要方式，它提供了一种改造业务流程赖以生存环境的手段。

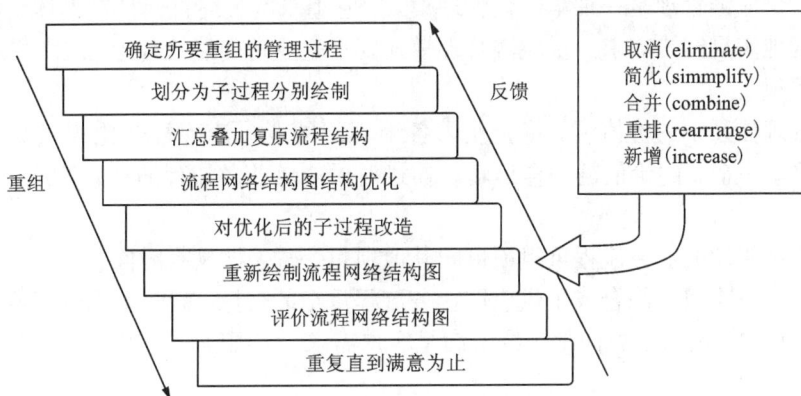

图 11-17　管理过程重组实施的步骤

第四节　供应链管理业务流程重组

借助业务流程重组技术，可以进一步优化供应链管理体系，追求高效益和低成本，使企业在激烈的市场竞争环境中获得核心竞争力。

供应链管理模型主要包含活动、资源和产品三个基本要素，业务流程重组就是优化活动流程，整合供应链成员资源，实现高效益、低成本的产品生产。在供应链中，应该打破企业之间的界限，建立包含企业内和企业外活动的优化组合，将企业内的价值链转换成增值能力更强的企业间的价值链。供应链描述了一种联盟结构，采购企业联盟—生产企业联盟—销售企业联盟，这是一种增值能力更强的价值链(图 11-18)。

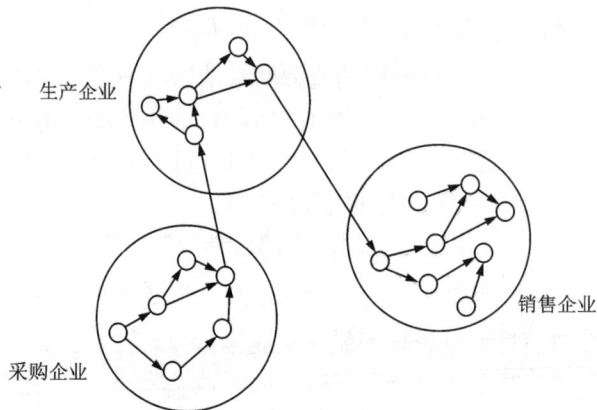

图 11-18　供应链中的价值链结构

供应链管理实践，已经扩展成为一种所有成员之间的长期合作关系，超越了供应链初期以短期的、基于某些业务活动的经济关系，使供应链从一种作业性的管理工具上升为管理性的方法体系。供应链管理是一种集成化管理模式，它追求的最终目标是在整体结构优化的基础上最大限度地满足客户需求。供应链管理模式要求企业转变经营管理方法，并要求企业进行业务流程重组。

供应链管理体系中的价值链，将企业内各个部门的业务流程社会化为供应链的业务流程，供应链像单一企业的价值链一样运转。通过对供应链业务流程的有效管理，获得供应链竞争优势。

面向供应链管理的业务流程重组项目同其他项目一样，都具有时间、成本和绩效三个目标(图 11-19)。三个目标综合成了供应链业务流程重组的目标，同时也构成了业务流程重组的三个方向。但是，所有的方向都围绕着满足客户需求、实现客户期望的中心。

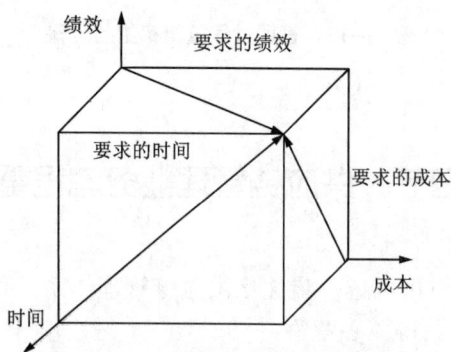

图 11-19　供应链管理业务流程重组的目标

一、基于时间的业务流程重组

从规模经济向速度经济的转移，给企业带来了越来越大的竞争压力，最终消费者对产品的需求越来越苛刻,不仅要求产品有好的质量、低廉的价格、良好的客户服务,还要求供应链能迅速地将产品送到客户手中。如果企业不能及时地将满足客户需求的产品送达客户,非忠诚客户就会转向其他竞争者来购买替代产品。

(一)活动的增值率分析

时间是衡量企业运营效率的重要指标,也是速度经济发展过程中着重追求的一种现代观念。因此,企业在实施供应链业务流程重组过程中,首先需要审查供应链各种流程分配时间的方式,分析各个环节价值增值的时间因素,从而设定企业重组的目标,不要将宝贵的时间花费在没有价值增值能力的环节上。因此,需要调整当前时间分配的方式,确定应达到的状况(图 11-20)[①]。

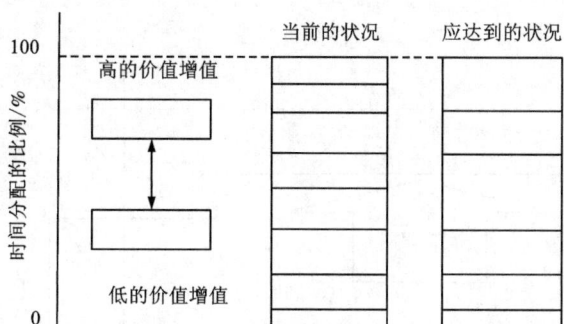

图 11-20 确定重组的目标

基于时间的业务流程分析就是将企业增值能力低、耗时的活动,从整个业务流程中突出出来,在增值能力和时间消耗方面寻求平衡,进一步消除或简化这些流程。基于时间的业务流程分析可以描述成活动的增值率分析,根据增值率确定各项活动时间分配的优先级,集中时间消耗在具有较高增值率的活动上(表 11-1)。

表 11-1 活动的增值率分析

典型的活动类型	增值分析/%	时间消耗/%	调整时间/%
新产品联合开发	20	5	20
早期供应商参与生产设计	15	5	15
战略成本和目标成本管理	15	5	15
电子商务需求信息综合	10	5	10
库存和物流的突破性方案	10	10	10
供应商联合发展计划	10	10	10
合同管理	5	15	5
询价和订货管理	5	15	5

---

① 休斯,拉尔夫,米切尔斯.供应链再造[M].孟稻,张丽萍,译.大连:东北财经大学出版社,1999.

续表11-1

典型的活动类型	增值分析/%	时间消耗/%	调整时间/%
库存控制	5	15	5
低价值采购	5	15	5

通过活动的增值率分析，获得了企业业务流程中的时间价值。如果企业单纯追求时间价值，就需要处理时间约束条件下的资源平衡问题，应用更多的资源来满足时间要求（图11-21）。企业补充的资源可能来自企业内部，也可能来自供应链成员。从而，实现了企业资源和活动的延伸。

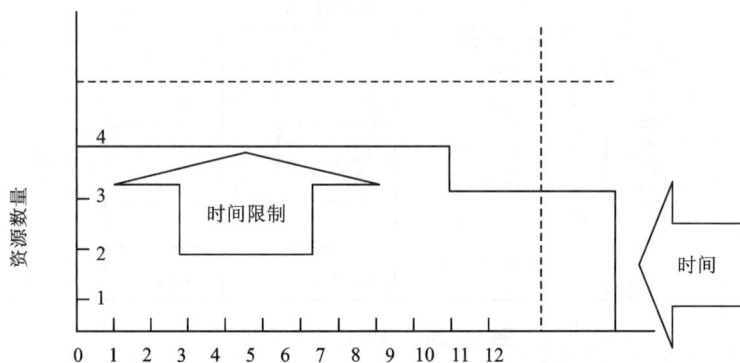

图11-21 时间约束条件下的资源平衡

资源的增加带来了产品成本的增加，这实际上是时间价值的转移，如果缩短的时间价值大于增加的资源价值，相应的活动就会降低成本。反之，如果缩短的时间价值小于增加的资源价值，相应的活动就会增加成本。

（二）供应链的时间压缩策略

供应链时间压缩策略的应用，能够降低牛鞭效应的影响，可以获得更短的提前期、更好的订货控制、更低的库存水平等优势，更加适应现代社会消费者对产品多样性的需求。供应链的时间压缩策略主要反映在信息流的时间压缩和物流的时间压缩两个方面，以采购管理为例，在供应链采购提前期构成要素中，存在需求信息传播和物流配送两个具有时间压缩潜力的因素。

1. 信息流的时间压缩

信息流不仅包括订货数量信息，还包括反映客户需求的定性信息。在信息流中压缩时间有更大的空间，当然也有更大的风险。有更大的空间是因为信息流与生产工序不同，没有提前期的限制。在理论上，通过信息技术，信息可以实时从一个供应链成员流向另一个供应链成员，但是，由于非技术上的原因，可能会产生信息滞后，出现信息提前期。因此，更大的风险主要来自缓慢的信息提前期，可能给企业带来巨大的损失。1990年，斯托克（Stalk）和豪特（Hout）总结出信息延迟所带来的问题主要是信息时效性造成的。一旦信息失效，它就失去了价值……旧有资料引起了扩张、延迟……解决这种问题的唯一方法是压缩信息流的传递时间，使渠道内传播的信息能够保持新鲜、有意义，能够被及时有效地理解。

在传统的供应链中，每个成员得到的需求信息都来源于下游成员，而这种需求信息不仅是滞后的，而且往往不是最终客户的真实需求，它是经过下游成员加工后得到的需求，或者是加上了安全库存，或者根据预测结果修改了需求。买卖之间的敌对关系，也使下游成员避免让上游成员了解真实的需求信息。因此，在许多供应链中，只有最接近最终客户的供应链成员才能感受到真实的需求。市场信息在供应链上传播的时候逐步受到延迟和扭曲，越是上游的成员，所了解到的需求信息就越不真实。供应链管理中的真实信息是至关重要的战略资产。供应链中的每一个成员都是为了满足最终客户的需求而工作的，每个成员都有权力获得快速真实的客户需求。

为了能在信息流中有效地压缩时间，将市场销售数据实时提供给供应链成员，每一个成员可以根据其下游成员订货信息和最终客户需求信息准确、快捷地进行生产决策和存货决策，这样有利于供应链成员实现 JIT 生产和零库存，进而减少库存、降低成本。提高信息流运营绩效的主要技术是 EDI 系统和电子商务，可以在供应链成员之间实现信息共享。但是，信息流的传递还不理想，订货信息扭曲、放大的过程依然存在，在许多决策过程中依然存在着阻碍信息传递的障碍。

值得注意的是：尽管两个供应链成员在同一时间获取了相同的市场信息，但是由于理解信息能力上的差别，导致成员的快速反应能力和最终结果大相径庭；另外，如果具有相同的快速反应能力的两个供应链成员在获取信息的优势上存在差异，也可以导致成员产生各不相同的竞争力。因此，在时间压缩战略中，信息流的价值主要体现在信息价值的时效性和提取有用信息的能力上。信息共享不等于信息理解，及时有效地理解信息才能获取竞争力。

2. 物流的时间压缩

物流渠道主要表现在时间上的压缩，供应链管理中的时间压缩主要集中在供应链成员内部物流、产品物流和供应链成员关系中的时间压缩。

（1）供应链成员内部物流中的时间压缩。

物流时间压缩战略的起点是产品的设计阶段，即产品在最初设计时就应该考虑多种产品在物流管理、生产、分销、实际使用中的优化问题。产品的优化设计能有效地推动供应链中的时间压缩战略，如较大比例的产品标准化设计，可以大量减少生产过程中的变更。生产循环时间的压缩也是至关重要的，可以对物流提前期进行压缩。生产循环时间压缩的基本策略和方法主要有：①消除物流中没有价值增值的工序；②压缩工序中冗余的时间；③在连续的流程中重组工序的连接过程；④并行工程方法的运用。

值得注意的是，许多供应链成员只关注内部生产时间的压缩，而忽略了物流中其他提前期的压缩，如分销时间的压缩，结果使内部生产中节约出来的时间，被分销过程浪费掉了。供应链管理强调整体绩效，主张通过供应链成员的积极合作来完成时间压缩战略，每个供应链成员都应积极帮助上下游成员减少物流流动时间，使整个供应链中的物流时间达到优化和平衡。

（2）产品物流中的时间压缩。

供应链成员实施 JIT 的原则，是成功压缩物流时间的保证。时间工序规划图（time-based process mapping，TBPM）是一种重要的时间压缩工具，它可以应用图形清晰地表达产品在整个供应链中的时间分布情况，以便发现问题，提高时间压缩效率。

（3）供应链成员关系中的时间压缩。

供应链成员关系中的时间压缩，主要反映成员间合作时的运输、库存等各种基于时间的优化问题，以及供应链契约问题。可以应用物流控制的五项原则：原则一，只生产能够快速运送给客户并快速收回货款的产品。原则二，在本阶段只生产下阶段组装所需的组件。原则三，最小化原料生产时间。原则四，使用最短的计划周期。原则五，从供应商处小批量购买流程、组装所需的组件，即外包策略。信息流和物流的时间压缩并不是独立的，只有两者密切合作才能使整个供应链的循环时间最小。

信息流中的时间压缩将直接影响物流的流动，而物流的时间压缩通常是伴随着开放的信息。供应链管理的战略目标是建立一个无缝供应链，无缝供应链要求整个供应链像一个独立实体一样运营，从而能有效地满足最终客户的需求。时间压缩策略对于实现这一战略目标而言是非常重要的。

二、基于成本的业务流程重组

降低成本也是供应链管理的重要目标，是提高供应链竞争优势的重要途径。根据乔恩·休斯等（1999）的研究成果，将对基于成本的供应链管理业务流程重组进行分析。

（一）成本管理与竞争优势

有效降低成本是企业生产经营的目标，也是企业构筑供应链和优化供应链业务流程的目标。但是，在重组供应链业务流程的过程中，不能一味地追求成本的降低，避免在降低成本时，损失企业的经济效益增长点和盈利基础。因此，要有计划地协调成本和核心竞争力之间的关系，平衡成本管理和市场联盟之间的关系（图 11-22）[①]。

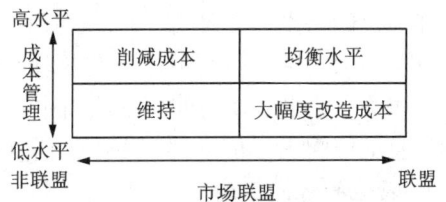

削减成本	均衡水平
维持	大幅度改造成本

图 11-22　成本管理和市场联盟的协调

在供应链业务流程重组过程中，成本和市场成为两个基本目标，决策的焦点问题如表 11-2 所示。

表 11-2　两目标决策的问题焦点

项目	决策目标	
	以成本为中心	以市场为中心
典型问题	成本控制的目标是什么 如何降低供应链综合成本 怎样才能不损害企业核心竞争力 解决的主要供应链问题是什么	市场效益的目标是什么 创造显著市场效益的因素有哪些 企业发展的机遇在哪里 供应链市场价值的积极作用如何

---

① 休斯, 拉尔夫, 米切尔斯. 供应链再造[M]. 孟稻, 张丽萍, 译. 大连：东北财经大学出版社, 1999.

(二)策略性成本管理和战略性成本管理的内容

在成本管理中，主要包含策略性成本管理和战略性成本管理两种方法。策略性成本管理是根据市场需求状况，对企业的实际经营情况，以市场竞争价格为导向，以一定的目标利润为中心，运用量、本、利分析原理，反算企业各项目标成本或控制指标，通过一系列卓有成效的管理，最终将各项指标控制在目标范围内，将市场竞争的外部压力转化为企业的内在动力，从而赢得企业长期竞争优势和发展良策的一种管理方法。战略性成本管理就是以战略的眼光从成本的源头识别成本驱动因素，对价值链进行成本管理，即运用成本数据和信息，为战略管理的每一个关键步骤提供战略性成本信息，以利于企业竞争优势的形成和核心竞争力的创造。战略性成本管理是成本管理与战略管理有机结合的产物，是传统成本管理对竞争环境变化所做出的一种适应性变革。

战略性成本管理可以借助成本降低和成本清除达到目的。尽管在大范围内主动进行降价、成本降低、成本清除都可以达到降低成本的目的，但是重组的力度是不同的(图 11-23)[1]。

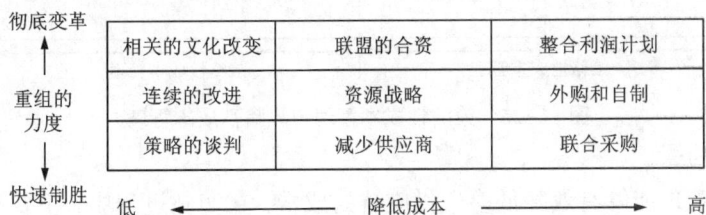

相关的文化改变	联盟的合资	整合利润计划
连续的改进	资源战略	外购和自制
策略的谈判	减少供应商	联合采购

彻底变革 ↑ 重组的力度 ↓ 快速制胜

低 ← 降低成本 → 高

图 11-23 降价—成本降低—成本清除

在价格浮动(price drift)阶段，几乎没有价格控制，高级管理层尚未注重掌握供应链，与供应商依然保持着有冲突的竞争关系。

降价(price down)是真正进入成本管理阶段的标志，已经成为有效检验供应商优势和劣势的直接方法，并且，降价还需要采用一些策略性的方法，如减少供应商、谈判和分析成本，这将实现供应商价格的部分减少。

成本降低(cost down)和成本清除(cost out)明显不同，它们意味着企业要采用更多的战略性成本管理方法，如应用越来越复杂的利润分析方法、供应链业务流程重组和利润计划流程等方法。成本管理的目标是制订完全透明的、共同控制的供应商联合发展计划，从而降低整个供应链的成本。

价格和成本都是调控供应链增值能力和竞争优势的重要杠杆，而且全球化的节约成本抵消了价格的压力(图 11-24)，促使成本在构筑供应链过程中发挥了巨大作用。

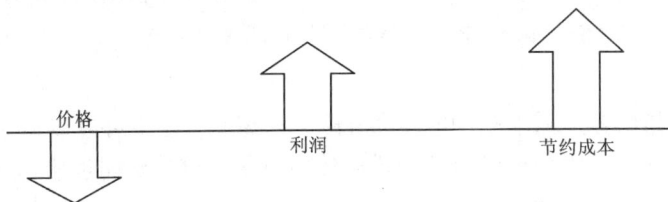

价格   利润   节约成本

图 11-24 全球化的节约成本抵消价格压力的示意图

---

[1] 休斯, 拉尔夫, 米切尔斯. 供应链再造[M]. 孟稻, 张丽萍, 译. 大连: 东北财经大学出版社, 1999.

(三)策略性成本管理和战略性成本管理的作用

以价格为基础的策略性成本管理和以成本为基础的战略性成本管理的作用是不同的(图11-25)[①]。战略性成本管理依赖战略性的伙伴供应商关系和供应链管理来实现,与供应链成员的发展战略融为一体。

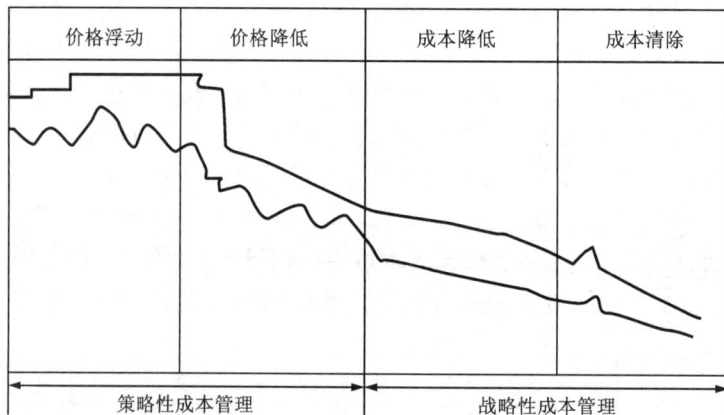

价格浮动	价格降低	成本降低	成本清除

策略性成本管理   战略性成本管理

图 11-25　策略性成本管理与战略性成本管理

战略性成本管理能够有效降低整个供应链的成本,在实施过程中,主要采取目标成本管理方法。目标成本管理作为业务流程重组的过程,已经超越了供应链成员内部流程的范围,面向最终客户的需求,有效集成供应商的业务流程,最大限度地满足变化的市场需求(图11-26)。

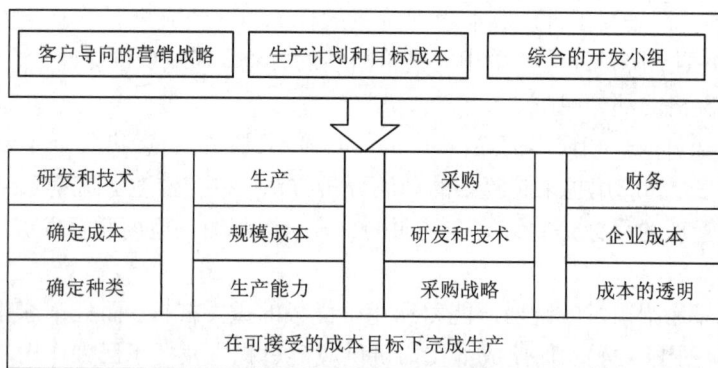

客户导向的营销战略	生产计划和目标成本	综合的开发小组

研发和技术	生产	采购	财务
确定成本	规模成本	研发和技术	企业成本
确定种类	生产能力	采购战略	成本的透明

在可接受的成本目标下完成生产

图 11-26　作为企业战略的目标成本法

目标成本管理是由客户需求驱动的、价值传递的核心,客户可以以低于价值的价格购买商品。供应链成员则可以成功地以很低的价格传递更多的价值给足够多的客户,创造更大的利润。目标成本需要对供应链成员和供应链所有的功能进行整合,最大化供应链成员和供应链的价值,可盈利地传递客户价值。

[①] 休斯,拉尔夫,米切尔斯.供应链再造[M].孟稻,张丽萍,译.大连:东北财经大学出版社,1999.

在成本压力的驱动下，供应链成员会采取压缩资源的方式，但是资源的压缩会带来时间的延长。因此，需要在时间和成本之间进行平衡（图 11-27）。

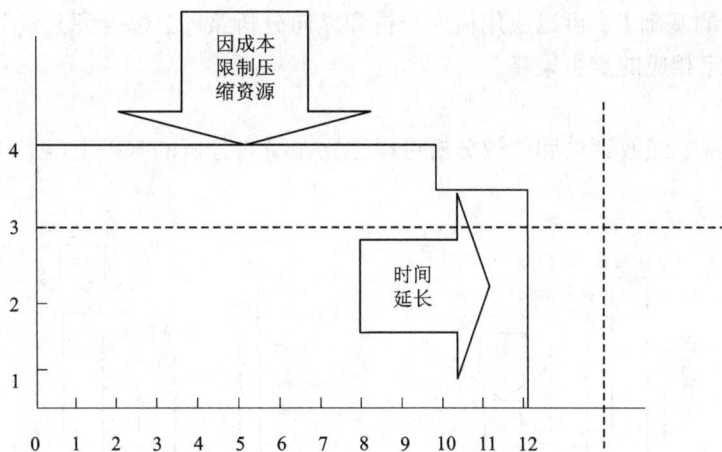

图 11-27 成本约束条件下的资源平衡

三、基于绩效的业务流程重组

以绩效为目标的业务流程重组，就是依据分析、比较获得的重组前后的绩效变化来决定进一步的行为方式。在绩效分析比较过程中，重点考虑标杆的作用和影响。因此，可以从横向和纵向两个不同的角度来分析。绩效分析是建立在绩效评估基础上的，绩效评估的好坏直接影响着绩效分析的能力。

（一）绩效评估策略

绩效评估是绩效分析的基础。在绩效评估过程中，会产生估值过低和估算过高的现象，使估算绩效偏离实际绩效（图 11-28）。如果估算过低，将会使重组成本转移到绩效评估更高的流程上，从而产生无效的计划和错误，引发更高的成本；如果估算过高，根据帕金森定律，绩效增加时，消费随之增加，会抬高业务流程重组的成本。

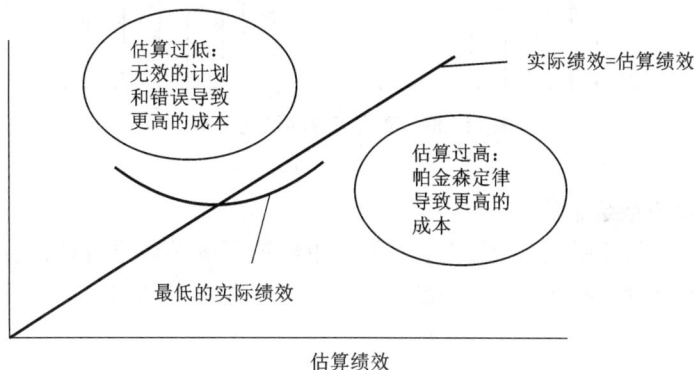

图 11-28 绩效评估

无论绩效评估的结果是过低还是过高，都会导致业务流程重组成本的增加。因此，应采取有效的策略寻找实际绩效和估算绩效的交汇点的，提高绩效评估的准确性。

(二)绩效分析策略

在绩效评估的基础上，可以应用横向分析和纵向分析策略，综合评判业务流程重组绩效的高低，从而制定相应的重组策略。

1. 横向分析

在重组流程中，绩效评估和绩效分析可以建立在横向分析的基础上(图11-29)。

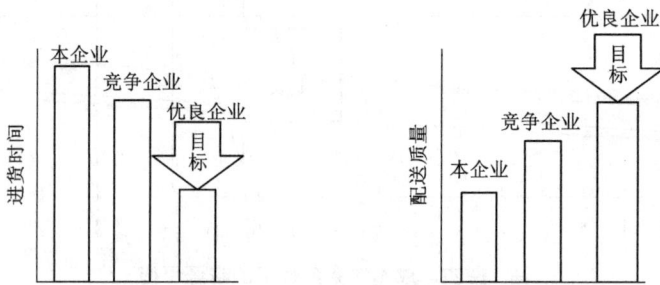

图11-29　重组绩效的横向分析

图11-29分析比较了本企业与竞争企业、优良企业在进货时间与配送质量两个流程上的绩效，特别突出了优良企业作为标杆的作用。

2. 纵向分析

在重组流程中，绩效评估和绩效分析可以建立在纵向分析的基础上(图11-30)

图11-30分析比较了企业目前与历史记录、优良记录在采购周期和服务质量两个流程上的绩效，特别突出了企业内部优良的历史记录作为标杆的作用。

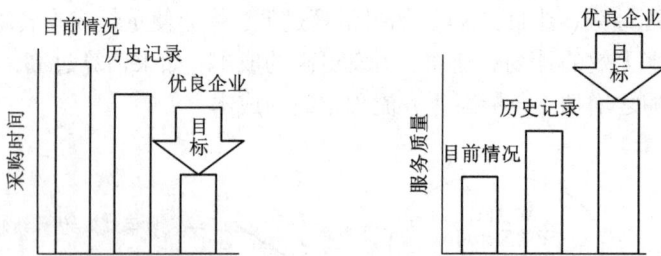

图11-30　重组绩效的纵向分析

(三)基于绩效的重组流程

以绩效为轴心的业务流程重组策略，需要对重组流程的绩效进行评估，并比较绩效评估的准确。通过绩效分析，可以进一步判断对流程重组的结果是否满意，从而做出确定流程的决策(图11-31)。

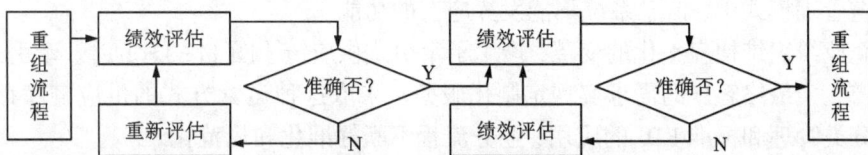

图 11-31　基于绩效的重组流程

以时间、成本和绩效为基础的供应链管理业务流程重组,更多地表现为三项标准的综合,从而创造供应链管理业务流程重组的综合效益,在时间约束和成本约束的条件下,将会带来社会资源的最大化应用,从而提高整个供应链的绩效(图 11-32)。

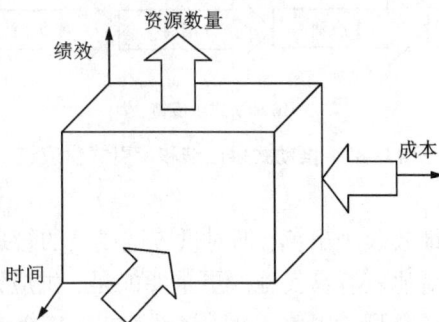

图 11-32　时间、成本和绩效的约束关系

图 11-32 描述了时间、成本和绩效的关系,时间和成本降低都会带来绩效的增加。

四、供应链管理构筑的基本要点

在业务流程重组的基础上,构筑供应链管理体系需要考虑更多的因素。美国著名会计师事务所毕马威(KPMG)从企业内和企业外两方面说明了供应链管理体系的组成。也就是说,真正有效的供应链管理体系应该建立在供应链成员内部业务流程重组的基础上,再与其他成员进行协作和融合,只有这样才能真正发挥整个供应链的绩效。因此,构筑供应链管理体系应该注重业务流程重组和管理能力的培养,实现从内到外的发展。具体地讲,首先应该将成员内价值链所包含的采购、生产和销售功能,分解为设计/计划、购入/调配、生产/开发、配送/物流、促销/销售管理、客户服务/市场分析六大功能,并实现这些功能的集成化,只有这样才能逐渐延伸到供应链成员之间。因此,在供应链管理构筑过程中,必须明确下面几个要点。

(一)组织结构和供应链结构

传统的金字塔形的科层制组织结构,主要面对的是推动式供应链[图 11-33(a)]。推动式供应链的运营方式以生产商为核心,产品生产出来后从分销商逐级推向客户。分销商和零售商处于被动接受的地位,各个供应链成员之间的集成度较低,通常采取提高安全库存量的方法应付需求变动,增大了供应链成员经营的风险,提高了运营成本。而且不同角度的思维方式,必然导致产销矛盾的加剧。整个供应链上的库存量较高,对需求变动的响应能力较差。电子化交易产生了许多局限性,如不能有效地确定对整个供应链产品的开发、物流和销售管理,不能从事有效的信息分析和指导,就会使信息资源管理功能大打折扣。因而,在推动式供应链管理模式中,信息系统不能发挥应有的功能。

随着企业组织结构扁平化的变革,产生了牵引式供应链[图 11-33(b)]。牵引式供应链的驱动力产生于最终客户的需求实现定制化服务。采取这种运营方式的供应链库存量较低。通过商品分类管理和标准 EDI 的应用,业务流程不断标准化和规范化。

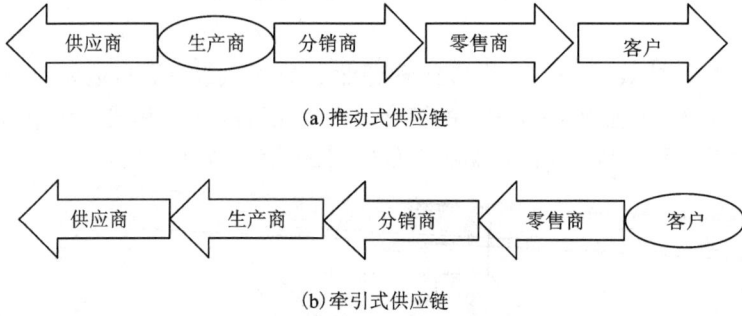

(a)推动式供应链

(b)牵引式供应链

图 11-33　推动式供应链和牵引式供应链

牵引式供应链虽然整体绩效表现出色,但对供应链成员的管理要求和技术基础要求都较高。而推动式供应链方式相对比较容易实施。更重要的是,供应链上滚动着多种产品,不同的产品类型需要不同的供应链类型。因此,可以将推动式供应链和牵引式供应链有效地集成在一起(图 11-34)。

集成的供应链运营模式可以针对不同的组织类型承担供应链的功能,提高供应链应用的范围和柔性。

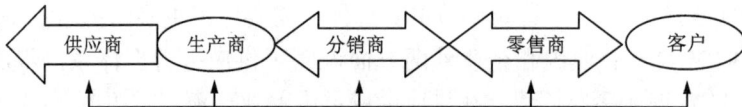

图 11-34　集成的供应链运营模式

(二)供应链和物流技术集成

一个功能完善的供应链管理系统,需要将市场营销、物流管理、信息技术和组织创新技术有机集成,以实现快速、有效反应的目标(图 11-35)。

图 11-35　供应链集成技术

供应链管理的核心是物流管理,物流技术的应用有助于提高物流配送的效率。在物流管理技术中，主要包含连续补库计划（continuous replenishment program，CRP）、自动订货（computer assigned ordering，CAO）、预先发货通知（advanced shipping notice，ASN）、供应商管理库存、交叉配送（cross docking）和店铺直送（direct store delivery，DSD）等。

1. 连续补库计划

连续补库计划利用及时、准确的 POS 数据确定销售出去的商品数量，根据预先规定的库存补充程序确定发货补充数量和发送时间。以小批量、多频度方式进行连续配送，补充零售店铺的库存，提高库存周转率，缩短交货周期。

2. 自动订货

自动订货是基于库存和需求信息，利用管理信息系统进行自动订货的方式。

3. 预先发货通知

预先发货通知是生产厂家或批发商在发货前利用电子网络向零售商传送的货物明细清单。零售商可以据此做好进货的准备工作，省去货物数据输入作业，使商品检验作业效率化。

4. 供应商管理库存

供应商管理库存是供应商对零售商等下游成员的流通库存进行管理和控制的方法。供应商基于零售商的销售、库存等信息，判断零售商的库存是否需要补充，当需要补充时会自动向本企业的物流中心发出发货指令，补充零售商的库存。供应商管理库存的方法包括了 POS、CRP、CAO、ASN 等技术。采用供应商管理库存时，虽然零售商的商品，库存决策主导权由供应商把握，但店铺的空间安排、商品货架布置等店铺空间管理决策仍然由零售商主导。

5. 交叉配送

交叉配送是在零售商的流通中心将来自供应商的货物按发送店铺迅速进行分拣、装车向各个店铺发货。在交叉配送情况下，流通配送中心仅是一个具有分拣装运功能的通过型中心，有利于缩短交货周期、减少库存、提高库存周转率，从而节约成本（图 11-36）。

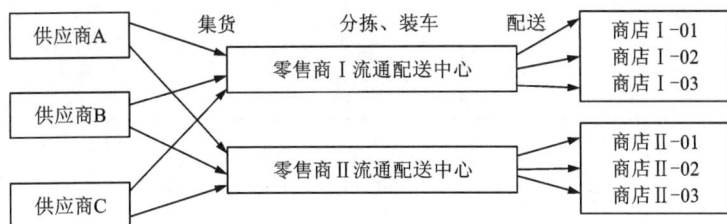

图 11-36　交叉配送示意图

6. 店铺直送

店铺直送是指商品不经过流通配送中心，直接由生产厂家运送到店铺的运送方式。采用店铺直送方式可以保持商品的新鲜度，减少商品运输破损，缩短交货周期和时间（图 11-37）。

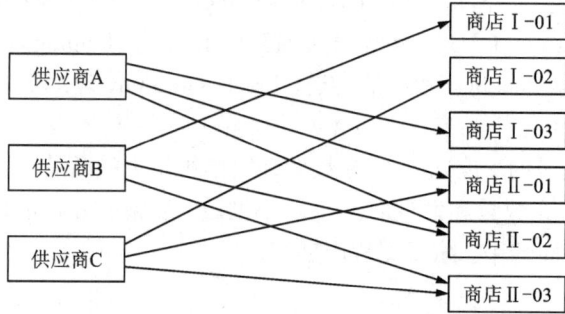

图 11-37　店铺直送示意图

(三) 价值链和供应链

供应链管理体系中的价值链能有效地应对多样化的客户需求, 并快速对不同的客户需求做出反应, 在价值链形成过程中, 必须关注以下几点问题:

(1) 由于价值链本身具有动态性和易变性, 核心企业或价值链中关键性的成员必须具有强大的、压倒一切的核心能力, 如果特定的供应链成员不具备长远的核心竞争力, 那么就有可能被排除在价值链之外, 从而丧失发展的机遇。

(2) 供应链必须培育能对任何不确定性做出敏捷反应的能力。

(3) 供应链成员应积极推动非核心业务外包, 与其他成员建立长期的战略伙伴关系。

供应链成员内的组织变革逐步向成员间的组织融合转移, 成员间的业务流程全面整合。在合作文化和因特网广泛应用的推动下, 供应链成员之间的信息充分共享, 并形成了一对一的营销策略。最终向着供应链和价值链集成的方向发展, 实现整个供应链效率的最优化。

(四) 识别关键流程

Wesley 和 Shen(2002)介绍了应用核心流程分析矩阵(core process analysis matrix, CPAM)识别重组项目中关键流程的方法(图 11-38)[①]。

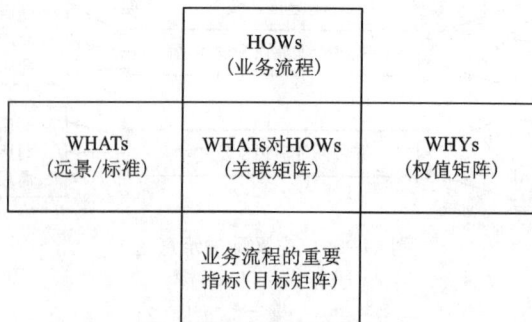

图 11-38　核心流程分析矩阵的结构

---

① 资料来源: Wesley s, Shen H. Supply chain reengineering using a core process analysis matrix and object-oriented simulation. Information & Management, 2002, 39: 345-358.

1. WHATs

WHATs 指业务流程重组关心的标准列表。在供应链重组过程中，可能包括战略、功能、物流运输和信息管理观点。

2. HOWs

HOWs 代表了可能需要重组的流程。可以通过重组选择一个 HOWs 集，获得一个 WHATs 集。竞争优势国际中心（International Center for Competitive Excellence）将最初的供应链业务流程确定为七个过程，即客户关系、客户服务、需求、订单执行、生产流程、采购、开发和商业化。

3. WHYs

WHYs 定义 WHATs 相对的重要性。对于每一个标准而言，它们考虑主要竞争对手和公司自身评估的当前环境。一个典型的集合包含了有关业务观点的全部重要性的列表。相对重要性可以由相对评价值（relative evaluation value，REV）和调整的标准重要性（adjusted criteria importance，ACI）来衡量，可以应用公式：

REV＝对自己的当前评估值/对竞争对手的当前平均评估值

ACI＝标准重要性/REV

4. WHATs 对 HOWs

通过标识每一个 WHATs 对 HOWs 关系水平，生成关联矩阵，从而获得业务流程和业务远景之间的关系，这种关系可以界定为多种水平，如强、中、弱和无。

5. 目标矩阵

每一个业务流程重要性的指数，都可以应用原始重要性指数 RI（raw importance index）和重要性指数 I（importance index）进行计算。

$$RI = \sum_{\underset{\sim}{n}} CI \times CO \qquad (11-1)$$

$$I = \frac{RI}{\sum_{n} RI} \qquad (11-2)$$

其中，CI 为标准重要性；CO 为业务流程和业务远景之间的关联性。

通过目标矩阵的建立，相关的业务流程已经形成了一个具有优先等级的重要性指标，从而识别关键的业务流程。

业务流程重组是企业优化业务流程的工具。业务流程重组技术的应用不仅有利于企业调整业务流程中的不合理因素和环节，而且有利于实现向管理要效益的目标。更重要的是，一个性能优越的供应链只能建立在业务流程重组的基础之上。

【复习思考习题】

一、单项选择题

1. 工业经济时代依赖完善的基础设施，而知识经济时代依赖生机勃勃的"信息结构"，即（ ）。信息结构不仅依赖以信息技术为核心的技术进步，从并行处理到 Internet，同时依赖人们态度和观念的转变。

A. 人脉   B. 知识

C. 资本   D. 能源

2. 组织结构重组包含两项基本内容,一是( ),二是管理过程分析与重组。

A. 市场分析 　　　　　　　　B. 需求预测

C. 投资优化 　　　　　　　　D. 职能解析

3. 在时间压缩战略中,信息流的价值主要体现在信息价值的( )和提取有用信息的能力上。信息共享不等于信息理解,及时有效地理解信息才能获取竞争力。

A. 操作性 　　　　　　　　B. 适应性

C. 时效性 　　　　　　　　D. 社会性

4. 自动订货是基于( )和需求信息,利用管理信息系统进行自动订货的方式。

A. 库存 　　　　　　　　B. 运输

C. 生产 　　　　　　　　D. 竞争对手

二、多项选择题

1. 在业务流程重组定义中,( )成为备受关注的四个核心内容。

A. 根本性 　　　　　　　　B. 戏剧性

C. 业务流程 　　　　　　　　D. 彻底性

2. 业务流程重组提供了价值链流程优化的可行手段,它具有( )等几个特点。

A. 以流程为导向 　　　　　　B. 创造性地应用信息技术

C. 打破常规 　　　　　　　　D. 目标远大

3. 业务流程重组是一场深刻的变革,它将在三个层次上影响着企业,这三个层次分别是( )。

A. 理念层 　　　　　　　　B. 物流层

C. 管理层 　　　　　　　　D. 作业层

4. 系统改造现有流程的原则,可以概括为 ESIA,即( )、整合(integrate)和自动化(automate)。

A. 开发 　　　　　　　　B. 清除

C. 固定 　　　　　　　　D. 简化

三、判断题

1. 随着计算机技术、网络技术和通信技术及三者合一的信息技术在企业中的广泛运用,产生了各种跨越专业领域、风格迥异、各具时代特色的主流应用技术和方法,如工作流管理系统、企业资源计划、计算机集成制造系统、管理信息系统、办公自动化和决策支持系统等,有力地推动了供应链管理和业务流程重组技术的产生和发展。"唯一永恒的东西就是企业组织形式。"( )

2. 提高员工满意度。降低流程的无效性和复杂性,意味着员工将被授予更多的权力对自身工作进行具体决策,这无疑会大大提高员工的工作强度,极大地打击他们的热情和积极性。( )

3. 成本导向的流程简化旨在通过对特定流程进行的成本分析,来识别并减少那些诱使资源投入增加或成本上升的因素。该方法适用于对产品的价格或成本影响较大的活动。操作前提是不能以损害那些必要的或关键的能够确保满足客户需求的流程或活动为代价。( )

4. 牵引式供应链虽然整体绩效表现出色,但对供应链成员的管理要求和技术基础要求都较高。而推动式供应链方式相对比较容易实施。更重要的是,供应链上滚动着多种产品,不同的产品类型需要不同的供应链类型。但是将推动式和牵引式供应链不可能有效地集成在一起。(　　)

四、简答题

1. 什么是业务流程重组?分析业务流程重组发展的动因。

2. 在实施基于时间的业务流程重组过程中,为什么要进行活动的增值率分析?

3. 试分析业务流程重组获得成功的因素。

4. 什么是战略性成本管理?试分析它在供应链管理重组中的作用。

五、案例分析题

某公司的进货流程涉及收货组、电脑室、验收组和保管组四个部门。

当供应商送货到物流中心时,由收货组的收货员先收货,收货员需要清点数量和检查外观,如发现不合格,则拒收来货,如合格,则签收货物,并填写收货单交电脑室电脑员,收货员的工作到此为止。

电脑员收到收货员送来的收货单后,根据收货单信息进物流信息系统中查询采购部门是否有采购单,如系统中有采购单并且收货信息与采购单信息一致,电脑员需要打印采购单三联,并将采购单三联和收货单交验收员验货。如系统中无该采购单或者收货信息与采购单信息不一致,电脑员需要联系采购部门,补采购单,等采购部门补完采购单后,电脑员再打印采购单三联交验收组验收员验货。

验收员收到电脑员送达的采购单,到收货区验货,如质量合格,则在采购单上填上合格的验收数量,并保留一联采购单和收货单,并将其他两联采购单交保管员;如果质量不合格,验收员则填写采购单,注明不合格原因和数量,并交采购部门处理。

保管员收到验收员验收完毕的采购单后,将货物安排仓位,并在采购单上填上相应仓位号,保留一联,将另外一联交电脑室电脑员。

电脑室电脑员在物流信息系统中输入该采购单相关产品的仓位号,确定产品正式入库,并打印正式入库单交采购部门,并保留采购单一联。

案例思考题:

1. 请你画出该公司进货的流程图。

2. 请分析该公司进货流程的不足之处,并根据流程设计的基本原则,为该公司设计新的进货流程。

【本章参考文献】

[1]刘慧贞.供应链管理[M].北京:机械工业出版社,2015.

[2]赵林度,王海燕.供应链与物流管理[M].北京:科学出版社,2011.

[3]刘助忠,龚荷英.基于O2O的农村资源流模式研究[M].长沙:中南大学出版社,2016.

[4]李耀华,林玲玲.供应链管理[M].3版.北京:清华大学出版社,2018.

[5]周兴建.现代物流方案设计:方法与案例[M].北京:中国纺织出版社,2019.

第十二章　供应链风险管理

本章学习导引

　　在新的竞争环境下,尤其是在经济危机时期,供应链管理在给企业带来价值与竞争优势的同时,也增加了供应链上企业的风险。这些风险是因为在供应链竞争中存在的大量不确定性导致的,会对企业绩效乃至整个供应链的生存发展产生巨大的影响。本章从风险的含义、风险管理过程、风险识别与分析、风险应对等方面介绍供应链管理的基础理论和方法,读者还可以学习到弹性供应链的理念,从而更好地应对供应链上的各种风险,使企业获得可持续发展。

第一节　供应链风险的含义

一、风险的定义

　　风险管理(risk management)从 1930 年开始萌芽。1938 年以后,美国企业对风险管理开始采用更科学的方法,并逐步积累了丰富的经验。20 世纪 50 年代,风险管理逐渐发展成为一门学科,并且从 20 世纪 70 年代开始风险管理在全球受到更普遍的关注。1983 年在美国召开的风险和保险管理协会年会上,世界各国专家学者云集纽约,共同讨论并通过了"101 条风险管理准则",标志着风险管理的发展已进入了一个新的发展阶段。

　　风险表达的是一个抽象而且笼统的概念,风险的特性是在强调未来的可能性,以及未发生事件的不确定性,如果一个事件或活动没有不确定性,即没有风险的存在。

　　《韦氏英文字典》对风险的解释为"损失的可能性或危害的结果"。风险有两层含义:一是易变化的特性和状态,缺乏肯定性,也就是不确定性;二是具有无常的、含糊的或未知性质的事物。

　　许多学者都尝试着去定义风险,目前较公认的对风险的定义是 Mitchell(1995)提出的,他认为风险是组织或个人发生损失的概率以及损失严重性二者的组合,任一事件的风险为事件的可能发生概率以及事件发生的后果之组合乘积。由此可知,风险包含两项基本组成元素:一个为损失,一个为不确定性。

　　目前,针对风险的研究已经引起人们的广泛关注。

全球金融服务集团安联保险发布的《2014 企业风险报告》称，营业中断、供应链风险以及自然灾害、火灾及爆炸，是全球企业在 2014 年所面对的主要风险。安联保险发布的这份报告指出，根据保险行业 2013 年的数据，营业中断以及供应链损失占整体投保财险损失的 50%～70%。从企业规模来看，营业中断是大型企业最大的风险来源，中小企业则对火灾和爆炸以及融资问题更为关心。

不同行业面临的主要风险有所不同。报告称，以金融服务业为例，网络犯罪的风险系数在快速上升，不过这个行业的头号威胁依旧是监管变化，这主要体现在金融危机之后，全球各地对于金融的监管和干预正在逐步加强；而在制造业方面，大约 60% 的受访者关注营业中断和供应风险，这是制造业最关注的商业风险。

安联保险在这份报告中建议，为减少营业中断造成的损失，企业需制订业务延续性计划，而且在选拔供应商时，也需考核对方是否制订类似的计划。要确保制订的缓解措施可以执行，仅仅了解直接的供应商还不够，企业还需要了解供应商如何管理自己的供应链风险。

二、供应链风险的含义

在当前市场竞争日益激烈的环境下，存在着大量的不确定性。只要存在不确定性，就存在一定的风险。不确定性是指当引入时间因素后，事物的特征和状态不可充分地、准确地加以观察、测定和预见。在供应链企业之间的合作过程中，存在着各种产生内生不确定性和外生不确定性的因素，因此需要有效的风险管理来保证供应链的正常运作并达到预期的绩效目标。

如前所述，供应链是一个庞大而复杂的系统，其风险是很难界定的，不同学者从不同的角度来定义和研究供应链风险。国外学者对供应链风险的研究是从研究供应风险开始的。Mitchell（1995）认为，供应风险是由各成员企业中的员工的教育层次、国别等因素的不同及供应市场的特征（如市场结构的稳定性、市场利率的变化等）影响供应上的不足所带来的风险。Zsidisin 等（2003）将供应风险定义为"供应的不及时而导致货物和服务质量的降低"。也有的学者按照风险划分的一般方法，将供应链风险分为可控制和不可控制的风险。不可控制的风险如恐怖主义行为、严重的劳工停工、自然灾害等，可控制的风险如供应商资质、来源方的产品和服务等。但是，这并没有给出供应链风险的确切的定义，也没有具体分析其区别的依据。

根据 Deloitte 咨询公司 2004 年发布的一项供应链研究报告，供应链风险是指对一个或多个供应链成员产生不利影响或破坏供应链运行环境，而使得供应链管理达不到预期目标甚至导致供应链失败的不确定性因素或意外事件。

英国 Cranfield 大学管理学院（2002）把供应链风险定义为供应链的脆弱性，供应链风险因素的发生通常导致降低供应链运行效率，增加成本，甚至导致供应链的断裂和失败。有效的供应链风险管理将有利于供应链的安全运行，从而提高供应链的运行绩效。

因此，供应链风险包括所有影响和破坏供应链安全运行，使之达不到供应链管理预期目标，造成供应链效率下降、成本增加，导致供应链网络失败或解体的各项不确定因素和意外事件。

为了提高供应链的竞争力，获取竞争优势，企业需要高度重视供应链的风险管理，它不仅是供应链管理理论体系的核心内容之一，而且是供应链管理的内在要求。企业必须采取有效措施使供应链避免可能对其产生破坏的风险，尽量降低风险给供应链带来的损失。这些目标只有通过合理的风险管理与控制措施才能达到。

三、供应链风险的形成机理

供应链风险是由供应链中各节点之间的复杂关系导致的不确定性。在供应链系统与外部环境发生互动以及供应链成员在协调与合作过程中，存在着各种内生不确定和外生不确定的风险因素。从来源上而言，供应、生产、需求和物流构成了供应链不确定性的内生因素，同时供应链系统又承受着自然灾害、恐怖事件、突发事件等供应链外生因素的影响。由于供应链不确定性因素和供应链结构复杂性的共同作用，产生了供应链风险，风险影响会在供应链系统中逐级传递并扩散至整个供应链网络。在此，通过图 12-1 来描述供应链风险的形成机理。

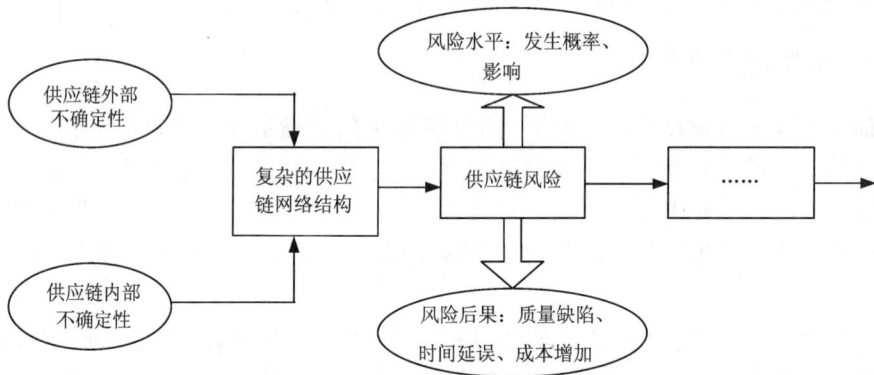

图 12-1　供应链风险形成

1. 供应不确定性

主要来源于供应商的败德行为或机会主义行为，以及自身能力、自然灾害和突发公共事件，如供应中断、供应数量短缺或提前期延长等。

2. 生产不确定性

主要来自企业内部的不确定性因素，供应链成员在战略决策中表现出来的潜在的不确定性和业务执行过程中的管理控制风险。例如企业生产职能战略与企业战略和供应链战略的不匹配，从而影响了供应链成员之间的协同性和稳定性。

3. 需求不确定性

一方面是由于供应链成员间信息不对称和信息传递过程中发生扭曲造成的，如供应链"牛鞭效应"的产生。另一方面，需求不确定性也在很大程度上受到市场随机因素的影响，如市场需求数量的突然增加或减少。

4. 物流不确定性

主要来自物流系统的不稳定和各物流功能环节之间在运作管理上的脱节。实施物流一体化战略有助于大大降低物流系统的不确定性。

5. 复杂的供应链系统网络结构

在风险传递过程中，多参与主体、跨地域、多环节的供应链系统网络结构将会加剧不确定性因素的影响。

四、供应链风险的特性

供应链风险除了具有上述一般风险的共性之外，还具有以下几点不同于一般企业风险的特性。

(一)动态性

供应链管理目标的实现是供应链的整合优化。实现供应链目标的过程受到内部和外部各种因素的影响，不同的成员企业和业务面临的风险因素不同。其中有些因素，随着环境和资源的变化及供应链管理目标的调整，可能会转化为供应链风险因素。供应链因外部客观环境或内部结构而产生风险，这些风险绝不会客观静止、无生命地僵化在原地，而会随着风险处理的正确性与及时性与否，使供应链风险降低或升高。因此，供应链风险因素将与供应链的运作相伴存在，具有动态性特征。正因为供应链风险的动态性，星星之火的小风险，有可能变成燎原之势的巨型风险。供应链风险变化的每一个阶段，几乎都具有因果连锁，所以不能忽视供应链风险的动态性。

(二)复杂性与多样性/层次性

供应链网络复杂性导致供应链风险的来源呈现复杂性的特征。一方面，供应链从构建起就面对许多风险，它不仅要面对单个成员企业所要面对的系统风险与非系统风险，还要面对由于供应链的特有组织结构而决定的企业之间的合作风险、技术与信息资源传递风险、文化冲突风险及利润分配风险等。因此供应链风险相比一般企业的风险，类型多、范围广，也更为复杂。另一方面，供应链的结构呈现层次化及网络化的特征，不同层次的供应链成员如核心企业、供应商、经销商、协作层企业对供应链运作影响程度不同，同样的风险对不同层次的供应链成员的影响程度也不同。

(三)传递性

传递性是供应链风险最显著的特征，也是由供应链自身组织结构特征所决定的。由于供应链从产品开发、原材料采购、生产加工到仓储配送整个过程，都是由多个供应链节点企业共同参与完成的，根据流程的顺序，各节点企业的工作形成了一个交错的混合网络结构，其中某一项工作既可能由一个企业完成，也可能由多个企业共同完成；某一个企业既可能参与一个环节，也可能参与多个环节。因此各节点环环相扣，彼此依赖和相互影响，任何一个节点出现问题，都可能波及其他节点，进而影响整个供应链的正常运作。供应链是链式生产结构，源头的企业可以通过这种结构把一定风险传递到下游企业，下游企业也可能通过信息流、资金流等途径把风险传递给上游企业。一个企业发生风险，造成生产、销售等运营的困难，那么，整条供应链都要受到牵连。"牛鞭效应"便是由这种传递性引起的。传递性会利用供应链系统的联动性，使风险对供应链系统造成破坏，给上下游企业乃至整个供应链带来损害和损失。供应链整体的效率、成本、质量指标取决于节点指标。由于各节点均存在风险，则供应链整体风险由各节点风险传递而成。

(四)此消彼长性

各个风险之间往往是互相联系的，采取措施消除一种风险可能会导致另一种风险的加剧，同样，供应链上某个企业采取的措施可能会增加供应链上其他企业的风险。供应链中的很多风险是此消彼长的，一种风险的减少会引起另一种风险的增加。一方面，企业内部一种风险的减少会导致另一种风险的增加，比如为了加强与供应商的长期战略合作，减少交易成本，可能会选择比较少的供应商，而这无疑增加了供应中断的风险。另一方面，供应链系统内各节点企业之间风险具有此消彼长性，即一企业风险的减少可能会导致相关企业风险的增加。比如制造厂商为了减少自身的库存风险，要求上游供应商采用 JIT 方式送货，而这必然导致上游供应商送货成本、库存的增加。因此在研究供应链风险，加强对供应链风险的控制时就要充分考虑风险的相互影响性，对此消彼长的风险进行权衡以确保供应链整体风险最小。

第二节　供应链风险管理过程

风险的存在是必然的和客观的，风险管理不应在事后被动进行，而应在事前就以积极主动的意识制订预案和监控防范。因此，科学合理的风险管理包括事前管理和事后管理两大部分。事前管理是为了避免或者减少事故带来的损失；事后管理则是为了使供应链尽快恢复到事故前的状态。从这个角度而言，供应链风险管理（Supply Chain Risk Management, SCRM）是指通过与供应链成员的协作，采用风险流程工具识别、评估供应链风险，并建立监控与反馈机制的一整套系统科学的管理方法，在此基础上有效控制供应链风险，用最经济合理的方法来全面处理供应链风险，以降低供应链整体的不确定性和脆弱性。

一、供应链风险管理过程概述

供应链风险管理过程的研究始于 Lindroth（2001）提出的一个供应链风险三维分析框架，如图 12-2 所示。该框架包括供应链分析单元、供应链风险类型和供应链风险控制。分析单元表示 SCRM 关注的是单一物流业务、单一企业物流、两个企业之间的双重供应链（如存在买卖关系的供应链），还是具有三个或三个以上公司的供应链网络的企业经营活动。选定分析对象后，确定企业所面临的风险类型，再进行风险评估并决定采取何种风险控制措施。

Cranfield（2002）提出了一个四阶段的供应链风险管理框架，如图 12-3 所示，强调对供应链风险范

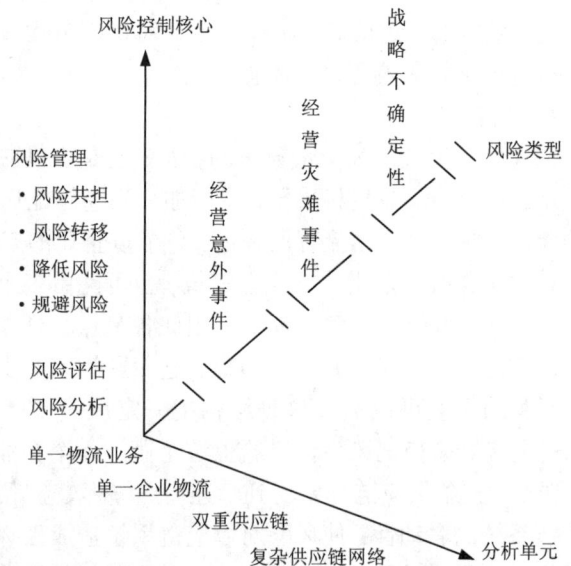

图 12-2　供应链风险初步分析框架（Lindroth，2001）

围和构成要素的鉴定，类似于 Lindroth（2001）的分析单元的确定。Deloitte 管理咨询公司（2004）将供应链风险管理过程也归结为四个阶段：识别风险、决定 SCRM 战略和行动、执行和实施行动、监控 SCRM 过程和结果，如图 12-4 所示，虽然考虑到了供应链上下游组织的风险，但是并没有将企业之间的风险管理协作涵盖到供应链风险管理过程中，而是将其重点放

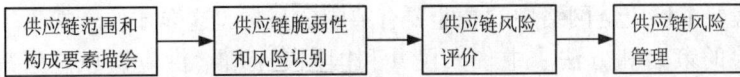

图 12-3　供应链风险管理框架

在了以核心企业为中心的风险管理上,风险监控的领域也主要是关注管理方式的改变(输入)、风险管理的当前水平(输出)、影响公司目标的主要因素状况,并将监控结果储存在企业的风险管理数据库中。

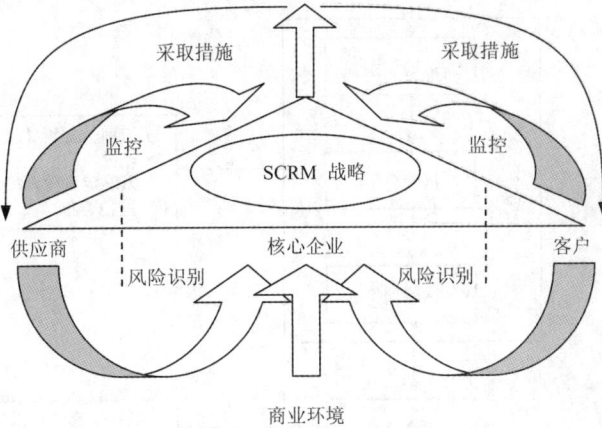

图 12-4　供应链风险管理过程框架(Deloitte 管理咨询公司,2004)

Hallikasa(2004)认为,在供应链网络环境下供应链成员各自分析评估自身风险并据此采取分散式的风险管理行动是不够的,应该通过企业间的协作将单个企业的风险管理纳入整个供应链网络的协作风险管理,如图 12-5 所示。由此,企业间相互识别和分析评估对方的风险可以视为在认识单个企业风险状况的基础上对整个供应链网络风险认识的必经过程,企业

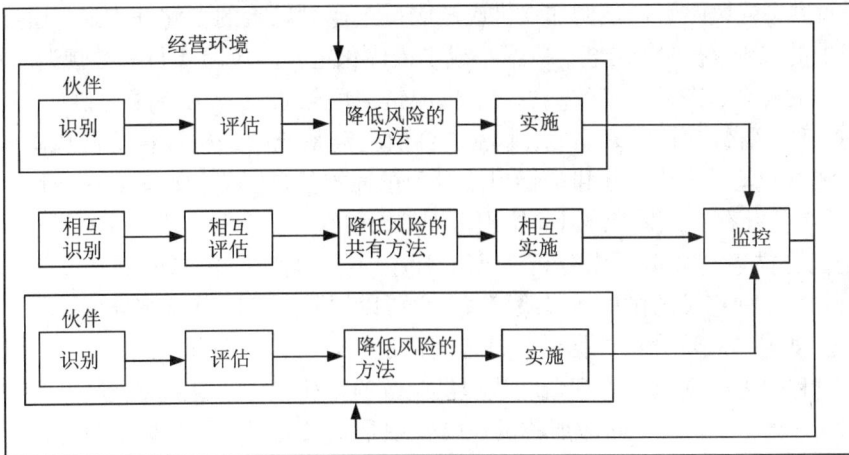

图 12-5　供应链网络风险管理过程(Hallikasa,2004)

间的风险分析也有助于企业快速获取引起风险及不确定性的原因和结果的信息。这种交互式的风险管理过程要求供应链网络中的企业要有共同的目标，这样才便于探索出识别、降低和分担供应链风险的策略和方法。中华人民共和国国家标准《供应链风险管理指南》（GB/T 24420—2009）提出供应链风险管理过程由明确供应链环境信息、风险评估、风险应对、监督和检查等活动组成，如图 12-6 所示。

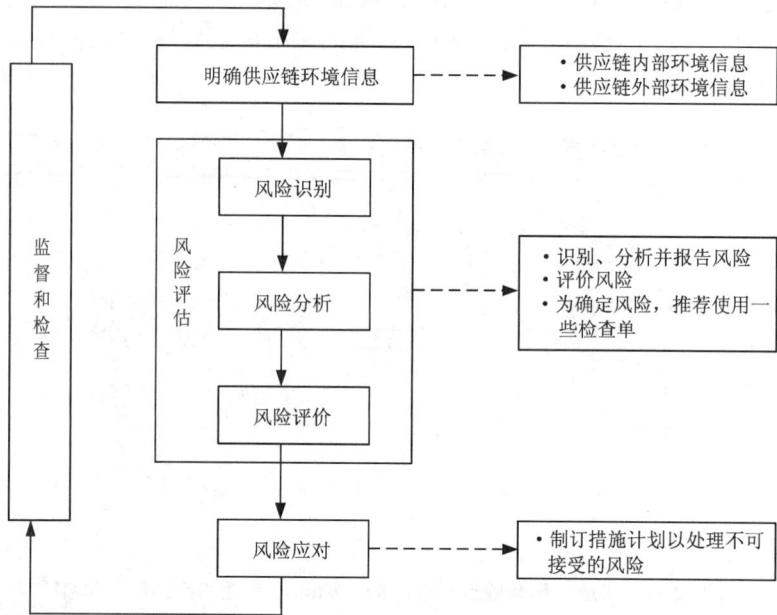

图 12-6 供应链风险管理过程（《供应链风险管理指南》GB/T 24420—2009）

综合看来，供应链风险管理过程与企业风险管理过程在实施程序划分上基本一致，都包含了风险识别、风险评估、风险控制、风险管理实施和风险监控。两者的根本区别在于目的不同。企业风险管理纳入企业管理范畴，与其他管理职能一同平行发生作用，同时起到综合调节作用；而供应链风险管理强调加强供应链成员企业对风险的了解和沟通，通过对潜在意外事件和损失的识别、衡量、分析，以最小成本最优化组合对风险实行有效规避，实时调控，以保证供应链的安全、连续与高效。总之，供应链风险管理的核心在于对供应链伙伴关系、合作风险的管理、监督与控制。据此，紧密结合供应链系统的结构和供应链风险的特点，在参考上述各观点的基础上构建了供应链风险管理过程的基本框架，如图 12-7 所示。

从图 12-7 可以看出，供应链风险管理范围涉及供应、生产和需求多个环节，管理内容包括从供应链范围描述与环境因素分析、风险评估、风险响应与控制处理到风险监控的全过程。这实际上是一种广义的供应链风险管理，它可以划分为供应链风险分析和供应链风险管理两个阶段。供应链风险分析包括供应链范围描述与环境因素分析、风险评估，其中在供应链范围描述过程中需要从风险管理角度认识供应链的特征，这也是供应链风险管理与一般风险管理的不同之处；而第二个阶段所称的风险管理是狭义的供应链风险管理，包括风险响应与控制处理、风险监控。此外，值得注意的是，供应链风险管理并不是按照一成不变的程序进行的，其组成部分也不是各自独立的。事实上，在任何时刻供应链上各个环节不同类型的

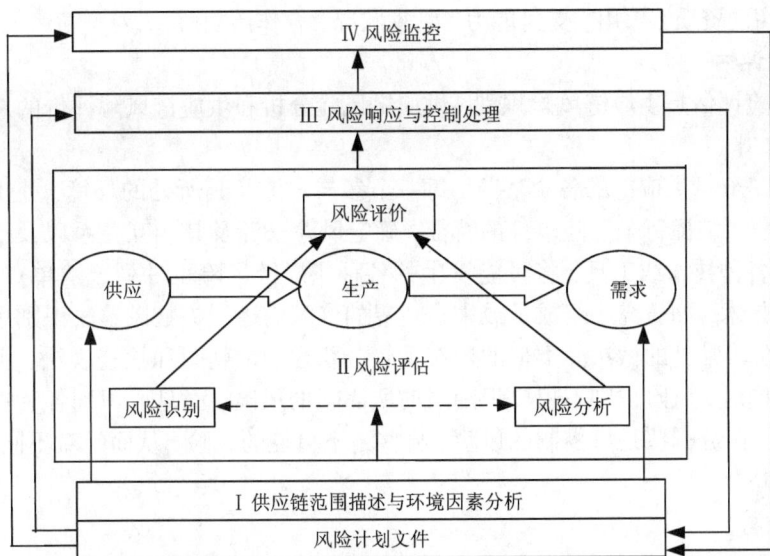

图 12-7　供应链风险管理过程基本框架

业务活动都是同时在运行的，供应链风险管理的各个过程也是同时进行的且是一个循环往复的过程。

二、供应链风险管理的基本流程

由图 12-7 可知，供应链风险管理过程可以分为供应链范围描述与环境因素分析、风险评估、风险响应与控制处理、风险监控四个阶段。

(一)供应链范围描述与环境因素分析

供应链范围描述主要是要界定供应链的网络结构组成；环境因素分析主要是要明确供应链的内、外部环境因素。

1. 内部环境因素

(1)供应链的资金、时间、人力、过程、系统和技术等方面的能力；

(2)供应链信息系统、信息流和决策过程；

(3)供应链风险的内部利益相关者及其价值观和风险偏好；

(4)组织的方针、目标以及现有的实现目标的策略；

(5)企业供应链管理的历史数据；

(6)组织采用的风险准则；

(7)组织结构、任务和责任等。

2. 外部环境因素

(1)国际的、国内的、地区的和本地的文化、政治、法律、法规、金融、技术、经济、自然环境和竞争环境；

(2)影响到组织供应链管理目标的关键因素及其趋势，如法律法规、监管要求的变化，环保组织的要求，新的利益相关者的产生等；

（3）供应链风险的外部利益相关者及其价值观和风险偏好；

（4）供应商的资质、信用、支付能力、管理状况、合作历史等。

（二）风险评估

供应链风险评估是供应链风险识别、供应链风险分析和供应链风险评价的总过程。

1. 风险识别

风险识别是分析供应链的各个环节、每一个参与主体及其所处的环境，找出可能影响供应链的风险因素，掌握每个风险事件的特征，确定风险来源及其相互关系以及潜在后果的过程。可以运用各种技术或工具，将可能发生的各种供应链风险事件列成清单。在这一阶段，一般使用定性技术，如研究小组成员或来自业界的专家们运用头脑风暴法识别风险的种类和来源，是这一阶段常见的做法。类似的还有情景分析法、鱼刺图和检查表法，也可使用模型来帮助识别。同时，风险识别不仅要识别当前所面临的风险，而且要识别各种潜在风险。在此基础上，还要区分哪些是可控制的风险，哪些是不可控的风险，从而针对不同的风险性质，采取相应的策略。

2. 风险分析

风险分析要考虑供应链风险的原因和风险源、风险的后果以及这些后果发生的可能性，影响后果和可能性的因素，以及供应链风险的其他特征。可以通过对历史事件的结果建模确定后果，也可以通过实验研究或利用可获得的数据外推确定后果。

当然，分析各种情况下已识别风险发生的概率和可能产生的不利影响或损失也非易事。对于经常发生的风险事件，如货损、货差事故，要考量其发生概率和造成的损失，只要平时注意积累统计数据，便可得到统计概率和损失。而对于突发性事件，很难估计出一个恰当的概率和损失。而且就损失而言，很多时候很难用金钱来衡量，如企业形象。所以，进行风险分析时应根据具体情况运用多种方法，既可以是定性方法，也可以是定量方法，还可以是定性与定量相结合的方法，以尽可能客观地反映风险等级的基本状况和趋势。

3. 风险评价

风险评价是将风险分析过程中确定的供应链风险等级与明确供应链环境信息时设定的风险准则进行比较，产生评价结果的过程。在某些条件下，风险评价能够导致进行进一步分析的决定，风险评价还可能导致维持现有的风险控制，不采取任何其他措施的决定。这种决策受组织的风险偏好或风险态度和已经制订的风险准则的影响。

（三）风险响应与控制处理

对可能面临的供应链风险有了这些基本了解之后，就可以着手制订相应的预防、应变和控制损失的行动指导计划，也叫风险应对计划。风险应对计划应该与整个供应链风险管理过程进行整合，并与利益相关者讨论。在风险管理过程中，应加强对风险计划的动态调整和修正。计划的主要内容包括：①预期的利益；②性能指标测量及约束条件；③负责批准计划的人员和负责执行计划的人员；④建议的活动；⑤报告和监测要求；⑥资源需求；⑦执行时间表等。

其中，制订风险应对措施是一个循环的过程，包括：①评估可能的风险应对措施，决定剩余风险是否可以承受；②如果不可承受，制订新的风险应对措施；③评估新的风险应对措施的效果，直到剩余风险可以承受。

这里的措施主要包括事前的风险防范措施和事后的风险化解措施。

1. 风险防范

防范风险就是防止风险的发生。其关注点首先是降低风险发生的概率；其次是预先采取措施，万一风险发生，可以迅速采取风险化解行动。例如，对于堆放有易燃易爆物资的仓库，一是要严格禁止明火进入，检查电路是否老旧，防止发生火灾事故；二是要做好消防措施（包括配备必要的消防器材、疏通消防车进出道路、维护好消防用水栓等），进行必要的隔离，万一火灾发生，可以尽快扼制火势蔓延及由此造成的损失。再者，在供应链系统运作过程中，选择多个供应商、设置缓冲库存、终止供货合同、购买商业保险、提高质量标准、增加产品接收检验、加强培训等也都是防范风险的主要措施。

要防范所有的风险是不可能也是不经济的，正所谓"处处设防，处处无防"，再严密的防护措施也可能存在百密一疏。尤其是那些发生概率很小但影响巨大的事件，我们不能将风险管理的重点放在防范上，而是应放在如何化解上。

2. 风险化解

一旦供应链风险发生，就要迅速确定策略和行动并实施行动以降低风险蔓延的速度，降低风险造成的损失和尽快恢复供应链，化解风险主要集中在减少风险损失上。实践中常常会出现这样的情况，一种策略或行动的采用，在化解某一风险的同时，可能会带来另一种风险，有时可能是行动过头导致的。因此，要求决策者了解与风险化解相关的变量及其相互依赖性，而这也是供应链风险管理最难的部分（Faisal 等，2007）。化解风险的办法很多，如立刻寻找替代供应商、启用后备运输方式和能力、调整库存目标、开辟新的生产或作业地点等。

（四）风险监控

供应链组织应清楚地确定风险监控的责任，提供一套针对供应链风险管理计划执行情况的绩效考核办法，并与组织的绩效管理、考核及对内对外报告活动相结合。

供应链风险监控应该包括供应链风险管理过程的所有方面，其目的包括以下几个：

（1）跟踪在不采取措施的情况下可以接受的风险的后果；

（2）分析事件、变化和趋势并从中吸取教训；

（3）发现外部和内部环境的变化，包括风险本身的变化、可能导致的风险应对措施及其实施优先次序的改变；

（4）保证风险控制和应对措施计划及其实施的有效性；

（5）识别新出现的风险。

应记录监控的结果，并在适当情况下对内或对外报告，以保证供应链风险管理的连续性、适用性、充分性和有效性，实现持续改进。

三、供应链风险管理的原则

（一）着眼整体

供应链风险管理必须突破传统的企业风险管理的局限性，将管理的范围延伸到整个供应链，而不仅仅是直接的供应商和客户。有时，供应链风险的源头可能在第三级甚至是第四级供应商，如果在风险管理时只是考虑最近的第一级、第二级供应商，是不可能找到风险的真正来源的。实践中，由于信息不对称等原因，多数企业仍然只是管理自己企业的风险，而没有考虑整个供应链的目标。为了确保供应链的安全和绩效，核心企业不仅要管理自己的风险，还要协调管理整个供应链上各环节的风险。

(二) 预防为主

为了防止风险发生或为了减少风险发生后的损失，在供应链风险管理中，应贯彻"预防"原则，这是一种主动管理思想。

就工业界如何防范供应链风险而言，Y2K（千禧危机，Year 2000）无疑是一个成功的典范。研究表明，由于许多组织设有预防措施，所以，70%的组织没有受到 Y2K 问题的影响。22%的受到了一定影响，只有 8%的受到了较大程度的影响（其中一半以上指出相邻组织、客户和供应商受到了影响）。

(三) 快速响应

快速响应是指风险发生后，迅速采取措施，扼制风险蔓延，将风险造成的损失降到最低，并尽可能快地将供应链恢复到风险发生前的状态。这一原则与"预防为主"相得益彰、珠联璧合。如果预先没有采取预防措施，在风险来临之际，要想做到快速响应是不容易的，正所谓"有备无患"。

在飞利浦公司火灾事件中，诺基亚与爱立信反应的速度差别很大。前者从 2000 年 3 月 17 日火灾事件实际发生到它感知到事件发生并采取行动只有 3 天时间（也许还是有些长），而后者直到 4 月初，都没有采取进一步措施。结果，火灾给后者造成了巨大损失，后者被迫退出手机市场，而前者直至 2010 年仍然是手机业的"领头羊"。

(四) 上下联动

供应链风险管理不是哪一个企业的事，而是供应链上所有成员企业的共同责任。因此，以核心企业为主，上下游企业应密切协作和协同、合理分担风险管理的责任，共享风险管理信息。当风险发生后，首先获得信息的企业有义务告知上下游相关企业，尤其是要在公共信息平台上发布预警或警告信息，提醒相关企业注意。然后，联合采取措施，共同应对风险。

有许多供应链风险，如金融危机、大规模自然灾害、战争等导致的风险，不仅需要供应链上下游企业联动，还需要与政府联动。在面临大的风险时，企业的力量往往是很有限的，因为企业在任何时候都是要考虑自身的成本、利润和股东价值，所以不可避免地会导致个体利益最大化行为，而不愿意真正关注整个供应链的风险。这就需要政府站在公共利益的角度和企业一道采取行动，预防或化解供应链风险。

(五) 综合平衡

供应链风险管理是供应链管理的一个部分，需要在风险管理目标与供应链管理其他目标（如成本、提前期、效率、收益）之间取得平衡。Peck（2006）指出："运作风险一般与成本相关，需求风险一般与收益相关。为了平衡这两者，企业必须选择在何处接受风险的同时使利润最大化。"

(六) 动态调整

供应链风险的发生、发展和消失是一个动态变化的过程。Hallikasa（2004）也认为供应链网络是一个复杂的动态环境，并提出将动态复杂性和反馈机制应用到供应链的风险管理中。罗兰贝格管理咨询公司在 2013 年发布的最新报告《思与行特刊：供应链风险》中指出，根据公司的业务计划和供应链战略的调整、经济环境的变化、突发性事件的影响，供应链风险管理必须是动态的。在增强风险意识的同时，还需对风险防范计划进行定期的回顾和更新，并在必要时借助外部的帮助来提高企业对自身问题的认识能力和解决能力。

第三节 供应链风险识别与分析

供应链风险管理(supply chain risk management)的核心在于识别、分析以及对风险的应对。这里先介绍供应链风险的类型。

一、供应链风险的类型

Jüttner 等人(2003)根据对制造、零售和物流行业的多个公司的调研结果,将供应链风险的来源分成三类(图 12-8):环境风险源(environment risk sources)、网络风险源(net-work risk sources)以及组织风险源(organizational risk sources)。其中网络风险又包括三种不同的来源:所有权不明、供应链复杂性引起的上下游协调问题(如牛鞭效应等)和因为惰性而产生的响应速度太慢。

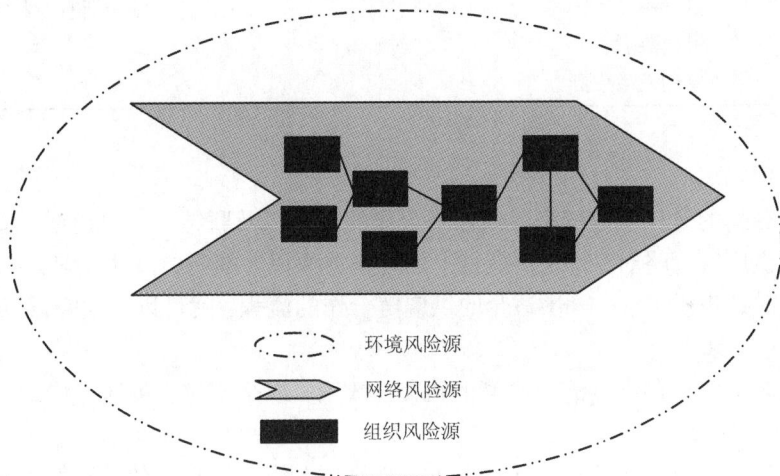

环境风险源

网络风险源

组织风险源

图 12-8 供应链风险源

Mason 和 Towill(1998)把供应链风险来源分成五个相互交错的类型:环境风险源(environment risk sources)、需求风险源(demand risk sources)、供应风险源(supply risk sources)、流程风险源(process risk sources)和控制风险源(control risk sources)。

(1)环境风险源。

主要是由外在不确定的因素造成的:

①政治。例如,海湾战争引起的石油危机和"9·11"恐怖袭击。

②疾病与自然灾害。例如,爆发流感和突然发生的火灾、地震和海啸等。

③社会。例如,金融危机等。

(2)需求风险源。

任何在外向物流中都有可能会发生的风险,基本都归属于需求风险的范畴(Svensson,2004)。另外,还包括产品需求的变动,如季节性变化、流行趋势所引起的需求变化、新产品上市等。

（3）供应风险源。

供应风险源是一个多层面的概念，供应风险源大致分为两大类（表12-1）。第一类来自供应商自身，包括供应商无法掌握需求的变动，供应商的品质问题，以及由于科技变化日新月异，供应商进步迟缓等。第二类源自供应市场特征，主要包括单一供应源以及市场产能的限制等。

表12-1 供应风险源

供应商	供应市场特征
新产品开发	
配送过程中突发状况	
与上游供应商的关系	单一/有限货源
供应商对客户应尽的义务	市场短缺
供货质量出现问题	商品价格上涨
价格/成本上升	供应商位于同一区域
供货不足	供应商是否拥有专利
科技落后	
供货突然发生中断	

（4）流程风险源。

流程风险源指的是在供应链中各伙伴间合作的执行以及联结方式。根据产品的不同特性而采用不同的供应链策略时，特定供应链上的合作关系以及执行方式也会随之改变。如果能随着不同的产品及市场特性，采用适合的供应链合作的流程，就可以大大降低风险。

（5）控制风险源。

控制风险源指的是在供应链中决策的机制、政策，或是规定，包括订购量、批量以及安全库存。

从严格意义上来说，流程风险源和控制风险源并不能算是真正的风险源，但是二者却能够主导风险事件发生后果是持续扩大或是得以减缓。比如，当客户需求突然间发生变动，如果关于订购量的政策不具有弹性，那么这个需求变动所带来的后果将被放大。流程风险源和控制风险源其实像是供应链中各企业作业的内部结构，二者的完善与弹性将可以决定环境风险源、供应风险源以及需求风险源对于供应链所造成的影响程度的大小。

因此，Jüttner（2005）将Mason和Towill（1998）划分的五种风险归纳为两大类：环境风险和供应、需求风险作为一类，因为这些风险都是由外部事件引起的；流程和控制风险则作为另一类，因为它们本身不产生风险，但是可以减少或扩大风险。在对很多公司进行调研后，Jüttner（2005）进一步指出企业确定自身的风险来源在当今越来越复杂的供应链中变得十分重要；任一危机都可能会对整条供应链产生影响，确定风险来源的范围应该扩大到整条供应链。

根据上述分析可知，供应链的各种风险来自供应链中的各种不确定性。本书研究参考Jüttner等人（2002）的分类架构，将供应链风险归纳出以下几种类型。

（一）内部供应链风险

内部供应链风险主要指供应链系统内部来源于企业内部不确定的风险，具体包括：

1. 组织风险(organizational risk)

企业组织内部供应链的问题,是从组织内部层面探讨风险的来源,包括人力资源、质量管理、管理者决策以及新产品开发,涉及人员、设备以及技术,其中任一项出现错误,就可能会造成组织供应链的损失。

2. 库存风险(inventory risk)

库存的存放地点、种类、数量以及补充方式,必须与整体供应链相结合。当预测失真、调度或存货系统出现问题时,均可能造成损害。

3. 采购风险(purchasing risk)

采购的目的是必须以最适当的成本,在适当的时间、正确的地点,以最有效率的方式,将产品或服务顺利交给需求方。在采购的每一阶段都隐含着风险,比如采购成本过高,就可能导致降低竞争力,无法满足客户需求。

4. 配送风险(distribution risk)

配送的主要目的在于让产品流动,尽可能快速交付客户所需产品同时符合生产进度。若发生运输设备故障或人为状况、缺货率严重,但却无法迅速完成配送,或是如果沟通不畅,以至于配送信息发生错误,都可能导致配送风险并影响配送成本。

5. 财务风险(financial risk)

财务风险来源于组织之间的现金流动,包括费用收入及支出,对整个供应链的投资、现金以及财产处置、账款出纳流程及系统。财务风险存在于整体供应链中,无论上、中、下游都有可能存在外在环境风险或是内部运营状况的影响。

(二)相关网络风险

相关网络风险主要包括伙伴关系风险和信息风险。

1. 伙伴关系风险(partnership risk)

伙伴关系是一种组织间的临时性关系,当彼此同意改变个别的经营方式,相互整合、共享利益,就形成这种伙伴关系。这种关系一般建立于彼此之间相互信任的基础上,一旦这种关系有所变化,将影响整条供应链。

2. 信息风险(information risk)

在电子商务时代,从订单到交货,都是通过网络技术的帮助来实现交易,一旦信息库出现问题或信息系统出错,将会严重影响到供应链间信息的传递。

(三)外部供应链风险

外部供应链风险,主要包括政治风险、自然风险以及市场风险。

1. 政治风险(political risk)

政治风险并不是只有狭隘的政治法律因素所造成的风险,而是指所有因为政治变动的因素而改变的企业利润或目标的风险。从供应链角度出发,政治风险的含义是因政治变动因素对供应链的连续性传递发生阻碍。例如,战争、革命、内乱、对自由贸易的限制、税制变动、外汇法令变动与管制所造成的风险。这类风险对于企业而言很难避免与控制,只能依靠自身的调整适应改变。

2. 自然风险(natural risk)

自然风险是指来自自然灾害或是偶发性意外事件,如地震、火灾、水灾、疫情等灾害。这类风险虽然属于偶发性风险,但是一旦发生所造成的损失往往难以估计,企业只能事前多做保险、防范措施，让损失降到最低。

3. 市场风险(market risk)

市场风险指的是市场、产业以及新产品三者之间的不确定性所造成的供应链阻碍，包括客户需求的不确定性以及新产品的风险。现今产品生命周期逐渐缩短，产品不断推陈出新，影响产品线的稳定性，造成供应链的风险。

在各文献中，对供应链风险及其来源描述最全面的是 Chopra 和 Sodhi(2004)，他们对各种供应链风险进行了总结，把风险的类型归结为中断、延误、系统、预测、知识产权、采购、应收账款、库存、产能(表 12-2)。而各种不同的风险又有其独立的风险来源。其中大部分都包含在以上文献中，另外的一些，如知识产权风险，其来源包括供应链的垂直整合以及外包等。

表 12-2 供应链风险及其引发因素

风险类型	风险因素
中断风险 (disruption risk)	自然灾害 劳动纠纷 供应商破产 战争与恐怖事件 依赖唯一供应商源，同时后备供应商的生产能力和敏捷性差
延误风险 (delay risk)	供应商的生产利用率高 供应商敏捷性差 产品质量差或供应失败 过境或中转时处理环节过多
系统风险 (system risk)	信息基础设施崩溃 系统整合或系统网络过于庞杂 电子商务存在的问题
预测风险 (forecast risk)	前置时间长、季节性因素、产品多样性、 产品生命周期短、客户基础薄弱等造成预测不准确 促销、激励、供应链缺乏可见性以及产品短缺使需求夸大，导致"牛鞭效应"和信息失真
知识产权风险 (intellectual property risk)	供应链垂直整合 全球外包和全球市场
采购风险 (procurement risk)	汇率波动 依赖单一供应源的主要部件以及原材料百分比 行业的生产利用率 长期合同与短期合同
应收账款风险 (receivable risk)	客户的数量 客户的财务实力

续表 12-2

风险类型	风险因素
库存风险 （inventory risk）	产品报废率 产品库存持有成本 产品价值 需求与供应的不确定性
产能风险 （capacity risk）	生产力成本 生产力弹性

二、供应链风险的识别

供应链风险识别是供应链风险管理的首要步骤，是指对供应链所面临的及潜在的风险加以判断、归类和鉴定性质的过程。对风险的识别过程，首先，是对供应链上各节点的构成与分布进行全面分析与归类；其次，是对各节点所面临的和潜在的风险，以及发生风险损害的可能性的识别与判断；最后，是对风险可能造成的后果与损失状态的归类和分析。必须强调的是，风险识别不仅要识别所面临的风险，更重要的也是更困难的是对各种潜在风险的识别。在此基础上，还要鉴定可能发生风险的性质，即可能发生的风险是属于动态风险还是静态风险，是可管理风险还是不可管理风险等。只有这样，才能针对不同的风险采取有效的处理措施。

(一)供应链风险识别的程序

Walter(2007)指出，供应链风险识别有主要的 5 个步骤：

(1)描述整体供应链的流程；

(2)将整体流程细化为一系列彼此独立又相关的运作活动；

(3)系统地审视每一项运作活动的细节；

(4)识别存在于每一项运作活动中的风险及其特点；

(5)描述出最具影响的风险。

识别风险绝非易事，尤其是在第 4 个步骤中，人们开发出许多工具用来识别在现实中所发生的风险。其中有些工具具有普遍使用意义，可以用来识别任何一种风险，比如历史数据分析(analysis of historical data)、头脑风暴(brain storming)、因果分析(cause-and-effect analysis)等。另外一些工具则是专门用来识别供应链风险的，例如关键路径识别(critical path identification)、与上游供应商及客户的相关重要性分析(relative importance to the supplier and relative importance to the customer)。

以上这些识别风险的工具，有的需要通过分析过往事件，有的需要集思广益，有的则需要直接分析运作活动。充分运用这些工具，对供应链风险的识别有很大的帮助。

(二)分析过往事件

1. 根本原因分析法——五个"为什么"

当有的风险事件确实已经发生，那么识别未来可能发生的风险最简单的方式就是，对于过往事件发生的原因不断地提出问题和进一步挖掘，从而确定这种风险在未来发生的可能性。这就是所谓的根本原因分析法，通过连续地问"为什么"最终找到风险发生的原因。比如：

提问：发生的风险事件是什么？

回答：接到一位客户的投诉，原因是我们没有提供让他满意的服务。

提问：为什么呢？

回答：因为我们缺货。

提问：为什么呢？

回答：因为我们的供应商没有按时送货。

提问：为什么呢？

回答：因为我们的订单送出去晚了。

提问：为什么呢？

回答：因为采购部门将所有的订单都延迟递交了。

提问：为什么呢？

回答：因为雇用的新人没有得到充分的培训。

谈话到最后，可以很明确地知道问题出在采购部门，尤其是负责招聘和培训的员工。此时，经理可以评估类似事件再次发生的概率，明确这个风险事件是否是一个具有重要影响的风险。显而易见的是，这种方法可以称为"五个为什么"，或者给出一个更正式的说法"根本原因分析"。

根本原因分析法的目标是找出问题（发生了什么）、原因（为什么发生）和措施（什么办法能够阻止问题再次发生）。

根本原因分析是一项结构化的问题处理法，用以逐步找出问题的根本原因并加以解决，而不是仅仅关注问题的表征。根本原因分析是一个系统化的问题处理过程，包括确定和分析问题原因，找出问题解决办法，并制订针对问题的预防措施。在组织管理领域内，根本原因分析能够帮助利益相关者发现组织内部问题的症结，并找出根本性的解决方案。

这种方法的优点在于它分析调查了现实中所发生的风险，并且清晰地显示出问题与原因之间的关联性。其局限性在于，这个方法认为问题的根本原因比较单一，实际情形往往要复杂得多。

2. 因果图

可以用因果图（cause-and-effect diagram）以图表的形式指出表示风险事件与发生的各级原因之间的联系，如图 12-9 所示。因果图还被称为鱼骨图（fishbone diagram），或是石川图（Ishikawa diagram），因为它是由日本质量控制兼统计专家石川馨（Kaoru Ishikawa）教授发明的一种图解法，用以辨识和处置事故或问题的原因。

石川馨教授在 1943 年首次运用鱼骨图帮助川崎钢铁厂的工程师们理解造成生产问题的各因素之间是如何相互关联的。

这种方法的优点在于，通过结构性的工作方法，全盘考虑造成问题的所有可能原因，找出造成问题的根本原因，而不是只看那些显著的表面原因。同时运用有序的、便于阅读的图表格式阐明因果关系。在整个项目过程中，团队成员个人以及相互之间的学习、理解和分析，也有利于增强组织的知识管理。这个方法的局限在于，在面对因果关系错综复杂的问题时，它发挥的效用不大。

3. 帕累托分析法

根据以往发生的风险事件频率图，可以归纳出在将来最有可能再次发生的风险事件。帕

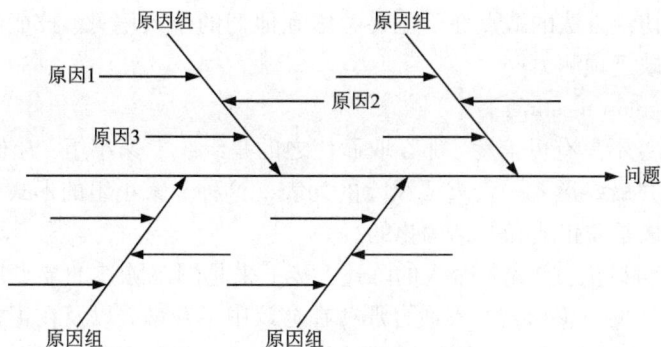

图 12-9　鱼骨图

累托分析法(Pareto analysis)的基础是根据 80—20 法则：80% 所发生的风险后果是由 20% 的主要原因造成的。

帕累托分析首先将导致某种风险结果的各种可能原因按照其数量的大小，递减排序，横坐标表示原因，纵坐标表示结果数量或累积百分比，分析出主要原因供决策者参考。

根据帕累托规则，20% 的原因往往产生 80% 的问题，如果由于条件限制，不能 100% 解决所有问题，只要专注占全部原因 20% 的问题，就能够取得 80% 解决问题的成效。因此在风险识别的过程中，帕累托分析法常被用来找出问题的主要原因，是一个有效及广泛应用的方法。

4. 风险项目检查列表

企业在不同的运作活动中会出现各种各样的风险，因此可以形成一个"列表"，这个列表为企业的管理人员提供了另一个识别风险的思路，就是检查在列表中已经有哪些风险。风险项目检查列表(Checklists)可以是来自同一组织的不同供应链，也可以是来自其他企业，或者是行业范围内的论坛、研究机构、咨询机构研究讨论出的标准项目。

风险项目检查列表的优势在于，企业的管理人员不需要从头开始，而是可以在之前的宝贵经验的基础上，迅速地找到答案。与此同时，这种方法也受到了许多批评：风险列表中列出大量的事无巨细的潜在风险项目，但是其中有很多风险微不足道，并不能引起足够的重视，而往往被列表忽略的一些风险，对于某些企业却十分重要。另外的一些批评包括：

(1)只列出一些常规的风险，忽略了那些基本上不为人所知的风险；

(2)列表提供了太多应对风险的可选择的方案，但是对实际发生的风险没有足够的指导意义；

(3)只给出常规风险的应对方案，却忽略掉"创新性风险"；

(4)集中关注风险在单一组织内的影响，忽视了对整个供应链的跨界影响作用。

(三)集思广益

1. 访谈(interviews)

如果通过过往风险事件的分析，还是无法对未来风险的发生、防范提供更多的信息，那么管理人员就要开始着手准备收集新的信息。最为直接的方法就是与具有相关知识背景、经验丰富的人员进行访谈。他们对于风险的发生状况最为熟悉和了解，从他们那里收集风险的详细信息,不仅组织起来简单方便,并且迅速。从另一个角度看,由于个人观点取决于个人的知识积累,因此访谈方法的缺点在于还要考虑到他们的个人偏见、技能的缺乏。而且,总体而言,这个方法缺乏预测力。

2. 专家会议(group meetings)

如果个人的观点不具有可信度,那么取而代之的是组织专家小组,让他们研究讨论企业的各项运作活动,并最终形成一份重要风险的列表。这种专家小组的形式多种多样,可以是严谨正式的,也可以是非正式和非结构化的。

正式的专家小组讨论,首先是个人的陈述,接下来是围绕陈述的要点展开讨论,并最终得出结论。这种正式的讨论形式并不适合那些在会议中不善言辞以及在正式的组织中容易感到局促紧张的人,同时,正式小组的讨论结果往往趋向于保守而无创意。Bowman 和 Ash 的研究发现,相比个人的访谈,小组讨论所得到的结果往往更冒进,更具风险性,其原因在于:一方面,"集体"的形式容易导致责任分散;另一方面,在小组讨论中,相比性格温和或是沉默寡言的成员,个性过于坦率、更有影响力的成员的观点更为极端。

避免正式讨论所带来的负面作用的方法就是要减少正式的程序,比如可以展开更为宽松、接受度更高的头脑风暴的形式。头脑风暴通过会议形式,采用自由畅谈、禁止批评的规则,鼓励所有参加者在自由愉快、畅所欲言的气氛中,通过相互之间的信息交流,毫无顾忌地提出自己的各种想法。没有了拘束的规则,参加成员没有心理压力,有助于在短时间内得到更多创造性的成果。头脑风暴的安排上要注意:

(1)确定参加会议人员,一般以 8～12 位专家为宜,集中讨论供应链风险。参与人数太少不利于信息交流,而人数太多则不容易掌控讨论过程,并且每个人发言的机会相对减少。

(2)在开会前要做好准备工作,将会议的时间、地点、所要解决的问题、可供参考的资料和设想、需要达到的目标等事宜一并提前通知参加成员,让大家做好充分的准备,以便其了解议题的背景和外界动态。

(3)整个会议要有严格的时间规划,最好是限于 2～3 个小时。

3. 德尔菲法(Delphi method)

任何一个专家会议都难免遇到权威人士的意见影响他人,有些专家碍于情面,不愿意发表与其他人不同的意见,或者发言时间过长导致偏题。解决这样的问题,可以通过问卷调查的方法来收集信息。

组织 15 名左右供应链方面的专家成立专家小组,一般不要超过 20 人。向所有专家发出问卷,收集他们对于供应链风险的看法。将各位专家第一次的问卷意见汇总、分析整理,再分发给各位专家,让专家比较自己同他人的不同意见,修改自己的意见和判断。所有的回复均采用匿名或背靠背的方式,使得每一位专家都能独立自由地做出自己的判断。

然后将所有专家的修改意见收集起来汇总,再次分发给各位专家,以便做第二次修改。逐轮收集意见并向专家反馈信息是德尔菲法的主要环节。收集意见和信息反馈一般要经过三至四轮。在向专家进行反馈的时候,只给出各种意见,并不说明发表各种意见的专家的具体姓名。将这一过程重复进行,直到每一位专家不再改变自己的意见或者专家的意见逐渐趋同。

(四)分析运作活动

1. 流程分析图(process charts)

流程分析图法指企业风险管理部门将整条供应链的生产过程的所有环节系统化、顺序化,制成流程图,从而便于发现企业面临的风险。这种方法强调根据不同的流程,对每一阶段和环节,逐个进行调查分析,找出风险存在的原因,从中发现潜在风险的威胁,分析风险发生后可能造成的损失和对全部生产过程造成的影响。

Jüttner(2005)做过的一项研究调查发现,供应链视图法和头脑风暴法这两种方法是企业使用最为广泛的识别风险的方法,其中有60%的企业一直或经常使用这两种方法。

2. 流程控制(process control)

在生产过程中,原料、交通、天气、设备、员工、情绪、时间、压力等一系列细节的波动是不可避免的。这些波动有的是微小的,但是它们始终存在,这就是为什么像交货提前期总会有变动。有的观点认为来自供应链计划的变动会产生风险,因此,要识别主要的风险,就要监督运作活动,找到最容易出现"波动"的运作领域。

监督"波动"最简单的方式就是制作流程控制图,如图12-10所示。控制图画在平面直角坐标系中,纵坐标表示测到的目标特征值,图中中心线表示计划目标值,上下两条水平线表示目标值的上限与下限。如果数值一直在计划线内,说明流程活动在控制范围内,风险很小;当数值出现明显的趋势变化或频频出界时,表明异常波动,风险已经开始上升。

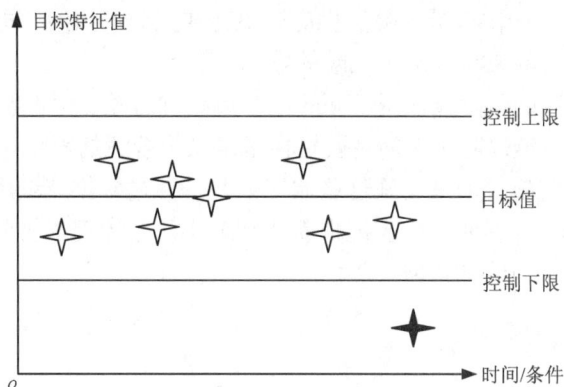

图12-10 流程控制图

(五)供应链风险识别应注意的问题

1. 风险意识

风险识别作为一项科学的管理活动,本身要有组织性和制度性,对供应链这种特殊的企业群而言,风险识别的制度性更为重要。但是在很多企业,对风险的认识还处于非常初级的阶段。比如,企业的中下层管理人员已经意识到某类风险,但是他们认为向高级管理人员汇报风险情况等于承认他们自身能力不足,如果他们并不是特别熟悉企业的各项运作活动,足以帮助消除风险,或者面对这样的风险他们自身并没有掌握足够的相关知识和技能,也就意味着他们无法解决风险问题,那么,这些管理人员会隐藏即将发生的风险,假装它们并不存在。另外一个忽视风险的动机在于,最先发现风险的人,通常会被赋予解决这一问题的责任，即使并不是他们的职责所在，他们也可能没有足够的知识和技能来处理，或者远远超出他们的控制范围。因此，在风险识别时一定要有强制的规范，要求每一个节点企业按要求运作，配合风险管理主体定期进行风险识别的工作。

2. 系统性

与上面相类似的情况，同样会出现在组织层面。在供应链上的每一个节点企业都希望其他的成员尽可能地降低他们的风险，这使得每一个企业都不愿意承认自身存在风险，因为他们如果承认自身的风险，很有可能会因此而失去很多商机，获利的则是那些显得不那么开诚布公的竞争对手。

因此，供应链风险识别不能局限于某一个企业、某一个环节或某一个方面，而要研究识别整个供应链系统的全部风险，也包括识别供应商、供应商的供应商、制造商、用户及用户的用户所有的风险，还包括识别原材料和零部件的采购供应环节、制造环节、分销环节以及整个运作过程中的物流运输环节的所有风险。总之，要从系统全局全方位识别和分析整个供应链的风险。

第四节　供应链风险应对与管理方法

在识别和分析供应链风险之后，关键的是如何做出应对，也就是选择和应用最合适的措施以应对识别和分析得出的供应链风险。供应链中存在无数的风险，同样也会有很多方法来应对这些风险，而且应对的策略取决于风险的影响力。

需要强调的是，不同的风险应该用不同的应对策略和方法，而不能用统一的方法去应对不同的风险。因此，供应链风险响应的主要目标是定义最合适的策略和方法去处理各种供应链风险，并应有相应的措施行动来实施这些响应策略。通过对供应链风险的响应，应能够保证供应链继续正常运作，或者使得供应链中断达到最小。它体现了企业对待风险的态度，以及有效地处理各种供应链风险的策略。

一、对待风险的态度

人们通过大量的研究，通常将供应链企业对于风险的态度分为三类：风险爱好、风险厌恶和风险中性。

（一）风险爱好（risk-love）型企业

对于这种供应链企业来说，它不顾可能发生的风险，仍实施某项行为和进行某项决策活动。其效用函数是凸型的，期望效用必然小于概率事件的期望效用。风险爱好型企业获随机收益比获取确定收益所承担的风险要大，而机会则小。

（二）风险厌恶（risk-averse，也叫风险规避）型企业

这种企业较保守，回避可能发生的风险。其效用函数是凹型的，期望效用必然大于概率事件的期望效用。风险厌恶型企业宁愿获取确定收益而不愿获取随机收益或不确定收益，即尽可能回避风险。

（三）风险中性（risk-neutral）型企业

这种企业既不冒险也不保守，而是介于风险爱好与风险厌恶之间。在这种情况下，我们

一般可以发现，概率事件的结果与概率事件本身无差别。

二、应对风险的策略

根据企业对风险的不同态度，可以总结出企业应对供应链风险的一些策略，不同的企业会采取不同的策略。

(一)忽视风险或接受风险

面对供应链风险，对于管理者来说，有一种基本可选策略：忽视风险，什么也不做。对于采取这种策略的企业，管理者有必要验证并确认：风险发生后带来的影响很小，或者风险发生后带来的损失小于采取措施而产生的成本。这种策略也被认为是一种接受策略，也就是企业接受可能发生的风险，而不采取任何措施。

在另外一种情况下，如果为了应对一个风险而产生的成本过大，或者导致风险加剧，或者导致新的风险发生，企业也会选择忽视风险或者接受风险的发生。

当然，企业也可能因为过低估计风险的影响，而导致错误地选择忽略或者接受风险的决策。

(二)降低风险发生的可能性

管理者可以采取一些措施来降低潜在风险事件的发生概率。例如，海盗抢劫在某些海域是对远洋运输的潜在巨大风险之一，要降低这种风险发生的概率，就可以选择避开这些危险区域的运输路线；企业如果担心受到某国的政治或者环境政策的影响，就可以选择更稳定的国家来建立工厂或者选择供应商；利用仓储增加库存可以降低缺货的可能；提高预测准确度可以降低需求不确定性带来的风险。这些例子说明企业一方面可以采取措施来降低风险发生概率，另一方面可以通过采取替代策略来避免潜在风险的发生。

(三)降低风险产生的后果

对于管理者而言，降低风险带来的后果比降低风险发生的可能性要容易一些。举例来说，轿车的安全带不会降低风险(潜在的车祸)发生的可能性，但是它可以降低风险造成的伤害。供应商缩短交货期，可以降低制造商物料短缺带来的后果。显然，管理者既可以考虑尽量降低风险发生的可能性，也可以采取措施去降低风险发生后造成的影响。

(四)转移、分担风险

转移风险就是把部分或者所有的风险转移给供应链中有能力或者愿意承担风险的企业。但是，如果将风险转移给承担能力弱的企业，反而会带来更恶劣的影响，甚至可能最终导致整个供应链的崩溃。一种有效的方式是保险。保险的优势在于保险公司可以实现风险共担的效果，也就是通过大量的企业投保来分担个别企业发生风险后产生的成本。

风险分担也是常用的一种策略。比如一个第三方物流公司接受一个客户合同后，为了保证实现准时交货，可以将部分合同外包出去，选择的合作伙伴接受外包后，就相当于合作伙伴将分担部分因不能准时送货而带来的惩罚成本。而分担风险的比例需要在外包合同签订之时相互协商确定。

(五)建立应急计划

应急计划的建立有助于在风险事件发生后快速地做出应对。应急计划一般被认为是企业的备用计划。比如，企业为了降低运输成本一般采用陆路运输的方式，但是在客户下了紧急订单的情况下，采用空运的方式就是一个应急计划。因此企业必须在可能的情况下提前有所准备，包括建立一个合作关系，这样在风险发生的时候就可以快速地通过应急计划解决问题。

（六）适应风险

这在一定程度上是一种比较消极的策略，管理者接受某个风险是不可避免的，并调整运作流程以适应新的变化环境。比如，如果企业的某种产品市场需求量突然下降，管理者就要通过调整生产能力等方法来保持自己是赢利的。在这种情况下，企业必须具备足够的敏捷性以能够对快速的市场变化做出响应和调整。

（七）反对改变

在某些情况下，管理者可能在风险发生之前获得某种信息，比如国家新行业政策，企业可能选择阻止新政策的发布，而不是接受新的政策。这一般需要企业和其他企业组成战略联盟才有可能实现。比如英国政府准备发布关于卡车司机的最高工作时间的新政策，但是运输商大多数都抵制这样的政策，因为这会导致运输和管理成本的上升，所以英国运输协会组织一些运输商来阻止政府新政策的出台。这种策略是非常困难的。

（八）转移到新环境

这也许是一种极端的策略。在企业判断未来的风险无法应对时，企业可能选择撤出当前市场或地区，甚至选择终止在该领域的商业活动。

三、风险防范措施

供应链内部的运作涉及很多个相互独立的节点企业，节点企业间单纯地凭着协议和合同来维系相互间的合作，必然会带来很多潜在的不确定性。要想保证供应链长期安全稳定地运作，就必须要采取一些措施来规避或者尽量减少这些风险。

（一）建立供应链预警与应急机制

供应链是一个多环节、多层级的复杂系统，很容易发生一些突发事件。因此，必须建立相应的预警系统与应急系统。首先，应构建合适的评估模型，建立一整套预警评价指标体系，当有指标偏离正常水平并超过某一"临界值"时，即发出预警信号。其次，对于一些偶发且破坏性大的事件，需预先制订应变措施，制订应对突发事件的工作流程，建立应变事件的工作小组。一旦预警系统发出警告，应急系统就要及时对紧急、突发的事件进行应急处理，以避免给供应链企业之间带来严重后果。

（二）加强供应链企业的风险管理

供应链从采购、生产到销售过程是由多个节点企业共同参与而形成的串行或并行的混合网络结构。供应链整体的效率、成本、质量指标取决于节点指标。由于供应链整体风险是由各节点风险传递而成，因此，通过对节点企业风险的识别与判断，进行风险调整和优化，将大大加强整个供应链的风险控制。

（三）制订供应链风险协调防范计划

供应链是一个多节点企业共同加盟并相连的复杂系统，链上任何一个环节出现问题都会波及和影响到整个供应链。为此，供应链上下游应共同制订风险防范计划，建立起操作简便、灵敏有效的风险防范机制，借助产品质量、合同履约、库存周转、客户满意度等监控指标，进行供应链风险的识别、评估与预警，以达到及时预防、控制和转移风险，保证整条供应链连续、平稳、有效地运行，实现利益共享、风险共担。

(四)加强供应链信息交流与共享

供应链中的信息不对称和信息扭曲会使整个供应链运作效率下降。在供应商管理库存(VMI)模式下对信息共享的程度要求尤其高。所以,供应链企业之间应该通过建立多种信息传递渠道,加强信息交流和沟通,增加供应链运作的可视度,加大信息共享程度来消除信息扭曲,比如共享有关预测需求、订单、生产计划等信息,从而降低不确定性、降低风险。一般来说,供应链上下游间的信息有先进的通讯方式、及时的反馈机制和规范化的处理流程,供应链风险就小,反之就大。现代物流业的发展,特别是第三方物流服务的兴起,提供有效的合理的增值服务成为第三方物流公司竞争的核心所在,此时信息的共享程度及透明化发挥着不可或缺的作用。

(五)重视供应链柔性设计与弹性

供应链合作中存在需求和供应方面的不确定性,这是客观存在的规律。在供应链企业合作过程中,通过在合同设计中互相提供柔性,可以部分消除外界环境不确定性的影响,传递供给和需求的信息。柔性设计是消除由外界环境不确定性引起的变动因素的一种重要手段。另外,供应链管理强调 JIT 方法,减少库存以降低成本,这种运作模式一旦遇到突发事件或需求有较大波动时就会显得缺乏弹性。例如,变色龙存活的时间很长,是因为它应变的能力强,因此在注重效率的同时,供应链应保持适度弹性。如为确保产品供应稳定,重要产品应该由两个或两个以上的供应商提供,不能只依靠某一个供应商,否则一旦供应商出现问题,势必影响整个供应链的正常运行。所以,设计柔性的多头供应链是预防供应链风险的重要措施。多头供应商的柔性供应机制,不仅可以有效防范单一供应商结构下渠道受阻即可影响整条供应链正常运行的供货风险,而且还能在供应商之间形成竞争态势,有利于产品的稳定供应。

(六)构建供应链战略合作伙伴关系

供应链企业要实现预期的战略目标,客观上要求成员企业加强合作,形成共享收益、共担风险的双赢局面。因此,与供应链其他成员企业建立紧密的合作伙伴关系,是供应链成功运作、风险防范的一个非常重要的先决条件。建立长期的战略合作伙伴关系,首先要合理选择合作伙伴,构建长期稳定的供应链;其次,要求供应链的成员加强信任;第三,应该加强成员间信息的交流与共享;第四,建立正式的合作机制,在供应链成员间实现利益分享和风险分担;第五,加强契约规定等规范建设,促使伙伴成员以诚实、灵活的方式相互协调彼此的合作态度和行为;第六,加强供应链文化建设,打造共同的价值观,形成一种相互信任、相互尊重、共同创造、共同发展、共享成果的双赢关系,从而维持供应链的稳定与发展。

(七)打造敏捷供应链

敏捷供应链是指以核心企业为中心,在竞争、合作和动态的市场环境中,通过知识流、物流、资金流的有效集成与控制,将供应商、制造商、批发商、零售商直至最终用户整合到一个具有柔性与快速反应能力的动态供需网络上,以形成一个极具竞争力的动态联盟,进行快速重构和调整,快速响应市场需求的变化。具体措施包括:对供应链进行组织流程重组,对各企业采购、制造、营销和物流等过程采取跨职能部门的平行管理,将多余的交接工作、垂直管理的弊病、不确定性和延误降到最少,对产品的生产、包装和运输进行全面质量管理;对生产设备和运输工具进行管理和维护,降低故障率,增强可用性;对分销网络和运输路线进行优化;采用第三方物流,将包装和运输服务外包给专业物流公司,安排充足的提前期和时间限度,加强运输过程实时跟踪机制和及时信息反馈。通过这些方式保证供应链的安全和高效运行。

第五节　重构弹性供应链

当今企业处于一个不确定、动荡的市场环境,供应链的脆弱性成为让企业头疼的大问题。随着供应链越来越庞大、复杂,供应链风险也越来越威胁到企业的生存和供应链的正常运作。企业只有通过构建弹性供应链才能更好地管理和规避风险。

一、供应链弹性(supply chain resilience)

自然灾害、事故、人为破坏毫无疑问都会严重地甚至长期地影响到企业,甚至影响到整个供应链的正常运作。现有的技术不可能完全预测和防范风险的发生,尤其是一些影响力大的风险,没有足够的历史数据和经验可以用来有效地阻止这些风险的发生。

面对供应链风险,有的企业可以做得比别的企业更好,并不是他们有比其他企业更多的秘方或者诀窍,而是因为他们的供应链更具有弹性。

组织弹性并不是一个新的概念,它一般是指一个组织成功地处理非预期事件的能力,这已经成为企业成功的关键因素之一。而随着供应链中越来越多、越来越大的风险的存在,弹性在获得供应链竞争优势的过程中扮演了越来越重要的角色。

供应链弹性,又称供应链柔韧性,不仅仅是指管理风险的能力。本书界定的供应链弹性指的是,供应链作为一个复杂系统,在风险发生后,能快速恢复到初始状态,或者进化到一个更有利于供应链运作的状态的能力,而且涉及如何在供应链中断的环境下比竞争者更好地重新定位。

二、提高供应链弹性的措施

在材料力学中,弹性代表了材料恢复到原始状态的能力。而对于企业而言,弹性体现了企业在大的供应链中断后快速反弹的能力,或者说快速恢复到之前的绩效水平(产量、服务水平、客户满意度等)的能力。

企业可以通过以下几个方面来开发自己的弹性:增加冗余(redundancy),提高柔性(flexibility),调整企业文化。

(一)增加冗余

从理论上而言,弹性的企业能够通过供应链产生冗余。比如,企业可以保持一定的备用库存量,维持设备的低利用率,选择多个供应商,等等,这些冗余都可以使得企业在供应链中断的过程中有足够的喘息空间。显然,这是一种非常昂贵的方法,多余的库存必然占用更多的资金和能力,同时也可能带来其他的负面影响,比如产品质量问题、总成本增加、利润下降等。尤其对于像丰田公司这样实施精益生产的企业,这种方法显然不可能实现丰田生产方式所追求的低库存、高效率的目标。所以,增加冗余只能是临时性的方法。

(二)提高柔性

相对而言,如果企业提高供应链的柔性,不仅有助于企业在供应链中断时站稳脚跟,还可以更有力地对需求波动做出快速响应。

要实现内在的柔性,企业可以从以下几个方面入手:

1. 采取标准化流程

企业需要确保分布在全球的工厂之间实现产品部件的可替换性和可通用性。有的时候甚至需要实现全球产品设计和生产流程的统一,并且大多数时候需要多技能员工的支持。这些都可以帮助企业快速地对供应链的变化做出响应。举例来说,Intel 公司在全球建设统一模式的生产工厂,包括车间布局和生产流程都实现全球统一,这种标准化的生产设计使得 Intel 可以快速地在不同工厂之间进行产量的调整,以应对因不同原因产生的供应链风险。

2. 采用并行流程

在生产、分销、配送过程采用并行流程的模式,可以帮助企业加速供应链中断之后的恢复过程。Lucent 技术公司通过集中化的供应链组织来实现这种并行性,不同的组织职能分布在这个集中化的供应链中。因此,企业可以同时观测到不同职能部门的同步运作,并且快速地评估不同运作流程的状态,在紧急事件发生时通过协同快速地应对。

3. 采取延迟策略

产品、流程,以及决策的最大化延迟可以提高企业的运作柔性。让产品处于半完成状态,可以实现产品在过多和不足市场之间的调拨,从而实现供应链的柔性。这不仅可以提高满足率和服务水平,还可以控制库存成本。意大利服装制造和零售巨头 Benetton,就是通过重新设计生产流程以保证企业能够达到最大限度的延迟,以满足客户的个性化需求的。

4. 供应商关系管理

如果企业依赖于少数的关键供应商,那么,这些供应商的任何事故、风险都会对企业带来灾难性的影响。而通过有效的供应商管理,通过相互之间更多的沟通和了解,企业就可以更好地掌握供应商的内部运作情况,并且对产生的各种风险做出快速的响应。即使企业不是依赖于少数的关键供应商,庞大的供应商网络也需要企业对自己的供应商伙伴有足够的了解,以通过紧密的合作关系来化解各种风险。Land Rover 公司就是因为它的唯一的车身底盘供应商 UPF-Thompson 在 2001 年突然宣布破产,而不得不支付大量的资金来确保车身底盘的供应。

(三)调整企业文化

从诺基亚、丰田、UPS、戴尔、西南航空(美国)的成功案例中可以发现,在供应链中断之后能够快速应对、快速恢复的企业,往往在企业文化方面具有特殊之处。这些企业在文化方面具备一些共性。

1. 消息灵通员工之间的持续沟通

消息灵通的员工使得企业所有员工可以清楚地理解企业的战略目标,掌握企业日常运作,甚至每分每秒的进展。戴尔公司的员工可以获得产品生产和运输方面的大量信息,因此,当供应链风险发生的时候,员工可以很清楚地掌握当前状况,他们可以快速地运用掌握的信息做出快速的判断和制订准确的应对措施。

2. 分散权力

这样可以保证在供应链风险发生的时候有适当的员工可以快速地做出应对。丰田公司的总装线就是一个典型的例子,总装线的任何一个员工都可以按下一个特定的警报按钮,以快速地解决装配过程中出现的故障。在这些风险被一层层地上报至高层管理人员之前,风险已经被员工处理。这样的权力分散机制，就保证了在风险发生或者供应链中断的早期，企业就可以快速地做出应对。

3. 工作激情

成功的企业往往取决于他们的员工。美国西南航空的 CEO 认为，要使自己的员工意识到自己是在搭建房子，而不仅仅是在堆积砖块。激励措施可以保证企业员工的工作激情，从而避免风险的发生或者对产生的风险做出快速的应对。

三、构建弹性供应链

根据 Christopher 和 Peck(2004)的研究，可以从以下四个方面来考虑构建弹性供应链(图 12-11)。

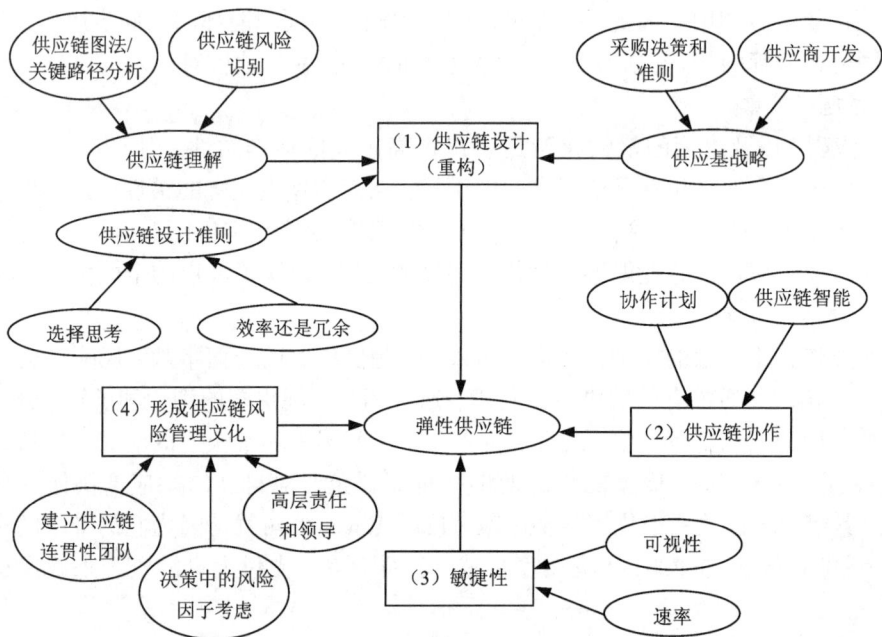

图 12-11　构建弹性供应链

(一)供应链设计(重构)

传统的供应链更多地侧重于优化成本和客户服务，很少在目标函数中把弹性作为考虑因素。现代供应链则更加强调供应链弹性。越来越多的学者和企业人士强调，要在供应链设计过程中考虑弹性。

1. 供应链理解

这是改进供应链、提高弹性的前提。更好地理解供应链网络结构，更好地理解供应商以及供应商的供应商，或者客户及其客户的客户，都是进行有效的供应链设计和重构的基础。供应链图法和关键路径法都有助于识别供应链中的关键点和关键路径。关键点一般认为是供应链的瓶颈所在，能力的约束可能导致整个供应链风险的产生。关键路径是网络和供应链的一个特征，在一个供应链中，可以有一条或者多条关键路径。关键路径一般具有以下特征：

提前期长，单源供应，可视性差，高风险。供应链风险识别的结果一般与关键点和关键路径相关，因此监控关键点和关键路径就成了风险管理的重点。

2. 供应基战略

本书前面的章节提到供应基的发展趋势：减少供应商，实现单源供应。但这同时带来相应的风险。单源供应的好处在于质量和服务的保证，但是降低了供应链的弹性。因此在企业确定采购策略和进行供应商选择的时候，就应该将潜在的风险考虑进去。供应商是否具有风险监控和应对机制应该成为选择供应商的一个标准。同时，企业应该与供应商紧密合作，对上下游之间的潜在风险进行监控和防范。

3. 供应链设计准则

在供应链风险激增的市场环境下，产生了一些新的供应链设计准则。比如，选择供应链战略时确保有其他后备可选项；重新思考效率和冗余之间的权衡，尤其是对于关键点和关键路径。

(二) 供应链协作

供应链脆弱性是一个网络范围的概念，因此，供应链风险管理也从企业的范围扩展到整个网络的范围。毫无疑问，高水平的供应链协作有助于控制和减缓风险。传统的供应链还是偏重自身企业的管理，但是越来越多的行业开始展开企业和企业之间的协作，尤其是快速消费品行业。制造商和零售商之间在协作计划、预测和补货方面都实现了很高层次的供应链协作。

供应链协作的关键之一就是通过信息共享来降低供应链的不确定性。因此，供应链共同体的形成就是为了在成员企业之间更好地实现信息共享，从而降低供应链风险。同时，它的目标也是达到更高水平的供应链智能。这里所谓供应链智能是指供应链形成的和成员之间分享知识的过程，这些知识可以是战略层次的，也可以是运作层次的。

(三) 敏捷性

供应链敏捷性可以定义为快速响应不可预知的需求或者供应变化的能力。企业存在风险的原因很多时候在于不能够快速地对变化做出响应。敏捷性有很多维度，并且与供应链网络结构密切相关，而不仅仅是与单个企业相关。敏捷性的两个主要维度是供应链可视性和供应链速率。

1. 供应链可视性

这里的可视性可以简单定义为一个渠道从头到尾的能见度，包含对库存、需求、供应状况、生产计划、采购计划等信息的清晰掌握。可视性的实现依赖于企业和上下游合作伙伴之间的紧密协作。与客户的协作计划是确保需求可视的关键，与供应商之间的协作计划和时间管理逻辑是确保供应不会中断的关键。一个明显的可视性的障碍来自核心企业内部组织结构，职能化的组织结构容易导致部门之间沟通的缺乏。这会相应地导致企业与企业外部合作伙伴之间沟通的困难。跨职能部门之间的流程团队的存在是一个很好的解决途径。

2. 供应链速率

速率一般定义为距离和时间之间的比率，因此，为了提高速率，时间必须被缩短。与敏捷性相关的不仅仅是从源头到终点的总时间，更重要的是加速度。也就是说，供应链有多快的速度响应需求的变化。流水线流程、缩短上游提前期、缩短非增值时间是三个主要的提高速率和加速度的方法。流水线流程是最基本的，流程的重构和并行设计可以减少活动的数量，在小批量的基础上可以更好地提高柔性和经济批量效应。选择具有快速响应能力的供应商是保证缩短上游提前期的关键，并且相互之间基于共享信息的同步计划也可以确保供应商具有更高的敏捷性，而不是通过库存来实现快速响应。从客户的角度而言，在供应链中减少非增值活动的时间可以大大地提高供应链的敏捷性。

（四）形成供应链风险管理文化

众所周知，全面质量管理的实施有赖于企业文化的培养。同样，供应链风险管理的实现，也需要在企业形成相应的供应链风险管理的文化，并且这样的一种文化应该是跨企业的，而不是仅仅局限在企业内部的，从而形成整个供应链的连贯性管理。和所有的文化变革一样，没有来自企业高层的支持，任何文化变革都是不可能的。同时，供应链风险评估应该成为每一层次的决策过程中应该考虑的部分。供应链风险管理团队的设置也是非常必要的，而且这个团队应该是跨职能部门的。

【复习思考习题】

一、单项选择题

1. 供应链各节点环环相扣，彼此依赖和相互影响，任何一个节点出现问题，都可能波及其他节点，进而影响整个供应链的正常运作。供应链是链式生产结构，源头的企业可以通过这种结构把一定风险传递到下游企业，下游企业也可能通过信息流、资金流等途径把风险传递给上游企业。一个企业发生风险，造成生产、销售等运营的困难，那么，整条供应链都要受到牵连。这就是供应链风险的（　　　）。

   A. 此消彼长性   B. 复杂性与多样性/层次性

   C. 动态性   D. 传递性

2. 伙伴关系风险和信息风险构成（　　　）。

   A. 外部供应链风险   B. 内部供应链风险

   C. 相关网络风险   D. 牛鞭效应

3. （　　　）是供应链风险管理的首要步骤，是指对供应链所面临的及潜在的风险加以判断、归类和鉴定性质的过程。

   A. 供应链风险反馈   B. 供应链风险识别

   C. 供应链风险控制   D. 供应链风险防范

4. 当有的风险事件确实已经发生，那么识别未来可能发生的风险最简单的方式就是，对于过往事件发生的原因不断地提出问题和进一步挖掘，从而确定这种风险在未来发生的可能性。这就是所谓的（　　　）。

   A. 根本原因分析法   B. 因果图

   C. 帕累托分析法   D. 风险项目检查列表

二、多项选择题

1. 综合看来，供应链风险管理过程与企业风险管理过程在实施程序划分上基本一致，都包含了（　　　）。

   A. 风险识别   B. 风险评估

   C. 风险控制   D. 风险管理实施和风险监控

2. 供应链风险评估是( )的总过程。

A. 供应链风险监控 　　　　　　　B. 供应链风险识别

C. 供应链风险分析 　　　　　　　D. 供应链风险评价

3. 外部供应链风险，主要包括( )。

A. 市场风险 　　　　　　　　　　B. 资金运作风险

C. 自然风险 　　　　　　　　　　D. 政治风险

4. 企业可以通过以下几个方面来开发自己的弹性：( )。

A. 增加冗余 　　　　　　　　　　B. 提高柔性

C. 并行设计 　　　　　　　　　　D. 调整企业文化

三、判断题(正确的打"√"，错误的打"×")

1. 有的学者按照风险的一般方法，将供应链风险分为可控制和不可控制的风险。不可控制的风险如恐怖主义行为、供应商资质、自然灾害等，可控制的风险如严重的劳工停工、来源方的产品和服务等。( )

2. 专家会议(group meetings)和德尔菲法(Delphi method)在参加会议人员数量、时间规划、流程操作等方面是基本相似的，这两种方法都是风险识别的重要方法。( )

3. 不同的风险应该用不同的应对策略和方法，而不能用统一的方法去应对不同的风险。因此，供应链风险响应的主要目标是定义最合适的策略和方法去处理各种供应链风险，并应有相应的措施行动来实施这些响应策略。通过对供应链风险的响应，应能够保证供应链继续正常运作，或者使得供应链中断、停滞达到最小。它体现了企业对待风险的态度，以及有效地处理各种供应链风险的策略。( )

四、填空题

1. 对可能面临的供应链风险有了这些基本了解之后，就可以着手制订相应的预防、应变和控制损失的行动指导计划了，也叫_____。风险应对计划应该与整个供应链风险管理过程进行整合，并与利益相关者讨论。

2. Mason 和 Towill(1998)把供应链风险来源分成五个相互交错的类型：环境风险源、_____、供应风险源、_____和控制风险源。

五、名词解析

供应链风险　供应链弹性　供应链智能

六、简答题

1. 如何理解供应链风险的含义及其形成机理？

2. 简述供应链风险管理的基本原则。

3. 如何选择合适的供应链风险应对策略和措施？

4. 举例说明如何构建弹性供应链。

七、论述题

全球供应链相对本地供应链具有更大的风险，举例说明风险的来源，并讨论如何应对这些风险。

八、案例分析题

大洋专用汽车制造有限公司

史密斯先生是印度环保公司的采购经理，其所在公司最近准备从中国市场购买12辆洒水车，史密斯先生的商业合作伙伴向他推荐了位于中国中部的大洋专用汽车制造有限公司。在过去的几天时间里，史密斯先生带领的采购小组对大洋专用汽车制造有限公司进行了详细的调研。紧张的调研工作终于结束了，面对小组收集整理的资料，史密斯先生陷入了深深的思考之中。

1. 大洋专用汽车制造有限公司简介

大洋专用汽车制造有限公司(以下简称"大洋公司")是中国政府认可的汽车改装企业之一，是一家后来居上的新兴民营企业。该公司占地面积16万多平方米，下设汽车销售公司、生产管理中心和三十多个国内分支机构，是集研发、制造、销售、服务为一体的专用汽车制造企业，年生产能力超过5000台，2008年，该公司的收入和净利润达到企业发展的高峰。

● 组织结构

大洋公司为民营企业，董事会由3人组成，公司管理由总经理全面领导。公司下设生产总经理、销售总经理、财务总监、质量总监、公司办主任，分别负责相关部门的管理工作。公司现有员工320人，其中行政管理人员、销售人员及后勤人员共120多人，生产工人192人。公司现阶段组织结构如图12-12所示。

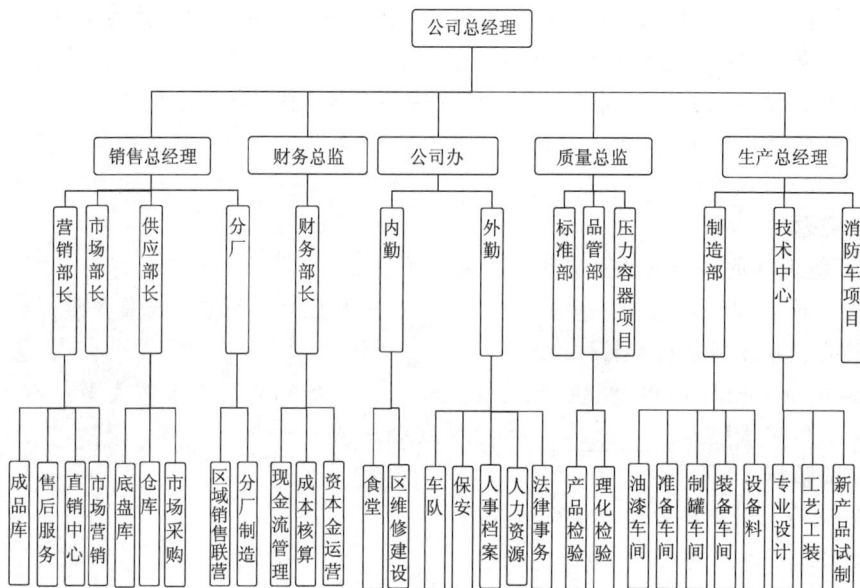

图12-12 大洋公司组织结构图

● 主要产品/业务

公司主导业务专用车类型分为罐式车系列、厢式车系列、工程车系列、环卫车系列、半挂车系列、消防车系列等250多个品种，具备产品自营进出口资质。

公司主要产品包括油罐车、洒水车、散装水泥车、搅拌车、消防车、液化气体运输车、吸污车、粉粒物料运输车、垃圾车、高空作业车等。

公司致力追求在安全、环保、高效、节能、自动化方面的技术研究和应用，强调产品的美观性、经济性和功能性。为了提高企业竞争力，公司不断开发新产品。

● 技术设备

大洋公司拥有一流的技术和一流的设备,拥有数控大型拼板焊机、锻压机、水下等离子切割机、大型罐体成型卷板机、无尘水旋式涂装等国内尖端和先进水平的专用车制造设备。大洋公司凭借在行业中雄厚的积累,以及技术、品质和服务优势,使其产品确立了在国内同类产品中的领先地位。目前,大洋公司正进行设备更新工程,打算引进先进的焊机,力求设备在全国范围内达到领先水平。

2. 重点业务现状分析

大洋公司各部门运作完全由客户订单驱动,是典型的 MTO 生产模式。公司销售部不断开拓客户类型,现有客户包括政府部门等大客户,以及由分销商承揽的分散小客户。

● 总体业务流程

一般产品的流程为销售公司接到客户订单后,与生产部门协商,确定交货时间并与客户签订销售合同;销售公司将销售合同转化为生产计划单,编制贯穿整个流程的生产单号,生产计划单一式六份,分别送采购部、制造部、技术部、品管部、存根和生产总经理。技术部根据生产计划单编制生产图纸,并制作物料清单。采购部依据生产计划单和物料清单制订采购计划。物料清单交仓库完成领料业务后返回采购部做财务统计。制造部依据生产计划单制订生产计划,生成生产通知,并将图纸和物料清单交各生产车间。制造部核算员根据物料清单开具领料单。

生产车间经过下料、焊接、制罐、油漆、装配、面漆等过程,将成品交给成品库。生产车间根据领料单到仓库领取零配件等物料。

销售公司在办理合格证、说明书等后,将产品交付客户。

大洋公司运作流程图如图 12-13 所示。

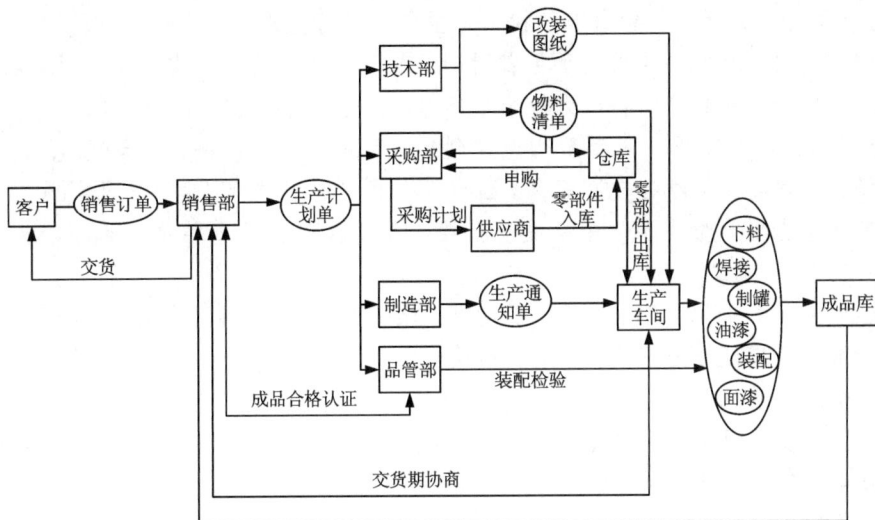

图 12-13 大洋公司运作流程图

● 采购

采购部负责零部件、金属材料、辅助材料的采购工作,负责部分办公用品的采购,以及外委外协零件和产品的管理工作。由于大部分常规零部件都可以从本地供应商处快速获得（1~2个小时，一般不超过1天），因此没有严格的采购计划。特殊物资采购，例如空压机，最长的采购周期需要1周；资金占用量较大的，如钢板、油漆等物料，根据安全库存进行集中采购。

供应商由品管部门、技术部门、采购部门根据价格、质量、服务、物流、交货时间联合确定，采购部门提供供应商名单，提交给技术部评定，出具评估报告。每年评审一次，未采用招投标管理。

采购不是依据每笔客户订单的需求来确定的，而是根据各仓库的临时缺料情况或根据安全库存来申请采购，而且采购的数量和所需要的时间没有明确的规定，这样形成大量的库存积压或有时则因缺料满足不了生产需要。外购、加工组装存在不同步的问题，延长了生产周期。

领料单由车间根据图纸填制，车间主任审核，这样领料随意性大，没有根据生产订单领料，成本无法控制，同时仓库备料也没有依据。采购管理流程和岗位职责较为混乱，存在物资多个部门采购问题。采购管理人员素质较低，人员流动性较大。

- **库存**

仓库属采购部管理。仓库管理不规范，取料流程不严格。由于工人可用小单领料，经常出现多领的情况。车间加班，而仓库未通知加班时，车间工人会直接取料，不进行任何登记。未使用的零部件到处乱放，造成严重浪费。钢板无仓库，在准备区堆放，工人根据需要下料，无人对其进行管理。无完善的仓库设施，仓库面积小，安全性差。仓库与生产车间没有明显的界线，造成工人随意进出，领取物料管理混乱。货架无分类，所有零部件使用相同的货架。分车型存放零配件。对物料没有定期检查，对库存没有定期盘点。

- **生产**

(1)生产与销售的矛盾。销售部门在未与生产部门商量的情况下接交货期短的订单而且销售订单经常变更。当客户要求增加零部件时，改动订单的情况时常发生。销售公司改单，导致生产成本上升。销售公司将压力转给生产部门，出现问题时不承担责任。

(2)生产与采购的矛盾。底盘无法按期到达，无底盘时生产停工，有底盘时晚上加班，导致费用提高。底盘不能维持较高库存，因为每个客户的需求都不同，若维持库存，由于底盘成本太高就会占用大量资金。采购底盘需要与供应商保持信息共享，但是底盘生产周期长，难以实现JIT供货。

(3)生产与技术的矛盾。出图时间不及时，耽误交货期。有图纸反比没图纸效率低，没图纸时质量和交货期还要好一些；图纸有错误，生产不协调。工人明知图纸有误，但不愿指出；图纸不全，导致生产过程中才发现需要某种原料，再采购耽误交货期；图纸不一致，相同的产品，不同的设计师设计的格式不一样，导致生产不便；技术部无法估计客户需要的零部件规格，直至生产的时候才意识到。

(4)生产与生产调度的矛盾。调度太粗略，作业时间按天估算，而非小时；工序快慢不一致，有些工序忙，有些闲；订单排序随机，或者根本没有排序规则。

(5)生产管理层变动较大；车间布置不合理，导致工艺流程时间浪费；设备陈旧，效率不高；工人绩效考核缺乏手段。

(6)员工薪酬实行计件工资，在当地同行业中工人工资较低，员工懈怠，出工不出力。

同时有能力的员工流失严重，造成产品质量下降，工作效率降低。

(7)车间主任的权力过大，经常架空生产经理，不同班组接到生产计划后按照自己的想法分配工作，使得工人的岗位职责不明确，无法划分责任到人。

(8)近期质量下滑严重，导致损失。其原因有三：一是工人责任心不强，技术不高，质量不能保证；二是设备陈旧，难以控制质量；三是品管部虽设专人监督产品生产过程，但涉及处罚生产工人时，执行难度较大。

- 销售

销售部设销售总经理全面负责工作。现有的整个公司运作均靠销售部门拉动，签订合同→接订单→下达给生产部门(如果是常规订单，直接下订单；如果有特殊要求，需组织评审)。

交货期根据客户的要求、生产状况调整。一般交货期范围水泥车 15 天，油车 7 天，消防车 22 天，洒水车 7 天。销售部下达给生产部门的交货期比实际交货期稍提前，如客户的交货期是 15 天，则生产部门的交货期为 13 天。海外客户主要集中在东南亚，因为企业刚刚开始有出口业务，对进出口贸易、报关流程等方面处于学习阶段，经常因为一些文件问题导致发货推迟。另外，第三方物流公司不能很好地和公司协调，经常出现生产出来产品但是无法将其发送到出口港的问题。

付款方式分两种。一种是用户到厂里来提货，款付清，则提货；另一种是送货上门。物流部门车队独立核算，同时对外经营物流业务。

经调研发现销售过程存在以下问题：

(1)交货期长，流失了很多客户。30%的订单不能按时交货。大订单造成零散订单延期。产品质量问题多，质量不稳定。品管部在质量控制中没有尽到职责。生产过程中，质量问题多。

(2)改单。公司有3%~5%的改单率。产品设计有问题，没有为用户考虑，因此用户改单率高。改单给生产和技术部门带来很大负担。

(3)客户满意度非常低。其原因为各部门之间的协调性差，沟通脱节，各部门从自身利益出发，各自为政；销售公司追求市场盲目接单；生产部无法提高出车准时率；技术部门在企业不受重视而闭门造车，产品无创新；采购部门因为底盘供应商的选择缺乏弹性影响产品交货期；没有工艺部门，生产车间现场制作效率质量低下；品管部监督无力，等等。

- 技术

技术人员负责图纸和物料清单制作。技术部门人员用很多时间去答复销售人员、客户，参与订单洽谈，占工作时间的40%，兼做工艺和现场指导。一般产品出图时间为 1 个小时，而新产品出图时间大于 2.5 天。公司没有单独的产品开发部，对新产品的设计开发也没有投入。新产品如半挂车的设计需要 10 天，按照工序步骤出图，时间上可以与生产部衔接；一般情况下不会按照产品整套出图后发放。其缺点是：不利于车间排程，总装图的尺寸也会对前面设计产生变更，除非是新产品试制。

很多产品出不了装配图，只能出一些大的简单的尺寸。每台车每张装配图都不一样，主要原因是人手不够与技术人员水平的制约。其他的只有在物料清单上反映与现场指导。批量的车为了保证一致性有装配图。

- 品管

品管部门负责零部件质量检测、生产过程质量控制、产成品质量检测以及合格证发放等工作。产品质量问题多，质量不稳定，并且急剧滑坡。品管部在质量检验中没有尽到职责，生产过程中的检验也没有严格控制，有问题的产品也能得到合格证。

3. 信息化建设现状

大洋公司已建成内部局域网，应用范围包括开发、设计、生产、采购、销售等部门。已建成企业对外网站，可以实现发布企业新闻、发布产品信息、收集客户信息和接收订单等功能。企业已接入因特网，采用数据专线方式。目前有 20 台计算机接入网络，占总计算机数的 67%。企业信息技术专业人员 3 人，占企业总人数的 1%。技术力量薄弱。

大洋公司拥有一套财务软件、人力资源管理信息系统及 CAD 系统。企业已认识到信息化建设的重要性，但是存在 IT 人才力量薄弱、软硬件缺乏、信息化建设力度不够等问题。企业信息"整体规划、分步实施"的主要难点在于流程、组织变化太快，缺乏规范的基础信息，企业希望通过企业诊断、信息化战略设计、投资项目评估等专业咨询的实施，逐步实现业务流程重组，实施 ERP 和电子商务。

面对大洋公司的现状，史密斯感到头疼。一方面，因为急需一批洒水车提高公司的服务质量，公司总经理要求他尽快做出供应商的选择；另一方面，虽然大洋公司迫切地想与印度环保公司合作，并且提出了非常优惠的价格，但是他对大洋公司存在的隐患还是心有余悸。

资料来源：百度文库

案例思考题：

1. 如果与大洋公司合作，史密斯该预期到哪些潜在的风险？

2. 作为一个国际客户，有哪些风险最值得引起重视？

3. 对于潜在的风险，史密斯该采取什么措施防止这些风险的发生？又该向大洋公司提出哪些改进措施？

【本章参考文献】

[1] 王长琼. 供应链管理[M]. 北京：北京交通大学出版社，2013.

[2] 黄丽华，唐振龙，袁媛. 供应链管理[M]. 长沙：湖南师范大学出版社，2013.

[3] 邵晓峰，张存禄，李娟. 供应链管理[M]. 北京：高等教育出版社，2013.

[4] 马士华，林勇. 供应链管理[M]. 4 版. 北京：高等教育出版社，2015.

[5] 张小兵，徐叶香. 论企业的供应链管理[J]. 商业研究，2002(8)：39-41.

[6] 黄吉乔，张冬. 论新经济时代的业务外包[J]. 物流技术，2002(1)：29-30.

[7] 刘助忠. 物流学概论[M]. 北京：高等教育出版社，2015.

[8] 施先亮，王耀球. 供应链管理[M]. 2 版. 北京：机械工业出版社，2012.

第十三章　供应链企业运作的绩效评价

本章学习导引

　　本章在对供应链管理及其运作特点进行研究的基础上，提出了供应链绩效评价原则、供应链绩效评价指标体系及供应链关键绩效指标的优化方法。此外，还介绍了中国企业供应链管理绩效水平评价参考模型（SCOR）。因此，通过这一章的学习，读者应了解对供应链管理绩效进行评价的目的和意义，了解供应链管理绩效评价的理论和方法，掌握绩效评价的基本原则和相关技术，能够充分利用绩效的杠杆作用调动合作企业的积极性，提高整个供应链的竞争力。

第一节　供应链绩效评价的特点及原则

一、传统企业绩效评价指标的特点

　　如前所述，供应链管理是通过前馈的信息流和反馈的物料流及信息流，将供应商、制造商、分销商直到最终用户联系起来的一个整体模式的管理。因此，它与传统企业管理模式有较大区别，在对企业运行绩效的评价上也有许多不同。

　　传统企业绩效评价指标侧重于单个企业，评价的对象是企业内各职能部门或者员工，其评价指标在设计上具有如下特点：

　　（1）企业绩效评价指标的数据来源于财务结果，在时间上略为滞后，不能反映供应链的动态运营情况。

　　（2）企业绩效评价指标主要评价企业职能部门的工作完成情况，不能对企业业务流程进行评价，更不能科学、客观地评价整个供应链的运营情况。

　　（3）企业绩效评价指标不能对供应链的业务流程进行实时评价和分析，而是侧重于事后分析。因此，当发现偏差时，偏差已成为事实，其危害和损失已经造成，并且往往很难弥补。

　　鉴于此，为衡量供应链整体运作绩效，以便决策者能够及时了解供应链整体状况，应该设计出更适用于度量供应链企业绩效的指标和评价方法。

二、供应链绩效评价指标的特点

根据供应链管理运行机制的基本特征和要达到的目的,供应链绩效评价指标应该能够恰当地反映供应链整体运营状况以及节点企业之间的运营关系,而不是孤立地评价某一供应商的运营情况。例如,对于供应链上的某一供应商来说,该供应商所提供的某种原材料价格很低,如果孤立地对这一供应商进行评价,就会认为该供应商的运行绩效较好。若其下游节点企业仅仅考虑原材料价格这一指标,而不考虑原材料的加工性能,就会选择该供应商所提供的原材料,而该供应商提供的这种价格较低的原材料的加工性能不能满足该节点企业生产工艺的要求,势必会增加生产成本,从而使这种低价格原材料所节约的成本被增加的生产成本抵消。所以,评价供应链运行绩效的指标,不仅要评价该节点企业(或供应商)的运营绩效,而且要考虑该节点企业(或供应商)的运营绩效对其上游节点企业或整个供应链的影响。

传统企业绩效评价指标主要是基于部门职能的绩效评价指标,不适用于对供应链运营绩效的评价。供应链绩效评价指标是基于业务流程的绩效评价指标。基于职能的绩效评价指标和基于供应链业务流程的绩效评价指标的构成情况分别如图 13-1 和图 13-2 所示。通过示意图,可以看出它们之间的差异。

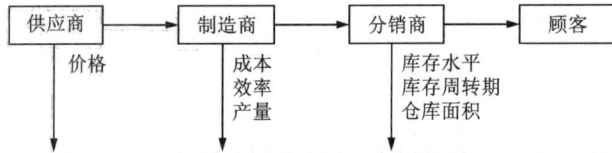

图 13-1　基于职能的绩效评价指标示意图

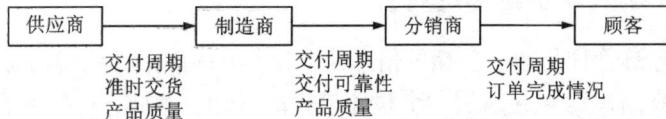

图 13-2　基于供应链业务流程的绩效评价指标示意图

三、供应链绩效评价应遵循的原则

随着供应链管理理论的不断发展和供应链管理实践的不断深入,为了科学、客观地反映供应链的运营情况,应该考虑建立与之相适应的供应链绩效评价方法,并确定相应的绩效评价指标体系。反映供应链绩效的评价指标有其自身的特点,其内容比现行的企业评价指标更为广泛,它不仅仅代替会计数据,同时还提出一些方法来测定供应链的上游企业是否有能力及时满足下游企业或市场的需求。在实际操作上,为了建立能有效评价供应链绩效的指标体系,应遵循如下原则:

(1)应突出重点,要对关键绩效指标进行重点分析。

(2)应采用能反映供应链业务流程的绩效指标体系。

(3)评价指标应能反映整个供应链的运营情况，而不是仅仅反映单个节点企业的运营情况。

(4)应尽可能采用实时分析与评价的方法，把绩效度量范围扩大到能反映供应链实时运营的信息，因为这要比仅做事后分析有价值得多。

(5)在衡量供应链绩效时，应采用能反映供应商、制造商及用户之间关系的绩效评价指标，把评价的对象扩大到供应链上的相关企业。

四、供应链绩效评价指标的作用

为了评价供应链的实施给企业群体带来的效益，方法之一就是对供应链的运行状况进行必要的度量，并根据度量结果对供应链的运行绩效做出评价。因此，供应链绩效评价主要有以下四个方面的作用。

1. 用于对整个供应链的运行效果做出评价

主要考虑供应链之间的竞争，为供应链在市场中的存在（生存）、组建、运行和撤销的决策提供必要的客观依据。目的是通过绩效评价来获得对整个供应链的运行状况的了解，找出供应链运作方面的不足，及时采取措施加以纠正。

2. 用于对供应链上各个成员企业做出评价

主要考虑供应链对其成员企业的激励，吸引企业加盟，剔除不良企业。

3. 用于对供应链内企业之间的合作关系做出评价

主要考虑供应链的上游企业（如供应商）对下游企业（如制造商）提供产品和服务的质量，从用户满意度的角度评价上下游企业之间合作伙伴关系的好坏。

4. 用于对企业的激励

除对供应链企业运作绩效进行评价外，这些指标还可起到对企业的激励作用，包括核心企业对非核心企业的激励，也包括供应商、制造商和销售商之间的相互激励。

为了达到这些目的，供应链的绩效评价一般从三个方面考虑：

(1)内部绩效度量。它主要是对供应链上的企业内部绩效进行评价。常见的指标有：成本、客户服务、生产率、订单履约率、质量等级，等等。

(2)外部绩效度量。它主要是对供应链上的企业之间运行状况的评价。主要指标有：用户满意度、订单交付可靠性、订单柔性等。

(3)供应链综合绩效度量。正如有人指出的，21世纪的竞争是供应链之间的竞争，这就引起人们对供应链总体绩效和效率的重视，要求提供能从总体上观察透视供应链运作绩效的度量方法。这种透视方法必须是可以比较的。如果缺乏整体的绩效衡量，就可能出现制造商对用户服务的看法和决策与零售商的想法背道而驰的现象。供应链综合绩效的度量主要从用户满意度、时间、成本、资产等几个方面展开。本章以上述三个方面的供应链绩效度量为主线，同时又给予一定的扩展，比较系统地论述了有关供应链的绩效评价指标。

供应链绩效评价的一般性统计指标如表13-1所示。

表 13-1　供应链绩效评价的一般性统计指标

客户服务	生产与质量	资产管理	成本
订单满足率	人均发运率	库存周转	全部成本/单位成本
脱销率	生产指数	负担成本	销售百分比成本
准时交货	破损率	废弃的库存	进出货运输费
补充订单	退货数	库存水平	仓库成本
订单交付周期	信用要求数	供应天数	管理成本
发运错误	破损物价值	净资产回报	直接人工费
订单准确率		投资回报	退货成本

除以上一般性统计指标外，供应链的绩效还可以用一些综合性的指标如供应链生产效率来度量，也可用某些由定性指标组成的评价体系来反映，如用户满意度、企业核心竞争力、核心能力等。

第二节　绩效评价理论

一、供应链管理思想对绩效评价的冲击

供应链管理环境下，原有的企业管理思想发生了巨大的变化。很多企业也都意识到供应链管理的潜力，但是由于缺少对集成供应链的全面理解，绩效评价的有效性较差。对于供应链指标而言，传统绩效评价方法重视独立部门的绩效的思想很难推动供应链的生产力提高。在供应链管理中，管理者将注意力从内部控制转向外部监督，组织也从单一的独立个体发展为群体的企业群落，那么对整个供应链运作绩效的评价也随着管理运作方式的变化而发生改变。

表 13-2 概要地对比了传统管理方式和供应链管理方式的差异，从而可以进一步分析对其绩效评价及供应链运作绩效的影响。

表 13-2　供应链绩效及评价在供应链管理环境下的影响

传统管理方式	供应链管理方式	评价及指标	绩效要求
客户服务/内部流程方面			
降低单位成本，获得经济效益	合理控制成本，获得最高服务质量	订单边际收益及产品边际收益	服务导向供应链
标准产品，大规模生产	个性化产品，大规模定制生产	个性化产品服务解决方案	供应链个性化和柔性化运作，而非标准化
降低产品不合格率，提高质量水平	客户对产品生命周期中的质量满意	在产品生命周期中对产品升级感到满意的客户比例	集成产品技术改进、再设计的供应链
成本基础上高边际收益的产品竞争	基于价值的增值服务的竞争	客户满意度	客户导向的供应链

续表13-2

传统管理方式	供应链管理方式	评价及指标	绩效要求
产品管理/技术、客户管理			
单一产品大量生产	特定需求的、独一无二的短周期产品	订单至交货的提前期，非运转时间	压缩交货期，定制化生产
产品简单地推销给客户	客户参与制造商的设计	客户参与设计的程度	按订单生产，延迟制造
产品的柔性较差	产品在交货点最后装配，生命周期中可再配置	满足个性化需求的能力，不同品种生产的转换时间	延迟制造，产品的持续创新升级
通过物流降低成本	增值流，为客户提供顾客化服务的平台	物流的透明化、准确性，而非成本节约性	信息化物流，产品延迟
竞争合作方面			
大而全、小而全型	相互依赖型	每个组织的价值增值比率	供应链内部协作和跨组织接触增加
供应商关系一般，合作意识薄弱	和供应商集成，结成战略合作伙伴，强调建立包括竞争者在内的合作共享机制	关于共享和伙伴的公司政策，彼此依赖的合作关系	供应商管理
没有统一的信息传递机制	集成信息框架	网络传递的规模	信息集成平台
员工个体分散行为	团队工作机制	工作自我指导团队的比例	
分割的组织机构	跨组织结构并行机构		跨组织，强调功能机制的重要性
处理变化以及不确定性方面			
多级组织方式	组织层次较少		扁平化组织形式
静态消极结构	动态、积极共享机制		重组供应链
集中决策中的风险规避	分布式的决策机制	规避风险并做出决策的管理层次	

由此可以看出，与传统评价思想相比，供应链绩效的侧重面有了较大的变化。第一，有关运营的评价得以加强，不但对成本绩效的要求一如既往，而且时间、地点、柔性也成为关注的中心。第二，扩展了企业产品以及运营的框架内涵，注重技术、人力资源的集成，这是流程改进和创新的关键。第三，注意到最优业绩是不断改进和发展的结果。这些特点决定了评价系统的界限和重点。

另外，随着供应链的增值点由大规模生产的规模经济向顾客化大量生产的范围经济转化，核心企业通过技术革命，将非核心业务外包，并与上游企业的供应商组成紧密的战略联盟。供应商和客户在增值链中的作用越来越大，而原始设备制造商（original equipment manufacturer，OEM)的地位则发生了转变，对增值所起的作用也降低了。从图 13-3 中可以看出供应链价值增值点的转移。

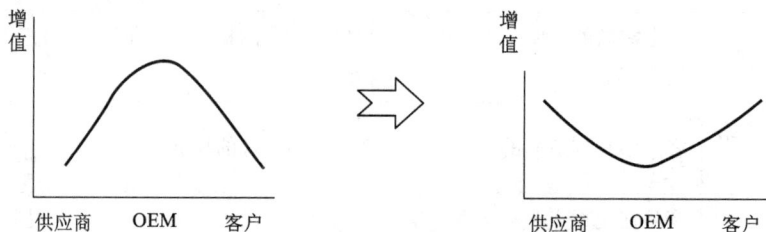

图 13-3　供应链运作价值增值点转移图例

　　供应链管理模式下，企业的生产控制以及评价应该做出改变和调整，以适应供应链管理的要求。由于供应商和分销商取代了 OEM 企业的很大一部分生产运作，同时，横向跨组织、跨功能的集成得以扩展，OEM 企业在增值流程中的地位不断下降。供应商在与 OEM 企业的合作设计和制造中生产了大量产品的上层模块，并销售给 OEM 企业，OEM 企业则根据设计将产品组装下线；分销商再根据客户订单进行最后加工和担当生产多样化的角色。这样 OEM 几乎从生产和控制中被"撤出"，OEM 企业则更加注重操作面的管理和供应链伙伴的合同与关系管理。因此，很难再用传统的绩效评价指标来对待 OEM。那么，评价指标体系应该如何反映供应链管理的绩效呢？从图 13-4 中可以看出 OEM 在运作中作用的转变。因此，供应链管理环境下的供应链评价侧重于流程的角度、核心企业与上下游的合作关系、对供应链最终客户的价值增值，以及由此带来的整个供应链的资产管理。

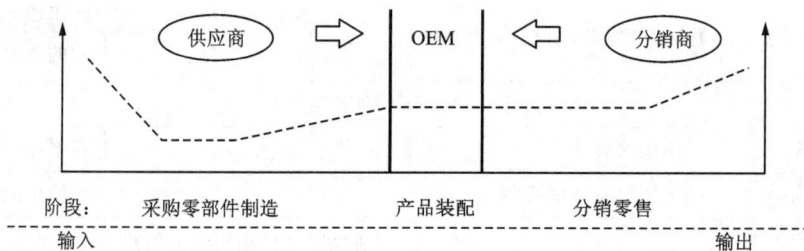

图 13-4　制造商在增值链中的作用

　　此外，就绩效评价系统本身而言，现有的绩效评价指标过于侧重成本指标的使用，全面性不足，与供应链管理的目标难以一致，同时较少考虑不确定因素对供应链绩效的影响。传统上，企业追踪绩效主要基于财务会计指标，财务会计指标用于提供企业经营状况和企业发展潜力的信息，并在现有的评价理论中占有绝对优势。财务会计中的财务目标——股东利益最大化依然是企业经营的主要目标。但是，对于整个供应链的绩效评价，单纯的财务指标评价已经不能满足实际操作的需要，从财务指标的计算机理中我们可以看出：

　　(1)财务指标的计算数据来自历史的会计数据，通过对过去的经营报表提供的信息进行加工处理后得出。这种历史导向的评价思想希望从历史的趋势中找出未来的经营目标和趋势，很难适应供应链管理的敏捷性和前瞻导向的思想。

（2）财务指标集中于评价企业的成本收益方面的绩效，忽视了重要的、战略性的、非财务的指标，如顾客忠诚度、服务水平、产品质量等。同时，财务指标缺乏实时追踪性，不能随时提供反映生产经营状况的信息，使得战略执行的预警缺乏实效。

（3）财务指标反映的是生产运营的效率结果，缺乏对过程的适时评估，不能直接提供生产运营过程中物流、信息的状况。

供应链管理的理念使得不同行业的企业为了同一个目标结合在一起，但是企业生产经营的多样性使企业的经营可能跨多个供应链。财务指标建立在整个企业的经营状况的基础上，使得介入供应链经营的部门很难获得自身行为的准确评价数据，不利于整个供应链绩效评价的准确性。此外，绩效评价系统内部的子系统之间缺少平衡关系。虽然现有的绩效评价系统已经或即将引入非财务指标，但是它们没有从一个相互制衡的系统观的角度来理解指标，导致指标之间的关系重叠，评价效果与目标偏差较大。在供应链的运行环境中，生产流程跨越上下游多个企业，生产周期变得更长，对于制造、分销的日常控制使用非财务指标，而在战略决策时则更多地使用财务指标。再者，评价指标缺乏在不同经营层次上的差异，供应链管理的战略目标和战术目的都要通过各级指标的逐级反馈得到，有必要将指标在各级中进行分类。

综上所述，供应链管理环境下的绩效评价具有以下新的特征：

（1）相比传统的绩效评价，供应链评价指标更为集成化。这种方法使得评价公司可以更好地从整个供应链的角度分析问题，而不是单独从一个公司自身分析，以反映整个供应链的优化，同时包含非集成指标，用于诊断单一企业内部与供应链有关的绩效问题。

（2）供应链绩效注重组织的未来发展性，加强了绩效管理的前馈性。

（3）绩效评价除了对企业内部运作的基本评价之外，把更多的注意力放在外部链的测控上，以保证内外绩效一致。

（4）非财务指标和财务指标并重，关注供应链的长期发展和短期利润的有效组合，实现两者之间的有效传递。

（5）供应链绩效评价系统注重指标之间的平衡。

二、供应链绩效评价的一般方法

针对传统财务指标评价供应链管理中存在的问题和缺陷，出现了不同的供应链绩效评价方法：如 ROF 法（resources，output，flexibility）、供应链运作参考模型法（supply-chain operations reference-model，SCOR）、基于活动的作业成本法（activity-based costing，ABC）等。

（一）ROF 法

该方法由比蒙（Beamon）于 1999 年提出。为避免传统绩效评价中出现的问题，他提出了三个方面的绩效评价指标，可以反映供应链的战略目标，分别是资源（resources）、产出（output）以及柔性（flexibility）。资源评价和产出评价在供应链绩效评价中已经得到了广泛的应用，而柔性指标的应用则比较有限。这三种指标都具有各自不同的目标。资源评价在很大程度上反映成本评价，也是高效生产的关键；产出评价（即客户响应评价）必须达到很高的水平，以保持供应链的增值性；柔性评价则要达到在变化的环境中快速响应。它们之间是相互作用、彼此平衡的。它们之间的关系如图 13-5 所示。

比蒙认为，供应链评价必须从这三个方面进行：

（1）资源评价：包括库存水平、人力资源、设备利用、能源使用和成本等。

（2）产出评价：包括客户响应、质量以及最终产出产品的数量。

（3）柔性评价：包括范围柔性和响应柔性两种。

（二）SCOR 法

供应链运作参考模型法（supply-chain operations reference-model，SCOR）为了体现"从供应商的供应商到客户的客户"的供应链管理思想，覆盖了从订单到付款等的所有客户的交互环节、供应商的供应商到客户的客户的所有物流转运、所有的市场交互、总体需求的了解和每个订单的执行。供应链运作参考模型提供了涵盖整个供应链的绩效评价指标。

（1）物流绩效。物流系统已成为企业必不可少的竞争武器，国际市场的竞争压力迫使物流配送的提前期越来越短。SCOR 法从以下三个方面进行评价：从接到订货到发运的提前期、订单完成率、订单的响应速度。

（2）柔性与响应性。这一方面主要就生产柔性、供应链提前期进行评价。生产柔性被定义为非计划产出提高 20% 的生产时间；供应链循环期/提前期则被定义为内部零库存生产或外包的平均时间加上生产完成到交货的平均提前期再加上预测提前期。实现以上优化必须保证和供应商的有效联系与共同改进，以提高整体绩效。

（3）物流成本。主要包括整体的物流管理成本、订单管理成本。

（4）资产管理。供应链资产主要包括库存、厂房、资金和设备，可以通过库存占销售产品成本的比例、现金周转率以及净资产收益率来表示。此时的现金周转率是指从原材料的现金投入到客户端的现金收回的平均日期。

（三）ABC 法

传统成本会计在计量的基础上采用成本随着产品的加工而流动，产品制造费用等间接费用按照数量或加工工时在产品之间进行分配。作业成本会计提出成本动因和增值/非增值作业的概念，认为生产成本的计量应该建立在分解为成本动因的作业上，从而突出了作业流程中的核心作业/资源。这就为更精确地评价供应链的成本和作业分布奠定了基础。作业成本法并不是替代传统成本方法来进行绩效测量，而是从另一方面为供应链绩效评价提供信息来源。

安德森咨询公司于 1994 年发表了关于第二届精益企业的报告，这项工作是在对 100 家世界级企业的调查基础上，从四个角度对供应链流程控制进行了评价：

（1）供应链质量。它包括物料进入生产流程的质量、组织内部的失误率、客户对质量的抱怨。

（2）供应链库存。它包括零部件的库存水平、装配领域的库存、产成品的库存、库存更新率。

（3）供应链的时间绩效。它包括订货的频率、装配前的准备时间、产品运货至客户的提前期、交货频率。

（4）进度安排。它包括从确定客户订单到开始发运的时间间隔、主要供应商生产进度变动所产生的影响、对主要客户生产变动的影响。

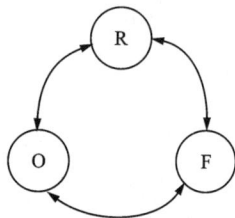

图 13-5　比蒙的平衡绩效评价

三、供应链绩效评价的侧重面

(一)供应链组织的角度

供应链组织的角度和业务流程重组比较相近。在构建特定的供应链组织结构的基础上，评价供应链组织绩效以提高整体重组效果，是十分重要的。

1. 柔性

供应链的组织形式就是为了能够更好地适应激烈的市场竞争，提高对用户的服务水平，及时满足用户的要求，如交货期、交货数量、商品质量以及用户对产品/服务等某些特殊要求。为了提高供应链的柔性，还需要因特网和物联网等信息技术的支持，以加快市场信息在链中的反馈速度和链中各企业的响应速度。柔性的高低是评价供应链组织结构合理性的一个指标。

2. 集成度

供应链不同于传统单个企业之间的相互关系，它将链中的企业加以集成，使得链中企业的资源能够共享，获得优势互补的整体效益。供应链集成度是指企业间信息集成、物流集成和管理集成的程度及发挥的作用等。集成度的高低或者说整体优势发挥的大小，关键在于信息集成和管理集成，即需要形成信息中心和管理中心。

3. 协调性

供应链是不同企业个体之间的集成链网，每个企业又都是独立的利益个体，所以它比企业内部各部门之间的协调更加复杂、更加困难。供应链的协调性包括利益协调和管理协调。利益协调必须在供应链组织结构构建时明确链中各企业之间的利益分配。管理协调则要求适应供应链组织结构要求的计划和控制管理以及信息技术的支持，协调物流、信息流的有效流动，降低整个供应链的运行成本，提高供应链对市场的响应速度。

4. 简洁性

供应链是物流链、信息链，也是一条增值链，它的构建并不是任意而为的。供应链中每一个环节都必须是价值增值的过程。非价值增值过程不仅增加了供应链管理的难度，增加了产品/服务的成本，而且还降低了供应链的柔性，影响了供应链中企业的竞争实力。因此，在设计供应链的组织结构时，必须慎重选择链中企业，严格分析每一个环节是否存在真正的价值增值活动。

5. 稳定性

供应链是一种相对稳定的组织结构形式，影响供应链稳定的因素有两个，第一个是供应链中的企业，它必须是具有优势的企业，即要有竞争力。如果供应链中的企业不能在竞争中长期存在，必然影响到整个供应链的存在。第二个是供应链的组织结构，比如供应链的长度。如果供应链的环节过多，信息传导中就会存在扭曲信息，造成整个供应链的波动，其稳定性就差。

(二)供应链采购供应的角度

现在有很多文献谈到了从采购供应的角度对供应链进行评价。从这个角度看，供应链管理与从传统采购物料部门演化而来的供应商群（supply base）集成战略是等同的。它的思想是通过与供应链上的供应商达到目标共识建立战略性合作伙伴关系。

可见，供应链管理的内容主要侧重于供应商群的设计，如供应商、分包商的选择，供应战略，外包战略、生产计划、生产作业计划和跟踪控制、库存管理，供应商与采购管理等。

1. 提前期的评价

提前期的评价是一种有效考察整个组织经营的全面指标。缩短采购提前期涉及很多方面，比如过长的调整准备期（setup time）、频繁的停机时间、不协调的工作日程、不可靠的供应商、过长的运输时间以及大规模的存货等一系列问题，都可能导致采购提前期过长。过长的提前期表现为供应链中的运输周期、加工周期、储存周期较长，并引起高额成本。

2. 柔性的评价

所谓柔性，是指系统对于外部或内部干扰导致的变化做出调整的能力。由于供应链的运行处于不确定环境下，当客户需求发生了变化，供应方的柔性就成为其生存的关键因素。斯莱克（1991）定义了两种柔性：范围柔性（range flexibility）和响应柔性（responsive flexibility）。前者指运营可以变动的程度范围；后者指运营可以变动的时间性，即响应速度。高柔性可以提高顾客满意度，增强对需求变动的应变能力，减少过多订货和错过机会的可能性，也有利于增强开拓新市场和开发新产品的能力。

3. 鲁棒性的评价

鲁棒性即稳健性，指变化过程中的稳健性和强壮度。对于供应方而言，鲁棒性意味着供应方在与委托人的合作中，即使委托人的需求在一定程度上发生变化，供应方也能够保证产品质量、正常交货，从而保证供应链整体的稳定运行。

4. 成本的评价

从供应链整体运营的角度出发，采购供应系统所发生的成本一般用供应链总成本来反映，包括供应链信息成本、供应链库存费用及各节点企业外部运输总费用，以反映供应链运营的成本效率。供应链信息成本包括各节点企业之间的网络通信费用、供应链信息系统开发和维护费用等；供应链库存费用包括各节点企业的在制品库存和产成品库存费用、各节点企业之间的在途库存费用；各节点企业外部运输总费用等于供应链所有节点企业之间运输费用的总和。

（三）供应链物流的角度

从这个角度看，人们在评价物流系统的运行绩效时，提出了很多基于时间和阶段的库存管理工具，如分销需求计划、物料需求计划、制造资源计划等，以提高物流的可视性，降低需求的不确定性。物流的改进对改进整个供应链的顾客服务水平、减少库存量、降低运输成本都有极大的推进作用。

1. 物流速度指标

物流速度就是物流业务中相关行为的数据传输、计划更新以及执行的速度。

（1）数据传输速度，指各项业务中关键数据如计划、预测、项目的联系等各种信息的传输速度。

（2）计划更新速度，指计划调整、重新制定的速度，以及运输能力和产品调整能够满足计划进度变动的能力。

（3）执行速度，指通过减少制造、包装、运输的时间来缩短提前期，以最少的时间满足客户服务的要求，以此来考核物流需求的执行速度。

2. 物流的柔性

反映对客户物流需求变动的柔性，以及对运输要求变动处理的能力。

3. 物流的可视性

物流的可视性描述了供应链系统中与合作伙伴共享信息的程度，以及合作伙伴进入企业内部服务器获取相关信息的程度。这样做的目的是提高供应链整体运作的透明度，消除由于信息不透明而引起的物流中断甚至更大的问题。

物流的可视性可以分为企业内部和供应链企业之间两个方面。企业内部重要员工以及相关部门可以获得生产计划以及需求信息，是更好地进行客户化服务的基础。对于内部员工而言，信息的共享使他们意识到自身在整个组织中的作用。供应链企业之间的可视性有助于了解合作伙伴和客户的库存状况、销售计划、产品销售情况等信息，使企业能够及时掌握供应链的运行状态，主动做好计划修改、物流重整等应变性工作，改善整个供应链的绩效。

第三节　供应链绩效评价体系设计

设计一套供应链绩效评价体系，主要应从明确供应链绩效评价的目的、掌握影响供应链绩效的外部驱动力和内部驱动力、掌握供应链绩效评价的原则及方法等几个方面展开。

一、明确供应链绩效评价的目的

如前所述，实施供应链管理的目标主要可归纳为以下几个。

1. 压缩时间

压缩时间即缩短从订货到发运的周期。当生产和物流的流程能够在较短的时间内完成时，供应链中所有的实体都能够更为高效地运转，从而最终降低供应链中的库存。通过缩短订单交付的时间周期，现金周转率也会得到相应的提高。时间缩短意味着供应链中的信息和产品能够十分迅速和流畅地传递。

2. 提高柔性

柔性能力意味着供应链系统中各个企业能够迅速根据客户的独特需求进行客户化操作，也意味着客户的需求能够在合理的成本效率下得到快速满足，具有较高的处理客户临时性需求的正常运作能力。

3. 减少浪费

供应链企业试图通过尽量减少功能重叠、协调运作系统以及提高质量来寻找减少整个供应链浪费的途径。供应链内部存在着大量的库存节点，导致整个系统积压了大量的资源，影响了供应链的竞争力。如果供应链企业之间能够达到运作上的统一性和一致性，协调的系统中所传递的信息就可以做到及时、高质量和互动，从而减少不必要的活动，达到减少浪费的目的。此外，保持资产、产品、运作体系的质量是整个供应链减少浪费的基础。

4. 增加利润

供应链企业高效、准时地满足客户需求的最终目的就是获取供应链企业的资本利润。最常用的指标是降低成本，以提高边际收益。现金流将会因供应链企业的集成运作和减少浪费而得以改善，而柔性和时间绩效的提高则为供应链赢得和留住原有客户群、保证供应链长期营利奠定了基础。

从本质上讲，供应链压缩提前期、减少浪费都是从资源观的角度减少供应链的资源浪费，提高资源的利用率，为增加供应链的利润创造空间。而增强供应链的柔性，可降低机会成本损失，减少因供应链内部流程的效率降低所造成的客户订单流失，从而增加供应链营利的机会。所以说，供应链的价值成为评价的核心，绩效评价体系最终反映了供应链的价值。与价值相关的指标反映在以下三个方面：当前营利性（货币指标）、供应链营利能力的可持续性（价值维持指标）、供应链营利能力的增长潜力（价值驱动因素）。

结合以上所谈的绩效变革的影响设计出的供应链绩效评价体系主要应能完成三个目标：考察供应链的当前营利性，分析供应链营利的可持续性，培养供应链营利能力的增长潜力。

二、掌握影响供应链绩效的外部驱动力

供应链运作的环境是不断变化的，供应链内部不断加以改进和提高就是为了应对外部环境对供应链管理的消极作用，提高整体适应能力，增强竞争力。图 13-6 是一个对供应链运行绩效产生作用的外部驱动与内部驱动影响的分析框架。这个框架反映了环境因素和供应链运作本身因素的影响，指出需要通过优化成本、提高服务水平、加快对市场需求和机遇的响应速度及提高技术创新能力来支持供应链所拥有的竞争优势。图 13-6 中外层的两个同心圆表示影响供应链绩效的驱动来自供应链外部和供应链内部的两种情况。

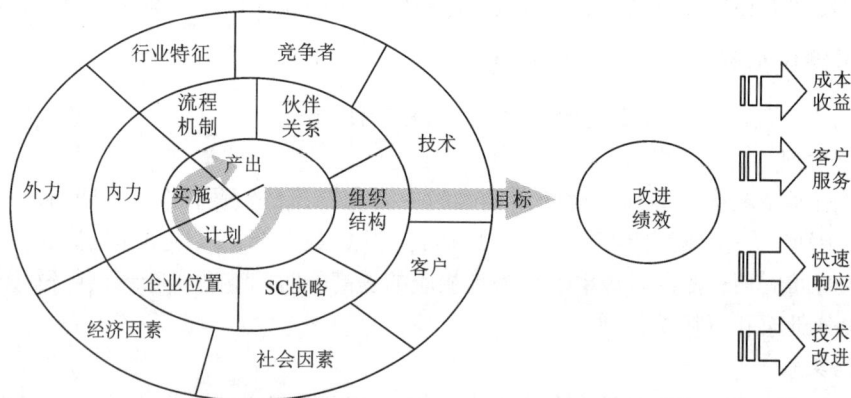

图 13-6 供应链绩效驱动力分析

1. 行业特征

就不同的范围而言，供应链管理所涉及的行业特征使得供应链管理对绩效的考虑角度差异很大。例如，目前供应链的实践和理论研究多集中于制造行业和仓储、零售行业。在制造业，供应链管理侧重于采购过程及物料管理，并将其作为一个基本战略，其管理的逻辑是传统内部行为扩展至企业外部，达到和战略合作伙伴共同发展的目的。而在仓储零售业，其供应链管理则偏重于运输、仓储和配送管理，它将过去狭隘的企业物流部门扩展为从供应商到客户的物流价值链，有效的商品分销和物流组织是其业务流程的主要组成部分。这两种行业的供应链管理内容和方法均有所不同，由此而言，其绩效的侧重点也有所不同。

2. 竞争者

供应链的核心竞争力使得供应链能在竞争过程中保持独有的竞争优势。竞争者的技术优势、产品以及流程的革新、人力资源的整合都成为影响供应链绩效的长期驱动力。通常很难用模拟或数学分析的方法准确掌握竞争者的优势所在，但是作为供应链的运作驱动力，一般

情况下都从客户角度，利用标杆法，对供应链中的非增值活动进行分析，找出竞争者在可能的领域对供应链的潜在威胁和机遇，从而提出改进的目标和方向。

3. 技术

技术的作用主要是在产品/服务以及信息流上对供应链的绩效产生影响。不断涌现的先进开发技术对产品设计快捷的影响自不必说，先进管理技术的不断推进也使得供应链管理不断适应环境变化，从而使管理绩效得以提高，供应链伙伴之间的信息集成也将信息的滞后和扭曲问题减到最少。此外，各项技术的不断推进也使以往实践中难以实施的绩效评价变得容易和可行。

4. 客户

客户作为供应链的市场导向和利润来源，是供应链绩效评价的主要驱动因素。客户不断变化的个性化要求、不断降价的要求和消费的偏好，都增加了供应链在运作成本和生产周期上的压力，同时产品的质量、计划的柔性不能有丝毫降低。当今的客户对产品为自身带来的价值增值或成本节约愈发注重，使得供应链要在其中的每一个环节提高管理水平和追求更好的运作绩效，否则将会失去供应链的竞争优势。

5. 经济及社会环境

经济及社会环境包括世界范围内的普遍经济前景和政治环境。经济压力通常会迫使供应链降低成本，以面对世界范围的竞争，而良好的供应链管理可以帮助降低成本。社会环境的变化对形成与供应商的伙伴关系会产生重要的影响。另外，全球性供应链在不同国家/地区的工业结构、经济发展阶段、客户要求等变量的作用下，其构成和运作管理都会出现不同的绩效目标，不能一概而论。

三、掌握影响供应链绩效的内部驱动力

1. 流程机制

供应链运作的流程因其产品、服务和客户的分布性特点，在业务流程的设计上也有不同的策略。一般可分为分散采购、集中制造和集中采购、分散制造两种类型。但是，具体应该采用哪一种策略，则由该供应链系统所提供的产品/服务及客户的特点决定。此外，不同的市场层面也会使业务流程在设置上有相当大的差异。供应链绩效评价所关注的问题也由于流程的不同而有所差异。

2. 伙伴关系

过去，由于供应链内部各个企业缺乏战略合作意识，它们之间的关系往往被认为是"敌对的"，或者是"互不相干的"。任何特定的供应链关系都被视为临时的而不是永久的关系，注重短期的个体利益而忽视了长远的战略利益和整体利益。降低价格往往成为合作的唯一筹码。传统的交易对象之间的关系被视为"零和博弈"，所谓"零和博弈"，是指一方的收益与另一方的损失相当，因此各方都希望将自己的收益建立在别人损失的基础上。显然，这种合作是不可能长久的。供应链管理就是要将这种零和博弈转变为所有参与者都赢的"双赢"战略，从而使整个供应链获得更大的利益，并且供应链上的所有企业都能获得自己应得的那部分利益。

3. 组织结构

供应链在组织结构上有四种分类。首先考虑将供应链流程分为采购/供应(sourcing)、制造(make)、交付(delivery)三个大的环节，然后按照产品的模块化水平和流程的延迟原则

（postponement）分为如图 13-7① 所示的四种类型。

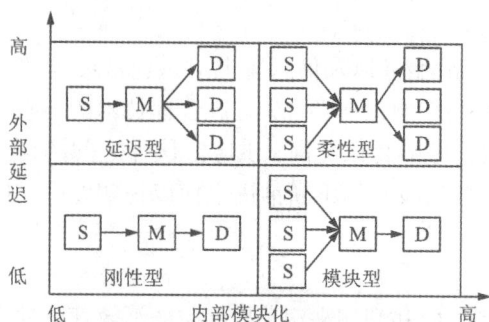

图 13-7　供应链组织结构分类模型

从图 13-7 中可以看出，刚性型是典型的纵向集成的供应链，是以满足库存为目标的大量生产，追求的是大批量生产的规模经济。另一个极端就是柔性型的结构，通过大量的外包、外协运作制造差别化组件，同时装配完工产品，满足纷繁各异的客户需求。而模块型的结构则有大量生产组件/部件的供应商，最终分销少量完工产品，这是最典型的供应链结构。延迟型结构的供应链则以大规模定制的思想满足客户的个性化需求，追求范围经济。不难看出，这四种不同的供应链结构在产品制造和业务流程上的差异，直接决定着供应链绩效目标的要求。

4. 供应链战略

供应链绩效是战略执行的结果，绩效评价要求与战略目标相一致，以反映供应链战略的执行效果。供应链战略因为供应链发展集成的层次阶段以及供应链经营的方式不同，对绩效提出了不同的要求。史蒂文斯（1989）将供应链集成归结为四个阶段：基础建设阶段、功能形成阶段、内部集成阶段和外部集成阶段，将供应链战略从单一组织向多组织协调集成，从市场反应型发展为市场导向型。供应链绩效也从内部单一评测扩展到了多方共同决定。供应链运作方式的不同将导致战略管理重心的不同。以计算机制造业为例，惠普公司注重整个设计、制造、分销和市场的全过程；戴尔公司则在装配、市场、服务上下大力气。这种不同的选择与它们的外部供应链战略是相关的，绩效指标的要求也必然有所差异。

5. 企业在供应链中上下游的位置

企业在整个供应链运作中所处的层次不同，对各种绩效的评价要求也是不一样的。例如，在供应链伙伴中，供应商可能更注重交货质量和交货的可靠性，地区分销商更注重所提供的产品种类和价格、当地分销商注重产品送货速度和服务水平等。

四、掌握绩效评价的原则及方法

供应链绩效评价的原则与传统绩效评价的原则有一定的相似之处，但是也有很大的差别，尤其是在所涉及的评价范围上，要远大于传统绩效评价所覆盖的范围。

（1）供应链绩效评价必须直接与供应链绩效战略相一致，同时也要和各公司的战略相容。

---

① 参考 Ernst（1999）提出的观点。

（2）必须考虑非财务指标，而且特别强调非财务指标在评价中的主要地位。

（3）绩效评价指标应该容易用于基准的制定。

（4）绩效标准必须处于评价单位的直接控制之下。

（5）绩效指标应当简单易行，能够给出准确的目标和计算方法。

（6）绩效指标能够提供及时的反馈，同时考虑到前馈信息的重要性。

（7）绩效指标能够激励组织进行持续的改进，而不只是监控。

（8）相对比例指标要优于绝对指标，客观指标要优于主观指标。

（9）各个指标之间能够反映彼此的因果关系，减少彼此的相互冲突和抵触。

作为供应链评价的重要原则，指标的选择和绩效评价方法要与供应链的战略目标相一致。但是，供应链绩效的评价却因为每一个供应链成员企业的现有竞争地位以及战略方向不同而难以达成一致。因此，在设计供应链绩效评价指标时，必须充分考虑到这一差异，选择适当的方法消除供应链成员企业间的隔阂。绩效评价的方法因评价范围和目标不同，可分为基于部门的方法、基于流程的方法和基于跨企业的方法。

企业的经营过程一般可以分为以下三个发展阶段。

（1）功能型。

企业需要使其内部的各个单一的部门，如制造部门、客户服务、物流部门，达到优秀的业绩。这一阶段的企业绩效评价需要集中于各个功能部门。

（2）企业集成型。

企业集成型阶段的企业将竞争优势建立在跨部门的流程之上，而不再追求单一的部门绩效。因此，绩效评价就应该建立在流程功能的集成基础上。

（3）扩展企业型。

当企业的经营扩展到外部的时候，外部的影响在企业决策中所起的作用不断扩大，此时绩效的评价，如供应链企业，就必须将目光集中到扩展企业的整体绩效上。

大多数企业目前还是集中于部门的绩效评价。随着供应链管理的发展，企业在评价绩效时也逐渐开始考虑整个供应链，考虑扩展企业的目标，但同时也必须考虑各个个体自身的部门绩效。

因此，这里提出以下几种绩效评价方法。

（1）以功能型评价为基础。

大多数绩效评价系统所遇到的问题是指标偏重于部门化。在这些系统中，每个领域的部门绩效评价又只用于其领域本身，以达到该领域所要达到的目标和任务。据此评价系统改进自身绩效的部门或组织个体经常是以牺牲或影响其他部门的绩效为代价的。当每个部门的绩效评价都孤立于其他部门的时候，会导致部门影响整个组织的目标。

因此，从整个供应链来看，功能型绩效评价过于注重单一目标，可能会与供应链整体目标相抵触。但是，在反映供应链节点企业的绩效评价中则能用于系统的诊断，为供应链优化打好基础。将其纳入供应链的评价范畴就可以使之排除目标的单一性，而成为绩效评价的基础性指标。

（2）基于流程的企业级的绩效评价。

为实现供应链运作的集成，企业必须打破部门的孤立壁垒，按照业务流程进行组织评价。为了实现这一点，可以建立一个全职负责整个业务流程的部门，或者成立跨部门的工作小组。为了支持业务流程的变动，需要为流程性指标补充功能性指标，以强调整个流程的绩效并使用功能性指标提供影响整个供应链绩效的诊断信息。流程性指标和功能性指标之间存在着一种紧密的层级关系。

（3）建立跨企业的评价指标。

用于评价供应链的跨职能流程指标不但可以用于企业内部，而且可以用于企业外部的流程。供应链管理不仅关注本企业的经营状况，同时也关注合作伙伴的经营状况对供应链绩效可能产生的影响。但是，没有一个企业能够控制整个供应链的绩效，供应链运作的增值流程往往会因为企业组织间的界限有所迟滞。传统企业在供应链环境中，其组织界限经适当模糊化之后（企业间流程的适当集成），交易成本往往会下降。而对这种"适当"也必须加以评估，确保其具有有效性，即外部流程的评价也成为供应链管理中不可缺少的一环。

表 13-3 给出了一些供应链评价指标。

表 13-3　供应链可选指标实例

客户服务指标	采购指标	流程、跨功能指标
订单完成率	物料库存	预测准确性
客户满意度	供应商交货绩效	完美订单率（perfect order）
客户收益	物料/元件质量	新产品推出时间
订单执行的准确性	物料缺货率	循环期
订单运输与追踪绩效	单位采购成本	生产进度变动
客户抱怨	物料采购及时率	
订单进入处理的时间		
物流方面的指标	**制造方面的指标**	**跨企业指标**
产成品库存	产品质量	产品完成成本
准时交货	在制品库存	消费点产品可用量
库存准确率	产量	供应链整体库存量
物流成本	调整准备时间	销售渠道在途库存
准时装货发运	物料利用率	供应商库存
交货时间	生产循环期	现金周转周期
运输成本	生产能力	客户库存
仓储成本	主生产计划稳定程度	客户库存（VMI/CRP）
在途库存	采购制造循环期	VMI/CRP 供求比例
财务评价	**市场方面的指标**	
现金流	市场占有率	
EVA①	新产品占销售总量的比例	
收益率		

① EVA 是经济增加值模型（economic value added）的简称，是 Stern Stewart 咨询公司开发的一种新型的价值分析工具和业绩评价指标，是基于剩余收益思想发展起来的新型价值模型。EVA 的基本理念是：资本获得的收益至少要能补偿投资者承担的风险。也就是说，股东必须赚取至少等于资本市场上类似风险投资回报的收益率。

第四节　平衡供应链计分法评价体系

一、平衡计分法概述

上一节就供应链绩效的内外驱动力进行了分析，从中可以了解到，供应链运作需要有很强的彼此相互支持的评价体系，以满足综合评价的需要。在实践过程中，人们倾向于平衡各个方面的绩效指标，能够同时反映供应链整体战略的执行情况，以体现集成、跨流程指标和诊断性指标之间的相互作用，着重强调企业战略在绩效评价中所扮演的重要角色。所以，结合卡普兰和诺顿(Kap-lan, Norton, 1991—1996)在《哈佛商业评论》上发表的平衡计分法，将其转换为供应链的绩效评价系统工具，建立合理的平衡供应链计分法(Balanced SCM Score Cards, BSC-SC)。

卡普兰和诺顿在《哈佛商业评论》上发表了一系列关于平衡计分法的文章。他们认为，传统的财务指标(如投资回报率)只提供了业务绩效的较为狭窄而不完备的信息，业务绩效的评价依赖于历史数据，而这些数据又阻碍了未来商业价值的实现。因此，财务指标不能单独用于评价绩效，需要补充反映客户满意、内部业务流程以及学习成长性的评价内容。平衡计分法的设计将过去绩效的财务评价和未来绩效的驱动力设计紧密结合起来。

平衡计分法的概念反映了在一系列指标间形成平衡，即短期目标和长期目标、财务指标和非财务指标、滞后型指标和领先型指标、内部绩效和外部绩效角度之间的平衡。管理的注意力从短期目标的实现转向兼顾战略目标的实现，从对结果的反馈思考转向对问题原因的实时分析。平衡计分法具有以下四个主要的特征：

(1)平衡计分法以单一的形式将组织竞争力各个角度的指标表现出来，防止次优行为的出现，提供了对公司绩效更为全面的理解。

(2)平衡计分法假定是和企业未来信息系统紧密联系的。

(3)平衡计分法不是简单地将指标列出来，而是将其分为四个类型，每种类型都提供了公司绩效的特定角度。

(4)最后也是最具特色的，绩效指标的选择必须以与公司战略的紧密联系为基础。

平衡计分法分为四个方面，它们代表了三个主要的利益相关群体：股东、客户、员工，以确保组织从系统观的角度反映战略的实施。

1. 客户方面

企业为了获得长远、出色的财务业绩，就必须创造出客户满意的产品和服务。平衡计分法给出了两套绩效评价方法，第一套是企业对在客户方面期望达到的绩效所采用的评价指标，主要包括市场份额、客户保有率、客户获得率、客户满意等；第二套是针对第一套指标的各项进行逐层细分制定出评分表。

2. 内部流程运作方面

内部流程运作方面是平衡计分法与传统绩效评价的显著区别之一。传统绩效评价虽然加入了生产提前期、产品质量回报率等评价，但是往往停留在单一部门绩效上。仅靠改造这些指标，只能有助于组织生存，而不能形成组织独特的竞争优势。平衡计分法从满足投资者和客户需要的角度出发，从价值链上针对内部的业务总流程进行分析，在内部运作方面回答如何经营才能满足或超越顾客的需求。供应企业包括短期和长期的目标，以及刺激改进的流程重构。对四种绩效属性加以考虑，即质量导向的评价、基于时间的评价、柔性导向的评价和成本的评价等指标。

3. 改进学习方面

改进学习方面为其他方面的绩效突破提供了手段。平衡计分法实施的目的和优势之一就是避免短期行为，强调未来投资的重要性。同时，并不局限于传统的设备改造升级，更注重员工系统和业务流程的投资。平衡计分法注重分析满足需求的能力和现有能力的差距，将注意力集中在内部技能和能力上，这些差距将通过员工培训、技术改造、产品服务得以弥补。指标包括新产品开发循环期、新产品销售比率、流程改进效率等。

4. 财务方面

企业各个方面的改善只是实现目标的手段，而不是目标本身。企业所有的改善都应通向财务目标。平衡计分法将财务方面作为所有目标评价的焦点。如果说每项评价是综合绩效评价制度这条纽带的一部分，那么因果链上的结果还是归于提高财务绩效。卡普兰和诺顿从产品/服务生命周期的相关阶段选择评价指标，包括成长期、持续期、收获期。成长期的指标包括销售量、新加盟客户及流程改进；持续期分析投资回收期、现金流、EVA；收获期则基于现金流分析，包括收益量等。

平衡计分法在这四个方面的主要目标及其相互关系如图 13-8 所示。

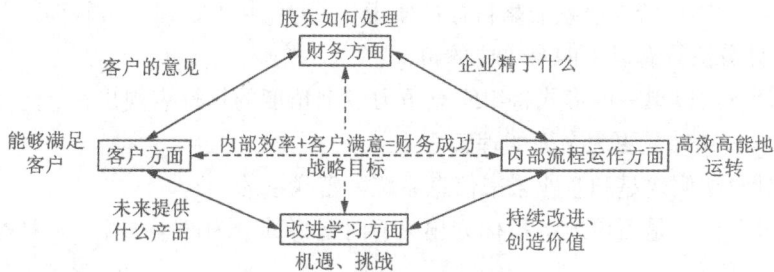

图 13-8 平衡计分法

二、平衡供应链计分法的四个评价角度

下面分别从各个评价的角度，融合平衡计分法四个方面的特征以及前面给出的供应链运作框架所涵盖的范围，提出以下指标实例，以反映平衡计分法在各个角度的目标与任务。这些指标不是绝对的，甚至对于特定供应链运作还远远不够。大多数平衡计分法中的指标并不常用，只有诊断级的指标具有更强的操作性。这些指标难以广泛应用的原因在于绩效评价的思路过多地集中于内部运作，忽视了与伙伴的绩效集成。

(一) 客户方面

供应链的目标之一是为整个供应链中的客户提供持久、稳定的收益。因此，供应链管理的核心之一就是客户管理，了解客户的需求以及评价满足客户需求的程度的大小，以调整供应链的经营方法和策略。客户所关心的事情可分为四类：时间、质量、性能与服务、成本。循环期 (生产周期) 可以衡量供应链满足客户需求所需的时间，供应链订单完成循环期给出了相关的测度，并就完成订单的各个阶段在实现客户需要中的作用进行评估；质量自 20 世纪 80 年代以来就是至关重要的竞争手段，作为供应链竞争的必需手段，它已经不再是必要的战略竞争优势，而是作为一项硬指标存在；性能与服务成为客户保有以及新客户获取的重要因素。除质量、时间、性能与服务之外，客户对其所负担的产品成本也保持着很高的敏感性。在客户与供应商的交易过程中，价格只是其负担的成本的一部分，其他还有与供应商交易造成的成本，包括对产品的订货，从安排订货到付款，产品的接收、检验处理，以及产品造成的废品、返工等，从中节约的成本能够为客户提供价值增值，为客户价值的评价提供了相关的测评。这些评价指标的选择集中体现了客户意志，反映了客户需求。指标既可以是反映客户价值和客户反馈的一般指标，也可以是集中于诸如客户价值等特定范畴的指标，如服务质量、柔性、成本等。

1. 供应链订单完成的总周期

供应链订单完成的总周期是评价整个供应链对客户订单的总体反应时间，其中包括订单的接单时间、从投料到生产的时间、从生产到发运的时间、从发运到客户签单的时间、从客户签单到客户收到的时间，具体如图 13-9 所示。

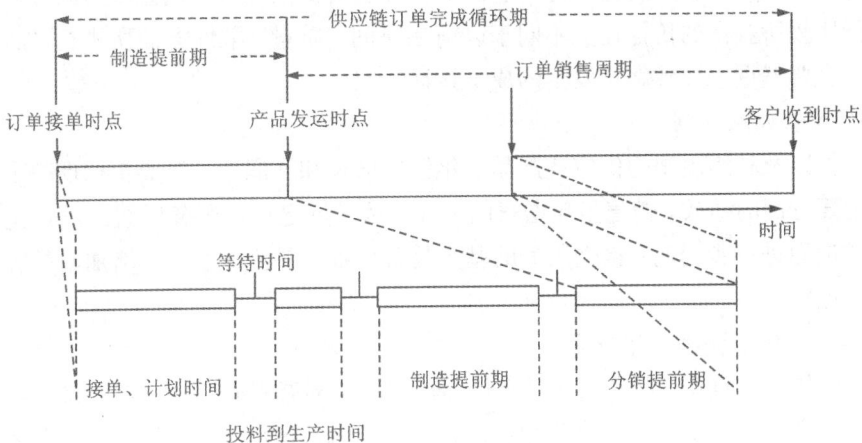

图 13-9　订单周期的构成图

单就客户服务的角度而言，注重考虑面向客户的方面，即订单的接单时间、从发运到客户签单的时间、从客户签单到客户收到的时间。总循环期的缩短将减少供应链的响应时间，这是供应链竞争优势的主要源泉之一。快速的生产周期不但加快了对客户的响应，降低了客户成本，提高了客户的价值，同时还反映了供应链内部响应的便捷和流畅。尽可能缩短订单的完成循环期，也有利于发现供应链内部的冗余。循环期运作的可靠性以及一致性同样重要。由于供应链中瓶颈和低效率流程以及订货数量变动性的存在，订单的完成时间屡有变动。跨功能工作团队实施的"制造单元"机动地处理客户的订单变动，以缩短周期时间，提高客户满意度。对于供应链订单完成的总周期的评价涉及客户满意的内容，也包含对供应链内部运作流程的反映。

2. 客户保有率

供应链持久利润的来源是核心客户。若想通过特定的客户群体保持或增加市场份额，最方便的就是保有现有的客户。努力保持和客户的关系，按照客户的需求满足其要求，允许客户积极参与合作项目或产品的开发设计过程，使客户能够成为持久利润来源。客户保有率就是"从绝对或相对的意义上说，留住客户，与客户保持现有关系的比例"。除了留住客户，供应链管理还要通过对与现有客户交易量的分析衡量客户的忠诚度。当然，要扩大利润源，还要在现有客户的基础上，制定不断扩大客户范围的战略。

3. 客户对供应链柔性响应的认同

客户对供应链柔性响应的认同用于评价客户在供应链提供的运营服务中对客户化以及响应速度的认同。这个指标反映了两个目标：第一个目标是调查数据将反映客户能否自由地就订单的包装、产品性能等提出客户化的要求；第二个目标则是评价客户感到这种客户化的要求能否及时得以实现。也就是说，它反映了客户对客户化要求的自由度以及服务及时性的要求。

4. 客户价值

客户价值反映在为客户提供产品或服务时对客户节约或增值方面做出的贡献，以提高客户对供应链的依赖度。客户价值率等于客户对供应链所提供服务的满意度与服务过程中发生的成本进行比较所获得的价值比。不同于以前在时间、质量、柔性方面所进行的评价，客户价值的评价主要偏重于导致客户发生的成本指标。

5. 销售增长以及利润

销售增长以及利润表现为供应链产品的年销售增长和利润率。这类指标反映了供应链下游在三个主要方面的绩效：销售量年增长的情况；对于特定客户服务所获的收益是否随着合作关系的增进而进一步提高；接受服务的基数是否增加。扩大销售量、增加新的客户都将获得新的利润点。

（二）供应链内部流程运作方面

客户绩效指标很重要，但必须在将其目标转化为内部流程的指标后才能得以反映。优秀的客户绩效毕竟来自组织的流程决策和运作。供应链内部运作方面回答如何经营才能满足或超越顾客的需求。其内部测量指标应当测出对客户利益和财务价值影响最大的业务流程，同时确定自己的核心能力，以及保证供应链持久保持市场领先的关键技术。为了把内部方面和财务价值以及客户目标结合起来，供应链应该把握两种全新的内部流程运作：第一，理顺现有供应链流程中各个参与方的关系，缩短经营过程的周期，同时降低成本。由于供应链流程牵涉供应链成员的生产流程，这样就将不同成员的绩效联系起来，构成供应链流程的整体。这一联系使得供应链成员对各自的运作有了明确的目标，其改进也将有利于整个供应链的改进。第二，应该预测并影响客户的需求。供应链经营要从短期的运作中跳出来，积极寻找市场，进行产品的创新改造，以牢牢抓住客户。虽然不同的供应链存在不同的流程，但是供应链的内部流程可以大致分为三个部分：产品改进与创新、供应链经营过程、客户服务过程（售前、售后），具体如图 13-10 所示。客户服务的过程由于和客户满意直接挂钩，将其归入客户方面进行评价。

图 13-10　供应链运作的普通模式

1. **产品改进、创新过程测评**

传统业务的供应链中，研发工作被认为是某种业务的辅助或者支援，而非确定价值的基本因素。一方面，因为评价的标准难寻，投入产出的关系不明确；另一方面，企业对产品的创新重视不足，资金的投入有限，忽视产品开发设计的业绩评价。但是，作为供应链价值实现的长期影响因素，必须对其进行测评，测评的内容包括：

(1) 新产品在销售额中所占的比例；

(2) 比原计划提前推出新产品的时间差；

(3) 开发下一代新产品的时间；

(4) 第一次设计出的全面满足客户要求的产品百分比。

这一衡量方法综合了产品开发过程的三个至关重要的因素：一是公司要在开发过程中收回开发成本，必须着眼于开发的成果，同时着眼于开发过程中投资的收回；二是强调利润；三是强调时效，鼓励开发人员先于竞争对手推出产品。

2. **经营过程测评**

经营过程在供应链在创造价值时是一个短周期过程，这一过程包括自企业收到客户订单开始到向客户发售产品和提供服务为止的全部内容。供应链运作方面实现的目标主要有四个：缩短提前期、柔性水平、减少单位成本、敏捷结构。首要的非财务指标主要集中于以下四个绩效考察方面：运作质量指标、时间指标、弹性指标、目标成本指标。集成信息系统在帮助供应链企业分解、诊断集成指标中发挥了极其重要的作用。一旦异常信息在指标中得以体现，就可以通过整个集成的信息系统及时、准确地发现问题所在。

(1) 供应链有效提前期率。供应链有效提前期率反映了供应链在完成客户订单过程中有效的增值活动时间在运作总时间中所占的比例。其中包括两个指标：供应链响应时间和供应链增值活动总时间。

供应链响应时间=客户需求及预测时间+预测需求信息传递到内部制造部门时间+采购、制造时间+制造终结点运输到最终客户的平均提前期（或者订单完成提前期）

$$供应链增值活动总时间 = \sum（供应链运作的相关部门增值活动的时间）$$

$$供应链有效提前期率 = \frac{供应链增值活动总时间}{供应链响应时间}$$

该指标体现了供应链内部运作的增值时间在整个流程时间中所占的比例。通常组织之间的传递空间和时间很大部分被非增值活动占用，很多资源被浪费了。为了达到世界级的供应链水平，必须保证合作企业之间的物流过程达到流畅的无缝连接，减少时间损失。

同种性质的指标还有库存闲置率，即供应链中库存闲置的时间和库存移动时间的比率。闲置时间包含库存以物料、WIP、产品等形式在供应链运作中的总停滞、库存、缓冲时间，库存移动时间则是指库存在加工、运输、发运中的总时间。库存闲置率指标表现了库存在整体运作中的时间占用，提供了库存经营效率提高的空间。

(2)供应链生产时间柔性。生产柔性是指系统对外部或内部干扰导致的变化所能调整的范围。根据 SCOR 提出的定义，这个指标反映出在意识到由市场需求变动导致非计划产量增加 20% 后，供应链内部重新组织、计划、生产所消耗的时间。柔性制造系统（Flexible Manufacture System, FMS）、成组技术（Group Technology, GT）以及计算机集成制造（Computer Integrated Manufacturing, CIM）等先进生产技术的应用，为提高供应链整体柔性创造了条件。据西方研究者的调查，一流的制造商柔性在内部的制造能力上几乎没有约束，唯一的限制就是物料。要达到高效的柔性和响应性，需要在系统流程中注重与供应商紧密合作，采用战略联盟的方法减少供应商的数量，提高流程的连续性，采用准时化采购，注重部件的通用化以及高效计划信息系统的采用。

(3)供应链目标成本达到比例。目标成本法是丰田汽车公司 20 世纪 60 年代提出的，是特定水平功能、质量、价格的产品在其整个生命周期中能够产生满意利润的一个业务过程。该指标从单一产品和流程的角度，分析其在质量、时间和柔性上的流程改进是否达到预定的目标成本。目标成本从产品开发开始就嵌入整个流程，和供应链的战略紧密联系。目标成本合理化而非最小化是供应链运作所要达到的主要成本目标。

(4)供应链运作质量。供应链运作的质量综合反映在其运作对象——原材料、WIP、完工产品的产品/服务的质量上。20 世纪 80 年代，企业意识到质量作为市场竞争的主要武器，到现在已经成为企业生存的基本条件和必要基础，因此，供应链质量更注重在整个供应链基础上的全面质量管理，保证供应链运作的有效性和客户服务的真实能力。

(5)完美的订单完成水平。完美的订单完成水平是物流运作质量的最终测量标准，也就是说，完美的订单关注总体整合的供应链厂商绩效，而不是单一的功能。它衡量一份订单是否顺利通过了订单管理程序的全过程，而且每一个步骤都没有差错、快速而正确。完美的订单完成代表理想的绩效，一般应符合以下标准：第一，完成所需的各项发送；第二，根据客户提出的日期交货，允许发送偏差在一天以内；第三，精确无误地完成订货所需的文件，包括包装标签、提单和发票；第四，货品状态良好。当前最好的物流组织能达到 55%～60% 的完美订单绩效，大多数组织低于 20%。

(三) 未来发展性方面

供应链的未来发展性直接关系到供应链的价值。激烈的全球竞争要求供应链必须不断改进和创新，发掘整合供应链内部和外部的资源，提高现有流程、产品服务和开发新产品的能力。供应链的改进是一个动态的过程，持续改进主要通过四个方面进行。第一，重新设计产品及其流程；第二，通过企业集成在组织间进行有效的调节和整合；第三，持续改进供应链的信息流管理，使得供应链伙伴能够共享决策支持所需要的准确信息；第四，每个供应链需要随时注意外部市场的潜在威胁和机遇，重新定义核心价值。指标包括新产品开发循环期、新产品销售比例、流程改进效率等。

(四)财务价值方面

虽然供应链绩效的评价侧重于流程导向以及非财务指标，平衡计分法仍然将财务目标作为所有目标的中心。当供应链伙伴目标实现之后，供应链应该在财务上得到成功。经营目标的实现使得成本大大降低，从而提高了边际收益率，现金流得以更好地优化，收益和资本回收率也更高。不难理解，以上三个方面绩效的提高保证了财务方面的长期收益，因此，整个供应链的财务优化仍是重中之重。由于财务指标的测评基于现金流和传统的财务会计，因此缺乏对未来营利能力的直接参考价值。考虑到供应链资本包括应收账款、厂房设备、资本以及库存，资本流动性的降低或提高都会影响供应链财务价值的效率，故应将财务评价的基础建立在驱动现金流的运营行为和流程上。

1. 供应链资本收益率

供应链资本收益率即客户的利润除以在此期间使用的供应链的平均资产。它反映了使用其资产的增值性。

2. 现金周转率

现金周转率是一个联系供应链整个流程的关键指标，评价供应链运作过程中现金投入原材料、劳动力、在制品、完工产品直至收回现金的全过程。

现金周转率=购买原材料到收到产品货款的平均时间=供应的库存天数+销售天数-原材料的付款天数

供应链通过先进的信息技术以及产品流集成，使合作伙伴之间的运作实现了更高的现金周转率。

3. 供应链总库存成本

财务绩效很大程度上是可以从整个物流成本上反映的。物流成本是整个供应链生产运作中最为显著的潜在成本源。供应链中，库存包括原材料、生产装配中的在制品、成品以及在途的库存。传统概念中，这些都是用于处理生产中可能出现的不确定性的。由于客户要求越来越苛刻，库存管理对于降低整个供应链的成本日益重要。供应链中的库存成本包括：

(1)物料占用资本的机会成本；

(2)储存状态以及 WIP 的库存成本；

(3)管理库存的管理成本；

(4)完工产品的在途成本；

(5)老化、残缺、损坏所造成的风险成本；

(6)修理返工成本；

(7)订单缺货造成的损失成本。

将供应链总库存成本进行分类，可以包括采购、库存、质量以及交货失误等方面的成本。供应链采购成本的评价包括订货、发运、进货质量控制的总和。供应链库存成本包括供应链过程中发生的成本：原材料、WIP、完工产品的库存成本以及滞销和在途的库存成本。供应链质量成本是指在运作过程中由于质量问题而导致的沉没成本，包括产品残缺成本、维修成本和质量保证成本。而交货失误性成本包括缺货成本、误投成本等。这些指标可以逐一进行评价计算，以更好地分析物流各部分的成本绩效。

4. 供应链的库存天数

供应链的库存天数反映了资本在供应链运营中以库存形式占用的天数。它等于某个时期的物料、WIP、产品以库存形式占用的时间。平衡供应链计分法在这四个方面提出的绩效评价方法如表 13-4 所示。

表 13-4　供应链绩效评价平衡计分法框架

财务价值角度		内部运作角度	
目标	测评指标	目标	测评指标
收益 成本 效率	供应链资本收益率 供应链总库存成本 现金周转率	缩短提前期 弹性响应 成本运作 设计革新	有效提前期率 时间柔性 目标成本 新产品销售率
未来发展性角度		客户服务角度	
目标	测评指标	目标	测评指标
流程化信息 集成组织协调	产品最后组装点 信息共享率 团队参与程度	订单时间 客户保有 服务及时 客户价值	订单总提前期/循环期 客户保有率 客户响应时间认同 客户价值率

三、平衡计分法绩效测量的因果关系

平衡计分法试图对供应链运作过程中的评价对象进行归类，并将其按照四个方面进行分组，从整个流程和相应的支持系统中找到彼此的联系，从而将评价的各方面在内在逻辑上按照供应链的绩效驱动建立正确的相互关系。这四个方面可以从整个组织的角度审视供应链运行。当供应链的一个评价方面出现了问题，一方面可以获得对本角度的认识，另一方面还可以从因果链中发现其所导致的因果问题，从而避免对某一个评价方面的过多关注，而忽视了其他评价方面，同时使得供应链成员能够从系统观的角度认识自身的作用。

可以说，没有一个绩效评价系统能够适用于整个供应链。本章可以得出这样一个结论：在平衡的思想前提下，必须加强信息流、物流以及资金流的顺畅，简化供应链决策过程。要想在供应链的平台上建立有效的协同计划，减少非增值活动，重点在于建立和维持强有力的供应链伙伴关系，供应商不再只是机械地适应买方的要求，而是供应商和买方具有互动性的供应链战略关系。客户方面的影响已经深入管理的内核，必须在集成的基础上将客户的要求反映到管理的各个层面，这样客户源才能不断扩大。BSC-SC 的评价侧重面的因果关系如图 13-11 所示。

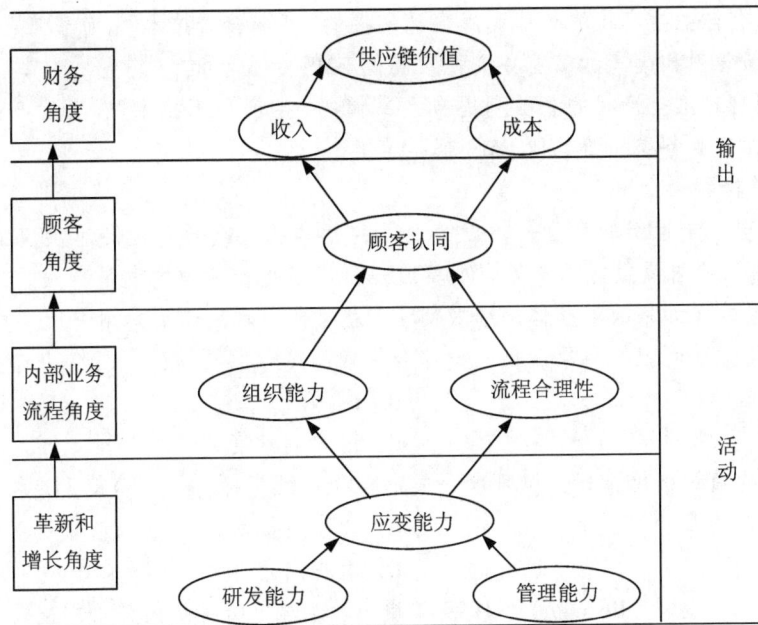

图 13-11 BSC-SC 的评价侧重面的因果关系示意图

【复习思考习题】

一、单项选择题

1. 为了提高供应链的( )，还需要因特网和物联网等信息技术的支持，以加快市场信息在链中的反馈速度和链中各企业的响应速度。它也就成为评价供应链组织结构合理性的一个指标。

A. 集成度   B. 柔性

C. 稳定性   D. 简洁性

2. 对于供应方而言，( )意味着供应方在与委托人的合作中，即使委托人的需求在一定程度上发生变化，供应方也能够保证产品质量、正常交货，从而保证供应链整体的稳定运行。也就是指在供应链采购过程中的稳健性和强壮度。

A. 稳定性   B. 简洁性

C. 协调性   D. 鲁棒性

3. ( )是平衡计分法的英文缩写。

A. CIM   B. EVA

C. BSC   D. SCOR

4. OEM 生产方式( )。

A. 是指拥有自主生产权的企业利用自己掌握的"关键核心技术"，负责产品的设计开发、市场营销等专业业务，而把具体的生产加工业务委托给其他 EMS 企业承担

B. 是指拥有自主生产权的企业利用自己掌握的"关键核心技术"，负责产品的品牌，而

产品设计开发、市场营销、生产加工业务委托给其他 EMS 企业承担

C. 是指拥有自主生产权的企业利用自己掌握的"关键核心技术"，负责产品的设计开发，而把具体的市场营销和生产加工业务委托给其他 EMS 企业承担

D. 是指拥有自主生产权的企业利用自己掌握的"生产加工技术"，负责产品的销售，而把具体的生产加工业务委托给其他 EMS 企业承担

二、多项选择题

1. 有人指出，21 世纪的竞争是供应链之间的竞争，这就引起人们对供应链总体绩效和效率的日益重视，要求提供能从总体上观察透视供应链运作绩效的度量方法。这种透视方法必须是可以比较的。如果缺乏整体的绩效衡量，就可能出现制造商对用户服务的看法和决策与零售商的想法背道而驰的现象。供应链综合绩效的度量主要从(　　)等几个方面展开。

A. 资产 　　　　　　　　　　B. 成本

C. 时间 　　　　　　　　　　D. 用户满意度

2. 供应链的绩效评价指标大概可以分成定量和定性指标，(　　)属于定性指标。

A. 企业核心竞争力 　　　　　B. 货物破损率

C. 资金利用率 　　　　　　　D. 用户满意度

3. ROF 方法由比蒙（Beamon）于 1999 年提出，为避免传统绩效评价中出现的问题，他提出了(　　)三个方面的绩效评价指标，以反映供应链的战略目标。

A. 资源 　　　　　　　　　　B. 操作

C. 柔性 　　　　　　　　　　D. 产出

三、判断题

1. 供应链管理中，管理者将注意力从内部控制转向外部监督，组织也从单一的独立个体发展为群体的企业群落，但是对整个供应链运作绩效的评价可以不随管理运作方式的变化而发生改变。(　　)

2. 卡普兰和诺顿在《哈佛商业评论》上发表了一系列关于平衡计分法的文章。他们认为，财务指标能单独用于评价绩效，不需要补充反映客户满意、内部业务流程以及学习成长性的评价内容。(　　)

3. 客户绩效指标很重要，但必须在将其目标转化为内部流程的指标后才能得以反映。优秀的客户绩效毕竟来自组织的流程决策和运作。供应链内部运作方面回答如何经营才能满足或超越顾客的需求。其内部测量指标应当测出对客户利益和财务价值影响最大的业务流程，同时确定自己的核心能力，以及保证供应链持久保持市场领先的关键技术。(　　)

四、简答题

1. 传统企业的绩效评价指标与供应链管理环境下企业的绩效评价指标之间有哪些区别?

2. 在供应链管理环境下，对企业进行绩效评价应该注意哪些原则?

3. 在供应链管理环境下，绩效评价具有哪些新特征?

4. 在供应链管理环境下，企业的侧重面发生了哪些具体变化?

5. 试描述平衡供应链计分法评价的角度及其指标体系。

6. 完美订单的完成一般应符合哪些标准?

五、案例分析题

乐事薯片公司的绩效控制

乐事薯片公司是底特律市的第五大薯片加工厂，公司成立于1922年，在经历了一次失败的全球战略以后，目前主要侧重于地区性经营。公司现在主要为三种零售企业客户(食品杂货店、杂货店、大商店)提供一系列的薯片产品。其大部分的产品出售给它的36家食品杂货店(年总值40000销售单位，超过公司总销售量的50%)；它供应的杂货店有39家(年总值18000销售单位，占公司总销售量的27%)；它供应的大商店只有一家(Buy4Less，有3个分公司，年总值22000销售单位，占公司总销售量的22%)。所有的分销过程都是直接的仓储到仓储，送货人员要处理所有的过期货物和搬运工作。

存在的问题

最近，乐事薯片公司对Buy4Less公司的销售量有所上升。虽然有这样的潜在利润前景，但是乐事薯片公司同样也面临一些棘手的问题。

温德尔是乐事薯片公司物流部门的物流成本分析师，物流部门总经理哈罗德转交给他一封大商店Buy4Less公司的来信，信中抱怨乐事薯片公司的运作绩效问题。主要抱怨的问题有：频繁的缺货；客户服务响应性差；产品价格太高。Buy4Less公司提出，如果乐事公司要继续与其合作，就必须在以下方面做出改进：①每周提供4次直接仓储交货(以前3次)，以减少缺货现象；②建立一套自动订货处理系统(价值10000美元)，以提高客户服务响应性；③降低产品价格(5%)。

哈罗德要求温德尔做一个详细的乐事公司按客户类型分类的利润分析。这是温德尔和乐事公司以前都没有遇到的问题。

绩效评价

温德尔最近刚刚参加一个关于作业成本法(ABC)的研讨会，他希望能够通过应用这种方法来分析目前的状况。首先他获得了乐事公司的收入数据(表13-5)和针对不同客户的成本数据(表13-6)。

表13-5　乐事薯片公司收入数据　　单位：美元

收入	
净销售收入	150400.00
利息与其他收入	3215.00
总计	153615.00
成本	
销售成本	84000.00
制造成本	5660.00
营销等其他成本	52151.20
利息成本	2473.00
总计	144284.20
税前收入	9330.80
所得税	4198.86
净收入	5131.94

表 13-6　乐事薯片公司年物流成本数据　　　　　　　　　　　　单位：美元

成本项目	视频杂货店	杂货店	大商店
库存成本(单位送货)	1.80	1.20	2.80
信息成本(年)	1000.00	8000.00	1000.00
交货成本(单位送货)	5.00	5.00	6.00

对食品杂货店的送货是每周两次，杂货店的送货是每周一次，对大商店的送货是每周三次。乐事公司为了及时获得反馈信息，通过设在食品杂货店和大商店的扫描终端设备读取数据，需要在每个点花费年总成本 1000 美元。杂货店则依靠手持终端设备获取销售数据。送货成本取决于运输卡车的不同。食品杂货店和杂货店采用普通卡车，大商店则采用加长卡车。

乐事公司卖给不同零售企业的产品的价格是不一样的，食品杂货店为 1.90 美元，杂货店为 2.30 美元，大商店为 1.50 美元。温德尔同时被告知，Buy4Less 公司要求它附加条形码来覆盖原来的价格标签，增加的达标设备将使每年的成本增加 5000 美元。劳动力和物料的成本每个销售单位要增加 0.03 美元。

案例思考题：

根据以上数据和作业成本法，温德尔应该如何对乐事薯片公司目前的绩效进行分析？根据分析的结果，该公司应该采取什么策略来进行绩效控制？

图书在版编目(CIP)数据

供应链管理 / 刘助忠,李明主编. —2版. —长沙:
中南大学出版社,2021.7
ISBN 978-7-5487-2362-2

Ⅰ.①供… Ⅱ.①刘… ②李… Ⅲ.①供应链管理
Ⅳ.①F252.1

中国版本图书馆 CIP 数据核字(2021)第 097723 号

供应链管理
GONGYINGLIAN GUANLI

主编 刘助忠 李 明

□责任编辑	杨 贝		
□责任印制	唐 曦		
□出版发行	中南大学出版社		
	社址:长沙市麓山南路	邮编:410083	
	发行科电话:0731-88876770	传真:0731-88710482	
□印　　装	长沙雅鑫印务有限公司		

□开　　本	787 mm×1092 mm 1/16	□印张 25	□字数 635 千字
□版　　次	2021 年 7 月第 2 版	□2021 年 7 月第 1 次印刷	
□书　　号	ISBN 978-7-5487-2362-2		
□定　　价	49.80 元		